부동산학박사 학위논문집 I II III IV

제 II 권

부동산 유통관리

지도교수 문영기
최봉현 · 채현길 · 조남복 · 문희명

독자와 함께 하는
도서출판 범론사

머리말

나는 1975년 초 동양에서 최초로 부동산학을 창시하여 뿌리를 내리게 한 김영진 교수님의 권유로 건국대학교 행정대학원 부동산학과에 입학하여 부동산학을 수학하였다. 이후 석사과정을 마치고 전문대학에서 5년여 동안 강의하게 된 것이 학자의 길로 걷게 된 계기가 되었다. 석사과정에서 얻은 지식만으로 대학에서 강의하기에는 너무나 어려움이 많아 박사과정을 밟기로 했다. 박사과정은 학부 때 틈틈이 일본어 공부를 해놓은 것을 바탕으로 일본 책을 보던 중에 일본 고베대학(神戸大)의 하야가와 가즈오(早川和男) 교수님의 '공간가치론'이란 책을 읽고 교수님에게 편지를 보냈더니 흔쾌히 지도교수가 되어주시겠다고 하여 일본유학을 가게 되었다. 출국하기 전에는 아르바이트라도 하여 공부하려고 했는데, 다행히 출국하기 전에 일본정부 문부성으로부터 국비 장학금 수혜 결정이 되어 학위과정동안 등록금은 물론 생활비까지 받게 되어 경제적인 부담없이 유학을 마치게 되었다.

석사과정의 김영진 지도교수님은 인자함과 학문적 열정이 대단하신 분이였다. 강의는 물론 논문의 문장마다 정교하게 지적을 해주셨다. 박사과정의 하야가와 교수님은 학문의 능력을 길러주신 분으로, 논제의 결정부터 연구 방법과 결론을 찾는 것까지 모두 스스로 결정하도록 하신 분이다. '지도교수가 원생에게 논제를 주는 것은 살인행위와 같다'고 하는 분이다. 이는 논문에 대한 구상력을 빼앗아 버리기 때문이다. 돌이켜 보면 내가 강원대학교에서 석·박사과정 원생들의 논문을 지도하는 방식도 두 분 지도교수님의 영향에 의한 방식이 아닌가 하는 생각이 든다.

강원대학교의 부동산학 박사과정은 2000년에 우리나라에서 처음 개설하여 우수한 학생들이 몰려왔고 이제까지 경쟁률 또한 대단하다. 대부분의 학생들이 풀타임 보다는 파트타임의 직장인으로 연구여건이 그리 좋은 편은 아닌 상황이다. 이들의 학위 취득율을 높이기 위해서는 특단의 지도방법을 택하지 않으면 안 되겠다고 생각했다. 우리는 학과 교수회의를 열어 지도방침을 일본 '제미시스템'이라 할 수 있는 연구실 시스템으로 지도하기로 의견을 모았다.

그래서 학과 교수들은 주간 9시간 이상의 강의책임시수와 관계없이 매주 또는 격주로 그룹 논문지도 스터디를 시작했다. 이 시간에 학위논문 제목을 결정하여 전체의 틀을 잡게 하고, 2장에 들어갈 이론적 연구와 3장에 들어갈 실태분석, 4장에 들어갈 실증분석에 대한 연구와 지도를 하여 2편의 부논문을 쓰도록 하고 있다. 그래서 학위청구논문을 내기 위한 조건으로 한국연구재단 등재지 이상의 학회지에 2편 이상의 논문을 발표하게 하고, 이 준비가 되면 학위청구논문을 마무리하여 원생과 전체교수가 모인 장소에서 예비논문을 발표하게 하여 잘못된 부분에 대하여 지도를 받게 하고 있다. 예비논문발표가 통과되면 지적받은 내용에 대하여 6개월 동안 수정·보완하여 학위청구논문을 내어 심사에 들어간다.

이렇게 하여 지난 10여년 동안 160여명의 박사과정생 중에서 50여명의 박사가 탄생하였다. 이 중에서 내가 지도한 박사가 17명으로 이들의 논문을 책으로 만들기로 했다. 왜냐하면 독자 및 연구자들은 디지털 시대에도 아날로그 방식인 책이 필요하고 이는 학문연구에 유용하기 때문이다. 특히 석·박사 과정에서 학위준비를 하고 있는 분들에게 도움이 되길 기대 한다. 아울러 오늘 이후에 탄생할 박사학위논문은 다음 권에 엮어 낼 계획이다.

내가 30여년 동안 교직 생활을 하면서 대학교재로 사용하기 위해 만든 10여권의 이론서가 있지만, 이 책자는 그것과 다르다. 이것은 내 제자들의 꿈과 열정, 피와 땀이 녹아 있는 결정체다. 이들의 논문은 제목, 장, 절 등을 수정하지 않고 박사학위논문 그대로 편집했다. 독자 여러분들께서는 혹시 잘못된 부분이 있더라도 넓은 양해를 바란다. 책을 출간하기 위해 애쓴 이우진 편집위원장 및 편집위원 박연직·이인화·문희명 간사에게 고마움을 표한다. 마지막으로 부동산전문 출판사로 자리매김한 범론사 이종의 박사님 그리고 책을 보기 좋게 만들어 준 편집부 책임자의 노고에 감사드린다.

2011. 09

지도교수 문영기

학문의 연구방법

문영기(강원대 교수)

1. 들어가며

강원대학교 부동산학과는 1978년에 지적학과로 출발하여 창과 후 33여년이 흘렀고, 대학원의 석사과정도 20년째를 맞고 있으며, 2000년도부터는 박사과정이 개설되어 명실상부한 학문연구의 기반을 갖추었다. 또한 야간 특수대학원에도 부동산학과가 개설되어 강원대학교는 부동산학의 메카로서 손색이 없다.

학부 4학년생은 졸업논문을 제출해야 졸업 할 수 있다. 즉, 이때부터 저학년 때에 다진 기초를 바탕으로 논문을 작성해야 한다. 또한 대학원생(대학원, 특수대학원)은 학부에서 얻은 지식을 기초로 하여 전문지식을 함양하고 마지막에는 논문으로 그간의 연구성과를 정리해야 한다.

부동산학과 학생들은 각자 나름대로 방향을 결정하여 열심히 노력할 줄 안다. 그러나 어떤 논제를 가지고 어떤 방법으로 연구를 하는지는 궁금하다. 보다 창조적으로 연구를 진행하는 것이 무엇보다도 중요하다고 생각한다. 동시에 연구의 결과가 사회에 어떤 영향을 미치는가도 대단히 중요하다. 다시 말하자면 무엇을 위하여 어떤 연구를 하는가? 하는 것은 대단히 어려운 문제이지만 연구의 방향을 설정해야 하는 것이 우선해야 할 과제다.

학문의 길은 어렵고 험난하지만 즐겁게 연구하면서 알차게 결실을 맺으려면 학문을 어떻게 연구해야 하는가를 나름대로 정리하여 설명하고자 한다.

학문을 하는데 연구제목이나 방법을 결정하는 것은 대단히 중요하다. 장기나 바둑은 하수라도 매일 반복하면 늘지만, 정석으로 배우면 처음에는 시간과 노력이 소요되지만, 어느 단계를 넘어서면 급속히 발전한다. 그런데 학문은 옳지 않은 방법으로 연구하면 그 성과를 거둘 수 없음은 물론이고, 사회에 오히려 나쁜 영향을 미치게 되는 결과를 가져온다.

학부와 대학원의 부동산학과는 부동산문제를 해결하고자 노력하고 있다. 학문의 궁극 목적의 하나도 실사구시이기 때문이다. 부동산문제는 어느 나라이든 다양하고 복잡하다. 경제대국이든 개발도상국이든 그 차원이 다를 뿐이지 문제가 없는 나라는 한 나라도 없다. 그래서 우리는 연구의 범위가 대단히 넓다고 할 수 있다. 과연 어떻게 문제를 인식하고, 어떤 방법으로 연구할 것인가? 하는 것은 바로 연구결과에 직결된다고 할 수 있다. 따라서 학부생은 스터디그룹에서 문제를 인식할 수도 있고, 방법론을 배울 수도 있으며, 대학원생은 각자가 자신의 연구과정에서 발견하거나 교수, 동료 및 전문가로부터 도움을 받을 수도 있다.

필자도 처음 논문을 쓰게 되었을 때, 즉 석사학위논문을 쓰고 나서야 '논문이란 이런 것이구나' 하는 것을 느끼게 되었지만, 그 이후 논문을 계속 쓰면서 하나하나 더 깊이 있게 알게 되었고 박사학위논문을 쓰면서 학문의 어려움을 실감하게 되었다. 그러나 여러분들이 필자의 경험과 마찬가지로 논문을 작성해 가면서 알게 된다면 오늘날의 시대에서는 한 걸음 늦을 것이기 때문에 미리 생각하지 않으면 안 된다고 본다.

2. 독자적인 목표설정

학문을 하는데 대단히 중요한 것은 '목표'를 정하는 것이다. 왜냐하면 목표가 없으면 앞으로 밀고 나갈 정신 에너지가 만들어지기 어렵기 때문이다. 목표를 확실히 설정하고 있는지 아닌지에 따라 연구성과가 상당히 달라지기 때문이다. 그 목표에 도달하는 자체가 중요한 것이 아니라 목표가 그 사람을 끌어당기는 힘이 되어 연구의 능률을 올리게 하고 발전 진보시키기 때문이다.

대학입시를 목표로 열심히 공부하는 것은 젊은 시절의 하나의 도전이라고 할 수 있다. 또한 야구선수가 모교의 명예를 걸고 우승의 목표를 향해 열심히 뛰는 것도 정신력과 지혜를 키우기 위한 도전이라고 할 수 있을 것이다. 그러나 그런 목표는 어디까지나 일시적인 것이며, 대부분 대학에 합격하자마자 사라져 버린다. 그러므로 보다 큰 관점, 예컨대 인생의 목표라는 관점에서 바라본 '공부'가 필요할 것이다. 그렇다고 해서 대학입시가 인생의 목표가 절대로 될 수 없다는 것은 아니다. 그러나 입시공부처럼 대학에 합격하자마자 없어지는 목표가 아니고 실제로 사회에 나가서까지도 퇴색되지 않을 목표가 있어야 한다. 따라서 연구하는데도 반드시 목표가 설정되고, 그 목표를 위하여 꾸준히 노력하는 자세가 필요하다고 할 수 있다.

3. 역경을 이겨내는 자세

'사는 것은 배우는 것이며, 배움에는 기쁨이 있다. 사는 것은 또한 무엇인가를 창조해 나가는 것이며, 창조에는 배우는 단계에서 맛볼 수 없는 기쁨이 있다'라는 말이 있다. 이 말은 모든 인간에 해당되는 것으로 연구자의 입장에서는 특히 명심해야 한다.

학문의 세계에서 배우고 창조하는 기쁨은 곧 생각하는 기쁨이다. 어떤 분야의 학문이든지 무언가 새로운 것을 발견하여 창조하는 데 본래의 의의가 있다. 발견과 창조야말로 가치 있는 것이다. 단순한 지식의 주고받음은 학문이라고 할 수 없으며 평가할 가치도 없다. 여러 가지 지식은 생각하기 위한 자료이며, 독서는 생각하기 위한 계기를 제공해 주는 것이다.

이렇게 생각하면 지식을 모으는 것은 생각보다 즐거운 일이 되고 독서도 고생스럽지 않게 된다. 생각한 후에는 들은 것이나 읽은 것은 잊어버려도 된다. 인간의 두뇌에는 140억 개의 뇌세포가 있다고 한다. 이 뇌세포를 다 쓰려면 234살이라는 긴 수명이 필요하다고 한다. 사람은 방대한 수의 뇌 세포를 가지고 있지만 보통 10~20%정도 밖에 못 쓰고 일생을 마친다고 한다. 그러나 학문을 하는데 기억하지 않으면 안 된다든가 잊어버려서는 안 된다고 생각하면 학문을 하기도 전에 지쳐 버리고 배우는 것 자체에 싫증을 느끼게 된다. 학문이란 본래 그다지 어려운 것도 아니고 생각하는 것을 좋아하는 사람이라면 누구든지 할 수 있으며, 그 기쁨을 맛볼 수 있는 것이다.

4. 본질적인 연구제목 선정

연구를 진행하기 전에 중요한 것은 자신이 연구하고자 하는 것이 "인간과 사회에 본질적인 의의가 있을까?" 하고 인식하는 것이 결정적으로 중요하다. 연구제목이 좋지 않으면 좋은 결과가 나올 리 없다. 물론 연구를 해도 엉뚱한 결과가 나타난다. 본질적인 과제라는 것은 행복, 인권 및 자유 등 인간사회가 종국적으로 실현해야 할 가치이나. 사신의 연구는 종국직 가치실현이 되도록 노력해야 한다. 학문분야가 어떤 것이든 모두 여기에 귀결된다고 한다.

우리가 살아가는 현대 자본주의 사회에서는 모든 것이 상품화되고 자본에 대한 이윤추구의 대상이나 수단으로 생각하고 있다. 모든 사회현상이 그렇지만 학문연구도 예외는 아니다. 결국 연구 결과도 상품이라고 할 수 있다. 좋은 연구결과를 얻기 위해서는 연구제목을 좀 더 생각하고 연구에 임하지 않으면 아무 것도 얻을 수 없다. 따라서 연구제목도 자신이 직접 선정하지 않으면 좋은 연구결과를 얻을 수 없다. 예를 들어 어떤 연구제목에 의한 위탁연구나 지도교수가 연구제목을 정해주는 경우에는 절대로 좋은 연구결과를 얻기가 어렵다. 왜냐하면 연구자가 그 연구제목에 대하여 깊이 생각하지 않았기 때문이다.

따라서 본인의 연구는 자신의 나름대로 연구에 대한 철학을 가지고 깊이 생각하여 자신의 능력으로 연구제목을 정하지 않으면 안 된다. 결국 연구의 주체성을 확립한다는 것은 연구의 본질적인 조건이라 할 수 있다. 자신의 가치관과 어떤 문제인식에 대한 해결능력이 거기에서 발휘되기 때문이다.

5. 연구 제목은 현실문제에 적합한가?

연구 제목은 현대사회의 문제에 적합한가 하는 것이 고려되어야 한다. 오늘날 우리는 심각한 부동산문제에 봉착하고 있다. 우리들의 연구와 관련지어 보면 부동산은 인간생활의 기반이다. 그러나 부동산문제는 국토면적의 협소, 소유의 편중, 고지가, 수급의 불균형 등 여러 가지 문제로 대두되고 있다.

따라서 이러한 문제를 인식하고 그 문제를 해결하려고 하는 연구가 필요하다. 또한 우리는 현실사회에 대한 연구도 중요하지만 장래에 어떤 문제가 일어날 것인가를 연구하지 않으면 안 된다. 현재를 알고 미래를 예측한다는 것은 쉬운 일이 아니다. 학부생이나 석사과정 원생은 이제 연구를 처음 시작하는 단계이기 때문에 당장은 문제인식과 문제해결이나 장래에 대한 예측을 끌어내기가 어렵다.

이러한 연구능력을 향상시키기 위해서는 이미 발표된 연구논문을 꾸준히 읽고, 생각을 많이 하여 현실사회를 바로 볼 수 있도록 능력을 배양해야 할 것이다. 현실 문제를 바로 볼 수 있는 능력을 갖추기 위해서는 자료를 읽고, 상식을 넓히고, 여행해서 체험을 하고, 때로는 지도교수의 연구논문을 작성하는데 뒷바라지를 하면서 자신의 능력을 배양하는 자세가 필요할 것이다.

6. 연구는 과학적이고 논리적인가?

연구의 방법은 과학적이어야 하고 연구의 내용은 논리적이어야 한다. 비과학적인 방법으로 연구하면 정확한 결론을 얻을 수 없고 본질적인 연구결과를 얻을 수 없다. 데카르트, 칸트, 헤겔 등은 변증법적 사고에 의한 논리적 인식이 필요하다고 했다. 연구를 하는 데는 사상이나 방법론이 필요 불가결 하다. 연구에 대한 방법과 논리를 탐구하지 못하고 연구를 한다는 것은 연구라고 할 수 없다. 그 논리를 찾는다는 것은 현실의 모순을 해결하기 위해 가설을 설정해야 하고 이것을 실증해야 한다.

또한 관념적이 아니고 변증법적으로 조사연구를 해야 한다. 이를 테면 우리가 무엇인가를 연구할 때 그 속에 내재한 모순이 어떠한 논리구조를 가지고 있으며, 인간사회의 보편적인 과제에 관련이 있는가를 보지 않으면 안 된다.

예를 들면 부동산에 관한 연구를 할 때 부동산 때문에 생기는 고유의 논리는 무엇인가 부동산을 둘러싼 기본적인 모순은 무엇인가 하는 문제의식을 갖는 것이 필요하다. 즉 부동산이 인간의 생활과 생활공간 전체에 어느 정도 영향을 미치고 있는가를 생각하지 않으면 안 된다. 개개인의 부동산문제는 사적으로 작은 문제일 것 같이 보이지만, 국가 전체적으로 보면 크나큰 사회문제이다. 따라서 개개의 문제가 전체에 어떤 문제로 변모되는가를 생각한다는 것은 대단히 중요하다.

학문이란 여러 가지 분야로 나누어져 있지만 모두 그 분야 고유의 논리를 추구하고 있다. 경제학은 경제논리, 의학은 인체생리의 논리 등이다. 부동산학의 경우는 '부동산과 인간의 관계개선에 대한 논리'라고 할 수 있을 것이다. 즉 토지공간에 내재하고 있는 고유의 논리란 무엇인가? 그것은 모순의 현상과 모순의 구조일 것이다. 이러한 것을 해결하는 것이 과학으로서 과제일 것이다. 따라서 우리는 대학원생의 학위논문 등 개개의 논문에서 전체의 문제를 해결한다고 하는 노력이 필요한 것이다.

7. 풍부한 연구의 구상력이 있어야 한다.

학문에는 풍부한 연구의 구상력이 필요하다. 나 자신도 여러분에게 보여줄 훌륭한 성과물이 없어 여기에 대한 설득력이 없지만, 연구의 구상력이 크면 클수록 좋다고 할 수 있다. 풍부한 연구의 구상력이란 어떤 문제에 어느 정도 생각했는가에 따라 얻어지는 결과라고 생각한다. 연구제목과 연구방법을 쉽게 생각하고 연구에 임하는 경우는 훌륭한 성과를 거둘 수 없다고 생각한다. 풍부한 구상력을 가지고 연구에 임하는 경우는 그 과정에서 얻어지는 성과물은 독자적인 가치를 갖게 될 것이고, 연구자체의 발전과 구성에 기여할 것이다.

훌륭한 학문은 풍부한 구상력을 필요로 하지만, 풍부한 구상력을 갖기 위해서는 사물의 본질을 충분히 생각하고, 현실을 통찰하여 현대사회가 요구하는 과제를 깊이 생각하고, 자기 나름대로 인생관과 세계관을 가지고, 연구자로서 주체성을 확립해야 한다. 우리가 철학이나 논리학을 공부하는 것은 풍부한 구상력을 갖추기 위한 기초라고 할 수 있다. 따라서 이러한 공부를 할 때 저자가 어떤 논리를 펴고, 어떻게 전개해 나가는가를 알아야 한다.

결국 풍부한 구상력을 갖추기 위해서는 자신이 주체적으로 생각하여 연구제목을 정해야 한다. 연구제목을 지도교수로부터 얻는다면 연구에 대한 구상력도 나오질 않는다. 물론 유익한 조언은 필요할 것이다. 그런데 연구의 초심자는 이러한 논리에 대하여 이해하기 어려운 부분이 많을 것이다. 그러나 책과 논문을 읽고, 선배에게 조언을 듣고, 교수에게 지도를 받으면서 학문이 성장할 수 있을 것이다.

8. 연구는 독창적이어야 한다.

연구는 독창성이 있어야 한다는 것은 다른 사람이 연구하지 못한 것을 연구해야 한다는 것과 지금까지 연구되지 않은 것을 연구한다는 이야기다. 즉 연구는 오리지날리티가 없으면 안 된다는 것이다. 학문은 학문 그 자체를 위하여 있는 것이 아니고 사회를 위하여 있는 것이다.

일반론적으로 말하자면 다른 사람이 연구한 것이라면 다시 연구할 필요가 없다는 것이다. 우리가 흔히 어떤 연구를 하려고 하니 '자료가 없어서 못 하겠다'고 이야기한다. 자료가 없을수록 독창적인 연구를 할 수 있다는 것이다. 즉 인간사회에 본질적으로 새로운 가치를 부가한다는 것이다. 거기에 창조의 의미가 있고, 학문이나 예술은 언제나 창조적이어야 한다.

대단히 어려운 이야기가 될지 모르나 창조적인 연구방법론이란 무엇인가? 학문에는 각각 발전의 역사가 있고, 그 중에서 연구고유의 범주가 설정되고, 전문분야라고 하는 영역이 확립되고 있지만, 인간사회에 나타나고 있는 제 현상은 항상 변화하며 복잡하다. 경영학이 독립학문으로 형성될 때 논란이 많았던 것도 사실이고, 부동산학도 태동을 할 때 논란이 많았던 것도 사실이다. 또한 부동산학도 학문적으로 독립적인 학문으로 인정받는데 교수 등 연구자의 피나는 노력이 있었다.

좀 더 구체적인 연구를 진행하는 방법에 대하여 생각해 보자면, 우선 새로운 현상이나 모순을 발견하기 위하여 연구는 항상 가설을 정하지 않으면 안 된다. 설문조사를 할 때에도 '무엇을 조사하면 좋을까' 하는 것이 아니라, 실험하여 얻어야 하는 것이라면 '우선 실험을 해보자'는 것이 아니라 '재료의 혼합을 바꾸면 이러한 결과가 나오지 않을까' 하는 가설을 설정하고 연구해야 한다는 것이다.

일반적으로 우리의 경우 부동산에 대하여 문헌연구도 그렇지만 설문조사에 의한 조사연구에서도 '어떤 조사의 결과가 이렇게 나타났다'고 하는 것이 대부분이다. 이러한 것은 하나의 자료는 될 수 있지만, 정책 안의 작성에 자료로 사용하기는 곤란하다. 예를 들면 현재 한국인의 토지관에 대한 모순이 어디에 있는가? 하는 가설을 정하고, 그것이 사실인가를 조사한다고 하여 연구가 다 되었다고 할 수 없다. 사실을 확인하고 논리적인 절차로 입증해야 비로소 자료로서 가치가 있다고 할 것이다.

새로운 연구영역을 구체적으로 어떻게 개척할까 하는 것은 자신의 능력으로 해결하지 않으면 안 된다. 사물을 정확히 볼 수 있는 능력이 없으면 불가능할지도 모른다. 즉 경계영역이라고 하는 미지의 영역을 생각하는 것에 따라 본질적인 인식이나 자신의 구상력이 발휘될 수 있을 것이다. 또한 독창적인 것을 최초로 발표할 때에는 체계적으로 정리하기가 어렵고, 연구의 평가도 좋지 않을 것이다. 그러나 그 평가에 자신을 잃을 필요는 없다.

9. 변혁과 시대에 앞선 연구

연구논제가 사회적인 과제인가 또는 시대적으로 요청되고 있는 것인가를 면밀히 검토하여 접근해야 할 것이다. 우리의 연구 분야로 말하자면 토지문제나 주택문제는 점점 심각해지고, 가진 자와 가지지 못한 자의 격차는 심화되고 있다. 구체적으로 ① 소득에 비하여 주택가격이 절대적으로 높다는 문제 ② 가구 수에 비하여 주택호수가 부족하다는 문제 ③ 부동산의 과세표준과 세율이 낮다는 문제 ④ 대도시의 빈민문제 ⑤ 부동산에 대한 법률체계가 복잡하다는 문제 ⑥ 낙후된 부동산유통의 문제 등 우리와 관련된 분야만 하더라도 선결 연구과제가 산적되어 있다.

이들 연구과제가 현재 우리나라가 직면하고 있는 중심 연구과제일 것으로 생각된다. 따라서 이러한 연구과제로 산적한 문제를 해결해야 할 것이다. 결국 시대에 뒤떨어진 연구과제로 연구에 임한다는 것은 좋은 결과를 얻을 수도 없고 비현실적일 것이다.

학문이나 연구의 본질은 사회의 변혁에 기여해야할 의무를 지고 있다. 우리의 전문분야와 관련지어 보자면, 6공 정권 시대에 주택 200만호 건설계획을 수립하여 추진했던 예가 있다. 그 결과 목표는 달성했다고 하나, 과연 서민을 위한 정책이었는가를 평가해 보면 건축자재 부족으로 자재가격 상승, 노동력 부족으로 인한 인건비 상승 등으로 주택가격이 몇 배나 뛰어서 오히려 서민들은 내 집 마련의 꿈을 송두리째 빼앗기고 말았다. 또한 대통령선거공약에 의한 신행정수도를 건설한다는 문제 등이다. 이들 예는 변혁을 할 때 충분한 연구를 하지 않고 즉흥적으로 시행했기 때문이다. 연구자의 연구결과에 따라 좋은 정책을 수립해 놓으면 정치적으로 일을 망가뜨리는 것을 우리는 흔히 볼 수 있다.

학문은 변혁에 기여해야 하고, 연구자는 시대를 비판적으로 보아야 한다. 지배 권력이란 항상 보수적이고 자기의 이익을 지키기 위하여 부단히 노력한다. 과거의 봉건사회나 군사정권 시대에도 그랬는데 현재의 정부도 잘 하고 있는지는 의문이다. 군사정권 시대에는 학문의 자유도 말살되어 왔고, 오늘날 부동산정책도 정치가 망가뜨리는 경향이 많다. 이제는 학문의 자유가 존중되어 학자 등 연구자의 비판을 들어가면서 변혁을 해야 할 것이다. 이는 사회에서도 기대하고 있기 때문이다.

10. 연구자로서의 자세

마지막으로 연구자의 마음가짐에 대해서는 ① 겸허하고 비판적인 자세로 연구에 자신을 가질 필요가 있고 ② 적극적으로 기록하는 노력이 필요하고 ③ 어떤 논제에 대하여 토론하는 자세가 필요하다.

첫째, 자신의 연구에 자신을 갖지 못해도 곤란하고 연구에 자만해서도 안 된다. 왜냐하면 자만이나 방만하는 연구자는 사물을 정확히 볼 수 없기 때문이다. 연구자는 모든 사물을 긍정적으로 보면 금물이다. 즉 모든 사물을 비판적 정신으로 보아야 한다는 것이다. 예를 들면 '이것도 좋고 저것도 좋다'는 사고방식은 곤란하다는 것이다.

둘째, 적극적으로 기록하는 노력이 필요하고, 사물에 대하여 생각하는 능력이 필요하고 그 생각을 정리하는 능력이 필요하다. 또한 문장력이 좋아야 한다는 것이 아니라 자료가 될 만한 것은 항상 정리하여 기록해 두는 자세가 필요하다. 아울러 자신의 연구결과를 논문집이나 기타 잡지에 투고하는 노력이 필요하다.

셋째, 어떤 논제에 대한 토론의 자세가 필요하다. 이것은 스터디 등을 통하여 자기의 의견을 제시하여 참석자로 하여금 비판을 받아야 한다는 것이다. 우리의 경우 토론할 기회가 없어 토론문화가 정착되어 있지 못한 현실이다. 한 예로 학부나 대학원생의 스터디를 주관해 보면 토론이 아니라 서로 싸우려고 하는 인상을 받은 적이 여러 번 있었다. 자기가 제기한 내용에 비판을 가하면 겸허히 받아들이는 자세가 아니라 우선은 부정하는 경우를 많이 보았다. 이러한 자세는 학문을 발전시킬 수 없고 연구내용이 다듬어질 수 없다.

연구자는 이상과 같은 내용을 잘 숙지하고 생활화하여 우수한 연구논문을 작성하고 훌륭한 연구자가 되어 사회에 기여하기를 기대한다.

제1편

부동산의 전속중개계약 및 거래정보망 합리화방안

최봉현

c·o·n·t·e·n·t·s

제4편

부동산경매 참여자의 의사결정특성 분석

··· 문희명

c·o·n·t·e·n·t·s

제1편
부동산의 전속중개계약 및 거래정보망 합리화방안

– 최봉현

서 론 01

1 연구의 배경 및 목적

1) 연구의 배경

경제성장과 더불어 부동산시장의 규모는 거대화·다양화되고 있으며, 거래금액도 고액화 되고 있다. 이러한 부동산시장의 변화는 부동산거래의 투명성 확보 등 근본적인 패러다임의 전환을 요구하고 있다.

이에 따라 부동산거래시장도 중개업자의 신뢰성 확보와 함께 투명하고 신뢰할 수 있는 거래방식을 모색해야 하는 등 선진사회에 걸맞은 제도적 기반을 갖추어야 한다. 이제는 국민의 재산권을 보호하고 소비자인 고객의 욕구에 부응하기 위하여 부동산거래의 불투명성 해소와 거래방식을 선진화할 수 있는 새로운 방안이 모색되어야 할 것이다.

부동산거래방식의 선진화는 부동산중개업자[1]의 신뢰성 확보와 함께 거래의 투명성, 거래의 시의적절성, 분쟁요인 해결, 서비스수준의 향상 등의 방안이 제시되고 있다. 이를 위해서는 고객과 중개업자의 이익이 서로 조화되고 신뢰할 수 있는 방향으로 부동산정책 및 제도가 정비되어야 할 것이다. 이는 중개업자의 신뢰성을 확보하면서 고객만족을 제고하는 방향으로 나아가야 하는 것을 의미한다. 중개업자의 신뢰성과 고객만족을 제고하려면 그동안 유지해오던 제도나 관행에서 과감히 탈피해야 하며, 이러한 정책의 추진이 부작용을 겪지 않고 효과적으로 시행하기 위한 정책적 노력이 필요하다.

하지만 「공인중개사의 업무 및 부동산 거래신고에 관한 법률」[2]이 시행된 지 4반세기가 되었음에도 불구하고, 부동산거래제도는 아직도 과거의 후진적인 틀을 벗지 못하고 있다. 이는 여러 가지 요인이 있겠으나 부동산거래제도 중에서 핵심이라고 할 수 있는 전속중개계약제도와 부동산거래정보망제도의 비활성화가 주요한 요인이라고 할 수 있다.

---

1) 이하 본 논문에서는 '중개업자'라고 약칭하기로 한다.

2) 1983년 12월 31일 법률 제3676호 '부동산중개업법'으로 제정되어 1984년 4월 1일 시행되었으며, 2005년 7월 29일 법률 7638호 '공인중개사의 업무 및 부동산 거래신고에 관한 법률'로 명칭이 변경되었다. 이하 본 논문에서는 '공인중개사법'이라고 약칭하기로 한다.

전속중개계약과 부동산거래정보망제도는 그 효율성을 인정받아 미국, 일본, 유럽 등의 여러 선진국가에서 이미 보편화된 제도이다. 우리나라에서도 부동산거래의 선진화와 부동산중개업의 거래질서를 확립하고 부동산중개의뢰인[3]의 재산권 보호 및 편익제공을 위해 1993년에 시행근거를 법제화하였다. 그러나 구두중개계약에 익숙한 부동산거래관습에 배치되어 대국민 인지도가 낮고, 낮은 중개 수수료율 체계로 인한 중개업계의 참여 미흡, 계약구속력이 결여된 전속중개계약의 비현실적인 약관, 거래정보망의 미비 등 정부의 정책적 지원 미비 등의 문제로 말미암아 10여년이 지난 현재까지도 제대로 제도 정착이 안 되고 있는 실정이다.

이로 인해 부동산거래시장은 거래의 불투명성과 함께 신뢰성이 개선되지 않는 등 많은 문제점이 발생되고 있다. 또한 거래정보의 제약으로 인한 정보의 비대칭성은 거래의 효율성을 저하시키고 이는 불필요한 거래비용의 증가로 이어지고 있다.

이러한 요인들은 중개업자의 업무의욕을 저하시키고 고객만족을 저해하는 요인으로 작용하고 있다. 부동산거래분야가 그 규모나 가치 면에서 국민경제에 차지하고 있는 비중과 더불어 일반국민의 삶과 매우 밀접한 관계를 가지고 있음에도 불구하고 지금까지 부정적인 이미지로 남아 있는 것은 안타까운 일이다.

부동산거래가 갈수록 복잡 다양해지고 전문적인 부동산지식이 필요로 할 것은 누구나 예측할 수 있는 사실이며, 향후 부동산전문가의 역할이 점점 커지는 것을 감안할 때 현재와 같은 제도체제로서는 수준 높은 서비스를 기대하는 일반국민의 욕구에 부응하기 힘들다. 만약 이를 지속적으로 방치할 경우 거래비용의 증가와 함께 거래의 불안정성을 가중시키고 자원배분의 왜곡을 초래할 수 있으며, 결국 부동산거래질서의 혼란이 야기될 가능성이 높다는 점도 간과해서는 안 될 것이다. 따라서 부동산거래과정을 정확히 이해하고 거래의 효율성을 제고하기 위한 적절한 제도적인 방안이 강구되어야 한다.

이를 위해서는 현재의 부동산중개계약[4]제도와 부동산거래정보망[5]제도를 선진화할 수 있는 방안을 검토해야 하며, 특히 전속중개계약과 거래정보망제도의 구체적인 활성화 방안의 수립이 중요한 과제이다.

그동안 많은 사람들이 중개계약과 거래정보망을 연구하였다. 초기 관심사는 중개계약의 경우 법률적 성격의 규정과 더불어 제도 도입이 부동산거래시장에 긍정적 영향을 미치는가에 주안점을 두었고, 거래정보망 역시 제도 도입의 필요성에 주목하였다. 그러나 최근의 관심사는 부동산시장의 개방화, 투명화 등의 부동산패러다임의 전환기류와 함께 제도의 효율성에 대한 관심이 증대됨에 따라 이에 대한 논의가 필요한 시점이다. 외국의 운영사례 등 보다 광범위한 문헌자료가 구비됨에 따라 문헌연구가 여러 각도로 진행되고 있으나, 아직은 합의점을 도출하지 못하고 있다.

---

3) 이하 본 논문에서는 '의뢰인'이라고 약칭하기로 한다.
4) 이하 본 논문에서는 '중개계약'이라고 약칭하기로 한다.
5) 이하 본 논문에서는 '거래정보망'이라고 약칭하기로 한다.

2) 연구의 목적

우리나라에서는 1993년 제4차 부동산중개업법 개정[6]에서 종래의 일반중개계약제도의 문제점을 보완하고 부동산거래의 효율성을 증진하기 위하여 전속중개계약과 거래정보망제도가 신설되었다. 법률에서는 전속중개계약을 체결한 중개업자는 반드시 거래정보망이나 일간신문에 매물정보를 공개하도록 규정하고 있다. 따라서 이 제도의 원활한 시행을 위해서는 전속중개계약과 거래정보망의 활성화가 함께 이루어져야 한다.

전속중개계약 및 거래정보망제도가 부동산거래의 효율성 제고라는 목적에 중점을 두고 있는 만큼 의도한 목적을 달성하기 위해 어떤 요건들이 필요한가를 규명하여 제도발전에 기여할 수 있는 제반 여건을 규명하고 효율성 증진을 최대화하는 방안을 모색하는데 있다.

본 연구는 논의의 전개에서 부동산거래시장은 정보 비대칭성으로 말미암아 부동산거래의 비효율성과 사회적 비용이 존재하는 전형적인 시장실패의 영역이라 가정한다. 따라서 정부의 적절한 개입을 필요로 하고 그 역할은 조정자의 역할로서 사회적 비용을 최소화하도록 제도의 활성화를 극대화하는데 두어야 한다.

이에 본 연구에서는 거래비용이론과 정보 비대칭이론을 전속중개계약과 거래정보망에 적용하여 결합된 전속중개계약 및 거래정보망제도가 부동산거래의 효율성에 미치는 영향을 살펴보고자 한다. 그리고 이를 바탕으로 실증분석을 통하여 중개업자의 신뢰성 확보와 고객만족을 제고할 수 있는 정책적 시사점을 제시하고자 한다.

따라서 본 연구의 목적은 전속중개계약제도 및 거래정보망제도의 활성화 저해요인을 중개업자의 의식조사를 통하여 실증분석으로 검증해보고, 만일 제도의 활성화 저해요인이 밝혀진다면 그 합리화 방안을 마련해 제시함으로써 부동산거래의 효율성을 확보하고 선진화된 부동산거래제도를 정착시키는데 필요한 기초 자료를 제공하는데 있다.

---

6) 제4차 부동산중개업법 개정은 1993년 12월 27일 법률 제4628호로 공포되고, 1994년 6월 1일부터 시행되었다.

〈그림 1-1〉 연구배경과 목적

- 부동산시장의 변화
- 부동산거래방식의 근본적인 인식전환 필요

⇩

- 부동산거래방식의 선진화 방안 요구
- 부동산거래의 불투명성 해소와 신뢰성 확보

⇩

- 전속중개계약 · 거래정보망제도의 현황 및 문제점 파악
- 양 제도가 부동산거래의 효율성에 미치는 영향 고찰

⇩

- 전속중개계약 · 거래정보망제도 활성화 방안 제시

⇩

- 부동산거래의 효율성 및 합리화 확보

⇩

- 선진화된 부동산거래제도

2 연구의 방법 및 범위

1) 연구 방법

본 연구의 목적을 달성하기 위해 문헌적 연구와 실증적 분석을 병행하고자 한다. 먼저 문헌연구에서는 중개계약제도 및 거래정보망제도의 전반적인 이론적 고찰과 함께 주요 선진국의 제도 및 운영사례와의 비교를 통하여 시사점을 도출한다. 또한 국내외 선행연구의 검토를 통해 기존 연구의 실태를 파악하고 본 논문의 논리 전개과정에서 적절히 인용한다. 여기에서 분석한 내용으로 우리나라의 현행 제도의 문제점을 도출하여 정책방안을 제시하는데 기본 자료로 활용한다.

실증분석에서는 전속중개계약 및 거래정보망제도 활성화요인을 탐색하여 가설을 설정한다. 설정된 가설을 검정하기 위해 전문가집단을 대상으로 설문을 통해 자료를 수집

한다. 수집된 자료로 요인별 상관관계를 살펴보고, 이러한 요인이 부동산거래의 효율성, 중개업자의 신뢰성, 고객만족에 미치는 영향을 행태과학적 접근법으로 고찰한다. 가설에 대한 검정은 요인 간 상관관계를 밝히기 위해 구조화모형을 실시하며, 분석은 AMOS 4.0과 SPSSPC 12.0 통계패키지를 이용하는 통계학적 접근법을 이용한다.

2) 연구 범위

본 연구에서는 분석효과를 높이기 위해 논의의 범위를 축소하여 전속중개계약과 거래정보망제도를 대상으로 하며, 결합된 두 제도가 부동산거래의 효율성에 미치는 영향에 주안점을 두고 연구를 수행하고자 한다. 양 제도를 함께 고찰하는 이유는 서로 밀접한 관계를 갖고 있기 때문이다. 전속중개계약에서는 활성화 저해요인을, 거래정보망에서는 시스템의 물리적 측면보다는 제도의 효용성 연구를 위주로 하며, 이론적 측면보다는 실증분석을 중심으로 한다.

먼저 중개계약(listing agreement)은 미국의 리스팅(listing)제도 분류법을 인용하기로 한다. 그 이유는 미국의 중개계약제도가 다른 국가에 비하여 선진화된 제도로 평가받고 있을 뿐만 아니라, 이 뷰야에 대한 연구가 일찍부터 이루어져 왔기 때문이다. 본 연구에서는 특히 전속중개계약제도를 연구범위로 한정하여 연구를 수행하도록 한다. 왜냐하면 우리나라에서 1993년에 시행근거를 법제화하였음에도 불구하고, 현재까지도 제대로 정착이 안 되고 있어 이에 대한 정책적 시사점을 제공해보기 위해서다.

거래정보망은 정부의 거래정보사업자 지정 여부에 따라 정부에서 인가한 거래정보망과 민간에서 운영하는 사설 거래정보망으로 나눌 수 있다. 본 연구에서는 공인중개사법에 의거하여 건설교통부장관의 인가를 받은 거래정보망으로 그 연구범위를 제한한다. 그 이유로는, 전속중개계약을 체결하게 되면 반드시 건교부의 인가를 받은 거래정보망에 물건정보를 등록해야 하는 등 전속중개계약과 상호 불가분의 관계를 갖고 있기 때문이다. 사설거래정보망은 제도권 밖의 시스템으로서 의뢰인과 전속중개계약을 체결해야 할 의무가 없으므로 본 연구와 무관하며 별도의 검토가 필요하다.

거래정보망시스템은 기술적인 측면과 이용상의 측면 등 두 가지 측면을 고려할 수 있는데 본 연구에서는 이용상의 측면에서 접근하고자 한다.

본 연구는 모두 6개의 장으로 구성한다. 제1장에서는 연구의 배경과 연구목적, 연구의 범위와 방법에 관하여 서술한다. 제2장은 선행연구와 주요변수의 개념을 살펴보고, 전속중개계약 · 거래정보망제도의 중요성을 거래비용 이론과 정보의 비대칭성 이론의 관점에서 고찰한다. 제3장은 중개계약 · 거래정보망제도의 개념과 우리나라의 제도 운영현황 및 문제점을 살펴본다. 또한 미국, 일본, 유럽 등 주요 국가의 운영사례를 살펴보고, 시사점을 도출한다. 제4장은 실증연구에 필요한 연구모형 및 연구가설을 설정하고 변수를 정의한다. 이와 함께 설문지 구성 및 내용에 대해서 서술한 후에 표본을 설계하고 분석방법을 제시한다. 빈도분석, 신뢰성분석, 확인요인분석, 상관관계분석 등 실증분석을 한 후에 가설을 검정하고 이에 대해 논의한다. 제5장은 전속중개계약 및 거래정보망제도에 대한 문제점 및 개선방안을 제시한다. 제6장은 결론을 제시한다.

〈그림 1-2〉 연구의 흐름도

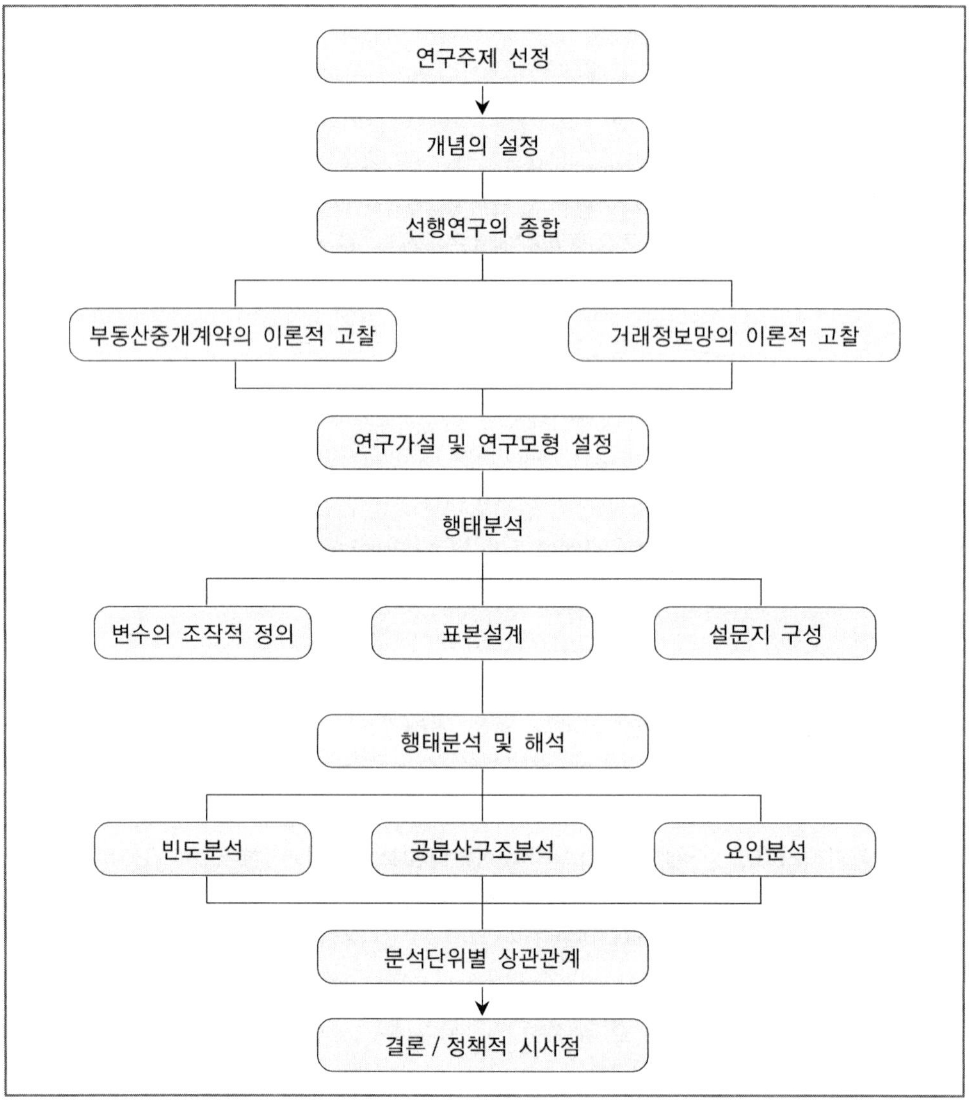

이론적 고찰 02

1 전속중개계약 및 거래정보망제도의 선행연구

본 연구의 목적을 달성하기 위하여 먼저 기존의 연구자료 및 분석결과를 정리하고자 한다. 전속중개계약과 거래정보망에 대한 연구는 그동안 다양한 각도로 진행되어 여러 가지 논의가 있어 왔다. 초기 연구에서는 중개계약과 거래정보망제도에 대하여 법적 근거와 필요성, 당위성을 중점적으로 논의하면서 우리나라 제도정립에 이론적인 근거를 제시하는데 초점을 맞추었다. 최근에는 제도의 운용방향이나 개선방안에 대하여 논의의 초점이 옮겨가고 있다. 하지만 선행연구를 살펴볼 때, 초기의 연구는 연구의 성격상 문헌연구에 의존할 수밖에 없다고 하더라도, 제도 개선방안을 논하는 최근의 연구에서도 거의 대부분이 문헌연구에 의존하고 있으며, 실태조사를 통한 실증분석 연구는 거의 없는 실정이다. 이는 부가적인 시간과 비용의 발생, 실증분석의 어려움 등이 주 원인인 듯하다.

1) 전속중개계약제도의 선행연구

강용암(2006)은 현행법상 규정된 중개계약의 유형과 중개보수 등에 관한 실태상, 제도상의 문제 및 중개계약의 비전형성 문제 등의 검토와 그에 대한 개선방안을 제시하였다. 이를 위하여 주요국가의 입법례를 통한 비교법적 고찰과 함께 중개계약의 유형 및 법적 성질 등 법리, 법률관계를 검토하고, 이를 통하여 중개계약의 문제점과 제도 개선방안을 제시하였다. 개선방안으로는 중개계약서의 작성의무를 법제화할 것과 독점중개계약의 유형을 명문화할 것을 주장하였다. 전속중개계약의 활성화를 위하여 중개업자의 거래정보망 가입을 의무화 하는 등 제도적 환경을 마련할 것을 주장하였다. 또한 민법 개정시안에서 중개계약을 민법상 전형계약으로 편입할 때에 중개계약의 독자성이 부각될 수 있도록 입법의 보완이 필요함을 주장하였다.

이창상(2005)은 미국에서 부동산거래관계가 반드시 서면으로 이루어질 수 밖에 없었고 또 서면관계를 기준으로 부동산거래관계를 발전시켜온 부분을 기술하면서 부동산 거래시 서면관계를 기준으로 미국 각주의 제도와 판례를 살펴보았다. 서면계약의 보호가 필요한 만큼 중요한 계약에 한정하여 그 적용대상을 개별적으로 명시하고 이에 의한 기준을 만들어 엄격히 적용할 것을 주장하였다. 과연 어떤 것이 서면계약제의 대상인가에 대해서는 판례가 지향하는 부분을 기준으로 명확한 규정을 정립할 것을 주장하였다.

소성규(2002)는 중개계약의 법적 성질과 그 독자성을 연구하였다. 중개계약은 민사중개에 의한 민법상의 위임의 일종으로서 도급형 위임의 성격에 가깝다고 주장하였다. 하지만 중개계약이 위임, 도급, 고용, 현상광고 등과 다른 독자적인 특질에 대해 설명하고, 이러한 측면에서 중개계약은 기본적으로 전형계약의 어디에도 속하지 않는 특수한 유형의 계약 내지는 무명계약이라고 하면서 법률적 독자성을 주장하였다. 민법상 과제로서 중개계약에 대한 민법개정시안에 대해 언급하면서 독일민법과의 법조문 비교를 통해 민법 개정시안이 간과하고 있는 내용에 대해 관련 법조문을 열거하여 비판하면서 우리 민법의 입법방향에 대하여 언급하였다.

황영두(2002)는 중개계약의 효력에 있어서 중개업자의 보수청구권과 확인설명 의무의 한계, 손해배상책임에 대한 법리구성 문제와 의뢰인의 협력의무범위 등 중개업자의 권리, 의무와 책임 및 의뢰인의 권리, 의무와 책임을 중심으로 해석론을 위주로 연구하였다. 또한 중개계약에 관한 민법의 개정시안에 대해 논하면서 민사중개계약을 위임계약과 유사한 법률관계로 파악해서는 안 되며, 독자적인 법률관계를 형성하고 있는 민사중개계약의 본질을 파악해야 한다고 하면서 중개계약의 효력에 관한 법률적 규정은 구체적이고 명백하게 민법전에 명시하여야 한다고 주장하였다.

이병준(2001)은 중개계약 규정에 대하여 2001년 11월에 발표한 민법개정시안에서 새로운 전형계약으로서의 편입 시에 중개계약 규정이 갖는 의미와 기능을 설명하고 중개계약의 법적 성격을 연구하였다. 논의의 전제로서 민법상 전형계약이 어떤 의미와 기능을 갖는지를 살펴보고, 그 다음에 전형계약에 대한 논의를 기초로 해서 민법개정시안을 검토하였다. 이 때 독자적인 전형계약규정을 두고 있는 독일민법과 위임계약의 특수한 경우로 규정하고 있는 스위스 채무법을 참조로 하여 중개계약의 모델을 제시하고자 하였다.

강병기·유병조(2000)는 구 부동산중개업법상의 중개제도 문제점 및 대책을 연구하였다. 현행법 제도에서는 독점중개계약의 체결이 금지되어 있으며, 이는 계약자유의 원칙에 위배된다고 지적하면서 독점중개계약에 대한 법률규정을 신설할 것을 주장하였다. 일반중개계약서도 중개계약을 체결할 때 반드시 작성되도록 하는 것이 중개업자의 중개의뢰의 명확화는 물론 중개의뢰인의 보호를 위해서도 유익하다고 주장하였다.

소성규(1998)는 대법원이 보유하고 있는 하급심을 포함한 판례를 중심으로 중개계약에 대한 우리나라 법원의 동향을 살펴보고 판례유형을 분석하였다. 그 유형으로서 '부동산중개업의 정의와 관련된 판례', '부동산중개업의 면허에 관련된 판례', '중개대상물에 관련된 판례', 중개계약의 법적 성질에 관련된 판례', '중개업자의 주의의무에 관련된 판례', '중개업자의 보수청구권에 관련된 판례', '업무에 관한 금지사항에 관련된 판례', '공제업무에 관련된 사항', '기타 사항'으로 유형을 분류하였다.

이재웅(1996)은 일본, 독일, 미국, 프랑스 등 각국의 중개계약제도 현황에 대해서 고찰하고, 전속중개계약을 체결한 경우에 중개업자와 의뢰인에게 부과되는 권리와 의무에 대해서 연구하였다. 중개업자와 의뢰인간에 전속중개계약을 체결한 경우에 그 중개계약에 대해 일방당사자인 의뢰인이 어떠한 구속을 받게 되는지, 또한 그에 상응하여 타방당사자인 중개업자에게는 어떠한 규제가 부과되는가 하는 것에 대해서 검토하였다.

김기수(1987)는 중개계약제도에 대하여 미국, 영국, 프랑스, 독일 등 외국의 선진사례를 소개하면서 부동산유통의 근대화에 이바지하는 방안 중에서 가장 기본적인 것으로 중개계약제도의 개선을 꼽으면서 중개업자의 공신력제고와 부동산 거래질서의 확립이라는 측면에서 중개업법상 근거를 명시하여야 한다고 주장하였다. 중개계약의 법률적 성질에 관하여는 중개계약의 방식, 즉 서면화와 형식을 규정하여야 하고 중개계약의 유형을 명문화할 것을 주장하였다. 중개계약의 유형으로는 중개업자와 의뢰인의 관계에서 가장 적합한 최소한의 중개계약유형을 만들고 그 중에서 양자 간을 선택하도록 하는 것이 바람직하다고 주장하였다.

한상익(1985)은 미국, 일본 등 외국의 중개계약제도를 소개하면서 우리나라 제도와의 비교법적 고찰을 통하여 중개계약의 서면화 등 개선방안을 제시하였다. 또한 대전시와 천안시를 대상으로 설문조사를 하여 중개업소의 선정실태와 안전성 여부, 중개계약 방법 등에 대해서 조사하여 빈도분석을 실시하였다. 그러나 설문조사를 통하여 실증분석을 시도하였다는 점에 대해서 그 취지를 인정하지만, 설문조사 항목이 5개에 불과하여 중개계약의 특성을 파악하기에는 너무 빈약하고, 표본 빈도수나 표본 집단에 대한 자료가 전무하여 통계자료로서의 가치는 기대할 수 없다고 하겠다.

방경식 · 김용휘(1984)는 중개계약의 성격과 유형 및 외국의 제도현황을 소개하였다. 또한 중개계약제도가 당시의 부동산중개업법에 규정되어야 하는 이론적인 근거와 당위성을 미국, 일본 등 외국의 예에 비교하면서 기초자료로 제시하였다. 중개계약제도의 개선방안으로는 모든 계약방식을 서면계약화 하는 것이 가장 바람직스러운 일이나 관습화된 구두계약의 형태를 무시할 수는 없으므로, 처음에는 양자를 병행하면서 점차 서면계약으로 유도하는 것이 바람직하다고 주장하였다. 한편 중개계약서는 의뢰인을 보호하고 원활한 거래를 확보한다는 취지에서 중개계약 유형에 따른 표준적인 약관의 작성을 고려할 것을 주장하였다.

구영철(1984)은 중개계약의 법적 성질을 논의하면서 중개계약을 서면으로 명확화 할 필요성을 역설하고 정부에서 표준적 약관을 제정하여 그 보급을 기할 필요가 있다고 하였다. 또한 중개업자가 적극적으로 중개활동을 할 수 있도록 일정기간 내 취소불능의 독점권을 부여할 것을 주장하였다. 독점권을 부여받은 중개업자는 활동상황을 의뢰인에게 고지하도록 의무화해야 한다고 주장하였다.

김영진(1976)은 외국학자들의 정의를 토대로 하여 중개계약의 개념과 중개계약의 형태에 대해서 연구하였다. 또한 거래사고 방지차원에서 중개계약을 서면화하도록 제도화할 필요성과 함께 공동중개계약 및 전속중개계약제도의 도입을 주장하였다. 제도 도입방안으로는 단계적인 도입방안을 제시하면서 당사자의 자유의사에 위임하되 당사자가 중개계약에 합의한 경우에는 법률적으로 그 효과를 뒷받침하는 것이 필요하다고 하였다. 이 연구는 우리나라에서 중개계약에 관한 최초의 연구로 알려져 있다.

이상에서 연구된 선행연구의 정리는 다음과 같다.

〈표 2-1〉 중개계약의 선행연구

연구자	연 구 내 용
강용암(2006)	현행법상 규정된 중개계약의 유형과 중개보수 등에 관한 실태상·제도상의 문제 및 중개계약의 비전형성 문제 등의 검토와 그에 대한 개선방안을 제시하였다. 또한 민법 개정시안에서 중개계약을 민법상 전형계약으로 편입할 때에 중개계약의 독자성이 부각될 수 있도록 입법의 보완이 필요함을 주장하였다.
이창상(2005)	미국에서 부동산 거래시 서면관계를 기준으로 미국 각주의 제도와 판례를 살펴보았다. 과연 어떤 것이 서면계약제의 대상인가에 대해서는 판례가 지향하는 부분을 기준으로 명확한 규정을 정립할 것을 주장하였다.
소성규(2002)	중개계약의 법적 성질을 민사중개에 의한 민법상의 위임의 일종으로서 조건부 쌍무계약이라고 규정하면서 특히 중개계약의 법률적 독자성과 이에 따른 입법정책상 과제, 중개계약의 법적 성질에 대한 판례의 동향에 대해서 연구하였다.
황영두(2002)	중개계약에 대한 법적구조를 고찰하면서 법적성질 및 법적 효력에 대하여 연구하였다.
이병준(2001)	중개계약 규정에 대하여 2001년 11월에 발표한 민법개정시안에서 새로운 전형계약으로서의 편입시에 중개계약규정이 갖는 의미와 기능을 설명하고 중개계약의 법적 성격을 연구하였다.
강병기·유병조 (2000)	구 부동산중개업법상의 중개제도 문제점 및 대책을 연구하면서 독점중개계약에 대한 법률규정을 신설할 것과 함께 일반중개계약서 작성도 필수화할 것을 주장하였다.
소성규(1998)	대법원이 보유하고 있는 하급심을 포함한 판례를 중심으로 중개계약에 대한 우리나라 법원의 동향을 살펴보고 판례유형을 분석하였다. 그 유형으로서 '부동산중개업의 정의와 관련된 판례' 등 총 9개 유형으로 분류하였다.
이재웅(1996)	일본, 독일, 미국, 프랑스 등 각국의 중개계약제도 현황에 대해서 고찰하고, 전속중개계약을 체결한 경우에 중개업자와 의뢰인에게 부과되는 권리와 의무를 연구하였다.
김기수(1987)	중개계약제도에 대한 외국의 선진사례 소개와 함께 중개업자의 공신력제고와 부동산 거래질서의 확립이라는 측면에서 입법상 과제로서 부동산중개계약의 법규화와 정형화를 주장하였다.
방경식·김용휘 (1984)	중개계약의 성격과 유형 및 외국의 제도현황을 소개하였다. 또한 중개계약제도가 당시의 부동산중개업법에 규정되어야 하는 이론적인 근거와 당위성을 제시하였다.
김영진(1976)	일반중개계약의 서면화 필요성과 공동중개계약제도 및 중개업자의 자격제 도입 등 제도의 개선과 함께 부동산거래센터의 설치를 주장하였다. 이 연구는 우리나라에서 중개계약에 관한 최초의 연구로 알려져 있다.

2) 거래정보망제도의 선행연구

거래정보망의 연구는 외국과 한국의 제도를 비교하는데 초점이 맞추어 있으며, 대부분 문헌연구에 의존하고 있다.

윤호진(2004)은 이론적인 고찰을 통하여 거래정보망에 대한 외국의 사례와 우리나라의 현황을 비교하여 관리적 측면과 제도적 측면에서 여러 가지 활성화 방안을 제시하였다. 세부방안으로 거래정보망에 대한 공신력과 안전성을 확보하고 정확한 정보 수집을 위하여 거래정보망 회사에 대한 인증기준을 마련하고 온라인과 오프라인 상의 특성을 고려하여 계약서 등 부동산 관련 서류를 인터넷 체계에 맞게 표준화할 것을 주장하였다. 하지만 구체적인 방법상의 기준 제시는 없었던 점이 아쉬운 점이다.

장영철(2003)은 문헌연구를 통하여 외국의 사례 소개와 함께 우리나라의 거래정보망 체계를 연구하였다. 이를 실증적으로 뒷받침하기 위하여 사설 거래정보망이 비교적 잘 갖추어져 있는 일산지역을 선정하여 그 지역이 가지고 있는 지역특성을 파악하고 거래정보망 활성화를 위한 방안을 도출하고자 하였다. 하지만 설문문항이 거래정보망의 특성을 분석하기에는 문항수가 너무 부족하고 통계분석 방법도 빈도분석과 교차분석 등 기초적인 통계분석 방법만을 실시함으로써 심층적인 분석결과는 기대할 수 없었다.

양광진(1999)은 국내외의 거래정보망의 운용현황을 문헌연구와 함께 실태분석을 통하여 거래정보망의 확산방안을 제시하였다. 설문조사를 통한 실증분석에서는 거래정보망의 문제점을 도출하여 문제점에 대한 해소방안을 제시하고자 하였다. 설문조사는 정부지원 부문과 거래정보망사업자 부문, 거래정보망소비자 부문으로 설문항목을 나누어, 수도권 거주자를 모집단으로 설문조사를 실시한 후 빈도분석을 하였다. 그러나 설문항목이 13개에 불과하고, 분석 자료가 27부로 너무 빈약하여 통계결과로서 객관성을 확보하기 어려운 한계가 있다.

문영기 · 박병용(1994)은 거래정보망의 표준화 필요성, 표준화 분야 및 방법에 대해 연구하고 당시에 한국통신이 제공하고 있는 ISDN 및 CO-LAN을 이용하여 거래정보망 구축방안을 제시하였다. 연구결과로서 거래정보망사업자와 부동산VAN사업자와의 구분의 필요성을 주장하였으며, 향후의 시스템화의 동향으로 부동산정보의 특성상 기존의 코드정보에 더하여 도면정보의 온라인화 등 이미지 처리 기술 등의 적극 활용의 필요성 등을 역설하였다. 또한 행정전산망 등 관련 정보 시스템이 부동산거래정보기구 시스템과 연동될 필요성과 거래정보망 이용자의 정보 폐쇄성을 극복하기 위하여 물건등록을 하는 중개업자에게 유인책을 제공하여야 한다고 주장하였다.

장희순(1994)은 거레정보망의 개념과 시스템을 활용하기 위한 전제조건을 논하면서 거래정보망의 합리적인 운용방안에 대하여 논하였다. 이를 위하여 중개업자간, 지역간의 전국적인 거래정보네트워크의 실시, 거래정보망시장의 합리적인 형성, 분산된 정보의 규격화, 정보의 신뢰성 향상 등을 통하여 중개서비스질의 향상과 대국민 신뢰를 얻는 것이 필요하다고 주장하였다.

이상의 선행연구 결과를 정리하여 〈표 2-2〉에 나타내었다.

〈표 2-2〉 거래정보망의 선행연구

연구자	연 구 내 용
윤호진(2004)	이론적인 고찰을 통하여 거래정보망에 대한 외국의 사례와 우리나라의 현황을 비교하여 관리적 측면과 제도적 측면에서 여러 가지 활성화 방안을 제시하였다. 그러나 이에 대한 구체적인 방안을 제시하지 못한 점이 한계이다.
장영철(2003)	외국의 제도현황에 대한 문헌연구와 함께 우리나라 거래정보망의 운영현황에 대하여 빈도분석과 교차분석을 실시하여 제도 활성화에 대한 개선방안을 제시하였다. 일산지역에 대한 설문조사를 토대로 실증분석을 하였으나 설문 문항수 부족과 빈도분석 등 기초적인 통계분석만을 실시함으로써 심층적인 연구결과를 제시하지 못한 것이 한계라고 할 수 있다.
양광진(1999)	국내외의 거래정보망의 운용현황을 문헌연구와 함께 실증 분석하였다. 그러나 설문항목이 13개에 불과하고, 분석 자료가 27부로 너무 빈약하여 통계결과로서 객관성을 확보하기 어려운 한계가 있다.
문영기 · 박병용(1994)	거래정보망의 표준화 필요성, 표준화 분야 및 방법에 대해 연구하고 당시에 한국통신이 제공하고 있는 ISDN 및 CO-LAN을 이용하여 거래정보망 구축방안을 제시하면서, 도면정보의 온라인화 등 이미지 처리 기술 등의 적극 활용의 필요성 등을 역설하였다. 또한 행정전산망 등 관련 정보 시스템이 부동산 거래정보기구 시스템과 연동될 필요성과 거래정보망 이용자의 정보 폐쇄성을 극복하기 위하여 물건등록을 하는 중개업자에게 유인책을 제공하여야 한다고 주장하였다.
장희순(1994)	거래정보망의 개념과 시스템을 활용하기 위한 전제조건을 논하면서 거래정보망의 합리적인 운용방안에 대하여 논하였다. 이를 위하여 중개업자간, 지역간의 전국적인 거래정보네트워크의 실시, 거래정보망시장의 합리적인 형성, 분산된 정보의 규격화, 정보의 신뢰성 향상 등을 통하여 중개서비스질의 향상과 대국민 신뢰를 얻는 것이 필요하다고 주장하였다.

3) 선행연구와 차별성

이상의 선행연구에서 제시한 내용들은 본 연구의 수행에 여러 가지 도움을 주었지만, 전속중개계약과 거래정보망제도를 서로 결합한 실증분석 연구는 아직 발견하기 어려웠다. 전속중개계약과 거래정보망제도는 그 관련성이 매우 높아서 효율적인 연구가 되기 위해서는 두 제도가 결합되어 검토되는 것이 바람직한 연구결과를 얻을 수 있다. 선행연구들은 중개계약 또는 거래정보망제도 중 어느 하나의 단일주제를 선택하여 주로 법과 제도의 특성 고찰 또는 제도 개선방안 등 문헌연구에 초점을 맞추어 왔다. 이것은 선행연구 논문들의 한계이기도 하다. 제도의 운영현황을 파악하기 위해서는 의식조사를 통한 실증분석연구를 병행하는 것이 바람직한 연구방법이라고 본다. 따라서 본 연구에서는 기존의 선행연구와 차별성을 가지고 양 제도를 결합하여 실증분석의 관점에서 접근하고자 한다.

이러한 점에서 본 연구가 앞에서 서술한 선행연구와 다른 점은 다음과 같다.

첫째, 문헌연구와 함께 실증분석연구를 병행하기로 한다. 이를 위하여 연구모형 및 가설을 설정한 후에, 각 분석단위의 연관성에 대하여 실증 분석한다.

둘째, 양 제도를 선행변수로 하여 상호 연관성에 대하여 고찰한다.

셋째, 전속중개계약 및 거래정보망제도를 연계하여 양 제도가 부동산거래의 효율성, 중개업자의 신뢰성, 고객만족에 미치는 영향을 분석한다.

그리고 이를 바탕으로 전속중개계약제도와 거래정보망제도가 활성화될 수 있는 개선 방안과 정책적 시사점을 제시하고자 한다.

2 주요 변수의 선행연구

1) 신뢰성의 선행연구

신뢰관계를 맺는다는 것은 일종의 '사회적 불확실성(social uncertainty)'이 행위자간에 창출되는 것이라고 볼 수 있다. 이러한 사회적 불확실성의 의도적 창출은 신뢰가 '연장된 시간선상에 있어서의 자원의 투자와 회수'라는 자본의 속성을 갖는다는 것을 의미하고 있다(이재혁, 1996, 520쪽).

타행위자와 신뢰관계를 설정하는 것이 일반적인 의미의 투자행위에 비견될 수 있다는 것은 신뢰가 관계 당사자 간에 보다 공식적 계약의 형태를 통한 사회적 거래라면 필연적으로 소요될 제반 거래비용(transaction cost)과 감시비용(monitoring cost) 등을 절감한다는 면에서 거래의 효율성을 예고하지만, 다른 한편 배신의 경우를 포함하여 투자된 사회적 자원으로부터 애초의 기대에 못 미치게 회수할 수 있다는 위험을 내포한다는 의미에서이다.

신뢰에 대한 연구는 그간 사회적 교환이라는 맥락에서 폭넓게 이루어져 왔다(Blau, 1964; Sahlins, 1972; Coleman, 1990 등; 이재혁, 1996, 520쪽에서 재인용). 일례로 다수의 행위자간에 이자적(dyadic) 관계를 넘어서는 사회적 거래에 있어서 행위자들 사이의 신뢰는 교환의 호혜성(reciprocity)이 시간적으로나 대인적으로 확장된 규모에서 성립하게 함으로써 거래의 효율성을 높이는데 중요한 역할을 하고 있으며, 이러한 측면에서 시장경제에서 화폐가 수행하는 역할과 가히 비견될 수 있다(Anderlini & Sabourian, 1992). 콜만(Coleman, 1988)은 이러한 생산적 잠재성에 주목하여 신뢰를 '사회적 자본(social capital)'의 주요 형태의 하나로 들고 있다. 특히, 신뢰의 투자와 축적이라는 관점에서 Blau(1968)는 '흔히 사회적 교환관계는 원만한 속도로 발전되어 가는데, 관계 초기에는 적은 위험부담과 그에 따른 적은 양의 신뢰만이 요구되는, 또한 그 과정에서 서로가 각자의 신뢰도를 검증해 보임으로써 이후의 확대된 관계를 통해 보다 중요한 거래를 가능케 하는, 그러나 사소한 거래로부터 시작되는 것이다. 따라서 사회적 교환의 과정은 그에 필요한 신뢰관계를 자체 발생적인 양상으로 만들어내게 된다'고 주장하였다(Blau, 1968, 454쪽; 이재혁, 1996, 521쪽에서 재인용).

누군가에게 신뢰를 준다는 것은 신뢰를 주는 이의 입장에서 볼 때, 일종의 불확실성을 만들어내는 것이다. 따라서 신뢰를 주는 행위자는 신뢰의 수수에 따른 그의 기대이득이 현재의 투자비용을 최소한 상쇄하거나 그보다 많을 때만이 그러한 불확실성의 의도적 창출행위에 들어선다고 말할 수 있다. 신뢰관계에 있어 신뢰를 주는 행위자와 받는 행위자를 구분하여 각각 신뢰자(trustor)와 피신뢰자(trustee)라 지칭하기로 할 때, 콜만은 피신뢰자의 신뢰도(trustworthiness)를 신뢰자에게 미래의 시점에서 신뢰관계를 통해 이루어질 특정이득의 확률로 취급하고 있다. 따라서 우리는 행위자가 신뢰관계를 통한, 시간적으로 평가절하된 기대 순이득이 거래비용을 지출하고 얻는, 공식적 계약관계를 통한 현시점에서의 이득보다 클 경우에 한하여 상대행위자에게 신뢰를 부여한다고 말할 수 있다(이재혁, 1996, 521쪽).

신뢰란 학자들마다 다양한 정의를 내리고 있는데, Moorman(1993)은 거래관계에서 파트너의 신용에 관한 믿음으로 정의하고 있다. Morgan and Hunt(1994)는 신뢰는 관계의지의 중요한 결정변수라고 하면서 신뢰에 기초해서 형성된 관계에 당사자들은 더욱 몰입하게 될 것이라고 하였다.

신뢰와 관계몰입은 소비자의 심리적인 요소를 말하며, 재구매 등의 행위적 요소가 더해지면 고객충성도로 연결된다. 즉, 소비자가 자신이 구매한 제품이나 서비스에 만족할수록 그 제품이나 서비스 제공자를 신뢰하게 되고 이를 통해 충성도가 증가하게 된다. 이러한 만족은 관계몰입에 긍정적인 영향을 미치게 된다(Mummalaneni and Wilson 1991). 그리고 신뢰는 관계몰입에 매우 종속적이다(Spekma, 1988). Hennig-Thuran and Klee(1997)는 이들 세 요소간의 상호작용을 관계의 질(Relationship Quality)라고 하였으며, 이 관계의 질은 고객유지(customer retention)와 직결된다고 하였다. 신뢰는 긴밀한 관계구축에 있어 핵심적인 요소로 평가된다(Berry 1995 ; and Deshpande 1993).

신뢰성은 약속된 서비스를 실제로 신뢰할 수 있고 확실하게 이행하는 정도이며, 거래처리과정과 가격계산을 믿을 수 있는 정도로써 정의된다(Pitt et al. 1995). 서비스 신뢰성이란 고객과 약속한 서비스를 믿을 수 있고, 정확히 이행되도록 하는 서비스 생산자의 능력을 말한다. 즉 신뢰할 수 있는 서비스의 수행은 고객기대에 적시에 동일한 방법으로 실수 없이 성취할 수 있는 수단을 의미한다.

2) 고객만족의 선행연구

고객만족은 고객의 성취반응이므로 정해진 수준 이상으로 고객의 기대를 충족하는 것을 의미한다. 고객만족은 마케터와 소비자연구를 하는 사람들에게 실용적일 뿐만 아니라 이론적으로도 매우 중요하며, 오늘날과 같이 기업경쟁이 치열한 사회에서 성공의 필수로 고려되고 있다. 오늘날과 같이 기업간 경쟁이 심한 상황에서 서비스 기업들은 고객들에게 높은 만족을 충족시켜 줌으로서 기업과 지속적인 관계를 유지하도록 만들어야 할 것이다(Oswald et al 1998). 고객만족은 고객의 기대에 얼마나 잘 부합하는 서비스를 하느냐에 따라 달려있다. 고객만족은 잘못된 고객 서비스와 장단기적인 비용과 유의한 관련성이 있기 때문에 매우 중요하다. 즉 단기적 불만족은 고객 불평의 원인이 되고, 장기적인 불만족은 고객을 이탈로 이끈다(Kathryn & Hathcote, 1994).

대체로 많은 연구들에서 다양한 고객만족의 정의는 서비스 접점 만족과 전반적인 만족의 두 형태로 서술되고 있다.

서비스 접점 만족은 '불연속적인 서비스 접점에서 소비자의 만족'이고, 전반적인 서비스 만족은 '특정 조직에서 모든 접점과 경험에 기초한 조직에 대한 소비자의 전반적인 만족'이다(Bitner & Hubbert, 1994 ; Walker, 1995).

고객만족에 대한 정의는 고객만족을 바라보는 시각에 따라 고객만족을 소비경험의 결과로 보는 입장과 평가과정으로 보는 입장으로 나눌 수 있다. 고객만족을 소비경험의 결과로 보는 입장에서는 소비자가 소비를 통해 경험한 결과적인 입장에서 '소비자가 지불한 대가에 적절하게 혹은 부적절하게 보상받았다고 느끼는 인지적 상태'(Howard & Sheth, 1979)나, '시장 전체뿐만 아니라 구매한 특정제품이나 서비스, 소매상, 혹은 쇼핑 및 구매행동과 같은 개별적 행위에서 유도된 정서적 반응'(Westbrook & Reilly, 1983) 등으로 정의를 내리고 있다.

Oliver(1999)는 고객만족을 개념적으로는 서비스를 구매한 후 구매전의 기대와 구매후의 성과를 비교하는 것으로 호의적인 평가를 의미하는 감정적 심리상태라고 할 수 있으며, 조작적으로는 여러 제품 속성에 대한 만족의 합으로 측정될 수 있는 태도라고 하였다. 다시 말하면 제품의 성과가 기대에 충족되거나 그 이상일 경우에는 일치 또는 긍정적 불일치로써 만족한 결과이지만 성과가 기대에 못 미치는 경우에는 부정적 불일치로서 그 결과는 불만족으로 나타난다.

고객만족을 과정에 초점을 맞추어 정의를 내린 것으로는 '고객만족을 소비경험이 최소한 기대했던 것만큼 좋은 것이 되도록 조정된 평가'(Hunt, 1977), '선택된 대안에 대한 사전적 신념과 일치되었다는 평가'(Engel & Blackwell, 1978) 등이 있다. 즉, 고객만족은 고객들이 제품이나 서비스를 구매하거나 비교 또는 평가, 선택하는 과정에서 그들이 얼마만큼 호의적 또는 비호의적 감정을 경험하느냐 하는 것과 혹은 어떤 제품이나 서비스에 대하여 구매 전에 기대하던 기대치와 구매 후에 고객이 인지하는 상태를 말한다.

이유재(1995)는 만족을 지각적 평가과정으로 이해하는 것이 소비경험의 과정을 이해가능하게 하므로 '사용 전의 기대와 사용 후에 느끼는 제품, 서비스 성과 간에 지각된 불일치에 대한 소비자의 평가과정'으로 정의된다고 했다.

결국 결과 면에서 고객만족은 소비자가 소비를 한 결과 갖게 되는 감정적인 만족과 불만족의 판단으로 볼 수 있고, 과정 면에서는 소비과정 중 나타나는 소비자의 인지적

평가에 의한 만족, 불만족의 결정으로 볼 수 있다. 이 두 가지 입장 중에서 학자들은 과정의 입장을 선호하는 것으로 나타나고, 이유재(1995)의 연구에서도 두 입장 중 고객만족을 과정으로 보는 입장을 취하고 있다. 이는 과정으로 보는 입장이 소비자가 느끼는 전체적 소비경험을 다룸으로서 소비의 각 단계에서 중요한 역할을 하는 요소들을 개별적으로 측정하여 과정을 확인시켜 줄 수 있고 고객만족을 형성하는 지각적, 평가적, 심리적 과정에 대한 모든 검토를 가능하게 하기 때문이라고 하였다. 이에 본 연구에서도 고객만족을 과정으로 보는 입장을 취하기로 한다.

3 부동산거래의 효율성과 거래비용이론

1) 부동산거래의 효율성

효율성(efficiency)의 가장 기본적인 개념은 '투입(또는 비용)과 산출(또는 편익)의 관계'로 요약할 수 있다. 즉 효율성이란 투입이나 산출 어느 한 측면에만 관련된 것이 아니라 양자의 관계에 초점을 맞추는 개념이다.

경제적 효율성(economic efficiency)은 배분적 효율성(allocative efficiency)과 유사한 개념으로 사용되어 왔다. 배분적 효율성은 생산단위들 간에 자원이 배분되는 문제와 관련되는데, 완전경쟁시장에서 자원배분의 총비용이 최소화되는 상태가 경제적으로 효율적인 상태로 인식되어 왔다.

부동산거래시장의 효율성은 거래시장 자체의 효율성 및 부동산과 여타부문 사이의 자원배분의 효율성이라는 두 가지 측면에서 살펴볼 수 있다.

부동산거래시장 자체가 비효율적인 경우 부동산자산 분배의 불균형을 야기할 뿐만 아니라 부동산가격 상승이나 투기발생의 원인이 되기도 한다. 이러한 비효율이 발생하는 이유로는 거래비용의 증가, 시장참여자 사이의 정보의 비대칭, 지나친 거래규제, 제도 미비 및 정책신뢰성 저하 등을 들 수 있다.

한편 자원배분[7]의 효율성, 즉 자원의 '효율적 배분'이란 투자위험을 감안한 부동산투자 수익률과 다른 투자의 수익률이 일치하도록 자원이 배분되는 것을 의미한다. 부동산과 여타부문의 자원배분이 비효율적으로 이루어지는 경우, 거시경제적인 측면에서 성장잠재력의 저하 및 경제구조의 왜곡 같은 부작용을 초래한다. 또한 부문간 자원배분이 효율적이지 못한 경우, 자원이 과소 배분되는 부문에는 초과수익을 추구하는 투기가 발생할 가능성이 있다.

부동산시장은 구성요소들이 복잡하게 상호 연계되어 있으며, 일반 재화와는 달리 위

7) 자원배분은 투자에 대한 정보취득을 보다 손쉽게 효율적(저비용)으로 배분하는 기능을 하며 고정보비용으로 인해 발생하는 자원의 비효율적 사용과 이에 따른 사회적 비용을 절감한다.

치의 고정성, 내구성, 고가성, 외부효과의 발생가능성이 있다. 또한 개별적 경제활동주체는 개인소유인 사유재산권에 대한 정보의 공개를 기피하는 경향이 강하고, 거래에 있어서 매매가격이 노출되는 것을 부담스러워 하는 폐쇄적인 환경이 지배적이다.

이에 김갑열(1999)은 동일한 주택시장이라고 할지라도 주택소유자의 가족특성, 자원소유정도, 경제적, 사회적, 정책적 요인에 따라서 영향을 받아 차별화된 시장을 형성하며, 이 같은 특성들은 부동산시장을 일반시장과 달리 불완전시장으로 만드는 주된 원인이며, 이는 근본적으로 정보접근의 한계에서 비롯된다고 하였다(김갑열, 1999, 114쪽).

부동산거래시장의 효율성은 정보의 가치, 즉 투자수익과 정보획득에 수반되는 비용을 대비하여 판단할 수 있다. 수요와 공급의 결정요인들에 대한 합리적인 정보가 즉시 공개되고, 수요자와 공급자의 의사결정에 쉽게 지원될 수 있다면 부동산시장은 단기적인 균형과 효율적 할당을 확보할 수 있고, 완전경쟁시장에 근접하게 될 것이다. 만약, 정보시장이 완전 경쟁적이면 정보비용은 정보의 가치와 일치하며, 이러한 정보에 의하여 결정되는 시장은 효율적이라고 할 수 있다. 따라서 부동산의 지대(rent)와 시장가격, 여러 부동산 자산 간의 수익률, 부동산과 여타 자산 간의 수익률은 일정한 관계를 유지하며, 차익거래(arbitrage opportunity)의 기회가 소멸된다. 이처럼 부동산시장정보체계는 부동산시장을 완전경쟁시장으로 진입케 하는 기능을 갖는다.

부동산거래시장의 효율성은 모든 시장참여자가 초과수익을 얻을 수 없는 상태라고 정의할 수 있으며, Shiller(1981)의 효율적 시장(efficient market)이론[8]에 의하여 설명할 수 있다. 이때 시장의 효율성은 정보의 형태 및 정보의 이용, 정보에 따른 초과수익 획득 가능성 등에 따라 약형, 준강형, 강형 효율적 시장으로 분류하고 있다.

약형(weak) 효율적 시장은 현재의 시장가치는 역사적 정보(과거 정보)를 충분히 반영하고 있어서 어떤 투자자라도 가격이나 거래량에 관한 역사적 정보를 이용하여 비정상 성과를 얻을 수 없는 시장이다. 이에 비하여 준강형(semi-strong) 효율적 시장에서는 새로운 정보가 공표되는 즉시 시장가치에 반영되는 시장이며, 부동산의 가치를 기본적으로 분석하더라도 초과수익의 취득이 불가능한 상태를 의미한다. 다만 주식시장이나 부동산시장에서 흔히 나타나는 현상처럼 공표하기 이전의 내부 자료나 공표된 내용 이상의 우수한 정보를 독점적으로 입수할 경우에는 초과이윤의 취득이 가능하다는 점에서 약형 효율적 시장의 성격을 어느 정도 내포한다. 그리고 강형(strong) 효율적 시장은 정보의 공표 여부를 불문하고 모든 정보가 이미 시장가치에 완전히 반영되어 있어 초과이윤의 획득이 불가능한 시장이며, 완전경쟁시장 가정에 부합되는 시장이다.

부동산에 있어서는 공개시장의 성격이나 완전경쟁시장의 형태를 이루기가 어렵다. 부동산의 특성이 국지적이며 동일성이 없는 상품이고, 또 가격의 결정이 객관적인 요소가 없는 상태에서 이루어지는 불완전경쟁시장이기 때문이다. 거래시장의 구조자체가 불완

8) 효율적 시장이론은 주식시장에서 정보의 유무에 따른 초과수익이 존재할 수 있는지 여부를 검증하기 위하여 개발된 이론이며, 새로운 정보가 지체 없이 주식의 가치에 반영되는 시장을 말한다(Shiller, 1981).

전하여 그 시장의 형성이 한정된 지역에서 이루어지며 불완전한 정보와 가격으로 거래된다(문영기 · 유선종, 2005, 169쪽).

부동산거래기능에 의한 자원배분이 경제성장에 미치는 경로는 바로 효율성의 증가를 의미한다. 이것을 가능하게 하는 것은 먼저 다양한 거래조건 중 어느 것이 가장 적합한지를 심사하기 위한 정보를 수집, 분석, 평가함으로써, 둘째로 중개업자의 위험분담 기능(risk-sharing function)을 통해 고객으로 하여금 안전하고 효율적인 거래를 시도하도록 유도함으로써 가능하다.

개인이 직접 가격, 법률, 거래조건 등 부동산거래시장에 관한 자료를 입수, 분석하여 거래한다는 것은 어렵고 또한 비용도 많이 든다. 정보수집 및 분석평가에 필요한 시간, 능력, 수단 등의 부족으로 말미암아 개인들은 정보취득에 대한 경제적 유인(동기)이 저하되어 일반적으로 매우 약한 상태에 머물게 된다. 이런 현상은 정보가 신뢰할만한 수준에 이르지 못한 여건 하에서는 더욱 그러하다. 이런 활동에 자원과 노력을 사용하기를 꺼린다는 뜻이다. 결국, 고정보비용은 자원(자금 또는 자본)이 고수익, 고효율적인 용도로 사용되거나 전환되는 것을 저해한다. 이와 같은 정보비용은 시장경제의 사회적 비용이다. 정보비용의 저하는 보다 위험한 고수익 · 고효율적 거래에 유인동기를 부여하여 자원의 효율적 배분이 실질적으로 달성되도록 하는 것이다.

2) 거래비용이론

거래비용이론에서는 거래형태가 거래비용을 최소화하는 방식으로 이루어진다고 설명한다. Williamson(1985)에 의하면, 거래비용이론에서 고려하는 대표적인 거래형태로는 시장거래, 하청계약과 같은 중간적인 형태의 거래비용은 거래형태를 이용하는데 수반되는 비용으로서, 거래의 시작에서 종료사이에 발생한 비용 가운데 생산비용을 제외한 비용을 의미한다. 여기에는 거래대상자를 찾는 탐색비용, 거래의 사전적인 조건을 결정하는 협상비용, 거래의 시작과 종료사이에 예측하지 못하는 상황이 발생하여 야기되는 조정비용, 조정과정에서의 협상비용, 조정의 실패나 완전하지 않은 조정으로 인하여 발생하는 미조정비용, 그리고 사전에 조정비용의 발생을 방지하기 위하여 설치하는 안전장치의 비용 등을 포함한다(Williamson, 1985).

Arrow(1974)는 시장기구가 균형을 이루게 되면 시장가격은 거래되는 제품과 용역에 대한 모든 정보를 담고 있으며, 이 경우에 경제 행위자는 자신들의 욕구에 대한 정보만 가지면 되지만, 시장이 실패할 경우 경제 행위자들은 가격 이외에 거래를 성사시키는데 필요한 추가적인 정보를 필요로 하며, 거래비용은 대부분 추가적인 정보를 얻기 위해서 지출된다고 하였다(Arrow, 1974).

거래비용이 발생하는 까닭은 불완전계약 하에서 거래자들이 기회주의적으로 행동하기 때문이다. 기회주의(opportunism)는 모든 상황을 자신에게 유리하게 이용하려는 경제주체들의 행동경향을 이야기한다. 기회주의에는 합리적인 계산을 통한 사익 추구행위뿐만 아니라 거래하는 상대방이 알지 못하는 정보의 은폐와 왜곡 등을 통하여 사익을 추구하는 행위까지 포함한다. 만일 경제주체들이 제한된 합리성(bounded rationality)을 가진다면 미래의 모든 상황을 계약조건으로 할 수 없으므로 불완전한 계약을 할 수밖에 없다. 불완전한 계약으로 거래에 명시하지 못한 상황이 발생하여 조정이 필요할 때 기회주의 속성이 없다면 거래비용이 발생하지 않는다. 사전적으로 원활한 조정이 가능하도록 하는 일반규칙의 설정이 가능할 뿐만 아니라 제3자에 의한 중재나 법정에서의 조정이 가능하기 때문이다. 그러나 기회주의와 제한된 합리성이 동시에 존재하는 현실에서는 기회주의적 성향을 가진 거래자와의 협상과정에서 거래의 조정이 지연되고, 협상비용이 증가하며, 상황에 적합한 조정이 시의적절하게 이루어지지 않기 때문에 거래비용이 발생하게 된다.

기회주의의 가능성은 대체할 수 있는 거래자의 존재여부에 의하여 크게 영향을 받는다. 만일 완전경쟁이 존재한다면 불완전계약하의 기회주의가 발생하더라도 경쟁자를 쉽게 구할 수 있기 때문에 기회주의로부터의 손실이 그리 심각하지 않다. 그러나 대체 가능성이 작은 경우에는 기회주의적 행동으로부터의 손실이 크게 발생할 수 있다.

거래비용은 거래의 특성에 따라 그 크기가 달라지는데, 거래비용이론에서는 전속성[9], 불확실성, 그리고 거래의 빈도 등을 핵심적인 거래의 특성으로 파악하고 있다(Williamson, 1979). 거래비용이론에 따르면 전속성이 높고, 불확실성이 크며, 거래의 빈도가 잦은 특성을 가진 거래는 수직적 통합으로 거래하는 것이 시장거래로 구매하는 것보다 거래비용이 작다. 불완전계약 하에서 기회주의적 성향을 가지고 있는 거래자간의 합의는 합의과정을 지연시키고 최적의 합의를 도달 불가능한 것으로 만들어 조정비용을 증가시킨다. Williamson(1975)은 이러한 상황을 '소수자의 협상문제(small number's bargaining problem)'라고 부르고 있다.

3) 거래비용이론 관점의 부동산거래 효율성

전통적 경제학 이론에서는 거래 당사자간에 거래에 관한 정보의 대칭을 가정하여 이론을 전개하여 왔다. 즉, 판매자와 구매자는 동일한 정보의 양을 갖는다는 가정 하에 거래에 따르는 추가적 비용이 들지 않는 것으로 간주한다. 그러나 현실적으로 시장에서의 거래는 정보가 비대칭적이 되어 부동산거래의 효율성이 제한적일 수밖에 없다. 그리고 정보의 비대칭성에 의해 거래비용이 발생하는데, 구매자는 거래를 하기 위해 정보에 대한 탐색이나 협상, 그리고 거래 프로세스에 대한 관리에 따르는 추가적인 거래비용이 발생된다(Coase, 1937).

---

9) 전속성이란 자산을 현재의 용도에서 다른 용도로 바꾸어 사용하는 경우에 상실되는 생산적 가치의 정도를 말한다. 다른 용도로 전환할 때 생산가치가 크게 상실될수록 전속성이 높다.

정보의 비대칭성은 거래관계에 있는 쌍방간에 정보가 편중되어 있는 정도를 의미하는데, 이러한 정보의 비대칭성의 원인은 기회주의에 의해 영향을 받으며 또한 거래비용을 증가시키는 요인이 된다. 시장실패모형10)에 의하면 기업들은 시장거래에서의 거래에 따른 비용발생으로 거래관계를 내부화함으로써 비용을 절감하고 거래의 효율성을 제고하려고 한다. 정보의 비대칭성과 거래비용은 효율성을 제약하고 유동성 위험을 확대한다. 따라서 거래시장의 효율성이 높을수록 거래수단의 유동성 비용이 저렴해지며 거래의 시의 적절성(timing)과 결제에 대한 불확실성이 줄어든다.

거래비용이론에서는 정보의 비대칭으로 인해 나타나는 거래비용 요소를 다루면서 시장실패를 설명하였다. 그러나 Malone et al.(1987)은 전자소매시장에서는 정보의 비대칭이 일부 해소되면서 거래비용 절감을 가져오며 이는 소비자의 합리적 선택에 긍정적 영향을 미치고 있다고 했으며, 이는 본 연구의 주제인 거래정보망에도 적용될 수 있다고 본다. 거래정보망은 객관적이고 과학적인 부동산정보를 폭넓게 제공해줌으로써 일반 투자자들이 가지고 있는 부동산에 대한 투기적인 인식을 제거시키고 부동산거래의 투명성과 효율성을 높여 부동산관련 거래비용을 줄일 수 있도록 역할을 수행할 수 있기 때문이다.

소비자 관점에서 거래비용이론을 적용하여 보면 소비자는 구매하려는 제품에 관하여 많은 정보를 갖고 있지 못하므로 판매자인 기업이 기회주의 성향을 갖는다고 판단한다. 기업의 기회주의 성향은 속임수를 통해 이익을 추구하는 것이라고 한다면 소비자들은 이러한 기회주의에 대항하기 위하여 더욱 많은 정보를 획득하려는 노력을 취하게 될 것이다.

부동산거래에는 고정비용이 든다고 가정할 때, 중개업자가 많은 개별 정보취득활동을 대리하면 정보취득비용을 절감할 수 있다. 경험에 있어 그리고 비용에 있어 효율적인 중개업자의 정보취득과 분석은 자원배분을 보다 능률적으로 만든다. 많은 개인들이 정보를 필요로 하는 상황에서 시장과 중개업자가 보다 적합한 매물을 선별할 수 있고 거래를 보다 신속하게 해줄 수 있는 배분기능을 할 수 있다면 거래의 효율성은 향상되는 것이다.

거래가 예상과는 달리 실패하는 이유는 경제에 발생하는 위험(risk, shocks) 때문이다. 이러한 위험은 모든 개인에게 공동으로 미치는 충격(aggregate shock)과 특정 개인에만 국한되는 충격(project-specific, idiosyncratic shock : 특정 회사, 특정 사업의 기업가의 경영상, 재무상의 실패)이 있는데, 개인과 달리 중개업자는 다양한 정보를 보유하여 위험을 분산시킬 수 있으므로 공통의 충격(aggregate shock)을 식별할 수 있다.

---

10) Williamson(1975)의 시장실패모형에 의하면, 거래비용이 발생되는 원인에 대해 인간적 요인과 환경적 요인을 들고 있으며, 인간적 요인에는 제한된 합리성과 기회주의 성향을 그리고 환경적 요인으로는 불확실성과 거래자의 수, 환경 불확실성에 의한 영향을 들고 있다. 인간적 요인에 환경적 요인이 결합될 때 거래비용은 더욱 증가한다. 시장교환에서 나타나는 거래특성(자산의 특유성, 불확실성, 거래빈도)에 따른 거래비용분석모델을 설명하면서, 시장은 많은 상황에서 실패하게 될 것이라는 사실을 바탕으로 하고 있다.

이를 통해 고객들로 하여금 최선의 거래를 선택하는데 필요한 정보를 지원해줄 수 있다.

거래정보망의 경우 정보의 풍부성, 정보의 접근성 등에 있어서 전통적 거래방식과 비교하여 중개업자는 매우 유리한 측면에 설 수 있으므로 거래비용이론에서 가정하고 있는 제한된 합리성과 기회주의라는 인간행동에 대한 새로운 관심을 가질 수 있다.

거래정보망에서는 전통적인 거래방식과 비교하여 정보나 서비스에 관한 많은 정보들을 보다 저렴한 비용으로 취득할 수 있으며, 접근이 용이하다는 장점을 갖고 있다. 거래정보망의 특성이 갖는 장점으로 인해 많은 중개업자들은 거래정보망을 통하여 합리적 선택행동의 가능성을 높이려 할 것이다. 중개업자들은 전통적인 거래방식에 국한되지 않고 거래정보망을 통하여 더욱 많은 정보를 획득함으로써 거래비용을 절감할 수 있고 나아가 더욱 합리적인 선택행위를 취할 수 있을 것이며, 이로 인해 부동산거래의 효율성은 제고될 수 있을 것이다.

4 전속중개계약과 거래정보망제도의 연관성

부동산의 특성인 부동성, 개별성으로 인하여 부동산거래정보는 국지적이고 제한적일 수밖에 없으며 이는 정보부족으로 인한 정보비대칭으로 이어진다. 이러한 문제점을 보완하고 부동산정보를 공개하여 정보공유를 통한 거래를 촉진하기 위하여 1993년 12월에 개정된 「부동산중개업법」 제16조의3에서[11] 전속중개계약제도와 함께 거래정보망제도 규정을 신설하였다〈표 2-3 참조〉. 이는 전속권이 확보된 매물정보를 공개함으로써 정보의 부족 및 제약요인을 해소하고 정보공유를 실현함으로써 부동산거래를 투명화 하여 거래질서를 확립하기 위한 것이다.

거래정보망을 이용하면 중개업자는 전국적으로 시장범위를 확대시킬 수가 있고, 전속중개계약제도가 정착되어 경쟁력을 강화할 수 있다. 전속권이 확보된 물건은 중개업자가 안심하고 중개활동에 전념함으로써 신속한 거래 성사로 대고객서비스를 증진시킬 수가 있어 거래 성사 가능성을 높일 수 있다.

또한 중개업자는 정보의 집중처리로 인하여 중개활동의 능률화와 함께 활동영역을 확대할 수 있으며, 광고비, 인건비, 활동시간 등의 절약으로 거래비용을 절감할 수 있고, 정보부족으로 인한 정보의 비대칭을 해소할 수 있다.

반면에 의뢰인은 부동산활동에 표준화된 공간정보를 활용함으로써 부동산의 구입 및 처분기간이 단축되고, 부동산정보를 전국적으로 비교하여 결정할 수 있다. 자신이 신뢰하는 중개업자와 전속중개계약을 체결함으로써 여러 중개업자에게 중개의뢰를 하는 시간과 비용을 덜음으로서 거래비용 절감 등 능률성과 경제성을 동시에 확보할 수 있다.

11) 상기법령은 2005년 7월 29일 법률 7638호 「공인중개사의 업무 및 부동산 거래신고에 관한 법률」로 법률제명이 변경되었으며, 관련조문은 동법 제23조 및 제24조로 변경됨

거래정보망제도가 정착되기 위하여는 정보의 유용성과 신뢰성이 확보된 매물정보들이 거래정보망에 공개되어야 한다. 이렇게 함으로써 소비자 및 투자자들은 의사결정과정에 신뢰성 있는 다양한 정보를 중개업자에게 제공받음으로써 보다 안전하고 높은 기대수익을 보장받을 수 있다. 그러기 위해서는 중개업자들이 매물정보를 안심하고 등록할 수 있도록 전속중개계약이 필수적이다.

거래정보망제도와 전속중개계약제도는 상호 보완적인 것으로, 미국이나 일본, 유럽 등 부동산유통제도가 선진화된 국가에서는 모두 이들 두 가지 제도가 함께 발전되어 왔다.[12)]

이상에서 살펴보았듯이, 전속중개계약제도와 거래정보망제도가 중개 선진화에 미치는 영향은 매우 크다. 이 제도는 중개선진화에 일익을 담당할 뿐만 아니라 정보의 비대칭 해소와 거래비용의 절감 등 중개업자와 고객 모두에게 유리하다. 또한 거래가 투명해지고 거래의 안전성이 확보되며 고객과 중개업자간의 불필요한 마찰이 줄어드는 등 분쟁해결에도 도움을 준다.

〈표 2-3〉 전속중개계약과 거래정보망의 연관성 관련법규 「공인중개사법」

법률근거	내 용
제23조 제1항	중개의뢰인은 중개대상물의 중개를 의뢰함에 있어서 특정한 중개업자를 정하여 그 중개업자에 한하여 당해 중개대상물을 중개하도록 하는 계약을 체결할 수 있다.
제23조 제3항	중개업자는 전속중개계약을 체결한 때에는 제24조 규정에 의한 부동산거래정보망 또는 일간신문에 당해 중개대상물에 관한 정보를 공개하여야 한다.
제24조 제1항	건설교통부장관은 중개업자 상호간에 매매 등에 관한 정보의 공개와 유통을 촉진하고 공정한 부동산거래질서를 확립하기 위하여 부동산거래정보망을 설치 운영할 자를 지정할 수 있다.
제24조 제4항	거래정보사업자는 중개업자로부터 공개를 의뢰 받은 중개대상물의 정보에 한하여 이를 부동산거래정보망에 공개하여야 하며, 의뢰 받은 내용과 다르게 정보를 공개하거나 어떠한 방법으로든지 중개업자에 따라 정보가 차별적으로 공개되도록 하여서는 아니 된다.
제24조 제5항	중개업자는 부동산거래정보망에 중개대상물에 관한 정보를 거짓으로 공개하여서는 아니 되며, 당해 중개대상물의 거래가 완성된 때에는 지체 없이 이를 당해 거래정보사업자에게 통보하여야 한다.

* 주 : 「공인중개사법」에서 발췌

12) 미국에서는 전속중개계약을 체결하게 되면 MLS에 물건등록을 함으로써 공동으로 부동산의 매각을 촉진하고 있다. 미국업체의 대부분이 이 제도 하에서 활발한 활동을 전개하고 있으며, 캐나다나 미국 등의 부동산시장이 오늘에 이르는 가장 큰 배경이라고도 한다(김영진, 1976, 87쪽). 일본에서는 1990년 5월 6일부터 거래정보망인 REINS SYSTEM이 시행되었다. 전속전임중개계약을 체결하게 되면 거래정보망에 부동산물건의 등록을 의무화하고 있다. 독일은 1975년 독일중개업자그룹(RDM : Ring Deutscher Makler)과 독일은행이 공동으로 부동산정보센터(IZI : Information Zentrum Immobilien)를 설립하여 전속중개계약을 체결하게 되면 부동산정보센터에 물건을 등록하도록 하고 있다. 회원은 모든 매물정보를 부동산정보센터에 등록하고, 부동산정보센터에서는 매일 물건정보를 회원들에게 배부하고 있다. 캐나다는 캐나다부동산협회(CREA : Canadian Real Estate Association) 산하 114개의 지구지회 가운데 111개의 지구지회를 통해 거래정보망을 운영하고 있다.

전속중개계약과 거래정보망 고찰 03

1 전속중개계약의 일반 고찰

1) 전속중개계약의 개념

부동산거래계약 체결의 준비행위[13]에 해당하는 중개행위는 중개계약[14]으로 시작된다(김기수, 1973). 일반적으로 부동산을 거래하는데 당사자인 매도자와 매수자가 직접 교섭하여 거래를 성립시킬 수도 있으나, 통상 일반인은 부동산거래에 관한 정보의 부족과 제약으로 거래의 위험성이 증가하므로 이를 회피하기 위하여 거래 전문가인 중개업자에게 의뢰하게 된다. 이 때 중개업자와 의뢰인간의 관계는 중개계약에 의하여 성립한다.

전속중개계약이란 의뢰인은 목적물의 매매 또는 교환을 위하여 여러 중개업자에게 중복하여 의뢰할 수 없고, 어떤 특정 중개업자에게 전속권을 주는 중개계약의 형식이다. 의뢰인은 자기 스스로가 발견한 상대방과도 매매 또는 교환의 계약을 체결할 수 있는 계약형태이다. 중개가 완성되면 의뢰인은 누구의 노력에 의해 중개가 완성되었는가를 따지지 않고 전속중개계약을 체결한 중개업자에게만 중개수수료를 지급한다. 다만, 의뢰인이 직접 계약을 성립시킬 경우에는 중개수수료를 지급하지 않아도 된다.

독점중개계약은 의뢰인이 목적물의 매매 또는 교환을 위하여 여러 중개업자에게 중복하여 의뢰할 수 없는 중개계약의 형식이다. 즉, 의뢰인은 특정한 중개업자의 중개제공의 수령의무를 부담하며 그 중개업자의 동의 없이 다른 중개업자에게 중복하여 중개를 부탁하거나 자신이 직접 상대방과 교섭하는 것이 금지된다. 따라서 일반중개계약과는 달리 중개업자에게 일종의 독점적 권한을 부여하는 형태의 중개계약이다. 이 계약의 형태는 전술한 전속중개계약과 유사하지만 다른 점이 있다. 전속중개계약과 다른 것은

---

13) 부동산거래계약 체결에는 준비행위와 이행행위가 있다.

14) 「중개계약」이란 부동산의 매매·교환·임대차를 위해서 중개업자에게 의뢰하는 계약이다. 즉, 중개업자가 중개활동이라는 서비스를 제공하여 부동산거래를 성립시킬 것을 약속하고, 의뢰인은 그에 대한 보수를 지급할 것을 약속하는 합의라고 할 수 있다. 협의로는 매도의뢰만을 의미하지만, 광의로는 매수의뢰를 위임받는 것을 포함한다고 할 수 있다. 우리나라는 광의의 개념으로서 중개완성을 조건부로 하는 보수발생형 중개계약으로 이루어진다. 미국에서는 listing agreement라고 하며, 우리나라에서는 학자에 따라 「중개계약」 또는 「중개의뢰계약」이라고 해석하고 있다. 본 연구에서는 공인중개사법에서 사용하고 있는 「중개계약」이라는 용어를 사용하기로 한다.

전속중개계약은 자기 스스로가 발견한 원매자와도 계약이 가능하나, 독점중개계약은 자기 스스로가 발견한 원매자와는 계약을 체결할 수 없는 중개계약의 형식이다.

〈그림 3-1〉 중개계약의 기본형태

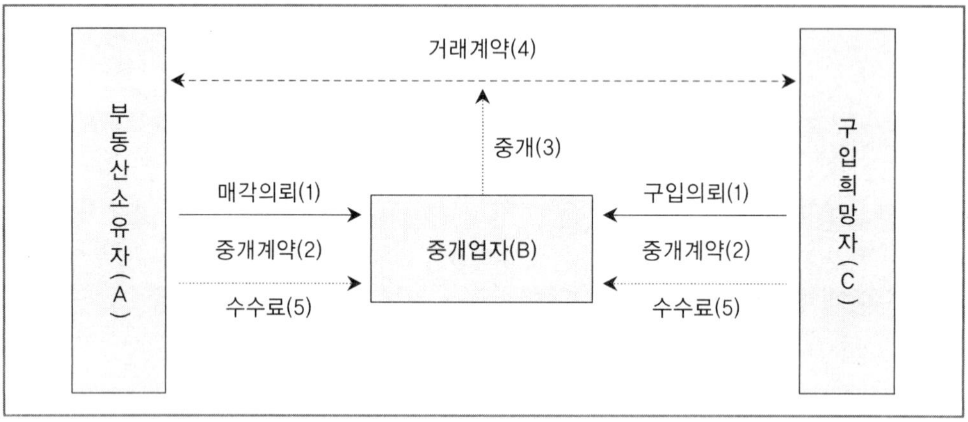

* 주 : ( )안의 숫자는 순서
* 출처 : 구영철, "부동산중개업에 관한 일고", 부동산학보 제5집, 한국부동산학회, 1984, 96쪽.

2) 전속중개계약의 특성

(1) 전속중개계약의 특성

우리나라에서는 제4차 부동산중개업법의 개정에서 선진국의 중개제도인 전속중개계약을 도입하여 의뢰인과 중개업자간에 전속중개계약을 체결할 경우에는 반드시 표준계약서를 작성하도록 의무화하고 있다(「공인중개사법」 제23조, 규칙 제14조). 그 취지는 중개계약의 정형화 내지는 서면화를 통하여 중개업자와 의뢰인 사이에 분쟁의 소지를 사전에 예방하는 데 있다. 중개업자의 의무로는 통지의무와 정보공개의무가 있다. 중개업자는 업무처리상황을 문서로서 2주일에 1회 이상 통지하여야 한다.[15] 또한 중개대상물을 공개한 때에는 지체 없이 의뢰인에게 거래정보망 등에 공개한 내용을 문서로서 통지하여야 한다. 중개업자는 이 계약을 체결한 후 중개대상물을 지체 없이 거래정보망에 공개하여야 한다. 그리고 중개대상물에 대한 확인·설명의무를 성실하게 이행하여야 한다.

의뢰인은 중개업자가 소개하는 물건에 대하여 매매계약을 체결할 의무는 없고, 다만 전속중개계약의 유효기간 내에 다른 중개업자에게 중개를 의뢰하여 거래한 경우 또는 전속중개계약의 유효기간 내에 중개업자의 소개에 의하여 알게 된 상대방과 중개업자를

15) 일본의 경우 전임중개계약(전속중개계약)을 한 중개업자는 2주에 1회 이상, 전속전임중개계약(독점중개계약)을 한 업자는 1주에 1회 이상의 업무처리에 대한 상황을 보고할 의무를 지고 있다. 우리나라에서도 1993년 「부동산중개업법(공인중개사법)」을 개정하면서 전속중개계약제도를 도입하면서 의뢰인과 중개업자의 의무를 규정하고 있다.

배제하고 거래한 경우에는 법정중개수수료에 해당하는 금액을 위약금으로 지급할 의무가 있다.

그러나 전속중개계약의 유효기간 내에 의뢰인 스스로 발견한 상대방과 거래한 경우에는 중개수수료의 50% 범위 내에서 중개업자의 소요된 비용을 지불할 의무가 있다.

중개계약에 대해서는 민법상 위임 계약적 요소도 있으므로 해제의 자유가 인정되어 특약이 없는 한 의뢰인은 언제든지 중개계약을 일방적으로 해지할 수 있다. 계약이 해제되면 당연히 중개계약은 종료된다. 또한, 이 규정은 임의규정이므로 당사자간의 계약에 의해서 해제의 자유를 제한하는 것은 가능하다.

전속중개계약의 유효기간은 원칙상 3개월로 하되, 중개업자와 의뢰인의 협의로 별도로 정한 경우에는 그 기간에 따른다고 규정하고 있다. 이 유효기간과 관련하여 중개업자와 의뢰인 사이에 3월을 넘지 않는 범위 내에서 합의한 기간은 의뢰인에게 임의해지를 인정할 수 없다는 취지로 보아야 할 것이다. 즉, 유효기간을 정한 것은 중개의 목적달성을 바라는 시간적 한계로서 중개업자를 제약하는 기능을 하고 있으므로 의뢰인의 해지의 자유를 박탈하는 것으로 보아야 할 것이다. 그 이유는 전속중개계약의 유효성을 유지하기 위해서이다. 그러나 정당한 이유가 있는 경우에는 전속중개계약의 유효기간 내라 할지라도 해지를 인정하여야 한다. 정당한 이유[16]가 있는데도 전속중개계약을 계속적으로 강제하는 것은 의뢰인의 행위를 극도로 제한하는 것이 되어 권리남용이라 볼 수밖에 없다.

〈표 3-1〉 전속중개계약서의 서식 내용

구 분	주 요 내 용
중개업자의 의무사항	■ 중개업자의 통지의무 • 업무처리상황을 문서로서 2주일에 1회 이상 통지 • 거래정보망 등에 공개한 내용을 문서로서 통지 ■ 중개업자의 정보공개의무 • 중개대상물을 거래정보망에 공개 • 중개대상물에 대한 확인 · 설명의무를 성실하게 이행
의뢰인의 권리 · 의무사항	■ 위약금 배상의무 • 전속중개계약의 유효기간 내에 다른 중개업자에게 중개를 의뢰하여 거래한 경우 • 전속중개계약의 유효기간 내에 중개업자의 소개에 의하여 알게 된 상대방과 중개업자를 배제하고 거래한 경우 • 유효기간 내에 의뢰인 스스로 발견한 상대방과 거래한 경우에는 중개수수료의 50% 범위 내에서 중개업자의 소요된 비용을 지불

16) 여기서 정당한 이유라 함은 중개업자가 신뢰할 수 없는 계약 상대방을 중개하는 경우라든지, 중개업자가 계약 성립을 위해 적극적으로 활동하지 않는다든지 또는 중개업자가 부실고지 및 부당한 방법으로 중개행위를 하는 경우가 해당된다.

유효기간	• 원칙상 이들 계약서의 유효기간을 3개월로 하되, 중개업자와 의뢰인의 협의로 별도로 정한 경우에는 그 기간에 따른다.
중개수수료	• 수수료는 요율을 초과할 수 없으며, 실비는 별도로 지급한다.
의뢰인에 대한 피해배상규정	• 법정수수료보다 과다하게 징수한 경우에는 그 차액을 환급하겠다는 내용을 기재하여야 한다. • 중개대상물의 확인·설명을 소홀히 하여 재산상의 피해를 발생하게 한 경우 손해액을 배상하여야 한다.
기타 약정사항	• 이 계약서에 포함되지 아니한 사항에 대해서는 중개업자와 의뢰인이 협의하여 별도로 정할 수 있다고 규정하고 있다.

* 주 : 「공인중개사법」에서 발췌

(2) 중개계약의 독자성

중개업자와 의뢰인 간의 관계는 중개계약으로 성립하나 그 중개계약의 성질에 관하여 우리 민법은 별도규정을 두지 않고 있다.[17] 따라서 민사중개인인 중개업자의 중개행위 나아가 중개계약에 대한 성격을 파악하는 것은 학설·판례[18]에 의존할 수밖에 없고, 우리나라에서는 종래부터 민법상 위임의 규정을 적용하는 것이 학설·판례[19]의 태도이었다. 공인중개사법은 그 근거의 하나가 될 수 있다. 성문법주의를 채택하고 있는 대륙법계에서는 중개계약을 일방적 중개계약과 쌍방적 중개계약의 성격으로 구분하고 있다(明石三郞, 1981. 3面).

다만, 중개계약에 대하여 예전 구민법은 물건의 매매나 임대차와 같은 법률행위의 처리를 위탁하는 것을 본래의 위임이라 하고(구민법 제643조), 법률행위가 아닌 사무의 처리의 위탁을 목적으로 하는 경우에는 이를 준위임이라 구별하였기 때문에(구민법 제656조) 부동산매매의 중개행위와 같은 것은 사실행위이기 때문에 준위임이라고 할 수 있었을 것이다.

그러나 현행민법은 그러한 구별을 하지 않고 널리 사무처리의 위탁을 위임으로 하고 있으므로 우리나라 판례가 지적하고 있는 바와 같이 부동산중개계약을 위임의 일종이라고 볼 수 있다. 당사자간의 신뢰관계를 기초로 한 위임의 규정은 일반적으로 중개계약에 적용하여야 할 점이 많다.[20]

---

17) 독일민법에서는 제652조~제656조에서 혼인·고용의 중개를 포함한 민사중개에 관해 별도로 규정하고 있다.

18) 종래의 학설·판례는 중개계약의 성격을 각각 위임계약(임동진, 1979), 고용형의 혼합계약(김기수, 1973), 도급계약(대판 1964. 10. 20(64다408)), 무명계약 등으로 파악하는 한편, 의무의 부담 및 보수지급 면에서 일방적 쌍무계약으로 보았으나 이는 과거 소개영업법하에서의 이론 구성으로서 새로 제정된 공인중개사법의 내용에 비추어 볼 때 차이점이 있음을 알 수 있다.

19) 『중개업자와 의뢰인의 관계는 민법상의 위임관계와 같으므로, 중개업자는 선관주의 의무와 신의성실로서 매도 등 처분을 하려는 자가 진정한 권리자와 동일인인지를 등기부와 주민등록증에 의하여 조사할 의무가 있다』(대판 1993. 5. 11 92다55350).

20) 예컨대, '위임인은 위임의 본지에 따라 선량한 관리자의 주의로써 위임사무를 처리하여야 한다'(민법 제681조)라든가, '수임인은 위임인의 청구가 있는 때에는 위임사무의 처리상황을 보고하고 위임이 종료한 때에는 지체 없이 그 전말을 보고하여야 한다'(민법 제683조) 등이 그것이다.

「공인중개사법」에서는 '중개업자는 중개물건의 권리관계 등의 확인에 소요되는 실비를 받을 수 있다'(제32조 제2항)고 함으로써 「민법」 제687조의 수임인의 비용선급청구권(무상위임의 경우)과 그 취지를 같이하고 있다.

이는 오늘날 민법상 위임계약이 무상에서 유상으로 전환되는 경향에 있고(김기수, 1973, 100~101쪽) 중개업자의 성격상 상인으로서 보수를 받기 때문에, 비록 유상위임에서와 같은 할당보수청구권은 존재하지 않는다 할지라도 중개업자에게 실비선급 내지 상환청구권을 인정하는 것으로 해석할 수 있다.

우리 상법에서는 상사중개계약을 위임계약으로 보고 있고, 뿐만 아니라 공인중개사법은 중개업자의 의무규정에서 수임자로서 중개업자의 신의칙업무 및 선관주의의무[21]를 명시하여 민법상 위임계약보다 더 상세하게 중개계약의 위임내용을 명시하였다고 볼 수 있으므로 대체로 쌍방계약을 따르는 위임과 같은 취지를 가지고 있다. 그리고 종래부터 중개계약의 성질에 관하여 위임으로 보는 데는 이론이 없었다(김기수, 1973, 67쪽).

그러나 보수청구권에 대하여 위임의 경우에는 '수임인은 특별한 약정이 없으면 위임인에 대하여 보수를 청구하지 못한다'(민법 제686조 제1항)고 하여 무상이 원칙임을 밝히고 있다. 그러나 중개계약은 유상이 통상적이다.

또한 유상위임의 경우 '수임인이 위임사무를 처리하는 중에 수임인의 책임 없는 사유로 인하여 위임이 종료된 때에는 수임인은 이미 처리한 사무의 비율에 따른 보수를 청구할 수 있다'(민법 제686조 제3항)고 하여 상당한 보수청구권이 인정된다. 부동산매매의 중개에 있어 보수청구권은 관습상 성공보수가 인정되고 있다. 그러나 매매가 계약체결에 이르지 않는 한 원칙적으로 보수청구권은 없는 등 위임의 규정을 적용시키는 것이 부적당한 경우도 있다.

또한 중개계약이 민사중개계약이라고 하지만 통상 보수청구권을 가지고 있는 경우가 많은 실정이므로 비영리행위를 대상으로 하는 민법상 위임의 규정에만 의거하는 것은 그 타당성을 결하고 있다. 따라서 굳이 민법상 전형계약 가운데 어느 계약의 성질을 많이 가지고 있느냐고 본다면 도급형위임이라고 할 수도 있을 것이나, 이 또한 정확한 표현은 아니며 중개계약은 기본적으로 전형계약의 어디에도 속하지 않는 특수한 유형의 계약 내지는 무명계약이라고 보아야 할 것이다(소성규, 1998 ; 宅地建物取引業法令硏究會, 1982, 61面).

일본에서는 학설과 판례로써 일반적으로 중개계약을 준위임으로 해석하고 있다(我妻榮, 1984, 663面 ; 川村俊雄, 1983, 274面). 일본에서 중개계약을 준위임으로 하는 논거는 중개업자는 '일정한 요금을 받고 부동산에 관한 중개행위를 업'으로 하는 상인으로서 당연히 보수청구권이 있음에 반하여 위임의 경우에는 무상이 원칙이라는 것이다.

그리고 유상위임의 경우에도 수임인이 위임사무를 처리하는 중에 수임인의 책임 없는 사유로 인하여 위임이 종료된 때에도 수임인이 처리한 사무의 비율에 따라 상당한

---

21) 중개물건의 확인 · 설명의무(동법 제25조), 공정한 업무처리(동법 제29조 1항), 업무상 비밀유지의무(동법 제29조 2항), 손해배상의무(동법 제30조) 등이 여기에 해당한다.

보수청구권이 인정되는 경우도 있지만, 중개계약에 있어서는 그러하지 아니하다. 또 중개업자가 아무리 자기가 맡은 중개의 성공을 위하여 시간과 경비 등을 바쳐 노력을 다하였다 할지라도 중개의 목표인 거래계약 성립이 이루어지지 않는 한 원칙적으로 보수를 청구할 수 없음에 비추어 위임의 규정을 적용시키기에는 부적당한 경우가 있기 때문이라고 한다. 이렇게 준위임으로 해석함으로써 중개계약의 독자성을 인정하는 견해도 나타나게 된 것이다(소성규, 1998 ; 明石三郎, 1981).

민사중개계약과 달리 상사중개계약에서는 일방적 중개계약과 쌍방적 중개계약을 구별하여 수탁자인 중개인이 적극적으로 중개할 의무를 부담하지 않고 계약이 성립하면 보수를 청구하는 일방적 중개계약에 대해서는 민법상 도급계약에 준하는 계약(이병태, 1991, 263쪽), 도급에 유사한 독자적인 계약(손주찬, 1984, 208쪽), 도급계약이 아닌 특수한 계약(서정갑, 1986, 257쪽), 이념적 또는 개념적인 분류로서는 수긍이 가지만 구별의 실익은 없다고 보는 견해(정희철, 1989, 187쪽) 등이 있다. 그러나 수탁자가 적극적으로 중개할 의무가 있는 쌍방적 중개계약에서는 민법상 위임계약으로 보고 있다(이병태, 1991, 263쪽).

독일은 상법에 상사중개인에 대한 규정이 있다(독일상법 제93~104조). 한편 민법은 독립한 전형계약으로서 중개계약(Maklervertrag)을 규정하고 있다(독일민법 제652~656조). 규정조문의 위치상 중개계약은 도급계약(Werkvertrag) 다음에 있다. 그 다음이 현상광고(Auslobung)이고, 위임(Auftrag)은 그 다음 절이다. 따라서 중개계약을 위임의 일종으로 보는 것보다는 도급에 가깝다고 한다. 그러나 이것은 동법의 위임이 무상임에 반해서, 중개계약은 유상이기 때문일 것이다. 뿐만 아니라 중개계약의 내용에 의해서는 위임의 규정을 보충적으로 적용하여야 할 것이라고 하고 있다(소성규, 1998, 211쪽).

한편 의뢰인은 중개업자가 소개하는 상대방이 주문한 대로의 사람이라고 하더라도 이를 거부하여 거래하지 아니할 자유가 있다.[22] 즉, 중개업자의 급부를 수령할 의무는 없다. 다만, 상대가 의뢰인의 마음에 들어 계약이 성립할 때에 보수를 지불할 의무가 있을 뿐이다. 반면에 중개업자는 아무리 진력하여도 계약이 성립하지 아니하면 보수를 청구할 수 없다. 특약이 없는 한 의뢰받아 활동한 것 이외의 것에 대해서는 그 비용도 청구할 수 없다. 이 점에서 위임과 다르고 현상광고 및 도급과 유사하지만 이미 낙성적 중개계약이 성립하고 있는 점에서 요물계약인 현상광고와는 다르다. 한편, 현행 「공인중개사법」상 중개계약의 성격은 중개행위의 대상이 되는 거래계약이 성립하는 한 보수청구권이 발생한다는 점에서 일의 완성을 전제로 하는 도급계약과 유사하다고 볼 수 있

22) 민법을 지배하고 있는 계약자유의 원칙에 기하여 당사자는 계약을 체결할 것인지의 여부와 누구와 계약을 체결할 것인지의 여부를 자유로이 결정할 수 있는 계약체결의 자유(상대방 선택의 자유가 포함되어 있음)를 가질 뿐만 아니라, 계약의 내용을 자유로이 결정할 수 있는 계약내용 형성의 자유도 갖는다(이병준, 2001, 263쪽).
반면에 미국은 능력이 있는 매수인(capable buyer, potential buyer or ready, willing and able)을 발견하면 매도인은 보수를 지급해야 한다(Alfred A. Ring and Jerome Dasso, op.cit., 190쪽 ; 김재덕, 부동산경영론, 경영문화원, 1984, 313쪽).

으나, 중개업자가 아무리 공을 들여 의뢰인이 제시하는 조건에 맞는 물건이나 상대방을 찾아 중개하더라도 그 궁극적인 거래계약의 체결여부는 전적으로 의뢰인과 상대방의 의사에 달려 있다는 점에서 도급과는 달리 어떤 우연적인 요소가 개입하고 있음을 알 수 있다(임동진, 1979, 428쪽). 도급의 수급인은 일 완성의 의무가 있는데 대하여 중개업자는 그 의무조차 없다. 도급에서는 완성된 일을 도급인이 수령할 의무가 있지만 중개의뢰인은 중개업자가 소개하는 물건이나 상대방에 관하여 거래해야 할 의무를 부담하지 않는 점에서 도급과 크게 다르다. 또한 의뢰인 및 중개업자는 거래계약 체결 이전에는 언제든지 중개계약을 해지할 수 있는 자유를 가지고 있다.

또 권리의무가 계약당사자에 전속하지 않는 '임의적 중개계약'이라는 점에서 고용과도 차이가 있다. 노무의 공급 그 자체를 목적으로 하는 고용계약은 일에 있어 다른 사람을 돕는다는 노무의무를 부담한다는 면에서(활동계약)[23] 위임계약과 유사하나, 위임에서 제공되는 노무활동은 사무의 처리로서 신뢰관계를 바탕으로 하는 데 비해 고용은 구체적인 노무(예로 가정부, 가정교사 등의 노무제공) 자체를 제공하며, 고용주의 지시(종속성)를 따르게 된다(김기수, 1973, 108~109쪽).

이러한 측면에서 중개계약은 위임 · 도급 · 고용 · 현상광고 등과 다른 독자적인 특질이 있다.

(3) 중개계약의 유형별 특성

① 전속중개계약의 특성

전속중개계약은 중개가 완성되면 의뢰인은 누구의 노력에 의해 중개가 완성되었는가를 따지지 않고 전속중개계약을 체결한 중개업자에게만 중개수수료를 지급한다. 이 중개계약의 형태는 의뢰인의 입장에서 보면 1개 업소에만 의뢰를 하기 때문에 물건을 의뢰하는데 번거로움이 없고, 서면으로 의뢰하기 때문에 정확하다.

의뢰받은 중개업자는 거래정보망에 등록하기 때문에 물건이 시장에 널리 알려져서 계약이 성사되는 기간을 줄일 수 있고, 의뢰인 스스로가 발견한 원매자와 직접 거래계약이 가능하기 때문에 여러 가지 장점이 있다. 중개업자의 입장에서도 물건정보가 확실하고 물건을 독점하고 있기 때문에 계약을 성사시키기 위하여 적극성을 갖게 된다.

우리나라에서도 1993년 4차 법 개정을 통하여 이 제도를 도입하게 되었으나 중개업계에서는 활용이 저조한 실정이다.

② 독점중개계약의 특성

독점중개계약은 소유자를 포함하여 누가 계약을 성립시켰는가를 묻지 않고 독점중개계약을 체결한 중개업자가 중개수수료를 받는다. 동시에 수탁자 이외의 어떠한 자에 대

23) 노무공급계약은 노무약속의 면에서 볼 때 활동계약과 결과계약으로 나뉘며, 도급계약은 결과계약에 해당한다(김기수, 1973, 107쪽).

한 매각도 허용되지 않는 성질이 있다.

중개계약을 한 중개업자는 물건을 지정유통기구에 일정한 기간 내에 물건을 등록해야 하고, 계약을 성사시키기 위하여 적극적으로 노력해야 한다. 또한 일정한 기간 내에 서면에 의한 업무처리에 대한 상황보고를 필요로 한다. 중개계약에서 독점권의 획득은 불필요하다는 일부의 이견도 있으나 이 유형이 판매활동의 능률화에 대하여 유익하다는 것이 통설이다(구영철, 1984, 102쪽). 의뢰인의 입장에서 보면 자기 스스로가 발견한 원매자와도 직접계약이 불가능한 단점이 있으나, 중개업자는 중개계약의 접수에 가급적 많은 독점권을 획득하도록 노력할 가치가 매우 크다. 독점권을 확보한 중개계약에 대해서는 중개업자가 마치 자신의 물건을 구입 또는 판매하는 경우와 같이 업무활동에 집중할 수 있다.

물건정보가 완전한 독점이기 때문에 중개업자가 매매의 성사를 위하여 적극적으로 노력하여 계약을 성사시키는 기간이 단축될 수 있는 장점이 있다. 따라서 독점권을 획득한 중개업자는 중개보수가 획득될 가능성이 높기 때문에 계약 성사를 위하여 모든 노력을 기울일 것이며, 다른 중개업자와도 협력하여 판매할 것을 의뢰하고 보수를 나누어 획득하기도 한다. 미국부동산연합회가 권장하는 계약형태이기도 하며 현재의 중개계약은 거의 독점중개계약에 의해 행해지고 있다(村田捻雄, 1973, 150面).

독점중개계약의 장점은 일반중개계약의 결점을 제거하고 중개업자로 하여금 보다 집중적인 활동의욕을 주입시키는 결과, 충분한 검토, 주저 없는 광고비 등 제비용의 지출, 다른 중개업자와의 협동의 긴밀화 등을 기할 수 있고, 나아가서는 부동산중개업을 하나의 기업으로서 성장시킬 수 있는 제도라는 점이다. 다만 이의 채용은 중개업자의 중개기술 · 지식 · 신뢰성 등이 상당히 고도화된 곳에서만 보급될 수 있다. 독점권을 부여할 경우에는 업자의 선정요령이 중요하다. 업자를 잘못 선정하여 무능하거나 신뢰할 수 없는 업자에게 독점권을 부여하면 독점권을 허용한 기간만큼 시간을 낭비하기가 쉬운 탓이다.

③ 공동중개계약의 특성

공동중개계약은 독점중개계약의 변형이며, 그 단점을 보완하는 방법으로 이용되는 형태가 미국의 MLS(Multiple Listing Service)이다(방경식 · 김용휘, 1984, 129쪽). 다른 중개계약은 어떤 물건의 중개를 어떤 중개업자가 단독 또는 다른 업자와 협동으로 처리하는 것을 원칙으로 하는 것이나, 공동중개계약은 공인중개사협회나 부동산정보센터 등을 매체로 하여 다수의 회원이 상호 협동하여 거래계약을 완성시키는 것을 말한다.

따라서 협회나 정보센터에서는 물건정보를 제공할 수 있는 정보망을 갖추어 물건을 관리할 수 있는 장치가 필요하고, 그렇게 함으로써 다수의 중개업자가 공동중개활동에 참여하여 중개활동을 능률화할 수 있을 것이다. 또한 이 제도는 미국 등 선진국의 부동산 중개시장에서 중심역할을 하는 제도이기도 하다(방경식 · 김용휘, 1984, 129쪽). 이 방식은 부동산중개의 능률화를 위하여 가장 이상적인 제도이나 이의 채용에 있어서는 가입한 회원의 중개기술과 지식, 신뢰성 등이 높아야 한다(이원준, 1982, 594~595쪽).

〈표 3-2〉 중개계약의 유형

계약 유형	내 용
일반중개계약	소유자 본인이 다수의 중개업자에게 동등한 기회로 부동산판매를 의뢰하는 계약. 즉, 의뢰인이 목적물의 매매 또는 교환을 위해 중개의뢰를 할 때 여러 곳의 중개업자에게 의뢰하는 계약의 형태임
전속중개계약	의뢰인은 목적물의 매매 또는 교환을 위하여 여러 중개업자에게 중복하여 의뢰할 수 없고, 어떤 특정업자에게 전속권을 주는 중개계약의 형식. 단, 의뢰인은 스스로 발견한 상대방과 교섭이 가능함
독점중개계약	의뢰인이 목적물의 매매 또는 교환을 위하여 여러 중개업자에게 중복하여 의뢰할 수 없는 중개계약의 형식. 의뢰인 자신이 직접 상대방과 교섭하는 것이 금지됨
공동중개계약	공인중개사협회나 부동산정보센터 등을 매체로 하여 다수의 회원이 협동하여 거래계약을 완성시키는 방법임
순가중개계약	매도가격을 미리 정하여 중개업자에게 제시하고, 이를 초과한 가격으로 매도한 때에는 그 초과액을 중개업자가 중개수수료로 획득하는 방법으로 사실상 금지되어 있음

* 출처 : 연구자 작성

〈표 3-3〉 중개계약의 유형별 특성

구 분	일반중개계약	전속중개계약	독점중개계약
중개계약 전속권	×	○	○
중개업자 활동의무	×	○	○
위약금조항	×	○	○
소유자 직접거래	○	○	×
계약 유효기간	△	○	○
다른 중개업자에게 중복의뢰	○	×	×
중개의뢰방식	구두의뢰	서면의뢰	서면의뢰

* 출처 : 연구자 작성

〈표 3-4〉 중개계약의 유형별 장·단점 비교

구 분	장 점	단 점
일반 중개계약	• 관행적으로 익숙한 방식임 • 거래정보망을 이용하지 못하는 경우 이 방식이 유리함 • 업무지역이 좁은 읍·면지역에서 유리한 방식임	• 업무처리에 소극적임 • 중개업자의 책임의식이 희박함 • 의뢰인과 중개업자의 관계가 복잡함 • 중개물건의 노출로 하자 가능성 의심
전속 중개계약	• 물건의뢰시에 시간과 경비가 절약됨 • 물건이 널리 공개되므로 매수자 탐색시간을 줄일 수 있음 • 중개업자가 적극적으로 노력함 • 서면에 의한 중개계약으로 의뢰계약이 확실함	• 중개업자가 거래를 위하여 적극적으로 노력하지 않으면 거래가 지연될 수 있음 • 물건정보 공개비용이 필요함
독점 중개계약	• 일반중개계약의 결점을 제거하고 중개업자로 하여금 보다 적극적인 활동을 유도함 • 독점권을 부여받았기 때문에 물건을 면밀히 검토하고 물건을 거래시키기 위하여 광고비 등 제비용도 지출함 • 타 중개업자와 협동하여 업무를 처리할 수 있고, 나아가 부동산중개업을 하나의 기업으로서 성장시킬 수 있는 제도임	• 중개업자의 중개기술, 지식, 신뢰성 등이 상당히 고도화된 곳에서만 보급될 수 있음. 우리나라의 중개업이 영세성을 벗어나지 못하고 있는 원인도 독점중개계약형태가 보급되지 못하는데 있다고 할 수 있음 • 업자를 잘못 선정하여 무능하거나 신뢰할 수 없는 업자에게 독점권을 부여하면 독점권을 허용한 기간만큼 시간을 낭비하기가 쉬움
공동 중개계약	• 매수인에게 물건의 선택을 용이하게 함 • 정보의 집중처리로 중개활동을 능률화 함 • 광고비·인건비·활동시간을 절약할 수 있음 • 각 업체의 활동영역 확대에 도움이 됨	• 회원의 윤리성이 있어야 함 • 회원의 전문적 지식수준이 있어야 함 • 독점중개계약제도가 선행되어야 함
순가 중개계약	• 물건을 은밀하게 매각할 경우 유리한 조건임 • 물건을 빠른 기간에 거래시킬 경우에 유리함	• 중개수수료가 지나치게 과다해질 수 있음 • 중개업자가 영업수익을 위해 의뢰인에게 불리한 조처를 하는 수도 있음 • 우리나라 공인중개사법에서 금지하고 있는 방식임

* 출처 : 문영기·유선종, 부동산중개이론, 부연사, 2005, 146~152쪽 ; 방경식·장희순, 부동산학개론, 부연사, 2004, 394~397쪽 내용을 표로 재구성하였음

3) 우리나라 전속중개계약제도의 현황

(1) 제도 현황

1993년 12월에 개정된 부동산중개업법 제4차 개정안[24]에서 중개업자와 의뢰인 간에

24) 부동산중개업법 제4차 개정안은 1993년 9월 3일 정부안으로 국회에 제출되어, 1993년 11월 30일 제165회 국회 제17차 본회의에서 의결된 것으로, 1993년 12월 27일 법률 제4628호로 공포되고 이듬해

사전에 서면으로 중개의뢰계약을 체결하는 전속중개계약제도가 처음으로 신설되었다.[25] 또한 2000년 1월에 개정된 제5차 부동산중개업법 개정안[26]에서 일반중개계약조항(공인중개사법 제22조)이 신설되었다. 이는 그동안의 구두에 의한 중개의뢰방식에서 비롯된 중개수수료 등에 대한 분쟁의 소지를 줄이기 위하여 일반중개계약에서도 의뢰인이 중개업자에게 중개대상물의 내역, 중개수수료 등을 기재한 중개계약서를 서면으로 작성을 요청할 수 있도록 한 것이다.

제도시행 초기에는 전속중개계약을 체결함으로써, 중개업자의 수수료 확보가 보장됨에 따라 중개물건정보의 공개와 유통이 촉진되고 공부열람, 현지 확인 등 필수적인 중개서비스를 제공받을 수 있을 뿐만 아니라, 1개 중개업자와의 계약으로도 물건정보를 광범위하게 전파시킬 수 있으므로 신속한 거래가 성립되고 부동산거래에 따른 시간과 비용이 절감될 수 있다는 장점으로 인하여 적극적인 홍보가 이루어졌다.

그러나 중개업의 선진화를 위해 도입된 제도들은 구두중개의뢰계약에 익숙한 부동산거래관습에 배치되어 대국민 인지도가 낮고, 대국민 홍보부족, 낮은 중개 수수료율 체계로 인한 중개업계의 참여미흡, 정부의 정책적 지원미비 등의 문제로 말미암아 10여년이 지난 현재까지도 제대로 제도 정착이 안 되고 있는 실정이다. 또한 전속중개계약을 위해 반드시 필요한 거래정보망 보급의 저조함과 중개업의 특성으로 인한 정보공개의 회피 문제 등도 전속중개계약의 활성화에 걸림돌로 작용하고 있다.

(2) 관련 법규

「공인중개사법」 제22조에서는 그동안 구두로만 이루어지던 중개계약을 의뢰인이 원할 경우 서면으로 작성하도록 일반중개계약 규정을 신설하고 「동법 시행규칙」 제13조의 규정에 의해 별지 제14호 서식으로 정한 일반중개계약서를 사용하도록 규정하고 있다. 또한 동법 제23조에서는 전속중개계약제도를 규정하여 의뢰인은 중개대상물의 중개를 의뢰함에 있어서 특정한 중개업자를 정하여 그 중개업자에 한하여 당해 중개대상물을 중개하도록 하는 계약을 체결할 수 있도록 하고 「동법 시행규칙」 제14조 제1항의 규정에 의해 별지 제15호 서식으로 정한 전속중개계약서를 사용하도록 규정하고 있다.

인 1994년 4월 1일부터 시행되었다. 개정안의 주요골자는 다음과 같다. ① 중개법인의 업무법인 확대 ② 전속중개계약제도 도입 ③ 거래정보망제도 도입 ④ 중개수수료제도 개편 ⑤ 중개업분쟁조정위원회제도 개편 등이다.

25) 우리나라 중개계약은 예전에는 구두에 의한 중개계약이 관행으로 이어져 왔으며 중개계약 자체의 형식과 내용에 대한 어떠한 법률적 근거도 없었다. 이러한 법률상의 근거미비는 중개업자와 의뢰인 사이의 분쟁발생의 원인이 되고, 원활한 부동산의 거래유통을 저해요인으로 지적되었다.

26) 부동산중개업법 제5차 개정안은 1999년 12월 28일 제209회 국회 제1차 본회의에서 의결되었으며, 2000년 1월 28일 법률 제6236호로 공포되어 2000년 7월 29일부터 시행되고 있다.

〈표 3-5〉 중개계약의 관련법규(공인중개사법)

법률 조항	법 률 내 용
동법 제22조 일반중개계약	중개의뢰인은 중개의뢰내용을 명확하게 하기 위하여 필요한 경우에는 중개업자에게 다음 각 호의 사항을 기재한 일반중개계약서의 작성을 요청할 수 있다. 1. 중개대상물의 위치 및 규모 2. 거래예정가격 3. 거래예정가격에 대하여 제32조의 규정에 의하여 정한 중개수수료 4. 그 밖에 중개업자와 중개의뢰인이 준수하여야 할 사항
동법 제23조 전속중개계약	① 중개의뢰인은 중개대상물의 중개를 의뢰함에 있어서 특정한 중개업자를 정하여 그 중개업자에 한하여 당해 중개대상물을 중개하도록 하는 계약(이하 "전속중개계약"이라 한다)을 체결할 수 있다. ② 제1항의 규정에 의한 전속중개계약은 건설교통부령이 정하는 계약서에 의하여야 하며, 중개업자는 전속중개계약을 체결한 때에는 당해 계약서를 건설교통부령이 정하는 기간 동안 보존하여야 한다. ③ 중개업자는 전속중개계약을 체결한 때에는 제24조의 규정에 의한 부동산거래정보망 또는 일간신문에 당해 중개대상물에 관한 정보를 공개하여야 한다. 다만, 중개의뢰인이 비공개를 요청한 경우에는 이를 공개하여서는 아니 된다. ④ 전속중개계약의 유효기간, 공개하여야 할 정보의 내용 그 밖에 필요한 사항은 대통령령으로 정한다.
동법 시행령 제19조 일반중개계약	건설교통부장관은 법 제22조의 규정에 따른 일반중개계약의 표준이 되는 서식을 정하여 그 사용을 권장할 수 있다.
동법 시행령 제20조 전속중개계약	① 법 제23조 제1항의 규정에 따른 전속중개계약의 유효기간은 3월로 한다. 다만, 당사자간에 다른 약정이 있는 경우에는 그 약정에 따른다. ② 전속중개계약을 체결한 중개업자가 법 제23조 제3항의 규정에 따라 공개하여야 할 중개대상물에 관한 정보의 내용은 다음 각 호와 같다. 1. 중개대상물의 종류, 소재지, 지목 및 면적, 건축물의 용도·구조 및 건축연도 등 중개대상물을 특정하기 위하여 필요한 사항 2. 벽면 및 도배의 상태 3. 수도·전기·가스·소방·열공급·승강기 설비, 오수·폐수·쓰레기 처리시설 등의 상태 4. 도로 및 대중교통수단과의 연계성, 시장·학교 등과의 근접성, 지형 등 입지조건, 일조(日照)·소음·진동 등 환경조건 5. 소유권·전세권·저당권·지상권 및 임차권 등 중개대상물의 권리관계에 관한 사항. 다만, 각 권리자의 주소·성명 등 인적 사항에 관한 정보는 공개하여서는 아니 된다. 6. 공법상의 이용제한 및 거래규제에 관한 사항 7. 중개대상물의 거래예정금액 및 공시지가. 다만, 임대차의 경우에는 공시지가를 공개하지 아니할 수 있다.

4) 주요국가 전속중개계약제도 및 시사점

(1) 미 국

미국에서는 통상적으로 부동산소유자가 부동산을 매각하기 위해서는 부동산회사 또는 중개업자와 중개계약(Listing agreement)이 선행되어야 한다. 대부분의 주에서는 순가중개계약(Net listing)을 제외한, 일반중개계약(Open or General listing)[27], 전속중개계약(Exclusive agency listing)[28], 독점중개계약(Exclusive right-to-sell listing)[29], 공동중개계약(Multiple listing) 등 4가지 유형을 인정하고 있다. 미국의 부동산중개계약서에는 매도인은 부동산의 정보(건물의 하자, 보증금, 가격 등)에 보증을 하며 이것은 MLS의 모든 업무(수수료, 건물의 잘못된 설명으로 인한 발생손해액)와 관계가 있다는 내용을 중개업자에게 약정한다(김학환, 1999, 14쪽).

독점중개계약의 기간 중에 이유 없이 계약을 해제하면 위탁자는 손해배상의무를 부담하게 된다. 판례도 독점중개계약에 있어 계약해제의 문제를 같은 취지로 해석하고 있다(Nance v. Mc Dougald, 1947. ; 이재웅, 1996, 136쪽에서 재인용).

이러한 중개계약을 체결하게 되면 계약을 체결한 부동산회사 또는 중개업자는 각자 보유하고 있는 정보를 서로 공유화하고 교환하는 MLS(Multiple Listing Service)[30]에 매물정보를 제공하여야 하며, 이를 조직적으로 운영하여 신속하고 정확한 부동산거래를 도모하고 있다. MLS에 참가하지 않는 부동산회사나 중개업자는 독자적으로 중개계약을 체결한 물건만 판매할 수 있으나, MLS에 참가한 중개업자는 거래정보망에 등록된 모든

---

27) Open or General listing은 부동산소유자가 동시에 다수의 중개업자에게 동일의 매각물을 위탁할 수 있는 중개계약이다. 이 중개계약은 소유자 자신이 스스로 발견한 계약상대방과 직접 거래하는 것이 허용되어 있다. 이 중개계약의 유효기간에 대해서는 다수의 주가 그것을 정할 필요가 없다고 본다.

28) Exclusive agency listing은 거래당사자가 다른 중개업자를 고용하지 않는다는 것에 동의하는 중개계약 유형이다. 만일 특정한 중개업자 이외의 또 다른 중개업자에 의해 매매가 성립되었다고 하더라도 부동산소유자는 전속계약을 맺은 중개업자에 대해서도 보수를 지불해야만 한다. 다만, 의뢰인(부동산소유자) 자신에게는 전속중개업자가 이전부터 교섭을 해 온 상대방이 아닌 새로운 상대방을 스스로 발견하여 매각할 권리가 유보되어 있다. 유효기간을 두는 경우 그 기간 이후 업자의 대리권은 상실되어 특히 철회되기까지 일반중개계약으로서 존속한다. 만일 그 유효기간이 없는 경우에는 해지할 때까지 불확정적인 전속중개계약이 유효하다고 하는 것이 다수의 입장이다(明石三朗, "不動産取引における專任媒介契約と一般媒介契約", 1981, 411面).

29) Exclusive right-to-sell listing은 약정기간 내에 특정한 중개업자 이외의 또 다른 중개업자의 알선에 의해 부동산을 매각하는 경우는 물론, 부동산소유자(의뢰인) 자신이 스스로 발견한 상대방에게 부동산을 매각한 경우에도 위탁자는 독점중개업자에게 보수를 지불해야만 한다. 약정기간이 경과한 후에도 중개업자가 약정기간동안에 거래협의를 가졌던 사람 또는 매도자에게 소개하였던 구매자와 약정기간 경과 후 90일 이내에 계약을 체결하는 경우에도 수수료를 지불하여야 한다. 또한 능력이 있는 매수인(capable buyer, potential buyer or ready, willing and able)을 발견하면 매도인은 보수를 지급해야 한다(Alfred A. Ring and Jerome Dasso, 1981, p. 190. ; 김재덕, 부동산경영론, 경영문화원, 1984, 313쪽에서 재인용).

30) MLS의 대상물건은 주택·상업시설·오피스·농지 등 모든 부동산을 포함하고 있으며, 부동산 유통시스템의 근간을 형성하고 있다. 즉 MLS는 간단명료한 방식으로서 가맹회원의 물건정보를 전 회원에게 전파하여 부동산시장업무를 운영한다.

물건을 거래할 수 있기 때문에 빠른 시일 내에 매각될 기회가 증대되는 것이며, 희망부동산소유자에게는 물건이 복수의 중개업자에게 조기에 매각될 기회가 증대되는 이점이 있다. 또한 부동산구입자에게도 하나의 부동산회사 또는 중개업자에게 의뢰하여 여러 회사나 중개업자가 취급하는 물건의 광범위한 정보를 얻을 수 있는 장점이 있다. 이와 같이 미국에서는 Listing agreement와 MLS제도에 의해 부동산유통정보의 광범위한 공유가 이루어지고 그에 대해 적정한 부동산수급의 조절이 이루어지고 있다. 전국의 주택유통은 이러한 MLS기구에 의하여 운영되는 것이며 이에 따라서 중개계약도 점차 획일화되지 않을 수 없는 동시에 MLS에 의한 공동중개를 전제로 하는 계약내용으로서 전속중개계약과 독점중개계약이 일반화되어 있다(소성규, 1998. 60쪽). 뿐만 아니라 미국의 중개계약은 전속중개계약(Exclusive agency listing)에서부터 점차로 독점중개계약(Exclusive right to sell listing)으로 전환되었으며,[31] 현재는 거의 독점중개계약에 의하여 행해지고 있다(김기수, 1987, 46쪽 ; 소성규, 1998, 60쪽).

부동산유통거래과정은 〈그림 3-2〉와 같이 1단계(중개계약), 2단계(마케팅단계), 3단계(협상단계), 4단계(거래완료단계)로 이루어지고 마지막 단계에서는 모든 서류들에 서명이 이루어지며, 모든 동의사항들이 결정지어지고, 매수자는 매도자로부터 양도증서를 받게 된다. 한편, 매수자는 계약서에 기록된 내용대로 모든 관련된 사람들에게 정확하게 지급할 것을 확정해야 한다(문영기 · 유선종, 2005, 95쪽).

31) 중개 업무는 지방위원회에 속하는 리얼터(Realtors)의 공동중개를 전제로 하기 때문에 의뢰인은 판매에 관하여 일체 간여하지 않고 해당물건의 처분권을 중개업자에게 이전하는 실질적 내용이 포함되므로 종래의 전속중개계약에서 독점중개계약으로 이행된 실정이다.

〈그림 3-2〉 전속중개의 과정

중개과정	매도자	위탁계약중개업자 (Listing Broker)	협력중개업자 혹은 판매중개업자 (Cooperating broker or Selling broker)	매수자
1단계 중개위탁계약 (Listing step)	부동산 소유자 →	위탁계약 중개업자 중개위탁 (구두 혹은 서면)	협력중개업자 혹은 판매중개 업자 구입의뢰 ←	거래가능한 부동산 매수자
2단계 마케팅단계 (Marketing step)		표지판 설치 신문, TV등에 광고 MLS에 물건등록 매수자를 찾아낼 협력중개업자 물색		
3단계 협상단계 (Negotiating step)	부동산 매도자 →	위탁계약중개업자 ← ↓ 매수자의 요구사항 및 제점검상태에 대한 점검 ↓ 실질적 거래시점 결정	→	부동산 매수자
4단계 거래완료단계 (Closing step)	부동산 매도자 →	양도증서(deed) 전달	→	부동산 매수자

* 출처 : 문영기 · 유선종, '부동산중개이론', 부연사, 2005, 95쪽.

(2) 일 본

일본의 중개제도는 2차에 걸친 택지건물거래업법의 개정[32]을 통해서 부동산거래업제도를 정비하면서 중개계약제도가 체계적으로 법제화되고 중개계약의 서면화, 유형화,

---

32) 일본의 부동산중개제도는 1952년 6월 10일 법률 제176호로 택지건물거래업법[1] 제정으로 법제화되었다. 이후 1980년 5월에 택지건물거래업법을 개정함으로써 일반중개계약과 전임중개계약[1]의 두 가지 계약유형을 도입하였다(택지건물거래업법 제34조의2). 1988년에는 동법의 개정으로 의뢰인과 당해 중개업자가 발견한 상대방 이외의 자와 매매 또는 교환의 계약을 체결할 수 없도록 하는 취지의 특약을 포함한 전속전임중개계약을 시행하면서(동법 제34조의2 제5항) 현재는 일반중개계약, 전임중개계약, 전속전임중개계약 등 3종류의 중개계약을 법률로 규정하고 있다.

합리화에 진일보하였다. 이를 통해 부동산거래에 있어서 부동산중개의뢰부터 거래계약 체결까지 모든 것이 서면계약으로 이루어지는 문서위주의 유통제도가 뿌리를 내리게 되었다.

이 개정법 자체는 일반중개계약[33], 전임중개계약[34], 그리고 전속전임중개계약[35] 등으로 유형화하고 각각에 관해서 표준중개계약약관을 규정하여 시행하고 있다. 이와 같이 전속성, 독점성이 강한 중개계약 형태의 등장으로 인해 의뢰인은 중개업자가 의뢰인의 입장에 서서 노력하는 중개행위를 기대할 수 있게 되었다. 사회적으로도 부동산유통구조가 정착되고 부동산정보유통기구가 활성화되기 시작하면서 1990년 5월 6일부터 거래정보망인 REINS SYSTEM[36]이 시행되었다. 전속전임중개계약을 체결하면 REINS SYSTEM에 부동산물건의 등록을 의무화 하고 있다.

먼저, 일반중개계약의 경우 정기적으로 업무처리상황을 보고할 의무가 없을 뿐만 아니라, 계약의 유효기간의 상한도 없다. 그리고 지정유통기구와의 관계에 있어 중개업자는 물건정보를 등록하든 등록하지 않든 자유이다. 택지건물거래업법은 일반중개계약의 경우에는 물건정보의 등록의 가부에 관해 언급하지 않고 있다. 그러한 까닭에 일반중개계약에서는 중개업자가 중개의 노력을 다할 지라도 중개물건을 가로채일 위험성 때문에 중개업자의 적극적인 노력은 기대하기 어렵다. 일반중개계약에는 의뢰인이 특정한 중개업자 이외의 다른 중개업자에게 의뢰를 한 경우에, 특정한 중개업자 이외의 다른 중개업자의 명시를 구하는 명시형과 명시를 요구하지 않는 비명시형으로 계약형태가 구분된다(동법 34조의2 제1항 3호).

전임중개계약에서 주목해야 할 점은 유효기간이 경과한 후에도 유효기간의 만료 후 2년 이내에 중개업자가 유효기간 동안에 거래협의를 가졌던 사람 또는 매도자에게 소개하였던 구매자와 계약을 체결하는 경우에도 수수료를 지불하여야 한다는 것이다. 이것은 전속전임중개계약에서도 마찬가지이다.

전속전임중개계약에서는 중개업자는 의뢰인으로부터 의뢰받은 물건의 거래에 대해 중개업자 자신이 확실히 관여할 수 있는 상황을 확보할 수 있다. 반면에 중개업자는 몇

33) 일반중개계약이란 의뢰한 택지건물거래업자 이외에도 중복적으로 중개·대리를 의뢰하는 것을 허용하는 중개계약을 말한다.

34) 전임중개계약이란 의뢰인이 다른 중개업자에게 중복하여 매매 및 교환의 중개를 의뢰하는 것을 금지하고 있다는 점에 그 특징이 있는 중개계약이다(택지건물거래업법 34조의2 제3항). 따라서 전임중개계약이 체결되면 의뢰인은 특정한 중개업자와 중개계약을 체결하고서 또 다른 중개업자에게 중복하여 의뢰할 수 없는 것이다. 그러나 의뢰인 자신이 스스로 거래의 상대방을 발견하여 계약을 체결하는 것은 허용되어 있다.

35) 전속전임중개계약이란 의뢰한 중개업자가 탐색한 상대방 이외의 자와 매매·교환의 계약을 체결할 수 없는 내용의 전임중개계약을 말한다. 즉, 전속전임중개계약도 전임중개계약의 한 형태이다. 따라서 의뢰인은 전속전임중개계약을 체결함으로써 두 가지의 제약을 받는다. 그 하나의 제약은 전임중개계약에 관한 제약으로서 의뢰인은 또 다른 중개업자에게 중복하여 중개의뢰를 할 수 없다는 점이다. 또 하나의 제약은 의뢰인이 스스로 발견한 상대방과도 매매·교환의 계약을 체결할 수 없다는 점이다. 이 점이 전임중개계약에는 없는 전속전임중개계약의 특유의 제약이라 할 수 있다.

36) 우리나라의 거래정보망에 해당한다.

가지의 규제[37)]를 받는다. 전임중개계약의 경우에는 중개업자에게 그 업무의 처리상황을 2주일에 1회 이상 의뢰인에게 보고하도록 통지의무를 부과하고 있는 반면에, 전속전임중개계약의 경우에는 보고의 1주일에 1회 이상으로 빈도가 강화되어 있다. 그 이유는 의뢰인에 대한 구속력이 완화되어 있는 것과 형평을 조절하기 위해서다. 즉, 전임중개계약의 경우에는 의뢰자 자신이 스스로 거래의 상대방을 발견하여 계약을 체결하는 것이 허용되어 있기 때문이다. 중개업자는 성약을 이루기 위해 계약의 상대방을 탐색하지 않으면 안 된다. 그것과 더불어 물건정보를 REINS SYSTEM에 등록하지 않으면 안 된다고 규정하고 있다(택지건물거래업법 시행규칙 제15조의8 제1항). 등록을 행할 시기에 관해서는 중개계약을 체결한 때로부터 3일 이내라고 제한도 정하고 있다.

(3) 독 일

독일에 있어서는 중개계약의 유형으로 일반중개계약과 함께 그 외 일정기간 내 위임자의 해지권을 제한하는 전속중개계약을 인정하고 있다(소성규, 1998, 71쪽).

먼저, 일반중개계약은 독일민법 제652조에 따르면 다음과 같은 특징이 있다(김기수, 1987, 47쪽). 첫째, 중개행위 또는 지시행위에 관하여 보수를 약속받을 특종의 쌍무계약이다. 둘째, 의뢰인은 복수의 중개업자에게 위임하거나 본인 스스로 직접 거래할 수 있고 설사 중개업자의 지시를 받아도 이에 대하여 아무런 의무를 부담하지 않고 그 결과에 대하여는 원칙상 책임이 없다. 셋째, 의뢰인은 그 중개목적물의 계약체결이 있을 때까지 그 계약의 지배자적 지위에 있으므로 그 계약을 체결할 의무를 중개업자에게 부담하지 않는다. 넷째, 중개업자의 보수취득의 요건은 중개업자의 활동에 의하여 의뢰인이 원하는 계약이 성립되어야 한다. 그리고 일단 계약이 성립된 이상 그 계약불이행 등을 이유로서 중개보수청구권을 침해받지 아니한다. 다섯째, 의뢰인은 중개업자의 활동을 알고 이로 인하여 계약을 체결할 것을 요한다. 다시 말하면 계약과 중개업자의 활동사이에 인과관계가 존재하여야 한다. 중개업자는 자기의 활동이 계약체결 상 유일한 원인인 것을 증명할 필요가 없고 협동적 원인인 것을 증명하면 족하다. 여섯째, 의뢰인은 계약체결이 있을 때까지 언제든지 철회할 수 있다. 다만, 중개업자의 보수를 빼앗을 의사로서는 중개계약을 해지할 수 없다. 다만 의뢰인의 중개계약에 대한 해지권을 제한하려면 일정기간 독점위탁(Alleinauftrag)을 하지 않으면 안 된다. 일곱째, 비용은 합의가 있는 경우 및 계약 성립의 경우에만 그 청구가 허용된다.

---

37) 첫 번째 규제는 중개업자는 의뢰인에 대해 업무처리상황을 1주일에 1회 이상 보고해야만 한다. 두 번째의 규제는 중개계약의 기간제한이다. 중개계약의 기간 내에는 의뢰인 자신은 자기 스스로 어떠한 좋은 조건의 상대방을 발견하더라도 계약을 체결할 수가 없다. 세 번째의 규제는 물건정보를 REINS SYSTEM에 등록할 의무가 중개업자에게 부과되어 있다는 것이다. 중개업자는 의뢰인의 보호 및 부동산유통의 실정을 고려하여 건설성령으로 정한 방법에 의해 계약의 상대방을 탐색하지 않으면 안 된다(동법 제34조의2 제5항).

다음으로, 전속중개계약은 의뢰인이 어느 특정된 중개업자에게 일정기간 내 중개의무를 위탁 내지 통지함으로써 성립된다. 이 경우 의뢰인은 일정기간 내 위임계약을 해지할 수 없게 되어 그 해지권이 제한된다. 따라서 전속중개계약은 일정기간 중개계약의 철회의 포기를 의미한다. 그 기간은 명시적으로 결정할 수도 있지만, 그 기간을 명시적으로 정함이 없는 경우에는 사정에 따라 중개업무 수행에 필요하다고 추정되는 상당한 기간이 합의된 것으로 인정한다. 여기서 중요한 것은 의뢰인은 해지권의 제한 기간 내 다른 중개업자에게 중개를 의뢰할 수 없으며 이에 위반할 때에는 전속중개계약의 적극적 채권침해로 인해 손해배상의 의무가 생긴다. 즉 의뢰인은 중개업자에게 중개보수를 지급할 의무가 있다(김상명, 2003, 745쪽). 이것이 전속중개계약의 본질적인 특징이라 하겠다. 그러나 의뢰인이 특정한 중개업자와 전속중개계약을 체결하였다 하여 중개업자에 의해 소개된 계약상대방과 매매계약을 체결할 의무를 부담하는 것은 아니다. 일반중개계약과 같이 의뢰인의 계약체결의 자유는 독점중개계약을 체결하였다 하더라도 영향을 받지 않는다.

그런데 전속중개계약을 맺은 의뢰인은 다른 중개업자에게는 중개를 의뢰할 수 없으나, 의뢰인 스스로 상대방을 찾아 직접 거래하는 것에 대해서는 다툼이 있다. 즉, 라이히재판소(Reichsgericht)는 의뢰자 자신이 스스로 발견한 계약 상대방과 직접거래를 체결하는 것을 허용하지 않는데 반해, 연방통상재판소(Bundesgerichtshof)는 그것을 허용하고 있다.

직접거래를 금지하는 견해로는, 예컨대 전속중개계약의 약관에서는 '전속위임의 위탁자와 중개업자가 협동하여야 한다'라는 조항을 요구하여 결국 의뢰인 스스로 상대방을 찾아 거래하는, 즉 직접거래를 금지한다는 견해가 있다. 따라서 이러한 견해에 따르면 전속중개계약은 미국의 독점중개계약과 유사한 것이 된다.

그러나 직접거래를 허용해야 한다는 주장으로는 만일 의뢰인이 스스로 중개업자의 도움 없이 매각 등 직접거래를 한 경우에는 중개업자는 보수를 청구할 수 없고 이러한 보수청구는 권리남용에 해당된다고 본다는 견해이다(Soergel, 1980, §652, 14, 15). 이러한 전속중개계약의 효력범위 즉 의뢰인의 직접거래를 허용한다는 점은 영미법의 전속계약의 영역과 같다(김기수, 1987, 47~49쪽).

(4) 영 국

영국의 중개업자 자격은 1968년에 설립된 왕립측량협회(RICS)에서 부여하고 있다. 영국의 중개계약은 판례법주의, 불문법으로 인하여 엄격하게 이루어져 있고, 중개계약으로 인한 당사자간의 권리관계 역시 관습에 의하여 승인된 것이다.

영국법상 중개계약은 구두계약(Verbal Listing)에 의하며 중개계약의 형식은 일반중개계약(General Agency)[38]이외 전속중개계약(Sole Agency)[39]이 있다. 이 외에도 독점중개계약(Sole Selling Rights)[40]이 있다. 복수업자의 협력을 요하는 경우에는 공동중개계약(Joint Sole Agency)에 의하여 행해진다. 그러므로 일반중개계약, 전속중개계약, 독점중개계약 등 3종류가 있으나 전속중개계약이 원칙이며, 독점중개계약은 의뢰인에게 불리하다는 이유로서 차아터드 서어베이어(Chartered Surveyors)[41]에서 수탁을 거부하고 있다(김기수, 1987, 55쪽).

중개업자를 통해서 주택을 매도하기 위해서 매도자는 자신의 부동산을 시장에서 거래할 수 있도록 중개업자에 중개계약 의뢰지시(Instruct)를 하여야 한다. 매도자는 부동산을 검색할 수 있도록 중개업자에게 등록하여야 한다. 매수자가 관심을 보이면 구두 청약(verbal offer)을 하고, 중개업자가 서면으로 매도자에게 승낙을 요구한다. 매도인이 승낙한 청약은 법적으로 구속력이 없으며, 청약철회를 하더라도 법적인 벌칙은 없다.

다자합동중개(Multiple Agency)계약이란 고객이 독립적인 여러 중개업자들과 중개계약을 체결한 형태를 말하며, 이때 수수료는 독점중개계약의 경우에 비하여 더 높게 책정될 수 있다. 영국법상 말하는 중개계약의 종류에 따른 각자 특징은 다음과 같다.

먼저, 일반중개계약(General Agency)은 중개업자의 다수로 인하여 또는 의뢰인의 중개계약의 해지를 자유스럽게 할 수 있다는 등의 법률관계로 인하여 중개업자와 의뢰인 간의 분쟁이 생길 우려가 많다. 복수업자에게 중복하여 의뢰할 수 있는 일반중개계약의 형시은 복수대리에 의하게 되어 분쟁발생의 소지기 많으므로, 치이디드 시이베이이(Chartered Surveyors)는 되도록 이에 의한 취급을 회피하고 있으며 전속중개계약 즉 전속 수임자가 선정되기까지 단기간계약으로 인정되는 것이 보통이다(김기수, 1987, 55쪽).

다음으로, 전속중개계약(Sole Agency)은 복수중개업자의 협력을 요하는 경우에는 공동중개계약(Joint Sole Agency)을 체결할 수도 있다. 영국에서는 이러한 전속중개계약이 원칙이다(宅地建物取引業法令研究會, 1982, 147面). 중개업자가 전속중개계약(Sole agency)을 체결한 경우, 고객은 자신이 동의한 다른 비용에 추가하여 중개수수료를 지불할 책임이 있다. 매수인을 소개하였거나, 계약을 체결하는 경우에도 마찬가지이다.

---

38) 일반중개계약(General Agency)은 의뢰인이 복수의 중개업자에게 의뢰할 수 있는 동시에 의뢰인 스스로의 매도권 역시 박탈되지 아니하는 보통의 중개계약이다.

39) 전속중개계약(Sole Agency)은 부동산소유자가 특정 중개업자에 전속적으로 매매를 의뢰하며 그 전속계약의 존속 중 다른 중개업자에게 동일물건의 매도를 의뢰할 수 없다. 그러나 의뢰인 자신이 매수인을 물색하여 매도하는 권리는 유보한다.

40) 독점중개계약(sole selling right)은 독점권계약(Sole right to sell)이라고도 하며 미국의 독점중개계약과 동일한 성질을 갖고 있다. 전속중개계약은 부동산 소유자 스스로 매각권을 유보하고 있는데 반하여, 독점중개계약에서는 이를 인정하지 않고 수탁 중개업자만이 매각권을 독점하고 있는 것이 특징이다(明石三朗, 1981, 412面).

41) Chartered Surveyor는 부동산 관련업무에 종사하는 개인의 칭호이다. 그리고 RICS회원 이외의 사용은 법에 의해서 금지되고 있다. 중개업자는 부동산에 관한 전문직업인(Estate Agency)으로서 부동산업에 종사하는 전문직업자의 조합 자치기구인 공인자격사협회(RICS)의 회원으로서 차아터드 서베이어(Chartered Surveyor)에 해당한다. 차아터드 서베이어(Chartered Surveyor)에는 부동산중개대리인(Estate Agency), 건축조사사(Building Surveying), 토지조사사(Land Surveying), 토지행정인(Land Administration) 등으로 구성되어 있다. 차아터드 서베이어의 대부분이 지방자치단체에서 토지, 도시행정의 직무를 행하고 있는 관계로 행정관청의 자격칭호라고 하기도 한다.

끝으로, 독점중개계약(sole selling right)은 대체로 구두로 하기보다는 문서에 의하여 계약을 체결하는 것이 바람직하다. 여기에는 중개업자의 중개보수가 보장되는 반면에 반드시 중개업자의 최선의 봉사의무 및 광고비용의 부담 등 일정한 의무에 관하여 명시할 것을 요구하고 있다. 이러한 전속중개계약, 독점중개계약이 체결되면 의뢰인은 다른 중개업자에게 의뢰하여 생기는 손해배상을 지불할 의무가 있다. 배상액은 최초의 중개업자가 상대방을 발견하여 할 수 있었던 가능성의 여하에 의해서 다르다. 광고 기타의 비용은 특약이 있는 경우 이외에는 의뢰인에게 청구할 수 없다.

독점중개(Sole selling rights)계약이 체결되었다면, 고객은 중개업자에게 합의된 요금을 지불하여야 한다.[42)]

영국에 있어서는 미국과는 달리 독점중개계약이 일반화되지 않고 전속중개계약이 일반화된 것은 중개업무의 공동처리를 요구하는 유통기구가 설치되어 있지 아니하며 이에 의한 거래중개를 하지 않는데 이유가 있을 것이다. 그러나 오늘날 미국 등에서는 부동산거래유통을 합리화·획일화의 방향에 따라 점차 독점적 계약으로 이행되어 가고 있다는 것을 유의할 필요가 있다.

(5) 프랑스

프랑스의 중개계약은 일반위임과 전속위임이란 두 가지 형식에 의하여 일반중개계약과 전속중개계약으로 구분된다. 1970년 부동산거래업법이 제정되고 1973년 시행되었는데 이 법률에는 중개계약은 서면으로 체결하여야 한다고 정하고 있다.

프랑스에서는 일반중개계약인 경우에 의뢰인이 다수의 중개업자에게 부동산의 매각을 의뢰하는 것이 허용되어 있을 뿐만 아니라, 의뢰인 자신이 스스로 발견한 계약상대방과 직접 거래를 할 수도 있다.

일반중개계약은 의뢰인이 둘 이상의 중개업자에게 위임할 수 있고 또한 의뢰인은 언제든지 중개계약의 해지 및 직접거래를 할 수 있다. 이처럼 의뢰인의 해지 및 직접거래를 인정하고 있는 일반중개계약은 중개업자의 이익이 항상 불안정하고 침해될 우려가 있다. 그러므로 중개업자는 자신의 이익을 보장하기 위하여 전속중개계약을 체결하게 된다.

프랑스에서는 전속중개계약(mandat'd exclusivite)을 일반적 위임방식의 일종으로서 일찍이 판례·학설상 인정하고 있다. 특히 전속중개계약은 지정된 중개업자 이외의 또 다른 중개업자를 통해 거래할 수 없을 뿐만 아니라 의뢰인 자신이 스스로 발견한 계약 상대방과도 직접 거래하는 것을 원칙적으로 금지하고 있으므로 오히려 독점중개계약의

---

42) 지급사유로는 첫째, 중개업자가 독점권을 가지는 기간 내에 부동산매도계약이 체결되었다면, 다른 중개업자나 매도자 자신이 구매자를 발견하더라도 고객은 중개업자에게 수수료를 지불하여야 한다. 둘째, 독점기간이 경과한 후에도 중개업자가 독점기간 동안에 거래협의를 가졌던 사람 또는 매도자에게 소개하였던 구매자와 계약을 체결하는 경우에도 수수료를 지불하여야 한다.

형태로 볼 수 있다(R. Porte, 1965, p.67). 왜냐하면 프랑스의 전속중개계약은 중개업자가 필요한 비용전부를 부담한다는 약정이 포함되어 있기 때문이다. 전술한 바와 같이 미국의 독점중개계약에 해당되는 것이 프랑스의 전속중개계약에 해당되어 있음은 유의할 필요가 있다.

프랑스의 전속중개계약은 판례를 통해서 요건을 엄격하게 요구하고 있다.[43] 이상과 같이 프랑스의 중개계약은 위임계약에 의한 일반적 중개계약과 전속적 중개계약의 두 종류가 있다. 그리고 이들 중개계약의 주된 내용은 보수에 관한 특약이며 중개보수는 매도인과 매수인이 각자 반분하는 것을 원칙으로 하고 있다. 전속중개계약을 체결할 때는 중개계약기간을 정하여 중개계약을 체결할 것을 요구하고 있다. 이 약정기간 내에는 중개업자에게 과실이 없는 한, 의뢰인은 전속중개계약을 해제할 수 없다. 기간의 약정이 없는 경우에는 전속중개계약이 당연히 무효로 되는 것이 아니라, 관습에 따라 상당한 기간을 유효로 하고 있다.[44] 확정기간은 3월을 한도로 하고, 그 이하의 기간은 유효로 한다. 확정기간의 만료로 인해 전속중개계약은 당연히 종료하고 종료 후에는 통상의 위임으로 존속한다. 3월 이상의 기간을 약정한 전속중개계약의 경우에는 15일의 예고기간을 통하여 언제든지 해제할 수 있다.

중개업자에게는 전속중개계약을 체결함으로써 다음과 같은 이점이 있다. 약정기간 중에는 중개업자의 보수가 보장된다. 즉, 부동산매매가 전속의 위임을 받은 중개업자의 중개에 의해 성립된 경우는 물론, 특정한 중개업자 이외의 또 다른 중개업자에 의해 계약이 성립된 경우와 의뢰자 자신의 노력에 의해 계약이 성립된 경우에도 의뢰인은 중개업자에게 보수를 지불해야만 한다.

반면에 중개업자는 매매계약의 체결이 신속히 실현될 수 있도록 특별히 노력할 의무를 부담한다. 따라서 중개업자가 전속중개계약의 기간 중에 매각물건의 광고도 하지 않는 태만한 행동을 취했을 경우에는 보수를 받지 못한다.

본래 전속중개계약의 기간 내에는 위임의 해제를 할 수 없는 것이 원칙이다. 그러나 다음의 경우에는 전속중개계약의 기간 내일지라도 위임의 해제를 인정하고 있다. 즉, 중개업자가 전력을 기울여 계약상대방을 탐색하지 않는 경우라든지, 중개업자에게 중대한 과실이 있는 때에는 의뢰인은 전속중개계약의 기간 내라도 위임을 해제할 수 있다.

〈표 3-6〉에 미국, 유럽 등 선진외국과 우리나라의 전속중개계약의 약관을 비교하여 표로 나타내었다.

---

43) 프랑스의 전속중개계약의 요건은 첫째, 전속계약은 기간에 있어서 반드시 제한을 두어야 한다. 만일 이러한 기간제한이 없는 전속계약은 무효이다. 둘째, 계약의 목적인 대상 또는 활동대상을 정하여야 한다. 셋째, 계약내용이 확정되어야 하며 애매모호 하여서는 아니 된다.

44) 예를 들면, 15일의 예고기간을 정하여 전속중개계약의 해제를 고지함으로서 기간이 한정된다. 그 기간이 넘으면 전속중개계약은 효력을 상실한다.

〈표 3-6〉 각국의 전속중개계약의 특징비교

<table>
<tr><th colspan="2">구 분</th><th>미 국</th><th>일 본</th><th>영 국</th><th>독 일</th><th>프랑스</th><th>한 국</th></tr>
<tr><td colspan="2">중개계약
허용유형</td><td>일반/전속/
독점</td><td>일반/전속/
독점</td><td>일반/전속/
독점</td><td>일반/전속</td><td>일반/전속</td><td>일반/전속</td></tr>
<tr><td colspan="2">주 계약유형</td><td>독점</td><td>전속</td><td>전속</td><td>전속</td><td>전속</td><td>일반</td></tr>
<tr><td colspan="2">도입시기</td><td>1973</td><td>1980</td><td>–</td><td>–</td><td>1970</td><td>1993</td></tr>
<tr><td colspan="2">계약해제사유 규정</td><td>있음</td><td>있음</td><td>있음</td><td>있음</td><td>있음</td><td>없음</td></tr>
<tr><td rowspan="2">일방적
계약해지권</td><td>전속</td><td>금지</td><td>금지</td><td>허용</td><td>금지</td><td>금지</td><td>허용(금지
규정없음)</td></tr>
<tr><td>독점</td><td>금지</td><td>금지</td><td>금지</td><td>금지</td><td>금지</td><td>–</td></tr>
<tr><td colspan="2">유효기간 경과후
직접거래</td><td>금지
(3개월)</td><td>금지
(2년)</td><td>금지</td><td>–</td><td>–</td><td>허용(금지
규정없음)</td></tr>
<tr><td rowspan="2">스스로
발견한
상대방과의
계약체결</td><td>전속</td><td>금지
(비용부담)</td><td>금지
(비용부담)</td><td>금지</td><td>일부
허용[45]</td><td>금지
(수수료부담)</td><td>금지
(비용부담)</td></tr>
<tr><td>독점</td><td>금지
(손해배상)</td><td>금지
(손해배상)</td><td>금지
(손해배상)</td><td>–</td><td>–</td><td>–</td></tr>
<tr><td colspan="2">스스로 발견한
상대방과의
거래사실
통지의무</td><td>있음</td><td>있음</td><td>–</td><td>–</td><td>–</td><td>없음</td></tr>
</table>

* 출처 : 연구자 작성

2 거래정보망의 일반 고찰

1) 거래정보망의 개념

거래정보망체계[46]는 정보·통신기술의 발달과 컴퓨터의 보급에 의해 가능해진 것이다. 컴퓨터와 통신기술의 결합은 부동산시장의 국지성을 극복할 수 있고, 체계적인 정보의 축적과 수집이 가능하여 정보의 밀집효과를 극대화함으로써 정보의 비대칭을 해소할 수 있다. 시간과 공간의 제약을 극복할 수 있어 거래비용의 절감효과를 얻을 수 있으며, 부동산거래의 효율성을 제고시키는 한편 중개서비스의 질적 향상을 도모할 수 있다. 또한 부동산관련 정보가 공개·공유되면서 부동산거래시장의 투명화를 촉진시킬 수 있다.

45) 독일에서는 판례의 차이가 있음. 라이히재판소는 의뢰자 자신이 스스로 발견한 계약 상대방과 직접 거래를 체결하는 것을 허용하지 않는데 반해, 연방통상재판소는 그것을 허용하고 있음

46) 거래정보망이라 함은 중개업자 상호간에 중개대상물의 중개에 관한 정보를 교환하는 체계를 말한다. 즉, 거래정보망이란 중개업자들 또는 부동산 관련 기업들이 컴퓨터통신망을 이용하여 각종 부동산에 관련한 정보를 인터넷에 올려 정보를 공유하여 공동으로 부동산거래가 가능하도록 하는 정보시스템을 의미한다.

우리나라 공인중개사법 제24조 제1항에서는 '건설교통부장관은 중개업자 상호간에 부동산매매 등에 관한 정보의 공개와 유통을 촉진하고 공정한 부동산거래질서를 확립하기 위하여 거래정보망을 설치 · 운영할 자를 지정할 수 있다'라고 함으로써 거래정보망의 성격을 규정하고 있다.

미국의 캘리포니아주 LA지부는 내규에서 '거래정보망(MLS : Multiple Listing Service)은 법적 관계가 성립되는 법적 정보망 이용 참여자가 다른 참여자와 더불어 제안된 계약을 성립함에 있어 고객과 대중에게 더 나은 서비스를 제공하기 위해 참여자들 사이에 위탁된 거래정보에 대해 상호간에 질서를 부여하고 보급하기 위한 기능이다'라고 정의하고 있다(한국감정원, 1994, 1쪽). 일본의 경우 1988년 택지건물거래업법의 개정을 통하여 건설대신지정유통기구가 창설되었으며 택지건물거래업법에 기초한 전속전임중개계약 등에 관계되는 택지 또는 건물에 관한 정보의 등록 및 제공, 이것들에 관한 유통기구제도의 조사, 연구를 행하여 택지 및 건물거래의 적정화와 원활화를 도모하고, 나아가 부동산유통의 건전한 발달과 공공이익 증진에 기여함을 그 설치목적으로 규정하고 있다.

부동산중개과정은 매각의뢰의 경우와 구입의뢰의 과정으로 나누어 볼 수 있다. 부동산중개는 의뢰인을 위해 정보의 수집, 교환, 선택을 대신해서 행하고, 최종적으로 의뢰자가 적절한 판단을 할 수 있도록 유도하는 과정이라 할 수 있다. 거래정보망은 이러한 매각의뢰에서 계약의 체결단계까지 정보매체를 이용하여 물건정보를 서로 교환함으로써 부동산중개의 전 과정에 관여하는 것이다(장희순, 1994, 124쪽).

〈그림 3-3〉 거래정보망 개념도

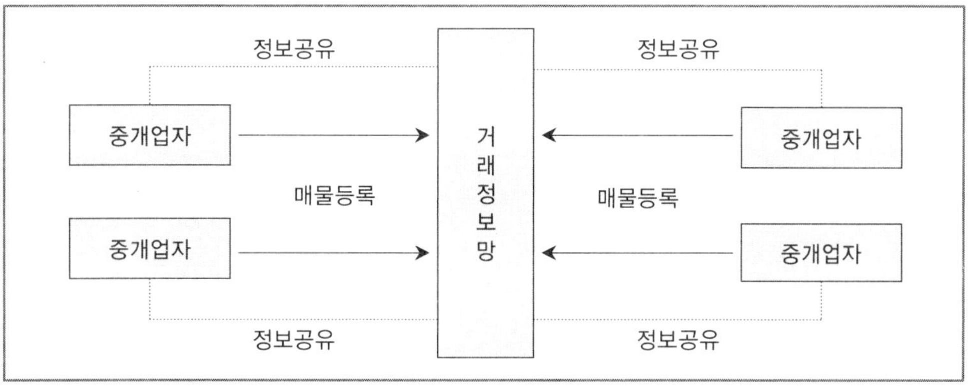

* 출처 : 연구자 작성

2) 거래정보망의 기능

부동산은 일반재화와 달리 부동성 및 개별성, 공급한정성, 다용도성 등의 특성을 가지고 있다. 이러한 부동산의 특성은 지가의 형성과 부동산 활동을 국지화하여 부동산시장을 불완전 · 추상적인 시장으로 만드는 결과를 초래하게 된다. 이러한 특성 때문에 중개업자의 취급상품에 대한 지역 고정성이 두드러진다. 또한 개인도 사유재산권에 대한 정보의 공개를 기피하고 거래시에도 가격노출을 부담스러워 하므로 거래가 비공개로 이루어지며 시장정보가 제대로 전달되기 어렵다.

우리나라의 부동산거래시장은 관련정보가 투명하게 제공되지 않고 대부분 비공개적으로 이루어지고 있어 이용자에게 신뢰성을 주지 못하고 있다. 또한 정보의 수집이나 광고 시에도 신뢰성이 높은 물건정보를 알기 위해서는 별도의 노력을 하지 않으면 안된다. 정보제공이 국지적으로 이루어지는 까닭에 전체적인 부동산 정보량이 부족하고 이용자가 원하는 정보를 얻는데 어려움이 있어 공급자와 수요자 사이에 정보의 비대칭성이 존재한다. 정보는 하나의 경제재로 인식되며 거리와 시간의 제약으로 정보를 획득하는데 따르는 비용이 발생한다. 불완전하고 불충분한 정보는 중개업자의 의사결정에 불확실성을 높여 제약요인을 증가시킨다. 따라서 최적의 의사결정을 제한하게 되고, 이것은 다시 자원배분의 왜곡과 시장의 불완전성으로 이어진다. 이론적으로는 완벽하지 않은 정보로부터 생겨난 불확실성과 자원배분의 왜곡은 시장의 활발한 조정활동으로 완화된다고 하나, 현실적으로는 완전한 시장이 존재하지 않는 경우가 많고 또 정보수집 및 처리, 그리고 이를 이용한 의사결정에는 시간과 비용이라는 피할 수 없는 장애가 항상 존재한다(손용협, 이상호, 2001).

이러한 정보의 부족은 부동산거래시장을 정보화시장[47]으로 유도하는데 저해요인으로 작용하고 있다. 특히 부동산 거래 등에 대한 정보의 부족은 중개업자들의 업무 수행에 어려움을 초래하고 있다.

그러나 이러한 부동산거래시장의 불완전성은 거래정보망체계의 구축을 통하여 중개업자 간의 정보의 비대칭성을 해소하고 부동산거래시장의 투명성 확보와 효율성 제고를 위한 중요한 정책수단으로 간주되고 있다. 거래정보는 부동산거래시장의 투명성을 확보하는데 가장 중요한 사항이다. 거래정보란 부동산에 대한 자료가 이용자에게 가치 있는 형태로 제공되는 것이라고 할 수 있다. 정보의 풍부성은 정보의 양적인 측면의 특성을 의미한다.[48]

정보기술의 발전과 인터넷의 확산으로 인해 부동산거래시장에서는 정보량의 증가와 개방성이 커짐에 따라 정보의 풍부성은 더욱 더 높아지고 있다. 거래정보사업자의 입장에서는 거래정보망을 통하여 더욱 많은 정보를 제공함으로써 중개업자들에게 다양한 정보선택의 기회를 제공할 수 있으며, 중개업자 입장에서는 더 많은 정보를 획득할 수 있

47) 정보란 개인 및 집단이 의도된 목적하에 모집하여 관리하는 자료의 집합을 말한다. 정보는 무형성, 지속성(비이전성, 무한가치성), 매체의존성, 한시성, 축적효과성을 갖는 특성으로 인하여 그 가치가 더욱 발휘된다. 이러한 정보를 생성, 관리, 전달, 활용하는 인간 활동의 전체적인 전개과정을 정보화라고 한다. 부동산정보화란 부동산의 소비자와 생산자가 필요로 하는 자료들을 수집, 저장, 가공하여 활용케 함으로써 목표성취의 효율성을 증대시키는 일련의 과정이다(문영기 · 유선종, 2005, 185쪽).

48) 정보의 풍부성(information richness)은 잠재적으로 정보가 전송할 수 있는 자료로 정의된다(Daft & Lengel, 1984). Lengel은 조직에서 활용하고 있는 커뮤니케이션 수단이 처리되는 정보의 풍부성을 결정한다고 하였다.

음으로써 거래선택에 있어서 합리성을 높일 수 있다. Chakraborty et al.(2000)은 웹사이트의 효과성에 대한 지각에 영향을 미치는 요소로써 유용한 정보제공능력을 들고 있다. 부동산의 특성상 거래에서 무엇보다 중요한 것이 정보공유이다. 거래정보망을 구축하고 중개업자에게 다양한 정보를 제공하는 시스템을 갖추는 것은 부동산거래시장의 투명성을 높이는데 핵심적인 역할을 맡을 수 있다.

또한 사전에 부동산과 관련된 시장정보가 체계적으로 정리되어 공급자와 수요자에게 제시됨으로써 지리적, 시간적인 한계를 극복하도록 해준다. 아울러 공급자도 매물을 여러 지역의 중개업자의 도움을 받지 않고 한 곳에서만 매물등록을 해도 됨으로써 시간과 비용이 절감된다.

거래정보망은 다양한 물건정보가 등록, 저장되어 있으므로 풍부한 거래사례를 통하여 적정한 거래가격 및 거래조건 등의 형성이 가능해진다.

아울러 부동산 거래정보가 공개, 공유되면 정부입장에서도 부동산 거래량과 거래가격에 관한 동향의 파악이 항상 용이하므로 지가의 폭등, 부동산거래과열 등으로 인한 부동산투기 현상을 초기단계에서 봉쇄하거나, 이에 대한 효율적인 부동산정책의 수립이 가능하다. 한편으로는 중개업자 간 정보의 공유를 통하여 영세한 중개업자의 업무한계성을 극복할 수 있으며 지역적으로는 전국의 부동산에 대한 거래가 가능하고 부동산 관련 서비스를 각 단계별 별개로 제공하는 현행의 비효율적인 형태에서 종합부동산서비스회사의 출현을 가능하게 함으로써 의뢰인의 경제적인 부담을 감소시킬 수 있는 것이다. 거래정보망은 기존의 거래방식에서 탈피하여 중개업자간의 정보교환시스템을 이용하여 전국의 중개업자에게 물건광고를 함으로써 광범위하게 거래 상대방을 탐색하여 신속한 거래 성사가 가능하다는 이점이 있다.

3) 우리나라 거래정보망제도의 현황

(1) 제도 현황

정보통신기술의 발달로 고도정보화 사회가 도래하면서 부동산업에도 정보통신기술을 접목한 거래정보망의 효과적인 수용여부가 중개업계의 발전을 좌우하게 되었다.

국내 부동산 거래활동에 있어서도 서비스 수요자들의 기대 수준의 향상과 외국 업체의 국내진출로 인한 경쟁력 확보 등으로 효율적이고 선진화된 부동산거래체계가 필요하게 되면서 정보공유화를 통한 컴퓨터통신망의 이용이 불가피하게 되었다.

정부차원의 정책적인 측면에서도 부동산 거래구조를 투명하게 하고, 부동산정보의 공개와 공유를 통하여 부동산 투기 근절과 부동산거래가격의 왜곡현상을 바로 잡고 부동산 거래동향을 적기에 파악하여 효과적인 부동산정책을 수립할 수 있는 시스템이 요구되었다(한국감정원, 1994, 4~5쪽).

이러한 변화를 수용하고 부동산 거래시장의 선진화를 이루기 위해 우리나라에서는 1993

년 12월 부동산중개업법의 개정을 통하여 거래정보망의 지정과 이용을 제도화하였다.

현행법상 부동산거래정보사업자로 건설교통부장관의 지정을 받기 위해서는 부가통신사업자로 정보통신부장관에 등록한 업체로서 전국 2,500인 이상, 10개 이상의 시도에서 각 50인 이상의 중개업자를 회원으로 확보해야 한다(「공인중개사법」 제24조 제1항, 「동법 시행규칙」 제15조).

우리나라의 거래정보망은 미국의 MLS나 일본의 REINS와 유사한 형태로서 중개업자들이 부동산 매물정보를 컴퓨터를 활용한 거래전산망 주전산기(서버)에 등록하고, 매물정보가 필요한 매수인측 중개업자들은 필요할 때마다 거래정보망에 등록된 매물정보를 검색한다.

〈표 3-7〉 부동산거래정보사업자의 지정요건

지정 의무요건	인적·물적 구성요건
• 전기통신사업법에 따른 부가통신사업자로 정보통신부장관에 등록을 필했을 것 • 전국 2,500인 이상, 10개 이상의 시도에서 각 50인 이상의 중개업자가 가입·이용 신청을 하였을 것	• 정보처리기사 2인 이상을 확보할 것 • 공인중개사 2인 이상을 확보할 것 • 건설교통부장관이 정하는 용량 및 성능을 갖춘 컴퓨터 설비를 확보할 것

* 출처 : 「공인중개사법」 제24조 제1항, 「동법 시행규칙」 제15조

앞에서 이미 언급하였듯이 거래정보망은 중개업소가 등록한 물건정보를 중개업자들 상호간에 공유함으로써 업무의 효율화와 거래계약의 신속한 체결, 투명한 거래질서 확립을 의도하기 위해 시작되었다. 이와 함께 공인중개사법에서는 전속중개계약제도를 도입하여 정보망에 매물정보를 공개하도록 유도함으로써 거래정보망이 정상적으로 운영되도록 하였다. 그러나 소비자들은 중개업자의 전문성 및 서비스가 부족한 실정에서 일반중개계약제도와 큰 차이가 없는 전속중개계약제도를 이용할 필요성을 느끼지 못했고, 전속중개계약제도의 활성화를 위한 정부의 후속조치도 이루어지지 않아 제도적 정착이 이루어지지 못하고 있는 실정이다.

또한 서비스를 받아야 할 중개업자들 대부분이 소극적인 태도와 제도적인 뒷받침 부족으로 인해 거래정보망 서비스에 대하여 대외적으로 필요하다는 당위적인 입장만 있을 뿐, 사실상 사용하지 않는 소극적인 태도와 함께 거래정보망 가입자의 대부분이 서울, 경기도의 수도권에 집중되어 전국적인 거래정보망의 기능을 제대로 수행하지 못하고 있음을 알 수 있다.

거래정보망의 출범 초기에는 전국부동산중개업협회(현 한국공인중개사협회), 한국감정원, 아시아나항공 등이 법에서 정한 시설과 회원을 확보하고 거래정보사업자로 사업을 시작하였으나 사업성의 부진으로 현재는 한국공인중개사협회, 대한공인중개사협회, 한국감정원 등 3개 기관만이 거래정보사업자로 지정되어 거래정보망을 운영하고 있다.

한편, 부동산거래정보사업자로 지정된 업체 이외에도 각 지역단위별 또는 전국적으로 다수의 민간업체들이 사설 거래정보망을 독자적으로 운영하고 있다.

〈그림 3-4〉 부동산거래정보사업자의 지정절차

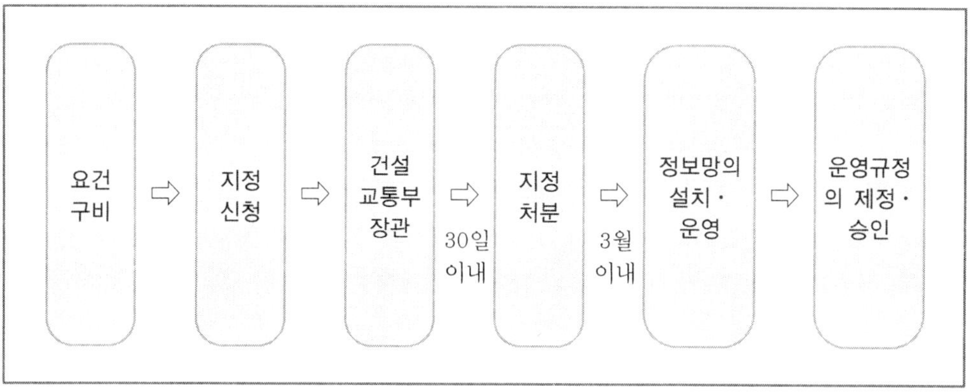

* 출처 : 「공인중개사법」 제24조, 「동법 시행규칙」 제15조

(2) 관련 법규

공인중개사법에서 규정하는 거래정보망은 「공인중개사법」의 규정에 의거하여 건설교통부장관의 지정을 받는 것을 뜻한다.[49)]

거래정보망에 관한 관련 법규를 살펴보면, 「공인중개사법」 제23조 및 제24조에서 중개대상물의 정보 공개 및 거래정보망의 지정 및 이용에 대하여 별도로 규정을 하고 있다.

세부적으로는, 전속중개계약을 체결하는 중개업자는 지체 없이 건설교통부장관이 지정한 거래정보망에 중개대상물에 관한 정보를 공개하거나 정기간행물의 등록 등에 관한 법률에 의하여 등록한 일간신문에 1회 이상 광고하여 공개하여야 한다. 다만 의뢰인이 중개대상물에 관한 정보를 공개하지 아니할 것을 요청한 경우에는 이를 공개하지 않아야 한다(「공인중개사법」 제23조 제3항).

전속중개계약을 체결한 중개업자가 이러한 공개의무를 이행하지 않을 경우 중개업허가를 취소하거나 업무정지처분을 할 수 있다.

「공인중개사법」 제24조 제1항에서는 '건설교통부장관은 중개업자 상호간에 부동산매매 등에 관한 정보의 공개와 유통을 촉진하고 공정한 부동산거래질서를 확립하기 위하여 거래정보망을 설치·운영할 자를 지정할 수 있다'라고 하고, 제2항에서는 '제1항의 규정에 의하여 지정을 받을 수 있는 자는 전기통신사업법의 규정에 의한 부가통신사업자로서 건설교통부령이 정하는 요건을 갖춘 자로 한다'라고 하여 허가요건을 규정하고 있다. 제4항에서는 '거래정보사업자는 중개업자로부터 공개를 의뢰받은 중개대상물의 정보에 한하여 이를 거래정보망에 공개하여야 하며, 의뢰받은 내용과 다르게 정보를 공개하거나 어떠한 방법으로든지 중개업자에 따라 정보가 차별적으로 공개되도록 하여서

49) 현재까지 건설교통부장관으로부터 거래정보망 운영자로 지정받은 사업자는 한국공인중개사협회와 대한공인중개사협회, 한국감정원 등 3개 회사이다. 만일, 건설교통부장관의 지정을 받지 않은 회사에서 제공되는 부동산정보망 서비스를 이용할 경우 전속중개계약을 체결하여 정보를 공개하더라도 정보공개의무를 이행하지 않은 것으로 해석된다.

는 아니 된다'라고 하여 제공된 정보 내용의 왜곡 금지를 규정하고 있다. 제7항에서는 '중개업자는 거래정보망에 중개대상물에 관한 정보를 거짓으로 공개하여서는 아니 되며, 당해 중개대상물의 거래가 완성된 때에는 지체 없이 이를 당해 거래정보사업자에게 통보하여야 한다'라고 하여 허위 정보의 공개를 금지하고 있다.

이는 거래정보망에 수록된 매물정보의 정확성을 유지하기 위한 제도적 장치로서, 정보망에 거래될 수 없는 허위정보나 이미 계약되어 사문화된 정보들이 방치될 경우 거래정보망의 실효성이 크게 저하되기 때문이다. 허위매물정보를 공개하거나 계약체결보고를 하지 않을 경우 6개월 이내의 업무정지처분을 할 수 있다.

〈표 3-8〉 거래정보망제도 관련 법규(공인중개사법)

제24조 부동산거래정보망의 지정 및 이용
① 건설교통부장관은 중개업자 상호간에 부동산매매 등에 관한 정보의 공개와 유통을 촉진하고 공정한 부동산거래질서를 확립하기 위하여 부동산거래정보망을 설치·운영할 자를 지정할 수 있다. ② 제1항의 규정에 의하여 지정을 받을 수 있는 자는 전기통신사업법의 규정에 의한 부가통신사업자로서 건설교통부령이 정하는 요건을 갖춘 자로 한다. ③ 제1항의 규정에 의하여 지정을 받은 자(이하 "거래정보사업자"라 한다)는 지정받은 날부터 3월 이내에 부동산거래정보망의 이용 및 정보제공방법 등에 관한 운영규정(이하 "운영규정"이라 한다)을 정하여 건설교통부장관의 승인을 얻어야 한다. 이를 변경하고자 하는 때에도 또한 같다. ④ 거래정보사업자는 중개업자로부터 공개를 의뢰받은 중개대상물의 정보에 한하여 이를 부동산거래정보망에 공개하여야 하며, 의뢰받은 내용과 다르게 정보를 공개하거나 어떠한 방법으로든지 중개업자에 따라 정보가 차별적으로 공개되도록 하여서는 아니 된다. ⑤ 건설교통부장관은 거래정보사업자가 다음 각 호의 1에 해당하는 경우에는 그 지정을 취소할 수 있다. 1. 거짓 그 밖의 부정한 방법으로 지정을 받은 경우 2. 제3항의 규정에 위반하여 운영규정의 승인 또는 변경승인을 받지 아니하거나 운영규정에 위반하여 부동산거래정보망을 운영한 경우 3. 제4항의 규정에 위반하여 정보를 공개한 경우 4. 정당한 사유 없이 지정받은 날부터 1년 이내에 부동산거래정보망을 설치·운영하지 아니한 경우 5. 개인인 거래정보사업자의 사망 또는 법인인 거래정보사업자의 해산 그 밖의 사유로 부동산거래정보망의 계속적인 운영이 불가능한 경우 ⑥ 건설교통부장관은 제5항 제1호 내지 제4호의 규정에 의하여 거래정보사업자 지정을 취소하고자 하는 경우에는 청문을 실시하여야 한다. ⑦ 중개업자는 부동산거래정보망에 중개대상물에 관한 정보를 거짓으로 공개하여서는 아니되며, 당해 중개대상물의 거래가 완성된 때에는 지체없이 이를 당해 거래정보사업자에게 통보하여야 한다. ⑧ 거래정보사업자의 지정절차, 운영규정에 정할 내용 그 밖에 필요한 사항은 건설교통부령으로 정한다.

* 출처 : 「공인중개사법」 제24조

4) 주요국가 거래정보망제도 및 시사점

거래정보망과 같은 체계적인 거래정보체계는 이미 선진국에서 도입하여 시행하고 있다. 미국은 MLS, 일본은 REINS, 독일은 IZI, 프랑스는 INFO-FNAIM 등의 거래정보망을 통해 이미 부동산거래정보가 유통되고 있으며, 이들을 통해 정보독점과 과점으로부터 국민경제가 보호되고 부동산거래질서가 확립될 수 있다.

여기서는 제일 먼저 부동산거래정보체계를 정립한 미국과 우리나라의 부동산중개시장과 유형이 비슷한 일본 제도를 중심으로 살펴보기로 한다.

(1) 미국(MLS)

미국의 거래정보망(MLS : Multiple Listing Service)[50]은 현재 부동산거래에서 중심적인 역할을 하고 있는 시스템이다.

MLS는 '법적 관계가 성립하는 MLS 이용참여자가 다른 참여자와 더불어 제안된 계약을 성사시키는데 있어 고객과 대중에게 더 나은 서비스를 제공하기 위해 참여자들 사이에 위탁된 정보거래에 대해 상호간에 질서를 부여하고 보급하기 위한 것이다'라고 협회 내규는 밝히고 있다.

MLS는 부동산시장내에서 심장부와 같은 역할을 하고 있다. 미국의 대규모 부동산중개프랜차이즈 회사들은 MLS라고 불리는 공동중개센터를 지역별로 설치하여 활용하고 있다. 이 거래정보망은 컴퓨터로 여러 회원이 제공, 또는 원하는 물건을 관리하거나 선택하고, 제공되는 정보는 사진정보가 원칙이며, MLS가입과 부동산매물정보의 MLS등록은 중개업자와 의뢰인이 임의적으로 선택하게 된다. 즉, 중개업자들은 의뢰받은 물건을 정보망에 입력하고 컴퓨터나 책자를 통해 매물을 검색한다. 의뢰인이 원하면 해당 물건을 비디오로 찍어 보내주기도 하며 하자여부, 권리분석, 개발계획 등 각종 부동산 정보서비스를 제공해준다.

이 제도가 갖는 장점으로는 첫째, 정보의 집중처리로 인한 중개활동의 능률화, 둘째, 중개보수의 세분화 방지를 통한 중개업의 기업화, 셋째, 광고비 · 인건비 · 탐색비용의 절감, 넷째, 각 업체의 활동영역의 확대 등이 있다. 단점으로는 가입회원의 전문적 수준이 높아야 하고, 가입회원의 윤리성이 높아야 한다.

---

50) MLS(Multiple Listing Service)는 1967년 설치된 물건정보검색기구(realtor computer services)의 발전된 형태로서, 여기서 말하는 Multiple Listing은 이른바 부동산정보센터나 부동산협회 등을 매체로 하여 다수의 회원이 상호 협동하여 공동으로 부동산의 매각을 촉진하는 공동중개의뢰계약의 형태를 말한다. 미국 전역의 1,400여개 지방의 중개업협회 지구지회(local board of realtors)를 중심으로 MLS를 운용하여 전산망을 이용한 정보입력 및 검색작업이 이루어지고 있다.

〈표 3-9〉 MLS의 장·단점 비교

장 점	단 점
• 정보를 집중처리할 수 있어 능률적인 중개활동의 수행이 가능 • 중개보수의 세분화방지를 통한 중개업의 기업화 가능 • 광고비, 인건비 등의 탐색비용을 절약 • 각 업체의 활동영역 확대가 가능	• 가입회원에게 전문적인 지식이 요구됨 • 가입회원의 윤리적 수준이 높아야 함

* 출처 : 김영진, "Multiple Listing의 도입에 관한 연구", 행정연구 제2집, 건국대 행정대학원, 1976, 87쪽

현재 미국에서는 미국중개업협회(NAR ; National Association of Realtors)에 의해 MLS에의 물건등록의 의무화가 업자간에 완전히 정착되어 있다. 전속중개계약이 일반화되어 있는 미국에서는 중개업자간의 폐쇄적인 정보를 인터넷에 공개하더라도 애초의 중개업자의 이익이 보장되기 때문이다(문영기·유선종, 2005, 236쪽). 또한 중개업자를 통하는 거래의 대부분이 MLS를 이용하며 실제 주택거래의 90% 이상이 MLS를 통하여 이루어진다. 이와 같이 미국의 MLS가 활성화된 것은 독점중개의뢰계약과 전속중개의뢰계약 제도가 정착되었기 때문이다(건설교통부, 2001, 131쪽).

미국의 거래정보망은 지역별로 정보망을 운영함으로 인하여 제공정보가 단순히 매물정보에만 국한되고 지역 및 생활정보 등이 제공되지 않으며, 지부가 세분화되어 중개업자가 여러 개의 지역정보망에 중복 가입해야 하는 폐단이 발생하였다. 이에 따라 1994년 3월에 미국중개업협회에서는 미국의 어디에서든지 24시간 사용할 수 있고 물건정보 이외에 부동산과 관련된 각종 정보를 제공하는 중개업자 정보망(RIN : Realtors Information Network)[51]을 창설하여 인터넷을 통하여 서비스하고 있다.

〈그림 3-5〉 MLS의 체계도

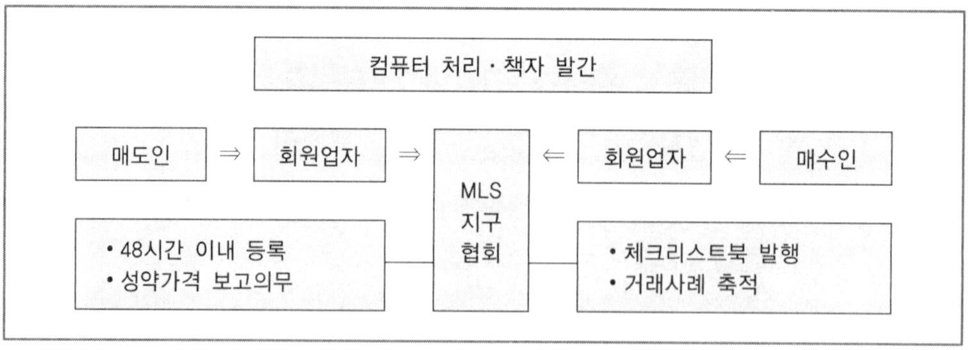

* 출처 : 건설교통부, 부동산 거래질서 확립 및 투명성 확보방안 연구, 2003, 188쪽.

51) 종래의 MLS에서는 수록된 정보를 중개업자만 이용하였으나, RIN에 수록된 정보는 모든 정보를 누구든지 이용할 수 있다. 아울러 미국의 중개업자들은 NAR의 노력과는 별개로 인터넷을 통한 개별 정보서비스를 제공하고 있으며, 점차 그 숫자가 늘어나는 것으로 알려져 있다 ; http://www.realtor.com 참조

한편, 일반 고객들은 MLS 검색사이트[52]를 이용하여 부동산매물이나 중개업자를 탐색할 수 있다(문영기 · 유선종, 2005, 231쪽). MLS 검색사이트란 미국 전역에서 공동중개서비스 계약에 의한 중개대상물 정보를 수집한 사이트를 말한다. 중개업자들에게 MLS 검색사이트의 장점은 잠재고객들이 직접 자신이 원하는 지역의 부동산을 검색하여 그 지역의 이웃이나 주택의 형태, 특징, 가격 등을 알아보게 함으로써 중개업자가 기초적인 정보를 알려줘야 할 시간을 절약하고 잠재고객들이 MLS 검색사이트를 통해 직접 중개업자를 찾아서 연락할 수 있다는 점이다. 이로써 중개업자와 매수인은 많은 시간을 절약할 수 있는데, 고객이 멀리 떨어진 곳에 살더라도 그들이 원하는 주택을 인터넷으로 검색하여 찾을 수 있다. 이 경우 고객은 직접 중개업소를 방문하였을 때 이미 구매할 준비가 되어 있거나 적어도 자신이 원하는 부동산만 직접 방문할 수 있게 된다. 즉, 이메일을 통하여 마음에 드는 부동산의 MLS 번호나 주소를 보내 매도인과 상담을 하고 부동산에 대해 먼저 검토해 본다면, 비슷한 종류의 부동산을 찾기가 훨씬 용이하다.

(2) 일본(REINS)

일본에서 거래정보망이 체계적으로 이용되기 시작한 때는 1960년대부터이다.[53]

1985년부터 건설성에서 부동산 유통표준 정보시스템의 개발에 착수하여 1988년에 지정유통기구제도를 전국적으로 창설하였다. 이에 따라 동경권의 경우 1990년도에 수도권부동산유통기구가 설립되었으며, 1995년 '택지건물거래업법'을 개정하여 지정유통기구에 법적 지위를 부여하였다. 이에 따라 당시 전국에 존재하던 37개 유통기구는 공익법인화하는 방식으로 재편성되어 4개 유통기구로 정비되었다. 이들 4개 법인 및 그 전산망이 레인즈(REINS ; Real Estate Information Network System)[54]라고 불리고 있다(이상영, 1999, 45~47쪽). 이를 통해 부동산중개의뢰부터 거래계약체결까지 모든 것이

52) 대부분의 MLS 검색사이트에서는 각 도시의 중개업자를 검색할 수 있다. MLS 검색사이트에서 중개업자 검색을 통해 연락을 취하는 사람들은 다음과 같이 나누어진다(문영기 · 유선종, 2005, 231~232쪽). ① 멀리 떨어진 지역으로 이주를 준비하며, 직접 해당 지역에 찾아 갔을 때 도와줄 중개업자를 찾는 경우 ② MLS 검색사이트를 충분히 검색해서 많은 정보를 수집한 후에 특정한 주택이나 지역에 대해 상세한 정보를 알고 싶은 경우 ③ 이사 갈 지역을 방문했을 때 도와줄 중개업자를 미리 선택하려는 사람으로서, 즉흥적으로 부동산을 선택하지 않으려는 사람(이 사람들은 중개업자의 웹사이트에 나타난 컨텐츠, 디자인, 전체적인 느낌 등을 참조해서 중개업자에 대해 많은 것을 알 수 있다고 생각한다.) ④ 주택매도를 도와줄 중개업자나 이주를 계획한 도시의 중개업자와 연결시켜 줄 중개업자를 찾는 매도인 ⑤ 매도인이나 매수인을 소개받기 원하는 중개업자

53) 1968~1969년경부터 주로 도쿄, 오사카지구에서 부동산의 물건정보를 교류하여 부동산유통을 촉진하기 위한 거래센터가 여러 형태로 생겨나기 시작했다. 이들 센터는 업자단체, 재벌그룹, 특정 유력업자와 그 거래업자군의 결합조직화에 의한 것으로 구별된다.

54) REINS(Real Estate Information Network System)란 건설성이 추진하고 있는 부동산정보교환을 위한 네트워크 시스템을 말하는 것으로서, 건설성 및 부동산유통근대화센터가 공동으로 개발한 부동산정보 교환을 위한 온라인 체계이며, 부동산유통시장의 근대화를 도모하기 위하여 미국의 MLS에 영향을 받아 만들어진 것이다. 이와 유사한 것으로 OM(Open Market)은 미국형의 중개시스템으로 중개 대기업 7개사가 부동산유통촉진협의회를 결성해서 발족시킨 것이다.

서면계약으로 이루어지는 문서위주의 유통제도가 뿌리를 내리게 되었다.

REINS는 건설성장관에 의하여 전국을 수도권과 중부권, 근기권의 3대 도시권으로 구분하고, 이를 다시 37개 권역별로 세분하여 권역별 중개업협회를 중심으로 37개 지정유통기구가 설립되어 있다. 부동산 수급권역마다 하나씩 건설대신이 지정한 공동이용의 거래정보시스템을 갖고 있으며, 주 전산기는 4개소에만 설치되어 있으며 이들 주 전산기를 37개 지정유통기구가 공동으로 사용하고 있다. 이 기구의 운용은 기본적으로 물건정보유통을 위한 컴퓨터시스템 운용과 회원(부동산업자), 제공센타, 각 지역(현) 부동산유통기구 사이의 제 업무운용으로 나눌 수 있다.

지정유통기구의 성격은 과거에는 법률에 특별한 규정이 없었기 때문에 수도권의 지정유통기구 이외에는 법인이 아닌 임의단체로 되어 있었으나, 1995년 5월 법개정에 의해 민법상의 공익법인에 한해 지정유통기구가 될 수 있도록 규정하였다(택지건물거래업법 제50조의2 제1항).

지정유통기구는 거래대상 부동산의 등록 및 정보제공 업무 이외에 관련통계의 작성 및 기타 부동산유통의 원활화를 위한 업무[55]를 담당하고 있다(大内建价, 1995年, 36面). 중개업자의 약 80%가 지정유통기구에 가입하고 있으며 가입자는 물건정보를 접수한 후 2~3일 내에 등록이 의무화되어 있다. 이 시스템의 시행으로 컴퓨터로 협회의 회원이 등록한 물건도 거래를 할 수 있게 되었다. 1995년 5월 택지건물거래업법의 개정으로 과거 전임전속중개계약에 한해 지정유통기구에 대한 등록을 의무화했던 것을 전속중개계약의 경우에도 의뢰물건의 등록을 의무화하였다. 일반중개계약의 경우에는 임의등록의 형태로 운영된다. 그리고 일반 매매자는 물건의 탐색을 중개업자에게 의뢰하면 등록된 물건을 중개업자가 지정유통기구의 전산망을 통해 검색하여 소개하게 된다.

〈그림 3-5〉 REINS의 체계도

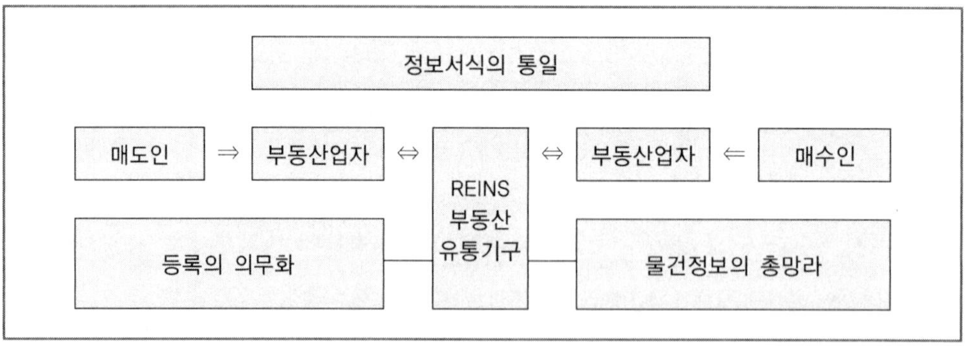

* 출처 : 건설교통부, 부동산 거래질서 확립 및 투명성 확보방안 연구, 2003, 190쪽.

55) 부동산거래관련 데이터, 거래가격, 수급상황 등의 부동산시장의 동향을 신속히 파악하여 국민들에게 정확한 자료를 제시해줌으로써 거래의 공정성과 투명성을 확보하고 합리적인 부동산가격 형성을 촉진한다는 관점에서 REINS의 데이터는 매월 공표되고 있다.

(3) 기타 국가

독일은 1975년 독일중개업자그룹(RDM : Ring Deutscher Makler)과 독일은행이 공동으로 부동산정보센터(IZI : Information Zentrum Immobilien)를 설립하였다. 전국 13개 도시 독일은행 지점에 설치되어 있으며, 운영 및 사무지원은 독일은행에서 전담하고 있다. RDM회원은 모든 매물정보를 부동산정보센터에 등록하고, 부동산정보센터에서는 매일 물건정보를 RDM회원들에게 배부하고 있다. 캐나다는 캐나다부동산협회(CREA : Canadian Real Estate Association) 산하 114개의 지구지회 가운데 111개의 지구지회를 통해 거래정보망을 운영하고 있다(건설교통부, 2001, 132~133쪽).

〈표 3-10〉 외국의 거래정보망

구 분	명 칭	시행일	특 징
미 국	MLS	1967년에 최초 설립하여 발전	• 미국 전역의 1,400여개 지방의 중개업협회 지구지회를 중심으로 정보공유망을 운용 • 주택거래의 대부분(90% 이상)을 차지
일 본	REINS	1988	• 전국을 수도권과 중부권, 근기권의 3대 도시권으로 구분하고, 이를 다시 37개 권역별로 세분하여 권역별 중개업협회를 중심으로 37개 지정유통기구가 설립 • 중개업자의 약 80%가 지정유통기구에 가입
독 일	IZI	1975	• 독일중개업자그룹(RDM)과 독일은행이 공동으로 전국 13개 도시 독일은행 지점에 설치

* 출처 : 연구자 작성

3 소 결

유럽국가 중 영국, 프랑스, 독일의 3개국 및 미국, 일본을 비롯해 총 5개 국가의 운영사례를 정리하고 시사점을 도출하였다. 이들 국가들은 대부분 전속중개계약과 거래정보망제도의 효율성을 유지할 수 있는 제도적 장치를 마련하고 있고, 이를 바탕으로 효과적인 정책을 추진하고 있었다.

1) 전속중개계약제도의 시사점

먼저 주요 국가의 중개계약과 관련된 정책 및 운영사례에 대하여 살펴보았다. 앞 절에서 서술한 바와 같이 미국은 중개계약의 유형으로 일반중개계약, 전속중개계약, 독점중개계약의 3가지 유형을 법률로 인정하고 있다. 일본과 영국에서도 역시 미국과 마찬가지로 3가지 유형을 인정하고 있다. 이 점에 있어 일반중개계약과 전속중개계약의 2

가지 유형만을 인정하고 독점중개계약을 인정하지 않는 우리나라와는 차이가 있다. 프랑스와 독일에서는 일반중개계약과 전속중개계약의 2가지 유형을 인정하고 있는바 우리나라의 중개유형과 맥락을 같이 하고 있다.

미국, 영국, 독일, 일본의 전속중개계약은 의뢰인이 특정한 중개업자 이외의 다른 중개업자에게 중개를 의뢰하는 것을 금지할 뿐만 아니라, 의뢰인 자신이 스스로 발견한 계약상대방과 직접 거래하는 것을 금지하고 있다는 점에 있어, 우리나라의 전속중개계약과 그 내용을 같이하고 있다. 하지만, 의뢰인이 직접 거래시 손해배상의무를 부담하여 보수전액을 위약금으로 지불하도록 하고 있는 미국, 일본, 영국의 경우와 달리, 우리나라는 의뢰인 스스로 발견한 상대방과 거래한 경우 수수료의 50% 이내에서 소요된 비용만을 지불하게 하는 등 손해배상 부담비율에서 차이가 있어 엄격한 의미의 직접거래 금지조항은 아니라고 본다.[56] 독일은 의뢰인 스스로가 발견한 계약상대방과의 직접거래를 허용하고 있다.

한편, 중개계약의 3가지 유형 중에서 각각의 이용률을 비교해볼 때, 미국에서는 독점중개계약이, 일본과 유럽에서는 전속중개계약이 활성화되어 있음을 알 수 있다.

중개 전속권의 보호규정을 비교해 볼 때 미국에서는 특별한 경우를 제외하곤 중개계약을 취소할 수 없는 독점판매권을 중개업자에게 부여하고 있다. 이 형태는 특정한 중개업자에게 모든 사람을 배제하고 대상 부동산을 독점적으로 판매하도록 허용하되 그러한 중개계약은 취소할 수 없도록 한다(exclusive and irrevocable). 중개업자의 보수에 대한 배타적 보장으로 대상 부동산이 매각된 경우는 물론 매각의사를 의뢰인이 철회한 경우 등 기타 어떤 경우를 통해서라도 대상 부동산의 소유권이 이전된 경우에는 보수청구권이 발생한다. 미국은 능력이 있는 매수인(capable buyer, potential buyer or ready, willing and able)을 발견한 때도 매도인은 보수를 지급해야 한다(Alfred A. Ring and Jerome Dasso, 1981, p.190. ; 김재덕, 1984, 313쪽에서 재인용).

일본의 경우 일반중개계약시에 의뢰인이 먼저 중개의뢰한 다른 중개업자를 고지하도록 하는 명시형과 고지하지 않아도 되는 비명시형으로 구분하여 중개계약의 명확화를 꾀한 것이 특징적이다.

이와 함께 일본, 독일, 프랑스 등에서는 물건등록 및 처리상황 통지의무 등 전속중개계약에 따른 중개업자의 활동의무를 적극적으로 부과하면서, 한편으로 고객의 일방적인 전속중개계약해지권도 함께 제한하고 있다. 즉, 양 당사자간의 책임과 의무에 대한 형평성을 고려함으로써 계약의 쌍방 구속력을 강화한 것도 특징이라 할 수 있겠다. 또한 계약유효기간이 경과한 후에라도 미국과 일본, 영국에서는 중개업자가 계약기간 동안에 거래협의를 가졌던 사람 또는 매도자에게 소개하였던 구매자와 의뢰인이 거래계약을 체

56) 전속중개계약의 유효기간 내에 의뢰인이 스스로 발견한 상대방과 거래한 경우에 중개수수료의 50%에 해당하는 금액의 범위 안에서 중개업자가 중개행위를 함에 있어서 소요된 비용(사회통념에 비추어 상당하다고 인정되는 비용을 말한다)을 지불한다.

결하는 경우에는 수수료를 지불하여야 하는 등 중개업자의 전속권을 최대한 보호해 줌으로써 전속중개계약 활성화에 기여하고 있다.

이들 국가에 대한 분석에서 우리나라 중개계약의 활성화를 위한 많은 시사점을 도출할 수 있었다. 이들 국가에서 얻을 수 있는 주요한 시사점은 다음과 같다.

첫째, 중개계약제도가 잘 정비되어 전속중개계약 제도가 매우 활성화되어 있으며, 이를 바탕으로 정책을 효과적으로 운영하고 있다. 둘째, 독점중개계약 등 다양한 중개계약의 형태를 허용함으로써 의뢰인에게 합리적인 선택을 할 수 있도록 정책 환경을 조성하고 있다. 셋째, 중개계약시에는 서면으로 계약을 체결하게 함으로써 부동산거래의 투명성과 계약내용의 명확성을 뒷받침하고 있다. 넷째, 계약해지규정 등 중개업자와 의뢰인간의 권리와 의무에 대해서 계약서약관에 그 내용을 상세히 규정함으로써 분쟁을 미연에 방지하고 중개업자의 전속권을 보호해주고 있다.

반면에 우리나라에서는 중개업자에게 중개활동의무는 부과하면서도 의뢰인의 일방적인 계약해지권에 대한 제한규정이 따로 없다. 설사 전속중개계약을 체결하였다 하더라도 법적 구속력을 기대할 수 없는 상황이 되어 중개업자의 전속권이 유명무실한 상황이 되어 결국 전속중개계약의 회피로 이어지고 있는 실정이다. 따라서 우리나라에서도 중개계약시에는 서면으로 작성하도록 하는 관행을 정착시키고, 중개계약시 약관에서 중개업자와 의뢰인의 권리와 의무에 대해서 그 내용을 보다 상세하게 규정함으로써 의뢰인과 중개업자의 분쟁 발생에 효율적으로 대처할 필요가 있다. 또한 독점중개계약 방식도 허용함으로써 의뢰인의 선택의 폭을 넓혀줄 필요가 있다.

2) 거래정보망제도의 시사점

미국과 일본, 유럽의 운영사례에서 얻을 수 있는 주요한 시사점은 다음과 같다.

첫째, 중개업자간의 거래 시스템인 거래정보망 제도운영이 매우 활성화되어 있다는 것이다. 현재 미국에서는 중개업자를 통하는 거래의 대부분이 MLS를 이용하며 실제 주택거래의 대부분(90% 이상)이 MLS를 통하여 이루어진다. MLS는 부동산시장내에서 심장부와 같은 역할을 하고 있다. 미국의 대규모 부동산 중개프랜차이즈 회사들은 MLS라고 불리는 공동중개센터를 지역별로 설치하여 활용하고 있다. 이와 같이 미국의 MLS가 활성화된 것은 독점중개의뢰계약과 전속중개의뢰계약 제도가 정착되었기 때문이다. 일본의 경우에도 전속중개계약의 정착과 함께 거래정보망체계가 활성화되어, 중개업자의 약 80%가 지정유통기구에 가입하고 있어 이를 통해 정보교류가 매우 활발하게 이루어지고 있다. 이러한 거래정보망체계가 형성될 수 있는 것은 기본적으로 법적 규정에 의해 이들 기구에 물건 등록이 의무화되어 있기 때문이다. 일본의 택지건물거래업법에는 중개계약시 물건정보등록을 의무화시켰다. 특히 전임중개계약의 경우에는 계약 상대방의 탐색을 위해 법령에서 정한 기간 내에 정해진 사항을 반드시 건설성장관이 지정한 유통기구에 등록하여야 한다.

둘째, 거래정보망을 통해서 다양한 정보의 제공이 이루어지고 있다는 것이다. 미국의 MLS는 임대와 매매 등 물건정보 이외에도 관리, 금융서비스 등 부동산과 관련된 각종 정보와 함께 해당지역의 학군, 치안, 환경 등에 대한 광범위한 정보를 제공하는 등 정보의 다양화를 추구하고 있어 우리나라의 단순한 매물정보 제공과 대비가 되고 있다. 이러한 다양한 업무 수행은 중개업자의 적극적인 서비스를 가능하게 하고 있고, 전문인력의 유인동기가 되어 종사자들의 질적인 관리가 이루어지고 있다. 일본의 REINS 정보망은 거래대상 부동산의 등록 및 정보제공 업무 이외에 관련통계의 작성 및 기타 부동산유통의 원활화를 위한 업무를 담당하고 있다. 또한 부동산거래관련 데이터, 거래가격, 수급상황 등의 부동산시장의 동향을 매월별로 신속히 파악하여 국민들에게 정확한 자료를 제시해주고 있다. 이로써 거래의 공정성과 투명성을 확보하고 합리적인 부동산 가격 형성을 촉진한다는 관점에서 REINS의 데이터는 신뢰성을 가지고 있다.

셋째, 거래정보망이 단일화되어 정보 밀집효과와 정보 유용성이 높다는 것이다. 미국과 일본에서는 국가 혹은 협회 차원에서 집중적으로 관리하고 있어 정보의 분산이 방지되고 정보의 체계적인 축적이 가능해 거래정보망의 효율적인 운영이 가능하다. 이는 곧 중개업자들의 정보의 접근성을 제고하는 유인요소가 되어 정보의 활용성을 극대화할 수 있다. 또한 민간기업에 의해 운영되고 있는 우리나라와 달리 운영주체의 지정 및 자료의 이용 등에서 공공적 성격이 강조되고 있는 점이 특징적이다. 미국의 경우 거래정보망이 MLS로 단일화되어 있어 정보의 효율적인 집중이 이루어지고 있으며, 거의 대부분의 중개업자가 MLS시스템을 이용하고 있다. 일본도 REINS라고 하는 단일거래정보망을 이용하고 있다. 이 기구의 성격은 과거에는 법률에 특별한 규정이 없었기 때문에 법인이 아닌 임의단체로 되어 있었으나, 1995년 5월 법개정에 의해 민법상의 공익법인에 한해 지정유통기구가 될 수 있도록 규정하였다. 전국을 수도권과 중부권, 근기권의 3대 도시권으로 구분하고, 이를 다시 37개 권역별로 세분하여 지역을 구분함으로써 전국적인 정보의 집중효과와 함께 지역적인 세부정보의 축적을 꾀하고 있다.

실증 분석 04

1 분석 설계

1) 연구가설 및 분석모형의 설정

(1) 연구가설의 설정

우리나라 법률에서는 전속중개계약을 체결하게 되면 거래를 촉진시키기 위하여 중개업자가 거래정보망에 물건정보를 공개하도록 의무화하고 있다.

전속중개계약의 특성과 거래정보망의 요소가 적절히 조화되어 양질의 중개서비스가 전달되면 분쟁해결, 거래의 안전성, 거래의 시의적절성 그리고 거래의 투명성 등의 효과가 나타난다. 이것을 부동산거래의 효율성이라고 표현할 수 있으며, 거래의 효율성이 제고될 때 중개업자의 신뢰성은 당연히 증가하게 된다. 신뢰성의 증가는 고객만족으로 이어지며, 지속적인 고개만족으로 전속중개계약제도와 거래정보망제도가 활성화, 정착화 될 수 있다.

① 전속중개계약제도와 부동산거래 효율성의 관계

전속중개계약제도는 한 사람의 중개업자에게 전속권을 부여하여 중개업자로 하여금 고객에게 책임 있는 중개서비스를 제공하는 형식이다. 전속중개계약제도를 살펴보면 법적 근거 등의 제도적 요인, 계약서의 약관내용 등 법적 요인과 함께 인지도와 만족도 등 환경적 요인이 결합되어 있음을 알 수 있다. 이렇게 구성되는 전속중개계약의 특성은 부동산거래의 효율성에 영향을 주게 될 것이다. 전속중개계약에서 고객이 느끼는 효과는 부동산거래의 효율성으로 볼 수 있으며, 이는 분쟁해결과 거래의 안전성, 거래의 시의적절성 그리고 거래의 투명성으로 나타낼 수 있다. 따라서 가설은 전속중개계약제도가 부동산거래의 효율성에 긍정적인 영향을 미치는 것으로 정할 수 있으며, 가설방향은 정(+)의 방향으로 당연히 설정되어야 한다고 할 수 있다. 그러나 우리나라의 경우 부동산시장의 비효율적 특수성[57]으로 인하여 제도·법·환경적 요인 등에서 제도의 활

57) 우리나라 부동산시장의 비효율적 특수성으로는 수요·공급의 시스템이 불안정하고, 형식적인 계약서 약관 등 법적 기반이 취약하며, 국민적 합의 없는 법제정이나 개정의 어려움 등과 부동산투기 등으로 인한 거래시장의 불안정화 등을 들 수 있다. 본 연구가설 측면에서 고려할 때는 취약한 법적기반과 법의 제정·개정의 어려움으로 나타낼 수 있다.

성화를 저해하는 여러 가지 저해요인들이 상존하고 있는 것이 엄연한 현실이며, 이로 인하여 우리나라에서는 전속중개계약이 활성화되지 못하고 오히려 그 이용이 기피되고 있는 실정이다. 이는 선진외국의 제도가 활성화된 사례와 비교해 볼 때 우리에게 시사하는 점이 크다고 하겠다.

따라서 본 연구에서는 우리나라의 제도 활성화 저해요인을 감안하여 가설의 방향을 역으로 하여 현행 전속중개계약제도와 부동산거래의 효율성의 관계에 대하여 다음과 같은 가설을 설정한다.

H_1 : 현행 전속중개계약제도는 부동산거래의 효율성에 부(-)의 영향을 미칠 것이다.

② 거래정보망과 부동산거래의 효율성의 관계

거래정보망은 매각의뢰에서 계약의 체결단계까지 정보매체를 이용하여 물건정보를 서로 교환함으로써 부동산중개의 전 과정에 관여하는 것이다.

정보화 사회의 진전에 부응하고, 정보전달의 신속성을 확보하기 위해서는 거래정보망은 다양한 정보자료를 수집, 제공하는 것 외에 어떻게 신속하고 정확하게 효과적으로 전달할 것인가 하는 것이 중요한 요체다.

거래정보망은 시장에서 유통되는 정보의 투명성을 증대시킨다. 중개업자들 간에 중개업무를 공동적으로 운영할 수 있어 거래가격, 거래당사자, 물건의 형상과 성질 등 거래의 당사자와 대상이 숨김없이 부동산유통시장에 투명하게 공개되는 것이다. 이 때 거래정보망을 이용하는 중개업자가 정보의 공유 및 원하는 정보를 취득할 수 있어야 거래정보망의 신뢰성이 높아질 것이다.

거래정보망에 적극적으로 정보의 공개가 추진되면 시간과 공간의 제약 등 부동산시장의 국지성을 극복할 수 있고, 중개업자는 체계적인 정보의 수집과 함께 매물을 광범위하게 모색할 수 있어 거래가 신속하게 이루어질 수 있다. 또한 정보의 비대칭 해소는 거래의 안전성과 투명성을 높일 수 있다. 거래정보망에서 정보의 풍부성과 접근용이성은 중개업자들에게 거래와 관련한 선택행위의 효율을 높여줄 뿐만 아니라 이를 통해 합리적 선택을 높여준다. 또한 이러한 정보교환체계는 물건정보를 서로 공유 및 공개함으로써 거래의 시의적절성 · 거래의 안전성 · 거래의 투명성 요인 그리고 분쟁해결로 나타낼 수 있는 부동산거래의 효율성을 기대할 수 있다.

따라서 본 연구에서는 거래정보망과 부동산거래의 효율성과의 관계에 대하여 다음과 같은 가설을 설정한다.

H_2 : 거래정보망은 부동산거래의 효율성에 정(+)의 영향을 미칠 것이다.

③ 부동산거래의 효율성과 중개업자 신뢰성의 관계

전속중개계약은 책임중개와 적극적인 중개를 기대할 수가 있고, 서면계약을 체결하여 분쟁을 사전에 차단함으로써 의뢰인을 보호하는데 효율적인 제도라고 할 수 있다. 거래정보망은 체계적인 정보의 수집이 가능하고, 전국적인 네트워크를 형성하여 시간과 공간의 제약을 극복함으로써 거래를 신속하게 할 수 있고 이는 곧 부동산거래의 효율성을 도모할 수 있다.

거래과정이 시의적절하고 투명해지며 거래의 안전성이 보장되고 중개업자와 고객간의 분쟁이 해결된다면 즉, 부동산거래의 효율성이 제고되면 고객은 중개 업무를 수행하는 중개업자를 신뢰하게 될 것이다. 이는 부동산중개서비스 수준을 가늠하는 핵심적인 요소이며, 중개업자와 고객간의 신뢰를 구축하는데도 필수불가결한 요소라 할 수 있다.

따라서 본 연구에서는 부동산거래의 효율성과 중개업자의 신뢰성의 관계에 대하여 다음과 같은 가설을 설정한다.

H_3 : 부동산거래의 효율성은 중개업자의 신뢰성에 정(+)의 영향을 미칠 것이다.

④ 중개업자의 신뢰성과 고객만족의 관계

중개업계가 당면하고 있는 과제중의 하나는 대국민 신뢰도의 향상을 들 수 있다. 이러한 실정에 비추어 중개업자 스스로 고객의 요구에 부응하여 고객이 원하는 바가 무엇이고, 중개업자 선택시에 어떠한 사항을 중요시 여기는가를 파악하는 것은 대단히 중요한 일이라 생각된다.

신뢰성의 역할은 고객의 중개업자에 대한 믿음과 중개업자 선택에 중요한 역할을 할 것이다. 고객만족을 위하여 시급한 과제는 중개업자의 신뢰성 확보를 들 수 있다. 물건정보에 대한 정확성과 책임감 있고 성실한 중개활동, 약속된 서비스의 제공 등은 고객에게 신뢰성을 심어준다. 중개업자의 신뢰성이 높아지면 고객의 만족도가 증가할 것이다.

따라서 본 연구에서는 중개업자의 신뢰성과 고객만족과의 관계에 대하여 다음과 같은 가설을 설정한다.

H_4 : 중개업자가 제공하는 서비스의 신뢰성은 고객만족에 정(+)의 영향을 미칠 것이다.

(2) 분석모형의 설정

① 모형의 개념

본 논문의 분석모형은 공분산구조모형[58] 중에서 다중지표모형(Multiple Indicator : MI)을 사용하였다. 먼저 다중지표모형의 개념을 그림으로 예시하면 다음과 같다.

〈그림 4-1〉 Multiple Indicator Diagram

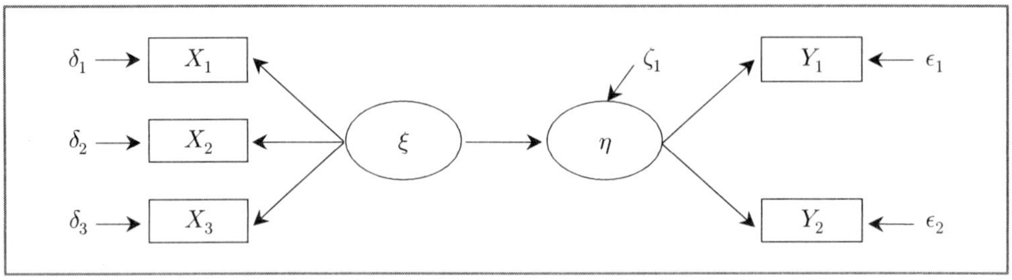

* 출처 : 강병서, 인과분석을 위한 연구방법론, 2002, 252쪽.

여기서, 공분산구조모형에 등장하는 변수를 설명하면 다음과 같다.

ξ : 외생(원인)잠재요인

η : 내생(결과)잠재요인

X_1, X_2, X_3 : 외생측정변수

Y_1, Y_2 : 내생측정변수

$\delta_1, \delta_2, \delta_3$: 원인측정변수의 오차변수

ϵ_1, ϵ_2 : 결과측정변수의 오차변수

ζ_1 : 결과잠재요인의 오차변수

이 다중지표모형(MI모형)에서는 잠재요인인 ξ로부터 3개의 측정변수가 영향을 받는다. 경로도형에서는 화살이 시작되는 곳의 변수가 원인변수가 되며, 화살 끝의 변수는 결과변수가 된다. 그림의 좌측에는 ξ 잠재요인이 측정변수 X_1, X_2, X_3의 원인이 되고 있다. 이 세 측정변수는 공통원인으로 정해진 ξ 이외에도 독자적인 오차변수 $\delta_1, \delta_2, \delta_3$ 등으로 설명된다는 것을 나타내고 있다. 한편, 그림의 우측에는 η 잠재요인으로부터 두 개의 측정변수가 인과적으로 영향을 받고 있다. 이 측정변수 역시 오차변수 ϵ_1, ϵ_2로부터 각각 영향을 받고 있다.

---

58) 공분산구조모형은 잠재요인들 간의 인과관계를 검토하는 데에 사용되는 모형이다. 또한 잠재요인간의 직접효과와 간접효과를 모두 측정할 수 있으며, 원인외생변수간의 공분산관계를 파악할 수 있다. 인과모형을 경로도형으로 표현하는 형식으로는 다중지표모형(Multiple Indicator : MI), 다중지표다중원인모형(Multiple Indicator Multiple Cause : MIMIC), 부분최소제곱모형(Partial Least Squares : PLS) 등 세 가지가 있다. 이 모형들은 모두 공분산구조모형에 포함된다.

그리고 잠재요인들 간의 관계에 대해서 설명하면, ξ 잠재요인이 η 잠재요인을 일으키는 경향이 있음을 인과 관계적으로 나타내고 있다. η 잠재요인은 결과 잠재요인으로서 ξ 잠재요인으로부터 영향을 받을 뿐만 아니라, 자신에 관련된 오차변수로부터 영향을 받는다. 한 잠재요인이 다른 잠재요인에 영향을 주는 경우, 결과 잠재요인에 관련된 오차변수는 ζ로 나타낸다. 주의할 것은 원인 잠재요인에는 오차변수가 없다는 점이다.

이 경로도형이 나타내는 모형의 분석목적은 잠재요인으로부터 영향을 받는 측정변수가 하나의 잠재요인에 대하여 여러 개 존재하기 때문에 다중지표모형이라고 부른다. 이 모형은 일반적인 인과모형과 같은 것이다(강병서, 2002, 252~253쪽).

② 분석모형의 설정

위에서 예시한 다중지표모형을 본 연구의 목적에 맞게 응용하여 아래 〈그림 4-2〉와 같은 분석모형을 설정하였다.

본 분석모형은 '전속중개계약', '부동산거래정보망', '부동산거래의 효율성', '중개업자 신뢰성', '고객만족' 등의 잠재요인과 각 잠재요인에 척도를 부여하는 측정변수로 이루어져 있다.

〈그림 4-2〉 분석 모형

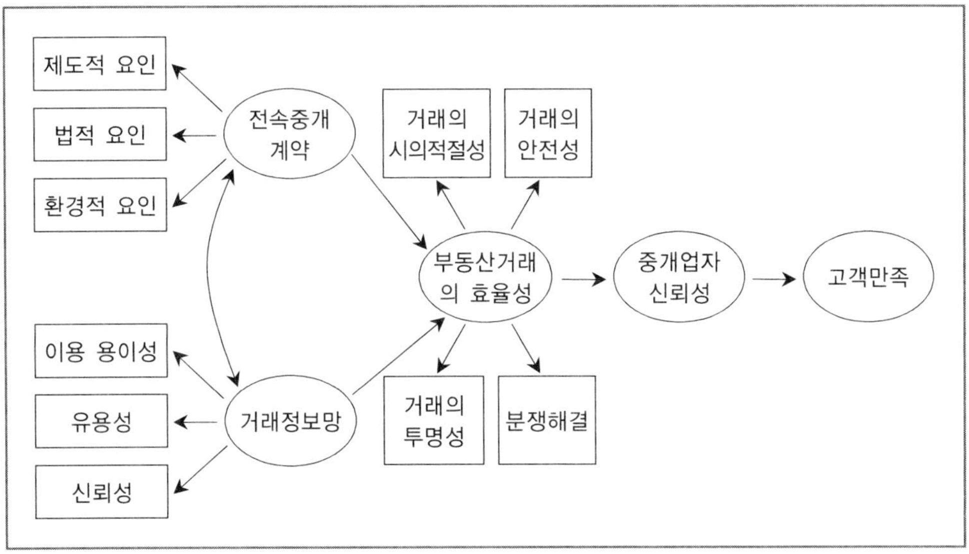

* 주 : 모형의 간편성을 위하여 잠재요인과 측정변수에 대한 각각의 오차변수의 표기는 생략하였음

본 분석모형에서는 원인 잠재요인인 '전속중개계약'과 '부동산거래정보망'으로부터 각각 3개의 측정변수[59]가 영향을 받는다. 한편, 그림의 중앙에는 '부동산거래의 효율성'

59) 전속중개계약의 측정변수로는 '제도적요인', '법적요인', '환경적요인'을 측정변수로 삼았으며, 거래정보망에서는 '이용용이성', '유용성', '신뢰성'을 측정변수로 하였다.

으로부터 거래의 시의적절성 · 거래의 안전성 · 거래의 투명성 · 분쟁해결 등 4개의 측정변수가 인과적으로 영향을 받고 있다.

잠재요인들과의 관계에 대해서 설명하면, '전속중개계약'과 '거래정보망'은 원인 잠재요인으로서 각각 '부동산거래의 효율성'에 영향을 미치는 경향이 있음을 인과 관계적으로 나타내고 있다. 이어서 '부동산거래의 효율성'은 '중개업자 신뢰성'에 영향을 미치고 있고, '중개업자 신뢰성'은 '고객만족'에 영향을 미치는 경향이 있음을 역시 인과 관계적으로 나타내고 있다.

즉, '각각의 잠재요인들이 인과 관계적으로 영향을 미치고 있다'라는 가설을 나타내는 모형이다.

③ 경로도의 구성

위의 분석모형을 구조방정식모형과 측정방정식모형으로 구성된 경로도로 나타내면 다음과 같다.[60]

〈그림 4-3〉 경로도의 표기

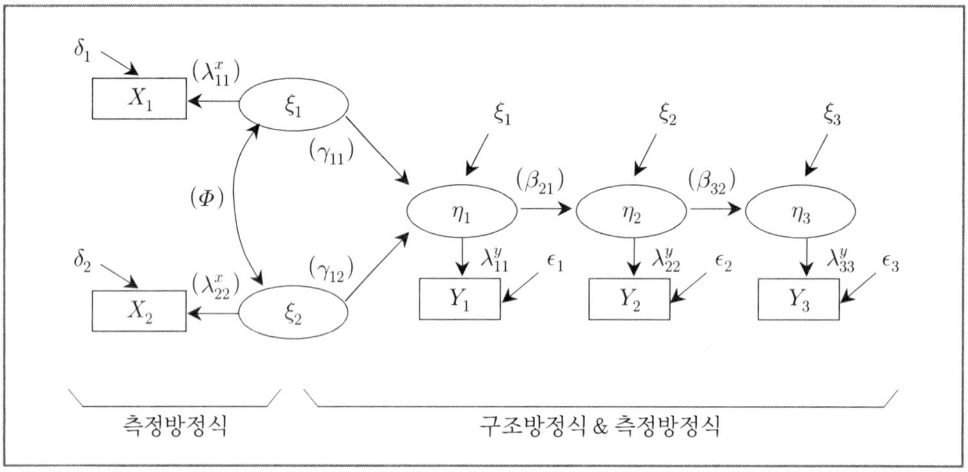

* 주 : 괄호 안은 경로계수를 나타냄
* 출처 : 강병서, 인과분석을 위한 연구방법론, 2002, 280쪽에서 응용함

60) 본 연구에서 사용된 공분산구조모형은 측정방정식모형과 구조방정식모형 등 두 부분으로 구성되어 있다. 측정방정식모형은 실제로 측정된 측정변수를 잠재요인에 대하여 연관지을 때에 사용된다. 왜냐하면 잠재요인은 직접적으로 측정할 수 없기 때문이다. 구조방정식모형은 잠재요인들 사이의 인과관계를 나타낸다. 또한 이것은 원인효과와 설명되지 않는 분산을 나타내 준다. 구조방정식모형은 인과모형의 한 형태로서 경로도형으로 나타낼 수 있다. 경로도형을 이용하면 측정변수와 잠재요인 사이의 관계 혹은 잠재 요인들 간의 관계를 이해하기 쉽다. 경로도형으로 그려진 이 모형은 변수들 간의 인과관계구조를 가정하는 수학적 구조방정식으로 표현된다(강병서, 2002, 280쪽).

공분산구조모형은 공분산구조(covariance structure)를 분석하기 위하여 개발되었다. 공분산구조모형을 나타내는 경로도형은 원인잠재요인들 ξ, 결과잠재요인들 η, 측정변수들 X, Y로 구성된다.

여기서,

ξ_1 : 전속중개계약

ξ_2 : 거래정보망

η_1 : 부동산거래의 효율성

η_2 : 중개업자의 신뢰성

η_3 : 고객만족

X_1 : 전속중개계약의 측정변수

X_2 : 거래정보망의 측정변수

Y_1 : 부동산거래 효율성의 측정변수

Y_2 : 중개업자 신뢰성의 측정변수

Y_3 : 고객만족의 측정변수

그리고 δ와 ϵ은 측정변수에 대한, ζ는 결과잠재요인에 대한 각각의 오차 항을 나타낸다. 이 오차 항은 결과변수 혹은 종속변수(요인)에 대한 관찰 및 측정오차로서 종속변수(요인) 고유의 특성을 나타낸다. 인과모형에서 측정변수는 사각형, 잠재요인은 타원 혹은 원으로 나타내며, 오차변수는 아무런 표시도 하지 않는다. 그리고 괄호 친 곳은 미지수를 나타내는 경로계수를 의미한다. 즉,

$\lambda^x = \xi$로부터 X로의 경로계수

$\lambda^y = \eta$로부터 Y로의 경로계수

$\Phi = \xi$들 사이의 상관계수

$\gamma = \xi$로부터 η로의 경로계수

$\beta = \eta$들 사이의 경로계수

④ 측정방정식 및 구조방정식의 모형

위의 분석모형을 행렬을 이용한 측정방정식모형과 구조방정식모형으로 나타내면 다음과 같다. 이 모형은 인과변수들 사이의 구조관계를 선형방정식으로 표현한다.

첫째, 측정방정식을 Y방정식과 X방정식으로 나누어 설명한다.

Y에 대한 측정모형61) : $Y=\Lambda^y\eta+\epsilon$ ······ 〈식 4-1〉

X에 대한 측정모형62) : $X=\Lambda^x\xi+\delta$ ······ 〈식 4-2〉

둘째, 구조방정식모형은 다음과 같다.
먼저, 원인잠재요인과 결과잠재요인의 구조방정식은 다음과 같다.

구조모형63) : $\eta=\Gamma\xi+\zeta$ ······ 〈식 4-3〉

그리고 결과잠재요인 간의 구조방정식은 다음과 같다.

구조모형64) : $\eta=B\eta+\zeta$ ······ 〈식 4-4〉

여기서, $X=(x_1, x_2, \cdots x_q)'$, $Y=(y_1, y_2, \cdots y_p)'$

$\eta=(\eta_1, \eta_2, \cdots \eta_m)'$, $\xi=(\xi_1, \xi_2, \cdots \xi_n)'$

$\delta=(\delta_1, \delta_2, \cdots \delta_q)'$, $\epsilon=(\epsilon_1, \epsilon_2, \cdots \epsilon_p)'$, $\zeta=(\zeta_1, \zeta_2, \cdots \zeta_m)'$

$\Lambda^x=(\lambda_{ij}^x)$, $\Lambda^y=(\lambda_{ij}^y)$, $B=(\beta_{ij})$, $\Gamma=(\gamma_{ij})$

---

61) 여기에서 Y방정식과 행렬은 다음과 같다.

$Y_1=\lambda_{11}^y\cdot\eta_1+\epsilon_1$
$Y_2=\lambda_{22}^y\cdot\eta_2+\epsilon_2$
$Y_3=\lambda_{33}^y\cdot\eta_3+\epsilon_3$

$$\begin{bmatrix}Y_1\\Y_2\\Y_3\end{bmatrix}=\begin{bmatrix}\lambda_{11}^y\\\lambda_{22}^y\\\lambda_{33}^y\end{bmatrix}\begin{bmatrix}\eta_1\\\eta_2\\\eta_3\end{bmatrix}+\begin{bmatrix}\epsilon_1\\\epsilon_2\\\epsilon_3\end{bmatrix}$$

62) 여기에서 X방정식과 행렬을 살펴보면,

$X_1=\lambda_{11}^x\cdot\xi_1+\delta_1$
$X_2=\lambda_{22}^x\cdot\xi_2+\delta_2$

$$\begin{bmatrix}X_1\\X_2\end{bmatrix}=\begin{bmatrix}\lambda_{11}^x & 0\\0 & \gamma_{22}\end{bmatrix}\begin{bmatrix}\xi_1\\\xi_2\end{bmatrix}+\begin{bmatrix}\delta_1\\\delta_2\end{bmatrix}$$

63) 이때의 구조방정식과 행렬은 다음과 같다.

$\eta_1=\gamma_{11}^x\cdot\xi_1+\gamma_{22}^x\cdot\xi_2+\zeta_1$
$\eta_2=0\cdot\xi_1+0\cdot\xi_2+0$
$\eta_3=0\cdot\xi_1+0\cdot\xi_2+0$

$$\begin{bmatrix}\eta_1\\\eta_2\\\eta_3\end{bmatrix}=\begin{bmatrix}\gamma_{11} & \gamma_{22}\\0 & 0\\0 & 0\end{bmatrix}\begin{bmatrix}\xi_1\\\xi_2\end{bmatrix}+\begin{bmatrix}\zeta_1\\0\\0\end{bmatrix}$$

64) 여기에서 구조방정식과 행렬은 다음과 같다.

$\eta_2=\beta_{21}\cdot\eta_1+0\cdot\eta_2+\zeta_2$
$\eta_3=0\cdot\eta_1+\beta_{32}\cdot\eta_2+\zeta_3$

$$\begin{bmatrix}\eta_2\\\eta_3\end{bmatrix}=\begin{bmatrix}\beta_{21} & 0\\0 & \beta_{32}\end{bmatrix}\begin{bmatrix}\eta_1\\\eta_2\end{bmatrix}+\begin{bmatrix}\zeta_2\\\zeta_3\end{bmatrix}$$

2) 연구수행을 위한 변수의 정의

(1) 전속중개계약 변수의 정의

전속중개계약제도에서 제도·법·환경적 요인 등은 전속중개계약의 특성을 결정하는 중요한 요인이다. 정책적 요인으로 구성되는 제도적 요인은 제도의 효율적인 정착을 위하여 반드시 필요한 요소이며 그 요인의 중요성은 매우 높다. 그러므로 전속중개계약제도가 정착되기 위한 제도적 장치를 마련하여 부동산 거래의 투명성을 제고시킬 수 있도록 하여야 한다. 제도적 요인은 전속중개계약의 성패를 좌우할 뿐만 아니라 고객들이 직접적인 효과를 느낄 수 있는 요인이기 때문이다.

한편, 중개계약행위는 명시적이든 묵시적이든 중개업자와 의뢰인 사이의 법적 관계에 의하여 성립하며, 이와 같은 법적 요인에 근거하여 관련법규와 표준약관 등을 갖추고 있다. 그런데 이러한 중개계약의 내용이 명확하지 않을 때 중개업자와 의뢰인간의 분쟁이 생기게 되므로 법적 요인은 전속중개계약을 구성하는데 있어서 핵심적인 요인이라고 할 수 있다.

환경적 요인은 제도·법적 요인을 뒷받침하여 보다 효율적인 제도 운영을 가능하게 해주며 제도를 정착시키는데 일익을 담당하는 요인이다.

종합해 보면, 전속중개계약에서는 제도·법적 요인이 전속중개계약의 특성을 구성하는 차원이고, 여기에 환경적 요인이라는 차원이 전속중개계약 특성에 영향을 준다.

본 연구에서는 문헌연구와 전문가들의 예비조사를 거쳐 제도의 정비와 운영 및 활용 등에 관한 제도적 요인과 전속중개계약서의 약관 내용 등 법률적 요인, 그리고 제도에 대한 고객의 인지도와 중개업자의 만족도 등 환경적 요인에 대하여 다음과 같은 측정항목을 추출하였다.

① 제도적 요인

전속중개계약제도에 있어서 정부의 정책 및 제도·법적 지원은 중요한 부분이다. 특히 우리나라와 같이 정부주도의 부동산정책이 운영되는 곳에서는 정부의 제도적 지원 및 정책방향이 부동산 산업 전반에 막대한 영향을 미친다. 정부의 법적 지원으로 전속중개계약제도가 법제화는 되었으나 법안시행에 대한 정부의 강력한 의지가 미흡하여 법제화 된지 10여년이 지난 지금까지 전속중개계약제도가 정착을 못하고 있는 실정이다. 정부의 강력한 제도적, 법적지원이 선행되어야만 전속중개계약제도의 정착을 기대할 수 있다. 제도적 요인에 대해서는 ① 제도의 정비 ② 제도의 운영 ③ 제도의 활용 ④ 정부의 시행의지 ⑤ 중개업자의 실천의지 ⑥ 정부정책의 신뢰성 등을 측정변수로 설정하여 리커트(Likert) 5점 척도로 측정하였다.

② 법적 요인

전속중개계약서는 의뢰인과 중개업자가 중개의뢰 내용 및 상호간의 권리와 의무에 대하여 법률에 기초하여 약정한 내용을 문서화한 것이다. 즉, 법적 요인에 근거하여 만들어진 것이라고 할 수 있다.

법적 요인으로는 ① 약관내용의 만족도 ② 약관의 세부적인 내용 ③ 약관내용의 공평성 ④ 손해배상 규정의 명확성 ⑤ 전속계약 해지사유의 명문규정 ⑥ 중개업자의 영업권보호 등 6개 문항을 변수로 구성하여 리커트 5점 척도로 측정하였다.

③ 환경적 요인

제도의 정착이나 활성화를 위해서는 제도·법적 요인도 중요하지만 이를 뒷받침해줄 수 있는 정책의 홍보나 인지도, 정책에 대한 만족도 등의 환경적 요인의 중요성을 간과해서는 안 된다.

환경적 요인에 대해서는 ① 제도의 홍보 ② 중개업자의 신뢰성 ③ 중개의뢰 방식 ④ 서비스의 차별성 ⑤ 고객의 인지도 ⑥ 중개업자의 만족도의 6개 변수로 환경적 요인을 구성하여 리커트 5점 척도로 측정하였다.

전속중개계약 변수의 조작적 정의를 〈표 4-1〉로 정리하였다.

〈표 4-1〉 전속중개계약 변수의 정의

변 수	하위변수	측정변수	비 고
전속 중개계약	제도적 요인	• 제도가 체계적으로 정비되어 있음 • 제도가 원활하게 운영되고 있음 • 전속계약제도를 적극적으로 활용함 • 정부의 정책시행의지가 확고함 • 중개업자의 실천의지가 확고함 • 정부의 정책에 신뢰를 가짐	문영기·유선종 (2005) 소성규(1998) 김기수(1987)
	법적 요인	• 약관내용이 만족스러움 • 약관내용이 세부적으로 규정됨 • 약관내용이 상호 공평함 • 손해배상 규정이 세부적으로 명확함 • 전속계약 해지사유가 구체적으로 명문화되어 있음 • 중개업자의 영업권 침해행위에 대한 법적 보호가 잘되어 있음	문영기·유선종 (2005) 소성규(1998) 김기수(1987)
	환경적 요인	• 제도의 홍보가 잘 이루어지고 있음 • 고객이 중개업자를 신뢰함 • 중개의뢰를 서면으로 의뢰받음 • 차별화된 서비스를 제공함 • 전속중개계약에 대한 고객의 인지도가 높음 • 전속중개계약에 대한 중개업자의 만족도가 높음	문영기·유선종 (2005) 소성규(1998) 김기수(1987)

(2) 거래정보망 변수의 정의

거래정보망 구축의 기본방향은 '효율적인 조직 및 활용'이라고 할 수 있다. 거래정보망 구축의 목적은 부동산 관련정보를 효율적으로 취합하고, 이를 공유하여 효과적으로 활용하는데 있기 때문이다. 거래정보망제도는 전국적인 네트워크를 구성하여 중개업자 간에 상호 정보교환을 통하여 공동중개를 가능하게 한다. 이를 위해서는 거래정보망을 손쉽게 이용할 수 있어야 하며, 정보내용이 쓸모가 있어야 하고, 믿을 수 있어야 한다. 이러한 기본방향을 구체적으로 표현하면, 첫째, 거래정보망의 이용 용이성, 둘째, 거래정보망의 유용성, 셋째, 거래정보망의 신뢰성 등이다.

본 논문에서는 문헌조사를 통하여 거래정보망의 특성을 크게 세 범주로 추출하였다. 첫 번째는 인지된 이용 용이성 측면이고 다음이 인지된 유용성, 마지막으로 인지된 신뢰성 측면이 그것이다.

① 인지된 이용 용이성

거래정보망은 중개업자가 사용하기에 편리해야 한다.

거래정보망의 사용이 편리하면 중개업자의 서비스 향상과 전문성을 강화하는 한편, 중개업자의 정보 집근성을 세고할 수 있다. 이를 위해서는 매물정보를 활용·관리하는 소프트웨어 측면의 고려가 필요하다. 편리한 사용방법으로 정보에 접근할 수 있어야 하며, 매물정보가 조직화되고 활용되기 위해서 중개업자들의 정보의 접근 용이성을 뒷받침할 수 있는 인프라를 구축하는 것이 필요하다. 정보의 용이한 접근은 정보 재가공의 기회를 줄 수 있다. 재 가공된 정보는 새로운 고급정보로 발전하여 부동산거래시장을 분석하는 데 필요한 자료로서 활용될 수 있다. 공인되고 신뢰된 정보가 쉽게 이용 가능하므로 부동산거래시장을 바라보는 왜곡된 시각이 사라질 수 있을 것이다.

Davis(1989)는 인지된 이용 용이성을 "특정 시스템의 사용에 많은 노력이 필요하지 않을 것이라는 믿음의 정도"로 정의하였다. 따라서 본 연구에서의 인지된 이용 용이성은 "거래정보망을 이용하는데 있어서 많은 노력을 필요로 하지 않을 것이라고 믿는 정도"로 정의할 수 있다. 인지된 이용 용이성을 측정하기 위해서 본 연구에서는 Davis(1989)의 측정항목을 수정하여, ① 손쉬운 사용방법 ② 용이한 정보검색 ③ 검색방법의 편리함 ④ 검색방법의 다양성 ⑤ 사용의 숙련도 ⑥ 시스템사용의 용이성 등에 대한 것을 측정변수로 삼아 리커트 5점 척도로 측정하였다.

② 인지된 유용성

우리나라 거래정보망은 거래정보망 사업자가 보유하고 있는 정보의 양이 적어 거래정보망 이용에 실익이 적고 전속중개계약제도의 미 정착으로 인해 제공되는 정보의 상세성이 부족하여 정보의 효용가치가 떨어져 있는 상황이다.

Davis(1989)는 인지된 유용성은 “기술을 수용하는 것이 그 기술을 수용하지 않고 살아가는 것보다 더 낫다고 지각되는 정도”라고 정의하였다. 따라서 본 연구에서는 인지된 유용성은 “거래정보망의 사용이 사용하지 않고 살아가는 것보다 더 낫다고 지각되는 정도”로 정의할 수 있다.

인지된 유용성을 측정하기 위해 본 연구에서는 Davis(1989)가 사용한 측정항목을 수정하여 ① 정보획득의 신속성 ② 정보획득의 효율성 ③ 정보종류의 다양성 ④ 정보 검색 비용의 절감 ⑤ 정보 교환의 효율성 ⑥ 정보량의 풍부성 ⑦ 정보검색의 유용성 등의 7가지 변수를 5점 리커트 척도를 이용하여 측정하였다.

③ 인지된 신뢰성

정보의 제약은 중개업자 사이에 정보비대칭을 초래하여 공정한 거래를 해치고 거래정보망의 신뢰성을 저해하는 주요한 요인으로 작용하고 있다. 정보의 제공도 국지적으로 이루어지는 까닭에 전체적인 부동산 정보량이 부족하고 이용자가 원하는 정보를 얻는데 어려움이 있어 결국은 이용자에게 신뢰성을 주지 못하고 있다. 또한 부동산정보의 체계성이 부족하여 거래정보망에 등록된 정보의 신뢰성을 확보하지 못하고, 부동산정보의 적시성과 유용성이 부족하다. 정보DB를 구축하고 중개업자에게 다양한 정보를 제공하는 시스템을 갖추는 것은 거래정보망의 신뢰성을 높이는데 핵심적인 역할을 맡을 수 있다.

거래정보망의 신뢰성을 위하여 시급한 과제는 보유한 물건정보의 신뢰성 확보를 들 수 있다. 물건정보에 대한 표준화와 폭넓고 정확한 조사로 중개업자가 이용하는 물건정보에 신뢰성을 심어주어야 한다.

Mayer et al.(1995)에 따르면, 신뢰는 ‘피신뢰자가 신뢰자의 감시, 혹은 통제 능력여부에 상관없이 신뢰자에게 중요하고도 각별한 행동을 할 것이라는 기대를 바탕으로 피신뢰자에 대한 행동에 기꺼이 자신을 취약한 상태로 맡겨두는 것’이라 한다.

따라서 본 연구에서는 Mayer et al.(1995)의 정의를 기반으로 하여 신뢰를 ‘거래정보망이 중개업자의 각별한 기대를 바탕으로 기대에 부응하는 업무를 수행하는 시스템’이라고 정의하였다.

신뢰를 측정하기 위하여 본 논문에서는 Jarvenpaa & Todd(1999)의 측정항목을 수정하여, ① 거래정보망의 신뢰도 ② 약속이행 ③ 필요한 정보의 제공 ④ 제공된 정보의 신뢰성 ⑤ 거래 활용성 등의 5개 변수로 신뢰성 항목을 구성하여 리커트 5점 척도로 측정하였다.

이상의 거래정보망 변수의 조작적 정의를 〈표 4-2〉에 나타내었다.

〈표 4-2〉 거래정보망 변수의 정의

변 수	하위변수	측정변수	비 고
거래정보망	이용 용이성	• 사용방법이 쉬움 • 정보검색이 용이함 • 정보검색 방법이 용이함 • 정보검색 방법이 다양함 • 사용에 능숙해지기 쉬움 • 사용을 쉽게 할 수 있음	Davis(1989) 장희순(1994)
	유용성	• 정보획득의 신속성 • 정보획득의 효율성 • 정보종류가 다양함 • 정보 검색 비용의 절감 • 정보 교환의 효율성 • 정보량이 풍부함 • 정보검색의 유용성	Davis(1989) 장희순(1994)
	신뢰성	• 거래정보망을 신뢰함 • 거래정보망의 약속 이행 • 내가 원하는 정보를 제공해줌 • 제공하는 정보를 신뢰함 • 거래에 도움이 될 것이라고 믿음	Jarvenpaa and Todd(1999)

(3) 부동산거래 효율성의 변수의 정의

① 부동산거래 효율성의 개념

선진화된 부동산거래시장이란 거래에 대한 투명성이 확보되고, 거래시장의 효율성이 유지되고 있는 시장을 말한다. 즉, 부동산거래시장의 참여자들이 다양한 관련정보를 공유하면서 공개적으로, 공평하게, 합리적인 규칙을 바탕으로 거래가 이루어지는 시장을 말한다.

이를 위해서는 부동산의 거래과정이 투명하게 이루어지고, 거래가 안전하게 이루어지는 한편, 분쟁요인이 감소하는 등 거래시장의 효율성이 유지될 수 있도록 정책이나 제도의 개선이 뒷받침되어야 한다.

한편 효율적인 부동산거래시장은 모든 시장참여자가 거래과정에 불만이 없고 신속하고 안전하게 거래할 수 있는 상태를 의미한다. 만약 부동산거래시장이 강한 효율성을 가진다면 부동산시장 참여자 사이에 분쟁이 거의 없어지고 시장은 안정된 상태를 유지할 수 있을 것이다.

그러나 한국의 부동산거래시장은 지금까지의 실태에서 알 수 있듯이 부동산거래과정에서 거래사고나 분쟁이 자주 발생하고 있으며, 이는 부동산거래시장이 효율적이 아니라는 점을 시사한다. 부동산거래시장의 투명성은 신뢰성과 밀접한 관계를 가진다. 이는 시장에 참여하는 정부, 개인, 중개업자 같은 주체간의 신뢰가 투명한 시장 형성의 기초가 되기 때문이다. 따라서 부동산거래시장의 투명성을 제고하기 위해서는 시장의 신뢰를 높일 수 있는 정책의 실행, 관련제도 개선 같은 소프트한 측면과 함께 다양한 정보를 수집, 공개하는 거래정보망 같은 하드웨어의 구축과 활용이 필요하다. 특히 부동산거래시장의 효율성과 관련하여 거래사고나 분쟁의 발생 가능성에 따른 시장불안을 최소화하기 위해서는 부동산정책의 신뢰를 높여야 하며, 이는 일관된 정책의 수행을 통하여 달성할 수 있을 것이다.

부동산거래에서의 효율적인 서비스는 부동산거래정보를 공급자와 수요자에게 신속하고 정확하게 전달해주고 또한 부동산거래 계약과정을 투명하게 처리해줌으로써 부동산거래가 시의적절하고 안전하게 이루어질 수 있도록 지원해 주는 것이라고 할 수 있다. 중개서비스 수요자인 고객은 거래의 안전성과 투명성, 신속성, 분쟁 등에 대한 불만이 높다. 이는 소비자 입장에서 볼 때 중개업자들의 관행적인 중개행태가 신뢰를 주지 못하기 때문이다.

② 부동산거래의 효율성 변수의 정의

본 연구에서는 예비조사를 거쳐 부동산거래의 효율성을 다음과 같이 네 범주로 구분하여 측정항목을 추출하였다.

㉠ 거래의 시의적절성

부동산거래의 특성은 다음과 같이 설명할 수 있다. 첫째, 매매시점의 확정이 어렵다는 점이다. 부동산은 개별성 및 기대가격의 차이로 인한 거래가격의 비탄력성 때문에 거래시점의 원활한 조절이 곤란하고 정보의 비대칭성으로 인해 가격의 왜곡화현상이 자주 나타난다. 이것은 거래시기의 시의적절성을 제약하고 있다. 둘째, 부동산거래시장은 국지화된 시장이다. 부동산은 지역·위치·규모·용도에 따라 세분화되어 있으며, 세부시장별로 불균형과 차별화가 이루어진다. 이러한 특성들은 부동산의 신속한 거래를 저해하는 요인으로 작용하고 있다.

부동산거래의 이러한 특성으로 인해 부동산거래시장에는 거래의 시의적절성을 꾀하기 위한 제도적 필요성이 요구된다. 정보통신기술의 발전에 따른 인터넷 사용의 확산과 더불어 인터넷을 통한 정보 전달은 정보의 생산과 전달, 그리고 처리 등에 드는 시간을 대폭적으로 감소하게 하였다. 이러한 시간의 감소는 중개업자와 고객 간의 거래는 물론 중개업자 간의 거래에도 많은 변화를 가져왔다. 중개업자는 시간적·공간적 제약이 거의 없는 사이버 공간에서 관심 있는 물건의 정보들을 쉽게 비교할 수 있게 됨에 따라 오프라인으로부터의 정보에 의존했던 과거와는 달리 직접적인 선택의 폭을 넓힐 수 있게 되었다. 중개업자들은 다양한 경로를 통해 정보를 취득함으로써 시간과 비용을 절감한다. 인터넷을 이용한 효율적인 부동산 거래시스템으로서 거래정보망은 그 대안이 될 수 있다.

정보화 사회의 진전에 부응하고, 정보전달의 신속성을 확보하기 위해서는 거래정보망은 다양한 정보자료를 수집, 제공하는 것 외에 어떻게 신속하고 정확하게 효과적으로 전달할 것인가 하는 것이 중요한 요체다.

먼저, 거래의 시의적절성 면에서는 ① 원하는 시점에서의 거래가능성 ② 거래 성사율 ③ 거래 성사기간의 단축 ④ 거래상대방의 탐색 용이성 등에 대한 것을 측정항목으로 하였다.

㉡ 거래의 안전성

중개업자는 부동산거래의 알선업무 이외에 해당부동산의 권리관계 등 중요사항에 대한 설명 및 보증업무를 통해 거래 당사자에게 안전한 부동산거래를 보증해 주고 거래계약과정을 공정하게 처리해 주는 역할을 수행한다. 특히 부동산은 고가로 거래되고 또 복잡한 권리관계를 수반하는 경우도 있기 때문에 거래의 신뢰성 및 안전성의 보장이 다른 어떤 상품거래보다 중시되어야 한다.

'거래 안전성'은 Cheskin Research(1999), Ernst and Young(1999), Wagner and Rydstrom(2001), 윤성준(2000), 권승오(2002) 등의 선행연구에서 신뢰성에 영향을 미치는 요인으로 검증되었다.

본 연구에서는 '거래 안전성'을 '부동산 거래 시에 해당 중개대상물에 대하여 인지하지 못한 등기 권리상 및 구조물상의 하자와 흠결이 없고, 거래종결 시점까지 거래사고 없이 안전하게 거래목적을 달성하는 것'이라고 정의하였다. 거래의 안전성 면에서는 ① 거래의 안전성 ② 거래사고 감소 ③ 거래물건의 하자여부 ④ 거래조건의 신뢰성 등을 측정변수로 삼았으며, 리커트 5점 척도를 사용하였다.

㉢ 거래의 투명성

부동산거래의 투명성은 거래 체결 후 거래와 관련된 정보가 공개되는 정도로서, 정보의 공개수준과 거래의 공정성에 달려 있는 것으로 알려져 있다. 거래의 투명성이란 관련정보의 공유 하에서 공개적으로, 공평하게, 합리적인 규칙을 바탕으로 부동산거래가 이루어지는 것을 의미한다.

부동산거래의 투명성을 엄밀하게 정의하기는 매우 어렵다.[65] 통상적으로는 시장의 공정한 거래, 정보의 신속한 공개 또는 정보 비대칭성의 해소 등을 투명성을 나타내는 기준으로 사용하고 있다.

투명성은 시장 참가자들에게 정보의 균형에 영향을 주어 시장 전체의 상황을 파악하기 쉽게 해주는 역할을 하고, 가격을 발견하게 하여[66] 시장의 효율성을 높이며, 정보를 집중시켜서 탐색비용을 절감시키는데 영향을 미친다. 또한 공정가격의 형성으로 시장의 효율적인 자본을 배분하는 기능을 향상시키며, 시장에 대한 감시 감독 기능의 강화로

---

65) 일반적으로 투명성은 거래과정에서 발생하는 자료가 대중적으로 이용 가능해지는 양이 늘어날수록 증가하며, 실제적으로 투명성을 측정하는 일은 매우 어려운 것이 현실이다.

66) 가격발견기능에 의한 투명성의 확대는 일반적으로 투자자의 신뢰를 향상시켜 시장의 효율성을 증대하는 역할을 하는데, 이용 가능한 정보의 양을 극대화시켜서 효율적인 가격책정이 가능하게 한다.

시장에 대한 신뢰성 회복으로 시장 활성화에 영향을 미친다. 즉, 투명성의 확대는 시장의 효율성, 공정성을 강화하여 투자자의 시장에 대한 신뢰도를 향상시킨다.

투명성은 투자자 보호를 강화하는 것이기 때문에 투명성의 증대는 투자자들이 안심하고 시장 참여기회를 확대하여 거래를 증가시키고 결국 유동성을 증대시키는 경향이 있다.

투명성 개념은 글로벌시대에 그 중요성이 빠르게 확산을 거듭, 사회의 중심적 가치가 되고 있다.[67] 이남주(2002)는 투명성을 '사회구성원들이 보유하고 있는 가치체계와 일관성을 유지하면서 공정하게 평가되고 명확히 식별될 수 있는 합의된 절차에 따라 모든 거래, 계약 또는 의사결정이 이루어지는 것을 의미 한다'고 하였다. 투명성의 개념은 신뢰성과 밀접한 정(positive)의 관계가 있으며, 매우 복합적이고 중첩적인 요소의 영향을 받는다.[68]

거래의 투명성에 영향을 주는 요인들로는 정보의 공개정도, 법률적인 권리관계의 안정성, 투기적 거래규제 및 법적환경, 공정한 가격 등을 들 수 있다.

상기 선행연구들의 연구를 참조하여 본 연구에서는 ① 정확한 매물정보 ② 적정한 매물가격 조언 ③ 투명한 매물가격 ④ 투기적 요소의 거래는 안함 ⑤ 거래가 투명하게 이루어짐 ⑥ 거래내용에 거짓이 없음 ⑦ 투기적 거래가 사라짐 등 7개 문항을 측정문항으로 설정하였다.

㉣ 분쟁해결

일반적으로 분쟁이라고 하면 복수의 주체가 서로 상대방의 존재를 의식하고, 어떤 쟁점에 관해 자신이 취하고 있는 상태가 양립불가의 관계에 있다고 인식하며 자기가 취하고 있는 상태를 달성하기 위하여 행하는 활동상의 마찰·갈등의 상태를 말한다(國重俊彦, 1990).

또한 분쟁은 갈등이 현재화되어 남은 흔적일 뿐 아니라 적나라하게 현재화되어 어떤 장애가 형성된 상태로서 새로운 국면의 전개가 이루어지지 않으면 위기나 파국으로 치닫기 직전의 상태를 의미한다고 볼 수 있다. 즉 갈등의 동태적 국면이 보다 구체화되어 나타난 징후 또는 갈등의 정도에 따른 사안이라고 볼 수 있다(김영수·김상미, 1994, 25쪽).

분쟁(dispute)은 일반적으로 둘 이상의 개인이나 집단간에 표출되는 양립 불가능한 의견 불일치 상태를 의미한다.[69]

한편 國重俊彦(1990 ; 김용웅·차미숙, 1997, 31쪽에서 재인용)은 '복수의 행동주체가 특정 쟁점에 대해 양립불가의 관계에 있다고 인식하고, 각자의 의견을 관철시키기 위해 행하

67) 투명성 요구에 대한 이러한 급격한 관심과 요구는 거의 모든 분야를 망라하며 많은 연구에서 특히 투명성을 돈세탁, 부패방지, 신뢰개선 등을 위한 효과적 수단으로 언급한다(Drabek & Payne, 1999 ; Hanssen, 1997 ; Wyden, 1995).

68) 투명성과 유사개념으로는 청렴도를 들 수 있으며, 상반된 개념으로는 부패도를 생각할 수 있다.

69) Wood(1976)는 분쟁을 갈등(conflict)과 유사한 의미로 보아 '특정 관심사에 대하여 둘 또는 그 이상의 개인, 집단 및 조직 간의 동의하지 않은 상태'로, Robbins(1987)는 '행동 주체간의 적대적 교호작용으로 인한 심리적 대립감과 대립적 행동을 포괄하는 개념'으로 정의하였다.

는 활동상의 마찰과 갈등상태'로 보고 있다.

분쟁해결(Dispute Resolution)은 시간과 비용이 많이 드는 법정에서의 재판을 대체하는 것이다. 분쟁해결은 어떤 형식이나 절차에 얽매이지 않고 당사자들이 자주적으로 신속하게 갈등을 해소하는 사적(Private)절차이며 최종 결정의 법적 구속력에 따라 여러 가지로 구분할 수 있다.70)

분쟁이란 개념은 각 학문분야에 따라 매우 다양하게 정의될 수 있다.

본 연구에서는 기존의 선행연구를 참조하여 분쟁해결이란 '부동산 중개업무를 수행하는 과정에서 거래 당사자간의 의견 불일치와 대립으로 인하여 갈등이 생겼을 때 양자의 견을 조정하는 것'이라고 정의한다.

측정항목으로는 ① 고객 불만을 적극적으로 처리함 ② 의뢰내용을 문서화 ③ 상호 권리와 의무에 대해서 분명하게 설명함 ④ 수수료 요율을 사전에 설명 ⑤ 손해배상규정을 상호 협의하여 문서화 등 5개 항목으로 나누어 분쟁해결을 측정하였다.

부동산거래의 효율성 변수의 조작적 정의를 〈표 4-3〉에 나타내었다.

〈표 4-3〉 부동산거래 효율성 변수의 정의

변 수	하위변수	측정변수	비 고
부동산거래의 효율성	거래의 시의적절성	• 원하는 시점에 거래가 이루어짐 • 거래 성사율이 높음 • 거래 성사기간이 단축됨 • 거래 상대방의 탐색이 용이함	문영기 · 유선종(2005)
	거래의 안전성	• 안전한 거래 • 거래사고 감소 • 거래물건의 하자없음 • 거래조건의 신뢰	Cheskin Research(1999) Ernst and Young(1999) 윤성준(2000)
	거래의 투명성	• 정확한 매물정보 • 적정한 매물가격 조언 • 투명한 매물가격 • 투기적 요소의 거래는 안함 • 거래가 투명하게 이루어짐 • 거래내용에 거짓이 없음 • 투기적 거래가 사라짐	Drabek & Payne(1999) Alfred A. Ring and Jerome Dasso(1981) 문영기 · 유선종(2005) 소성규(1998) 김기수(1987)
	분쟁해결	• 고객불만을 적극적으로 처리함 • 의뢰내용을 문서화함 • 상호 권리 의무에 대해서 분명하게 설명함 • 수수료 요율을 사전에 설명함 • 손해배상규정을 협의하여 문서화 함	Alfred A. Ring and Jerome Dasso(1981) 김기수(1987) 문영기 · 유선종(2005) 國重俊彦(1990) 김영수 · 김상미(1994)

70) 대표적인 것으로 협상(negotiation), 조정(mediation), 중재(arbitration) 그리고 다양한 유사절차들이 있으며 이 절차들은 분쟁해결에서 신속성, 원만성, 비공개성, 저렴성을 도모할 수 있다.

(4) 중개업자의 신뢰성 변수의 정의

부동산중개업은 기존의 매도자 위주의 서비스시장 형태에서 매수자위주의 서비스시장 형태로 이전하게 되면서 서비스 경쟁시대가 도래하였고, 또한 중개업이 발전해가면서 물건위주의 선택에서 신뢰성 있는 중개업자 선택으로 변해가고 있다. 그리고 고객에게 제공되는 서비스의 수준에 있어서도 단순히 매물정보의 제공 형태에서 벗어나, 복합적이고 총체적인 서비스체제를 갖추어야 한다.

의뢰인의 입장에서 볼 때 전속중개계약을 수용하기 위해서는 중개업자에 대한 신뢰가 전제되어야 하는데, 현재의 관행적인 중개행위가 신뢰받을 수 있는 전문적인 중개서비스를 제공하고 있다고 보기 어렵다. 이는 중개업자들의 중개관행이 소비자들에게 신뢰를 주지 못하는 데서 찾을 수 있다. 특히 중개업자는 거래가격에 대한 적정성과 가격정보에 대한 신뢰성 제고를 위한 노력이 부족하며, 투명하고 정확한 중개대상물의 확인·설명 및 정보전달 여건이 성숙되지 않은 점 등에 기인하는 것으로 볼 수 있다. 중개업자 선택 시에 의뢰인이 중요시 여기는 것은 계약에 대한 성실한 이행과 서비스의 제공, 전문적인 지식의 구비 등에 비중을 두고 있다.

본 연구에서는 앞의 2장의 선행연구를 바탕으로 개념을 종합화하여 중개업자의 신뢰성이란 '고객과 약속한 중개업자를 믿을 수 있고, 고객의 기대에 대해 적시에 약속한 업무를 정확히 수행할 수 있는 중개업자의 능력을 말한다'라고 정의하고자 한다.

중개업자의 신뢰성에 대한 측정은 여러 연구자들이 사용한 방법을 참조한다. 우선 Christy and Matthew(2000)는 신뢰에 대한 연구에서 3개 항목을 통해 신뢰를 측정하였고, 윤성준(2000)은 신뢰성을 측정하기 위해 1개 항목을 사용하고 있다. Jarvenppa and Taotinsky(1999)는 고객신뢰에 관한 연구에서 7개의 항목을 사용하고 있고, Gafen(2000)의 연구에서는 신뢰를 측정하기 위해 2개 항목을 이용하고 있다. 본 연구에서는 선행연구의 측정항목을 일부 수정하여 다음과 같이 측정항목을 추출하였다.

① 정확한 정보의 제공 ② 물건정보를 신뢰함 ③ 업무를 성실히 수행 ④ 업무의 정확성을 보여줌 ⑤ 약속된 서비스를 정확하게 수행함 ⑥ 공부자료에 근거하여 정확하게 설명 등 6개 항목으로 구성하였다.

〈표 4-4〉에 중개업자 신뢰성 변수의 조작적 정의를 나타내었다.

〈표 4-4〉 중개업자 신뢰성 변수의 정의

변 수	측정변수	비 고
중개업자의 신뢰성	• 정확한 정보의 제공 • 물건정보를 신뢰함 • 업무를 성실히 수행함 • 업무의 정확성을 보여줌 • 약속된 서비스를 정확하게 수행함 • 공부자료에 근거하여 정확하게 설명함	Pittet al.(1995) Morgan & Hunt(1994) 윤성준(2000) 박영근(2006)

(5) 고객만족 변수의 정의

고객만족은 여러 연구에서 단일항목(Cronin & Taylor, 1992)으로 측정되기도 하고, 복수항목(Taylor & Baker, 1994 ; 이학식 등, 1997)으로 측정되기도 한다. 만족을 측정하기 위해서는 여러 속성별로 측정하는 것보다 전반적인 만족도로 측정하는 것이 만족을 더 정확하게 반영할 수 있다는 이전의 연구결과(Oliver, 1993)에 따라 본 논문에서는 다음과 같이 복수항목으로 고객에 대한 전반적인 만족도를 측정하였다.

① 전반적으로 만족스러움 ② 업무처리능력에 신뢰를 가짐 ③ 주변사람에게 좋게 평가해줌 ③ 다른 고객을 소개해줌 ④ 재방문의사가 있음 등을 리커트 5점척도를 사용하여 측정하였다.

고객만족 변수에 대한 정의내용을 정리하여 〈표 4-5〉에 나타내었다.

〈표 4-5〉 고객만족 변수의 정의

변 수	측정변수	비 고
고객만족	• 전반적으로 만족스러움 • 업무처리능력에 신뢰를 가짐 • 주변사람에게 좋게 평가해줌 • 다른 고객을 소개해줌 • 재방문의사가 있음	Oliver(1993) 이유재(2004) 박영근(2006)

3) 설문지 구성 및 내용

본 연구수행을 위한 설문조사를 체계적으로 하기 위하여 설문지를 측정변수별로 문항번호를 부여하여 아래 〈표 4-6〉과 같이 구성하였다.

〈표 4-6〉 설문지의 구성

구 분	측정변수	문항번호	문항수	척 도
일반적 특성	전속중개계약 제도	Ⅰ-1	7	명목척도
	거래정보망 제도	Ⅰ-2	4	
전속중개계약 제도	제도적 요인	Ⅱ-1	6	리커트 5점척도
	법적 요인	Ⅱ-2	6	
	환경적 요인	Ⅱ-3	6	
거래정보망 제도	이용 용이성	Ⅲ-1	6	리커트 5점척도
	유용성	Ⅲ-2	7	
	신뢰성	Ⅲ-3	5	

부동산거래의 효율성	거래의 시의적절성	Ⅳ-1	4	리커트 5점척도
	거래의 안전성	Ⅳ-2	4	
	거래의 투명성	Ⅳ-3	7	
	분쟁해결	Ⅳ-4	5	
중개업자의 신뢰성 제고		Ⅴ	6	리커트 5점척도
고객 만족		Ⅵ	5	리커트 5점척도
인구통계학적 특성		Ⅶ	6	명목척도, 비율척도
계		-	84	-

4) 표본설계 및 분석방법

(1) 표본설계

본 연구의 표본설계 및 조사방법은 다음과 같다.

자료 수집을 위하여 표본대상으로 중개업자(공인중개사 및 부동산중개인)를 대상으로 하였다. 중개업자는 전속중개계약과 거래정보망을 이용하는 주체자이면서 고객에게 중개서비스를 제공하는 당사자이기 때문이다.[71]

연구의 대상지역은 서울로 한정하고, 표본 수는 서울에 소재하는 중개업자를 모집단[72]으로 하여 선정하였다.

설문지를 작성할 때 1차로 연구모형 및 가설을 설정한 후 문헌연구와 선행연구 등을 참조하여 측정요인별로 이에 적합한 설문항목을 구성하였다. 이어 부동산 전문가의 자문을 구하고 설문할 내용에 대한 타당성을 검토한 후 설문지를 재차 수정 보완하였다. 마지막으로 설문 대상자인 중개업자를 대상으로 예비조사를 통하여 설문 문항에 대한 이해력을 파악한 후 부적합한 문항은 내용이나 문맥을 다시 수정 보완하였다. 조사방법은 일반적 특성과 인구통계학적 변수를 제외한 모든 문항에 대한 평가척도로 Likert의 5점 척도를 사용하였다.

71) 본 연구의 설문대상에서 일반인(고객)은 제외하였다. 그 이유는 일반인은 전속중개계약과 거래정보망 제도에 대하여 이해와 인지도가 낮은 관계로 제도 만족도에 대한 본 설문조사의 목적을 제대로 달성할 수가 없기 때문이다. 반면에 중개업자는 거래정보망의 이용주체자로서 제도에 대한 인지도가 매우 높고, 또한 고객에게 서비스를 제공하는 최종 당사자로서 고객의 반응을 가장 확실하게 접할 수 있는 위치에 있다. 따라서 설문항목 중에서 중개업자의 신뢰성과 고객만족도 항목은 응답자(중개업자)가 중개서비스를 제공하면서 느꼈던 고객의 반응을 간접 측정하는 방식을 이용하였다.

72) 서울지역 중개업자 22,684명(06. 6월말 현재, 건설교통부 법령자료 2006년도 2/4분기, 중개업자 현황)

〈표 4-7〉 설문지의 작성절차

구 분	내 용
1차	연구모형 및 가설을 설정한 후 문헌연구와 선행연구 등을 참조하여 측정요인별로 이에 적합한 설문항목을 구성하였다.
2차	부동산 전문가의 자문을 구하고 설문할 내용에 대한 타당성을 검토한 후 설문지를 재차 수정 보완하였다.
3차	설문 대상자인 중개업자를 대상으로 예비조사를 통하여 설문 문항에 대한 이해력을 파악한 후 부적합한 문항은 내용이나 문맥을 다시 수정 보완하였다.

설문조사는 2006년 10월 10일부터 10월 16일까지 1주에 걸쳐 실시되었으며, 설문조사를 실시하기에 앞서, 본 설문의 취지를 잘 이해할 수 있는 부동산학과 학생 10명(학부생 8명, 대학원생 2명)을 조사원으로 선발하여 2시간에 걸쳐 설문내용 및 조사 유의사항에 대하여 사전교육을 실시하여 설문지에 대한 조사원들의 이해를 높였다.

설문지는 서울에서 영업 중인 부동산중개업소를 훈련된 조사원이 직접 방문하여 중개업자를 대상으로 일대일로 설문의 취지를 설명하고 응답을 체크하게 한 후, 현장에서 바로 수거하였다.

설문 대상지역으로는 서울지역의 25개 구를 강북지역 · 강서지역 · 강남지역 · 강동지역 등 4개 구역으로 구분하여 표본을 추출하였다.[73]

설문조사 기간 중 조사원이 설문취지 질문에 바로 응답할 수 없는 경우에는 응답자로 하여금 연구자에게 직접 유선질문을 하게 함으로써 응답자의 이해와 설문지 작성을 도왔다.

설문지는 총 470부를 배포하여 현장에서 직접 수거하였다. 배포된 설문지 중 총 446부(95%)의 설문을 회수하여 전량 분석모형 검증을 위해 사용되었다. 회수율이 이처럼 높고 불성실한 응답이 없는 이유는 훈련된 조사원이 응답자와 1 : 1로 직접 질문하고 체크한 후 설문지를 현장에서 바로 수거한 때문이라고 여겨진다.[74]

〈표 4-8〉 설문조사의 개요

구 분	내 용
조사기간	2006. 10. 10 ~ 2006. 10. 16(7일간)
조사대상	중개업자
조사대상지역	서울 전지역
모집단의 수	22,684명(06. 6월말 현재, 건설교통부)

73) 서울의 25개 구를 강북지역은 종로, 중구, 용산, 성동, 광진, 동대문, 중랑, 성북, 강북, 도봉, 노원, 은평, 서대문, 마포구 등 14개 구, 강서지역은 강서, 양천, 구로, 금천, 영등포, 동작, 관악구 등 7개 구, 강남지역은 강남, 서초, 송파, 강동구 등 3개 구, 강동지역은 강동구 등으로 지역 분류하였다.

74) 응답자의 성실한 답변을 유도하고 설문지 회수율을 높이기 위해 응답자들에게 적절한 답례품을 증정하였다.

표본수	470
응답자수	446(표본수의 95%)
조사방법	훈련된 조사원이 방문하여 1:1 설문조사
조사내용	전속중개계약·거래정보망제도의 특성, 부동산거래의 효율성의 특성 등

(2) 분석방법

본 분석모형 및 가설의 검정을 위하여 AMOS 4.0 통계패키지를 이용하여 설문항목에 따라 신뢰성분석, 타당성분석을 적용하여 검정하였다. 또한 공분산행렬을 이용하여 본 연구에서 제시한 구조모형(SEM)으로 검정하였다.

측정도구로서 이용된 설문지의 변수들, 즉 전속중개계약, 거래정보망, 부동산거래의 효율성, 중개업자의 신뢰성, 고객만족의 신뢰성을 분석하기 위하여 Cronbach α계수를 사용하였다.

분석방법으로는 첫째, 복수의 원인잠재요인 및 결과잠재요인간의 상관관계를 파악하기 위하여 공분산구조모형을 이용하였다. 둘째, 연구가설 및 연구모형을 설정하여 상기 요인에 대한 측정항목을 개발하고 이들 잠재요인의 구성개념을 새로이 정립하였다. 셋째, 각 분석단위간의 상관관계에 대하여 인과모형을 이용하여 직접효과와 간접효과를 측정하였다.

이를 분석하기 위하여 설문지를 통해 수집한 기초 자료를 바탕으로 설문 응답자의 일반적 특성과 각 설문 문항별 통계량을 파악하기 위하여 빈도분석을 이용하였다.

2 분석 결과 및 해석

1) 빈도 분석

(1) 인구통계학적 특성

본 연구에서는 중개업자를 대상으로 설문조사를 실시하였다.

본 연구의 대상이 된 응답자들의 일반적인 특성들은 〈표 4-9〉에 나타나 있다.

응답자의 종별을 조사한 결과 크게 공인중개사 401명(90.1%)과 부동산중개인 42명(9.4%)으로 구성되어 있어 공인중개사가 압도적으로 많았다.

성별은 남성(68.8%)이 여성에 비해 월등히 많으며, 연령별로는 20대가 1.8%, 30대가 21.3%, 40대가 48.2%로 이들이 전체 응답자의 71.3% 정도를 차지하는 것으로 나타났다. 한편 영업장 소재지는 강남지역이 29.7%, 강북지역 30.8%, 강동지역 20.9%, 강서지역 18.6% 등으로 나타나 서울지역에서 응답자들의 고른 분포를 나타내었다. 학력은 4년제 대졸 53.8%, 전문대졸 14.9%로서 전문대졸 이상이 전체 응답자의 68.7%를 차지하였다. 경력은 5년 미만이 53.9%로서 응답자 비율 중 가장 높았고, 5년~10년이 30.3%를 차지하여 10년 이하 경력이 전체의 84.2%를 차지하였다.

〈표 4-9〉 응답자의 인구통계학적 특성

변 수	특 성	빈 도	유효 백분율(%)
중개업자 성별	남 성	307	68.8
	여 성	139	31.2
	합 계	446	100.0
중개업자 종별	공인중개사	401	90.1
	중개인	42	9.4
	법 인	1	0.2
	기 타	1	0.2
	합 계	445	100.0
연 령	20~30세	8	1.8
	31~40세	95	21.3
	41~50세	215	48.2
	51~60세	106	23.8
	61세 이상	22	4.9
	합 계	446	100.0
학 력	고졸 이하	13	2.9
	고 졸	117	26.4
	전문대졸	66	14.9
	대 졸	239	53.8
	대학원 이상	9	2.0
	합 계	444	100.0
경 력	5년 미만	235	53.9
	5년~10년	132	30.3
	10년~20년	59	13.5
	20년~30년	10	2.3
	30년 초과	0	0.0
	합 계	436	100.0
영업장 소재지	강남지역	131	29.7
	강북지역	136	30.8
	강동지역	92	20.9
	강서지역	82	18.6
	합 계	441	100.0

(2) 측정변수의 특성

① 전속중개계약제도의 인지도

전체 446명의 응답자들을 대상으로 전속중개계약 제도를 알고 있느냐는 질문에 거의 대부분(98.2%)의 응답자들이 알고 있다고 대답했다. 제도 특성에 대한 인지도를 알아보기 위하여 제도내용을 얼마나 알고 있느냐는 질문에는 전속권부여와 물건 공개의무, 진행상황 통지의무 등 계약서 약관에 기재된 내용을 대부분 숙지하고 있는 것으로 나타났다.

〈표 4-10〉 전속중개계약의 인지도

변 수	특 성	빈 도	유효 백분율(%)	비 고
제도 인지도	알고 있다	438	98.2	
	모른다	8	1.8	
	합 계	446	100.0	
특성 인지도	전속권 부여	421	94.6	복수응답 문항
	물건공개의무	273	61.3	
	문서통지의무	306	68.8	
	위약금조항	339	76.2	
	계약유효기간	299	67.2	

② 전속중개계약제도의 개선 필요성

현행 전속중개계약제도의 개선 필요성에 대해서는 대부분(72.1%)의 응답자들이 제도 개선의 필요성을 느끼고 있는 것으로 나타났다. 반면에 잘 모르겠다는 응답도 10.1%에 달했다.

〈표 4-11〉 전속중개계약제도의 개선 필요성

변 수	특 성	빈 도	유효 백분율(%)	비 고
제도개선 필요성	필요없다	40	9.0	
	현제도로 충분하다	39	8.8	
	제도 개선이 필요하다	320	72.1	
	잘 모르겠다	45	10.1	
	합 계	444	100.0	

③ 전속중개계약의 체결경험 및 비율

전속중개계약을 체결해본 적이 있느냐는 질문에는 '없다'라는 응답이 74.1%로서 '있다'(25.7%)라는 응답보다 월등히 많았고, 전속중개계약을 체결해본 경험이 있는 응답자를 대상으로 전속계약 체결비율을 질문한 결과, 체결률 10% 이하가 93.7%로서 이용률이 지극히 저조하였다. 이는 전체 응답자들의 비율로 보았을 때 99%가 넘는 거의 모든 응답자들이 이용을 안 하고 있다는 것으로서 전속중개계약제도가 사실상 유명무실하게 운용되고 있음을 알 수 있다.

〈표 4-12〉 전속중개계약의 체결경험 및 비율

변 수	특 성	빈 도	유효 백분율(%)	비 고
계약체결경험	있 다	114	25.7	
	없 다	329	74.1	
	기 타	1	0.2	
	합 계	444	100.0	
계약체결비율	5% 미만	146	83.4	
	5~10%	18	10.3	
	10~15%	3	1.7	
	15~20%	3	1.7	
	20% 초과	5	2.9	
	합 계	175[75]	100.0	

④ 전속중개계약의 약관만족도

현행 전속중개계약서 약관에 대한 만족도를 조사한 결과, '매우 불만족'하거나 '불만족'하다는 답변이 52.4%로서, '만족'하거나 '매우 만족'하다는 답변(4.5%)을 월등히 앞지르고 있어 약관에 대한 불만족 요인을 개선할 필요성이 있는 것으로 나타났다.

〈표 4-13〉 전속중개계약의 약관만족도

변 수	특 성	빈 도	유효 백분율(%)	비 고
약관만족도	매우 불만족	64	14.4	
	불만족	169	38.0	
	보 통	192	43.1	
	만 족	17	3.8	
	매우 만족	0	0	
	결측값	3	0.7	
	합 계	445	100.0	

75) 계약체결 유경험자를 대상으로 계약체결빈도수를 조사하였다. 응답자 빈도수가 계약 유경험자 빈도수를 초과하는 이유는 응답할 의무가 없는 계약 무경험자 32명이 응답한 결과이며, 이 중 28명이 5% 미만(0~5%) 항목에 응답하였다.

⑤ 전속중개계약의 불만족 요인

약관 내용의 불만족 요인을 조사한 결과, 일부러 계약유효기간을 회피 경과시킨 후 중개업자를 배제하고 직접거래를 하는 등 악의적인 고객에 대한 금지규정이나, 계약해지 명문사유가 없어 전속계약 구속력이 없는 것 등을 주요 요인으로 꼽았다.

〈표 4-14〉 전속중개계약의 불만족 요인

변 수	특 성	빈 도	유효 백분율(%)	비 고
약관 불만족 요인	영업권 보호규정 미약함	148	33.2	복수응답 문항
	계약해지사유 명문규정 없음	104	23.3	
	위약금조항이 불충분함	98	22.0	
	직접거래 금지기간이 없음	119	26.7	
	손해배상규정이 추상적임	73	16.4	

상기 결과에 대한 내용을 종합 정리하여 〈표 4-15〉에 나타내었다.

〈표 4-15〉 전속중개계약제도의 의식조사

변 수	특 성	빈 도	유효 백분율(%)	비 고
제도 인지도	알고 있다	438	98.2	
	모른다	8	1.8	
	합 계	446	100.0	
특성 인지도	전속권 부여	421	94.6	복수응답 문항
	물건공개의무	273	61.3	
	문서통지의무	306	68.8	
	위약금조항	339	76.2	
	계약유효기간	299	67.2	
제도개선 필요성	필요없다	40	9.0	
	현제도로 충분하다	39	8.8	
	제도 개선이 필요하다	320	72.1	
	잘 모르겠다	45	10.1	
	합 계	444	100.0	
계약체결 경험	있 다	114	25.7	
	없 다	329	74.1	
	기 타	1	0.2	
	합 계	444	100.0	

계약체결비율	5% 미만	146	83.4	
	5~10%	18	10.3	
	10~15%	3	1.7	
	15~20%	3	1.7	
	20% 초과	5	2.9	
	합 계	175[76]	100.0	
약관 만족도	매우 불만족	64	14.4	
	불만족	169	38.0	
	보 통	192	43.1	
	만 족	17	3.8	
	매우 만족	0	0	
	결측값	3	0.7	
	합 계	445	100.0	
약관 불만족 요인	영업권 보호규정 미약함	148	33.2	복수응답 문항
	계약해지사유 명문규정 없음	104	23.3	
	위약금조항이 불충분함	98	22.0	
	직접거래 금지기간이 없음	119	26.7	
	손해배상규정이 추상적임	73	16.4	

⑥ 거래정보망제도의 인지도

거래정보망제도에 대해서 알고 있느냐는 질문에 응답자의 93.7%가 '알고 있다'라고 응답하고 있어, 응답자의 대부분이 거래정보망제도에 대해서 알고 있는 것으로 나타났다.

〈표 4-16〉 거래정보망제도의 인지도

변 수	특 성	빈 도	유효 백분율(%)	비 고
제도 인지도	알고 있다	418	93.7	
	모른다	27	6.1	
	결측값	1	0.2	
	합 계	446	100.0	

76) 계약체결 유경험자를 대상으로 계약체결빈도수를 조사하였다. 응답자 빈도수가 계약 유경험자 빈도수를 초과하는 이유는 응답할 의무가 없는 계약 무경험자 32명이 응답한 결과이며, 이 중 28명이 5% 이하(0~5%) 항목에 응답하였다.

⑦ 거래정보망제도의 특성 인지도

거래정보망제도 특성 인지도에서는 거래정보망의 개념(77.4%), 거래정보망에 공개해야 할 내용(74.9%), 거래정보망의 종류(56.3%) 순으로 나타나고 있다.

〈표 4-17〉 거래정보망제도의 특성 인지도

변 수	특 성	빈 도	유효 백분율(%)	비 고
특성 인지도	거래정보망의 개념	345	77.4	복수응답 문항
	공개해야 할 정보내용	334	74.9	
	거래정보망의 종류	251	56.3	
	거래정보망 사업자요건	182	40.8	

⑧ 거래정보망의 이용경험

거래정보망을 이용해 본 경험은 '현재 이용하고 있다'가 38.3%, '전에는 이용했지만 현재는 이용하지 않는다'가 23.5%로 나타났으며, '현재는 이용하지만 조만간 이용하지 않을 것이다'(3.1%)라는 응답자를 포함하면 거래정보망을 한번이라도 이용해 본 사람은 64.9%로 나타났다.

〈표 4-18〉 거래정보망의 이용경험

변 수	특 성	빈 도	유효 백분율(%)	비 고
이용 경험	현재 이용하고 있다.	171	38.3	
	현재는 이용하지만 조만간 이용하지 않을 것이다.	14	3.1	
	전에는 이용했지만 현재는 이용하지 않는다.	105	23.5	
	한 번도 이용한 적이 없다.	156	35.0	
	합 계	446	100	

⑨ 거래정보망의 이용비율

그러나 이 중에서 거래정보망을 통한 거래량 비율이 전체 거래량의 10% 이하라고 응답한 응답자 비율이 81.4%를 차지함으로써 거래정보망 이용률에 비해 효용성이 크게 떨어지는 것으로 조사되었다.

〈표 4-19〉 거래정보망의 이용비율

변 수	특 성	빈 도	유효 백분율(%)	비 고
이용비율	5% 미만	323	72.6	
	5~10%	39	8.8	
	10~20%	24	5.4	
	20~30%	22	4.9	
	30% 초과	37	8.3	
	합 계	445	100.0	

〈표 4-20〉 거래정보망제도의 의식조사

변 수	특 성	빈 도	유효 백분율(%)	비 고
제도 인지도	알고 있다	418	93.7	
	모른다	27	6.1	
	결측값	1	0.2	
	합 계	446	100.0	
특성 인지도	거래정보망의 개념	345	77.4	복수응답 문항
	공개해야 할 정보내용	334	74.9	
	거래정보망의 종류	251	56.3	
	거래정보망 사업자요건	182	40.8	
이용경험	현재 이용하고 있다.	171	38.3	
	현재는 이용하지만 조만간 이용하지 않을 것이다.	14	3.1	
	전에는 이용했지만 현재는 이용하지 않는다.	105	23.5	
	한 번도 이용한 적이 없다	156	35.0	
	합 계	446	100	
이용비율	5% 미만	323	72.6	
	5~10%	39	8.8	
	10~20%	24	5.4	
	20~30%	22	4.9	
	30% 초과	37	8.3	
	합 계	445[77]	100.0	

77) 거래정보망을 이용한 경험이 있는 응답자를 대상으로 이용비율을 조사하였다. 응답자 빈도수가 거래정보망 유경험자 185명보다 초과하는 이유는 응답할 의무가 없는 나머지 260명이 응답한 때문이며, 이 중 98.5%에 해당하는 256명이 5% 이하(0~5%) 항목에 응답하였다.

2) 신뢰성검정

본 연구에서는 다항목을 이용하여 측정한 전속중개계약, 부동산 거래정보망, 부동산거래의 효율성, 중개업자 신뢰성 그리고 고객만족에 대한 단일차원성(unidimensionality)을 검증하기 위하여 신뢰도분석과 확인요인분석을 실시하였다.

(1) 신뢰성분석

신뢰성검정은 설문도구의 문항 간에 얼마나 일관성을 보이는지를 살펴보는 과정이다. 신뢰성을 분석하기 위하여 Chronbach α계수를 사용하였다.

본 연구에서는 모든 분석단위들을 다항목으로 측정하였으며 이들 항목들이 내적일관성이 기대되는 다항목들로 구성되어 있어서 1차적으로 Cronbach's α를 계산하였다.[78]

신뢰성검정 결과, 일부 항목을 제외한 거의 모든 측정개념들은 Nunnally & Bernstein (1994)이 제시한 기준인 0.7을 상회하고 있다. 이 단계에서 α를 저해하는 일부 항목을 제거하였는데 전속중개계약의 환경적요인과 고객만족요인에서 각각 한 개 항목을 제외하고는 다른 항목에서는 제외된 항목이 없었다. 이는 각 측정항목들에 대하여 응답자의 응답이 내적 일관성을 확보하고 있음을 의미하며, 이들 항목을 최종 분석에서 활용할 수 있는 근거를 가지게 된다. 특히 본 논문의 설문지의 전속중개계약의 제도·법률·환경적 요인과 부동산거래의 효율성에서의 거래의 시의적절성, 거래의 안전성, 거래의 투명성 요인은 선행연구가 거의 없다는 점을 감안해 볼 때, 본 연구모형을 구성하고 있는 요인들은 모두 신뢰성이 높다고 할 수 있다.

〈표 4-21〉 신뢰성분석 결과

분석단위(constructs)		최초항목수	신뢰성분석결과 남은 항목수(α)	제거문항
전속중개계약	제도적 요인	6	6(0.848)	
	법적 요인	6	6(0.863)	
	환경적 요인	6	5(0.679)	II-3-4
거래정보망	이용용이성	6	6(0.927)	
	유용성	7	7(0.933)	
	신뢰성	5	5(0.880)	

78) Cronbach α계수를 구하는 공식은 다음과 같다.

$$\alpha = \frac{K}{K-1}\left(1 - \frac{\sum \sigma_i^2}{\sigma_t^2}\right)$$

여기서, K = 문항의 수

σ_i^2 = 각 문항의 분산

σ_t^2 = 총 분산

부동산거래의 효율성	거래의 시의적절성	4	4(0.846)	
	거래의 안전성	4	4(0.916)	
	거래의 투명성	7	7(0.922)	
	분쟁해결	5	5(0.906)	
중개업자 신뢰성		6	6(0.945)	
고객만족		5	4(0.908)	Ⅵ-5

한편, 전속중개계약, 거래정보망, 그리고 부동산거래의 효율성 등의 하위개념들의 측정항목들(예를 들면, 전속중개계약의 제도적 요인, 법률적 요인, 환경적 요인 등)에 대한 처리는 기존 연구들의 방법에 준거하여 처리하였다(Jaworski and Kohli 1993 ; 이학식 등 1998). 즉, 하위개념들의 각 구성항목에 대한 응답치를 평균하여 하나의 지표(indicator)로 처리하였다.

(2) 확인요인분석

확인요인분석은 요인별로 측정모형을 확인하기 위하여 실시한다.[79] 신뢰성분석이 내적 일관성을 조사하지만, 통계적인 검정을 실시하지 못하기 때문에 이를 이용한다. 이 분석은 각 요인에서 단일 차원성을 저해하는 항목을 제거하려는 것이 주요 목적이다.

신뢰성분석을 실시한 측정항목들에 대하여 분석단위별로 확인요인분석을 실시하였다. 각 단계별로 항목구성의 최적상태를 도출하기 위한 적합도를 평가하기 위하여

GFI(Goodness-of-Fit Index : ≥ .90이 바람직),

AGFI(Adjusted Goodness-of Fit Index, ≥ .90이 바람직),

RMSR(Root Mean Square Residual, .05보다 적을수록 바람직),

NFI(Normal Fit Index, ≥ .90이 바람직),

χ^2(작을수록 바람직),

χ^2에 대한 p값(≥ .05가 바람직)

등을 이용하였다.

---

79) 본 연구에서의 요인분석모형을 행렬로 표기하면 다음과 같다.

$$\underset{(p\times1)}{\underline{X}} = \underset{(p\times1)}{\underline{\mu}} + \underset{(p\times m)(m\times1)}{A\underline{F}} + \underset{(p\times1)}{\epsilon}$$

여기서,

$$\underline{X}=\begin{bmatrix}X_1\\X_2\\\vdots\\X_p\end{bmatrix}\quad \underline{\mu}=\begin{bmatrix}\mu_1\\\mu_2\\\vdots\\\mu_p\end{bmatrix}\quad \underline{F}=\begin{bmatrix}F_1\\F_2\\\vdots\\F_p\end{bmatrix}\quad A=\begin{bmatrix}a_{11}\,a_{12}\cdots a_{1m}\\a_{21}\,a_{22}\cdots a_{2m}\\\vdots\\a_{p1}\,a_{p2}\cdots a_{pm}\end{bmatrix}\quad \underline{\epsilon}=\begin{bmatrix}\epsilon_1\\\epsilon_2\\\vdots\\\epsilon_p\end{bmatrix}$$

$\mathrm{Cov}(\underline{X},\ \underline{F},) = A$

$\mathrm{Cov}(X_i, F_j) = a_{ij}$이다.

만일 Σ가 모집단 공분산행렬이라면, a_{ij}는 측정변수와 공통잠재요인의 상관관계를 의미한다.

χ^2과 GFI, RMSR 등은 모형의 전반적 적합도를 나타내는 절대적합지수이며, AGFI와 NFI 등은 기초모델에 대한 제안모델의 적합도를 나타내는 증분적합지수이다.

확인요인분석 결과 각 분석단위들을 구성하는 측정항목들에 대한 확인요인분석 과정에서 총 18개 항목이 제거되었으며[80], 각 분석단위의 항목들은 적합도 평가기준을 대부분 만족시키는 것으로 나타났다.

① 전속중개계약의 확인요인분석 결과

전속중개계약 측정항목들은 대부분 적합도 평가기준을 만족하고 있다. 제도적 요인과 환경적 요인의 AGFI가 기준치인 .90을 약간 밑돌고 있으나 GFI, NFI, RMSR, χ^2, p값 등이 모두 기준치를 만족하고 있으므로 전반적으로 양호하다고 할 수 있다. 확인요인분석 결과 제도적 요인에서 1개 문항(Ⅱ-1-2), 법적 요인에서 2개 문항(Ⅱ-2-1, Ⅱ-2-2), 환경적 요인에서 2개 문항(Ⅱ-3-4, Ⅱ-3-6) 등 총 5개 문항이 부적합한 것으로 나타나 이를 제거하였다.

〈표 4-22〉 전속중개계약의 확인요인분석 결과

분석단위		CFA이전 항목수	CFA이후 항목수	GFI	AGFI	RMSR	NFI	χ^2	p
전속중개계약	제도적 요인	6	5	0.962	0.848	0.024	0.999	4.788	0.442
	법적 요인	6	4	0.987	0.909	0.041	0.999	3.509	0.173
	환경적 요인	6	4	0.979	0.853	0.012	0.999	2.129	0.345

② 거래정보망의 확인요인분석 결과

거래정보망 측정항목들은 GFI, NFI, RMSR, χ^2, p값 등이 모두 기준치를 만족하고 있다. AGFI의 경우 기준치인 ≥.90에서 약간 부족하지만 다른 적합도지수를 고려할 때 문제가 없다고 판단된다. 항목 중에서 이용용이성에서 2개 문항(Ⅲ-1-4, Ⅲ-1-5), 유용성에서 3개 문항(III-2-2, III-2-3, III-2-4), 신뢰성에서 1개 문항(III-3-4)이 단일차원성을 저해하여 제거되었다.

---

80) 확인요인분석결과 제거된 문항은 다음과 같다. 제도적 요인에서 II-1-2, 법적 요인에서 II-2-1, II-2-2, 환경적 요인에서 II-3-4, II-3-6, 이용 용이성에서 III-1-4, III-1-5, 유용성에서 III-2-2, III-2-3, III-2-4, 신뢰성에서 III-3-4, 거래의 투명성에서 Ⅳ-3-4, Ⅳ-3-5, Ⅳ-3-7, 분쟁해결에서 Ⅳ-4-4, 중개업자 신뢰성에서 V-2, V-3, 고객만족에서 VI-4 등이다.

〈표 4-23〉 거래정보망의 확인요인분석 결과

분석단위		CFA이전 항목수	CFA이후 항목수	GFI	AGFI	RMSR	NFI	χ^2	p
거래 정보망	이용 용이성	6	4	0.968	0.776	0.042	0.999	3.564	0.168
	유용성	7	4	0.983	0.882	0.035	0.999	3.066	0.216
	신뢰성	5	4	0.981	0.867	0.015	1.000	0.399	0.819

③ 부동산거래 효율성의 확인요인분석 결과

거래의 투명성과 거래의 시의적절성, 분쟁해결의 경우 AGFI 등이 기준에 약간 미달되지만 전반적으로 다른 지수들이 평가기준을 만족시키고 있다. 그러나 거래의 안전성의 경우 AGFI가 0.419로 나타나 적합도 기준 (≥ .90)에 미치지 못하며, χ^2값이 너무 크고, RMSR 수치도 .190으로서 기준(≤ .05)을 훨씬 상회하는 등 모형의 적합도가 기준에 충족되지 않아 최종 분석에서는 제외하였다. 또한 거래의 투명성에서는 3개 문항(Ⅳ-3-4, Ⅳ-3-5, Ⅳ-3-7), 분쟁해결에서 1개 문항(Ⅳ-4-4)이 제거되었다.

〈표 4-24〉 부동산거래 효율성의 확인요인분석 결과

분석단위		CFA이전 항목수	CFA이후 항목수	GFI	AGFI	RMSR	NFI	χ^2	p
부동산 거래의 효율성	거래의 시의적절성	4	4	0.984	0.888	0.094	0.998	9.789	0.007
	거래의 안전성	4	4	0.917	0.419	0.190	0.994	34.006	0.000
	거래의 투명성	7	4	0.937	0.559	0.061	0.999	5.312	0.070
	분쟁해결	5	4	0.963	0.741	0.026	1.000	1.595	0.451

④ 중개업자 신뢰성의 확인요인분석 결과

중개업자 신뢰성에 대한 각 측정항목들은 전반적으로 평가기준을 만족시키고 있다. AGFI의 경우 0.825로서 기준치를 약간 밑돌고 있지만 GFI, NFI, RMSR, χ^2, p값 등이 모두 기준치를 만족하고 있다. 측정항목 중에서 단일차원성을 저해하는 2개 항목(V-2, V-3)을 제거하였다.

〈표 4-25〉 중개업자 신뢰성의 확인요인분석 결과

분석단위	CFA이전 항목수	CFA이후 항목수	GFI	AGFI	RMSR	NFI	χ^2	p
중개업자 신뢰성	6	4	0.975	0.825	0.038	1.000	3.278	0.194

⑤ 고객만족의 확인요인분석 결과

고객만족 측정항목들은 전반적으로 평가기준을 만족하고 있다. AGFI의 경우 기준치에 약간 미달되지만 적합도 검정에는 무리가 없다고 판단된다. 단일차원성을 저해하는 1개 항목(VI-4)을 제거하였다.

〈표 4-26〉 고객만족의 확인요인분석 결과

분석단위	CFA이전 항목수	CFA이후 항목수	GFI	AGFI	RMSR	NFI	χ^2	p
고객만족	5	4	0.981	0.867	0.023	1.000	2.466	0.291

전체적인 확인요인분석 실시결과를 〈표 4-27〉에 나타내었다.

〈표 4-27〉 각 분석단위별 확인요인분석 결과

분석단위		CFA이전 항목수	CFA이후 항목수	GFI	AGFI	RMSR	NFI	χ^2	p
전속 중개 계약	제도적 요인	6	5	0.962	0.848	0.024	0.999	4.788	0.442
	법적 요인	6	4	0.987	0.909	0.041	0.999	3.509	0.173
	환경적 요인	6	4	0.979	0.853	0.012	0.999	2.129	0.345
거래 정보망	이용 용이성	6	4	0.968	0.776	0.042	0.999	3.564	0.168
	유용성	7	4	0.983	0.882	0.035	0.999	3.066	0.216
	신뢰성	5	4	0.981	0.867	0.015	1.000	0.399	0.819
부동산 거래의 효율성	거래의 시의적절성	4	4	0.984	0.888	0.094	0.998	9.789	0.007
	거래의 안전성	4	4	0.917	0.419	0.190	0.994	34.006	0.000
	거래의 투명성	7	4	0.937	0.559	0.061	0.999	5.312	0.070
	분쟁해결	5	4	0.963	0.741	0.026	1.000	1.595	0.451
중개업자 신뢰성		6	4	0.975	0.825	0.038	1.000	3.278	0.194
고객만족		5	4	0.981	0.867	0.023	1.000	2.466	0.291

(3) 상관관계분석

가설을 검정하기에 앞서, 각 요인들 간의 판별타당성의 충족정도를 확인하고 변수의 기술통계와 변수간의 관련성 정도를 파악하기 위해 Pearson 상관관계분석을 실시하였다.[81]

---

81) 모집단과 표본의 상관계수를 구하는 공식은 다음과 같다.

모집단상관계수 : $\rho_{xy} = \dfrac{\sigma_{xy}}{\sqrt{\sigma_{xx}}\sqrt{\sigma_{yy}}}$ 　　표본상관계수 : $r_{xy} = \dfrac{S_{xy}}{\sqrt{S_{xx}}\sqrt{S_{yy}}}$

척도들의 집중타당성(convergent validity)과 판별타당성(discriminant validity)을 조사하였다. 먼저, 변수들이 하나의 구성개념에 집중되는지 여부를 검정하기 위하여 집중타당성검정을 하였다. 집중타당성검정에서는 〈표 4-28〉에 나타난 바와 같이 적합도가 대체로 높게 나타났으며, 각각의 분석단위들에 대한 표준 요인부하량(standardized loadings)이 유의적으로 나타나 집중타당성이 입증되었다(Sujan, Weitz and Kumar 1994).

추가적으로 척도들이 해당 분석단위들에 대한 대표성을 갖는지를 평가하기 위하여, 상관행렬의 결과에서 얻어진 경로계수 및 측정오차를 이용하여 분석단위 신뢰도(construct reliability)와 분산추출값(variance extracted)을 계산하여 〈표 4-28〉에 나타내었다.[82]

〈표 4-28〉 각 분석단위의 신뢰도와 분산추출값

분석단위(constructs)		요인부하량	신뢰도	분산추출
전속중개계약	제도적 요인	0.671	0.871	0.694
	법적 요인	0.594		
	환경적 요인	0.736		
거래정보망	이용 용이성	0.625	0.871	0.696
	유용성	0.866		
	신뢰성	0.740		
부동산거래의 효율성	분쟁해결	0.833	0.878	0.707
	거래의 투명성	0.831		
	거래의 시의적절성	0.713		
중개업자 신뢰성		0.847	0.946	0.815
		0.896		
		0.879		
		0.817		
고객만족		0.835	0.895	0.686
		0.557		
		0.831		
		0.833		

분석단위의 신뢰도의 경우 요인 모두가 최저 .87 이상으로서 일반적 추천 기준치인 .70보다 더 높게 나타났으며, 분산추출값의 경우 요인 전체가 최저 .68 이상으로서 추천 기준치인 .50보다 높게 나타나 본 연구에서 사용된 항목들은 해당 분석단위들에 대한 대표성을 갖는다고 할 수 있다(Hair, Anderson, Tatham and Black 1995).

여기서, S_{xy} = 두 변수 X, Y의 표본공분산

$\sqrt{S_{xx}}$ = 변수 X의 표본표준편차

$\sqrt{S_{yy}}$ = 변수 Y의 표본표준편차

82) 신뢰도와 분산추출을 구하는 공식은 다음과 같다.

신뢰도=(표준부하량의 합)^2 / [(표준부하량의 합)^2+측정오차의 합]

분산추출=표준부하량제곱의 합 / (표준부하량제곱의 합+측정오차의 합)

다음으로, 판별타당성을 검토하려면 요인들 간의 상관관계를 조사한다. 상관행렬에서는 요인들 간의 상관관계가 유의하여야 하며, 동시에 상관계수가 1이어서는 안 된다. 단일차원성이 입증된 각 분석단위별 척도들에 대하여 서로의 관계가 어떤 방향이며, 어느 정도의 관계를 갖는지를 알아보기 위해 상관관계분석을 실시한 결과는 〈표 4-29〉와 같다.

분석결과, 각 요인간의 관계가 연구모형과 연구가설에서 제시한 변수들 간 관계의 방향은 일치하였고 서로 간의 상관계수가 매우 높은 관계(0.7 이상)가 나타나지 않아 판별타당성이 충족된다고 볼 수 있다.

이를 보면, 전속중개계약과 부동산거래의 효율성, 전속중개계약과 중개업자의 신뢰성, 전속중개계약과 고객만족의 상관관계가 모두 부(-)의 방향으로 나타난 것은 처음에 가설에서 설정한 대로 원인변수인 전속중개계약에 대한 부(-)의 영향을 받은 것으로 해석할 수 있으며, 가설방향이 올바름을 확인해주고 있다.

〈표 4-29〉 각 분석단위들 간의 상관관계

	Mean	Std.	전속중개 계약	부동산거래 정보망	부동산거래 의 효율성	중개업자 신뢰성	고객만족
전속중개계약	1.939	0.699	1.000				
거래정보망	2.715	0.623	.276*	1.000			
부동산거래의 효율성	3.289	0.712	-.092*	.101*	1.000		
중개업자 신뢰성	3.768	0.712	-.209*	.074*	.576*	1.000	
고객만족	3.559	0.698	-.034*	.086*	.657*	.632*	1.000

주) *은 5%에서 유의적임.

(4) 기술통계량 분석

기술통계량을 살펴보면, 전속중개계약의 평균값이 1.939로 나타나 현행 전속중개계약 제도에 대해서 전반적인 불신을 가지고 있음을 알 수 있다. 요인별로 살펴보면, 제도적 요인이 1.827, 법률적 요인이 2.129, 환경적 요인이 2.062로 나타나 제도적 요인에 대한 불만족이 가장 큰 것으로 나타났다.

〈표 4-30〉 전속중개계약의 기술통계량

분석단위		N	Min.	Max.	Mean	Std.
전속중개 계약	제도적 요인	442	1.00	4.50	1.8273	.6144
	법적 요인	442	1.00	4.33	2.1293	.5658
	환경적 요인	443	1.00	5.00	2.0617	.5388

거래정보망에서는 평균값이 2.715로서 제도에 대하여 대체적으로 부정적인 견해를 나타내었다. 요인별로는 거래정보망에 대한 신뢰성이 2.434, 거래정보망의 유용성은 2.754, 거래정보망의 이용 용이성이 2.921로 나타나 거래정보망을 이용하는 데는 다소간의 어려움이 있으며, 정보의 유용성이나 신뢰성에서는 부정적인 견해를 가지고 있었다. 이는 거래정보망에 등록된 물건정보의 내용과 신뢰성에 대한 불신 때문으로 여겨진다.

〈표 4-31〉 거래정보망의 기술통계량

분석단위		N	Min.	Max.	Mean	Std.
거래정보망	이용용이성	441	1.00	5.00	2.9206	.7823
	유용성	443	1.00	5.00	2.7543	.7695
	신뢰성	444	1.00	5.00	2.4338	.6170

부동산거래의 효율성에 대해서는 평균값이 3.289로서 긍정적인 반응을 나타내었다. 즉, 전속중개계약과 거래정보망을 활발하게 이용할 수 있을 때, 거래의 시의적절성과 투명성, 분쟁해결로 표현되는 부동산거래의 효율성은 상당히 제고될 것으로 기대하였다.

〈표 4-32〉 부동산거래 효율성의 기술통계량

분석단위		N	Min.	Max.	Mean	Std.
부동산거래의 효율성	거래신속성	443	1.00	5.00	3.1258	.8778
	분쟁해결	445	1.00	5.00	3.1899	.8345
	거래투명성	439	1.00	5.00	3.0801	.7648

중개업자의 신뢰성 향상에 대한 답변에서는 평균값이 3.777로서 상당히 긍정적인 반응을 보였다. 즉, 부동산거래의 효율성이 중개업자 신뢰성에 긍정적인 영향을 미치는 것으로 나타났다.

〈표 4-33〉 중개업자 신뢰성의 기술통계량

분석단위	N	Min.	Max.	Mean	Std.
중개업자 신뢰성	445	1.00	5.00	3.7678	.7121

또한 고객만족도에 대한 질문에서는 평균값이 3.559로서 역시 긍정적으로 나타났다. 즉, 중개업자의 신뢰성제고가 고객만족에 긍정적인 영향을 미치는 것으로 나타났다.

〈표 4-34〉 고객만족의 기술통계량

분석단위	N	Min.	Max.	Mean	Std.
고객만족	441	1.00	5.00	3.5592	.6976

이상의 기술통계량 분석결과에서도, 연구모형과 연구가설에서 제시한 변수들 간 관계의 방향은 역시 일치하였고, 각 요인 간에 미치는 영향이 가설과 동일하게 나타나고 있어 연구모형과 가설이 적합함을 알 수 있다.

각 분석단위들의 기술통계량을 종합하여 〈표 4-35〉에 나타내었다.

〈표 4-35〉 각 분석단위들의 기술통계량

분석단위		N	Min.	Max.	Mean	Std.
전속중개계약	제도적 요인	442	1.00	4.50	1.8273	.6144
	법적 요인	442	1.00	4.33	2.1293	.5658
	환경적 요인	443	1.00	5.00	2.0617	.5388
거래정보망	이용용이성	441	1.00	5.00	2.9206	.7823
	유용성	443	1.00	5.00	2.7543	.7695
	신뢰성	444	1.00	5.00	2.4338	.6170
부동산거래의 효율성	거래신속성	443	1.00	5.00	3.1258	.8778
	분쟁해결	445	1.00	5.00	3.1899	.8345
	거래투명성	439	1.00	5.00	3.0801	.7648
중개업자 신뢰성		445	1.00	5.00	3.7678	.7121
고객만족		441	1.00	5.00	3.5592	.6976

3) 가설검정과 논의

(1) 분석모형의 검정

본 논문의 연구모형을 검정하기 위해 AMOS 버전 4.0을 사용하였다.

일반적으로 모형의 적합성 평가는 공분산구조모형이 가정에 얼마나 적합한가를 살펴보는 절차라고 할 수 있다. 모형의 적합성 평가는 χ^2(α 〉0.05 이상일 경우 적합함), GFI(0.9 이상), CFI(0.9 이상), NFI(0.9 이상), AGFI(0.9 이상), RMSR(Root Mean Square Residual, .05보다 적을수록 바람직) 등을 사용하였다(이순묵, 1990, 77~89쪽).[83]

---

83) 이 때 적합성 평가지수는 다음과 같이 계산한다.

$GFI =$ (모형적합 후의 적합함수의 최소값 / 모형적합 이전의 적합함수의 값)

$$AGFI = 1 - \frac{(p+q)(p+q+1)}{2 \times df}(1 - GFI)$$

여기서,

$p+q$: 측정변수의 개수

p : 원인측정변수의 수

q : 결과측정변수의 수

df : 자유도 $[df = \frac{1}{2}(p+q)(p+q+1) - t]$

전체 분석단위들 간의 관계를 조사하기 위해 공분산행렬을 이용하여 본 연구에서 제시한 구조모형(overall model)을 검정한 결과는 χ^2= 412.961(d.f.=114), p = .000, RMSR = .076, GFI = .968, AGFI = .952, NFI = .984, TLI = .984를 갖는 최적모형이 도출되었다.

〈표 4-36〉 분석모형의 검정 결과

구 분	GFI	AGFI	NFI	TLI	RMSR	d.f.	χ^2	p
overall model	.968	.952	.984	.984	.076	114	412.96	.000

이 모형은 앞서 언급한 공변량구조분석에서 일반적인 평가기준을 삼는 지표들과 비교할 때 χ^2값에 대한 p값이 기준을 충족시키지는 않으나 GFI와 AGFI, NFI 그리고 TLI 등 여타의 지수들이 만족할 만한 수준인 0.90 기준을 충족하고 있음으로 모형을 검정하는 데에는 무리가 없을 것으로 판단된다.

다만 측정요인의 하나인 거래의 안전성의 경우 모형의 적합도가 기준에 충족되지 않아 최종모형에서는 제외하였다.[84]

공분산구조모형의 실증분석 결과를 〈그림 4-4〉에 나타내었다.

---

t : 추정될 자유모수의 개수

$$NFI = \frac{\chi_0^2 - \chi_p^2}{\chi_0^2}$$

여기서,

χ_0^2 : 기초모형의 카이제곱

χ_p^2 : 제안모형의 카이제곱

$RMSR$= 적합된 잔차의 평균

84) 거래의 안전성의 경우 AGFI가 0.419로 나타나 적합도 기준 (≥ .90)에 미치지 못하며, χ^2값이 너무 크고, RMSR 수치도 .190으로서 기준(≤.05)을 훨씬 상회하는 등 모형의 적합도가 기준에 충족되지 않아 최종 분석에서는 제외하였다.

〈그림 4-4〉 분석모형의 분석결과

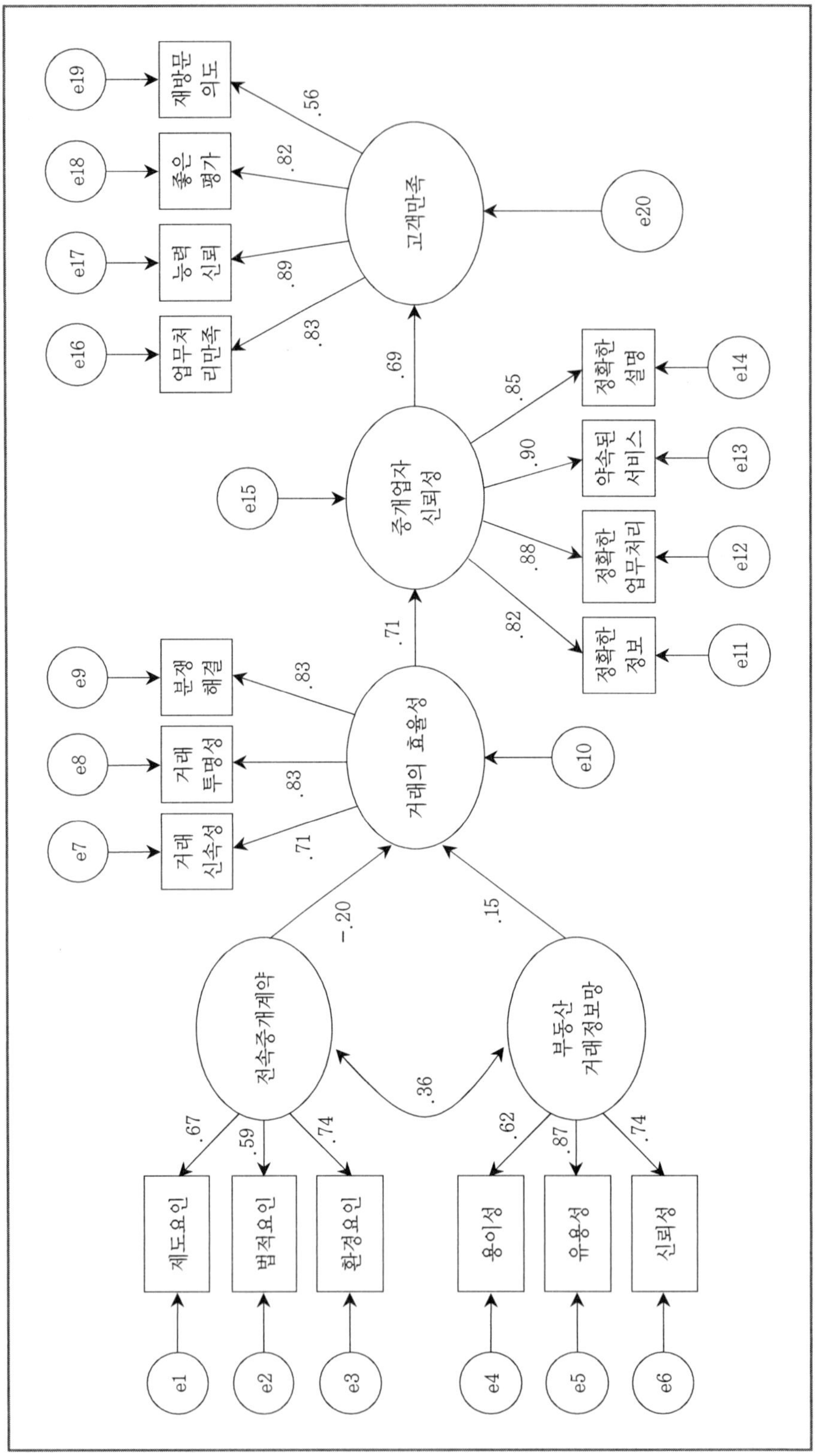

(2) 분석단위들의 경로방향과 경로명칭

각 분석 단위들 간의 경로방향과 경로명칭을 〈그림 4-5〉에 나타내었다.

〈그림 4-5〉 각 분석단위 간의 경로방향 및 경로명칭

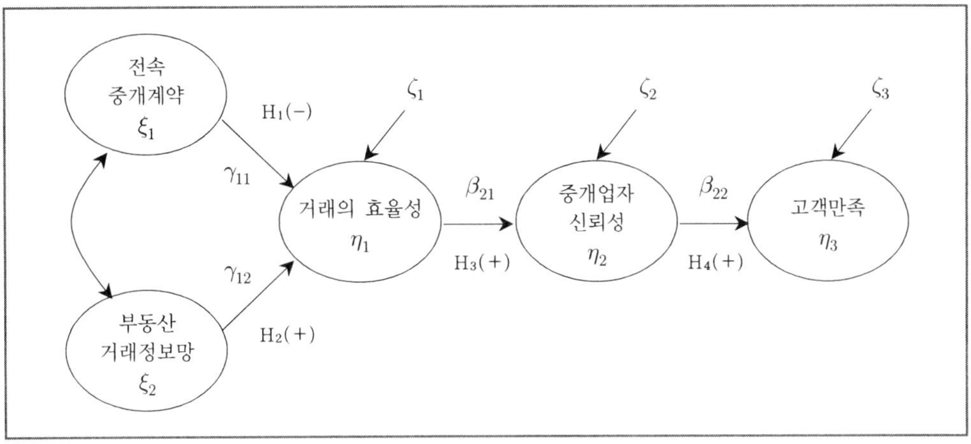

상기 〈그림 4-5〉에서 각 분석단위 간의 경로를 구조방정식으로 나타내면,

$\eta_1 = \gamma_{11}\xi_1 + \gamma_{12}\xi_2 + \zeta_1$ ············ 〈식 4-5〉

$\eta_2 = \beta_{21}\eta_1 + \zeta_2$ ············ 〈식 4-6〉

$\eta_3 = \beta_{32}\eta_2 + \zeta_3$ ············ 〈식 4-7〉

와 같다.

여기서, ξ : 외생잠재요인

η : 내생잠재요인

γ : 외생변수의 경로계수

β : 내생변수의 경로계수

ζ : 오차변수

(3) 가설에 대한 검정 및 논의

'전속중개계약제도'와 '거래정보망제도', '부동산거래의 효율성', '중개업자의 신뢰성', '고객만족' 등 분석단위 간의 관계를 나타낸 가설들을 검정한 결과, 제시된 가설들이 모두 채택되었고, 관계의 방향도 가설에서 설정한 방향과 일치하였다.

① 전속중개계약제도와 부동산거래의 효율성 간의 관계 검정

가설 H_1 '현행 전속중개계약제도는 부동산거래의 효율성에 부(-)의 영향을 미칠 것

이다'에 대해서는 γ_{11}의 표준화계수가 -0.198이며 t값이 -2.889로 유의하게 나타나 가설 H_1은 지지되었다. 즉, 우리나라의 전속중개계약의 제도·법·환경적 요인 모두가 부동산거래의 효율성에 부정적인 영향을 미치는 것으로 나타났다.

기술통계량에서는 전속중개계약의 Mean값이 1.939로 나타나 현행 전속중개계약 제도에 대해서 전반적으로 부정적인 견해를 가지고 있음을 알 수 있다. 요인별로는 제도적 요인(1.827), 환경적 요인(2.062), 법률적 요인(2.129) 순으로 나타나 제도적 요인에 대한 부정적인 의견이 가장 큰 것으로 나타났다.

전속중개계약의 인지도 및 이용률, 제도의 개선필요성 등에 대한 중개업자 설문조사[85]에서는 거의 대부분(98.2%)의 중개업자가 전속중개계약제도를 알고는 있으나, 실제로 한 번이라도 전속중개계약을 체결해본 적이 있는 중개업자는 25.7%에 불과하였다. 이 중에서 전체 계약체결 비율 중 전속중개계약이 차지하는 비중이 10% 이하가 93.7%로 나타나 전체 응답자의 약 99% 이상이 이용을 하지 않고 있는 등 전속중개계약제도가 사실상 유명무실하게 운용되고 있는 것으로 조사되었다. 또한 현행 전속중개계약제도를 개선할 필요성이 있다라는 응답도 72.1%로 나타났다.

이것은 우리나라의 현행 전속중개계약제도가 선진외국과 달리 계약에 대한 법적 구속력이 담보되지 않는 등 여러 가지 저해 요인[86]들로 인하여 부동산거래의 효율성에 오히려 부정적인 영향을 미치고 있으며, 현행 전속중개계약제도의 개선이 필요함을 시사한다.

〈표 4-37〉 전속중개계약과 부동산거래 효율성 간의 관계 분석결과

경　로	경로 방향	경로 명칭	경로계수	t값	가설 지지여부
전속중개계약(ξ_1) → 부동산거래의 효율성(η_1)	-	γ_{11}	-0.198	-2.889**	○

* 주 : 1) *, **은 각각 5%, 1%에서 유의적임　　2) 제시된 경로계수는 표준화된 계수임

② 거래정보망제도와 부동산거래의 효율성 간의 관계 검정

가설 H_2 '우리나라 거래정보망의 활성화는 부동산거래의 효율성에 정(+)의 영향을 미칠 것이다'에 대해서는 γ_{12}의 표준화계수가 0.147이며 t값이 2.345로서 유의하게 나타나 가설 H_2는 지지되었다.

즉, 거래정보망의 이용 용이성, 유용성, 신뢰성 요인이 부동산거래의 효율성에 긍정적인 영향을 미치는 것으로 나타났다.

하지만 설문조사 결과에서, 거래정보망의 이용경험과 이용비율을 조사한 결과, 한 번이라도 이용해본 응답자는 64.9%로 나타났으나, 이 중에서 거래정보망을 통한 계약 체

85) 〈표 4-10〉, 〈표 4-11〉, 〈표 4-12〉 참조

86) 저해요인을 분석한 결과, 중개업자의 영업권 보호 미약(33.2%), 직접거래 금지규정 없음(26.7%), 계약해지사유 명문규정 없음(23.3%), 위약금 등 법적 구속력 미비(22.0%), 손해배상규정이 모호함(16.4%) 순으로 나타났다. ; 세부적인 내용은 〈표 4-14〉 참조 바람

결비중이 10% 이하라고 응답한 응답자 비율이 81.4%를 차지함으로써 현실적으로 제도의 효용성이 크게 떨어지는 것으로 조사되었다.[87)]

또한 경로계수의 값을 살펴볼 때 0.147로서, 거래의 효율성과의 인과관계도 상대적으로 약한 것으로 나타났다.

기술통계량 분석결과에서는 거래정보망 정보의 유용성이나 신뢰성에서 대체적으로 부정적인 견해를 가지고 있으며, 주요인은 거래정보망의 물건정보의 내용과 신뢰성에 대한 불신 때문으로 여겨진다.[88)]

이는 현행제도의 개선이나 보완이 필요한 것을 시사하고 있으며, 현재 우리나라에서 시행중인 거래정보망제도의 운영현황에 대해서 조사한 결과이므로 당연한 결과로 보여진다.

〈표 4-38〉 거래정보망과 부동산거래 효율성 간의 관계 분석결과

경 로	경로 방향	경로 명칭	경로계수	t값	가설 지지여부
거래정보망(ξ_2) → 부동산거래의 효율성(η_1)	+	γ_{12}	0.147	2.345*	○

* 주 : 1) *, **은 각각 5%, 1%에서 유의적임 2) 제시된 경로계수는 표준화된 계수임

③ 부동산거래의 효율성과 중개업자의 신뢰성 간의 관계 검정

가설 H_3 '부동산거래의 효율성은 중개업자의 신뢰성에 정(+)의 영향을 미칠 것이다'에 대해서는 β_{21}의 표준화계수가 0.708이며 t값이 12.261로서 매우 유의하게 나타나 가설 H_3는 지지되었다.

즉, 부동산거래의 효율성과 중개업자 신뢰성 간의 관계를 검정해 본 결과, 부동산거래의 효율성의 요인 중에서 거래의 안전성 요인을 제외한 거래의 시의적절성, 거래의 투명성, 분쟁해결 요인이 중개업자 신뢰성에 긍정적인 영향을 미치는 것으로 나타났다.

그러나 거래의 안전성 요인은 중개업자 신뢰성에 영향을 미치지 않는 것으로 나타나 최종 분석과정에서 제외되었다. 이러한 결과로 미루어 볼 때, 부동산거래가 효율화되면 중개업자의 신뢰성도 향상된다고 할 수 있다.

〈표 4-39〉 부동산거래의 효율성과 중개업자 신뢰성 간의 관계 분석결과

경 로	경로 방향	경로 명칭	경로계수	t값	가설 지지여부
부동산거래의 효율성(η_1) → 중개업자 신뢰성(η_2)	+	β_{21}	0.708	12.261**	○

* 주 : 1) *, **은 각각 5%, 1%에서 유의적임 2) 제시된 경로계수는 표준화된 계수임.

87) 〈표 4-18〉, 〈표 4-19〉 참조

88) 거래정보망의 Mean값이 2.715로서 제도 자체에 대하여 대체적으로 부정적인 견해를 나타내었다. 요인별로는 거래정보망에 대한 신뢰성이 2.434, 거래정보망의 유용성은 2.754, 거래정보망의 이용 용이성이 2.921로 나타났다. 〈표 4-31〉 참조

④ 중개업자의 신뢰성과 고객만족 간의 관계 검정

가설 H_4는 '중개업자가 제공하는 서비스의 신뢰성은 고객만족에 정(+)의 영향을 미칠 것이다'에 대해서는 β_{32}의 표준화계수가 0.690이며 t값이 13.892로서 매우 유의하게 나타나 가설 H_4는 지지되었다. 즉, 중개업자의 높은 신뢰성은 고객만족에 긍정적인 영향을 미치는 것으로 나타났다.

〈표 4-40〉 중개업자 신뢰성과 고객만족 간의 관계 분석결과

경 로	경로 방향	경로 명칭	경로계수	t값	가설 지지여부
중개업자 신뢰성(η_2) → 고객만족(η_3)	+	β_{32}	0.690	13.892**	○

* 주 : 1) *, **은 각각 5%, 1%에서 유의적임　2) 제시된 경로계수는 표준화된 계수임

가설들에 대한 검정을 종합해 본 결과, 전체 4개의 가설이 모두 채택되었다. 가설검정에 대한 자세한 내용은 〈표 4-41〉에 요약되어 있다.

〈표 4-41〉 각 분석단위들 간의 관계 분석결과

경 로	경로 방향	경로 명칭	경로계수	t값	가설 지지여부
전속중개계약(ξ_1) → 부동산거래의 효율성(η_1)	−	γ_{11}	−0.198	−2.889**	○
거래정보망(ξ_2) → 부동산거래의 효율성(η_1)	+	γ_{12}	0.147	2.345*	○
부동산거래의 효율성(η_1) → 중개업자 신뢰성(η_2)	+	β_{21}	0.708	12.261**	○
중개업자 신뢰성(η_2) → 고객만족(η_3)	+	β_{32}	0.690	13.892**	○

* 주 : 1) *, **은 각각 5%, 1%에서 유의적임　2) 제시된 경로계수는 표준화된 계수임

(4) 분석결과 해석

각 분석단위들 간의 효과를 세부적으로 살펴보기 위하여 상관행렬과 경로계수를 이용하여 효과분석을 실시하였다.[89]

전체 공분산 중에서 분해 된 인과효과는 효과계수의 의미를 가진다.

① 전속중개계약 · 거래정보망의 분석결과 해석

각 분석단위들 간의 효과분석 결과를 살펴보면, 원인외생변수인 '전속중개계약'과 '거래정보망' 간의 전체효과는 0.363으로서 서로 정(+)의 상관관계가 있는 것으로 나타났

89) 인과모형에서 두 변수 간의 공분산은 전체효과를 의미하며, 전체효과는 직접효과와 간접효과로 나누어진다. 인과모형에서 한 변수가 다른 변수에 미치는 영향력은 직접효과와 간접효과를 모두 측정해야 한다(강병서, 2002, 176쪽, 228쪽). 간접효과는 어느 원인변수의 효과가 하나 이상의 중간변수에 의하여 매개되어 경로변수에 전달되는 경우이다.

다. 즉, 전속중개계약과 거래정보망제도는 서로 긍정적인 영향을 미치는 것으로 나타났다. 이는 전속중개계약제도가 정착되어 중개업자의 전속권이 확보되면 거래정보망에 적극적인 정보 공개가 촉진되어 거래 성사율이 높아지는 등 거래가 활성화되며 이는 다시 전속중개계약의 활성화로 선순환이 이루어지는 것으로 해석된다.

② 전속중개계약의 분석결과 해석

원인외생변수인 '전속중개계약'이 내생변수인 '부동산거래의 효율성'에 미치는 직접효과는 경로계수의 값이 -0.198로서 가설 경로방향과 일치하는 부(-)의 방향으로 효과를 미치는 것으로 나타났다.

한편 '전속중개계약'이 '부동산거래의 효율성'을 매개변수로 하여 '중개업자의 신뢰성'에 미치는 간접효과를 살펴보면, 경로계수의 값이 -0.140으로서 부(-)의 방향으로 영향을 미치는 것으로 나타났다. 이는 원인외생변수인 '전속중개계약'의 부(-)의 영향을 받은 때문으로 풀이할 수 있다.

'전속중개계약'이 '부동산거래의 효율성' 및 '중개업자의 신뢰성'을 매개변수로 하여 '고객만족'에 미치는 간접효과를 살펴보면, 경로계수의 값이 -0.096으로 음(-)의 값을 가진다. 이 역시 원인외생변수인 '전속중개계약'의 부(-)의 영향을 받은 때문으로 풀이할 수 있다.

이를 보면, 모형에서의 직접효과의 부호에 따라서 간접효과의 부호가 결정된다는 것을 알 수 있다.

〈표 4-42〉 전속중개계약의 전체효과

구 분	contact-traninfo	contact-effitran	contact-effitran-brotru	contact-effitran-brotru-custsa
전체효과	0.363	-0.198	-0.140	-0.096
직접효과	-	-0.198	-	-
간접효과	-	-	-0.140	-0.096

* 주 : 용어표시 - contact : 전속중개계약, traninfo : 거래정보망, effitran : 부동산거래의 효율성, brotru : 중개업자 신뢰성, custsa : 고객만족

위의 내용을 정리해 보면, 처음에 가설로 설정한 '전속중개계약제도가 부동산거래의 효율성에 부정적인 영향을 미치고 있다'는 가설이 옳았음을 전체효과 분석결과에서도 실증적으로 뒷받침되고 있다. 이는 우리나라에서 실시되고 있는 현행 전속중개계약제도가 여러 가지 저해요인들로 인하여 부동산거래의 효율성과 중개업자 신뢰성, 나아가 고객만족에까지 부정적인 영향을 미치고 있으며, 제도의 개선이 필요하다고 해석할 수 있다.

③ 거래정보망의 분석결과 해석

원인외생변수인 '거래정보망'이 내생변수인 '부동산거래의 효율성'에 가설과 동일한

정(+)의 방향으로 직접효과(0.147)를 나타내고 있다. '거래정보망'이 '부동산거래의 효율성'을 거쳐 '중개업자 신뢰성'에 미치는 간접효과(0.104)에서도 가설과 동일한 정(+)의 방향으로 나타났다.

또한 '거래정보망'이 매개변수인 '부동산거래의 효율성'과 '중개업자 신뢰성'을 통하여 '고객만족'에 미치는 간접효과도 역시 가설과 동일한 방향인 정(+)의 방향으로 0.072로 나타났다.

〈표 4-43〉 거래정보망의 전체효과

구 분	traninfo-effitran	traninfo-effitran-brotru	traninfo-effitran-brotru-custsa
전체효과	0.147	0.104	0.072
직접효과	0.147	-	-
간접효과	-	0.104	0.072

* 주 : 용어표시 - traninfo : 거래정보망, effitran : 부동산거래의 효율성, brotru : 중개업자 신뢰성, custsa : 고객만족

이것으로 '거래정보망의 활성화는 부동산거래의 효율성에 긍정적인 영향을 미치고 있다'라는 최초의 가설이 옳았음을 전체효과 분석결과에서도 확인할 수 있다. 하지만 직접효과와 간접효과의 영향을 살펴볼 때, 그 미치는 효과는 상대적으로 미약하며, 제도의 효과를 극대화하기 위해서는 현행 거래정보망제도의 보완 및 개선이 필요한 것으로 나타났다.

④ 내생변수 간의 분석결과 해석

내생변수인 '부동산거래의 효율성', '중개업자의 신뢰성', '고객만족' 간의 직접효과를 측정하였다.

'부동산거래의 효율성'은 '중개업자의 신뢰성'에 가설방향과 동일한 정(+)의 방향으로 경로계수의 값이 0.708로서 직접효과를 미치고 있다. '중개업자의 신뢰성'과 '고객만족' 간에는 직접효과가 0.690으로서 역시 가설방향과 일치하는 정(+)의 방향으로 영향을 미치는 것으로 나타나고 있다.

또한 계수의 값을 살펴볼 때, 직접효과(0.708) 및 간접효과(0.690) 계수가 모두 크게 나타나고 있어 내생변수 간의 '부동산거래의 효율성', '중개업자의 신뢰성', '고객만족' 요인 간의 인과관계가 상대적으로 강하게 영향을 미치고 있다.

〈표 4-44〉 내생변수 간의 직접효과

구 분	effitran-brotru	brotru-custsa
전체효과	0.708	0.690
직접효과	0.708	0.690
간접효과	-	-

* 주 : 용어표시 - effitran : 부동산거래의 효율성, brotru : 중개업자 신뢰성, custsa : 고객만족

각 분석단위들 간의 직접효과와 간접효과 등 전체효과를 측정하여 〈표 4-45〉에 나타내었다. 〈표 4-45〉에서 직접효과는 표준화된 경로계수의 값과 동일하다.

〈표 4-45〉 각 분석단위들 간의 전체효과 분석결과

구 분	contact-traninfo	contact-effitran	traninfo-effitran	effitran-brotru	contact-effitran-brotru	brotru-custsa	contact-effitran-brotru-custsa	traninfo-effitran-brotru	traninfo-effitran-brotru-custsa
전체효과	0.363	-0.198	0.147	0.708	-0.140	0.690	-0.096	0.104	0.072
직접효과	-	-0.198	0.147	0.708	-	0.690	-	-	-
간접효과	-	-	-	-	-0.140	-	-0.096	0.104	0.072

* 주 : 용어표시 - contact : 전속중개계약, traninfo : 거래정보망, effitran : 부동산거래의 효율성, brotru : 중개업자 신뢰성, custsa : 고객만족

3 소 결

1) 요 약

실증분석을 통하여 전속중개계약과 거래정보망제도 요인이 부동산거래의 효율성과 부동산중개업자의 신뢰성, 고객만족에 미치는 영향을 고찰하였다.

연구 가설들의 AMOS 실증분석을 통해 얻어진 연구결과를 요약하면 다음과 같다.

첫째, 전속중개계약과 거래정보망은 상호간에 긍정적인 영향을 미친다는 인과관계를 확인하였다. 이것은 전속중개계약의 활성화가 거래정보망 등록정보의 신뢰성을 향상시켜 거래정보망을 활성화시키며, 이는 다시 전속중개계약의 활성화로 이어지는 선순환 흐름으로 해석할 수 있다. 전속중개계약과 거래정보망은 상호 보완이 이루어졌을 때 그 효율성이 극대화된다는 것은 문헌연구와 주요선진국의 운영사례에서도 확인해 볼 수 있다. 실증분석 결과에서도 두 제도 간에 서로 영향을 미치는 인과관계가 존재하는 것으로 나타나 문헌연구의 결과와 동일함이 입증되었다.

둘째, 우리나라의 전속중개계약제도는 부동산거래의 효율성에 부정적인 영향을 주는 것으로 나타났으며 중개업자 신뢰성과 고객만족에도 부정적인 영향을 끼치는 것으로 나타났다. 이는 현행제도의 여러 가지 활성화 저해요인들로 인해 전속중개계약제도 활성화에 걸림돌이 되고 있으며, 제도의 개선이 필요한 것으로 해석할 수 있다. 전속중개계약제도는 이미 우리나라에서 법제화 되어 시행되고 있지만 그 활용도는 지극히 미미한 실정이다. 그 이유는 외국과 달리 전속중개계약을 구성하고 있는 제도·법·환경적 요인의 불완전성으로 인하여 중개업자와 고객 모두에게 그 당위성을 인정받지 못하기 때문으로 생각된다. 한편, 거래정보망제도는 부동산거래의 효율성과 중개업자의 신뢰성 및 고객만족에 모두 긍정적으로 유의한 영향을 미치는 것을 통계적으로 확인하였다. 하지만 미치

는 영향의 정도가 상대적으로 미약하며, 그 이유는 현행제도의 신뢰성과 유용성의 부족 등 제도의 불완전성인 때문으로 해석된다. 따라서 거래정보망제도가 활성화되기 위해서는 제도의 신뢰성과 유용성을 제고하기 위한 제도보완이 필요하다고 할 수 있다.

셋째, '거래의 시의적절성, 거래의 투명성, 분쟁해결' 등의 부동산거래의 효율성 요인은 중개업자 신뢰성에 긍정적인 영향을 미치고 있으며, 중개업자의 신뢰성은 고객만족에도 긍정적인 영향을 주는 것으로 나타났다. 즉, 거래를 신속하고 투명하게 한다면 분쟁의 요인은 감소될 것이며, 이는 곧 중개업자의 신뢰성 향상으로 이어지고, 그 결과가 고객만족으로 귀결된다고 해석할 수 있다. 반면에 '거래의 안전성' 요인은 '부동산거래의 효율성'에 영향을 미치지 않는 것으로 나타났다.

넷째, 고객은 중개업자에게 총체적인 신뢰성을 요구하고 있다는 것이다. 고객만족에 영향을 미치는 중개업자의 '신뢰성요인'으로는 정확한 정보제공, 업무처리의 정확성, 약속된 서비스 제공, 공부자료의 제공 등으로 나타났다. 고객은 중개업자로부터는 거래전문가로서의 전문성과 거래가 안전하게 마무리될 수 있는 업무의 정확성 등을 기대하고 있다. 이를 위해서는 정기적인 보수교육 기회 확대 등 중개업자의 전문성을 향상시키는 방안이 필요하다고 본다.

2) 연구의 성과

본 연구는 전속중개계약과 거래정보망제도를 결합하여 양 제도가 부동산거래의 효율성과 중개업자 신뢰성 및 고객만족에 미치는 영향을 실증분석 한 논문이다. 그동안 이러한 실증연구가 전혀 없는 상태에서 양 제도의 특성요인을 이용한 가설을 설정하여 중개업자의 신뢰성과 고객만족 간의 인과관계를 처음으로 규명하였다는 것이 본 연구의 성과이다.

본 연구의 성과를 나타내면 다음과 같다.

첫째, 전속중개계약제도와 거래정보망이 서로 긍정적인 영향을 미치고 있다는 것을 AMOS 분석을 통해 실증적으로 규명하였다. 전속중개계약과 거래정보망제도간의 상호 연관성에 대한 실증연구는 그동안 이루어지지 않았다. 본 연구에서는 두 제도간의 연관성을 실증적으로 규명하였다는데 그 의의를 찾을 수 있다.

둘째, 전속중개계약, 거래정보망, 부동산거래의 효율성, 중개업자 신뢰성, 고객만족 간의 상관관계를 보다 잘 설명할 수 있는 인과모형을 도출하였다. 또한 각 요인 간의 직접효과 뿐만 아니라 매개변수를 통한 간접효과도 측정하였다. 이 모형을 통하여 궁극적으로 전속중개계약과 거래정보망 요인들의 전체적인 인과관계를 밝힐 수 있었던 것이 본 연구의 성과이다.

셋째, 전속중개계약 및 거래정보망 요인에 대한 연구가 전혀 없는 상황에서 각 잠재요인별로 측정변수 및 측정문항을 개발하였다. 이로써 각 잠재요인에 측정 척도를 부여하여 계량적 분석을 할 수 있었다.

전속중개계약 및 거래정보망제도 합리화방안

05

1 전속중개계약제도

앞에서 서술한 선진외국 사례에서 보듯이 미국이나 일본, 유럽 등 선진국에서는 중개계약시에 서면 중개계약과 함께 전속중개계약이나 독점중개계약 등이 매우 활성화되어 있으며 선진화된 중개계약 형태로 자리 잡고 있다. 선진화된 중개계약이란 계약관계의 신뢰성・명확성이 확보되고, 계약의 실효성이 유지되고 있는 계약형태를 말한다. 이를 위해서는 계약서의 약관내용이 상세하고 명확하게 이루어지고 중개업자와 의뢰인 간의 신뢰성이 확립되는 한편, 계약의 효율성이 유지될 수 있도록 정책이나 제도의 개선이 뒷받침되어야 한다. 우리나라에서도 현재의 전속중개계약제도를 활성화시키기 위해서는 아래와 같은 합리화방안이 필요하며 이를 몇 가지로 나누어 고찰해보기로 한다.

1) 중개계약의 법적 안정성 확보

우리나라의 부동산거래 실태를 보면, 전근대적이라 할 수 있는 구두중심의 거래관행이 아직도 상존해 있다. 이러한 후진적인 거래관행은 중개서비스 수준제고를 위한 법제도적 장치를 마련하는데 커다란 장애요인이 되고 있다. 중개업이 발달한 선진국가에서는 부동산거래의 중개를 의뢰하는 경우 중개계약의 체결이 일반화되어 있으며, 일반중개계약, 전속중개계약, 독점중개계약 등의 중개계약에 관하여 관련법규와 표준약관 등을 갖추고 있다. 이는 중개업자가 의뢰인을 대신하여 소정의 중개서비스를 제공한다는 약속을 서면으로 하는 것을 의미한다. 이렇게 중개계약을 서면화하게 되면 중개의뢰 내용의 명확화는 물론 서면에 책임의 소재를 분명히 명시하기 때문에 의뢰인 보호 측면에서도 상당한 투명성과 안정성을 증대시키는 효과를 볼 수 있다. 이러한 중개계약의 서면화는 중개서비스 수준을 담보하는데 크게 기여하고 있음은 물론이며, 의뢰인과 중개업자 상호간의 분쟁요인의 사전 차단 등 중개계약의 안정성을 도모할 수 있다.

중개계약제도는 미국・유럽・일본 등에서 이미 보편화되어 있다. 우리나라에서는 일반중개계약과 전속중개계약 등 두 가지 유형이 있으나, 대부분이 일반중개계약에 의존하고 있는 실정이다. 이는 중개계약이 서면이 아닌 구두중심으로 이루어지고 있음을 의미한다.

제도 도입 초기에는 그동안의 구두중심의 후진적 중개관행에 익숙한 거래관행으로 적극적인 시행을 하기에는 무리였다 하더라도, 이 제도가 시행된 지 10여년이 지난 현재 인터넷을 활용한 거래정보망 시스템 인프라가 구축되어 있는 것을 감안한다면, 중개서비스 수준을 향상시키고 중개계약의 실효성 확보를 위해서라도 서면계약은 적극 권장되어야 하며, 장기적으로는 중개계약 체결의 서면화를 의무화하는 방안을 검토할 필요가 있다.

계약자유의 원칙상 계약서 작성의 의무화를 강제하는 것은 여러 논란이 있을 수 있겠으나 부동산거래제도의 사회적 공공성과 국민에게 미치는 긍정적인 파급효과를 감안할 때 중개업자를 통해서 부동산이 거래되는 경우에 한하여 의무적으로 중개계약서를 작성하게 하는 것이 바람직하다. 이러한 중개계약서 작성 의무화는 현재 이름뿐인 전속중개계약이 활성화될 것으로 예상된다. 그리고 구두중심의 중개관행을 서면중심으로 전환함으로써 중개업자의 책임과 의무를 명확히 하고, 최선을 다해 서비스를 제공하도록 유도하는 효과를 가져 올 수 있을 것이다. 이 제도가 도입되면 부동산거래제도의 수준을 한 단계 끌어올리는데 크게 기여할 것으로 보인다.

2) 계약서 약관의 법적 구속력 강화

약관[90]을 정하는 이유는 건전한 거래질서를 확립하여 거래당사자를 보호하고 국민생활을 향상시키기 위한 것이다. 따라서 거래당사자가 중개업자와 중개계약을 할 때에는 서면에 의한 표준계약서를 사용하도록 하고 있으며, 정해진 약관에 따라 의뢰인과 중개업자와의 사이에 분쟁을 미연에 방지할 필요가 있다. 약관을 정할 때도 중개업자와 의뢰인의 의무사항으로만 규정해 두면 양 당사자에 불리한 규정으로 만들어질 가능성이 있기 때문에 양 당사자를 보호하고, 원활한 부동산 거래질서를 확립하기 위해서는 단순한 법적 규제에서 한층 더 나아가 표준중개계약약관을 정하는 것이 필요한 것이다.

우리나라 전속중개계약서 약관내용을 살펴보면, 중개대상물의 표시와 조건, 유효기간과 중개수수료 등과 함께 의뢰인의 위약금 지급사유와 중개업자의 업무처리상황에 대한 문서통지의무 · 정보 공개의무 · 확인설명의무 등을 명기하도록 되어 있다.[91] 하지만 당사자간 계약 이행에 필수적인 계약해지사유의 규정 등 계약구속력에 대한 내용은 전무한 실정이다.

또한 중개업자와 의뢰인 모두의 노력의무나 협조의무 위반 시에 이에 대한 제재규정

90) 약관이란 거래당사자인 의뢰인과 중개업자간에 계약이나 약정 등에 의해 정해진 하나의 조항이다. 우리나라의 '약관의 규제에 관한 법률' 제2조 1항에 의하면 '약관이라 함은 그 명칭이나 형태 또는 범위를 불문하고 계약의 일방 당사자가 다수의 계약 상대방과 계약을 체결하기 위하여, 일정한 형식에 의하여 미리 마련한 계약의 내용이 되는 것을 말한다.'라고 규정하고 있다.

91) 현행 공인중개사법에서는 일반중개계약(동법 제22조) 및 전속중개계약(동법 제23조)의 규정에 의해 일반중개계약서의 표준서식(동법 시행규칙 제 13조, 별지 제14호)과 전속중개계약서의 표준서식(동규칙 제14조, 별지 제15호)을 규정하고 있다.

이 없다. 중개업자는 중개계약을 체결하게 되면 중개대상물의 거래가 조속히 이루어지도록 성실히 노력할 의무가 있다. 하지만 약관에는 중개업자가 노력의무를 위반한 경우에 제재규정을 두고 있지 않다. 의뢰인은 다만 중개계약의 유효기간 내라 하더라도 계약관계를 해지할 수 있는 권한을 행사할 수 있을 뿐이다. 이는 일반중개계약이나 전속중개계약이나 모두 마찬가지이다. 마찬가지로 의뢰인은 중개업자에 협조하여야 할 의무가 있다. 즉, 중개대상물에 대한 확인·설명의무를 이행하는데 협조하여야 한다.[92] 그러나 약관에는 의뢰인이 협조의무를 위반한 경우에 위약금이라든지 비용 상환에 대한 규정을 두고 있지 않다.

이러한 실정에서는 어느 일방이 일방적으로 계약내용을 변경한다든지 이행을 하지 않아도 아무런 제재가 없기 때문에 사실상의 계약효력은 없다고 할 것이다. 법적 실효성을 위해서는 별도규정의 신설이 필요하다고 본다. 이렇게 함으로써 중개업자도 안심하고 중개활동을 보장받을 수 있고 의뢰인도 역시 중개업자의 활동의무 태만을 방지할 수 있다.

약관이란 반복해서 대량으로 이루어지는 유사한 계약에 대하여 표준화하여 계약사무상 편의와 거래의 안전을 도모하기 위한 목적이다. 부동산중개계약은 부동산거래시장에서 대량으로 이루어지므로 일정한 조문을 통하여 의뢰인과 중개업자와의 마찰을 미연에 방지할 수 있다. 따라서 중개계약 유형에 대한 약관을 정하여 양 당사자가 중개계약체결에서 정해진 내용과 중개계약에서 준수해야 할 내용을 밝혀두어야 한다(문영기·유선종, 2005, 154쪽). 또한 의뢰인과 중개업자의 보호를 위하여 그 내용은 물론 규격까지도 법령에서 정하는 것을 사용해야 하는 것으로, 각 계약서의 약관은 중개업자와 의뢰인의 보호에 만전을 기할 수 있는 내용들이 포함되어야 한다.

우리나라에서 중개계약을 둘러싼 분쟁이 증가하고 있는 것을 고려한다면, 이 문제를 해결하기 위해서는 약관에 계약해제사유를 명문화하는 등 일정한 제한을 가할 필요가 있다.

대부분의 선진국가에서는 계약해지 등에 대하여 명문사유가 계약서약관에 세부적으로 규정이 되어 있으며, 일방적인 계약해지를 원칙적으로 금지하고 있다. 만약 이를 어길 시에는 손해배상의무 부과 등으로 제재하여 중개업자와 의뢰인 상호간의 권리를 보호하고 있다. 이와 관련하여 우리나라의 부동산시장과 부동산거래관행이 유사한 일본의 중개계약약관이 시사하는 바가 크다.

우리나라 전속중개계약제도에 대한 실증분석 결과에서도, 제도의 개선 필요성에 대해서는 72.1%의 응답자들이 그 필요성을 느끼고 있는 것으로 나타났다.[93] 주된 이유로는

---

92) 미국의 전속(독점)중개계약서에는 '소유자는 부동산에 관하여 제공되는 정보의 정확성을 담보하며, 부정확하거나 밝히지 않은 정보 때문에 발생하는 모든 책임과 손해로부터 중개업자가 해를 입지 않도록 한다.'(소성규, 1998, 392쪽)라고 규정하여 매도인은 건물의 하자·보증금·가격 등 부동산의 정보를 성실하게 제공하여야 하며, 만약 매도인의 잘못된 설명으로 손해가 발생할 때에는 이에 책임이 있다는 보증을 하여야 한다(김학환, 1999, 14쪽).

93) 〈표 4-11〉 참조

전속중개계약서 약관내용의 불합리성과 계약 불이행에 대한 제재규정의 모호성 등으로 분석되었다.

따라서 중개업자와 의뢰인간의 신뢰관계를 높이기 위해서는 중개계약에 대한 약관내용으로서 계약해제의 사유를 구체적으로 명기하고 양 당사자의 의무 불이행에 대한 제재규정을 두는 등 보다 구체적인 방향으로 약관을 개정하여 중개계약의 법적 구속력을 강화시키는 것이 바람직하다.

3) 중개업자의 전속권 보호

중개계약에 대해서는 민법상 “위임”의 규정에 의해 해제의 자유가 인정되고(민법 689조), 계약이 해제되면 당연히 중개계약은 종료되어 의뢰인은 중개업자의 보수청구권을 쉽게 변할 수 있게 할 수 있다. 비록 이 규정이 임의규정이므로 당사자간의 계약에 의해서 해제의 자유를 제한하는 것은 가능하고 학설과 판례로써 중개업자의 보수청구권을 보장한다 하여도 법규 내지 약관이 없는 상황에서는 그 보수청구권의 보장은 불완전하다고 볼 수 있다. 설사 중개계약을 체결하였다 하더라도 중개계약의 지속적인 이행을 보장받지 못한다면 중개업자의 시간과 노력이 무용하게 되므로 중개계약 자체는 별 의미가 없을 것이다. 이러한 중개업자에게 주는 폐해는 결국 중개질서 내지 부동산거래질서를 문란하게 하고 있다. 이는 중개활동 의욕과 서비스의 질을 저하시킬 수 있는 원인이 되기도 한다. 따라서 일정한 사유가 아니면 중개업자의 전속권을 보호해주는 것이 마땅하다.

또한 계약유효기간이 경과한 후에라도 중개업자가 계약기간동안에 거래협의를 가졌던 사람 또는 매도자에게 소개하였던 구매자와 의뢰인이 거래계약을 체결하는 경우에는 수수료를 지급하게 하는 등[94] 중개업자의 영업권과 전속권을 보호해 줄 필요가 있다. 미국과 일본, 영국에서는 중개계약서에 이러한 규정을 둠으로써 전속중개계약 안정화에 기여하고 있다. 또한 의뢰인이 스스로 찾은 상대방과 거래를 성립시켰을 경우 수수료 지급에서 중개업자와 중개의뢰인간에 분쟁의 소지가 있다. 의뢰인은 중개계약의 해지 또는 가장된 중개업자의 조작 등으로 수수료지급을 회피하게 되는 경우도 있을 것이다. 이를 방지하기 위하여 중개관계를 명확화 시키는 방법으로서 중개의뢰인의 자기계약권 인정에 관한 상세한 사항은 당사자간에 중개계약 체결 시에 미리 확정하는 것이 중요하다. 일반중개계약의 경우에는 이미 중개계약을 체결한 중개업소를 명시하도록 해서 분쟁을 미연에 방지하여야 한다.

---

94) 일본에서는 유효기간 만료 후 2년 이내에, 미국에서는 3개월 이내에 중개업자가 유효기간 동안에 거래협의를 가졌던 사람 또는 매도자에게 소개하였던 구매자와 계약을 체결하는 경우에도 수수료를 지불하여야 한다. 본 연구 〈표 3-6〉의 ‘유효기간 경과 후 직접거래’ 항목 참조

4) 독점중개계약 유형의 입법화

우리나라 공인중개사법은 중개계약에 관하여 일반중개계약과 전속중개계약 두 유형만을 규정하고 있을 뿐이며, 독점중개계약은 허용하지 않고 있다.[95] 전속중개계약과 독점중개계약은 계약의 내용은 유사하지만 전속중개계약의 경우 중개의뢰인에게 직접거래권이 유보되어 있다는 점에서 차이가 있다. 여기에서 중개계약의 유형을 어디까지 인정할 것인가, 또는 다른 특수한 유형을 인정할 필요가 있을 것인지가 문제다. 이 문제를 해결함에 있어서는 거래의 효율성 측면과 함께 법적인 측면 두 가지를 고려하여 이에 알맞은 중개계약의 유형을 정할 필요가 있다.

먼저 거래의 효율성 측면에서 살펴볼 때, 기존의 불합리한 거래방식에 대한 인식의 전환과 함께 부동산가격의 적정성, 거래방식의 투명성, 중개물건의 신뢰성 등 선진화된 거래방식이 요구되고 있는 현 시점에서 독점중개계약은 이미 그 효율성을 인정받고 있다.

앞장에서 서술하였듯이 미국, 일본, 영국 등 선진외국에서는 독점중개계약을 법률적으로 허용하고 있으며 이미 널리 사용하고 있다. 뿐만 아니라 그 효율성을 인정받아 이를 권장하고 있으며, 특히 미국에서는 전속중개계약에서 독점중개계약으로 전환되어 가는 추세이다. 프랑스에서의 전속중개계약도 의뢰인이 스스로 발견한 상대방과의 계약을 금지하는 등 사실상의 독점중개계약과 그 성격이 유사한 것으로 볼 수 있다. 독점중개계약은 중개업계 뿐만 아니라 중개의뢰인인 국민의 입장에서도 많은 장점을 향유할 수 있는 제도이다. 따라서 이미 선진외국에서 효율성이 입증된 독점중개계약을 구태여 허용하지 못할 이유가 없다.

다음으로 법적인 측면에서 살펴볼 때, 이는 계약자유의 원칙[96]에 위배되는 규정으로서 의뢰인의 계약유형의 선택권을 박탈하고 있는 셈이다. 왜냐하면 의뢰인과 중개업자가 합의하여 독점중개계약을 체결하고 싶더라도 관련법 규정이 없을 뿐만 아니라 전속중개계약서 서식만을 사용하도록 강제되어 있어 현실적으로 독점중개계약의 체결이 불가능한 실정이기 때문이다.

따라서 우리나라에서도 다른 선진외국의 입법례와 같이 세 가지 형태를 인정하는 것이 바람직할 것이다. 즉, 미국이나 일본처럼 일반중개계약, 전속중개계약, 독점중개계약의 세 가지 형태의 중개계약을 인정하고, 공인중개사법에 독점중개계약에 대한 법률규정을 새로이 신설하여 의뢰인과 중개업자에게 중개계약에 대한 선택의 폭을 넓혀줄

---

95) 공인중개사법 제22조에서는 '중개의뢰인은 중개의뢰내용을 명확하게 하기 위하여 필요한 경우에는 중개업자에게 다음 각 호의 사항을 기재한 일반중개계약서의 작성을 요청할 수 있다'라고 규정하고 이를 일반중개계약이라고 규정하고 있으며, 동법 제23조 1항에서는 '중개의뢰인은 중개대상물의 중개를 의뢰함에 있어서 특정한 중개업자를 정하여 그 중개업자에 한하여 당해 중개대상물을 중개하도록 하는 계약을 체결할 수 있다'라고 규정하면서 이러한 중개계약을 전속중개계약이라고 규정하고 있다. 또한 동조 제2항에서는 전속중개계약을 체결할 경우에는 건설교통부령이 정하는 전속중개계약서를 사용하도록 규정하고 있다.

96) 각주 22) 참조.

필요가 있다고 본다. 이로 인해 고객확보 및 경쟁력 강화를 위해 중개업자의 전문성과 신뢰성은 한층 높아질 것이다.

5) 전속중개계약의 확대실시

전속중개계약제도는 상당히 중요하게 인식되고 있으나 아직 일반인들에게는 잘 알려져 있지 않은 것으로 나타났다.[97] 그러나 중개업자들은 이에 대하여 97.0%[98]가 알고 있는 것으로 나타나고 있다.

이처럼 일반 의뢰인들은 전속중개계약제도에 대하여 제대로 알고 있지 못할 뿐만 아니라 종래 구두로 이루어지던 일반중개계약제도의 관행에 젖어 있어 제도의 인지도 제고를 위한 홍보가 시급한 실정이다. 이는 현실적으로 중개업자가 전속중개계약제도의 이점을 설명하여도 그것이 마치 중개업자의 이익을 위해서 하는 것처럼 생각하여 의뢰인들이 전속중개계약에 응하지 않고 있기 때문이다. 설사, 전속중개계약제도의 이점을 이해하고 있는 의뢰인 일지라도 막상 계약을 요구하게 되면 이를 회피하고 종전과 같이 구두계약을 요구하게 되는 것이 오늘날 부동산중개의 실정이다.

한편으로 일반 의뢰인들은 중개업자의 전문성 및 서비스가 부족한 실정에서 일반중개계약제도와 별반 큰 차이가 없다고 생각하는 까닭에 전속중개계약제도를 이용할 필요성을 느끼지 못하고 있는 점도 엄연한 현실이다.

부동산거래시장의 불투명성, 폐쇄성을 불식시키고 신뢰성과 투명성을 확보하기 위해서는 전속중개계약제도의 확대실시가 바람직하다. 거래의 투명성은 거래정보망의 활성화를 통한 매물정보의 투명성이 전제가 되어야 하며, 중개업자가 거래정보망에 신뢰성 있는 물건정보를 공개하기 위해서는 전속중개계약을 적극 권장해야 한다. 이를 위해서는 일정규모 이상 중개대상물에 대해서는 전속중개계약을 권장하는 방안도 검토가 필요하다고 본다. 전속중개계약제도가 정착될 경우 의뢰인이 여러 중개업소에 중개를 의뢰하기 위한 시간과 노력, 비용 등의 면에서 거래비용의 절감효과를 도모할 수 있고, 중개업자의 책임중개 풍토가 자리잡는 등 현재의 불합리한 거래관행이 상당부분 개선 될 것으로 기대된다.

6) 중개계약의 민법상 전형계약 편입

중개계약은 민법이 규정하고 있는 계약의 유형이 아닌 비전형계약이다. 따라서 부동산을 매매, 교환하고자 하는 의뢰인과 중개업자 사이에는 서로의 이익을 위한 분쟁이 끊이지 않고 있다.

---

97) 한 설문조사에 의하면 '전속중개계약제도를 알고 있느냐'는 질문에 '모른다' 84.6%, '알고 있다' 15.4%로 나타나고 있다(건설교통부, 2001, 224쪽). 일반인 응답자의 대부분이 '전속중개계약제도'를 모른다는 것을 알 수 있다.

98) 이 수치는 본 논문에서 연구자가 설문조사한 결과인 98.2% 와도 거의 일치되는 수치이다.

현재 중개계약에 관한 전형계약[99] 규정이 없는 상태에서 중개계약의 성질을 어떻게 볼 것인지 관하여 학설은 대체로 위임계약의 일종으로 보는 것이 다수설이나, 이를 고용계약 내지 도급계약으로 보려고 하는 견해도 있는 등 통일되어 있지 않다. 앞 장에서 이미 서술한 바와 같이 중개계약의 법적 성질을 밝히는데 주로 학설과 판례에 의존하고 있다. 대체적으로 전형계약의 어디에도 속하지 않는 특수한 유형의 계약 내지는 무명계약, 편무계약에 가까운 특수한 쌍무계약 또는 조건부 쌍무계약으로 파악하고 있다(소성규, 1998, 191쪽).

따라서 중개계약의 법적 성질을 명확히 하기 위해서는 중개계약을 민법상 전형계약으로 편입할 필요가 있다.[100] 현실적으로 중개계약이 이용되고 있음에 반하여, 그 법적 성질에 관하여 민법 내지 공인중개사법에 개별적 법률로 흩어져 규정이 되어 있기 때문에 이를 통일적으로 규정할 필요가 있다. 중개계약은 다양한 형태로 등장하고 있지만 일정한 유형을 형성할 수 있을 정도로 유형화되어 가고 있다. 따라서 입법자가 중개계약의 기본요소를 추출하여 본질적 구성부분에 해당하는 내용을 찾아내고 이를 전형계약으로 입법하는 데에는 큰 어려움이 없을 것이다(이병준, 2001, 263쪽). 현재 이와 관련하여 비전형계약으로 취급되어 오던 중개계약을 전형계약으로 편입시키는 민법개정시안[101]이 상정중인데 이는 고무적인 일이다.

이에 따르면 위임계약의 다음 절인 제13절에 중개계약을 독자적인 전형계약으로 규정하는 것을 상정하고 있다. 총 4개의 조문[102]이 설정되어 있는데, 기존의 다른 전형계

99) 전형계약은 법률에 특정된 이름을 갖고 있다고 해서 유명계약으로 불리는데 가장 좁은 의미로는 민법 계약각칙에 규정된 14개 전형계약을 말하고, 그 외 민법전의 보증계약이나 경개, 또 상법상의 상호계산, 익명조합, 운송, 보험 등 상사전형계약이 있고 특별법상의 전형계약으로는 근로계약, 신탁계약, 신원보증계약 등을 들 수 있다. 반면에 비전형계약은 민・상법, 특별법 등의 법률에 명문으로 규정된 계약유형에 속하지 않고 당사자 사이의 합의에 의해 형성된 계약을 말하며 판례에서는 주로 무명계약으로 칭하고 있다(이병준, 2001).

100) 민법개정시안에서는 중개계약을 독자적인 계약유형으로 규정하고 있음에도 불구하고 그 개념정의에서 위임계약에 매우 유사하게 규정하고 있을 뿐만 아니라, 중개계약에 맞지 않는 부분을 제외하고는 대부분은 위임계약에 관한 규정들을 준용하고 있다. 이와 같이 규정한 것은 현재 학설의 대립은 있지만 대부분의 개별 중개계약들의 법적 성질을 위임계약으로 보고 보충적으로 위임계약에 관한 규정을 적용하려는 우리 학설과 판례의 입장을 따른 입법으로 보인다(이병준, 2001, 259쪽).

101) 민법 개정안(2004. 6. 14. 법무부공고 제25호)은 중개계약에 관한 4개의 조항을 두고 있다. 세부내용으로는 중개의 의의, 보수 및 비용청구권, 보수청구권의 감액 및 상실, 기타 다른 조문의 준용규정 등이다.

102) 제692조의2(중개의 의의) 중개는 당사자 일방이 상대방에 대하여 계약체결의 소개 또는 주선을 의뢰하고 상대방이 이를 승낙함으로써 그 효력이 생긴다.
제692조의3(중개료청구권 등) ① 중개에 관하여 보수를 약정한 경우에는 중개인은 그 소개 또는 주선에 의하여 계약이 성립한 경우에만 보수를 청구할 수 있다.
② 중개인이 중개에 관하여 지출한 비용은 특별한 약정이 있는 경우에 한하여 계약의 성립여부에 관계없이 그 상환을 청구할 수 있다.
제692조의4(보수청구권의 감액 및 상실) ① 중개에 관하여 약정한 보수가 부당하게 과다한 경우에는 법원은 적당한 액으로 감액할 수 있다.
② 중개인이 계약에 위반하여 의뢰인의 상대방을 위하여 행위하거나 신의성실에 반하여 그 상대방과 보수를 약정한 경우에는 중개인은 의뢰인에 대하여 보수나 비용상환을 청구할 수 없다.
제692조의5(준용규정) 제681조 내지 제683조 및 제689조 내지 제692조의 규정은 중개에 준용한다.

약규정의 예에 따라 제692조의2에서 중개의 의의에 관한 규정을 두고 보수청구권과 비용상환청구권에 관한 근거규정을 제692조의3에서 마련하고 있다. 제692조의4는 보수청구권의 감액 및 상실에 대하여, 제692조의5는 위임계약에 관한 규정들의 준용에 관해서 규정하였다.

민법개정시안의 입법취지에 따르면, 상법 등에서 중개인에 관한 규정을 두고 있지만, 이는 중개계약을 전형계약으로 구성하는 형태로 입법이 되어 있지 않기 때문에 각종 중개에 적용될 수 있는 일반원칙을 민법에 신설하기로 한 것이다. 특히 독일민법(제652조 이하)과 스위스 채무법(제412조 이하)에서 중개계약에 관한 규정이 있다는 점이 크게 참조가 된 것으로 보인다. 중개계약에 관한 민법개정시안은 독일민법과 같이 중개보수청구권에 관한 조항에 많은 비중을 두고 있다. 실무에서도 중개보수청구권을 둘러싼 분쟁이 주류를 이루고 있다. 이러한 점에서 개정시안에서 간과하고 있는 독일민법 제653조[103]에 관한 규정을 신설하는 방안도 생각해 볼 수 있을 것이다(소성규, 2002, 615쪽).

종래 우리나라에는 중개업자를 행정적으로 지도 단속하기 위한 공인중개사법이 있으나, 중개계약에 관한 민법의 규정이 없는 관계로 사법적으로 중개업자와 의뢰인을 둘러싼 법률분쟁은 끊이지 않고 있었다. 특히, 중개업자의 보수청구권, 주의의무 등이 그것이다. 이러한 점에서 민법에 중개에 관한 규정을 삽입한 것은 중개계약을 둘러싼 사법적 법률문제를 해결하는데 많은 도움이 되리라고 본다(소성규, 2002, 614쪽).

중개계약이 민법상 전형계약으로 편입되면 계약당사자들이 명시적으로 규정한 내용이 없거나 그 내용이 불명확한 경우에는 임의규정으로서의 전형계약에 관한 규정들이 계약내용을 보충하는 역할을 할 수가 있다.[104] 즉, 구체적으로 계약당사자들이 체결한 계약내용을 해석하여 어느 계약유형을 당사자들이 체결하였는지를 결정하게 된다(계약의 성질결정). 당사자들이 체결한 계약이 전형계약에 해당하면 전형계약에 관한 규정이 적용된다. 또한 당사자가 체결한 계약내용에 적극 개입할 수 있는 기능이 약관규제법에 의하여 부여되었기 때문에 약관의 불공정을 판단하는 일반적 기준으로 전형계약이 중요한 역할을 할 수 있다(이병준, 2001, 264쪽).

---

103) 독일민법 제653조(중개보수) (1) 제반사정에 비추어 보수를 지급하여서만 중개인에게 위탁된 급부를 기대할 수 있는 때에는 중개보수에 관하여 묵시의 합의가 있는 것으로 본다.
(2) 보수액을 정하고 있지 않은 경우, 보수규정이 있는 때에는 이에 의한 보수를, 그 규정이 없으면 통상의 보수를 약정한 것으로 본다.

104) 계약당사자들은 계약내용 형성의 자유를 갖기 때문에 채권각론상의 전형계약규정 내에서 자유롭게 계약내용을 형성할 수 있을 뿐만 아니라, 전형계약규정을 벗어나서 전형계약을 결합하거나 유형을 변경시키는 계약을 체결하더라도 그 계약은 유효한 구속력을 갖는다. 당사자가 체결한 계약의 내용이 우선하기 때문에 그 내용이 항상 우선하나, 당사자들이 명시적으로 규정한 내용이 없거나 그 내용이 불명확한 경우에는 계약내용을 보충할 필요가 있다. 결국 전형계약의 임의규정들은 계약당사자들이 체결한 계약이 전형계약에 속하면 그 내용을 채워주는 보충적인 기능을 담당한다(이병준, 2001, 263쪽).

2 거래정보망제도

부동산시장은 그 특성[105]인 시장의 지역성과 거래의 비공개성, 상품의 비표준성 때문에 필연적으로 정보접근의 한계가 있을 수밖에 없다. 이러한 부동산시장에서 부동산정보관리체계가 부동산거래의 효율성을 위한 효과적인 수단으로 작동하기 위해서는 정확한 정보체계의 구축과 함께, 이를 바탕으로 정보를 효과적으로 활용할 수 있는 다양한 수단이 마련되어야 한다. 부동산정보의 활용은 정보공개수준의 결정, 정보제공의 신속성 확보, 이용접근성의 제고 등에 달려 있다. 따라서 시장참여자에게 정확한 정보를 신속하게 제공할 수 있는 서비스체계가 마련되어야 한다.

현재의 거래정보망제도는 실증분석 결과 부동산거래의 효율성에 긍정적인 영향을 미치고는 있으나 그 영향력은 약한 것으로 나타났다. 이는 현재의 시스템으로는 제도 활성화를 기대하기가 어려우며 제도개선이 필요함을 시사하고 있다. 문헌연구와 실증분석을 통해서 나타난 문제점을 바탕으로 세부적인 합리화방안을 살펴보면 다음과 같다.

1) 등록정보의 신뢰성 제고

거래정보망 구축의 궁극적 목표는 중개업자간에 신속한 정보의 공유를 통하여 부동산거래를 효율적으로 지원하고, 거래과정에서의 의사결정을 지원하여 비용의 극소화와 효용의 극대화란 최적화 조건을 성취하도록 하는 것이다. 이를 위하여 거래정보망은 인력, 자원, 기술 등의 결합을 통하여 전체시스템의 최적화를 달성하는 것이며, 정보의 공유가능성, 이용가능성, 발전가능성, 통제가능성을 확보하여야 한다. 거래정보망의 목표가 아무리 잘 설정되었다고 할지라도 정보가 적합성과 신뢰성이 없으면 무용지물이 된다. DB화되는 정보는 의사결정자의 요구에 부합되는 정확성과 적실성이 요구됨과 동시에 사회성, 공공성, 경제성이 높기 때문에 정보에 대한 신뢰도가 확보되어야 한다(김갑열, 1999, 121쪽).

부동산 활용에 있어 부동산정보[106]는 의사결정에 중대한 영향을 주는 것으로 객관적이고 검증 가능한 것이어야 한다. 부동산시장에서 정보는 부동산의 가치를 극대화시키는 결정적인 요인이므로 잘못된 정보의 이용은 투자가에게 큰 손실을 가져다 줄 수 있다. 정보화 사회에서 정보가 갖는 의미는 정보를 활용하여 부동산으로부터 더 큰 효용을 얻고자 하는 데 있다(문영기 · 유선종, 2005, 187쪽).

---

105) 문영기 · 유선종(2005)은 부동산시장의 특성을 '시장의 지역성', '거래의 비공개성', '상품의 비표준성', '시장의 비조직성', '수급조절의 곤란성', '시장의 유동성' 등으로 분류하였다(문영기 · 유선종, 2005, 169~172쪽).

106) 부동산정보(real estate information)란 부동산현상이나 부동산활동을 정보의 수신자가 전달받는 것을 뜻한다. 즉, 부동산으로부터 인지될 수 있는 사실이나 어떤 인식체계이다(이창석, 1997, 275쪽).

우리나라 거래정보망의 등록정보는 실증분석 결과 신뢰성이 낮은 것으로 나타났다. 이에는 여러 가지 원인이 있겠으나, 먼저 거래정보망 등록정보의 제약에 따른 문제를 들 수 있다. 이는 중개업자들이 매물정보의 도용을 우려하여 상세한 정보의 공개를 꺼리고 있기 때문이다. 이러한 정보의 제약은 중개업자간에 정보의 비대칭을 초래하여 공정한 거래를 해치고 중개업자의 신뢰성을 저해하는 주요한 요인으로 작용하고 있다. 또한 시장의 조절기능을 약화시켜 적정한 시장가격(fair market value)의 형성을 저해하는 한편, 정책의 수립을 효과적으로 추진하지 못하게 만드는 요인이 되고 있다. 한국의 부동산거래시장이 불투명하고 비효율적인 주된 이유의 하나는 정보의 제약에 기인한 바가 많다. 현재의 거래정보망 시스템은 정보의 제약으로 인해 효용가치가 낮아 활용이 어려운 실정이다.

정보의 축적과 공개는 부동산거래시장의 신뢰성을 위한 핵심적인 사항이다. 부동산거래시장의 신뢰성은 시장가격이 부동산의 가치를 정확하게 반영할 수 있어야 하며, 이는 부동산물건에 대한 상세한 정보의 뒷받침이 요구된다.

부동산활동에 있어서 중개업자에게 거래정보망의 활용을 유인하기 위하여 거래정보사업자는 DB관리자로서 중개업자에게 필요한 사항을 정확하게 분석하여 파일환경을 설정하고, 설계, 유지 작업수행에 대한 투명성이 보장되어야 한다.

이러한 문제를 완화하기 위해서는 거래정보망에 대한 제반 정비를 통하여 정보의 접근성과 투명성을 높이고, 이를 통해서 중개업자의 정보 접근성을 제고시키는 것이 바람직하다. 또한 등록정보의 공개수준을 높이는 것이 필요하며 이를 위해서 기본적인 매물정보 이외에 수익률을 가늠할 수 있는 임대수익, 공실률 등 해당매물 현황과 함께 학군, 편의시설 등 주요시설 현황, 도로망 및 대중교통 등의 교통현황 등 세부적인 지표를 마련해야 한다.

2) 정보관리 및 정보관리시스템의 정비

부동산정보는 일정한 체계에 의거하여 그 사실 등을 채집, 분류하고 보관해야 한다. 즉, 부동산정보의 수요에 부응할 수 있는 정보 상품화를 도모하는 길은 부동산정보의 조직화라고 할 수 있다. 부동산정보의 조직화가 이루어지면 이를 유용하게 관리할 수 있는 체계가 이루어져야 한다. 한편, 최종적인 정보소비자는 PC 등을 통하여 관리되는 정보를 언제나 수집, 분석할 수 있어야 한다(문영기 · 유선종, 2005, 186쪽).

정보관리는 개별 부동산의 이용과 관리기능을 유지하고 서비스 향상을 위한 정보를 체계화하는 과정이다. 시장정보화의 발전을 위하여 정보시스템은 데이터 구조와 논리에 있어서 표준화를 이루어 상호 호환적인 공유가능성이 있어야 한다.

부동산정보관리시스템[107]이 부동산거래의 효율성을 위한 효과적인 수단으로 작동하기 위해서는 효율적인 정보관리체계의 구축과 함께, 시장참여자에게 정확한 정보를 신속하게 제공할 수 있는 정보관리시스템이 마련되어야 한다. 효율적인 정보관리시스템을 구축하는 것은 부동산정책의 수립이나 시장안정 유지, 시장의 투명성 제고를 위해서는 필수적이다. 또한 정보관리시스템은 정보의 유용성 제고, 정보제공의 신속성 확보, 이용접근성의 제고 등에 달려 있다. 부동산거래시장의 투명성과 효율성을 유지하고 있는 대부분의 국가에서는 광범위한 정보관리시스템을 구축하고, 이를 바탕으로 거래정보망을 운용하고 있다. 거래정보망의 효율성은 풍부한 정보량과 정확한 정보 제공 등 정보의 유용성과 정보의 원활한 공급기능을 전제로 하며, 전속중개계약제도의 활성화를 위해서 필수적이다.

실증분석결과, 현재의 거래정보망 시스템은 정보의 부족과 제약 등으로 인해 비효율적인 정보관리와 함께 정보관리시스템의 구축이 미흡한 것으로 나타났다. 즉, 이용용이성·유용성·신뢰성 등에서 그 효용성이 낮은 것으로 나타났다. 이는 수요자인 중개업자의 접근성이 낮아지는 주요 원인이며 거래정보망 정착에 큰 걸림돌이 되고 있다. 이는 거래정보망의 다원화로 인해 정보의 밀집성이 저해되고 거래정보망간의 정보교류와 호환성을 갖추지 못하고 있기 때문이다. 즉, 정보의 표준화가 이루어져 있지 않은 상태에서 거래정보망업체에서 각각의 시스템을 별도로 운영하고 있기 때문에 업체간의 정보연계가 이루어지지 않고 있으며, 정보에 대한 통합관리가 대체적으로 이루어지지 않고 있다. 이러한 현상은 정보의 원활한 공급기능을 어렵게 하고 있다. 이로 인해 거래정보망 정보의 신뢰성이 저하되고 정보 효용성 및 정보이용의 접근성 등 소프트웨어 측면에는 여전히 미흡한 상태로서 정확한 정보를 구축하는데 한계를 나타내고 있다.

이러한 문제를 해결하기 위해서는 거래정보망 시스템에 대한 제반 정비를 통하여 정보의 접근성과 효용성, 투명성을 높일 수 있는 소프트웨어 측면을 개선할 필요가 있다. 즉, 수요자의 정확한 정보요구 분석을 토대로 DB정보를 표준화하여 현재 개별적으로 구축되고 있는 거래정보망시스템을 다른 거래정보망시스템과 송수신이 가능하도록 호환성을 확보하여 정보교류와 정보호환성을 갖추도록 하는 것이 바람직하다.

3) 거래정보망의 단일화

거래정보사업자의 난립은 업체간의 중복투자로 인한 정보사업의 낭비요소 등 심각한 문제를 안고 있다. 최근 민간사업자들이 독자적인 웹사이트를 개설하여 거래정보를 비롯한 각종 부동산관련 정보를 제공하는 업체들이 늘어나고 있다. 그러나 각 사업자별로

107) 정보관리시스템은 부동산활동과 관련한 의사결정 도구로서 대상지역에 대한 공간적 연계를 지닌 부동산관련 법률적, 행정적, 경제적 데이터를 체계적 입수, 정리, 처리, 분배를 위한 방식 및 기술로서 기획과 개발에 기여하는 수단이 된다(문영기·유선종, 2005, 185쪽).

독자적으로 프로그램을 개발함으로써 데이터의 통합 활용이 어렵고, 중복투자에 의한 낭비도 무시할 수 없다(채미옥·권태형, 1996, 45쪽). 또한 이러한 사설 인터넷 정보 제공 업체들의 증가는 거래정보사업자로 지정을 받지 않고도 부동산거래정보사업을 할 수 있기 때문에 현실적으로 공인중개사법의 부동산거래정보사업자 지정에 관한 조항을 거의 무의미하게 만들고 있다. 이러한 거래정보사업자의 증가는 단기적으로는 업체간 경쟁을 통한 서비스 수준 제고라는 순기능도 기대할 수 있겠으나, 장기적으로는 과당경쟁으로 인한 수익성 악화 등으로 결국 그 피해는 소비자들이 부담하게 될 것이다.

거래정보망의 효율성을 제고하기 위한 방안으로 업체간 표준화를 이루도록 유도하여 매물정보를 서로 공유할 수 있는 방안을 검토하도록 한다.

외국의 경우 거래정보망사업의 공익적 성격이 강조되고 있으며, 단일 거래정보망을 운영하고 있다. 일본은 37개 권역별로 1개소의 지정유통기구가 지정되며 기구의 성격은 민법상의 공익법인이다. 우리나라는 제도적으로 정보의 표준화가 이루어져 있지 않은 상태에서 거래정보망업체에서 각각의 시스템을 개발, 운영하고 있기 때문에 업체간의 정보교류 연계의 곤란성과 정보에 대한 통합관리가 대체적으로 이루어지지 않아 정확한 정보를 구축하는데 한계를 나타내고 있다.

거래정보망의 다원화는 매물 등록정보의 축적을 방해함으로써 정보의 공급기능을 제한한다. 따라서 매물정보에 대해서는 단기적으로는 업체간 표준화를 이루도록 유도하여 서로 공유할 수 있는 방안을 검토하도록 한다. 이후 전국을 지역별로 나누어 각 지역마다 거래정보사업자를 지정하여 운영하는 것이 바람직하다. 이를 위해서 전국적인 회원 확보를 의무화한 규정을 완화하여 각 지역별 거래정보망사업자도 표준화된 매물정보를 제공할 경우 거래정보망사업자로 지정받을 수 있도록 한다. 장기적으로는 거래정보사업자의 중복지정을 제한하고 단일 거래정보망을 구축하여 전국규모의 단일거래정보망을 중심으로 각 지역별로 지역거래정보망을 구축하도록 하는 것이 바람직하다. 이를 통해 정보의 집중으로 인한 정보밀집 효과와 함께 중개업자의 높은 정보 접근성으로 보다 전문화된 중개서비스를 제공할 수 있을 것이다. 아울러 거래정보사업자의 난립을 방지하고 업체간의 중복투자로 인한 정보사업의 낭비요소 등 심각한 문제를 해결할 수 있다고 본다.

결 론 06

1 연구결과 요약

부동산시장의 거래규모가 지속적으로 증가하면서 부동산거래방식의 선진화 요구는 더욱 거세지고 있다. 그러나 우리나라의 부동산 거래방식은 아직 선진국에 비하여 크게 낙후되어 있는 실정이다. 이를 개선하기 위하여 정부에서는 지난 1993년에 전속중개계약 및 거래정보망제도를 도입하였으나 제도의 미비점 등 여러 가지 이유로 제도 정착에 실패하였다. 양 제도는 선진외국에서는 이미 보편화되어 미국·유럽·일본 등을 중심으로 이미 정착이 되어 이용이 활발하게 이루어지고 있음은 주지의 사실이다.

과거와 같은 시행착오를 되풀이하지 않으려면 제도의 미비점을 보완하여 신뢰성과 효율성을 제고시키는 것이 필요하며, 이를 중개업자와 국민에게 제대로 인식시키는 일이 무엇보다 중요하다.

이에 본 연구에서는 행태과학적 접근법과 통계학적 접근법을 이용하여 전속중개계약 및 거래정보망제도의 정착 저해요인을 분석해보고 이를 바탕으로 합리화방안을 모색하고자 하였다.

분석을 위해 가설을 설정한 후 서울지역의 전문가집단을 대상으로 설문을 통해 자료를 수집하였다. 수집된 자료로 요인별 상관관계를 살펴보고, 이러한 요인이 중개업자의 신뢰성, 고객만족에 미치는 영향을 실증분석을 통하여 고찰하였다. 가설에 대한 검정은 요인 간 상관관계를 밝히기 위해 구조화모형을 실시하였으며, 분석은 AMOS 4.0과 SPSSPC 12.0 통계패키지를 이용하였다.

지금까지 연구한 결과를 종합적으로 요약한다면, 전속중개계약 및 거래정보망제도의 기능이 제대로 발휘된다면 부동산거래의 효율성은 높아질 수 있다. 따라서 중요한 것은 이런 기능이 제대로 발휘될 여건을 마련하는 것이라고 할 수 있다. 현재 우리나라나 외국의 제도개선의 주된 목적은 거래의 효율성 증진에 두어져 있다. 다만, 우리의 경우 아직도 시장여건 등의 하부구조와 거래의 관행 및 인식 등 상부구조가 제대로 구축되지 못해 시장규율에 의한 제도의 효율성 제고에 많은 난점을 안고 있다는 것이 선진국에 비해 더욱 과중한 부담으로 작용하고 있다.

더욱이 부동산거래시장이 내재적으로 안고 있는 정보 비대칭성과 이에 따른 정보체계의 불공정성, 불투명성과 함께 거래비용의 증가 등으로 나타나는 시장실패로 인해 효율적인 자원배분이 그만큼 저해됨을 인식할 때 정부의 새로운 역할이 설정되어야 한다.

종래의 정부의 일반적인 역할은 다음과 같은 점에서 오류를 범하고 있다. 이는 향후 정부 역할에 대한 새로운 위상정립과 부동산거래제도 개편에 있어서 정부의 역할에 대한 이정표를 설정하기 위해 먼저 지적되어야 한다.

첫째, 부동산거래제도에 있어서 전속중개계약과 거래정보망제도의 중요성과 기능을 과소평가하였다. 정부는 양 제도의 효율성 증대를 위하여 노력하기보다는 오히려 방치하고 있다. 부동산거래의 효율성을 제고하기 위해서는 전속중개계약과 거래정보망제도의 중요성에 대해 새로운 인식전환이 필요한 시점이다. 지금과 같이 비효율적이고 불투명한 거래구조에서 전속중개계약과 거래정보망제도는 거래정보의 제약에 따른 정보 비대칭성의 문제를 해소하고 거래비용을 절감할 수 있는 최적의 대안으로 인식되어져야 한다.

둘째, 미시적인 제도적 정비의 중요성을 과소평가하였다. 제도의 성공여부는 수요자의 관심을 유발시키고 쉽게 접근할 수 있도록 유인할 수 있는 제도의 효율성과 신뢰성을 갖추어야 한다. 하지만 현행제도는 수요자인 중개업자와 고객 모두를 만족시킬 수 있는 유인요소가 부족한 실정이다. 이로부터 얻을 수 있는 시사점은 거래제도의 개편에 있어서 중개업자와 고객의 이익을 함께 제고하는 등 제도정비와 함께 중개업에 대한 정부 측의 부정적인 인식을 합리적인 인식으로 전환하는 것이 매우 중요하다는 사실이다.

이제 우리나라에서 시행되고 있는 부동산거래제도와 관련된 내용을 전속중개계약과 거래정보망제도를 중심으로 살펴보되 앞에서 전개한 실증연구의 분석결과와 관련하여 고찰해보기로 한다.

분석결과, 전속중개계약제도 및 거래정보망제도는 부동산거래의 효율성과 중개업자의 신뢰성을 제고시키는 중요한 요인으로 분석되었다. 그러나 우리나라의 전속중개계약·거래정보망제도는 부동산거래의 효율성을 제고할 수 있는 능동적인 기능을 거의 하지 못하는 것으로 평가되었으며, 제도적인 정비가 필요한 것으로 나타났다.

현행 전속중개계약제도는 부동산거래의 효율성에 오히려 부정적인 영향을 미치는 것으로 나타났다. 이는 현행제도가 불합리하게 운영되고 있음을 나타내고 있으며, 제도의 개선이 필요함을 시사하고 있다.

거래정보망제도는 부동산거래의 효율성에 약간의 긍정적인 영향을 미치고는 있으나, 제도 활성화를 위해서는 역시 보완이 필요한 것으로 나타났다. 한편, 전속중개계약제도와 거래정보망제도는 실증분석 결과 상호 긍정적으로 영향을 미치는 것으로 나타났다.

이를 세부적으로 살펴보면, 전속중개계약은 계약서 약관내용의 부실, 중개업자의 영업권보장의 미흡, 제도의 인지도 부족 등이 활성화를 저해하는 주요한 요인으로 지적되었다. 거래정보망 역시 활용성이 낮게 나타났고, 저해요인으로는 이용률의 저하, 정보 유용성의 저하, 정보의 신뢰성 부족 등이 지적되었다.

그러나 이러한 저해요인을 개선할 경우 부동산거래의 효율성이 제고되어 중개업자의 신뢰성은 높아지며, 이는 고객만족의 제고로 이어지는 것으로 나타났다. 이를 통해 다시 전속중개계약 및 거래정보망제도의 활성화로 이어지는 선순환을 예상할 수 있다.

따라서 중개업자의 신뢰성과 고객만족을 제고하기 위해서는 전속중개계약제도와 거래정보망제도의 저해요인을 개선하여 제도 활성화를 모색하는 것이 당면과제로 보여진다. 이를 위해서는 고객과 중개업자 간에 이익이 서로 조화되고 신뢰할 수 있는 방향으로 정책적, 법률적인 제도가 정비되어야 한다. 이는 중개업자의 영업권을 보장하면서 고객만족을 제고하는 방향으로 나아가야 하는 것을 의미한다.

마지막으로 정부는 제도의 편리성과 효율성을 기존의 관행과 대비시킨 조견표를 관련기관이나 중개업소에 배포하는 등 중개업자와 대국민 홍보활동에 더욱 적극성을 보여야 할 것이다.

앞으로 정부는 거래시장이 낙후된 현재 상황에서 전속중개계약과 거래정보망제도를 방치하고 새로운 정책을 제시하기보다는 기존의 제도의 문제점을 분석한 후 이를 재정비하여 활성화하는데 역량을 집중해야 할 것이다. 거시적으로 부동산거래의 효율성을 증진하도록 하는 측면에서 거래시장의 제도개선이 이루어지도록 정부당국의 조정자 역할이 강조되어야 한다.

부동산거래시장이 내재적으로 지니고 있는 시장실패의 요인 즉, 외부성, 정보의 비대칭성 문제, 공공성을 항상 염두에 두고서 제도적 개선을 추진해야 하며, 일관성과 계획성 있는 거래시장의 환경개선을 점진적으로 유도해 나가야 한다.

본문에서 살펴본 전속중개계약 및 거래정보망의 양 제도 기능이 종합적으로 작동하여 성장 촉진적 역할이 극대화되도록 하는 일이 결코 쉬운 일이 아니지만, 장기적인 목표로서 거래시장 개혁의 장기과제로 삼아야 한다.

아울러 중개업자와 고객의 제도적, 정책적 불만이 표출될 때에는 이를 개선하여 이들과의 관계를 다시 구축하고 강화하는 방안을 전략적으로 모색하여야 할 것이다.

2 연구의 한계

본 연구에서는 설문대상을 중개업자에게만 국한하였고, 고객을 함께 검토하지 못한 한계가 있다. 그 이유로는 일반인 고객들은 전속중개계약과 거래정보망 제도를 접해 볼 기회가 거의 없었던 관계로,[108] 제도에 대한 이해가 턱없이 부족하고 인지도 수준이 매

108) 특히 거래정보망의 경우에는 중개업자들만의 자체적인 정보교환시스템이기 때문에 일반인은 더 더욱 그 내용을 알 수가 없다.

우 낮아서 설문대상자로서 적합하지 않기 때문이다.[109]

만약, 이를 무시하고 '일반인 고객'을 표본으로 삼는다면 측정오류[110]와 함께 비표본 오차인 편의(bias)[111]가 발생될 가능성이 크다고 할 수 있다. 설사 표본의 조건을 충족시키는 고객이 있다 하더라도 해당표본을 탐색하는데 드는 시간과 비용 등을 감안한다면 그 어려움이 매우 커서 직접조사에는 한계가 있고, 투입되는 가치에 비해서 얻어지는 효과는 상대적으로 적다고 여겨진다.

이에 본 연구에서는 중개업자를 대상으로 고객만족을 측정하는 간접측정방식을 사용하였다. 그 이유는 중개업자는 전속중개계약·거래정보망제도의 수요자이기 때문에 제도에 대한 이해와 인지도가 매우 높기 때문이다.[112] 또한 고객에게 서비스를 직접적으로 제공하는 당사자인 까닭에, 제공되는 서비스에 대한 고객의 반응(만족도)을 가장 확실하게 접하거나 예상할 수 있는 위치에 있다.

일반인 고객의 표본 탐색이 용이하지 않은 상황에서, 중개업자를 대상으로 하여 고객만족도를 측정한다면 비록 간접적인 측정방식이긴 하나 고객의 만족도 반응을 가장 근접하게 알 수 있으며, 연구목적에 보다 타당하면서 통계적으로 충분히 가치가 있다고 여겨진다. 그럼에도 불구하고, 간접 측정방식이 고객의 반응을 모두 대변한다고는 할 수 없으며, 고객을 대상으로 직접 측정하는 방식에 비해서 그 한계가 있을 수 있다. 이러한 점은 본 논문의 연구의 한계이기도 하다.

앞으로 제도에 대한 고객들의 이해와 인지도가 높아질 경우 표본 조사된 중개업자에게서 해당 서비스를 직접 제공받은 고객들을 상대로 직접적인 의식조사를 할 수 있다면 본 연구의 가치는 한층 더 빛날 것이라고 생각된다.

---

109) 일반인을 대상으로 한 설문조사에 의하면 '전속중개계약제도를 알고 있느냐'는 질문에 '모른다'는 응답이 84.6%로 조사되었다 ; 건설교통부, "부동산서비스와 거래의 선진화방안", 건설교통부 정책보고서, 한국형사정책연구원, 2001, 224쪽.

110) 측정오류는 크게 체계적 오류와 비체계적 오류로 구분한다. 체계적 오류란 측정도구가 잘못 선정되어 측정대상 모두에게 동일한 측정오류가 발생하는 것으로서, 측정 시에 일정한 방향으로 항상 나타나는 오류이다. 이것은 지속적 오류로서 다시 측정해도 계속 오류가 발생한다. 한편, 비체계적 오류는 측정도구상의 오류는 없으나 응답자의 불안정성(예컨대, 응답자의 피로, 이해불충분 등)으로 인하여 무작위적으로 발생하는 오류로서 그 크기와 방향이 임의로 변화하면서 나타나는 오류이다. ; 강병서, 2002, 66쪽.
여기서의 측정오류는 '응답자의 이해불충분으로 인한 비체계적 오류'를 의미한다.

111) 표본오차는 표본추출에서 통계량(statistic)과 모수(parameter)간의 오차를 말한다. 반면에 비표본오차는 표본으로 추출된 대상을 실제로 관찰·측정할 때에 생기는 오차로서 측정대상과 측정결과의 불일치 정도를 뜻한다. 이러한 오차를 흔히 편의(偏倚, bias)라고 부른다 ; 강병서, 2002, 13쪽.

112) 본 연구에서 중개업자를 대상으로 설문조사한 결과 '전속중개계약'과 '거래정보망'에 대해서 '알고 있다'는 응답이 각각 98.7%, 93.7%로 나타났다.

참고문헌

1. 국내문헌

■ 단행본

강병서, 인과분석을 위한 연구방법론, 무역경영사, 2002.
강해규 외 7인 공저, 부동산중개론, 형설출판사, 2001.
김기수, 민사중개계약에 관한 연구, 법문사, 1973.
김재덕, 부동산경영론, 경영문화원, 서울, 1984.
노형진 · 정한열, 한글 SPSS, 형설출판사, 2006.
문영기, 부동산학개론, 범론사, 1995.
_____, 부동산중개관계법령, 부연사, 2006.
_____, 부동산중개론, 범론사, 2000.
문영기 · 유선종, 부동산중개이론, 부연사, 2005.
___________, 부동산중개실무, 부연사, 2005.
문영기 외 1인 공저, 신부동산중개계약론, 기공사, 1982.
방경식 · 장희순, 부동산학개론, 부연사, 2004.
서정화, 한국부동산중개입법론, 기공사, 1980.
소성규, 채권각론, 법률시대, 2002.
_____, 부동산중개계약론, 부연사, 1998.
손주찬, 전정증보판 상법(상), 박영사, 1984.
서정갑, 상법총칙 · 상행위법, 일신사, 1986.
안정근, 현대부동산학, 법문사, 1997.
이경희, 연구조사방법론, 민영사, 2004.
이병규, '민사중개인과 상사중개인의 비교', 부동산법학의 제문제, 박영사, 1992.
이병태, 전정 상법(상), 법원사, 1991.
이유재, 서비스마케팅, 학현사, 2004.
이원준, 부동산경영이론, 범론사, 1992.
_____, 부동산중개경영론, 경영문화원, 1982.
_____, 부동산학원론, 박영사, 1994.
이창석, 신부동산학개론, 형설출판사, 1997.
민사판례연구회, 부동산거래의 중개, 1979.
정희철, 상법학(상), 박영사, 1989.
한국공인중개사협회, 부동산 중개이론과 실무(Ⅰ), 2007.

■ 연구 보고서

건국대학교 부동산정책연구소 · 한국부동산분석학회, 공인중개사 자격제도 개선방안에 관한 연구, 건설교통부, 2005. 11.
건설교통부, 부동산 거래질서 확립 및 투명성 확보방안 연구, 2003.
________, 부동산서비스와 거래의 선진화방안, 건설교통부 정책보고서, 한국형사정책연구원, 2001. 12.
국토연구원, 부동산시장의 선진화를 위한 기반정비 연구, 국토연 2004-27, 2004. 12.

________, 외국의 부동산중개제도 : 일본 · 미국 · 영국의 법제, 건설교통부, 1999. 4.
김용웅 · 차미숙, 국토개발관련 분쟁의 발생실태와 조정방안에 관한 연구, 국토개발연구원, 1997.
김영수 · 김상미, 지방자치단체간 분쟁조정방안, 한국지방행정연구원, 1994.
김원희, 종합부동산 서비스업 육성방향에 관한 연구, 국토개발연구원, 국토연 98-50, 1998.
채미옥 · 권태형, 부동산서비스산업의 개발에 따른 대응전략, 국토개발연구원, 1996.
한국감정원, 거래정보망사업 진출 타당성 검토, 1994.
한국감정평가연구원, 부동산 거래질서 확립 및 투명성 확보방안 연구, 건설교통부, 2003. 9.
한국감정평가연구원 · 한국부동산정책학회, 부동산 업종별 전문인력 육성방안 연구, 건설교통부, 2002. 4.

■ 학위 논문

강용암, 부동산중개계약제도의 개선방안, 제주대학교 석사학위논문, 2006.
김여원, 부동산중개사고 예방에 관한 연구, 건국대학교, 석사학위논문, 2001.
김완주, 투명성이 공정가격 결정에 미치는 영향 연구, 중앙대학교, 석사학위논문, 2006.
김종연, 부동산시장의 투명성제고 및 거래의 안전망 구축 방안에 관한 연구, 경희대학교, 석사학위논문, 2002.
양광진, 거래정보망의 확산방안에 관한 연구, 동국대학교, 석사학위논문, 1999.
윤호진, 거래정보망의 활성화방안에 관한 연구, 동국대학교, 석사학위논문, 2004.
이동진, 부동산중개업자의 직무만족에 관한 연구, 단국대학교, 박사학위논문, 2005.
이영주, 부동산정보 유형의 활용도 및 거래효과 분석, 성균관대학교, 석사학위논문, 2004.
이재익, 부동산 직거래 웹사이트의 사용의도에 영향을 주는 요인에 관한 연구, 연세대학교, 석사학위논문, 2004.
장영철, 일산 신도시의 거래정보망에 관한 연구, 경희대학교, 석사학위논문, 2003.
전웅석, 부동산중개계약의 거래형태별 문제점과 개선방안에 관한 연구, 한남대학교, 석사학위논문, 1999.
한상익, 부동산중개계약에 관한 연구, 한양대학교, 석사학위논문, 1985.
황영두, 부동산중개계약의 효력에 관한 연구, 창원대학교, 석사학위논문, 2002.

■ 학술지 논문

강교식, "우리나라 부동산거래의 투명성 제고방안", 부동산정책연구, 제3집 제1호, 한국부동산정책학회, 2002.
강병기 · 유병조, "부동산중개업법의 입법적 문제점 및 개선방안에 관한 연구", 대한부동산학회지, vol.18, 대한부동산학회, 2000.
김갑열, "부동산정보관리시스템의 운용실태분석", 지역개발연구, 제7호, 강원대학교 지역개발연구소, 1999.
김기수, "부동산중개계약의 정형화론", 부동산법학, vol. 1, 한국부동산법학회, 1987.
김상명, "부동산중개업제도의 개선에 관한 연구", 토지공법연구, 제19권, 한국토지공법학회, 2003.
김성국 · 김태은, "거래비용 관점에서 본 심리적 계약에 과한 이론적 연구", 경영논총, 제17집 제2호, 이화여자대학교 경영연구소, 1999.
김영진, "Multiple Listing의 도입에 관한 연구", 행정연구, 제2집, 건국대 행정대학원, 1976.
김용창, "부동산중개서비스의 품질혁신과 부동산정보화 체계의 구축, 감정평가연구, 제14권 2호, 한국부동산연구원, 2004.
______, "부동산서비스 및 중개제도의 문제점과 정책방향", 국토, vol. 210, 국토연구원, 1999.
김원희, "미국의 부동산중개업 개요", 국토연구, 제15권, 국토개발연구원, 1991.

김학환, "중개계약 및 체크리스트제도 도입에 따른 문제점과 전망", 월간공인중개사, 부동산연구사, 1999.
김홍구 · 경종수, "전자소매시장에서의 거래비용절감이 소비자의 합리적 선택행위에 미치는 영향", 한국동서경제연구, 한국동서경제학회, vol. 15, No. 2, 2004.
구영철, "부동산중개업법에 관한 일고", 부동산학보, 제5집, 한국부동산학회, 1984.
박영근 외 2인, "부동산중개소 선택기준이 고객만족 · 신뢰 · 애호도에 미치는 영향에 관한 연구", 한국마케팅과학 춘계학술논문집, 한국마케팅과학회, 2006.
__________, "주거선택기준이 주거가치, 주거만족, 주거애호도에 미치는 영향에 관한 연구", 한국마케팅과학 추계학술논문집, 한국마케팅과학회, 2005.
박희욱 외 2인, "카지노호텔 식음료 서비스품질 요인이 고객만족, 신뢰 및 재구매 의도에 미치는 영향에 관한 연구", 한국마케팅과학 춘계학술논문집, 한국마케팅과학회, 2006.
방경식 · 김용휘, "부동산중개의뢰계약제도의 개선", 부동산학보, 제5집, 한국부동산학회, 1984.
서순탁, "부동산중개제도의 국제적 비교 : 미국 · 영국 · 일본을 중심으로", 감정평가논집, 제10집, 한국부동산연구원, 2000.
_____, "부동산업의 환경변화와 부동산서비스업의 발전방안", 부동산정책연구, 제2집 제2호, 한국부동산정책학회, 2001.
서진형, "부동산거래의 분쟁실태 및 대응방안", 부동산정책연구, 제3집 제1호, 한국부동산정책학회, 2002.
성연동, "부동산중개업 발전을 위한 비판적 분석", 부동산학보, 제21집, 한국부동산학회, 2002.
소성규, "부동산중개계약의 독자성과 입법정책상 과제", 상의승교수 정년기념논문집, 교학연구사, 2002.
_____, "부동산중개계약에 대한 판례의 동향", 부동산학 연구, vol. 4, 한국부동산분석학회, 1998.
심규열 외 2인, "부동산 투자자 행동요인이 투자만족, 투자회사 신뢰 및 재투자의도에 미치는 영향", 한국마케팅과학 춘계학술논문집, 한국마케팅과학회, 2006.
오진모, "부동산중개업법의 한계와 대체입법을 위한 방안", 대한부동산학회지, vol. 18, 대한부동산학회, 2000.
윤성준, "웹쇼핑몰 사이트 신뢰도의 결정요인과 구매의향에 미치는 영향에 관한 시뮬레이션 접근방법", 경영학연구, 제29권 3호.
이병준, "민법상 전형계약으로서의 중개계약과 중개인의 책임", 법학연구, 제42권 제1호 · 통권50호, 부산대학교, 2001.
이상영, "외국의 부동산정보 활용사례 – 일본의 레인즈", 국토연구, 제10권 제3호, 한국토지공사, 1999.
이성근, "선진화된 부동산거래질서의 확립방안 연구", 부동산정책연구, 제4집 제2호, 한국부동산정책학회, 2003.
_____, "공인중개사제도의 문제점 및 개선방안", 부동산정책연구, 제2집 제1호, 한국부동산정책학회, 2001.
이용우, "21세기 부동산중개제도 선진화를 위한 문제점과 개선방안", 감정평가논집, 제10집, 한국부동산연구원, 2000.
이재웅, "전속중개계약의 법률관계에 대하여", 대한부동산학회지, vol. 14, 대한부동산학회, 1996.
이재혁, "신뢰, 거래 비용, 그리고 연결망", 한국사회학, vol. 30, 한국사회학회, 1996.
이재홍, "부동산중개업의 문제점과 정책적 대안 연구", 부동산정책연구, 제1호, 한국부동산정책연구회, 2000.
이창상, "미국 부동산거래계약과 판례의 동향", 대한부동산학회지, vol. 23, 대한부동산학회, 2005.
이창석, "각국별 부동산중개업제도에 관한 비교연구", 대한부동산학회지, vol. 13, 대한부동산학회, 1995.

이학식 · 김영 · 이용기, "시장지향성과 성과 : 사원만족, 고객만족 및 기업이미지의 매개적 역할", 경영학연구, 27권 1호(2월), 한국경영학회, 1998.

이형석 · 이기순 · 김상용, "신용카드서비스의 고객만족요인에 관한 탐색적 연구", 마케팅과학연구, 13집, 한국마케팅과학회, 2004.

임덕호, "비대칭적 주택시장정보의 파생효과와 보완방안", 주택연구, 제4권 제2호, 한국주택학회, 1996.

장희순, "거래정보망운용방안", 부동산정책연구, 제4집, 건국대부동산정책연구소, 1994.

전병훈, "전속성이 높은 경우 협력업체제도를 통한 구매의 효율성 분석", 경상논집, 제17권 제1호, 고려대학교 산업개발연구소, 1999.

전인수, "거래상황에 따른 정보제공방식에 관한 연구 : 거래비용접근", 경영연구, vol. 20, 홍익대학교 경영연구소, 1995.

지정근, "거래비용이론에 관한 고찰", 논문집, vol. 16, 경북외국어테크노대학, 1996.

최봉현, "부동산중개계약의 국가별 비교연구", 논문집, 한국 마케팅과학회, 2006.

_____, "전속중개계약과 부동산거래정보망제도가 중개업자 신뢰성과 고객만족에 미치는 영향 연구", 유통과학연구, 제4권 제2호, 한국유통과학회, 2006. 12.

최정호, "부동산중개제도 개선", 국토, vol. 227, 국토연구원, 2000.

■ 인터넷 홈페이지

http://www.realtor.com

건설교통부 홈페이지(http://www.moct.go.kr)

서울시청 홈페이지(http://www.seoul.go.kr)

한국공인중개사협회 홈페이지(http://www.kar.or.kr)

대한공인중개사협회 홈페이지(http://www.kreba.or.kr)

2. 외국문헌

建設省建設經濟局不動産業課長通達, "專屬專任媒介契約制度の施行等について", 1990年 3月 23日 建設省經動發第9號.

宅地建物取引業法令硏究會,不動産取引の標準媒介契約約款, 住宅新報社, 東京, 1982.

明石三郞, 判例不動産仲介契約論, 一粒社, 東京, 1994.

_____, 不動産仲介契約の硏究, 一粒社, 東京, 1981.

_____, "不動産取引における專任媒介契約と一般媒介契約", 法學論集 第31卷 2,3,4 合併號, 關西大學, 1981.

大內建价, "指定流通機構の現狀と課題", 建設月報, 1995年 2月號, N. 548.

山野目章夫, 不動産媒介契約制度と指定流通機構, ジユウリスト 1048號, 1994.

西原寬一, 商行爲法(法律學全集), 有斐閣, 1960.

俄妻 榮, 債權各論(中二), 岩波書店, 1984.

川村俊雄, "不動産仲介契約", 現代契約法大系, 有斐閣, 1983.

村田捻雄, 米和不動産用語辭典, 住宅新報社, 東京, 1973.

Alfred A. Ring and Jerome Dasso, *Real Estate Principles and Practices*, Prentice-Hall, Inc., Englewood Cliffs, N. J., 1981.

Charles H. Wurtzebach & Mike E. Miles, *Modern Real Estate*, John Wiley & Sons, 1984.

Donald R. Epley and Joseph Rabianski, *Principles of Real Estate Decisions*, Addison–Wesley Publishing, Reading Massachusetts, 1981.

D. Napley, *The Law of Auctioneer's and Estate Agents' Commission*, 2d Ed., 1957.

Jaworski, B. J., and A. K. Kohli, "Market Orientation : Antecedents and Consequences", *Journal of Marketing*, Vol. 57 (July), 1993.

Hair, J. F. Jr., R. E. Anderson, R. L. Tatham, and W. C. Black. *Multivariate Data Analysis with Readings*, 4th ed., New York : Macmillan Publishing Company, 1995.

M. A. Unger, George R. Karvel, *REAL ESTATE* – principles and practies, South Western Publishing co., 1987.

Moorman, C. R. Deshpand'e and G. Zaltman, "Factors Affecting Trust in Market Relationship", *Journal of Marketing*, 57(January), 1993.

Morgan. Robeat M. and Shelby D. Hunt, "The Commitment & Trust Theory of Relationship Marketing", *Journal of Marketing*, 58(July), 1994.

Oliver, Richard L., "Whence Consumer Loyalty?", *Journal of Marketing*, 63(Special Issue).

RAY D. Westcott, *The Real Estate Priemer*, Technical Book Co., 1968.

[부록] 설문지

설 문 지

안녕하십니까?

바쁘신 중에도 귀중한 시간을 내시어 본 설문에 참여해 주셔서 정말 감사드립니다.

저는 강원대학교 대학원 부동산학과에서 "전속중개계약제도, 거래정보망, 그리고 중개업자의 신뢰성에 관한 연구"라는 주제로 박사학위 논문을 준비하고 있는 학생입니다.

우리나라에서는 부동산거래의 선진화를 도모하기 위하여 1993년부터 공인중개사의 업무 및 부동산 거래신고에 관한 법률 제23조와 제24조에 의거하여 전속중개계약제도와 거래정보망제도를 시행하고 있습니다.

하지만 10여년이 지난 현재까지도 이 제도의 우수한 장점에도 불구하고 여러 가지 미비점과 인식부족으로 인해 이용률이 극히 낮은 것이 오늘날의 현실입니다.

이것은 부동산중개업자 뿐만 아니라 부동산중개업의 선진화를 바라고 있는 일반국민들에게도 매우 안타까운 현실이 아닐 수 없습니다.

이에 본 연구에서는 전속중개계약제도와 거래정보망제도의 문제점을 살펴보고 이에 대한 활성화 방안을 마련하기 위하여 공인중개사 및 중개인 여러분을 대상으로 설문조사를 실시하고자 합니다.

본 설문지는 제도 활성화에 영향을 미치는 요인이 무엇인지 밝히고자 실증연구에 사용될 데이터 수집을 위하여 작성되었습니다.

여러분들께서 응답해 주시는 이 내용은 연구에 중요한 자료가 될 것입니다.

또한 수집된 자료는 연구목적으로만 이용될 것입니다.

바쁘시더라도 성심껏 응답하여 주시면 감사하겠습니다.

설문내용에 의문이 있으신 분은 아래 연락처로 문의하시면 성심껏 답변해 드리겠습니다.

바쁘신 데도 불구하고 본 설문에 응해 주셔서 다시 한 번 감사드립니다.

2006년 10월

㉾ 200-701 강원도 춘천시 효자2동 192-1
강원대학교 대학원 부동산학과
박사과정 최봉현(peacechoi7@yahoo.co.kr)
지도교수 문영기(youngki@kangwon.ac.kr)

주) 본 설문지는 부동산중개업자인 공인중개사와 중개인 여러분을 대상으로 작성된 설문지입니다. 해당되시는 분만 작성해주시길 부탁드립니다.

I 일반적 특성

다음 각 항목에 대하여 귀하의 생각과 일치하는 항목에 (√)표로 기록하여 주시길 바랍니다.

I-1. 전속중개계약제도

전속중개계약이란 고객이 중개업자에게 부동산의 매매·교환·임대차를 의뢰하면서 한 사람의 중개업자에게만 전속으로 중개를 의뢰하는 계약입니다.

1. 귀하께서는 전속중개계약제도에 대해서 알고 계십니까?

① 알고 있다 ( ) ☞ 1-1번으로 ② 모른다 ( )

1-1. 전속중개계약에 대해 귀하께서 알고 있는 사항을 모두 체크해 주십시오.

( ) ① 한 중개업자에게만 전속중개의뢰 할 수 있는 제도이다.
( ) ② 매물을 일간신문이나 거래정보망에 의무적으로 공개해야만 한다.
( ) ③ 정기적으로 고객에게 진행상황을 문서로 통지해 주어야 한다.
( ) ④ 고객이 다른 중개업자와 거래계약을 체결한 때에는 위약금을 청구할 수 있다.
( ) ⑤ 계약 유효기간이 정해져 있다.

2. 귀하께서는 전속중개계약제도에 대하여 어떻게 생각하십니까?

( ) ① 전속중개계약제도는 필요 없다.
( ) ② 현재의 전속중개계약제도만으로 충분하다.
( ) ③ 전속중개계약제도는 필요하지만 현재의 제도를 개선해야 한다.
( ) ④ 잘 모르겠다.

3. 귀하께서는 고객과 전속중개계약을 체결해보신 적이 있습니까?

① 있다( ) ☞ 3-1번으로 ② 없다 ( )

3-1. 귀하의 전속중개계약 체결률이 전체 중개의뢰 받은 건수 중에서 차지하는 비율은 대략 어느 정도입니까?

① 5% 미만( ) ② 5~10%( ) ③ 10~15%( ) ④ 15~20%( ) ⑤ 20% 초과( )

> 우리나라 전속중개계약서 약관에는 중개업자의 의무로서 거래정보망에 물건등록의무, 정기적인 통지의무, 중개대상물 확인·설명의무 등이 있고, 중개업자의 권리로서는 전속계약기간 내에 의뢰인이 다른 중개업자와 거래한 때 위약금 청구권 등이 있습니다.
> 그러나 전속계약 해지사유에 대한 명문규정이 없고, 어느 한 쪽이 일방적으로 전속계약을 해지할 때에는 이에 대한 위약금규정이 없어 전속계약의 실효성이 의문시되는 실정입니다.
> 미국이나 일본 등 선진외국에서는 어느 한 쪽이 일방적으로 전속계약을 해지하는 경우 위약금 등에 대한 별도규정이 명문화되어 있어 함부로 전속계약을 해지할 수 없으며, 전속계약기간이 지난 후에라도 고객이 중개업자가 교섭했던 상대방과 직접 거래하는 것을 일정기간 금지하는 등 중개업자의 영업권을 보호하고 있습니다.

4. 현행 전속중개계약서 약관에 대한 귀하의 만족도는?

① 매우 불만족하다( ) ☞ [4-1번으로] ② 불만족 한다( ) ☞ [4-1번으로]
③ 보통이다( ) ④ 만족한다( ) ⑤ 매우 만족한다( )

4-1. 전속중개계약서 약관내용에 대해 불만족한 이유를 가장 중요하다고 생각되는 것으로 <u>2개를 골라 주십시오.</u>

( ) ① 약관내용이 중개업자 영업권 보호에 충분치 않다.
( ) ② 계약해지사유에 대한 명문규정이 없다.
( ) ③ 한 쪽이 일방적으로 계약을 해지할 때 위약금배상 규정이 없다.
( ) ④ 전속계약기간이 지난 후 악의적인 고객이 중개업자가 소개했던 상대방과 직접 거래를 하였을 때 이에 대한 금지규정이 없다.
( ) ⑤ 의뢰인에 대한 피해배상규정이 너무 추상적이다.

Ⅰ-2. 거래정보망 제도

> 거래정보망이란 중개업자들이 전국적인 컴퓨터통신망을 이용하여 매물정보 등 각종 부동산에 관련한 정보를 인터넷에 올려 정보를 공유하여 <u>중개업자 상호간에</u> 부동산거래가 가능하도록 하는 정보시스템을 의미합니다.
> 거래정보망은 일산, 분당 등 일부지역을 대상으로 운영되는 민간거래정보망과 정부로부터 정식으로 사업자지정을 받고 전국적으로 운영되는 전국거래정보망이 있습니다. <u>여기에서는 전국적으로 운영되는 거래정보망에 관한 질문입니다. 현재 대표적인 거래정보망으로는 중개업자협회가 운영하는 거래정보망이 있습니다.</u>
> (부동산 114나 까치라인 등 민간이 운영하는 부동산 종합 포털사이트나 민간거래정보망이 아니오니 착오 없으시기 바랍니다)

1. 거래정보망 제도에 대해서 알고 계십니까?

① 알고 있다( ) ☞ [1-1번으로]　　② 모른다( )

1-1. 거래정보망에 대해 알고 있는 사항을 모두 체크해 주십시오.

( ) ① 거래정보망의 개념
( ) ② 거래정보망에 공개해야할 정보내용
( ) ③ 현재 운영 중인 거래정보망의 종류
( ) ④ 거래정보망사업자 지정요건

2. 거래정보망을 이용해 보신 경험이 있으십니까?

① 현재 이용하고 있다 ( ) ☞ [2-1번으로]
② 현재 이용하지만 조만간 이용하지 않을 것이다 ( ) ☞ [2-1번으로]
③ 전에는 이용했지만 현재는 이용하지 않는다 ( )
④ 한 번도 이용한 적이 없다 ( )

2-1. 귀하의 경우 거래정보망을 통한 거래량이 전체거래에서 치지하는 비율은 대략 어느 정도입니까?

① 5% 미만( ) ② 5~10%( ) ③ 10~20%( ) ④ 20~30%( ) ⑤ 30% 초과( )

Ⅱ 전속중개계약에 관한 사항

정부에서는 전속중개계약제도를 1993년부터 공인중개사법에 규정하여 시행하고 있습니다. 하지만 아직까지도 여러 가지 문제점으로 인하여 제대로 시행이 안 되고 있는 실정입니다. 현재의 우리나라 전속중개계약제도 운영실태에 대한 귀하의 의견을 답변 부탁드립니다.

Ⅱ-1. 제도적 요인

다음은 전속중개계약 요인 중에서 제도적인 문제점을 파악하기 위한 질문입니다.
주) 숫자가 낮을수록 부정적인 답변이고, 숫자가 커질수록 긍정적인 답변입니다.
(예 : 전적으로 동의 안함 = 1, 보통 = 3, 전적으로 동의함 = 5)

문항	설 문 항 목	전적으로 동의안함	동의안함	보통	동의함	전적으로 동의함
1	현행 전속중개계약제도는 체계적으로 잘 정비되어 있다고 생각한다.	①	②	③	④	⑤
2	현행 전속중개계약제도는 원활하게 운영되고 있다고 생각한다.	①	②	③	④	⑤
3	중개업자들은 전속중개계약을 적극적으로 활용하고 있다.	①	②	③	④	⑤
4	정부의 전속중개계약제도에 대한 정책시행의지가 확고하다.	①	②	③	④	⑤
5	전속중개계약제도에 대한 중개업자의 실천의지가 확고하다고 생각한다.	①	②	③	④	⑤
6	정부의 전속중개계약제도에 대해 신뢰를 가지고 있다.	①	②	③	④	⑤

Ⅱ-2. 법률적 요인(약관요인)

다음은 전속중개계약 요인 중에서 약관상의 문제점을 파악하기 위한 질문입니다.
("약관"은 전속계약서상에 중개업자와 고객간의 약속사항을 문서로 표준화한 것을 말합니다.)

주) 숫자가 낮을수록 부정적인 답변이고, 숫자가 커질수록 긍정적인 답변입니다.
(예 : 전적으로 동의 안함=1, 보통=3, 전적으로 동의함=5)

문항	설 문 항 목	전적으로 동의안함	동의안함	보통	동의함	전적으로 동의함
1	현행 전속중개계약의 약관내용은 만족스럽다.	①	②	③	④	⑤
2	현행 전속중개계약의 약관내용은 상세하게 규정되어 있다고 생각한다.	①	②	③	④	⑤
3	현행 전속중개계약 약관내용이 중개업자와 고객 간에 치우침 없이 상호 공평하다.	①	②	③	④	⑤
4	현행 전속중개계약 약관에서 손해배상 규정이 세부적으로 명확하게 되어 있다.	①	②	③	④	⑤
5	현행 전속중개계약서에 전속계약 해지사유가 구체적으로 명문화되어 있다.	①	②	③	④	⑤
6	현행 전속중개계약 약관에는 중개업자의 영업권침해행위에 대한 법적 보호가 잘 되어 있다.	①	②	③	④	⑤

Ⅱ-3. 환경적 요인

다음은 전속중개계약 요인 중에서 환경적 요인에 관한 질문입니다.
주) 숫자가 낮을수록 부정적인 답변이고, 숫자가 커질수록 긍정적인 답변입니다.

문항	설 문 항 목	전적으로 동의 안함	동의 안함	보통	동의함	전적으로 동의함
1	고객 및 중개업자들에게 전속중개계약제도에 대한 홍보는 잘 되고 있다.	①	②	③	④	⑤
2	현행 시스템 하에서 부동산 중개시 고객은 중개업자를 신뢰하고 있다.	①	②	③	④	⑤
3	고객으로부터 중개의뢰시에 구두의뢰가 아닌 서면의뢰 방식으로 의뢰받고 있다.	①	②	③	④	⑤
4	전속중개계약을 했을 경우 고객에 대하여 차별화된 서비스를 제공한다.	①	②	③	④	⑤
5	전속중개계약에 대하여 고객들이 잘 알고 있다.	①	②	③	④	⑤
6	전속중개계약에 대한 중개업자의 만족도는 높다.	①	②	③	④	⑤

Ⅲ 거래정보망에 관한 사항

기래정보밍은 일산, 분당 등 일부지역을 대상으로 운영되는 민간거래정보망과 정부로부터 정식으로 사업자지정을 받고 전국적으로 운영되는 전국거래정보망이 있습니다. 여기에서는 전국적으로 운영되는 거래정보망에 관한 질문입니다. 현재 대표적인 거래정보망으로는 중개업자협회가 운영하는 거래정보망이 있습니다.

(부동산 114나 까치라인 등 민간이 운영하는 부동산 종합 포털사이트나 민간거래정보망이 아니오니 응답에 착오 없으시기 바랍니다)

Ⅲ-1. 이용 용이성

다음은 우리나라 거래정보망의 이용 용이성에 대해서 드리는 질문입니다.

주) 숫자가 낮을수록 부정적인 답변이고, 숫자가 커질수록 긍정적인 답변입니다.

(예 : 전적으로 동의 안함 = 1, 보통 = 3, 전적으로 동의함 = 5)

문항	설 문 항 목	전적으로 동의 안함	동의 안함	보통	동의함	전적으로 동의함
1	거래정보망의 사용방법을 배우는 것은 쉽다.	①	②	③	④	⑤
2	부동산정보를 획득하기 위해 거래정보망에 접근하는 것이 용이하다.	①	②	③	④	⑤
3	거래정보망에서 정보 검색방법이 명확하고 이해하기 쉽다.	①	②	③	④	⑤
4	거래정보망은 다양한 정보검색방법을 제공한다.	①	②	③	④	⑤
5	거래정보망의 사용에 능숙해지는 것은 쉽다.	①	②	③	④	⑤
6	거래정보망의 사용은 쉽게 할 수 있다.	①	②	③	④	⑤

Ⅲ-2. 유용성

다음은 우리나라 거래정보망의 유용성에 대해 드리는 질문입니다.
주) 숫자가 낮을수록 부정적인 답변이고, 숫자가 커질수록 긍정적인 답변입니다.
(예 : 전적으로 동의 안함 = 1, 보통 = 3, 전적으로 동의함 = 5)

문항	설 문 항 목	전적으로 동의 안함	동의 안함	보통	동의 함	전적으로 동의함
1	거래정보망을 사용하면 부동산 정보 검색을 빠르게 할 수 있다.	①	②	③	④	⑤
2	거래정보망을 사용하는 것은 부동산 정보를 얻는데 있어 효율적이다.	①	②	③	④	⑤
3	거래정보망을 사용하면 정보종류가 다양하다.	①	②	③	④	⑤
4	거래정보망을 사용하는 것은 부동산 정보 검색의 비용을 줄여준다.	①	②	③	④	⑤
5	거래정보망을 사용하면 정보교환을 효율적으로 할 수 있다.	①	②	③	④	⑤
6	거래정보망을 사용하면 정보량이 풍부하다.	①	②	③	④	⑤
7	거래정보망을 사용하면 부동산 정보 검색에 유용하다.	①	②	③	④	⑤

Ⅲ-3. 신뢰성

다음은 우리나라 거래정보망의 신뢰성에 대해 드리는 질문입니다.
주) 숫자가 낮을수록 부정적인 답변이고, 숫자가 커질수록 긍정적인 답변입니다.

문항	설 문 항 목	전적으로 동의 안함	동의 안함	보통	동의 함	전적으로 동의함
1	거래정보망은 믿을만하다고 생각한다.	①	②	③	④	⑤
2	거래정보망은 내가 원하는 정보를 제공해 줄 것이라고 믿는다.	①	②	③	④	⑤
3	거래정보망은 나와의 약속을 성실히 수행한다고 믿는다.	①	②	③	④	⑤
4	거래정보망이 제공하는 정보는 신뢰할 수 있다고 생각한다.	①	②	③	④	⑤
5	거래정보망은 거래에 도움이 될 것이라고 믿는다.	①	②	③	④	⑤

Ⅳ 부동산거래의 효율성에 관한 사항

Ⅳ-1. 거래의 시의적절성

전속중개계약과 거래정보망을 활발히 이용할 수 있다면 다음 질문에 어떻게 답하시겠습니까?

주) 숫자가 낮을수록 부정적인 답변이고, 숫자가 커질수록 긍정적인 답변입니다.

문항	설 문 항 목	전적으로 동의 안함	동의 안함	보통	동의함	전적으로 동의함
1	내가 원하는 시점에 부동산거래가 이루어질 것이다.	①	②	③	④	⑤
2	거래 성사율이 높을 것이다.	①	②	③	④	⑤
3	거래 성사기간이 단축될 것이다.	①	②	③	④	⑤
4	거래상대방의 탐색이 용이할 것이다.	①	②	③	④	⑤

Ⅳ-2. 거래의 안전성

전속중개계약과 거래정보망을 활발히 이용할 수 있다면 다음 질문에 어떻게 답하시겠습니까?

주) 숫자가 낮을수록 부정적인 답변이고, 숫자가 커질수록 긍정적인 답변입니다.

문항	설 문 항 목	전적으로 동의 안함	동의 안함	보통	동의함	전적으로 동의함
1	거래가 안전하게 이루어질 것이다.	①	②	③	④	⑤
2	거래사고가 줄어들 것이다.	①	②	③	④	⑤
3	거래물건에 하자가 없을 것이다.	①	②	③	④	⑤
4	거래조건을 믿을 수 있을 것이다.	①	②	③	④	⑤

Ⅳ-3. 거래의 투명성

전속중개계약과 거래정보망을 활발히 이용할 수 있다면 다음 질문에 어떻게 답 하시겠습니까?

주) 숫자가 낮을수록 부정적인 답변이고, 숫자가 커질수록 긍정적인 답변입니다.

문항	설 문 항 목	전적으로 동의안함	동의안함	보통	동의함	전적으로 동의함
1	고객에게 매물정보를 정확하게 제공하게 될 것이다.	①	②	③	④	⑤
2	매도자에게 적정한 매물가격을 조언하게 될 것이다.	①	②	③	④	⑤
3	매물가격을 고객에게 투명하게 공개하게 될 것이다.	①	②	③	④	⑤
4	투기적 요소의 거래는 하지 않게 될 것이다.	①	②	③	④	⑤
5	거래가 투명하게 이루어질 것이다.	①	②	③	④	⑤
6	거래내용에 거짓이 없을 것이다.	①	②	③	④	⑤
7	투기적 거래가 사라질 것이다.	①	②	③	④	⑤

Ⅳ-4. 분쟁해결

<u>전속중개계약과 거래정보망을 활발히 이용할 수 있다면</u> 다음 질문에 어떻게 답 하시겠습니까?

문항	설 문 항 목	전적으로 동의안함	동의안함	보통	동의함	전적으로 동의함
1	전속중개계약과 거래정보망을 활발히 이용할 수 있다면 고객 불만을 적극적으로 처리하게 될 것이다.	①	②	③	④	⑤
2	전속중개계약과 거래정보망을 활발히 이용할 수 있다면 매도를 의뢰받을 때 의뢰내용을 문서로 작성할 것이다.	①	②	③	④	⑤
3	전속중개계약과 거래정보망을 활발히 이용할 수 있다면 고객과 중개업자의 상호 권리와 의무에 대해서 계약시에 분명하게 설명해줄 것이다.	①	②	③	④	⑤
4	전속중개계약과 거래정보망을 활발히 이용할 수 있다면 수수료 요율에 대해 사전에 충분히 설명할 것이다.	①	②	③	④	⑤
5	전속중개계약과 거래정보망을 활발히 이용할 수 있다면 위약시 손해배상규정에 대해 사전에 상호 협의하여 문서로 작성할 것이다.	①	②	③	④	⑤

Ⅴ 중개업자의 신뢰성 제고에 관한 사항

다음은 중개업자의 신뢰성에 대한 질문입니다.

<u>주) 숫자가 낮을수록 부정적인 답변이고, 숫자가 커질수록 긍정적인 답변입니다.</u>

(예 : 전적으로 동의 안함 = 1, 보통 = 3, 전적으로 동의함 = 5)

문항	설 문 항 목	전적으로 동의 안함	동의 안함	보통	동의함	전적으로 동의함
1	부동산거래의 효율성이 향상되면 고객에게 정확한 정보를 제공할 수 있을 것이다.	①	②	③	④	⑤
2	부동산거래의 효율성이 향상되면 내가 제공하는 물건정보를 고객이 신뢰하게 될 것이다.	①	②	③	④	⑤
3	부동산거래의 효율성이 향상되면 고객을 위해 업무를 성실히 수행할 수 있을 것이다.	①	②	③	④	⑤
4	부동산거래의 효율성이 향상되면 고객의 맡긴 업무를 정확하게 처리해 줄 수 있을 것이다.	①	②	③	④	⑤
5	부동산거래의 효율성이 향상되면 고객에게 약속된 서비스를 정확하게 수행할 수 있을 것이다.	①	②	③	④	⑤
6	부동산거래의 효율성이 향상되면 매물에 대한 확인·설명시에는 공부자료에 근거하여 정확히 설명해줄 수 있을 것이다.	①	②	③	④	⑤

Ⅵ 고객 만족에 관한 사항

다음은 중개업자의 신뢰성이 향상되었을 때 고객이 만족하는지 여부에 대한 질문입니다.
주) 숫자가 낮을수록 부정적인 답변이고, 숫자가 커질수록 긍정적인 답변입니다.

문항	설 문 항 목	전적으로 동의 안함	동의 안함	보통	동의함	전적으로 동의함
1	전속중개계약제도 및 거래정보망을 이용해 거래를 중개하는 경우 고객은 중개업자의 업무처리에 대해 만족스럽게 생각할 것이다.	①	②	③	④	⑤
2	전속중개계약제도 및 거래정보망을 이용해 거래를 중개하는 경우 고객은 중개업자의 업무처리 능력에 신뢰를 가질 것이다.	①	②	③	④	⑤
3	전속중개계약제도 및 거래정보망을 이용해 거래를 중개하는 경우 고객은 주변사람에게 내 업무능력을 좋게 이야기해줄 것이다.	①	②	③	④	⑤
4	전속중개계약제도 및 거래정보망을 이용해 거래를 중개하는 경우 고객은 나를 다른 고객에게 소개해줄 것이다.	①	②	③	④	⑤
5	중개업자를 신뢰할 경우 고객이 다시 방문할 것이다.	①	②	③	④	⑤

Ⅶ 인구통계학적 특성

다음은 귀하의 인구 통계적 사항에 관한 질문입니다. 통계처리에 꼭 필요한 사항이니 성실한 답변을 부탁드립니다.

1. 귀하의 성별은?
   ① 남성( ) ② 여성( )

2. 귀하의 종별은
   ① 공인중개사( ) ② 중개인( ) ③ 법인( )

3. 귀하의 연령은?
   ① 20~30세( ) ② 31~40세( ) ③ 41~50세( ) ④ 51~60세( ) ⑤ 61세 이상( )

4. 귀하의 학력은?
   ① 고졸 이하( ) ② 고졸( ) ③ 전문대졸( ) ④ 대졸( ) ⑤ 대학원 이상( )

5. 귀하의 중개업 관련 종사기간은 얼마입니까? ( ) 년

6. 귀하의 영업장 소재지는 다음의 어느 권역입니까?
   ① 강남( ) ② 강북( ) ③ 강동( ) ④ 강서( )

바쁘신 와중에도 설문에 응해주신 선생님의 노고에 진심으로 감사드립니다.
아울러 본 자료는 본 연구에 귀중한 자료로 활용할 것을 약속드리는 바입니다.

2006년 10월 최봉현 드림

제2편
부동산중개업자의 공인거래정보망 발전방안
– 선택행동요인을 중심으로 –

– 채현길

서 론 01

1 연구의 배경 및 목적

1) 연구의 배경

급속한 정보기술의 발달과 인터넷의 확산은 사회 전체의 커뮤니케이션 변화에 큰 영향을 미쳤다. 이는 컴퓨터 활용을 통한 부동산정보제공기술을 급속히 변화시키고 있다.

과거 부동산유통시장에서는 부동산정보의 취득비용이 많이 들고 시간과 공간의 제약이 많았다. 그러나 온라인 부동산시장이 등장으로 정보의 비대칭성이 상대적으로 상당 부분 해소되었으며, 부동산정보 취득시간과 비용도 절감되었다.[1] 또한, 부동산유통시장에서 인터넷의 커뮤니티를 이용하게 된 부동산중개업자[2](이하 '중개업자'라 칭한다)는 인터넷 사용을 점차 증대시켜 소비자와 중개업자 간의 정보취득 기회를 확대하고 경쟁력까지 강화하고 있다. 인터넷은 상호작용성, 비용의 효율성, 구매의 편리성, 경제성 등의 장점이 있기 때문에, 이것을 이용한 구매방식도 급성장하고 있다.[3] 이러한 시대적 상황에 맞추어 중개업자는 부동산거래정보망[4](이하 '거래정보망'이라 칭한다)을 중개업무에 활용하여 중개의뢰인을 찾고, 부동산거래계약을 성사시키기 위해 노력하고 있다. 이러한 점을 예견하여 정부는 1993년 '부동산중개업법'에 중개물건유통기구로 거래정보망을 설치하도록 유도하고 지정제도를 도입하였다.

중개업자는 1998년 이후 급속하게 늘어나 2009년 12월말 현재 83,728명에 이르고 있다.[5] 중개업소의 증가는 중개업자 간의 영업경쟁으로 이어져 인터넷을 이용한 다양한 마케팅과 중개업 경영전략을 찾기에 이르렀고, 중개업자는 보다 많은 인터넷 거래정

1) 최민섭(2006), 인터넷 부동산 서비스 품질이 마케팅 성과에 미치는 영향에 관한 연구, 박사학위논문, 건국대학교 대학원, 1쪽.

2) '공인중개사의 업무 및 부동산거래신고에 관한 법률' 제9조에 의하여 중개사무소를 개설등록한 자를 말한다.

3) 범경기・김원겸(2008), "웹사이트 서비스품질요인, 고객만족 및 행동의도의 관계", 「한국콘텐츠학회논문지」 제8권 제10호, 한국콘텐츠학회, 181쪽.

4) 중개업자 상호간에 부동산매매 등에 관한 정보의 공개와 유통을 촉진하고 공정한 부동산거래질서를 확립하기 위한 부동산유통기구를 말한다.

5) 2009년 12월말 현재 국토해양부 통계자료.

보망에 보유매물을 홍보하기 위해 거래정보망과 부동산포탈사이트를 이용하게 되었다. 이로 인해 중개업자는 각종 거래정보망 이용에 따른 경제적 부담이 증가하고 있다. 중개업소 대상 온라인·오프라인 가맹점 비즈니스 시장규모는 연간 400억에 달하고 있으며[6], 매년 증가하고 있는 상황이다. 중개업자는 부동산가격정보를 제공하면서도 많은 비용을 지출하는 모순된 구조로 각종 거래정보망을 이용하고 있는 실정이다.

2008년 12월말 한국공인중개사협회 용역보고서[7]에 의하면, 중개업자가 거래정보망과 부동산포탈사이트를 중개업무에 활용하고 있는 비율이 60.5%에 이르고 있다고 보고하였다. 실제 소비자가 중개업소를 직접 방문하여 거래정보를 수집하는 경우보다 인터넷을 통해 거래정보를 수집하는 경우가 늘어나고 있다. 거래정보망을 이용하면 시간을 절약할 수 있고, 원하는 정보를 원하는 시간대에 얻을 수 있어 유용한 기능을 담당하고 있기 때문이다. 1993년 거래정보망 도입당시 거래정보망의 구축을 통하여 부동산중개업계가 정보사회에 대처하고 중개업을 과학화하는데 기여할 뿐만 아니라, 부동산정보의 공유화를 촉진시켜 매물정보, 가격정보가 일부 계층에 집중되는데 따른 부당이득, 부동산투기 그리고 부동산거래질서 문란을 방지하는데 큰 효과가 있을 것으로 기대하였다.[8] 또한 부동산정보는 사회성·공공성이 높고, 정보자체에 대한 신뢰도가 높아야 하고, 이를 운용하는 단체의 선정도 간과해서는 안 되며, 부동산중개업계 실정으로 거래정보망의 사업운영 경험이 없고, 또한 전문적인 노하우가 없기 때문에 제도를 정착시키기 위해서는 상당한 시일이 걸릴 것으로 예상하기도 하였다.[9] 이러한 예상과 같이 제도도입 17년이 지난 현재까지도 공인거래정보망은 활성화되지 못하고 있다.

국토해양부에서 공인거래정보망으로 지정한 사업자는 한국공인중개사협회(이하 '공인중개사협회'라 칭한다), 한국감정원 2개에 불과하며, 그 중에서 2010년 12월말 현재 유일하게 공인중개사협회에서 거래정보망사업을 운영하고 있다. 하지만 일반중개계약[10]에 익숙한 소비자의 거래관습과 사업자의 일관성 없는 사업추진 및 제도적인 지원 부족, 홍보부족 등으로 활성화되지 못하고 있다.

부동산중개업의 경쟁력 강화를 위해서는 공인거래정보망이 반드시 필요한 중요한 제도인데도 불구하고 발전하지 못하고 있다. 이로 인해 거래정보망에 대한 제 기능과 제 역할 수행이 미흡해 중개업무의 효율성이 떨어져 중개업자의 불만과 불신이 증가하고 있는 상황이다.

---

6) 심형석·임채관·김향란(2008), "부동산정보 사이트의 허위매물 현황과 정책제언", 「부동산학연구」 제14집 제1호, 한국부동산분석학회, 173쪽.
7) 한국공인중개사협회(2008), "부동산중개제도의 문제점과 개선방안에 관한 연구", 강원대학교 부동산학과.
8) 문영기·박병용(1994), "부동산거래정보망의 표준화", 「부동산학보」 제11집, 한국부동산학회, 25~37쪽.
9) 장희순(1994), "부동산거래정보망 운영방안", 「부동산정책연구」 제4집, 건국대학교 부설 부동산정책연구소, 123~132쪽.
10) 구두상의 중개의뢰계약으로 불특정 다수의 중개업자를 대상으로 중개물건을 의뢰하고 계약을 성사시킨 중개업자에게 중개수수료 청구권이 있다.

2) 연구의 목적

거래정보망은 온라인 부동산시장의 형성, 부동산정보의 공급, 부동산의 가격조정, 중개업 공동체 형성, 중개업소의 홍보, 중개업역의 확대 등의 기능과 역할을 수행한다. 하지만 공인거래정보망은 제 기능과 역할을 수행하지 못하고 있다.

공인거래정보망은 동업자단체가 운영하고 회원인 중개업자가 매물정보를 등록하는 구조로 되어있기 때문에 중개업자가 더 이용하고 거래성사율이 더 높아야 제 기능을 다하고 있다고 볼 수 있다. 그러나 현실은 이와 다르다. 그렇다면 중개업자가 공인거래정보망을 이용하지 않는 이유는 어디에 있을까? 이는 중개업자의 공인거래정보망에 대한 불만과 불신이 있기 때문이다. 중개업자가 공인거래정보망에 불만을 느끼는 요인이 무엇인지 규명한다면 대안을 찾을 수 있을 것이다. 그리고 공인거래정보망에 대한 중개업자의 선택행동요인을 고려할 필요가 있다. 그 동안 사업자의 입장에서 운영되다보니 이를 고려하지 못하였다. 중개업자의 선택행동요인을 고려하면 그런 기능을 밝혀낼 수 있을 것이다. 또한 공인거래정보망의 만족도와 신뢰성이 어느 정도인지 규명하여 중개업자의 선택행동요인을 검증할 수 있을 것이다. 이를 위해 중개업자를 대상으로 설문조사하여 그 요인이 무엇인지 밝히고 대안을 도출하고자 하였다.

중개업자가 직접 운영하고 투자하고 있는 공인중개사협회의 거래정보망을 분석한 사례는 희박하다. 따라서 본 연구는 중개업자의 공인거래정보망의 서비스 불만족요인을 도출하고, 중개업자의 선택행동요인을 규명하여 공인거래정보망을 발전시킬 수 있는 방안을 연구하는데 목적을 두고자 한다.

2 연구의 방법 및 범위

1) 연구의 방법

본 연구의 목적을 달성하기 위해 문헌적 연구와 실태분석 및 실증분석을 병행한다. 문헌적 연구는 파레토법칙, 칼도어-힉스 보상원칙, 정보기술수용모델이론을 고찰한다. 이를 통해 공인거래정보망의 차별성 부여를 통한 부동산정보의 효율성 증대와 정부지원의 필요성에 대해 기술한다. 또한 각종 거래정보망에 대한 문헌을 고찰하여 공인거래정보망에 대한 중개업자의 선택행동요인을 도출한다. 그리고 중개업자의 만족도 및 신뢰성에 대해 문헌을 고찰한다. 이를 토대로 연구모형을 구축한다. 그리고 이를 측정할 수 있는 설문항목을 구성한다.

각종 거래정보망의 현황은 문헌연구를 통해 살펴보고, 실태를 파악하기 위해 설문항목을 구성하여 문제점을 도출한다. 또한 공인거래정보망에 대한 서비스 불만족요인과 선택행동요인을 파악하기 위해 구조화된 설문지를 이용하고 실증분석을 위한 분석모형에 포함된 다양한 변수들의 개념을 정리하고 공인거래정보망 사업자 중 전국적으로 회원을 확보하고 있는 공인중개사협회의 '탱크21'과 '유니온프로'를 이용한 경험이 있는 중개업자만을 대상으로 설문조사를 실시한다. 공인거래정보망 서비스 불만족요인을 파악하기 위해 변수 상호관계 등의 특성을 밝힐 수 있는 다변량 일반선형모형(Multivariate General Linear Model)을 이용하여 분석한다. 그리고 공인거래정보망에 대한 중개업자의 선택행동요인은 요인별로 만족도와 신뢰성을 구조방정식모델로 분석하여 인과관계를 검증한다. 통계패키지는 SPSS 12.0과 AMOS 17.0을 이용한다. 이러한 문헌연구와 실태 및 실증분석 한 결과를 토대로 공인거래정보망의 발전방안을 제시한다.

2) 연구의 범위

연구대상의 범위는 '공인중개사의 업무 및 부동산거래신고에 관한 법률'(이하 '공인중개사법'이라 한다) 제24조에 근거하여 국토해양부장관의 지정을 받은 공인중개사협회의 '탱크21'과 공인중개사협회 자회사에서 운영 중인 '유니온프로'를 대상으로 하였다. 공간적 범위는 서울특별시, 경기도, 6개 광역시[11]로 선정하였다. 시간적 범위는 2009년 12월 현재 '공인중개사법' 제9조에 의거 중개업을 개설등록 한 중개업자를 대상으로 설문조사를 실시하여 5주간의 시간을 두고 설문지를 회수하였다. 701부의 설문지 중 불성실한 답변 167부를 제외하고 544부를 채택하여 실태분석과 실증분석에 사용하였다.[12] 본 연구의 흐름도는 〈그림 1-1〉과 같다.

11) 광역시는 부산광역시, 대구광역시, 인천광역시, 대전광역시, 광주광역시, 울산광역시를 말한다.
12) 응답하지 않은 자료는 결측처리하였기 때문에 전체 사례 수는 구간에 따라 차이가 있다.

〈그림 1-1〉 연구흐름도

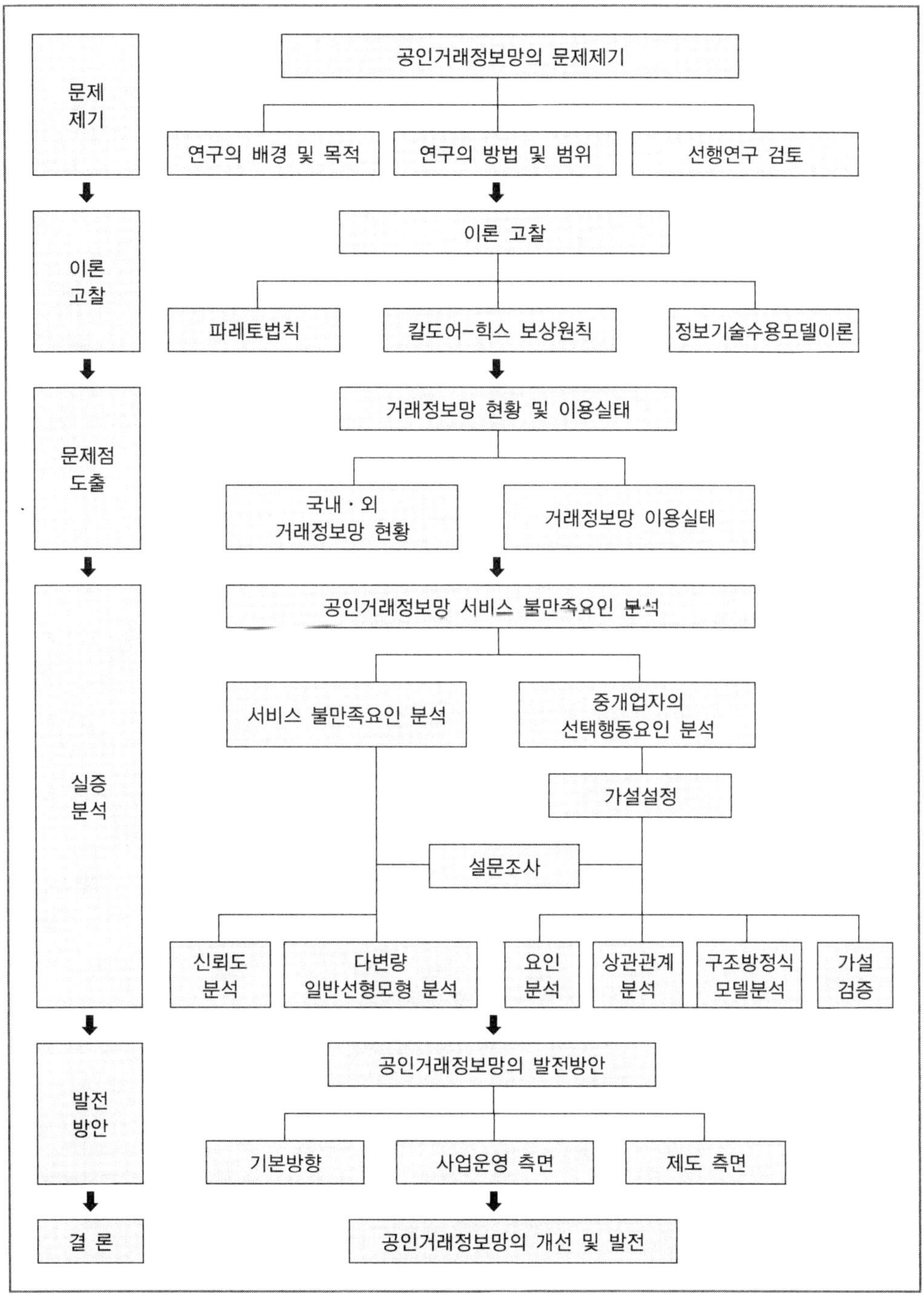
문제 제기
공인거래정보망의 문제제기
연구의 배경 및 목적
연구의 방법 및 범위
선행연구 검토
이론 고찰
이론 고찰
파레토법칙
칼도어-힉스 보상원칙
정보기술수용모델이론
문제점 도출
거래정보망 현황 및 이용실태
국내 · 외 거래정보망 현황
거래정보망 이용실태
실증 분석
공인거래정보망 서비스 불만족요인 분석
서비스 불만족요인 분석
중개업자의 선택행동요인 분석
가설설정
설문조사
신뢰도 분석
다변량 일반선형모형 분석
요인 분석
상관관계 분석
구조방정식 모델분석
가설 검증
발전 방안
공인거래정보망의 발전방안
기본방향
사업운영 측면
제도 측면
결 론
공인거래정보망의 개선 및 발전

3 선행연구 고찰

1) 선행연구

국내 거래정보망에 대한 선행연구는 문헌연구를 통한 제도개선(문영기·박병용, 1994 ; 장희순, 1994), 외국 거래정보망 비교(민성원, 2001 ; 윤호진, 2004), 우리나라 특정지역의 특정 거래정보망을 실태분석(최영호, 2002)하여 제도개선 및 활성화방안을 모색하는데 의존하고 있다.

문영기·박병용(1994)[13]은 거래정보망 구축의 문제점을 해결하기 위한 거래정보망의 표준화 필요성, 표준화 분야 및 방법에 대한 고찰의 검토, 당시에 한국통신(현 'KT')이 제공하고 있는 ISDN[14] 및 CO-LAN[15]을 이용하여 종합거래정보망 구축안을 제시하였다. 거래정보망이 효율성을 확보하기 위해서는 거래정보망사업자와 일반VAN사업자와의 구분, 행정전산망 등 정보시스템과 거래정보망 연동, 표준화의 단계적 추진 등을 주장하였다.

장희순(1994)[16]은 1993년 12월 27일 '부동산중개업법' 개정 법률(안)에서 도입된 거래정보망에 주목하여, 이것을 운영한 경험이나 전문적 노하우가 없어 정착에 상당한 시일이 걸릴 것으로 예상하고, 기구만 설립해 놓는 것은 의미가 없으며, 중개업자의 수익을 올리고 국민의 재산보호와 거래질서를 확립하기 위해 몇 가지 대안을 제시하였다. 즉 이 유통기구는 중개업자가 맡아야 하고, 유통정보는 신뢰성이 있어야 하고, 정보규격은 표준화해야 하며, 새로운 거래정보시장을 형성하도록 유도해야 한다고 주장하였다.

민성원(2001)[17]은 인터넷상에서 운영되고 있는 거래정보망의 실태를 파악하고 활성화되지 못하는 원인분석을 통해 거래정보망의 활용방안을 모색하였다. 그 방안으로 거래정보망의 구축 및 운영에 있어서 사용자가 쉽고 편리하게 사용할 수 있는 콘텐츠 구성과 거래정보망사업자 간의 정보공유를 통한 시너지 효과, 사용자와 중개업자, 정보제공업자 상호간의 필요조건을 유기적으로 이용한 수익성 확보 등을 제시하였다.

최영호(2002)[18]는 거래정보망 중 인가거래정보망과 민간거래정보망을 구분하여 우리나라에서 어느 시스템이 적합한 시스템인지를 밝히고, 분당지역 중개업자를 대상으로 설문조사하여 거래정보망을 통한 거래가 저조한 원인을 찾아 활성화방안을 모색하였다.

---

13) 문영기·박병용(1994), 앞의 논문, 25~37쪽.

14) ISDN란 종합정보통신망(Intergrated Services Ditigal Network)이라고 하며, 당시 64Kbps 데이터 전송능력을 이용하여 문자정보 이외에 음성과 칼라 영상정보가 제공되었다.

15) CO-LAN란 기업들이 사용하는 다양한 통신 형태 및 통신방식을 전용회선과 동일하게 수용하는 전송서비스 및 비동기교환서비스를 말한다.

16) 장희순(1994), 앞의 논문, 123~132쪽.

17) 민성원(2001), 부동산거래 활성화를 위한 인터넷 정보망의 활용에 관한 연구 - 부동산정보를 중심으로, 석사학위논문, 단국대학교 대학원.

18) 최영호(2002), 부동산거래정보망을 통한 거래활성화 방안 연구, 석사학위논문, 서울시립대학교 도시과학대학원.

그 방안으로 지역별 거래정보망의 통일성, 매물의 규격화, 국소지역의 독점화된 거래정보망 형태를 장기적으로 통합하는 방안을 제시하였고, 이를 위해 정부의 정책적인 지원이나 제도적인 뒷받침이 필요하다고 주장하였다.

윤호진(2004)[19]은 거래정보망에 대해 문헌연구, 외국의 현황과 우리나라의 거래정보망 현황을 비교분석하여 부동산 관련 서류의 표준화, 정보망회사의 인증기준 마련, 에스크로우제도 활성화, 부동산정보의 서비스체제 일원화, 독점중개권 보장 등 관리적·제도적 측면에서 활성화방안을 제시하였다.

최봉현(2007)[20]은 거래정보망제도의 정착이 실패하였다고 비판하고, 이 제도를 성공시키려면 전속중개계약이 전제되고, 등록정보가 신뢰성이 있어야 하며, 거래정보망 정보관리체계를 정비하여야 하고, 정부가 인식을 새롭게 하고 대국민 홍보활동에 적극 나서야 한다고 주장하였다.

채현길·문영기·서진형(2009)[21]은 중개업자가 거래정보망을 선택하는 요인과 그 선택요인의 만족도를 조사하였다. 그 결과 요인 중에서 이용 편의성은 물건등록 및 검색편의성을 가장 중요하게 인식하고, 정보의 질은 정확한 매물정보의 등록여부, 콘텐츠는 계약관리 프로그램 제공의 편리성, 경제성은 이용가격의 적정성, 상호작용성은 공동중개의 용이성을 가장 중요하게 인식하는 것으로 분석하였다.

채현길·방경식·문영기(2010)[22]는 중개업자의 거래정보망 신뢰성을 분석하기 위해 편리성, 유용성, 수익성, 만족도, 신뢰성 항목요인을 정하여, 각각 관련된 변수를 선별한 후, 구조방정식모델을 이용하여 실증분석하였다. 그 결과 중개업자는 거래정보망의 편리성, 유용성, 수익성에 불만족하며, 그 때문에 신뢰성이 취약하여, 거래정보망의 신뢰성을 확보할 수 있는 대안을 마련해야 한다고 지적하였다.

〈표 1-1〉 국내 거래정보망에 관한 선행연구

연구자	연 구 내 용
채현길·방경식·문영기(2010)	중개업자의 거래정보망 신뢰성을 분석하기 위해 편리성, 유용성, 수익성, 만족도, 신뢰성 항목요인을 도출하여 구조방정식모델을 이용하여 실증분석
채현길·문영기·서진형(2009)	중개업자가 거래정보망을 선택하는 요인을 이용편의성, 정보의 질, 콘텐츠, 경제성, 상호작용성을 선정하여 만족도에 미치는 영향을 실증분석
최봉현(2007)	전속중개계약과 거래정보망의 필요성을 제시하고, 두 제도의 상관관계와 고객만족 및 신뢰성을 분석하여 합리화방안 제시

19) 윤호진(2004), 거래정보망의 활성화방안에 관한 연구, 석사학위논문, 동국대학교 경영대학원.
20) 최봉현(2007), 부동산의 전속중개계약 및 거래정보망 합리화 방안 – 서울지역 중개업자 신뢰성과 고객만족의 실증분석, 박사학위논문, 강원대학교 대학원.
21) 채현길·문영기·서진형(2009), "부동산거래정보망의 선택요인과 만족도에 관한 연구", 「부동산학연구」 제19집 제2호, 한국부동산분석학회, 237~257쪽.
22) 채현길·방경식·문영기(2010), "부동산중개업자의 거래정보망 신뢰성 분석", 「주거환경」 제8권 제1호, 한국주거환경학회, 139~154쪽.

윤호진(2004)	거래정보망에 대한 문헌연구와 외국의 현황을 비교하여 관리적·제도적 측면의 활성화방안 제시
최영호(2002)	인가거래정보망과 민간거래정보망을 구분하여 우리나라에서 어느 시스템이 적합한 시스템인지를 밝히고, 분당지역 중개업자를 대상으로 설문조사하여 활성화방안 제시
민성원(2001)	인터넷상에서 운영되고 있는 거래정보망의 실태를 파악하고 활성화되지 못하는 원인을 분석하여 활용방안 모색
장희순(1994)	거래정보망의 개념과 시스템 활용을 위한 전제조건을 논하고 합리적인 운용방안 제안
문영기·박병용(1994)	거래정보망 구축의 문제점을 해결하기 위한 방안 제시

2) 선행연구와 차별성

본 연구는 위에서 논의한 연구가 거시적 입장에서 거래정보망을 관찰한 것과 달리 공인거래정보망을 육성·발전시키기 위한 정부지원에 대한 논거를 제시하고, 공인거래정보망의 서비스 불만족요인이 무엇인지 구체적으로 밝히고, 공인거래정보망에 대해 중개업자가 선택행동하는 요인을 발굴하여 이를 구조방정식모델로 인과관계를 검증하여 불만족하고 불신하는 원인을 해소할 수 있는 대안이 무엇인지 밝히는 점에서 차별성이 있다. 그리고 중개업자가 직접 운영하고 투자하고 있는 공인중개사협회의 거래정보망을 분석하는 점에서 차별성이 있다.

이론 고찰 02

1 공인거래정보망의 이론 토대

거래정보망이란 중개업자 상호간에 중개대상물의 중개에 관한 정보를 교환하는 체계를 말하며, 정보를 교환하는 체계란 중개대상물의 중개에 관한 정보를 교환하기 위한 물리적 장비뿐만 아니라 인력, 프로그램, 업무조직 등 제반 구성요소를 통합시킨 광범위한 개념이다.[23]

과거에는 중개의뢰인이 중개업소를 직접 방문하여 중개물건을 의뢰하는 구조로 중개업이 이루어졌다. 이 경우 거래조건에 맞는 물건이 없으면 다른 중개업자를 통해 물건을 물색하고, 대상물건이 없으면 중개를 포기하는 것이 대부분이었다. 이러한 문제점을 해결하기 위해 거래정보망제도가 도입되었다. 이를 이용하면 한 곳의 중개업소를 방문하여도 소비자가 원하는 지역의 물건과 조건에 맞는 거래정보를 손쉽게 얻을 수 있기 때문이다. 따라서 신속하고 편리하게 거래계약이 이루어질 가능성이 높아져 거래의 성사율과 중개업무의 효율성을 추구할 수 있는 제도이다.[24] 이러한 거래정보망은 중개업자 간의 협력을 통해 공동중개계약 형태로 계약이 성사되는 경우가 많다. 거래정보망을 통한 거래절차는 〈그림 2-1〉과 같다.

〈그림 2-1〉 거래정보망을 통한 거래절차

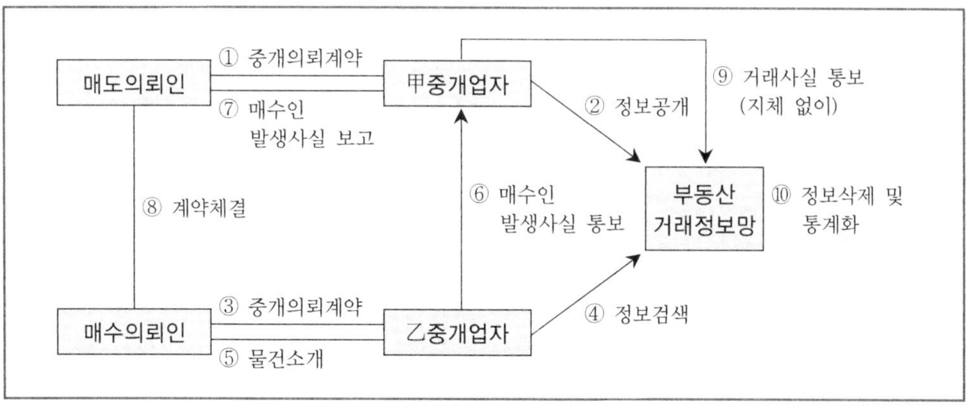

* 출처 : 문영기(2009), 「부동산중개론」, 서울, 부연사, 116쪽.

23) 강해규 등(2007), 「부동산중개론」, 서울, 형설출판사, 179쪽.
24) 문영기(2009), 「부동산중개론」, 서울, 부연사, 112쪽.

거래정보망이란 용어는 1907년 미국에서 처음 사용되었으며, 1920년대에 이르러 매우 급격하게 발달하였다. 미국의 캘리포니아주 로스앤젤레스의 웨스트사이드 리얼터(Westside Realtor)지부는 내규에서 "거래정보망은 법적관계가 성립되는 법적 정보망 이용참여자가 다른 참여자와 더불어 제안된 계약을 성립함에 있어, 고객과 대중에게 더 나은 서비스를 제공하기 위하여 참여자들 사이에 위탁된 거래정보에 대해 상혼에 질서를 부여하고 보급하기 위한 기능"이라고 정의하였다.[25]

'부동산중개업법'에 의한 거래정보망의 개념을 살펴보면, 중개업자 상호간에 중개대상물건의 중개에 관한 정보를 교환하는 체계를 말한다고 규정하고 있다. 이창석 등(2000)[26]은 중개업자 상호간에 중개대상물의 중개에 관한 정보를 교환하는 체계로 정의하면서 중개업자들이 컴퓨터통신망을 통해서 각종 부동산 매물정보를 공유하고 공동중개하는 정보시스템을 의미한다고 하였으며, 장영철(2003)[27]은 거래정보망을 부동산정보시장이라고 정의하였다. 강해규 등(2007)[28]은 거래정보망은 중개업자 상호간의 정보교환을 목적으로 설치된 것을 의미하는 것으로, 중개업자와 중개의뢰인 혹은 부동산거래당사자 상호간의 부동산 관련 정보의 교환을 목적으로 설치된 부동산정보망은 거래정보망으로 볼 수 없다고 구분하기도 하였다.

본 연구에서는 공인거래정보망을 '공인중개사법' 제24조에 근거하여 국토해양부장관의 지정을 받은 사업자가 중개업자 상호간에 부동산매매 등에 관한 정보의 공개와 유통을 촉진하고 공정한 부동산거래질서를 확립하기 위한 거래정보시스템이라고 정의한다.

부동산학에서 공인거래정보망에 대한 이론을 찾기에는 한계가 있다. 따라서 공인거래정보망과 관련하여 경제학 이론에서 파레토법칙과 칼도어-힉스 보상원칙을 적용하였으며, 사회심리학 이론에서 정보기술수용모델이론을 차용하여 적용하였다.

1) 파레토법칙

파레토법칙은 영국의 부와 소득의 유형에 대해 분석한 연구과정에서 알아낸 법칙이다. 파레토[29]의 주장은 어떤 소득수준에서의 소득분배는 지나치게 고착화된 토대 위에서 이뤄진 것이라고 주장하였다. 불평등은 단순히 소득분배를 완화함으로써 결코 감소될 수 있는 것이 아니고, 분배의 평등은 인구성장보다 더 빠른 생산을 함으로써 원활하게 이루어질 수 있다는 자연적인 경제법칙의 존재를 주장하였다.[30]

---

25) 한국감정원(1994), "부동산거래정보망사업 진출 타당성 검토", 한국감정원, 1쪽.
26) 이창석 등(2000), 「부동산정보의 이론과 실무」, 서울, 형설출판사, 620쪽.
27) 장영철(2003), 일산 신도시의 부동산거래정보망에 관한 연구, 석사학위논문, 경희대학교 행정대학원, 5쪽.
28) 강해규 등(2007), 앞의 책, 179~180쪽.
29) 파레토는 19세기 말 경험적 사실에 기초하여 경제이론을 발전시킨 경제학자이다.
30) 이경림(2006), 파레토법칙의 인식과 영재교육경영의 문제점 및 개선방안에 관한 연구, 박사학위논문, 건국대학교 대학원, 6쪽.

파레토법칙[31]은 분배의 일반적 특성을 경험적으로 발견했다는 점과 이를 계수적으로 표현하는 하나의 독자적인 모형을 만들었다는 점에서 의의가 크다. 그러나 파레토법칙의 가장 큰 의의는 경험적 사실에 의하여 문제를 해결하려고 했다는 점이다. 당시의 경험과학으로서 경제학의 접근 방법을 명확하게 규명함으로써 앞으로의 경제 분석의 방향을 제시하였다.[32]

재산의 크기가 두 배로 늘어날 때마다 그만한 재산을 소유하고 있는 사람의 숫자는 일정한 상수의 비율로 감소하는 역함수의 패턴을 발견한 것이다. 소위 '20 : 80 법칙, 80 : 20 법칙'이라고 불리는 수학적 분포에 따라 언제나 전체 중 소수의 비율이 대부분의 부를 소유하게 된다는 것이다. '20%의 제품이 전체 이익의 80%를 만든다'는 것이다. 즉 '20 : 80 법칙'이라고도 하는 파레토법칙은 부, 노력, 투입량, 원인의 작은 부분이 대부분의 부, 성과, 산출량, 결과를 이루어낸다는 것이다.[33] 파레토법칙은 〈그림 2-2〉와 같다.

〈그림 2-2〉 '80 : 20 법칙'의 예

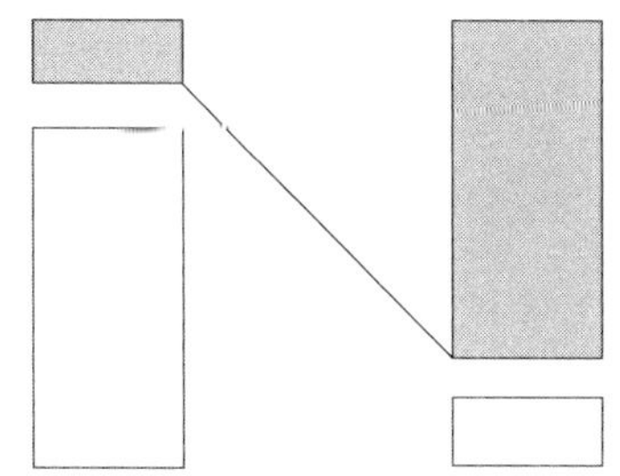

* 출처 : 이경림(2006), 파레토법칙의 인식과 영재교육경영의 문제점 및 개선방안에 관한 연구, 박사학위논문, 건국대학교 대학원, 7쪽.

파레토법칙은 오늘날의 경영혁신 방법으로 이용되고 있다. 파레토법칙에 따르면 많은 기업가들이 생각하는 것과는 달리 모든 제품과 고객은 똑같지 않다. 그러므로 모든 제품과 고객에게 똑같은 만큼 투자하는 것은 낭비이다. 중요한 20%를 찾아내어 그들에게 투자해야 최대의 효과를 얻을 수 있다는 사실을 발견한 것이다.[34]

거래정보망이라고 해서 공인, 사설 모두가 똑같은 것은 아니다. 공인중개사협회의 공인거래정보망은 중개업자가 이용하고 투자하여 운영하고 있다. 이를 통해 중개업자는 공동체를 형성하고 있고 부동산거래가 성사될 경우 가장 먼저 정보를 취득하는 위치에

---

31) 파레토법칙은 마케팅 분야에서 지지되고 있는 이론이다.
32) 박천익(1998), 「파레토 복지경제학」, 대구, 대구대학교 출판부, 29쪽.
33) 이경림(2006), 앞의 논문, 6쪽.
34) 위의 논문, 9쪽.

있다. 따라서 거래정보망이 활성화될 경우 정보의 효율적인 활용측면에서 최대의 효과를 얻을 수 있다.

파레토법칙은 기업이나 금융회사의 경영이란 관점에서는 경영의 효율성을 높이고 자원의 합리적 배분을 위해 필요한 이론이다.

이와 같이 파레토 법칙은 '소수의 국민이 대부분의 소득을 벌어들인다'는 '부의 불평등 현상'을 말한다. 파레토는 때때로 양적으로 적은 항목들의 가치가 다른 큰 항목들의 가치보다 훨씬 중요하다는 사실을 알아냈다. '전체 중 20퍼센트만의 투입으로 80퍼센트의 성과가 산출된다'는 것이다. 그러나 여기에서 80과 20은 숫자 자체를 반드시 의미하는 것은 아니다. 결국 파레토법칙은 '전체성과(全體成果)의 대부분(80%)이 몇 가지 소수의 요소(20%)에 의존한다'는 의미인 것이다.[35) 이와 같이 파레토법칙을 선택과 집중이라는 개념으로 이해할 수 있다. 공인거래정보망의 경우도 사설거래정보망보다 우월하고 가치가 크다고 보는 것이 아니라 능력과 여건에 맞게 적극적인 차별성을 공인거래정보망에 부여해 주자는 것이다.

연구자는 양질의 부동산거래정보 생산이 국가 경쟁력을 좌우한다는 생각 아래 공인거래정보망에 파레토법칙을 적용해 보았다. 공인거래정보망은 중개업자가 직접투자하고 이용한다. 따라서 사설 거래정보망보다 우월적인 지위를 가진다. 모든 거래정보망을 규제하지 않고 부동산시장에서 자율적으로 운영되다보니 부동산정보는 분산되어 양질의 정보가 취합되지 못하고 있다. 이러한 문제를 해결하고 부동산거래정보의 효율성을 높이기 위해 공인거래정보망에 차별성을 부여하여 최적화할 필요가 있다.

2) 칼도어-힉스 보상원칙

파레토법칙은 사회의 어느 구성원이 새로운 상태를 선호하고 이것을 비선호하는 사람이 없을 경우 이 정책은 수용될 수 있다는 것이다. 그러나 비선호하는 사람이 있을 때에는 파레토 순위에 있어서는 경제상태의 순위가 결정될 수 없다. 이를 해결하기 위한 대안책으로 제시된 것이 칼도어(Kaldor)-힉스(Hicks) 보상원칙이다.[36)]

파레토법칙을 보완해 자원배분이 사회전체 효용에 미치는 영향에 대해 판단할 수 있는 기준이 칼도어(Kaldor)-힉스(Hicks) 보상원칙이다. 이 원칙은 다른 상태로 옮겨서 이익을 얻는 사람이 이로 말미암아 결손을 보게 되는 사람에게 보상을 해주고도 이득이 있으면 이 상태는 사회적으로 선호된다는 것이다. 그러나 실제의 보상이 요구되는 것은 아니며, 보상을 할 수 있다는 가능성이 필요조건이다.

칼도-힉스 기준은 비용편익분석을 사회 전체차원에서 적용하여 비용보다 편익이 클 경우 사업을 시행하고, 비용과 편익의 차액을 효용이 감소되는 측에 정부가 세금 등을

35) 위의 논문, 10쪽.

36) Kaldor N.(1939), *Welfare Proposition in Economics*, Journal, Vol. 49, pp.549~552.

통해 재분배하여 이론적으로는 비용과 편익의 차이를 없애면서 사회전체적인 효용을 증대시키는 기준이다.[37] 이 보상원칙에는 파레토 최적이 유보되어 있다.[38]

거래정보망에서 제공되는 부동산거래정보는 신속한 정보의 획득을 가능하게 하고, 부동산매물의 가격비교와 부동산시장의 가격동향 파악 등 사회 전체차원에서 효용성을 높일 수 있다. 그리고 이를 통해 거래정보사업자는 부동산정보의 효율성을 증대시킬 수 있다.

장희순(1994)의 연구에서 지적한 바와 같이 거래정보망에 제공되는 부동산거래정보는 사회성과 공공성이 높다. 즉 공익성을 지닌 공공재로 볼 수 있다(방경식 · 장희순, 2009). 거래정보망에 취합된 정보로 사회전체의 효용성을 증대시킬 수 있다면 칼도어-힉스 기준의 적용이 가능하다. 공인거래정보망 사업자는 공공기관이나 지방자치단체 또는 정부가 아니라 근본적으로 이윤을 추구하는 기업체 등이 될 수 있기 때문이다. 하지만 공인거래정보망에 등록된 부동산정보를 공공재로 인식하고 사회전체의 효용성을 증대시킬 수 있다면 칼도어-힉스 보상원칙을 적용하는 것도 타당하다고 판단된다. 사회전체의 효용을 증대하는 차원에서 조정된다는 점에 대해 이의를 제기하는 당사자는 없을 것이다.

미국도 중개업자의 동업자 단체가 운영하는 공동중개기구인 MLS(Multiple Listing Service)[39]가 있다. 대부분 중개업자는 이 기구를 이용하며, 이 기구는 지역별로 시스템을 구축하여 이용한다. 이 기구의 운용과 관련하여, David Dale-Johnson and Stanley W. Hamilton(1998)은 매도인과 중개업자가 주택을 매각하기 위해 공동중개(MLS)나 전속중개(exclusively list)계약을 하며, 매도인은 스스로 공개하여 매각(for sale by owner)하기도 한다. 이것은 매도인이나 중개업자가 이익을 얻기 위한 행위라 하였다. 그리고 이러한 선택행위를 밴쿠버시의 15년간(1979-1993) MLS 자료를 분석하여 다음과 같은 결론을 얻었다. 즉 중개계약은 시장상황에 따라 달라진다. 시장이 저조(slow)하면 비교적 물건이 매수인에게 더 노출되고 매수자는 경쟁이 되어 수익이 증대될 수 있는 MLS가 전속중개보다 더 이용되며, 시장이 과열(hot)되면 수익이 더 증대될 수 있는 전속중개가 더 이용된다고 밝혔다.[40]

Turnbull(1997)은[41] Sefton and Yavas(1995)가 대표적인 소비자의 수요함수의 곡선이 크게 이동할 때 독점공동중개(monopoly MLS) 기구에 보조금을 지급하는 것이 효율적인 경우가 있다고 결론을 내린 것을 확장시켜, 복수의 소비자 수요모델을 적용하여 분석하

37) 권오상(2008), 인터넷망 중립성 논의의 평가 및 합리적 조정방안 연구, 석사학위논문, 연세대학교 정보대학원, 73쪽.

38) 문광천(1975), 공공기업체의 본질과 독립채산제에 관한 연구, 박사학위논문, 명지대학교 대학원, 71쪽.

39) MLS란 미국 주정부 면허를 소지한 전문 부동산들이 포괄적인 매물정보를 공유하는 웹 데이터베이스 시스템을 말한다.

40) David Dale-Johnson, and Stanley W. Hamilton(1998), "Housing Market Condition, Listing Choice and MLS Market Share." Real Estate Economics, Vol.26 2, pp.275~307.

41) Geoffrey K. Turnbull(1997), *"Multiple Listing Service Subsidies and Economic Efficiency." Journal of Real Estate Finance and Economics*, 14(3), pp.365~370.

였다. 그 결과 일반화된 수요형태가 나타났고, 칼도어-힉스(Kaldor-Hicks) 보상원리가 없으면 파레토 랭킹(Pareto-ranking)이 부여될 때, 무차별적으로 MLS를 이용하는 소비자에게 과세하면 MLS에 보조금을 지급하는 것은 파레토 우위(Pareto-superior)가 되지 않는다고 보고했다.

3) 정보기술수용모델이론

Davis(1986)는 정보기술이 등장한 이후에 컴퓨터 기술과 정보기술의 이용행동을 설명하기 위해 합리적 행동이론을 수정하여 정보기술수용모델(Technology Acceptance Model ; TAM)을 제안하였다. 정보기술수용모델(TAM)은 합리적 행동이론과 계획된 행동이론을 응용하여 인간의 일반적 행동을 설명하기 위해 개발된 이론이다. 정보기술수용모델은 〈그림 2-3〉과 같다.

〈그림 2-3〉 정보기술수용모델

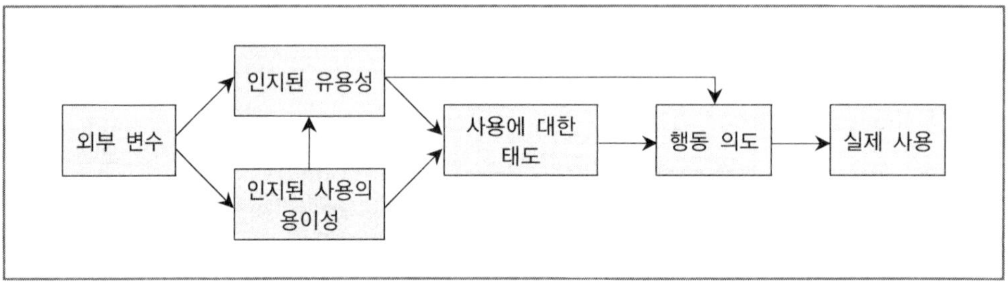

합리적 행동이론(Theory of Reasoned Action ; TRA)은 사회심리학에서 폭넓게 지지되는 이론으로 기대-가치(expectancy-value)이론에서 확장되어 인간행동을 예측하는 데 이용되었다.[42] 개인의 행동은 행동 의도(Behavioral Intention)에 의해 결정되며, 행동 의도는 태도(Attitude)와 주관적 규범(Subjectve Norm)의 복합적인 작용에 의해 결정된다는 이론이다. 합리적 행동이론(TRA)에 따르면, 행동 의도를 결정하는 요인은 두 요인에 의해 결정된다. 첫째는 행동에 대한 개인의 태도로서 이것은 행동에 대해 그 사람이 호의적인 평가를 하는지 비호의적인 평가를 하는지의 정도를 의미한다. 둘째 요인인 주관적 규범은 개인에게 중요한 인물들이 그 행동을 수행하거나 수행하지 말라고 요구하는 사회적 압력에 대한 지각과 동조 동기를 의미한다.[43]

경제학에서 인간은 이기적이고 합리적이라는 가정 하에 경제현상을 분석하고 설명하며 예측한다. 하지만 공인거래정보망을 이용하는 중개업자는 언제나 합리적이라고 할

42) Ajzen I., and M. Fishbein(1980), Understanding Attitude and Predicting Social Behavior. Prentice-Hall, Englewood Cliffs, NJ.
43) 한덕웅・이민규(2001), "한국대학의 생활환경 변화와 대학생활 적응", 「학생지도연구」 성균관대학교 학생생활연구소, 9쪽.

수 있을 것인가? 사이먼(Herbert A. Simon)은 인간을 완전한 합리적인 존재가 아닌 '제한적 합리성(bounded rationality)'을 지닌 존재로 인식하였다. 공인거래정보망 또한 중개업자가 자신의 목적을 최선으로 달성할 가능성이 있을 때 합리적으로 행동한다고 보는 것이 타당할 것이다.

그리고 계획된 행동이론(Theory of Behavior ; TPB)은 합리적 행동이론(TRA) 모형에 사용자의 지각된 행동통제라는 개념을 확장한 이론이다. 계획된 행동이론(TPB)에서는 행동의 직접적인 결정인자로 행동의 의도(intention)를 제시하였고, 이 행동의 의도는 다시 세 요인에 의해서 결정된다고 본다. 이 요인은 행동에 대한 태도(attitude toward the behavior)와 주관적 규범(subjective norm), 그리고 지각된 행동통제(perceived behavioral control)이다.

계획된 행동이론(TPB)은 불안전한 자발적 통제를 가진 사람들의 행동을 다루기 위한 이론 모형이다. 중개업자는 특정집단에 속하여 통제된 행동을 하기도 하지만 중개업자 개개인이 개별성에 의한 불안전한 자발적 통제를 가진 행동을 하기도 한다.

중개업자는 거래를 신속하고 효율적으로 성사시키기 위한 결과를 얻기 위해 거래정보망을 이용하는 행동을 한다. 중개업자의 행동 의도는 개인이 특정 준거인을 따르려는 주관적 규범의 결정과 지각된 행동 통제에 따른 행동 수행의 용이성에 의해서 결정된다고 볼 수 있다.

Davis(1986)[44]는 정보기술수용모델(TAM)에서 인지된 유용성을 "특정한 시스템을 이용하는 것이 개인의 직무성과를 향상시킬 것이라고 개인이 믿는 정도"라고 정의하였으며, 인지된 유용성은 "특정한 시스템을 이용하는 것이 신체적, 정신적 수고가 적게 들 것이라고 개인이 믿는 정도"라고 정의하였다. 거래정보망도 중개업자가 유용성 측면에서 중개업무성과를 향상시키기 위해 이용하고 있고, 편리성 측면에서 거래정보망을 이용하여 신체적, 정신적 수고를 들어주고 있는 점에서 유사성을 찾을 수 있다.

Agarwal & Prasad(1997)[45]는 특정 정보시스템을 사용자가 수용하는 형태에는 두 가지가 있고, 이는 최종 사용자가 자유의사에 따라 수용여부를 결정하는 자발적 수용과 조직의 압력, 보상, 조직의 동기유발 정책에 따라 강제적으로 수용해야 하는 비자발적 수용이 있다고 주장하였다. 공인거래정보망의 경우에도 중개업자의 자발적 수용과 중개업 공동체 조직 압력과 중개업무의 효율성 측면에서 비자발적 수용이 공존하고 있다.

오창규 · 장활식(2004)[46]은 개인이 정보기술을 수용하는 과정에서 조직 및 개인 상황적 환경이 미치는 영향, 정보기술과 과업 특성과의 적합도 측면을 고려하여야 한다고

44) Davis F. D.(1986), "A Technology Acceptance Model for Empirically Testing New End-User Information Systems : Theory and Results.", Doctoral Dissertation, Sloan School of Management, MIT.

45) Agarwal & Preasad(1997), "Understanding Information Technology Usage ; A test of Competing Models", Information System Research. 6(2), pp.144~176

46) 오창규 · 장활식(2004), "의사결정 상황을 반영한 기술수용모형의 평가", 「경영학연구」 제33권 제3호, 한국경영학회, 839~863쪽.

주장하였다. 또한 이승현(2006)[47]은 환경적인 측면, 과업의 특성, 개인의 특성을 고려해야 한다고 주장하였다. 이와 같이 공인거래정보망도 개인 및 조직의 특성과 환경, 중개업무의 특성, 과업의 특성을 고려하여야 한다.

정보기술수용모델(TAM)을 수정한 대부분의 연구들은 사용의 용이성과 유용성을 채택하고 추가로 외부변수를 구체적으로 제시하거나 태도 이외의 매개변수를 추가하여 정보기술수용모델(TAM)을 확장하고 있다.

공인거래정보망은 컴퓨터를 이용한 인터넷사이트에 기반을 두고 있어 중개업자의 거래정보망에 대한 정보기술수용이 무엇보다 중요하다. 따라서 정보기술수용모델(TAM)을 기반으로 중개업자의 공인거래정보망 선택행동요인을 발굴하여 평가모델을 확장하였다. 본 연구에서는 정보기술수용모델(TAM)의 용이성과 유용성을 그대로 유지하고 외부변수로 수익성을 추가하여 정보기술수용모델(TAM)을 확장하였다.

2 중개업자 선택행동요인과 만족도 및 신뢰성

1) 중개업자 선택행동요인

거래정보망은 인터넷을 이용하기 때문에, 중개업자가 이용하는 거래정보망과 유사한 기능을 하는 인터넷사이트와 부동산포탈사이트 등 다른 유통기구에서 중개업자의 선택행동요인을 찾을 수 있다.

소비자는 상품이나 서비스에 돈, 시간, 노력 등의 자원을 어떻게 사용할 것인가 결정하는 선택행동을 한다. 이것을 소비자 선택행동이라 한다.[48] 이것은 소비자가 어떤 자극에 노출되어 선택여부를 결정하려 할 때, 정보를 중시하는 것으로, 소비자가 기억하는 평가기준, 태도 등과 관련하여 변화 내지 수정되어 구매단계에 이르게 되는 것을 말한다. 소비자는 사회 문화적 요인, 개인의 심리적 상태 그리고 기업의 마케팅 노력에 따라 지각이 형성되어 문제를 인식하고 이를 해결하기 위해 정보를 탐색하고 평가하여 구매행동을 하며, 제품 사용결과에 따라 구매 후 행동을 나타낸다.[49]

중개업자가 이용하는 거래정보망도 일반 제품을 사용하는 소비자의 형태와 유사한 점이 많다. 따라서 거래정보망을 이용하는 소비자 입장에서 중개업자가 거래정보망을 선택하는 행동을 이해할 필요가 있다.

J. F. Engel and R. D. Blackwell(1982)[50]은 소비자 선택행동을 "경제적인 재화나 서

---

47) 이승현(2006), 관광정보 웹 사이트의 지각요인이 이용자 만족에 미치는 영향, 박사학위논문, 동신대학교 대학원.
48) 이유재(2008), 「서비스마케팅」, 서울, 학현사, 321쪽.
49) 이주형(1998), 「관광사업론」, 서울, 대왕사, 221~225쪽.
50) James F. Engel, and Roger D. Blackwell(1982), Customer Behavior, 4th ed., New York : The Dryden Press, p.4.

비스를 획득하고 사용하는데 직접 관련된 개인의 행위 및 그러한 행위에 앞서서 그것을 결정해주는 제반 결정과정"으로 정의하였고, 유기석(2008)[51]은 "재화와 서비스를 얻기 위해 소비주체가 보이는 일련의 행동을 의미한다"고 정의하였다.

김계수(2001)[52]는 인터넷 포털사이트의 서비스품질을 결정하는 요인으로 ① 신뢰성, ② 편리성, ③ 정보제공성, ④ 오락성, ⑤ 상호작용성으로 제시하였으며, 이문규(2002)[53]는 ① 거래 안전성, ② 거래, ③ 정보, ④ 의사소통, ⑤ 디자인으로 제시하였고, 유일·김재전·노희욱(2006)[54]은 인터넷쇼핑몰 웹사이트의 사용성 요인으로 ① 콘텐츠 ② 디자인 ③ 네비게이션 ④ 상호작용성을 제시하였다.

최민섭(2005)[55]은 인터넷 부동산 서비스의 질을 높이는 품질 평가기준을 ① 정보의 양과 질, ② 웹사이트 디자인, ③ 의사소통의 용이성, ④ 시스템으로 추출하여 이러한 요소들이 '지각된 사용의 용이성', '지각된 유용성', '재방문 의사'에 어떻게 영향을 미치는지 분석하였다. 최봉현(2007)은 부동산의 전속중개계약 및 거래정보망 합리화방안 연구를 통하여 ① 이용 용이성, ② 유용성, ③ 신뢰성을 요인으로 제시하였다. 채현길·문영기·서진형(2009)은 중개업자가 거래정보망을 선택할 때 어떤 요인에 주목하는지 만족도를 조사하여 그 요인을 밝힌 바 있다. 그 결과 ① 이용 편의성은 물건등록 및 검색 편의성을 가장 중요하게 인식하고, ② 정보의 질은 정확한 매물정보의 등록여부, ③ 콘텐츠는 계약관리 프로그램 제공의 편리성, ④ 경제성은 이용가격의 적정성, ⑤ 상호작용성은 공동중개의 용이성을 가장 중요하게 인식하고 있는 것으로 나타났다. 그리고 거래정보망의 이용에 따라 만족도에 미치는 영향력은 상호작용성, 콘텐츠, 이용 편의성, 경제성, 정보의 질 순으로 나타났다. 따라서 상호작용성이 뛰어난 거래정보망을 이용하게 되면 공동중개가 증가하여 만족도가 높고, 모든 거래정보망의 콘텐츠와 이용 편의성은 비슷하기 때문에 만족도에 기여하는 바가 적었다. 또한 정보의 질과 경제성에 대해서는 아직도 거래정보망에 등록된 정보에 문제가 있으며, 경제성은 기대만큼의 경영성과가 나타나지 않기 때문에 만족도에 미치는 영향이 적은 것을 밝혔다. 이와 같은 분석결과를 토대로 거래정보망이 활성화되기 위해서는 거래정보망에 등록된 매물의 정확성과 진성매물의 관리를 철저히 하여 부동산정보에 대한 신뢰성을 높여야 하고, 공동중개가 활성화될 수 있도록 중개업자 간의 커뮤니티를 육성하여 거래계약과 연결될 수 있도록 하여야만 거래정보망이 활성화된다는 시사점을 피력하였다.

---

51) 유기석(2008), 항공사 포지셔닝 전략 연구, 박사학위논문, 경기대학교 대학원.
52) 김계수(2001), "인터넷 포털사이트의 서비스품질 전략에 관한 연구", 「경영학연구」 제31집 제1호, 한국경영학회, 191~209쪽.
53) 이문규(2002), "e-SERVQUAL : 인터넷 서비스품질의 소비자평가 측정도구", 「마케팅연구」 제17집 제1호, 한국마케팅학회, 73~95쪽.
54) 유일·김재전·노희옥(2006), "인터넷쇼핑몰에서 웹사이트 사용성 요인이 고객만족과 고객충성도에 미치는 영향", 「산업경제연구」 제19집 제4호, 한국산업경제학회, 1609~1611쪽.
55) 최민섭(2005), "인터넷 부동산 서비스 품질척도(Re-SERVQUAL)의 개발 및 상호 인과관계 분석에 관한 연구", 「부동산학연구」 제11집 제1호, 한국부동산분석학회, 69~91쪽.

〈표 2-1〉 거래정보망의 선택행동요인에 관한 선행연구

연구자	연 구 내 용
김계수(2001)	인터넷 포털사이트의 서비스품질을 결정하는 요인으로 ① 신뢰성, ② 편리성, ③ 정보제공성, ④ 오락성, ⑤ 상호작용성을 제시
유일 · 김재전 · 노희욱(2006)	인터넷쇼핑몰 웹사이트의 사용성 요인으로 ① 콘텐츠, ② 디자인, ③ 네비게이션, ④ 상호작용성을 제시
최민섭(2005)	인터넷 부동산 서비스의 질을 높이는 품질평가기준으로 ① 정보의 양과 질, ② 웹사이트 디자인, ③ 의사소통의 용이성, ④ 시스템을 제시
최봉현(2007)	부동산의 전속중개계약 및 거래정보망 합리화방안 연구를 통해 ① 이용 용이성, ② 유용성, ③ 신뢰성을 요인으로 제시
채현길 · 문영기 · 서진형(2009)	거래정보망 선택요인과 만족도에 관한 연구를 통해 선택요인으로 ① 이용편의성, ② 정보의 질, ③ 콘텐츠, ④ 경제성, ⑤ 상호작용성을 제시

중개업자도 소비주체로서 원하는 서비스를 획득하기 위해 거래정보망을 이용하면서 제반 의사결정을 해야 한다. 거래정보망에는 다양한 정보와 협력하는 동업자가 있으므로 다양한 욕구를 지닌 중개업자는 거래정보망에서 바라는 서비스 기준도 차이가 있으며, 그 반응도 다양할 것으로 추론할 수 있다. 이러한 중개업자의 다양한 욕구는 거래정보망 사업자의 마케팅 활동에 영향을 줄 수 있다. 반대로 거래정보망 사업자는 중개업자의 욕구 충족과 보다 나은 서비스를 제공하기 위해 중개업자의 선택행동을 정확히 파악해야 한다. 이와 같이 중개업자의 선택행동은 거래정보망 사업자의 사업운영 서비스의 중요한 변수로 작용할 수 있고, 고객유치 차원에서도 시사하는 바가 크다고 볼 수 있다.

2) 만족도

만족도란 제품이나 서비스품질에 대한 구매 · 평가 · 비교 · 선택하는 과정에서 고객이 호의적 또는 비호의적 감정을 경험하느냐 하는 것이다. 이러한 개념은 다차원적이고 포괄적인 개념으로 이해되고 있다.

만족이라는 개념은 다차원적인 개념으로 오랫동안 마케팅 이론형성의 중심에 있어 왔다.[56] 고객만족의 과정 또는 결과 중에서 어디에 초점을 두느냐에 따라 두 가지 방향의 연구가 진행되어 왔다. 과정으로 보는 측면에서는 고객만족을 형성하는 지각, 평가, 심리적 과정 모두를 검토하며(Anderson, 1973 ; Oliver, 1980), 결과에 초점을 둔 접근에서는 소비경험으로부터 야기되는 결과로 고객만족을 정의하고 있다.[57]

56) Dendall-Lyon D., and T. Powers(2004), "*The Impact of Structure and Process Attributes on Satisfaction and Behavioural Intentions*", *Journal of Services Marketing*, 58(3), pp.53~66.

57) Westbrook Robert A., and Michael D. Reilly(1983), "Value-Percept Disparity : An Alternative to the Disconfirmation of Expectations Theory of Consumer Satisfaction", in Advances in Consumer Research, Richard P. Bagozzi, and Alice M. Tybout, eds., Ann Arbor, MI : Association of Consumer Research, pp.256~261.

Hunt(1997)[58]는 고객만족을 소비경험이 최소한 기대되었던 것보다 좋았다는 평가라고 정의하였으며, Engel and Blackwell(1978)[59]은 선택된 대안에 대한 사전적 신념과 일치되었다는 평가라고 정의하였다.

Haward and Sheth(1979)[60]는 희생과 보상의 관계에 초점을 맞추어 고객만족·불만족은 고객이 구매한 상황에서 제공한 희생의 대가가 적절하게 혹은 부적절하게 보상되고 있다고 보는 인지적 상태라고 정의하였다.

Westbrook and Reilly(1983)[61]는 제품·서비스 등에 대해 고객이 느끼는 가치이며, 기대가 아니라 하였고, Oliver(1980)는 고객의 실제경험과 기대 간의 불일치로 인하여 발생되는 감정과 구매경험 전의 감정이 결합하여 발생하는 종합적인 심리상태라 하였으며, Oliver(1999)[62]는 개념적으로는 비용과 편익을 비교한 결과이고, 조작적으로는 만족의 합으로 측정될 수 있는 태도라고 하였다.

구순이(1995)[63]는 소비자의 평가적 반응은 느낌이나 감정뿐만 아니라 신념을 포함하고, 평가의 기초는 소비자에 따라 다양할 수 있으며, 자신들이 기대하는 비교수준, 제품속성, 혜택, 소비결과에 대해서도 다양해 질 수 있다고 주장하였다.

이유재(2002)는 사용전의 기대와 사용 후에 느끼는 제품, 서비스 성과 간에 지각된 불일치에 대한 충족여부와 기대충족을 위한 기업의 노력, 결과로서 나타나는 재구매, 대체구매 그리고 구전 등이 유발된다는 점에서 평가가 아닌 총체적 개념으로 파악해야 한다고 주장하였다.[64]

만족도는 소비자의 지각된 가치와 기대된 가치함수가 고객만족을 결정한다는 논리가 일반적인 견해로 받아들여지고 있다.[65]

전체 고객만족도라는 결과적 개념으로 측정하고 있는데, 이는 고객이 기업에 대해 느끼는 모든 경험을 바탕으로 하는 고객의 일반적인 만족감을 의미하면서 다양한 측면에 대한 만족감을 나타낸다.[66] 이와 같이 여러 연구자가 만족도를 정의하지만 그 뜻은 기

58) Hunt H. K.(1997), CS/D-Overview and Future Research Direction, in Conceptualization and Measurement of Consumer Satisfaction and Dissatisfaction, H. Ketith ed Cambridge, MA : Marketing Science Institute, pp.78~81.

59) Engel J. F., and R. D. Blackwell(1978), Consumer Behavior, 3rd ed., The Dryden Press, pp.231~124.

60) Howard J. A., and J. N. Sheth(1979), The Theory of Buyer Behavior, New York : John. Inc, p.39.

61) Westbrook R. A., and M. D. Reilly(1983), "Value-Precept Disparity ; An Alternative to the Disconfirmation of Expectation Theory of Satisfaction", Advance on Consumer Research, Vol. 10(1), pp.566~261.

62) Oliver Richard L(1999), *"Where's Consumer Loyalty?"*, Journal of Marketing Research, 63(Special Issue), pp.33~44.

63) 구순이(1995), 소비자 만족의 형성과정과 영향요인에 관한 연구, 박사학위논문, 전남대학교 대학원.

64) 이유재(2002), 앞의 책, 101~118쪽.

65) Mathwick, C., N. Malhotra, and E. Rigdon(2001), *"Experiential Value : Conceptualisation, Measurement and Application in the Catalogue and Internet Shopping Environment", Journal of Retailing,* 77(3), pp.39~56.

66) Anderson Eugene W., C. Fornell, and D. R. Lehman(1994), *"Customer Satisfaction, Market Share, and Profitability: Finding from Sweden", Journal of Marketing,* 58(3), pp.53~66.

대감과 실제경험의 일치여부의 심리상태라 볼 수 있다. 본 연구에서는 중개업자가 공인거래정보망에 대해 가지고 있는 기대수준에 대하여, 이용의 경험에 기초한 중개업자의 주관적인 인지품질을 측정한다. 가격대비 품질수준을 측정하는 고객인지가치는 논외로 한다. 중개업자의 공인거래정보망은 동업자단체가 설립하여 운영하는 것이기 때문에 단지 가격대비 품질로 측정할 수 없는 것이기 때문이다.

공인거래정보망이 활성화되지 않는 것은 서비스 불만 때문이다. 이것은 곧 만족도가 적은 것을 의미한다. 따라서 서비스 만족도를 측정할 수 있는 요인을 불만족도 여부로 측정하면 공인거래정보망이 활성화되지 않는 이유를 알 수 있고, 개선을 위한 대안도 도출할 수 있을 것이다. 따라서 여러 연구자가 파악한 만족요인을 감안하고, 채현길·방경식·문영기(2010)의 연구에서 이용한 분석모형의 만족도 요인을 채용하여 만족 여부를 측정하고자 한다. 본 연구에서 이용한 만족도 요인의 측정항목은 유용성, 용이성, 수익성이다.

3) 신뢰성

신뢰란 타인에 대한 긍정적인 기대나 타인에 대한 긍정적인 태도 및 타인을 믿고 기꺼이 의존하는 정도를 말한다.[67] 즉 신뢰성은 믿을 수 있음을 의미한다.

Self(1996)[68]는 신뢰성을 '믿음성(trustworthiness)'과 '전문성(expertise)' 두 가지 요소로 나누어 믿음성은 신뢰성을 평가하는 가장 중요한 요소로 올바름(well-intentioned), 정직함(truthful), 공정함(unbiased) 등의 개념으로, 전문성 측면은 정통함(knowledgeable), 노련함(experienced), 유능함(competent) 등의 개념으로 파악하였다.

윤성준(2000)[69]은 신뢰가 더 많은 관계적 상호작용을 원하거나 지속적인 관계를 형성하기를 기대하는 당사자 간의 교환행위를 인도하는 요인 중의 하나이며, 누적된 상호관계 형성의 과정에서 연유된다는 특성을 반영하여 준다고 주장하였다.

일본의 학자들은 신뢰를 "거래 시 상대방이 내게 도움이 되는 역할을 할 의도가 있고, 그럴 능력도 있을 것으로 기대하는 것"이라 정의한다. 의도와 능력차원으로 분리해서 생각하는 것이다.[70]

거래정보망은 인터넷상에서 거래정보망 사업자와 중개업자 간의 상호작용을 통해 관계가 형성된다. 따라서 온라인상의 신뢰에 관한 연구문헌을 통해 거래정보망에 대한 신뢰의 개념을 정립하고자 한다.

---

67) Rousseau D., S. Sitkin, R. Burt, and C. Camerer(1998), "Not so Different after All : A Cross-Discipline View of Trust", Academy of Management Review, 23(3), pp.393~404.

68) C. S. Self Credibility In M. Salwen & D. Stacks Eds(1996), An Integrated Approach to Communication Theory and Research, Mahway, NJ : Erlbaum.

69) 윤성준(2000), "웹쇼핑몰 사이트 신뢰도의 결정요인과 구매의향에 미치는 영향에 관한 시뮬레이션 접근방법", 「경영학연구」 제29권 제3호, 한국경영학회, 352~376쪽.

70) 이우광(2010), 「일본의 재발견」, 삼성경제연구소, 145쪽.

인터넷서비스 제공자의 신뢰는 능력, 성실, 자비심 등 세 가지 믿음에 의해 결정된다. 첫째, 능력은 제공자의 기대된 행동에서 두드러진 지식과 역량에 대한 사용자 지각과 관련된다. 둘째, 성실은 서비스제공자가 교환의 법칙 또는 원리를 준수할 것에 대한 이용의 지각과 관련된다. 셋째, 자비심은 서비스 제공자가 스스로 소유한 이익 동기 이상에서 사용자가 더 나은 행동을 할 것이라는 믿음의 정도와 관련된다.[71]

장형유 · 정기한 · 정대율(2005)[72]은 온라인 상황에서 신뢰는 오프라인 환경에서의 정의와 같이 인터넷에서 기대된 서비스를 제공하는 이해관계자들의 예측과 기대 그리고 만족에 관련된 신뢰의 잠재적 결과와 불확실성 감소 등으로 정의될 수 있다고 주장하였다.

유일 · 최혁라(2003)[73]는 전자상거래 환경에서 신뢰의 중요성을 역설하고, 신뢰에 영향을 미치는 요인으로 개인적 특성, 인터넷 벤더의 특성, 환경적 특성을 제시하였다. 즉 신뢰는 본질적으로 온라인 환경에서 고객과 기업을 연결시켜주는 중요한 매개체라고 주장하였다.[74] 이와 같이 인터넷 환경에서의 신뢰형성은 대다수의 연구에서 중요한 선행요인으로 연구되어지고 있다.

온라인 환경에서 직접적으로 대면하지 않아 상대방에 대한 불확실성이 존재하지만 인터넷 사이트에 대한 신뢰 형성은 중요한 요소이다. 이와 같이 온라인상의 신뢰의 개념을 감안하여 본 연구에서는 공인거래정보망을 이용하는 중개업자 간의 믿음성, 정직함, 지속적인 관계형성 등과 중개업자의 공인거래정보망에 대한 믿음성, 전문성, 도움을 줄 의도, 도움을 줄 수 있는 능력 등을 신뢰성으로 보고 그 정도여부를 측정하고자 한다.

공인거래정보망을 이용하지 않는 것은 중개업자가 공인거래정보망을 신뢰하지 않기 때문이다. 따라서 공인거래정보망의 신뢰성을 측정할 수 있는 요인을 불신 여부로 측정하면 공인거래정보망이 활성화되지 않는 이유를 밝혀낼 수 있고, 개선을 위한 대안도 도출할 수 있을 것이다. 따라서 여러 연구자가 파악한 신뢰요인을 감안하고, 채현길 · 방경식 · 문영기(2010)의 연구에서 이용한 분석모형의 신뢰성 요인을 채용하여 신뢰 여부를 측정하고자 한다.

---

71) Bhattacherjee A.(2000), "Acceptance of e-commerce Services : The case of Electronic Brokerages", IEEE Transactions on Engineering Management, 30(4), pp.411~420.

72) 장형유 · 정기한 · 정대율(2005), "인터넷 쇼핑몰에서 고객신뢰 형성 후 구매의도 결정요인에 관한 연구", 「경영정보학연구」 제15권 제2호, 한국경영정보학회, 23~49쪽.

73) 유일 · 최혁라(2003), "B2C 전자상거래에서 고객신뢰의 영향요인과 구매의도에 대한 신뢰의 매개역할", 「경영정보학연구」 제13권 제4호, 한국경영정보학회, 49~72쪽.

74) Gefen D.(2004), *"What Makes ERP Implementation Relationships Worthwhile Linking Trust Mechanisms and ERP Usefulness"*, *Journal of Management Information Systems*, Vol. 21, No. 1, pp.263~288.

3 연구모형

지금까지 거래정보망의 선행연구 결과들을 살펴보면 인터넷 부동산 서비스의 품질척도, 고객의 충성도, 신뢰도 등 중개업자가 각종 거래정보망을 이용하면서 어떤 요인들이 경영성과 제고에 영향을 미치는지 밝히는 연구와 활성화방안에 관한 연구가 대부분이고[75], 중개업자가 공인거래정보망을 어떤 요인에 의해 선택하고 행동하는지, 어떤 선택행동요인이 중개업자의 만족도와 신뢰성에 얼마나 영향을 미치는지에 대한 실증연구는 매우 부족하다.

채현길·문영기·서진형(2009)은 공인거래정보망을 분석하여 중개업자가 거래정보망을 선택할 때 이용 편의성, 정보의 질, 콘텐츠, 경제성, 상호작용성에 주목하는지 만족도를 조사하여 밝힌 바 있다. 하지만 이 연구는 공인거래정보망의 다양한 특성을 보다 체계적이고 포괄적인 요인을 반영하지 못한 한계가 있었다.

그리고 채현길·방경식·문영기(2010)는 공인거래정보망의 신뢰성을 편리성, 유용성, 수익성 요인으로 분석하여 공인거래정보망이 활성화되지 않는다는 결과를 밝힌 바 있다. 이 연구는 결과변수를 신뢰성으로 보아 만족도가 신뢰성에 영향을 미치는지에 대한 결과를 확인하였지만 신뢰성이 만족도에 영향을 미치는 지에 대한 결과는 도출하지 못한 한계가 있었다. 공인거래정보망은 중개업자 간에 부동산정보 교환을 통하여 중개업무의 효율성을 높일 수 있는 도구임에도 불구하고 사업자의 사업운영 미숙과 정부의 지원 부족 등으로 활성화되지 못하고 있다. 공인거래정보망이 활성화되지 않는 근본원인은 공인거래정보망에 대한 중개업자의 만족도와 신뢰성이 부족하기 때문이라고 볼 수 있다.

우리나라는 부동산시장의 부동산정보가 불투명하고 비효율적이다. 이는 거래정보망에 상세한 정보를 제공하지 못하는 제약에 기인한 바가 크다. 따라서 정보의 비대칭성이 존재하고 이는 부동산정보의 투명성과 효율성을 저하시켜 허위매물과 같은 왜곡된 정보로 나타난다. 이로 인해 중개업자는 여러 개의 거래정보망을 이용하게 되어 부동산정보는 분산되고 밀집성이 저하되어 질 높은 부동산정보자료 생산이 어렵게 된다.[76] 중개업자는 각종 거래정보망에 부동산정보를 제공하는 최초 정보제공자이다. 중개업자가 각종 거래정보망에 부동산정보를 등록하여 정보가 분산된다면 정보의 정확성과 효율성이 떨어질 수밖에 없다. 따라서 정부는 파레토법칙을 적용하여 부동산정보의 효율성을 증대(이경림, 2006)시킬 수 있도록 공인거래정보망에 차별성을 부여하고 지원할 필요가 있다.

그리고 공인거래정보망에 등록된 부동산가격정보는 공익성을 지닌 공공재로 볼 수 있다(장희순, 1994 ; 방경식·장희순, 2009). 따라서 정부는 부동산정보의 활용이 사회전체의 효용성을 증대(권오상, 2007)시킬 수 있다면 칼도어-힉스 보상원칙을 적용할 수 있을 것이다.

---

75) 채현길·문영기·서진형(2009), 앞의 논문, 245쪽.

76) 한국공인중개사협회(2008), 앞의 책, 56~57쪽.

또한, 공인거래정보망은 인터넷사이트에 기반을 두어 웹사이트 상에서 이루어진다. 따라서 인터넷사이트와 사용자인 중개업자의 특성을 가장 잘 반영해 주는 정보기술수용모델이론(TAM)을 적용(최민식, 2006)할 수 있다. 정보기술수용모델(TAM)의 용이성과 유용성을 그대로 유지하고 중개업의 특성요인인 수익성을 외부변수로 추가하여 중개업자의 선택행동요인을 구성할 수 있다.

이상의 논의에서 공인거래정보망은 서비스 개선(불만요인 해소), 선택행동요인 강화, 부동산정보의 효율성 증대를 통해 중개업자의 불만과 불신을 해소할 수 있으며, 정부는 공인거래정보망 사업자에 대한 차별성 부여와 제도개선 및 지원 등을 통해 부동산정보의 공익성과 효율성을 증대시켜 부동산정책에 활용할 수 있다. 그리고 중개업자는 공인거래정보망을 이용함으로써 중개업무의 효율성과 거래성사율을 높일 수 있다. 이를 통해 공인거래정보망에 대한 중개업자의 불만족과 불신을 해소할 수 있을 것이다. 이를 감안하여 다음 그림과 같이 관계설정이 가능할 것이다. 이들 관계는 〈그림 2-4〉와 같다.

〈그림 2-4〉 연구모형

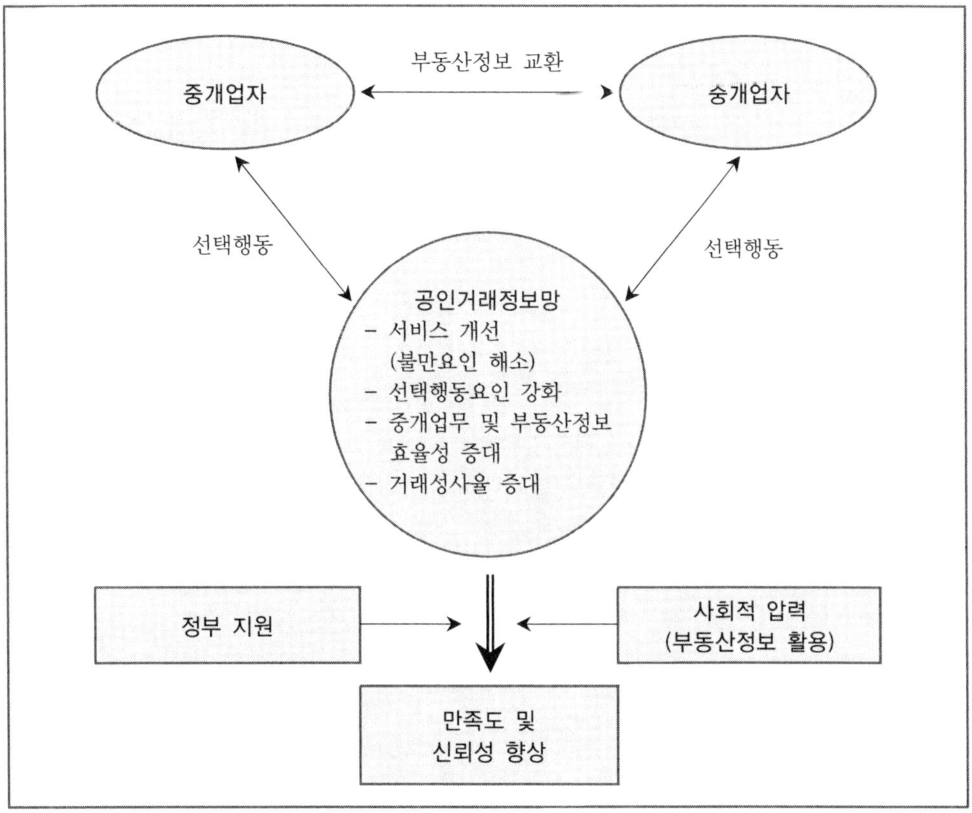

* 자료 : 연구내용을 토대로 작성

거래정보망의 운영현황 및 이용실태 03

1 거래정보망의 도입 및 기능

1) 거래정보망의 도입

(1) 거래정보망의 도입과정

국내의 중개업계에서 부동산과 관련된 정보화에 대한 논의가 시작된 것은 1980년대 후반부터이다. 1980년대 초기에 중개업자들의 자발적 활동에서 시작되어, 1993년 개정된 '부동산중개업법'에 의해 거래정보망으로 법제도화 되었다.[77] 본격적인 부동산정보의 제공은 1992년 서울특별시 노원구와 도봉구 지역을 중심으로 국내 최초로 '까치라인'(구 문화부동산정보사)의 PC통신 서비스가 시작되면서부터이다.[78] 그 당시 아파트가 밀집된 수도권의 일부 지역에서는 PC통신과 매물정보지를 활용한 중개업자의 네트워크가 형성되고 있었다.

UR(우루과이라운드)의 타결로 1996년 1월 1일부터 부동산시장의 대외개방이 이루어짐에 따라 풍부한 자금력과 조직력을 바탕으로 선진외국의 종합부동산회사들이 국내에 진출할 경우 국내 부동산업계에 큰 타격이 예상되었다. 종전에는 이들 부동산관련 업종은 외자도입비율이 50% 이하인 외국기업만 "건물임대업 및 분양공급업"을 영위할 수 있었을 뿐 그 이외의 업종에 대해서는 외국인의 참여가 불가능하였다. 그러나 정부는 이들 부동산 관련 업종을 외국인에게 전면 개방하여, "건물임대업 및 분양공급업"은 1998년 4월 1일부터 "토지임대업 및 개발공급업"은 1998년 5월 8일부터 외국인도 국내인과 동일하게 참여할 수 있게 되었다.[79]

이에 중개업소로 유입되는 선진외국의 종합부동산회사들의 지점 내지는 영업소 정도로 전락할 우려가 대두 되었고, 이러한 사회적 배경과 함께 거래정보망의 도입이 시도되었던 배경으로 정보화의 도래, 즉 중개업소의 영세성을 극복하기 위한 노력과 기업자금

77) 이회규·박광동(2006), "부동산전자거래에서의 부동산디지털정보", 「민사법학」 제33호, 한국민사법학회, 325~347쪽
78) 박원갑(2009), 부동산정보서비스산업의 경쟁요인에 관한 연구, 박사학위논문, 강원대학교 대학원, 23~24쪽.
79) 권혁진(1998), "한국의 부동산시장 개방정책", 건설교통부, 2쪽.

을 건전화하기 위한 시도 및 기타 경제적인 요인들이 있었다.[80] 그 요인을 살펴보면 다음과 같다. 첫째, 정보화 사회의 도래이다. 중개업계도 정보통신기술의 발달로 인하여 부동산정보 네트워크 형성과 중개업무의 전문화 및 자동화 추진이 필요하였다. 이에 정보통신기술을 실제 중개업무에 접목시켜야 할 필요성이 제기되었다. 둘째, 중개업소의 영세성 극복을 위한 대안이 필요했다. 우리나라의 중개업소는 1~2인에 의해 소규모로 운영되고 있었고, 전문적인 서비스를 제공하지 못하는 상황이었다. 이에 중개업자의 경쟁력 강화와 중개업무를 지원할 부동산거래유통망이 요구되었다. 셋째, 기업의 자금 건전화를 위한 방안이 필요했다. 기업들은 단기적인 부동산 가격상승을 기대하고 부동산에 자금을 투자하여 기업 본연의 설비투자, 경쟁력 등을 소홀히 하였고, 이러한 기업의 경영은 국가경쟁력 상실 및 자금구조의 왜곡현상을 초래하였다. 이에 부동산정보의 공유를 통한 부동산투기를 예방할 필요가 있었다. 넷째, 부동산거래시장의 경제학적 제약을 극복하기 위한 방안이 필요했다. 부동산거래시장은 일반 재화시장과 달리 부동산의 개별성과 비공개성으로 인하여 자율경쟁시장이 형성되지 않는 특성이 있다. 이에 따라 중개업자가 부동산거래에 관한 가격형성에 큰 영향을 미칠 수 있으며, 가격의 왜곡이 가능해진다. 이러한 현실에서 거래정보망의 도입은 부동산거래구조를 투명하게 하고, 다양한 거래정보자료를 공유하게 하고, 더 나아가 정부의 정책집행에도 효과적으로 기여할 수 있으리라 여겨진 기대가 있었다.[81] 이러한 사회·경제적 배경 하에 본격적인 부동산 부문의 정보화는 1993년 12월 '부동산중개업법' 개정을 전후하여 활발하게 진행되었다.

1994년 6월 10일 건설부(현 국토해양부)령 제555호로 개정 공포된 '부동산중개업법' 시행규칙에서 거래정보사업자에 대한 건설부장관(현 국토해양부장관)의 지정기준이 확정되자 전국부동산중개업협회[82]에서는 1994년 12월 5일 최초로 거래정보망사업자로 지정을 받았다.

(2) 거래정보망의 법적근거

국토해양부장관은 중개업자 상호간에 부동산 매매 등에 관한 정보의 공개와 유통을 촉진하고 공정한 부동산거래질서를 확립하기 위하여 거래정보망을 설치·운영할 자를 지정할 수 있다.[83]

공인거래정보사업자로 지정을 받기 위해서는 부가통신사업자로 정보통신부장관에 등록한 자 중에서 전국적으로 500인 이상이고, 2개 이상의 시·도에서 각 30인 이상의 중개업자가 가입·이용 신청하여야 한다.[84] 공인거래정보사업자의 지정요건은 다음의 〈표 3-1〉과 같다.

80) 한국감정원(1994), 앞의 논문, 4쪽.
81) 위의 논문, 5쪽.
82) '전국부동산중개업협회'는 2006년 1월 30일부로 '한국공인중개사협회'로 상호가 변경되었다.
83) 공인중개사법 제24조 제1항.
84) 공인중개사법 시행규칙 제15조 제2항.

〈표 3-1〉 공인거래정보사업자의 지정요건

지정 요건	인적 · 물적 요건
• 전국 500인 이상, 2개 이상의 시 · 도에서 각 30인 이상의 중개업자가 가입 · 이용 신청 • 전기통신사업법에 따라 부가통신사업신고서를 제출하였음을 확인할 수 있는 서류	• 정보처리기사 자격증 사본 • 공인중개사 자격증 사본 • 주된 컴퓨터의 용량 및 성능을 확인할 수 있는 서류

* 출처 : 공인중개사법 제24조 제1항, 동법 시행규칙 제15조 제1항 및 제2항.

국토해양부장관은 거래정보망사업자 지정신청을 받은 때에는 30일 이내에 이를 검토하여 지정기준에 적합하다고 인정되는 경우에는 지정번호 및 지정 연월일, 상호 또는 명칭 및 대표자의 성명, 주된 사무소의 소재지, 주된 컴퓨터설비의 내역, 전문자격자의 보유에 관한 사항을 거래정보사업자 지정대장에 기재하고 거래정보사업자 지정서를 교부하여야 한다.[85]

거래정보사업자로 지정을 받은 자는 지정을 받은 날로부터 3월 이내에 거래정보망에의 등록절차, 자료의 제공 및 이용방법에 관한 사항, 가입자에 대한 회비 및 그 징수에 관한 사항, 거래정보사업자 및 가입자의 권리 · 의무에 관한 사항, 그 밖에 당해 거래정보망의 이용에 관하여 필요한 사항이 규정된 거래정보망의 이용 및 정보 제공방법 등에 관한 사항 즉, 운영규정을 정해 국토해양부장관의 승인을 받아야 한다.[86] 또한 거래정보망 운영규정의 내용을 위반하여 거래정보망을 운영한 때에는 500만원 이하의 과태료에 처해진다.[87] 공인거래정보사업자의 지정절차는 다음의 〈그림 3-1〉과 같다.

〈그림 3-1〉 공인거래정보사업자의 지정절차

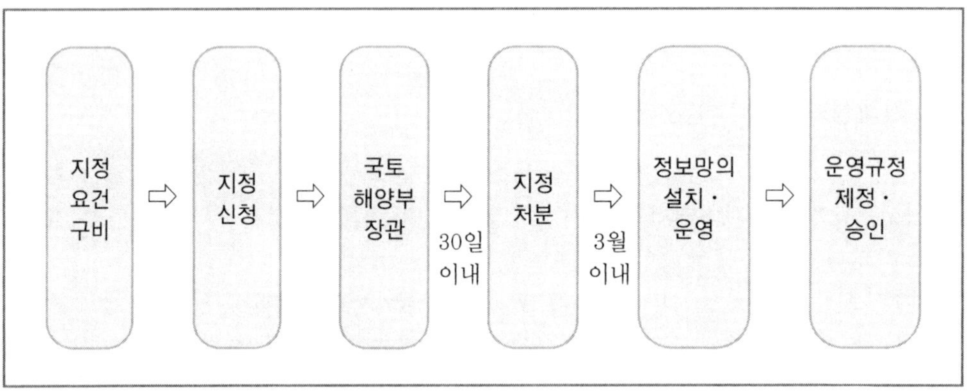

* 출처 : 한국공인중개사협회(2008), "부동산중개제도의 문제점과 개선방안에 관한 연구", 강원대학교 부동산학과, 33쪽.

85) 공인중개사법 시행규칙 제15조 제3항.
86) 공인중개사법 제15조 제4항.
87) 공인중개사법 제51조 제1항 및 시행규칙 제15조 제4항.

'공인중개사법'에서 규정하고 있는 거래정보망제도와 관련된 법규를 살펴보면, 거래정보망 이용과 운영을 위한 거래정보사업자와 중개업자는 다음과 같은 의무가 있다. 공인거래정보사업자는 정보공개의무가 있고, 거래정보사업자는 중개업자로부터 공개를 의뢰받은 중개대상물의 정보에 한하여 이를 거래정보망에 공개하여야 하며, 의뢰받은 내용과 다르게 정보를 공개하거나 어떠한 방법으로든지 중개업자에 따라 정보가 차별적으로 공개되도록 하여서는 안 된다. 이를 위반한 경우에는 거래정보사업자의 지정이 취소될 수 있으며, 1년 이하의 징역 또는 1천만원 이하의 벌금에 처해진다.[88] 그리고 중개업자는 거래계약의 통보의무가 있다. 중개업자는 거래정보망에 중개대상물에 관한 정보를 거짓으로 공개하여서는 안 되며, 당해 중개대상물의 거래가 이루어진 때에는 이를 지체없이 당해 거래정보사업자에게 통보하여야 한다.[89] 중개업자가 이를 위반한 경우 6월의 범위 내에서 업무정지 처분을 받거나 거래정보사업자의 지정이 취소될 수 있다. 국토해양부장관은 거래정보사업자가 거짓 그 밖의 부정한 방법으로 지정을 받은 때, 거래정보사업자로 지정을 받은 자가 거래정보망의 이용 및 정보제공방법 등에 관한 운영규정을 정하여 국토해양부장관에게 운영규정의 승인 또는 변경승인을 얻지 않거나, 운영규정에 위반하여 거래정보망을 운영한 때, 거래정보사업자가 중개업자로부터 공개를 의뢰받은 중개대상물의 정보가 아닌 정보를 공개하거나 공개를 의뢰받은 내용과 다르게 정보를 공개한 경우, 정당한 사유 없이 지정을 받은 날로부터 1년 이내에 거래정보망을 설치·운영하지 않을 때, 개인인 거래정보사업자의 사망 또는 법인인 거래정보사업자의 해산 그 밖의 사유로 부동산거래정보망의 계속적인 운영이 불가능한 때에 해당하게 되면 그 지정을 취소할 수 있다.[90]

2) 거래정보망의 기능

(1) 거래정보망의 기능

거래정보망의 핵심적인 기능은 부동산유통을 촉진시키기 위한 거래정보의 제공이라 할 수 있다. 거래정보망은 중개업소가 등록한 매매 등에 대한 물건정보를 서로 공유함으로써 중개업무의 효율화를 기하고 거래계약체결을 신속히 하고자하는 의도에서 시작되었다.[91]

거래정보망은 중개업자 상호간의 신속하고 원활한 중개업무를 위해 중개업자 간에 매물정보를 공유하는 기능을 담당하고 있다. 그 기능을 살펴보면 다음과 같다. 첫째,

---

88) 공인중개사법 제24조 제4항.
89) 공인중개사법 제24조 제7항.
90) 공인중개사법 제24조 제5항.
91) 장영희(2000), "부동산정보 유통체계 발전방안 - 서울시 주택정보망 구축방안", 서울시정개발연구원, 17쪽.

온라인 부동산시장의 형성 기능이다. 거래정보망을 통해 공개된 각종 매물정보를 얻기 위해 중개업자는 거래정보망을 이용하게 된다. 온라인상의 부동산시장 기능을 통해 보다 많은 중개업자와 매물정보가 거래정보망에 모이게 되어 그 기능이 더욱 커지게 된다. 둘째, 부동산정보의 공급 기능이다. 거래정보망은 전산망으로 구축되어 대용량의 정보를 빠른 시간 내에 수집하고 제공할 수 있다. 거래정보망은 신속하고 다양한 정보를 접할 수 있는 기회를 부여하고, 등록된 매물정보를 가공하여 거래동향이나 시세, 부동산경기의 동향이나 전망 등 고급정보로의 가공이 가능하게 된다. 셋째, 부동산의 가격조정 기능이다. 거래정보망에는 각종 부동산매물 정보가 축적되므로 이들 정보와 유사한 조건을 가진 매물정보들은 서로 비교가 가능하게 된다. 부동산시장은 부동산의 개별성으로 인한 독점가격 형성과 매도자 시장 형성으로 인해 가격의 등락 폭이 큰 특징이 있다. 이러한 불완전한 시장구조는 부동산투기와 허위매물 등의 문제를 발생시킨다. 이는 거래정보망의 가격조정 기능을 통해 부동산시장의 가격 안정화와 부동산거래질서 정착에 기여할 수 있다. 넷째, 중개업공동체 형성 기능이다. 거래정보망을 이용하는 중개업자들이 늘어남에 따라 매물정보 이외의 각종 정보가 인터넷상에서 교환되고, 이런 일련의 과정을 통해 중개업공동체가 형성된다.[92] 다섯째, 중개업소의 홍보기능이다. 거래정보망에 등록된 매물정보의 유통촉진을 위해 거래정보사업자는 부동산포탈사이트 등에 소비자들을 대상으로 매물정보를 홍보하게 된다. 이를 통해 매물정보를 등록한 중개업자는 광범위한 홍보가 이루어진다. 여섯째, 중개업역의 확대 기능이다. 거래정보망을 이용하면 지역성을 벗어나 전국의 다양한 중개물건을 취급할 수 있다. 또한, 거래정보망의 다양한 부동산정보를 활용하여 부동산개발이나 부동산컨설팅 등으로 업무영역을 확대해 나갈 수 있다.[93]

부동산은 일반재화와 달리 부동성, 개별성, 부증성 등의 특성을 가지고 있다. 이러한 부동산의 특성은 지가의 형성과 부동산 활동을 국지화하여 부동산시장을 불완전한 추상적인 시장으로 만든다. 부동산거래시장의 불완전성은 거래정보망체계의 구축을 통하여 중개업자 간의 정보의 비대칭성을 해소하고 부동산거래시장의 투명성 확보와 효율성 제고를 위한 중요한 정책수단이 된다. 또한 중개업자 간의 정보공유를 통하여 신속한 거래성사와 함께 영세한 중개업자의 업무한계성을 극복할 수 있게 한다.[94]

(2) 전속중개계약과 거래정보망

1993년 개정된 '부동산중개업법' 제4차 개정안[95]에서 중개업자와 의뢰인 간에 서면

---

92) 윤기태(2001), 부동산인터넷비즈니스 활성화방안에 관한 연구 – 부동산거래정보망을 중심으로, 석사학위논문, 중앙대학교 대학원, 31~32쪽.

93) 한국공인중개사협회(2008), 「부동산 중개이론과 실무(Ⅱ)」, 한국공인중개사협회, 527쪽.

94) 한국공인중개사협회(2008), 앞의 책, 31~32쪽.

95) 부동산중개업법 제4차 개정안은 1993년 9월 3일 정부안으로 국회에 제출되어, 1993년 11월 30일 제165회 국회 제17차 본회의에서 의결된 것으로, 1993년 12월 27일 법률 제4628호로 공포되었다.

으로 중개의뢰계약을 체결하는 전속중개계약제도가 처음으로 신설되었다.[96] 또한 2000년 1월에 개정된 제5차 '부동산중개업법' 개정안[97]에서 일반중개계약 조항(공인중개사법 제22조)이 신설되었다. 이는 그 동안의 구두에 의한 중개의뢰방식에서 비롯된 중개수수료 등에 대한 분쟁의 소지를 줄이기 위하여 일반중개계약에서도 의뢰인이 중개업자에게 중개대상물의 내역, 중개수수료 등을 기재한 중개계약서를 서면으로 작성을 요청할 수 있도록 하였다.[98]

'공인중개사법' 제23조의 규정에 의해 전속중개계약은 중개의뢰인이 중개대상물의 중개를 의뢰함에 있어 특정한 중개업자를 정하여 당해 중개대상물을 중개하도록 하는 계약이다. 그리고 전속중개계약을 체결하는 중개업자는 국토해양부장관이 지정한 거래정보망[99]에 중개대상물에 관한 정보[100]를 공개하거나 일간신문[101]에 1회 이상 광고하여 공개하여야 한다. 다만, 중개의뢰인이 비공개를 요청한 경우에는 이를 공개하여서는 안된다. 전속중개계약을 체결한 중개업자가 이러한 공개의무를 이행하지 않을 경우 중개업 개설등록을 취소하거나 업무정지처분을 할 수 있다.[102] 따라서 전속중개계약제도의 정착을 위해서는 거래정보망이 우선적으로 구축되어야 한다.[103]

거래정보망제도가 정착되기 위해서는 정확하고 상세한 매물정보들이 거래정보망에 공개되어 중개업자들의 중개업무 이용에 불편이 없어야 한다. 그러나 전속중개계약이 체결되지 않은 상태에서 매물에 대한 상세한 지번 및 공동주택의 동이나 호수 등의 중요한 정보가 공개될 경우 경쟁중개업자에게 매물정보가 유출되어 도용당하는 피해가 발생될 수 있는 문제가 있다.

최봉현(2007)은 전속중개계약제도와 거래정보망제도가 상호 긍정적으로 영향을 미친다는 것을 실증분석을 통해 밝힌 바 있다. 이와 같이 거래정보망제도와 전속중개계약제도는 상호 보완적으로 미국이나 일본 등 부동산유통제도가 발달한 국가에서는 이들 두 제도가 함께 발전되어 왔다. 따라서 거래정보망이 활성화되기 위해서는 전속중개계약제도가 함께 활성화되어져야 한다.

---

96) 우리나라 중개계약은 과거 구두에 의한 중개계약이 관행으로 이어져 왔으며 중개계약 자체의 형식과 내용에 대한 어떠한 법률적 근거도 없었다. 이러한 법률상의 근거 미비는 중개업자와 의뢰인 사이의 분쟁발생의 원인이 되었고, 원활한 부동산의 거래유통을 저해하는 요인으로 지적되었다.

97) 부동산중개업법 제5차 개정안은 1999년 12월 28일 제209회 국회 제1차 본회의에서 의결되었으며, 2000년 1월 28일 법률 제6236호로 공포되어 2000년 7월 29일부터 시행되었다.

98) 최봉현(2007), 앞의 논문, 49~50쪽

99) 거래정보사업자 지정을 받지 않은 거래정보망에 정보를 등록하는 것은 공개의무를 이행한 것으로 보지 않는다.

100) 공개대상정보는 모두 7개 항목이다.

101) 주간잡지나 생활정보지와 같은 기타 간행물은 일간신문의 범위에 포함되지 않는다.

102) 공인중개사법 제38조 제2항 제6호, 동법 제39조 제1항 제3호.

103) 한국형사정책연구원(2001), "부동산서비스와 거래의 선진화방안", 건설교통부 · 한국건설기술연구원, 30~32쪽.

2 국내 거래정보망의 운영현황

국내의 거래정보망은 미국의 MLS나 일본의 REINS(Real Estate Information Network System)[104]와 유사한 형태로서 중개업자들이 부동산 매물정보를 거래전산망 서버에 등록하고, 매물정보가 필요한 매수인 측 중개업자들은 필요할 때마다 거래정보망에 등록된 매물정보를 검색한다.[105] 아직 우리나라는 전국을 커버할 수 있는 거래정보망은 없으며,[106] 현재 국토해양부장관의 지정을 받은 공인거래정보망 사업자는 공인중개사협회의 '탱크21'과 공인중개사협회의 자회사에서 운용 중인 '유니온프로' 그리고 한국감정원의 '부동산테크'가 있다. 기타 '부동산레이더'나 '마이스파이더', '텐' 등은 지정받지 않은 사설거래정보망이다. 따라서 현재의 거래정보망은 지정을 받은 공인거래정보망과 지정을 받지 않은 사설거래정보망으로 구분된다.[107]

1) 공인거래정보망

거래정보망제도 출범 초기에는 전국부동산중개업협회[108], 한국감정원, 아시아나항공이 '부동산중개업법'에서 정한 시설과 회원을 확보하고 사업을 시작하였으나 사업경영 미숙과 홍보 부족 등으로 사업이 부진해져 아시아나항공은 2006년 12월 국토해양부로부터 지정이 취소되었고, 2010년 12월말 현재 공인중개사협회, 한국감정원 2개 기관만이 공인거래정보사업자로 지정되어 있다. 그 중 한국감정원은 지정만 받았을 뿐 실제 거래정보망사업은 운영하지 않고 있는 실정이다.

공인중개사협회의 거래정보망은 '탱크21[109]'과 '유니온프로[110]'로 나누어진다. 공인중개사협회의 공인거래정보망은 1994년 12월 5일 건설교통부(현 국토해양부)로부터 거래정보사업자로 지정 받아 협회 내에 정보사업부를 신설하여 사업추진 인프라를 구축하였다. 당시에는 한국통신(현 'KT')에서 제공하는 PC통신 단말기를 이용하여 거래정보망을 이용하였으나 단말기 보급과 교육시스템 부족 등으로 활성화되기에는 어려운 환경이었다. 이로 인해 협회는 거래정보사업에 대한 기술력과 운영미숙 등으로 협회 재정이 손실되는 결과를 초래하였고, 이후 협회는 1995년 4월 거래정보망 운영규정을 신설하여

104) REINS란 일본 국토교통대신의 지정을 받은 부동산유통기구가 운영하는 컴퓨터 네트워크 시스템을 말한다.
105) 최봉현(2007), 앞의 논문, 72~73쪽.
106) 김원희(1993), "한, 미, 일의 부동산 거래정보망 도입과정에 관한 비교연구", 「국토연구」 20, 국토개발연구원, 134쪽.
107) 강병기·이국철·이창석(2006), 「전략경영시대의 CEO 부동산정보 서비스업」, 서울, 형설출판사, 230~232쪽.
108) 현 '한국공인중개사협회'를 말한다.
109) www.tank21.com 참조.
110) www.r79.com 참조.

본격적인 사업을 재추진하고자 하였으나 사업운영 미숙 등 내부사정으로 사업추진이 부진해졌다.

이후 협회는 1996년 거래정보망 활성화를 위해 수도권 중심으로 활발한 거래정보사업을 추진하였다. 당시에는 서울 노원지역의 '까치라인'과 경기도 고양시 일산지역의 '미래정보' 등과 경쟁하였다. 이후 1998년 버금 프로그램을 개발하여 경기도 일산과 서울 노원지역 등에 A/S인력을 투입하고 중점적으로 프로그램과 매물정보지를 배포하여 한 때 우위를 점하기도 하였으나 매년 거래정보망사업에 투입되는 사업비 지출이 누적되어 협회 내부적으로 문제가 제기되고 있었다. 그러던 중 협회는 1999년 한별텔레콤과 FAS & Investment 등 4개 업체가 정보사업 컨소시엄을 구성하고 한국부동산정보통신(주)를 설립하여 사업을 대행하도록 하였다. 협회에서 3억원을 출자하여 30%의 지분을 확보하는 조건이었다. 그러나 컨소시엄업체의 경영문제 등 내부사정으로 사업이 부진해졌다. 2003년 협회는 한국부동산정보통신(주)와의 합자투자계약을 해지하고 회원들에게 무료로 공급하기 위한 프로그램을 개발하기 위해 2004년 1월 (주)피피메이커와 수의계약을 체결하여 '탱크21' 프로그램을 개발하였다.[111]

현재 운영 중인 '탱크21'은 이 당시 개발된 프로그램이다. '탱크21'은 인터넷 웹 방식으로 전국망으로 운영되며, 중개업자 전용 프로그램[112]으로 공동매물, 자기매물, 계약서 양식, 고객관리, 커뮤니티 등 중개업무에 필요한 내용으로 구성되어 있다. '탱크21'은 협회 중앙회 서버를 통해 검색할 때 마다 접속하는 방식으로 운영된다. '탱크21'에 2009년 9월 1일부터 11월 30일까지 접속한 중개업자는 34,263명에 이르지만, '탱크21'은 중개업무에 직접 이용하기보다 거래계약서 등의 양식을 출력하는 기능 위주로 활용되고 있다.

그리고 '유니온프로'는 두 개의 협회가 통합되기 이전 2002년 3월 대한공인중개사협회에서 건설교통부(현 국토해양부)로부터 거래정보사업자로 지정받아 대한공인중개사정보통신(주)을 설립하여 사업을 영위하다 2007년 11월 2개의 협회가 하나로 통합되어 현재는 공인중개사협회에서 52%의 주식을 보유하고, 대주주로 경영에 참여하고 있다. 사업운영은 대한공인중개사정보통신(주)을 통해 운영하고 있으며, '유니온프로'에는 매물, 시세, 경매정보, 부동산뉴스, 부가정보, 커뮤니티, 사이버중개사 등으로 구성되어 있고, 클라이언트서버방식[113]으로 개인용 컴퓨터에 프로그램을 설치하여 메인컴퓨터에 자료를 저장하는 방식으로 운영되고 있다. 이는 '탱크21'과는 달리 매물 및 계약서 등 정보 보안이 가능하여 중개업자가 선호하고 있는 방식이다. '유니온프로' 이용자는 2009년 말 기준으로 11,363명이다. 유료회원 2,053명, 무료회원 9,310명으로 구분되어 운영되고

111) 한국부동산뉴스, 2010년 8월호 3면 참조.

112) 중개업자의 공동중개망 역할을 담당하고 있다.

113) 과거에는 메인프레임을 사용할 때 PC환경이 좋지 않아 서버에 모든 프로그램을 설치하고 사용자가 단말기 서버에 프로그램을 실행하는 형태로 운영되었으나 최근에는 PC성능이 비약적으로 발전하면서 서버가 하던 기능의 일부를 PC로 옮겨 서버의 부하의 줄이고 성능을 높이기 위해 클라이언트서버방식이 이용되고 있다.

있다. 또한 유료회원은 가입비(11만원)와 지역에 따라 이용료(20,000원 또는 11,000원)가 부과되며, 수원 전 지역과 화성시 동탄면, 평택시, 서울 일부지역 등에서 중개업자가 이용하고 있다.[114] 공인거래정보망 운영현황은 〈표 3-2〉와 같다.

〈표 3-2〉 공인거래정보망 운영현황

구 분	탱크21	유니온프로	부동산테크
지정사업자	한국공인중개사협회	한국공인중개사협회	한국감정원
운영사업자	한국공인중개사협회	대한공인중개사정보통신(주)	사업을 운영하지 않고 있음
사용자 수	34,263명 (2009. 9. 1 ~ 2009. 11. 30 기간 동안 접속한 중개업자)	2,053명	
가입비 및 월 이용료	무 료	- 가입비 : 11만원 - 월 이용료 : 2만원 (서울 · 평택 11,000원)	
서비스내용	시세, 매물, 부동산뉴스, 분양정보, 구인 · 구직, 사이버 상담실, 부가정보서비스	매물, 시세, 경매정보, 부동산뉴스, 부가정보, 커뮤니티, 사이버중개사	
주요 사업지역	전 국	경기도 화성시(동탄면), 수원시, 평택시, 서울 일부지역	

* 주 : 공인거래정보망 자료 종합(2009년 12월 현재)

2) 사설거래정보망

거래정보망제도 도입 이후 공인거래정보망이 제 기능을 수행하지 못함에 따라 2000년 초부터 사설거래정보망이 생겨나게 되었다. 사설거래정보망은 '공인중개사법' 적용을 받지 않고 부가통신사업자로 신고하면 영업이 가능하다. 사설거래정보망은 지역별로 세분화되어 있고, 지역을 넓혀 사업을 확장하기 위해 중개업자를 대상으로 가맹점 가입유치를 위한 영업활동을 전개해 나가고 있다.

사설거래정보망 사업자는 중개업자에게 거래정보망 이용료로 월 1만 5천원~3만원을 받고 있다. 최근 들어 중개업자를 대상으로 가맹점 회원을 확보하기 위해 무료로 운영하는 사업자도 생겨나고 있다. 사설거래정보망은 지역 친목회 등 소모임을 중심으로 시 · 군 · 구 등 지역별로 폐쇄적으로 운영되고 있는 것이 특징이다. 지역별로 설립된 중개업자의 친목회 회원들이 하나의 거래정보망 사업자를 선택하여 그 지역에서 매물정보를 교환하고 있다. 이로 인해 지역별로 특정업체가 독점하는 형태로 운영되고 있다. 사설거래정보망은 중개업자의 지역 친목회와 밀접한 관계를 유지하고 있다.[115]

114) 채현길 · 서진형 · 문영기(2009), 앞의 논문, 240~242쪽.
115) 공정거래위원회 보도자료(2002. 12. 31), 부동산중개분야 시장개선사업 관련 실태조사 결과 및 조치.

주요 사설거래정보망을 살펴보면, 2009년 12월 현재 '부동산레이다'는 7,000여명의 중개업자를 확보하고 있으며, 주요 사업을 영위하는 지역은 서울시 서초구(반포동, 잠원동), 금천구(독산동), 성북구(상월곡동), 중랑구, 도봉구, 강북구(번동), 노원구, 인천시, 부산시, 대구시(수성구) 경기도 광명시, 용인시(죽전/동백), 시흥시, 의왕시(삼동), 의정부시, 부천시 등이다. 지역별로 22,000~25,000원의 월 이용료를 차등 적용하고 있다. '텐'은 6,000여명의 중개업자를 확보하고 있으며, 주요 사업을 영위하는 지역은 서울시 구로구(신도림동), 용산구(남영동), 강서구, 노원구, 도봉구, 양천구, 부산시, 경상남도(양산시), 경기도 과천시, 구리시, 남양주시, 성남시(분당구), 용인시(수지구), 안산시, 의왕시(오전동), 김포시, 고양시 (덕양구), 안산시, 안양시, 의왕시, 파주시 등이다. 지역별로 20,000~25,000원의 월 이용료를 차등 적용하고 있다. '마이스파이더'는 1,800여명의 중개업자를 확보하고 있으며, 월 이용료로 30,000원을 받고 있다. 주요 사업을 영위하는 지역은 경기도 시흥시, 양천구, 고양시(일산구) 등 이다. '스피드스타'는 500여명의 회원을 확보하고 있으며, 월 이용료로 15,000원을 받고 있다. 주요 사업을 영위하는 지역은 경기도 의정부시, 대구시 달서구 등 이다. 그 외에도 '마이스파이더', '부동산포스' 등 크고 작은 50여개의 사설거래정보망이 지역별로 사업을 영위하고 있다. 이렇듯 사설거래정보망은 지역을 넓혀 사업을 확장하는데 초점을 두고 있으며, 중개업지 유치를 동한 이용료 수입을 통해 사업을 영위해 나가고 있다. 사설거래정보망 운영현황은 〈표 3-3〉과 같다.

〈표 3-3〉 주요 사설거래정보망 운영현황

구 분	부동산레이다	텐	마이스파이더
사업자	넥스탑코리아	텐커뮤니티	에셋메이커
사용자 수	7,000여명	6,000여명	1,800여명
월 이용료	22,000~25,000원 (지역별 차이 있음)	20,000~25,000원 (지역별 차이 있음)	30,000원
주요 사업지역	서울시 서초구(반포동, 잠원동), 금천구(독산동), 성북구(상월곡동), 중랑구, 도봉구, 강북구(번동), 노원구, 인천시, 부산시, 대구시(수성구) 경기도 광명시, 용인시(죽전/동백), 시흥시, 의왕시(삼동), 의정부시, 부천시	서울시 구로구(신도림동), 용산구(남영동), 강서구, 노원구, 도봉구, 양천구, 부산시, 경상남도(양산시), 경기도 과천시, 구리시, 남양주시, 성남시(분당구), 용인시(수지구), 안산시, 의왕시(오전동), 김포시, 고양시 (덕양구), 안산시, 안양시, 의왕시, 파주시	경기도 시흥시, 양천구, 고양시(일산구)

* 주 : 사설거래정보망 자료 종합(2009년 12월 현재)

3) 부동산포탈사이트

부동산포털사이트[116]는 인터넷을 통하여 각종 부동산 관련 정보를 제공하는 사업인 '부동산정보제공업'과 인터넷 광고를 대행해주는 사업인 '부동산인터넷광고대행업'을 영위하는 사이트를 말한다.[117]

대표적인 부동산포탈사이트는 '부동산114', '스피드뱅크', '닥터아파트', '부동산써브' 등을 들 수 있다. 이들은 '네이버' 등 인터넷 종합포탈사이트와 구분하여 편의상 부동산포탈사이트[118]로 불리고 있다. 부동산포털사이트는 부동산과 관련된 다양한 정보들을 제공하고 있다. 아파트 등 시세정보와 매물정보, 분양정보, 경·공매정보, 부동산투자정보, 기타 정보 등을 일반인에게 제공하고 있으며, 이 중 부동산에 대한 시세정보와 매물정보가 가장 큰 비중을 차지하고 있다. 중개업자는 소비자를 대상으로 매물정보의 광고효과를 창출하기 위해 부동산포탈사이트를 중개업무에 중요한 홍보도구로 이용하고 있다. 즉 부동산포탈사이트는 소비자에게 광고효과를 얻기 위해 중개업자가 광고료를 지불하고 중개업무에 활용하고 있는 것이다.

또한 종합포탈사이트인 '네이버', '다음', '야후'도 부동산정보사업을 별도로 운영하며 중개업자의 아파트 시세나 매물정보 등을 자사의 홈페이지에 등록하고 이를 대가로 일정한 광고비를 받는 수익구조를 지니고 있다.[119] 서비스내용도 거래정보망과 유사한 형태로 운영되고 있다. 부동산포탈사이트 운영현황은 〈표 3-4〉와 같다.

〈표 3-4〉 주요 부동산포탈사이트 운영현황

<table>
<tr><th>구 분</th><th colspan="2">부동산114</th><th colspan="2">스피드뱅크</th><th colspan="2">닥터아파트</th><th colspan="2">부동산써브</th></tr>
<tr><td>설립년도</td><td colspan="2">1999년</td><td colspan="2">1999년</td><td colspan="2">1999년</td><td colspan="2">1997년</td></tr>
<tr><td>자본금</td><td colspan="2">14억 2천만원</td><td colspan="2">20억원</td><td colspan="2">4억 5천만원</td><td colspan="2">61억원</td></tr>
<tr><td>홈페이지</td><td colspan="2">www.r114.co.kr</td><td colspan="2">www.speedbank.co.kr</td><td colspan="2">www.drapt.co.kr</td><td colspan="2">www.serve.co.kr</td></tr>
<tr><td rowspan="2">회원 수 및 매물 수</td><td>회원 수</td><td>매물 수</td><td>회원 수</td><td>매물 수</td><td>회원 수</td><td>매물 수</td><td>회원 수</td><td>매물 수</td></tr>
<tr><td>13,562명</td><td>3,880,139개</td><td>15,449명</td><td>3,579,124개</td><td>4,106명</td><td>1,290,509개</td><td>18,327명</td><td>2,507,813개</td></tr>
<tr><td>매물 등록 수</td><td colspan="2">- 일반(50개)
- 프리미엄(3개*80개 확대)
- FC(5개*80개 확대)</td><td colspan="2">- 일반(50개)
- 프리미엄(3개*90개)
- FC(5개*100개)</td><td colspan="2">- 일반(50개)
- 프리미엄(100개)</td><td colspan="2">- 일반(150개, 매매/임대)
- 프리미엄(200개)
- FC(500개)</td></tr>
<tr><td>매물종류</td><td colspan="2">- 매물종류 27개
- 거래구분 57개</td><td colspan="2">- 매물종류 24개
- 거래구분 56개</td><td colspan="2">- 매물종류 29개
- 거래구분 71개</td><td colspan="2">- 매물종류 22개
- 거래구분 56개</td></tr>
</table>

116) 본 연구에서는 부동산정보제공업체(부동산114, 스피드뱅크, 닥터아파트, 부동산써브 등)와 인터넷 종합포탈사이트(네이버, 다음, 야후 등)를 통칭하여 부동산포탈사이트라 칭한다.

117) 강병기·이국철(2006), "부동산정보서비스산업의 구조분석 및 경쟁력 확보방안에 관한 연구", 「부동산학보」 제28호, 한국부동산학회, 90쪽.

118) 부동산포탈사이트는 정보기술(IT)을 기반으로 하는 여러 부동산정보서비스 사업 중의 한 분야이다.

119) 심형석·임채관·김향란(2008), 앞의 논문, 173쪽.

서비스 내용	뉴스, 분양몰, 매물(아파트, 재개발/재건축, 주택/원룸, 오피스텔, 상가, 토지, 오피스/공장 등), 경매/공매, 커뮤니티, 중개네트워크, 등기, 금융, 교육/도서, 이사, 직거래, 재테크몰, 해외, 거래스페셜	매물(재개발/재건축, 토지/상가, 원룸 등), 시세, 뉴스, 분양, 경매, 해외, 커뮤니티, 재테크 상담, 내집마련도우미, 중개네트워크, 교육, 등기, 이사, 대출	뉴스, 시세, 매물, 분양, 지식부동산, 재개발/재건축, 동호회, 富로그, 패밀리중개업소, 샤시/발코니, 인테리어, 이사, 금융/대출, 입주/청소, 등기	뉴스, 시세, 매물(재개발/재건축, 상가 등), 분양, 상담/재테크, 교육/도서, 생활/금융, 중개업소, 부동산TV

* 주 : 부동산포탈사이트 자료 종합(2009년 12월 현재)
* 출처 : 회원 수 및 매물 수, 매물등록 수, 매물종류는 공정거래위원회 소비자본부(2007. 12. 10), "인터넷 방송광고 심사방향 논의를 위한 워크숍"자료, 16~17쪽에서 발췌.

부동산포탈사이트의 수익구조는 일반적으로 중개업소를 대상으로 온라인가맹점과 오프라인 프렌차이즈 가맹점을 통한 매물이 전체매출액의 70%를 차지하고 있으며, 기업이나 분양광고로부터 20%의 수입 그리고 데이터베이스 판매, 전문가 상담, 교육 등 기타 부가서비스로부터의 수입이 10%정도가 된다.[120] 부동산정보회사의 매출구조 현황은 〈표 3-5〉와 같다.

〈표 3-5〉 부동산정보회사의 매출구조 현황

항 목	온라인 가맹점	프렌차이즈	광 고	기타 부가서비스
비 중	60%	10%	20%	10%

* 출처 : 최민섭(2006), 인터넷 부동산 서비스 품질이 마케팅 성과에 미치는 영향에 관한 연구, 박사학위논문, 건국대학교 대학원, 39쪽.

부동산포탈사이트는 중개업자의 중개업무를 위한 홍보도구로 이용되고 있다(강병기 · 이국철, 2006). 2008년 현재 부동산포탈 상위 회사들은 전체 매물액의 50% 이상을 인터넷 광고대행과 중개업소 가맹점 사업을 통해 올리고 있으며, 특히 '부동산114'와 '스피드뱅크'는 해당분야 매물액 비중이 2008년 9월 기준으로 각각 64.5%, 75.9%에 달하고 있다. 부동산포탈사이트의 수익구조는 대부분이 중개업소를 대상으로 온라인 및 오프라인 프랜차이즈 가맹점을 유치하여 수익을 올리고 있다.[121]

부동산포탈사이트의 중개업소 매물광고료 현황을 살펴보면, 2009년 12월 현재 '네이버'는 서울 강남구 대치동 은마아파트 지역에 독점으로 매매 5건, 전세 5건, 월세 5건 매물광고를 노출시키는 것을 조건으로 6개월 880만원/1년에 1,584만원을 광고료로 받고 있다. '다음'은 서울 강남구 대치동 은마아파트 지역의 경우 사이트 상단 50건을 고정하는 노출 매물광고료로 6개월에 550만원을 받고 있다. '야후'는 서울 강남구 대치동

120) 최민섭(2006), 앞의 논문, 38쪽.
121) 박원갑(2009), 앞의 논문, 26쪽.

은마아파트 지역의 경우 1년에 일반회원 추천물건 4건에 대해 66만원, 프리미엄회원은 추천 60건에 대해 275만원을 광고료로 받고 있다. '부동산114'는 1년에 네트워크회원에게 매물종류별로 50건에 대해 66만원, 골드회원은 매물 3종류를 골라 80건을 등록하는 조건으로 99만원의 광고료를 받고 있다. '스피드뱅크'는 1년에 일반회원에게 매물종류별로 50건에 대해 59만 5천원, 프리미엄회원에게는 매물 3종류를 골라 90건/기타 50건을 등록하는 조건으로 88만원의 광고료를 받고 있다. '부동산써브'는 1년에 사이버회원에게 매물종류별로 150건에 대해 44만원, 프리미엄사이버회원에게는 매물 3종류를 골라 300건/기타 200건을 등록하는 조건으로 55만원의 광고료를 받고 있다. '닥터아파트'는 1년에 패밀리회원에게 매물종류별로 50건에 대해 44만원, 스페셜회원에게는 매물종류별로 100건을 등록하는 조건으로 77만원의 광고료를 받고 있다. '부동산뱅크'는 1년에 일반사이버회원에게 매물종류별로 50~70건에 대해 25만원, 고급사이버회원에게는 15개월에 매물종류별로 100건을 등록하는 조건으로 55만원의 광고료를 받고 있다. 그리고도 100여개의 크고 작은 부동산포탈사이트가 중개업자를 대상으로 가맹점 및 광고를 유치하기 위해 부동산중개시장에서 경쟁하고 있다. 부동산포탈사이트 매물광고료 현황은 〈표 3-6〉과 같다.

〈표 3-6〉 부동산포탈사이트 매물광고료 현황

구 분	매 물 광 고 료		비 고
네이버(부동산)	프리미엄 회원(서울 강남구 대치동 은마아파트 지역) - 6개월 880만원/1년 1,584만원 - 정해진 등록건 수 없음. - 매매 5건, 전세 5건, 월세 5건 노출		지역별, 구별, 단지별 금액 다름
다음(부동산)	6개월 550만원(서울 강남구 대치동 은마아파트 지역) - 상단 50건 고정		지역별, 구별, 단지별 금액 다름
야후(부동산)	일반회원 - 추천 4건 66만원	프리미엄회원(서울 강남구 대치동 은마아파트 지역) - 추천 60건 275만원	지역별, 구별, 단지별 금액 다름
부동산114	네트워크 회원 66만원 - 종류별 50건 등록	골드회원 99만원 - 3종류 선택 80건	-
스피드뱅크	일반회원 595,000원 - 종류별 50건 등록	프리미엄 880,000원 - 3종류 선택 90건/기타 50건	-
부동산써브	사이버회원 440,000원 - 종류별 150건 등록	프리미엄사이버회원 550,000원 - 3종류 3백건/기타 200건	지역별 요금 차등, 서울 기준
닥터아파트	패밀리 회원 440,000원 - 종류별 50건 등록	스페셜 회원 770,000원 - 종류별 100건 등록	-
부동산뱅크	일반사이버 250,000원 - 종류별 50~70건 (단지 50건/비단지 70건)	고급사이버 550,000원(15개월) - 종류별 100건	공통 44만원 상당, 배너광고, 2개월 무료

* 주 : 부동산포탈사이트 자료 종합(2009년 12월 현재)

3 거래정보망의 이용실태 및 이용 상의 문제점

1) 거래정보망의 이용실태

(1) 거래정보망의 이용현황

인터넷의 발달로 거래정보망을 중개업무에 이용하고 있는 중개업자는 꾸준하게 증가하고 있다. 본 연구에서 조사한 거래정보망의 유형은 두 가지로 분류할 수 있다. 첫째, '공인중개사법' 제24조에 의거 국토해양부장관의 지정을 받은 공인거래정보망이다. 둘째, 법률에 의거 지정을 받지 않고 사업자신고만하고 거래정보망사업을 영위하는 사설거래정보망이다. '거래정보망의 유형별 이용'에 대한 응답은 〈표 3-7〉과 같다.

'공인거래정보망만 이용하는 중개업자'는 13.6%, '사설거래정보망만 이용하는 중개업자'는 41.7%, '공인거래정보망과 사설거래정보망을 모두 이용하는 중개업자'는 44.7%로 나타났다. 이는 공인거래정보망을 이용하는 중개업자가 사설거래정보망을 이용하는 중개업자보다 적음을 보여준다. 또한 공인거래정보망을 이용하는 중개업자의 상당수가 사설거래정보망과 병행하여 이용하고 있는 것을 알 수 있었다.

〈표 3-7〉 거래정보망 유형별 이용현황

구 분	빈 도	비 율(%)
공인거래정보망	74	13.6
사설거래정보망	227	41.7
모두 이용	243	44.7
합 계	544	100

현재 거래정보망사업자는 50여개가 부동산중개시장에서 사업을 영위해 나가고 있다. '거래정보망 업체별 이용'에 대한 응답을 보면 〈표 3-8〉과 같다. 공인거래정보망인 '탱크21'(25.9%)과 '유니온프로'(10.1%)의 이용률은 36.0%로 나타났으며, 사설거래정보망 이용은 '부동산레이다'(19.0%)가 가장 많았으며, 다음으로 '텐커뮤니티'(12.0%), '마이스파이드'(7.5%), '날개'(6.2%), '알터'(2.2%), '스피드스타'(2.0%), '부동산포스'(1.5%), '모둠회보'(1.0%), '사당포롬'(0.9%), '길잡이'(0.9%) 순으로 나타났다. 사설거래정보망은 특정사업자에 집중되지 않고 저조한 비율로 여러 업체를 이용하고 있는 것으로 나타났다. 이는 공인거래정보망과 사설거래정보망이 부동산중개시장에서 함께 공존하며 한정된 수요자인 중개업자를 대상으로 서로 경쟁하고 있는 것을 알 수 있었다.

〈표 3-8〉 거래정보망 업체별 이용현황

구 분	사업자	빈 도	비 율(%)
공인거래정보망 (중복응답)	탱크21	256	25.9
	유니온프로	100	10.1
사설거래정보망 (중복응답)	부동산레이다	188	19.0
	텐커뮤니티	119	12.0
	마이스파이드	74	7.5
	부동산포스	15	1.5
	스피드스타	20	2.0
	S-모드	1	0.1
	아이브릭스	6	0.6
	사당포롬	9	0.9
	까치라인	5	0.5
	날 개	61	6.2
	알 터	22	2.2
	길잡이	9	0.9
	맥	4	0.4
	알 썬	4	0.4
	바로바로	5	0.5
	맵	5	0.5
	모듬회보	10	1.0
	기 타	77	7.8
합 계		990	100

(2) 각종 거래정보망의 광고 및 계약체결 실태

중개업자가 소비자에게 매물광고와 중개업소를 광고하기 위해 거래정보망 이외에도 평균 2~3개 정도의 부동산포탈사이트를 중개업무에 이용하고 있는 것으로 나타났다. '부동산포탈사이트 업체별 이용에 대한 응답'을 보면 〈표 3-9〉와 같다. 중개업자가 중개업무에 이용하고 있는 부동산포탈사이트로는 '네이버'(20.8%)를 가장 많이 이용하고 있었으며, 다음으로 '부동산114'(19.7%), '다음'(15.9%), '스피드뱅크'(10.0%), '부동산써브'(9.0%) 등의 순으로 이용하고 있는 것으로 나타났다. 이는 중개업자가 거래정보망뿐만 아니라 부동산포탈사이트를 함께 중개업무에 활용하고 있는 것을 알 수 있었다.

〈표 3-9〉 부동산포탈사이트 업체별 이용현황

구 분			빈 도	비 율(%)
부동산 포탈사이트 (중복응답)	인터넷 종합포탈 사이트	네이버	245	20.8
		다 음	187	15.9
		야 후	69	5.9
	부동산 정보제공 사이트	부동산114	232	19.7
		스피드뱅크	118	10.0
		부동산써브	106	9.0
		닥터아파트	39	3.3
		부동산뱅크	67	5.7
		조인스랜드	18	1.5
		부동산1번지	15	1.3
		팍스넷(주)	3	0.3
		(주)매경닷컴	6	0.5
기 타			42	3.6
없 음			31	2.6
합 계			1,178	100

중개업자가 부동산포탈사이트를 이용하는 주된 이유를 알아보기 위해 광고 비중을 알아보았다. '중개업자가 부동산포탈사이트에 광고하는 비중'에 대한 응답은 〈표 3-10〉과 같다. '소비자에게 매물을 광고하기 위해서'라는 응답이 평균 53.49로 가장 높게 나타났으며, 다음으로 '소비자에게 중개업소를 홍보하기 위해서'가 평균 25.54, '중개업자에게 매물을 광고하기 위해서'가 평균 20.75로 나타났다. 실제 부동산포탈사이트는 중개업자가 소비자와 다른 중개업자에게 매물을 홍보하고 광고하기 위해 이용하고 있는 것이 확인되었다.

〈표 3-10〉 부동산포탈사이트 광고이유

구 분	N	최소값	최대값	평 균	표준편차
소비자 매물광고	543	0	100	53.49	23.220
소비자 중개업소 홍보	543	0	100	25.54	15.945
중개업자 매물광고	543	0	100	20.75	18.758

부동산포털사이트를 이용하는 중개업소를 대상으로 하는 온라인 및 오프라인 가맹점 비즈니스 시장 규모는 연간 400억 원 정도로 추산된다.[122] 중개업자가 거래정보망과

122) 심형석 · 임채관 · 김향란(2008), 앞의 논문, 173쪽.

부동산포탈사이트에 지출하는 '광고비 및 홍보비 비중'에 대한 응답을 보면 〈표 3-11〉과 같다. '사설거래정보망(평균 35.44)'과 '부동산포탈사이트(평균 36.10)'에 지출하는 비중이 평균 71.54로 나타났으며, 상대적으로 '공인거래정보망은 지출하는 비중'은 평균 15.64로 낮게 나타났다. 이는 사설거래정보망과 부동산포탈사이트에 비해 공인거래정보망은 소비자와 중개업자에게 홍보 및 광고하는 기능이 부족한 것을 알 수 있었다. 또한 중개업자의 사설거래정보망과 부동산포탈사이트 이용에 따른 광고비 부담이 크다는 것도 알 수 있었다.

〈표 3-11〉 거래정보망과 부동산포탈사이트 광고 및 홍보비 비중

구 분	N	최소값	최대값	평 균	표준편차
공인거래정보망	543	0	100	15.64	22.571
사설거래정보망	543	0	100	35.44	30.992
부동산포탈사이트	543	0	100	36.10	29.237
기 타	543	0	100	12.77	21.696

각종 거래정보망의 이용효과를 알아보기 위해 '거래계약 성사율'을 설문을 통해 알아보았다. 중개업자의 전체 거래계약(매매·임대차 등) 체결 중 각종 거래정보망 등을 이용해 '부동산거래계약이 성사되는 비중'에 대한 응답을 보면 〈표 3-12〉와 같다. 소비자가 '중개업소를 직접 방문'해서 거래가 성사되는 경우(평균 46.34)가 가장 높았으며, 다음으로 '사설거래정보망'(평균 20.82), '부동산포탈사이트'(평균 16.83), '공인거래정보망'(평균 10.59), '기타'(평균 5.61) 순으로 나타났다. 중개업자가 각종 거래정보망을 통해 정보수집과 광고효과 등으로 계약이 성사되는 비중(평균 48.24)과 소비자가 직접 방문해서 성사되는 비중(평균 46.34)이 비슷한 것으로 나타났다. 이는 과거 소비자가 중개업소를 직접 방문하는 거래형태에서 각종 거래정보망을 이용하게 되는 형태로 부동산중개시장의 환경이 변화되었음을 보여준다.

〈표 3-12〉 거래계약 성사율

구 분	N	최소값	최대값	평 균	표준편차
공인거래정보망	543	0	100	10.59	17.167
사설거래정보망	543	0	100	20.82	21.542
부동산포탈사이트	543	0	100	16.83	17.193
소비자 중개업소 방문	543	0	90	46.34	24.701
기 타	543	0	100	5.61	11.675

(3) 공인거래정보망의 이용실태

중개업자가 공인거래정보망을 이용하지 않는 원인을 알아보기 위해 '탱크21'과 '유니온프로'의 이용실태를 분석하였다. '공인거래정보망의 중개업무 효율성'에 대한 응답은 〈표 3-13〉과 같다. '잘 모르겠다'는 응답이 47.6%로 가장 많았으며, '중개업무에 도움이 된다'는 응답이 30.5%, '중개업무에 도움이 되지 않는다'는 응답이 21.9%로 나타났다. 이는 공인거래정보망이 중개업자에게 중개업무의 효율성을 명확하게 인식시켜 주지 못하고 있는 것을 알 수 있었다.

〈표 3-13〉 공인거래정보망의 중개업무 효율성

구 분	빈 도	비 율(%)
도움이 되지 않는다.	119	21.9
잘 모르겠다.	259	47.6
도움이 된다.	166	30.5
합 계	544	100

'탱크21'과 '유니온프로'는 서비스가 유사한 형태로 운용되고 있다. '탱크21과 '유니온프로의 서비스 인지유무'에 대한 응답을 보면 〈표 3-14〉와 같다. '탱크21'과 '유니온프로'의 서비스에 '차이가 없다'는 응답이 61.0%로, '차이가 있다'는 응답 39.0%보다 높게 나타났다. 공인중개사협회의 거래정보망이 2개가 운영되고 있지만 실제 거래정보망에 대한 서비스에는 특별한 차이가 없는 것을 알 수 있었다. 이에 공인거래정보망의 서비스에 대한 차이가 없다면 효율성을 증대시키는 방안으로 통합을 생각해 볼 수 있다.

〈표 3-14〉 탱크21과 유니온프로의 서비스 인지유무

구 분	빈 도	비 율(%)
무	330	61.0
유	211	39.0
합 계	541	100

'유니온프로'에서 제공하는 거래정보망 서비스와 이용료와의 관계를 알아보았다. '탱크21'은 무료로 운영되고 있어 제외하였다. '유니온프로' 이용료의 적정성에 대한 응답을 보면 〈표 3-15〉와 같다. '보통'이라는 응답이 64.7%로 가장 많았으며, '적정하지 않다'는 응답이 30.5%, '적정하다'는 응답이 4.8%로 나타났다. 이는 실제 이용료가 저가 수준인데도 불구하고 서비스에 비해 이용료에 대한 적정성은 부족한 것으로 보인다.

〈표 3-15〉 유니온프로 이용료의 적정성

구 분	빈 도	비 율(%)
적정하지 않다	166	30.5
보통이다	352	64.7
적정하다	26	4.8
합 계	544	100

'유니온프로'의 서비스 향상에 따른 추가이용료 지불에 대한 응답을 보면 〈표 3-16〉과 같다. '유니온프로'의 서비스가 향상되더라도 추가로 이용료를 지불할 의사가 없다는 응답이 51.8%로 나타났으며, 지불할 의사가 있다는 응답이 48.2%로 나타났다. 이는 '유니온프로'에 대해 부분적으로 서비스를 개선하기 보다는 새로운 거래정보망을 구축(75.1%)해야 한다는 인식이 반영된 것으로 보인다.

〈표 3-16〉 유니온프로 이용료 추가 지불 의사

구 분	빈 도	비 율(%)
무	281	51.8
유	261	48.2
합 계	542	100

공인거래정보망으로 통합한다면 어떤 거래정보망으로 통합해야 하는지에 대해 지역을 '수도권과 비수도권'으로 나누어 '탱크21'과 '유니온프로' 통합 의사에 대해 교차분석을 실시하였다. 이들 변수가 거래정보망 특성을 파악하는데 중요하다고 판단했기 때문이다. 변수간의 교차분석 방법은 카이스퀘어(Chi-square) 검증을 실시하였다. '지역과 공인거래정보망 통합의사 간의 교차분석'을 실시한 결과는 〈표 3-17〉과 같이 나타났다.

피어슨(Person)검증 카이제곱 값은 5.369이고 자유도(df)가 1일 때 유의확률(p)은 0.020으로, '지역과 공인거래정보망 통합의사 간'에는 통계적으로 유의한 차이가 있는 것으로 나타났다. 이는 수도권 지역의 중개업자가 비수도권 지역의 중개업자보다 '공인거래정보망(탱크21과 유니온프로)을 통합해야 한다'고 더 많이 인식하고 있음을 알 수 있었다.

〈표 3-17〉 지역과 공인거래정보망 통합의사 간의 교차분석 결과

[단위 : 빈도(%)]

구 분	공인거래정보망(탱크21과 유니온프로) 통합의사		합 계
	무(현행유지)	유(통합)	
수도권	78(18.4)	345(81.6)	423(100.0)
비수도권	34(28.1)	87(71.9)	121(100.0)
합 계	112(20.6)	432(79.4)	544(100.0)

* 주 : Person's chi-square=5.369(df=1, p=0.020)

공인거래정보망으로 통합한다면 '어떤 거래정보망으로 통합'해야 하는지에 대한 응답을 살펴보면 〈표 3-18〉과 같다. '새로운 거래정보망 구축'이 75.1%로 나타났으며, '탱크21'이 17.9%, '유니온프로'가 7.0%로 나타났다. 이는 중개업자가 공인중개사협회에서 운영 중인 '탱크21'과 '유니온프로'를 이용하는 것보다 새로운 거래정보망 구축(79.4%)을 원하고 있음을 알 수 있었다.

〈표 3-18〉 공인거래정보망 통합주체에 관한 인식

구 분	빈 도	비 율(%)
새로운 정보망구축(협회)	331	75.1
탱크21	79	17.9
유니온프로	31	7.0
합 계	441	100

(4) 공인거래정보망 주요특성

공인거래정보망을 이용하는 중개업자에게 평균 이하(5점 Likert 척도 기준)로 주요특성을 알아보았다. 평가항목 가운데 '수익성'(평균 3.65)이 가장 높게 나타났으며, 그 다음으로 '유용성'(평균 3.59), '신뢰성'(평균 3.39), '용이성(평균 3.37)' 순으로 나타났다. 중개업자는 거래정보망을 이용하는 가장 큰 이유는 거래계약을 성사시켜 영업 수익을 올리기 위한 도구로 활용되고 있음을 알 수 있었다. 공인거래정보망의 주요특성을 기술통계한 결과는 〈표 3-19〉와 같이 나타났다. 공인거래정보망의 수익성은 '타망계약'(평균 3.73)이 가장 높게 나타났으며, 다음으로 '포탈계약'(평균 3.71), '업소수익'(평균 3.64), '비용투자'(평균 3.61) 순으로 나타났다. '전체 수익성'은 평균 3.65로 나타났다. 이는 공인거래정보망을 통해 계약이 성사되어 수익을 올리는 경우가 적다는 것을 알 수 있었다.

공인거래정보망의 유용성은 '진성매물'(평균 3.73)이 가장 높게 나타났으며, 다음으로 '정보교류'(평균 3.65), '상담문의'(평균 3.60), '공동중개'(평균 3.56), '정보획득'(평균 3.53), '거래조건'(평균 3.47) 순으로 나타났다. 또한 '전체 유용성'은 평균 3.59로 나타났다. 이는 공인거래정보망에 진성매물을 등록할 경우 도용당할 수 있기 때문에 상세정보를 등록하기 어렵고, 이로 인해 중개업무의 유용성이 떨어진다는 것을 알 수 있었다.

공인거래정보망의 용이성은 '업그레이드'(평균 3.48)가 가장 높게 나타났으며, 다음으로 '자료복구'(평균 3.43), '접속중단'(평균 3.34), '매물검색'(평균 3.31), '매물등록'(평균 3.29) 순으로 나타났다. '전체 용이성'은 평균 3.37로 나타났다. 이는 공인거래정보망 프로그램을 현실에 맞게 계속해서 업그레이드 하지 않아 사용하기에 불편하다는 것을 알 수 있었다.

공인거래정보망의 신뢰성은 '문제해결'(평균 3.41)이 가장 높게 나타났으며, 다음으로 'A/S'(평균 3.40), '약속시간'(평균 3.40), '업무처리'(평균 3.37), '약속사안'(평균 3.35) 순으로 나타났다. '전체 신뢰성'은 평균 3.39로 나타났다. 이는 공인거래정보망 사업자가 사용상 문제발생시 신속하게 대응해주지 못하고 있는 것을 알 수 있었다.

〈표 3-19〉 공인거래정보망의 주요특성

구 분	N	최소값	최대값	평 균	표준편차
타망계약	544	1	5	3.73	0.915
포탈계약	544	1	5	3.71	0.895
비용투자	538	1	5	3.61	0.905
업소수익	544	1	5	3.64	0.898
비용절감	540	1	5	3.54	0.885
수 익 성	**534**	**1**	**5**	**3.65**	**0.787**
거래조건	544	1	5	3.47	0.864
정보획득	544	1	5	3.53	0.887
진성매물	543	1	5	3.73	0.839
정보교류	544	1	5	3.65	0.851
상담문의	544	1	5	3.60	0.838
공동중개	544	1	5	3.56	0.858
유 용 성	**543**	**1**	**5**	**3.59**	**0.711**
매물등록	544	1	5	3.29	0.914
매물검색	544	1	5	3.31	0.896
접속중단	542	1	5	3.34	0.903
업그레이드	544	1	5	3.48	0.825
자료복구	543	1	5	3.43	0.830
용 이 성	**541**	**1**	**5**	**3.37**	**0.735**
업무처리	544	1	5	3.37	0.818
문제해결	543	2	5	3.41	0.846
A/S	542	2	5	3.40	0.842
약속시간	544	1	5	3.40	0.810
약속사안	541	1	5	3.35	0.829
신 뢰 성	**541**	**1**	**5**	**3.39**	**0.731**

(5) 공인거래정보망 개선에 대한 중개업자 인식

중개업자가 인식하는 공인거래정보망의 발전방안을 설문을 통해 알아보았다. 공인거래정보망의 '운영지역'에 대한 응답을 보면 〈표 3-20〉과 같다. '전국'(41.0%)이 가장 높게 나타났으며, 다음으로 '시 · 군 · 구'(28.3%), '특별시 · 광역시 · 도'(27.0%), '읍 · 면 · 동'(3.7%) 순으로 나타났다. 이는 운영지역에 대한 중개업자의 인식과 지역적 특성이 다양한 것을 알 수 있었다.

〈표 3-20〉 운영지역

구 분	빈 도	비 율(%)
전 국	223	41.0
특별시 · 광역시 · 도	147	27.0
시 · 군 · 구	154	28.3
읍 · 면 · 동	20	3.7
합 계	544	100.0

공인거래정보망의 운영특성을 파악하기 위해 '지역과 운영방식 간'의 교차분석을 실시하였다. 변수간의 교차분석 방법은 카이스퀘어(Chi-square) 검증을 실시하였다. '지역과 운영방식 간'의 교차분석을 실시한 결과는 〈표 3-26〉과 같이 나타났다. 피어슨(Person)검증 카이제곱 값은 9.193이고 자유도(df)가 1일 때 유의확률(p)은 0.010으로, 지역과 운영방시 간에는 유의수준 하에서 통계적으로 유의미한 차이가 있는 것으로 나타났다. 수도권의 중개업자가 비수도권의 중개업자에 비해 거래정보망 운영방식을 전국망 하나로 운영(41.7%)하는 것과 지역망과 전국망을 각각 운영하고 전국망을 중심으로 정보를 통합하여 운영(37.3%)해야 한다고 인식하는 의견이 많은 것으로 나타났다.

〈표 3-21〉 지역과 운영방식 간의 교차분석 결과

[단위 : 빈도(%)]

구 분	운 영 방 식			합 계
	전국망 하나로 운영	지역별로 지역망 독립 운영	지역망 전국망 각각 운영, 전국망 통합운영	
수도권	191(45.2)	83(19.6)	149(35.2)	423(100.0)
비수도권	36(29.8)	31(25.6)	54(44.6)	121(100.0)
합 계	227(41.7)	114(21.0)	203(37.3)	544(100.0)

* 주 : Person's chi-square=9.193(df=2, p=0.010)

공인거래정보망의 부가서비스 제공에 대한 응답을 보면 〈표 3-22〉와 같다. '최신 부동산뉴스 제공'(26.4%)을 원하는 응답이 가장 많았으며, 다음으로 '양도소득세 계산프로그램 제공'(23.3%), '지역별 동호회 운영 공간 마련'(17.3%), '경 · 공매정보 제공'(14.6%), '분양정보 제공'(14.0%) 순으로 나타났다. 이는 중개업자의 중개업무에 부수적으로 필요한 부가서비스가 잘 제공되지 않는 것을 알 수 있었다.

〈표 3-22〉 부가서비스

구 분	빈 도	비 율(%)
지역별 동호회 운영 공간	166	17.3
양도세 계산프로그램	223	23.3
최신 부동산뉴스	253	26.4
분양정보	134	14.0
경・공매정보	140	14.6
기 타	42	4.4
합 계	958	100

중개업자의 공인거래정보망의 발전방안을 제도적 측면에서 지역에 따라 어떻게 인식하고 있는지 알아보았다. 지역은 수도권과 비수도권으로 나누어 분석하였다. 그 특성을 지역과 '전속중개계약 의무화', '보수보장 장치 마련', '부동산거래신고시스템 연계'에 대해 교차분석을 실시하였다. 이들 변수가 공인거래정보망의 제도적 측면에서 발전방안의 특성을 파악하는데 중요하다고 판단되었기 때문이다. 변수간의 교차분석 방법은 카이스퀘어(Chi-square) 검증을 실시하였다. '지역과 전속중개계약 의무화 간'의 교차분석을 실시한 결과는 〈표 3-23〉과 같이 나타났다.

피어슨(Person)검증 카이제곱 값은 7.441이고 자유도(df)가 1일 때 유의확률(p)은 0.006으로, '지역과 전속중개계약 의무화 간'에는 유의수준 하에서 통계적으로 유의미한 차이가 있는 것으로 나타났다. 비수도권 지역의 중개업자가 수도권 중개업자보다 전속중개계약을 의무화해야 한다는 의견이 더 많은 것으로 인식하고 있었다.

〈표 3-23〉 지역과 전속중개계약 의무화 간의 교차분석 결과

[단위 : 빈도(%)]

구 분	전속중개계약 의무화		합 계
	찬 성	반 대	
수도권	238(76.3)	74(23.7)	312(100.0)
비수도권	94(88.7)	12(11.3)	106(100.0)
합 계	332(79.4)	86(20.6)	418(100.0)

* 주 : Person's chi-square=7.441(df=1, p=0.006)

'지역과 보수보장 장치마련 간'의 교차분석을 실시한 결과는 〈표 3-24〉와 같이 나타났다. 피어슨(Person)검증 카이제곱 값은 19.828이고 자유도(df)가 1일 때 유의확률(p)은 0.000으로, '지역과 보수보장 장치마련 간'에는 유의수준 하에서 통계적으로 유의미한 차이가 있는 것으로 나타났다. 비수도권 지역의 중개업자가 수도권 중개업자에 비해 보수보장 장치를 마련해야 한다는 의견이 더 많은 것으로 인식하고 있었다.

〈표 3-24〉 지역과 보수보장 장치마련 간의 교차분석 결과

[단위 : 빈도(%)]

구 분	보수보장 장치 마련		합 계
	찬 성	반 대	
수도권	235(74.6)	80(25.4)	315(100.0)
비수도권	90(95.7)	4(4.3)	94(100.0)
합 계	325(79.5)	84(20.5)	409(100.0)

* 주 : Person's chi-square=19.828(df=1, p=0.000)

'지역과 부동산거래신고시스템 연계 간'의 교차분석을 실시한 결과는 〈표 3-25〉와 같이 나타났다. 피어슨(Person)검증 카이제곱 값은 12.328이고 자유도(df)가 1일 때 유의확률(p)은 0.000으로, '지역과 부동산거래신고시스템 연계 간'에는 유의수준 하에서 통계적으로 유의미한 차이가 있는 것으로 나타났다. 비수도권 지역의 중개업자가 수도권 중개업자에 비해 부동산거래신고시스템을 연계해야 한다는 의견을 더 많이 인식하고 있었다.

〈표 3-25〉 지역과 부동산거래신고시스템 연계 간의 교차분석 결과

[단위 : 빈도(%)]

구 분	부동산거래신고시스템 연계		합 계
	찬 성	반 대	
수도권	253(83.8)	49(16.2)	302(100.0)
비수도권	101(97.1)	3(2.9)	104(100.0)
합 계	354(87.2)	52(12.8)	406(100.0)

* 주 : Person's chi-square=12.328(df=1, p=0.000)

2) 거래정보망 이용 상의 문제점

(1) 사설거래정보망의 문제점

2000년 이후 부동산포탈사이트 업체들이 거래정보망시장에 진입하고 있는 실정이다. 이들은 급변하는 중개시장 환경에 따른 부동산정보제공과 중개사무소의 중개업무 지원 프로그램을 중개업자에게 보급하여 적극적으로 가맹점과 광고를 유치하고 있다.

거래정보망의 실태를 분석한 내용을 중심으로 사설거래정보망의 문제점을 살펴보면 다음과 같다. 첫째, 거래정보망 사업자의 영역과 부동산정보제공 및 광고업체 간의 모호한 경계가 있다. 특히 네이버 등 종합적인 정보를 제공하는 부동산포탈사이트는 시장 장악력을 바탕으로 주 광고계층인 중개업자를 회원으로 유치하기 위해 거래정보제공사업을 강화해 나가고 있다.

둘째, 공인거래정보망 이외에도 50여개의 사설거래정보망이 부동산시장에서 사업을 영위하고 있으며, 중개업자들은 사설거래정보망을 특정사업자에 집중되지 않고 저조한 비율로 여러 업체를 이용하고 있다. 이로 인해 중개업자는 지역적으로 상이한 여러 거래정보망 업체에 가입하게 되고, 거래정보망에 제공되는 정보는 분산되게 된다. 따라서 정확하고 신뢰할 수 있는 부동산정보를 생산하지 못하는 원인이 되고 있다.

셋째, 거래정보망의 이용실태를 보면 사설거래정보망만을 이용(41.7%)하는 응답자 및 공인거래정보망과 사설거래정보망 모두 이용(44.7%)하는 응답자는 86.4%로 많은 중개업자가 매월 사용료를 지불하며 사설거래정보망을 이용하는 것으로 나타났다. 이는 중개업소 광고를 위해 부동산포탈사이트를 이용(93.8%)하는 부분과 중복되어 중개업자에게는 경제적인 비용부담으로 작용하고 있다.

(2) 공인거래정보망의 문제점

거래정보망의 실태를 분석한 내용을 중심으로 공인거래정보망의 문제점을 살펴보면 다음과 같다. 첫째, 중개업자는 공인거래정보망을 이용(13.6%)하기보다 사설거래정보망(41.7%)을 더 많이 이용하고 있는 것으로 나타났다. 또한 공인거래정보망의 거래성사율(평균 10.59)은 사설거래정보망(평균 20.82)이나 부동산포탈사이트(평균 16.83)에 비해 떨어지는 것으로 나타났다. 이는 공인거래정보망 이용에 따른 거래성사율이 낮기 때문에 이용률이 떨어진다고 볼 수 있다.

둘째, 중개업자들은 소비자를 대상으로 매물광고(평균 53.49) 및 중개업소 홍보(평균 25.54)를 위해 부동산포탈사이트 광고를 중개업무에 활용하고 있는 것으로 나타났다. 이는 부동산의 실수요자인 소비자에 대한 광고가 거래에 큰 영향을 미치고 있다는 것을 보여준다. 중개업자만이 사용하는 공인거래정보망은 소비자에 대한 광고 및 홍보비 비중(평균 15.64)이 부족하다는 것을 알 수 있었다. 이로 인해 비싼 광고료에도 불구하고 중개업자들은 소비자들과 직접 소통이 가능한 부동산포탈사이트를 이용해야하는 문제가 있다.

셋째, 공인거래정보망의 수익성(평균 3.65), 유용성(평균 3.59), 신뢰성(평균 3.39), 용이성(평균 3.37)이 부족한 것으로 나타났다. 이는 공인거래정보망을 통해 수익을 올리는 경우가 적으며, 진성매물을 등록할 경우 경쟁 중개업자에게 정보를 도용당할 수 있는 문제가 있다.

넷째, 공인거래정보망은 중개업무의 효율성이 떨어지고, 프로그램을 현실에 맞게 업그레이드 하지 않아 사용하기에 불편하고, 사용상 문제가 발생했을 때 관리인원과 기술력, 전산설비 등이 부족하여 신속하게 대응해 주지 못하는 문제가 있다.

다섯째, 공인거래정보망으로 운영되고 있는 '탱크21'과 '유니온프로'의 서비스에 '차이가 없다'고 인식(61.0%)한 중개업자가 많아 서비스의 차이가 없는 2개의 공인거래정보망 운영으로 효율성이 떨어지는 것으로 나타났다. 이로 인해 중개업자들은 공인거래정보망의 통합(79.4%)을 원하고 있는 상황이나, 공인중개사협회 내부적인 문제로 인해 통합이 지연되고 있는 문제가 있다.

여섯째, '탱크21'의 경우 인터넷 웹 방식으로 운영되고 있다. 이는 ID를 소유한 협회 회원이 협회 중앙회 서버를 통해 검색할 때마다 접속하기 때문에 중개업자는 자신의 매물 정보가 노출될 수 있는 문제가 있다.

4 외국 거래정보망의 운영현황

미국과 일본의 경우 거래정보망제도가 정착되어 있다. 미국의 부동산중개시장에서는 독점중개계약과 전속중개계약이 정착되어 MLS(Multiple Listing Service)가 부동산거래의 중심적 역할을 수행하고 있다. 이 MLS는 사진정보가 원칙적으로 제공되고 있다. 이러한 미국의 MLS 부동산중개체계는 현재 우리나라에서 추진되고 있는 거래정보망체계와 같다.[123] 또한 일본의 경우는 1990년에 지정유통기구제도를 도입하여 부동산유통표준정보시스템(REINS : Real Estate Information Network System)에서 부동산거래정보 등을 취합하여 운영하고 있다.[124]

1) 미 국

미국의 MLS는 부동산중개분야에서 중심적 역할을 담당하고 있고, 중개업자들은 MLS에 대해 실질적 효율성을 포함하여 여러 가지 장점을 가진다는 것을 인정하고 있다.[125] 미국에서 중개업자를 통하는 거래의 대부분이 MLS를 이용하며 실제 주택거래의 90% 이상이 MLS를 통하여 이루어지고 있다.[126]

MLS는 1980년대까지 부동산협회(NAR : National Association of Realtors)의 지역이사회[127]의 소유였으나 이권연계와 이권충돌로 인한 소유권과 운영상의 독립을 위해 최근 NAR은 다른 지역회사와의 인수합병을 통해 광역 MLS를 창출하였으며, 미국 전지역 900여개의 MLS 업체가 사업을 운영 중이다. 운영지역은 각각의 MLS업체가 담당하는 지역이 있으며, 이 지역은 부동산협회(NAR)에서 지정하게 된다.

123) 이성근(2002), "부동산 산업환경변화에 따른 부동산거래정보망과 전자상거래제도 도입방안에 관한 연구", 한국부동산정책학회, 117~118쪽.
124) 이회규 · 박광동(2006), 앞의 논문, 325~347쪽.
125) 김기호(2007), 부동산거래정보시스템의 문제점 및 개선방안에 대한 연구, 석사학위논문, 한성대학교 부동산대학원, 51~52쪽.
126) 최봉현(2007), 앞의 논문, 79쪽.
127) 우리나라의 공인중개사협회 산하 지부와 유사한 조직이다.

부동산 브로커 또는 부동산 판매원을 회원으로 하는 NAR은 물건정보교환조직인 MLS와 함께 부동산의 수급권역에 해당하는 지구협회를 중심으로 설치하여 운영되고 있다.[128] 그러나 MLS의 세분화는 여러 개의 지역정보망에 중복으로 가입해야 하는 폐단을 발생하게 하였고, 법무부에서는 수수료 독점금지법을 통한 경고로 다음과 같이 NAR 14가지 운영방침을 선포하였다.

① MLS는 회원에게 중개수수료율이나 서비스비용에 대해 조정, 고정, 제안할 수 없다.
② MLS는 협력회원, 일반회원, 비회원간에 수수료율이나 서비스비용에 대해 조정, 고정, 제안할 수 없다.
③ MLS는 판매가격, 수수료를 명목으로 하는 MLS금융지원을 요구해서는 안 된다.
④ MLS는 매물등록에 사용되는 방식을 정할 수 없다.
⑤ MSL는 표식사용, 매물등록에 관한 규율을 정할 수 없다.
⑥ MLS는 비회원의 협력을 금지, 제한할 수 없다.
⑦ MLS는 회원과 판매자간의 관계를 제한하거나 간섭할 수 없다.
⑧ MLS는 회원의 정치참여를 금지, 제한할 수 없다.
⑨ MLS는 매도인과 매수인이 직접 만날 수 있게 할 수 없다.
⑩ MLS는 등록된 특정매물에 관한 홍보, 광고를 할 수 없다.
⑪ MLS는 회원과 판매자의 독점중개계약에 대해 금지, 제한 할 수 없다.
⑫ MLS는 판매된 매물이 있을 경우 "거래완료"의 표식을 하는 등의 매물등록 투명성을 유지하여야 한다.
⑬ MLS는 매물가격 또는 매물정보에 따른 등록거부, 독점등록을 할 수 없다.
⑭ MLS는 등록된 회원과의 서면동의를 통하지 않고 등록된 정보를 수정, 변경할 수 없다.

(NAR's 14point Multiple listing Policy / NAR, 1971. 11. 15)

MLS는 소비자 보호에 관한 시책과 이들에 직결되는 반독점법에 저촉하지 않는 한, 업계 단체의 자주적인 활동이 인정되는 체제이며, 전문가 집단인 업체는 거래정보망의 설치 및 자주운영이 가능하다.

MLS의 홈페이지에서 Home Loans(모기지 대출정보), Find Foreclosures(저당권이 설정된 물권 : 은행경매, 법원경매), Home Improvement & Repairs(집수리 및 도배에 대한정보), Home Value(부동산평가서 확인 : 9.94달러), Education(중개자격취득, 개설등록절차, 보수교육) 등의 콘텐츠가 제공되고 있다.

워싱턴 DC에 있는 미국에서 가장 큰 MLS인 MRIS(Metropolitan Regional Information Systems, Inc)는 대부분의 메릴랜드, 버지니아, 펜실베니아 지역을 관리하고 있다.[129] 1996년 서비스를 개시했을 당시에 가입자 수는 36,158명이었고, 2010년 11월 현재

128) 이창석 등(2000), 앞의 책, 91쪽.
129) MRIS, "*Vital Statistics*", 2009. 12. 12.

47,319여명의 회원이 활동하고 있다. 총 매물 수는 78,868개이며, 이 중에서 59,150개가 주거용 매물이다.

MRIS의 판매현황을 살펴보면 〈표 3-26〉과 같다. 2010년 11월 현재 89,780건이 거래되었으며, 총 거래액은 약 294억 달러, 일평균 거래액이 약 9천 6백 달러이다. 1996년 이후, 누적 거래량은 1,966,620건이며, 누적 거래액은 약 5,568억 달러이다.

〈표 3-26〉 MRIS의 판매 및 매물등록 현황

구 분		2009년	2010년	1996년 이후 누적 수치
판매 현황	판매량(건)	110,442	89,780	1,966,620
	판매액($)	35,428,515,803	29,389,934,677	556,786,164,284
	일평균 판매액($)	97,064,427	96,045,538	-
매물등록 현황	등록수(건)	216,153	194,152	3,316,881
	등록액($)	80,419,182,357	76,852,966,854	1,084,353,630,245
	일평균 등록량($)	220,326,527	251,153,486	-

* 출처 : MRIS, "Vital Statictics", 2010. 11. 2.

운영방식은 지역이사회에 가입하고 NAR의 규례에 의해 사업(부동산중개)을 하는 자만이 이용가능하며, 모든 MLS는 NAR이 제정한 규례(RETS)에 의해 통제를 받아 정보를 이동시킨다. 수수료에 대한 소유권은 NAR이 가지며, 매물정보등록방식의 단일화와 정보의 표준화를 통해 가격동향과 시장파악이 용이하다.

중개업자가 고객과의 독점계약을 체결하면 48시간 이내에 MLS에 매물정보를 신고하고, 매물은 Listing Book에 수록된다. 다른 중개업자나 매수를 원하는 잠재적 구매자는 이를 검색하여 거래가 이루어지게 된다. 거래과정은 〈그림 3-2〉와 같다.

〈그림 3-2〉 MLS의 거래과정

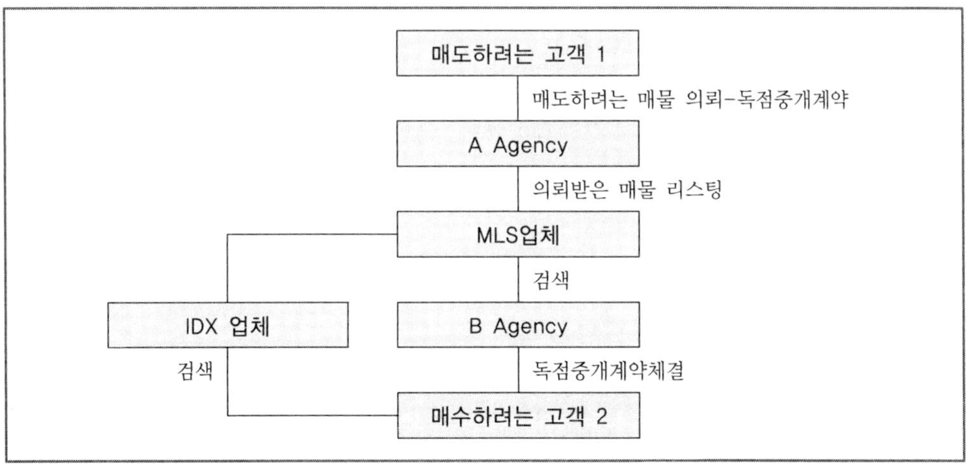

부가적으로 부동산시장 분석자료 제공과 특정지역에 대한 시장동향 통계자료를 제공하며, 거래계약 양식관리, 팩스, 이메일 통합관리, 금융서비스, 관리프로그램의 기능을 제공한다.

중개수수료는 매도인, 매수인 측의 중개업자와 협상하고, 전속 및 독점중개계약의 정착으로 물권에 대해 도용당할 우려가 없다. 중개전속권의 보호규정을 두어 특별한 경우를 제외하고는 중개계약을 취소할 수 없는 독점판매권을 중개업자에게 부여하고 있다.

MLS 회원 수수료는 일반 브로커(Broker) 및 부동산감정평가사의 경우 300달러이며, 멤버십 수수료가 210달러(반년), 자격소지 중개보조원이 210달러(반년), 자격미소지 중개보조원 105달러(반년), 가맹점 50달러, 취소수수료 25달러, 연체료(회원)가 25달러이다.

교육은 조지아(Georgia) MLS의 경우 3시간 동안 진행되는 무료과정이 있다. 이 과정을 통해 조지아(Georgia) MLS 데이터베이스 사용법을 배울 수 있다. 실습코스에는 매물 찾기, 데이터전송, 사진업로드, 지역지정, 인터넷지도에 등록하는 방법, 세금계산법, 인터넷 지도를 이용한 매물 찾기 등의 서비스를 제공하고 있다.

2) 일 본

일본의 정보화정책은 미국과의 21세기 정보화 주도권경쟁에서 출발하였다고 볼 수 있다. 일본은 부동산유통 중개업의 적정화를 도모하고, 이와 더불어 중소 중개업자의 협업화와 경영기법의 강화, 합리적인 부동산유통시장을 정비시킬 필요성이 있어 1985년부터 건설성(현 국토교통성)에서 부동산유통표준정보시스템의 개발에 착수하여, 1987년에는 '택지 · 건물거래업법'을 개정하였으며, 일본 건설성(현 국토교통성)과 재단법인 부동산유통근대화센터가 공동명의로 설계 · 개발한 부동산정보유통시스템의 표준설계로 1990년 통칭 REINS가 창설되었다.[130] 2010년 11월 현재 부동산유통근대화센터는 4개의 부동산유통기구[131]를 관리하고 있다. REINS의 총 회원수는 2009년말 기준 132,057명으로 1990년말 84,352명보다 63.9% 증가하였다.

REINS는 물건정보 규격의 통일과 통신프로그램 적용을 표준화하여 부동산유통기구의 회원업자가 단말기로부터 물건정보의 등록, 검안, 도면요구 등을 행하면 호스트 컴퓨터로부터 등록증명서의 발행, 검안결과정보, 도면정보 등의 서비스를 제공받을 수 있다.[132] 회원들은 물건정보 등록부터 변경, 삭제, 성약등록을 REINS에서 할 수 있으며, 판매중지 또는 다른 회사에서 성약이 된 경우에는 삭제할 수 있다. 이러한 REINS의 부동산거래흐름도는 〈그림 3-3〉과 같다.

---

130) 김기호(2007), 앞의 논문, 51~52쪽.

131) 4개의 부동산유통기구는 동일본 부동산유통기구, 중부지역 부동산유통기구, 긴키지역 부동산유통기구, 서일본 부동산유통기구를 말한다.

132) 위의 논문, 55쪽.

〈그림 3-3〉 REINS의 부동산거래흐름도

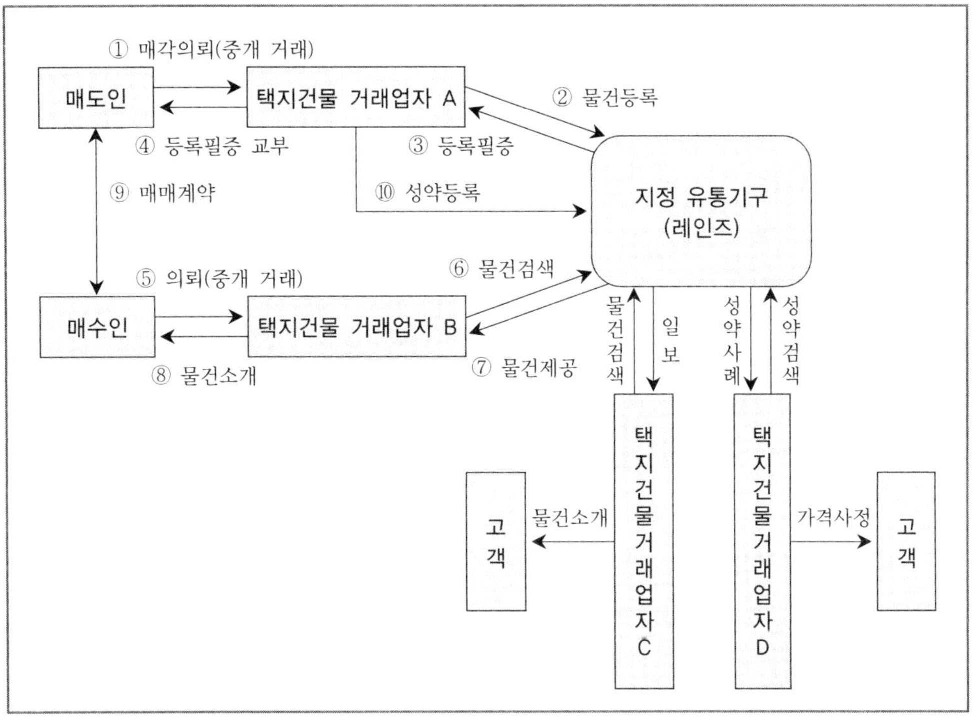

REINS의 홈페이지 연도별 접속건수는 〈표 3-27〉과 같다. 2002년도에 3천 3백만 건이었던 접속건수는 매년 꾸준히 증가하였고, 2008년과 2009년 사이에는 급격히 상승하여 2009년도에는 접속건수가 2억 9백만 건을 넘어섰다.

〈표 3-27〉 REINS 홈페이지 연도별 접속건수

(단위 : 천)

연 도	2002	2003	2004	2005	2006	2007	2008	2009
접속건수	33,391	45,607	58,252	68,332	88,391	114,201	126,891	209,035

* 출처 : http://www.reins.or.jp

REINS의 홈페이지에서는 부동산 시황동향 서비스를 제공하고 있으며, 시황동향에서는 매달 마켓워치, 도쿄권맨션 유통가격지수, 수도권부동산 유통시장의 동향, 수도권 임대거래 동향, REINS TOPIC에 대한 콘텐츠가 제공되고 있다. 제공되는 내용은 〈표 3-28〉과 같다.

〈표 3-28〉 REINS의 시황동향서비스

콘텐츠	서비스 제공사항
마켓워치	수도권 전체 도현(都県)과 다른 지역별로 중고맨션, 중고・신축 단독주택, 토지(100~200㎡)의 계약, 신규등록 가능여부 등을 속보판으로 매월 공표
도쿄권맨션 유통가격지수	도쿄권(사이타마현, 치바현, 도쿄도, 가나가와현) 아파트 계약사례를 바탕으로 입지 및 건축연수 등의 개별 속성을 평준화, 품질 조정을 통해 지수를 산출하여 매월 공표
수도권부동산 유통시장의 동향	수도권 전체 도현과 다른 지역별로 중고맨션, 중고・신축 단독주택 토지(100~200㎡)의 계약, 신규등록 가능여부 등을 분기별, 연도별로 공표
수도권 임대거래 동향	수도권 전체 도현과 다른 도쿄도・구부 및 요코하마 가와사키시의 구별 임대주택의 계약상황을 공표
REINS TOPIC	부동산유통시장과 REINS 데이터에 대한 다양한 동향을 다각적인 관점에서 분석 및 해설

* 출처 : http://www.reins.or.jp

이 중 수도권 부동산유통시장의 동향 서비스에서 제공한 내용을 살펴보면 거래물건의 종류에 따라 ① 성약건수, ② 신규등록건수를 전년과 대비하여 분석하고 있으며, ③ 1㎡당 단가, ④ 가격, ⑤ 면적, ⑥ 건축연수는 성약매물과 신규등록매물을 비교하여 제공하고 있다. 수도권 부동산유통시장 중고맨션의 개황은 〈그림 3-4〉와 같다.

〈그림 3-4〉 수도권 부동산유통시장 중고맨션 개황

① 성약건수

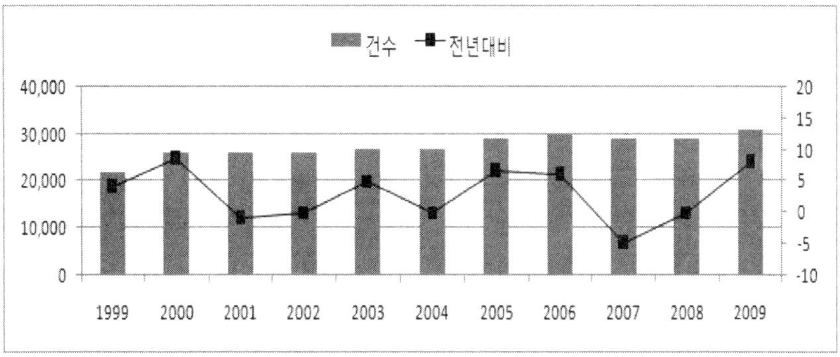

② 신규등록건수

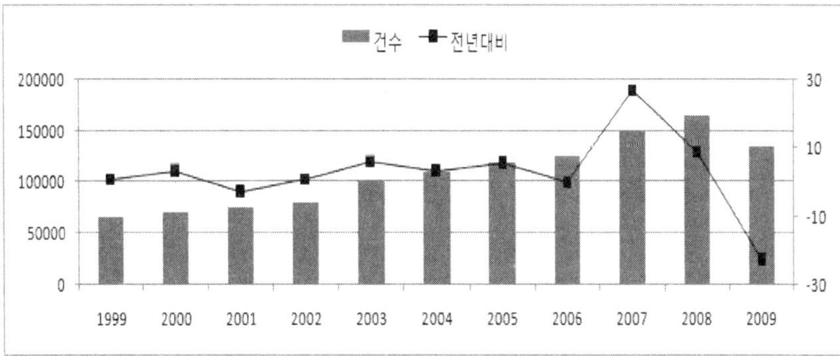

③ 1㎡당 단가

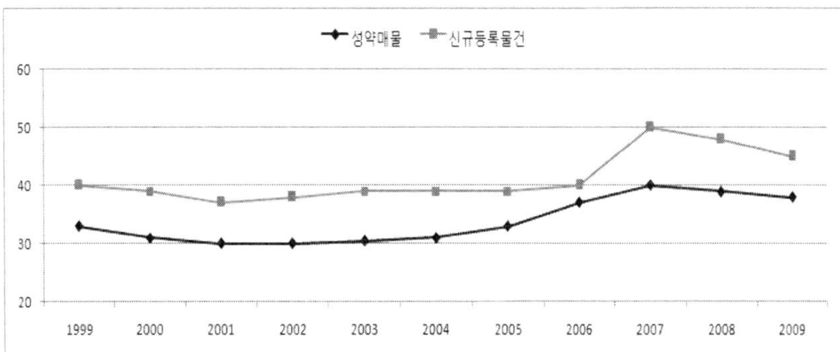

단위 : 건수(건), 전년대비(%), 1㎡당 단가 · 가격(만엔), 면적(㎡), 건축연수(년)

④ 가 격

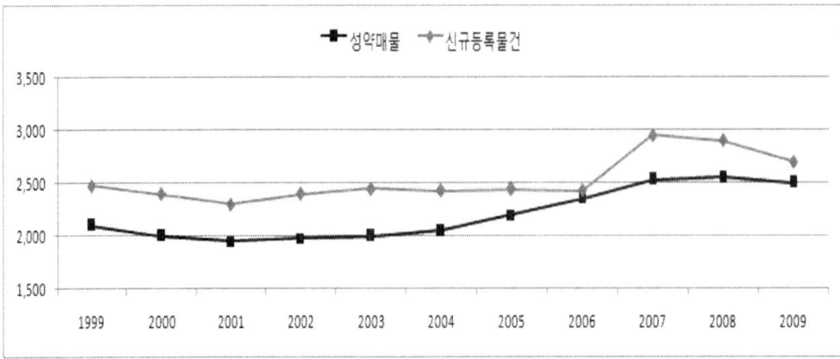

⑤ 면 적

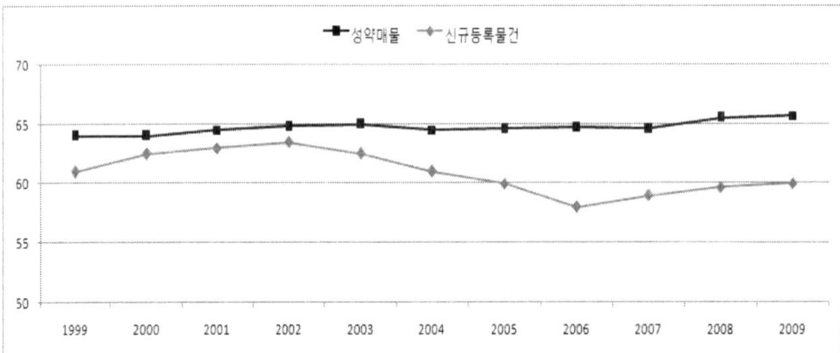

⑥ 건축연수

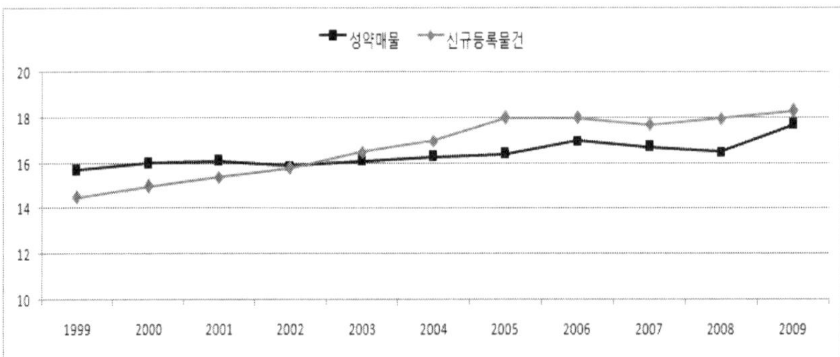

단위 : 건수(건), 전년대비(%), 1㎡당 단가 · 가격(만엔), 면적(㎡), 건축연수(년)

* 출처 : http://www.reins.or.jp

재단법인 동일본부동산유통기구[133]의 경우 홋카이도, 동북 6현(아오모리, 이와테, 미야기, 아키타, 야마가타, 후쿠시마), 북관동 3현(이바라키, 토치기, 군마), 수도권 1도 3현(도쿄, 사이타마, 치바, 카나카와), 중북부 3현(야마나시, 나가노, 니가타) 동일본 지역 1도(都) 1도(道) 15현(県)을 사업권역으로 부동산유통에 관한 매물정보교환을 권역 유일의 공익법인으로 국토교통대신에 지정된 모든 산업적인 규모라고 할 수 있는 6만 5천여 사업소의 정보공유를 통해 부동산거래를 촉진하고 있다. 또한 축적된 데이터를 활용한 연구사업을 통해 부동산유통시장의 다양한 부동산 관련 자료를 공표함으로써 부동산거래의 원활화 및 적정화에 기여하고 있다. 이 기구는 설립된 1990년(平成 2년) 이후 일관되게 성장을 계속하고 있으며, 2008년(平成 20년)도는 동일본 전역에서 230만 건의 매물이 신규로 등록되어 있었고, 매물검색 등을 포함한 총 접속건수는 1억 3,600만 건에 이르고 있다. 이것은 REINS가 부동산유통에 필수적인 업무의 기초가 되는 정보 인프라의 역할을 담당하고 있다는 것을 보여준다.

3) 시사점

앞에서 살펴본 미국의 MLS와 일본 REINS에 대한 사례를 살펴 공인거래정보망에 대한 시사점을 다음과 같이 도출하였다.

첫째, 미국과 일본의 경우 전속중개계약과 독점중개계약이 보편화되어 있어 중개업자는 안전하게 거래정보망에 상세정보를 등록할 수 있고, 보수도 보장받을 수 있다.

둘째, 미국의 MLS와 일본의 REINS의 경우 지역별로 거래정보망이 분화되어 있고, 하나의 전국망으로 통합되어 운영되고 있다. 특히 REINS는 물건정보 규격을 통일시켜 프로그램 적용하여 표준화를 위한 기능을 제공하고 있다.

셋째, 미국의 MLS와 일본의 REINS의 경우 전국망에 취합된 자료는 부동산물건 종류별로 거래건수, 거래금액, 매물등록건수 등 거래현황과 거래자료 등을 제공하고 있다. 이러한 거래자료는 시세 및 시황 등의 부동산자료로 생산되어 주기적으로 공표하고 있다.

넷째, 미국의 MLS의 경우 프로그램사용 교육과 MLS 데이터베이스 사용법을 만들어 이용자들이 편리하게 사용할 수 있도록 지원하고 있다.

이와 같이 미국 MLS과 일본 REINS의 경우 거래정보망을 표준화하여 지역망을 운영하고 있으며, 하나의 전국망으로 통합하여 부동산정보를 취합하는 시스템으로 운영되고 있고, 부동산정보의 효율적 활용과 양질의 정보를 생산하기 위해 전국망을 중심으로 취합된 정보를 가공하여 정확하고 신뢰성 있는 부동산정보를 생산하고 있다. 미국 MLS와 일본 REINS의 경우 거래정보망에 취합된 부동산가격정보를 가공하여 시장분석자료와 특정지역의 시장동향을 지역별로 세분화하여 다각적인 관점에서 분석하여 발표하고 있고, 이 자료를 정부의 부동산정책 자료로 활용하고 있다. 우리나라도 공익적 차원에서 부동산가격정보를 효율적으로 취합하고 활용할 수 있는 방안의 모색이 요구된다.

---

133) 통칭 '동일본 레인즈'라고 한다.

공인거래정보망 서비스 불만족요인 분석 04

1 분석 설계

1) 모집단과 표본

모집단[134)]은 서울특별시, 경기도, 6대 광역시의 중개업자로 공인중개사협회 '탱크21'을 이용하고 있는 중개업자로 한정하였다. 모집단을 '탱크21'을 이용하고 있는 중개업자로 정한 이유는 이용률은 낮지만 전국적으로 거래정보망이 운영되고 있고, 지역별로 이용하는 중개업자를 공인중개사협회를 통해 파악할 수 있기 때문이다. 설문은 우편과 이메일, 방문 인터뷰를 실시하였다. 설문조사는 2009. 12. 28~2010. 1. 31로 5주 동안 실시하였고, 총 1,000부의 설문지를 배부하여 701부를 회수하였다. 이중 불성실한 답변 167부를 제외하고 544부의 유효설문지를 표본으로 확정하였다. 표본오차는 95% 유의수준에서 ±4.17%이다.

2) 통계량

표본의 특성은 중개업자 종별, 연령, 경력, 종업원 수, 취급물건, 소재지이며, 통계량 특징은 〈표 4-1〉과 같다. 중개업자 종별은 공인중개사인 중개업자(92.5%)가 가장 많고, 다음으로 중개인인 중개업자[135)](7.0%), 중개법인인 중개업자(0.5%) 순이다. 연령은 40대(45.5%)가 가장 많고, 다음으로 50대(32.8%), 30대(13.0%) 이하, 60대(7.4%), 70대 이상(1.8%) 순이다.

경력은 4~7년(35.0%)이 가장 많고, 다음으로 8~15년(29.3%), 1~3년(25.4%), 16~20년(6.4%), 21년 이상(3.9%) 순이다. 종업원 수는 1~2명(67.2%)이 가장 많고, 다음으로 종업원을 두지 않고 있는 중개업자(24.3%), 3~5명(7.6%), 6~10명(0.7%), 11명 이상(0.2%) 순이다. 취급물건은 아파트(32.0%)가 가장 많고, 다음으로 단독/다가구(20.6%), 상가(13.4%), 연립/다세대(12.4%), 토지/임야(5.8%), 주상복합(5.3%), 오피스

---

134) 2009년 9월 1일~11월 30일 기간 동안 공인중개사협회 '탱크21'을 접속한 중개업자(34,263개)를 지역별로 표본할당하였다.

135) 중개인인 중개업자는 공인중개사법 부칙 제6조에서 규정하고 있다.

텔(5.0%), 오피스빌딩(2.5%), 공장/창고(2.1%), 분양대행/경매(0.9%) 순이다. 소재지는 서울특별시(39.3%)가 가장 많고, 다음으로 경기도(32.5%), 인천(5.9%), 대전(5.5%), 부산(5.2%), 대구(4.8%), 광주(3.7%), 울산(3.1%) 순이다.

〈표 4-1〉 표본의 통계량

항 목	구 분	빈 도	비율(%)
종 별	공인중개사	503	92.5
	중개인	38	7.0
	중개법인	3	0.5
	계	544	100.0
연 령	30대 이하	71	13.0
	40대	247	45.5
	50대	178	32.8
	60대	40	7.4
	70대 이상	7	1.3
	계	543	100.0
경 력	1~3년	138	25.4
	4~7년	190	35.0
	8~15년	159	29.3
	16~20년	35	6.4
	21년 이상	21	3.9
	계	543	100.0
종업원 수	0명	131	24.3
	1~2명	362	67.2
	3~5명	41	7.6
	6~10명	4	0.7
	11명 이상	1	0.2
	계	539	100.0

항 목	구 분	빈 도	비율(%)
취급물건 (복수응답)	아파트	320	32.0
	주상복합	53	5.3
	단독/다가구	207	20.6
	연립/다세대	124	12.4
	오피스텔	50	5.0
	상 가	134	13.4
	오피스빌딩	25	2.5
	공장/창고	21	2.1
	토지/임야	58	5.8
	분양대행/경매 등	9	0.9
	계	1,001	100.0
소재지	서 울	214	39.3
	경 기	177	32.5
	인 천	32	5.9
	부 산	28	5.2
	대 구	26	4.8
	광 주	20	3.7
	대 전	30	5.5
	울 산	17	3.1
	계	544	100.0

3) 측정변수 및 측정방법

본 연구에서 측정변수는 크게 네 가지 범주(항목)로 나누어 채용하였다. 첫째, 공인거래정보망 이용의 수익성 여부이다. 선행연구로부터 이것이 다른 부동산유통기구(사설거래정보망 등)보다 거래계약 성사율이 낮아서 수익을 증대시켜 주지 못한다고 추론하였다. 둘째, 이용의 유용성 여부이다. 중개업자가 공인거래정보망을 이용하는데 매물을 신속히 찾을 수 없고, 동업자 간에 매물정보교류가 활발하지 못할 것이라고 보고, 이 때문에 공동중개가 잘 안되고 있다고 추론하였다. 셋째, 이용의 용이성 변수이다. 중개업자가 공인거래정보망을 선택하는 이유는 프로그램 등을 편리하게 이용하는 것이 있을 것이다. 이것이 불편할 것이라 추론하였다. 넷째, 만족과 신뢰 여부이다. 중개업자가 공인거래정보망을 대체로 신뢰하지 않아 불만이 있다는 점에 착안한 것이다. 이러한 네 가지 범주를 항목으로 측정변수 25개를 채용하였으며, 리커트 5점 척도로 측정한다. 범주별로 자세한 변수와 내용은 아래 〈표 4-2〉와 같다.

〈표 4-2〉 공인거래정보망 서비스 불만족요인 분석 측정변수 및 측정방법

측정 항목	측정변수	측정 내용	측정 방법	참고문헌
수익성	타망계약 13	다른 거래정보망보다 거래계약 성사율이 낮다.	5점 척도	장희순(1994) D. D. Johnson and S. W. Hamilton(1998) Turnbull(1997) 민성원(2001) 채현길 외(2009) 채현길 외(2010)
	포탈계약 14	부동산포탈사이트 보다 거래계약 성사율이 낮다.		
	비용투자 15	비용투자에 비해 수익성이 낮다.		
	업소수익 16	중개업소 수익을 증대시키지 못한다.		
	비용절감 17	중개업무와 관련된 정보획득 비용이 절감되지 않는다.		
유용성	거래조건 18	거래조건에 맞는 매물을 신속히 찾을 수 없다.	5점 척도	김계수(2001) 최민섭(2005) 최봉현(2007) 채현길 외(2010)
	정보획득 19	정확한 매물정보를 적시에 얻지 못한다.		
	진성매물 20	거래완료 된 매물이 삭제되지 않아 진성매물을 확인하기 어렵다.		
	정보교류 21	동업자인 중개업자의 매물정보 교류가 활발하지 않다.		
	상담문의 22	동업자인 중개업자의 상담 및 문의가 늘어나지 않는다.		
	공동중개 23	공동중개가 잘 되지 않는다.		
용이성	매물등록 24	매물을 등록하기 불편하다.	5점 척도	김계수(2001) 최민섭(2005) 최봉현(2007) 채현길 외(2009) 채현길 외(2010)
	매물검색 25	매물을 검색하기 불편하다.		
	접속중단 26	접속이 용이하지 못하고 작업 중 중단되는 경우가 있다.		
	업그레드 27	프로그램이 신속히 업그레이드 되지 않는다.		
	자료복구 28	매물등록 자료가 손실되면 복구할 수 없어 불편하다.		
만족도	신뢰만족 29	전반적으로 신뢰하지 않는다.	5점 척도	채현길 외(2009) 채현길 외(2010)
	편리만족 30	프로그램 이용이 편리하지 않다.		
	유용만족 31	중개업무에 유용하지 못하다.		
	수익만족 32	중개업수 수익을 증대시키지 못한다.		

신뢰성	업무처리 33	완벽하게 업무처리가 되지 않는다.	5점 척도	김계수(2001) 최봉현(2007) 채현길 외(2010)
	문제해결 34	문제발생시 속히 해결해 주지 않는다.		
	A/S불신 35	A/S(현장방문 등)가 믿을 만하지 못하다.		
	약속시간 불이행 36	약속된 시간 안에 서비스를 제공하지 않는다.		
	약속사안 불이행 37	약속한 사안(부동산정보 제공 등)을 잘 지키지 않는다.		

2 서비스 불만족요인 분석

1) 신뢰도분석

측정 항목별로 신뢰도를 측정하였으며, Cronbach's alpha 값으로 확인하였다. 수익성 항목은 0.920, 유용성 항목은 0.908, 용이성 항목은 0.898, 만족도 항목은 0.901, 신뢰성 항목은 0.928로 모두 0.8 이상이어서 분석 자료로 사용할 수 있음을 확인하였다. 신리도 측정결과는 〈표 4-3〉과 같다.

〈표 4-3〉 자료의 신뢰도

측정항목	측정변수	항목이 삭제된 경우 chronbach'α	chronbach'α
수익성	타망계약 13	0.909	0.920
	포탈계약 14	0.901	
	비용투자 15	0.901	
	업소수익 16	0.894	
	비용절감 17	0.907	
유용성	거래조건 18	0.893	0.908
	정보획득 19	0.890	
	진성매물 20	0.902	
	정보교류 21	0.887	
	상담문의 22	0.888	
	공동중개 23	0.892	
용이성	매물등록 24	0.872	0.898
	매물검색 25	0.867	
	접속중단 26	0.867	
	업그레드 27	0.880	
	자료복구 28	0.890	

만족도	신뢰만족 29	0.879	0.901
	편리만족 30	0.866	
	유용만족 31	0.859	
	수익만족 32	0.881	
신뢰성	업무처리 33	0.916	0.928
	문제해결 34	0.910	
	A/S 35	0.911	
	약속시간 36	0.908	
	약속사안 37	0.910	

2) 요인효과의 다변량 검정결과

필라이(pillai) 트레이스(trace), 윌크스(wilks)의 람다(lamda), Hotelling의 트레이스, 로이(Roy)의 최대근(maximum root)의 검정결과는 〈표 4-4〉와 같다. 각 항목의 주 효과 중 유의한 변수(요인)를 보면, i) 수익성 항목의 비용투자 15(Pillai의 트레이스 p-value 0.001 등 **$p<0.01$), 비용절감 17(Pillai의 트레이스 p-value 0.000 등 **$p<0.01$) 변수가 유의하다. ii) 유용성 항목은 거래조건 18(Pillai의 트레이스 p-value 0.000 등 **$p<0.01$), 정보획득 19(Pillai의 트레이스 p-value 0.001 등 **$p<0.01$), 진성매물 20(Pillai의 트레이스 p-value 0.001 등 **$p<0.01$), 정보교류 21(Pillai의 트레이스 p-value 0.022 등 *$p<0.05$), 상담문의 22(Pillai의 트레이스 p-value 0.001 등 **$p<0.01$), 공동중개 23(Pillai의 트레이스 p-value 0.012 등 *$p<0.05$)가 유의하며, iii) 용이성 항목은 매물등록 24(Pillai의 트레이스 p-value 0.001 등 **$p<0.01$), 매물검색 25(Pillai의 트레이스 p-value 0.022 등 *$p<0.05$), 접속중단 26(Pillai의 트레이스 p-value 0.010 등 *$p<0.05$), 자료복구(Pillai의 트레이스 p-value 0.000 등 **$p<0.01$) 변수가 유의하였다. iv) 만족도 항목은 편리만족 30(Pillai의 트레이스 p-value 0.000 등 **$p<0.01$), 유용만족 31(Pillai의 트레이스 p-value 0.004 등 **$p<0.01$), 수익만족 32(Pillai의 트레이스 p-value 0.001 등 **$p<0.01$) 변수가 유의하였다.

대체로 공인거래정보망의 유용성이 적다는 변수가 많이 추출(6개)되었고, 나머지 변수들은 용이성(4개), 만족도(3개), 수익성(2개) 순으로 추출되었다.

이것을 구체적으로 살펴보면, 공인중개사협회가 운용하는 법정(法定)의 공인거래정보망은 i) 수익성 면에서 ; 비용투자에 비해 수익성이 낮고, 중개업무와 관련된 정보획득 비용이 절감되지 않으며, ii) 유용성 면에서는 ; 거래조건에 맞는 매물을 신속히 찾을 수 없고, 정확한 매물정보를 적시에 얻지 못하며, 거래완료 된 매물이 삭제되지 않아 진성매물을 확인하기 어렵고, 동업자인 중개업자의 매물교류가 활발하지 않고, 상담 및 문의가 늘어나지 않으며, 공동중개가 잘되지 않고, iii) 용이성 면에서는 ; 매물등록 및 검색이 불편하고, 접속이 용이하지 못하고 작업이 중단되는 경우가 있으며, 매물등록 자료가 손실되면 복구할 수 없어 불편한 점이 있다는 것이다. iv) 만족도 면에서는 ; 프로그램 이용이 불편하여, 중개업무에 유용하지 못해, 중개업소 수익을 증대시키지 못한다는 것이다.

〈표 4-4〉 다변량 검정결과

항 목	효 과		값	F	가설자유도	오차자유도	유의확률
	절 편	Pillai의 트레이스	0.359	49.903	5.000	445.000	0.000
		Wilks의 람다	0.641	49.903	5.000	445.000	0.000
		Hotelling의 트레이스	0.561	49.903	5.000	445.000	0.000
		Roy의 최대근	0.561	49.903	5.000	445.000	0.000
비수익성	비용투자 15	Pillai의 트레이스	0.100	2.309	20.000	1792.000	0.001
		Wilks의 람다	0.903	2.317	20.000	1476.848	0.001
		Hotelling의 트레이스	0.105	2.317	20.000	1774.000	0.001
		Roy의 최대근	0.058	5.224	5.000	448.000	0.001
	비용절감 17	Pillai의 트레이스	0.160	3.741	20.000	1792.000	0.000
		Wilks의 람다	0.847	3.805	20.000	1476.848	0.000
		Hotelling의 트레이스	0.173	3.844	20.000	1774.000	0.000
		Roy의 최대근	0.110	9.895	5.000	448.000	0.000
비유용성	거래조건 18	Pillai의 트레이스	0.112	2.585	20.000	1792.000	0.000
		Wilks의 람다	0.891	2.611	20.000	1476.848	0.000
		Hotelling의 트레이스	0.118	2.627	20.000	1774.000	0.000
		Roy의 최대근	0.073	6.500	5.000	448.000	0.000
	정보획득 19	Pillai의 트레이스	0.099	2.269	20.000	1792.000	0.001
		Wilks의 람다	0.903	2.295	20.000	1476.848	0.001
		Hotelling의 트레이스	0.104	2.313	20.000	1774.000	0.001
		Roy의 최대근	0.073	6.561	5.000	448.000	0.000
	진성매물 20	Pillai의 트레이스	0.101	2.318	20.000	1792.000	0.001
		Wilks의 람다	0.902	2.333	20.000	1476.848	0.001
		Hotelling의 트레이스	0.106	2.341	20.000	1774.000	0.001
		Roy의 최대근	0.063	5.604	5.000	448.000	0.000
	정보교류 21	Pillai의 트레이스	0.076	1.743	20.000	1792.000	0.022
		Wilks의 람다	0.925	1.753	20.000	1476.848	0.021
		Hotelling의 트레이스	0.079	1.760	20.000	1774.000	0.020
		Roy의 최대근	0.054	4.797	5.000	448.000	0.000

	상담문의 22	Pillai의 트레이스	0.100	2.304	20.000	1792.000	0.001
		Wilks의 람다	0.902	2.326	20.000	1476.848	0.001
		Hotelling의 트레이스	0.106	2.341	20.000	1774.000	0.001
		Roy의 최대근	0.071	6.395	5.000	448.000	0.000
	공동중개 23	Pillai의 트레이스	0.081	1.862	20.000	1792.000	0.012
		Wilks의 람다	0.920	1.873	20.000	1476.848	0.011
		Hotelling의 트레이스	0.085	1.879	20.000	1774.000	0.011
		Roy의 최대근	0.054	4.882	5.000	448.000	0.000
비용이성	매물등록 24	Pillai의 트레이스	0.104	2.388	20.000	1792.000	0.001
		Wilks의 람다	0.898	2.425	20.000	1476.848	0.000
		Hotelling의 트레이스	0.111	2.455	20.000	1774.000	0.000
		Roy의 최대근	0.084	7.534	5.000	448.000	0.000
	매물검색 25	Pillai의 트레이스	0.076	1.741	20.000	1792.000	0.022
		Wilks의 람다	0.925	1.744	20.000	1476.848	0.022
		Hotelling의 트레이스	0.079	1.745	20.000	1774.000	0.022
		Roy의 최대근	0.043	3.827	5.000	448.000	0.002
	접속중단 26	Pillai의 트레이스	0.083	1.894	20.000	1792.000	0.010
		Wilks의 람다	0.919	1.897	20.000	1476.848	0.010
		Hotelling의 트레이스	0.085	1.895	20.000	1774.000	0.010
		Roy의 최대근	0.043	3.825	5.000	448.000	0.002
	자료복구 28	Pillai의 트레이스	0.118	2.719	20.000	1792.000	0.000
		Wilks의 람다	0.886	2.750	20.000	1476.848	0.000
		Hotelling의 트레이스	0.125	2.770	20.000	1774.000	0.000
		Roy의 최대근	0.081	7.236	5.000	448.000	0.000
만족도	편리만족 30	Pillai의 트레이스	0.148	3.441	20.000	1792.000	0.000
		Wilks의 람다	0.858	3.448	20.000	1476.848	0.000
		Hotelling의 트레이스	0.159	3.515	20.000	1774.000	0.000
		Roy의 최대근	0.085	7.599	5.000	448.000	0.000
	유용만족 31	Pillai의 트레이스	0.089	2.044	20.000	1792.000	0.004
		Wilks의 람다	0.913	2.061	20.000	1476.848	0.004
		Hotelling의 트레이스	0.094	2.074	20.000	1774.000	0.004
		Roy의 최대근	0.064	5.758	5.000	448.000	0.000
	수익만족 32	Pillai의 트레이스	0.104	2.387	20.000	1792.000	0.001
		Wilks의 람다	0.899	2.409	20.000	1476.848	0.000
		Hotelling의 트레이스	0.109	2.422	20.000	1774.000	0.000
		Roy의 최대근	0.068	6.133	5.000	448.000	0.000

3) 개체간 효과검정

공인거래정보망의 서비스 불만족요인에 대해 변수 간 상호작용을 종속변수 별로 분해하였다. 그 결과는 〈표 4-5〉와 같이 수익성의 변수 5개 중에서 13번, 14번 변수가 탈락했고, 유용성 변수 6개 중 2개가 탈락했으며, 용이성 변수 5개는 모두 채용되었고, 만족도 변수 4개도 모두 채용되었다.

ⅰ) 완벽하게 업무를 처리하지 않는다는 중개업자는 ; 거래조건에 맞는 매물을 신속히 찾을 수 없었으며(F=4.010, **p〈0.01), 매물을 등록하기 불편하다고 했으며(F=6.341, **p〈0.01), 매물을 검색하기도 불편하다고 했다((F=2.836, *p〈0.05). 또한 접속이 용이하지 못하고 작업 중 중단되는 경우가 있었다(F=2.753, *p〈0.05)고 하였다.

ⅱ) 문제발생시 속히 해결해 주지 않는다는 중개업자는 ; 중개업무와 관련된 정보획득 비용이 절감되지 않는다(F=6.597, **p〈0.01)고 했으며, 매물등록(F=5.214, **p〈0.01)과 매물검색(F=3.950, **p〈0.01)이 불편하다고 했으며, 접속이 용이하지 못하고 작업 중 중단되는 경우가 있다(F=4.121, **p〈0.01)고 했고, 매물등록 자료가 손실되면 복구할 수 없어 불편하다((F=4.809, **p〈0.01)고 했다. 또한 전반적으로 신뢰하지 않는다(F=4.412, **p〈0.01)고 했고, 프로그램 이용이 용이하지 않다(F=4.800 **p〈0.01)고 했고, 중개업무에 유용하지 못하다(F=3.313, *p〈0.05)고 했으며, 중개업소 수익을 증대시키지 못한다(F=3.543, **p〈0.01)고 하였다.

ⅲ) A/S(현장방문 등)가 믿을 만하지 못하다는 중개업자는 ; 중개업소 수익을 증대시키지 못했으며(F=2.610, *p〈0.05), 정확한 매물정보를 적시에 얻지 못했고(F=7.173, **p〈0.01), 매물등록(F=4.445, **p〈0.01)과 매물검색(F=2.716, *p〈0.05)이 불편하다고 했으며, 매물등록 자료가 손실되면 복구할 수 없어 불편하다(F=3.668, *p〈0.01)고 했다. 또한 프로그램 이용이 편리하지 않았고(F=6.968, **p〈0.01), 중개업소 수익을 증대시키지 못한다(F=5.785, **p〈0.01)고 하였다.

ⅳ) 약속된 시간 안에 서비스를 제공하지 않는다는 중개업자는 ; 비용투자에 비해 수익성이 낮다(F=2.685, *p〈0.05)고 했고, 거래 완료된 매물이 삭제되지 않아 진성매물을 확인하기 어려웠으며(F=3.535, **p〈0.01), 공동중개가 잘되지 않았다(F=2.676, *p〈0.05)고 하였다. 또한 매물을 등록하기 불편했으며(F=4.304, **p〈0.01), 프로그램이 신속히 업그레이드되지 않았고(F=4.090, **p〈0.01), 매물등록 자료가 손실되면 복구할 수 없어 불편하다(F=3.891, **p〈0.01)고 했고, 프로그램 이용이 편리하지 않다(F=2.892, *p〈0.05)고 하였다.

ⅴ) 약속한 사안(부동산정보제공 등)을 잘 지키지 않는다는 중개업자는 ; 비용투자에 비해 수익성이 낮았으며(F=2.923, *p〈0.05), 중개업무와 관련된 정보획득 비용이 절감되지 않았으며(F=3.522, **p〈0.01), 거래 완료된 매물이 삭제되지 않아 진성매물을 확인하기 어려웠다(F=4.185, **p〈0.01)고 하였다. 또한 매물등록 자료가 손실되면 복구할 수 없어 불편하다(F=8.117, **p〈0.01)고 했으며, 프로그램 이용이 편리하지 않다(F=4.904, **p〈0.01)고 하였다.

〈표 4-5〉 개체간 효과검정 결과

소 스		종속변수	제III유형 제곱합	자유도	평균제곱	F	유의확률
수정 모형		업무처리 33	237.907	80	2.974	11.304	0.000
		문제해결 34	248.008	80	3.100	10.197	0.000
		A/S 35	242.119	80	3.026	9.913	0.000
		약속시간 36	217.198	80	2.715	9.084	0.000
		약속사안 37	232.429	80	2.905	9.592	0.000
절 편		업무처리 33	42.375	1	42.375	161.074	0.000
		문제해결 34	53.562	1	53.562	176.186	0.000
		A/S 35	36.195	1	36.195	118.553	0.000
		약속시간 36	29.987	1	29.987	100.329	0.000
		약속사안 37	34.524	1	34.524	113.985	0.000
수익성	비용투자 15	약속시간 36	3.210	4	0.803	2.685	0.031
		약속사안 37	3.541	4	0.885	2.923	0.021
	업소수익 16	A/S 35	3.187	4	0.797	2.610	0.035
	비용절감 17	문제해결 34	8.022	4	2.006	6.597	0.000
		약속사안 37	4.267	4	1.067	3.522	0.008
유용성	거래조건 18	업무처리 33	4.220	4	1.055	4.010	0.003
	정보획득 19	A/S 35	8.760	4	2.190	7.173	0.000
	진성매물 20	약속시간 36	4.226	4	1.056	3.535	0.007
		약속사안 37	5.070	4	1.268	4.185	0.002
	공동중개 23	약속시간 36	3.199	4	0.800	2.676	0.031
편리성	매물등록 24	업무처리 33	6.673	4	1.668	6.341	0.000
		문제해결 34	6.340	4	1.585	5.214	0.000
		A/S 35	5.429	4	1.357	4.445	0.002
		약속시간 36	4.635	4	1.159	3.877	0.004
	매물검색 25	업무처리 33	2.984	4	0.746	2.836	0.024
		문제해결 34	4.803	4	1.201	3.950	0.004
		A/S 35	3.317	4	0.829	2.716	0.029
	접속중단 26	업무처리 33	2.897	4	0.724	2.753	0.028
		문제해결 34	5.011	4	1.253	4.121	0.003
	업그레드 27	약속시간 36	4.890	4	1.222	4.090	0.003
	자료복구 28	문제해결 34	5.847	4	1.462	4.809	0.001
		A/S 35	4.480	4	1.120	3.668	0.006
		약속시간 36	4.652	4	1.163	3.891	0.004
		약속사안 37	9.834	4	2.458	8.117	0.000

만족도	신뢰만족 29	문제해결 34	5.365	4	1.341	4.412	0.002
	편리만족 30	문제해결 34	5.837	4	1.459	4.800	0.001
		A/S 35	8.509	4	2.127	6.968	0.000
		약속시간 36	3.458	4	0.864	2.892	0.022
		약속사안 37	5.941	4	1.485	4.904	0.001
	유용만족 31	문제해결 34	4.028	4	1.007	3.313	0.011
	수익만족 32	문제해결 34	4.308	4	1.077	3.543	0.007
		A/S 35	7.065	4	1.766	5.785	0.000
오 차		업무처리 33	118.123	449	0.263		
		문제해결 34	136.500	449	0.304		
		A/S 35	137.081	449	0.305		
		약속시간 36	134.200	449	0.299		
		약속사안 37	135.996	449	0.303		
합 계		업무처리 33	6388.000	530			
		문제해결 34	6559.000	530			
		A/S 35	6506.000	530			
		약속시간 36	6485.000	530			
		약속사안 37	6313.000	530			
수정 합계		업무처리 33	356.030	529			
		문제해결 34	384.508	529			
		A/S 35	379.200	529			
		약속시간 36	351.398	529			
		약속사안 37	368.425	529			

4) 모수 추정결과

모수 추정 값으로 공인거래정보망 각 변수의 만족하지 못하는 정도의 강약을 알아 볼 수 있다. 그 결과는 〈표 4-6〉과 같이 나타났다.

i) 공인거래정보망에서 완벽하게 업무를 처리하지 않는다는 변수에 영향을 주는 강도는 매물을 등록하기 불편한 점〉거래조건에 맞는 매물을 신속히 찾을 수 없는 점〉접속이 용이하지 못하고 작업 중 중단되는 경우가 있는 점〉매물을 검색하기 불편한 점〉중개업소 수익을 증대시키지 못하는 점〉중개업무에 유용하지 못한 점〉동업자인 중개업자의 매물정보 교류가 활발하지 못한 점〉공동중개가 잘 되지 않는 점〉거래 완료된 매물이 삭제되지 않아 진성매물을 확인하기 어려운 점의 순이다.

ii) 공인거래정보망에서 문제발생시 속히 해결해 주지 않는다는 변수에 영향을 주는 강도는 거래 완료된 매물이 삭제되지 않아 진성매물을 확인하기 어려운 점〉공동중개가 잘 되지 않는 점〉거래조건에 맞는 매물을 신속히 찾을 수 없다는 점〉매물을 검색하기 불편한 점〉프로그램 이용이 불편한 점〉접속이 용이하지 못하고 작업 중 중단되는 경우가 있는 점〉매물등록이 불편한 점〉중개업무와 관련된 정보획득 비용이 절감되지 않는 점〉전반적으로 신뢰하지 않는 점〉중개업무에 유용하지 못한 점〉부동산포탈사이트 보다 거래계약 성사율이 낮은 점〉중개업소 수익을 증대시키지 못하는 점의 순이다.

iii) 공인거래정보망의 A/S(현장방문 등)가 믿을 만하지 못하다는 변수에 영향을 주는 강도는 매물검색이 불편한 점〉중개업소 수익을 증대시키지 못한 점〉프로그램 이용이 불편한 점〉매물등록이 불편한 점〉매물등록 자료가 손실되면 복구할 수 없어 불편한 점〉정확한 매물정보를 적시에 얻지 못하는 점〉동업자인 중개업자의 매물정보 교류가 활발하지 않다는 점〉전반적으로 신뢰하지 않는 점〉중개업소 수익을 증대시키지 못한 점〉비용투자에 비해 수익성이 낮은 점의 순이다.

iv) 공인거래정보망에서 약속된 시간 안에 서비스를 제공하지 않는다는 변수에 영향을 주는 강도는 매물을 등록하기 불편한 점〉부동산포탈사이트 보다 거래계약 성사율이 낮은 점〉거래 완료된 매물이 삭제되지 않아 진성매물을 확인하기 어려운 점〉매물검색이 불편한 점〉프로그램이 신속하게 업그레이드되지 않는 점〉매물등록 자료가 손실되면 복구할 수 없어 불편한 점〉프로그램 이용이 불편한 점〉동업자인 중개업자의 매물정보 교류가 활발하지 않은 점〉공동중개가 잘 되지 않는 점〉비용투자에 비해 수익성이 낮은 점의 순이다.

v) 공인거래정보망에서 약속한 사안(부동산정보제공 등)을 잘 지키지 않는다는 변수에 영향을 주는 강도는 거래 완료된 매물이 삭제되지 않아 진성매물을 확인하기 어려운 점〉중개업무와 관련된 정보획득 비용이 절감되지 않는 점〉매물등록이 불편한 점〉매물등록 자료가 손실되면 복구할 수 없어 불편한 점〉프로그램 이용이 불편한 점〉중개업소 수익을 증대시키지 못한 점〉프로그램이 신속하게 업그레이드되지 않는 점〉비용투자에 비해 수익성이 낮은 점〉공동중개가 잘 되지 않는 점의 순이다.

〈표 4-6〉 모수추정 결과

종속변수	모 수	B	표준오차	t	유의확률
업무처리 33	절 편	4.953	0.080	61.794	0.000
	업소수익 16	0.398	0.194	2.055	0.040
	거래조건 18	−0.630	0.189	−3.336	0.001
	진성매물 20	−0.212	0.098	−2.163	0.031
	정보교류 21	−0.375	0.137	−2.734	0.006
	공동중개 23	0.320	0.138	2.313	0.021
	매물등록 24	−1.755	0.405	−4.338	0.000
		−0.723	0.207	−3.488	0.001
	매물검색 25	0.446	0.215	2.076	0.038
	접속중단 26	−0.483	0.167	−2.883	0.004
		−0.298	0.145	−2.060	0.040
	유용만족 31	−0.396	0.191	−2.078	0.038
		−0.389	0.178	−2.181	0.030
		−0.364	0.171	−2.127	0.034
문제해결 34	절 편	4.998	0.086	58.008	0.000
	포탈계약 14	−0.298	0.148	−2.018	0.044
		−0.342	0.133	−2.565	0.011
	비용절감 17	−1.108	0.470	−2.358	0.019
		−0.399	0.201	−1.988	0.047
	거래조건 18	2.373	1.071	2.214	0.027
	진성매물 20	3.142	1.581	1.988	0.047
	공동중개 23	−3.030	1.177	−2.574	0.010
	매물등록 24	−1.476	0.435	−3.393	0.001
		−0.782	0.223	−3.511	0.000
	매물검색 25	2.125	0.587	3.617	0.000
		0.507	0.231	2.193	0.029
	접속중단 26	−1.613	0.486	−3.320	0.001
		−0.514	0.180	−2.853	0.005
		−0.501	0.156	−3.220	0.001
		−0.377	0.149	−2.521	0.012
	신뢰만족 29	−0.397	0.182	−2.175	0.030
		−0.435	0.160	−2.719	0.007
		−0.501	0.150	−3.334	0.001

	편리만족 30	1.924	0.600	3.206	0.001
		0.362	0.167	2.166	0.031
		0.503	0.156	3.227	0.001
	유용만족 31	-0.365	0.184	-1.984	0.048
	수익만족 32	-0.305	0.141	-2.166	0.031
A/S 35	절 편	4.984	0.086	57.725	0.000
	비용투자 15	-0.317	0.134	-2.370	0.018
	업소수익 16	0.319	0.149	2.144	0.033
		0.390	0.133	2.941	0.003
	정보획득 19	-0.317	0.145	-2.187	0.029
		-0.469	0.131	-3.581	0.000
	정보교류 21	-0.445	0.200	-2.231	0.026
		-0.412	0.148	-2.782	0.006
		-0.351	0.136	-2.587	0.010
	매물등록 24	-0.168	0.436	-3.897	0.000
		-0.665	0.223	-2.979	0.003
		-0.466	0.196	-2.374	0.018
	매물검색 25	1.679	0.589	2.853	0.005
		0.493	0.232	2.126	0.034
	자료복구 28	-0.568	0.180	-3.150	0.002
	신뢰만족 29	-0.423	0.183	-2.313	0.021
		-0.318	0.160	-1.983	0.048
		-0.391	0.151	-2.597	0.010
	편리만족 30	-1.301	0.601	-2.163	0.031
		0.425	0.199	2.134	0.033
		0.374	0.167	2.235	0.026
		0.571	0.156	3.658	0.000
	수익만족 32	-1.324	0.624	-2.123	0.034
		-0.647	0.178	-3.628	0.000
		-0.642	0.141	-4.556	0.000
		-0.476	0.137	-3.478	0.001
약속시간 36	절 편	4.906	0.085	57.431	0.000
	포탈계약 14	-1.170	0.508	-2.305	0.022
	비용투자 15	0.249	0.124	2.011	0.045

	진성매물 20	−0.676	0.186	−3.646	0.000
		−0.230	0.104	−2.207	0.028
	정보교류 21	−0.390	0.146	−2.666	0.008
		−0.351	0.134	−2.612	0.009
	공동중개 23	0.355	0.147	2.409	0.016
		0.373	0.135	2.765	0.006
	매물등록 24	−1.630	0.431	−3.779	0.000
		−0.525	0.221	−2.378	0.018
	매물검색 25	0.539	0.229	2.353	0.019
	업그레드 27	−0.499	0.187	−2.668	0.008
		−0.533	0.151	−3.530	0.000
		−0.530	0.142	−3.737	0.000
	자료복구 28	−0.464	0.178	−2.601	0.010
		−0.351	0.139	−2.522	0.012
	편리만족 30	0.464	0.155	2.999	0.003
약속사안 37	절 편	4.879	0.086	56.739	0.000
	비용투자 15	0.269	0.125	2.155	0.032
	비용절감 17	−1.588	0.469	−3.385	0.001
	진성매물 20	−4.301	1.578	−2.730	0.007
		−0.537	0.187	−2.878	0.004
		−0.276	0.105	−2.628	0.009
	공동중개 23	0.267	0.136	1.970	0.049
	매물등록 24	−0.921	0.434	−2.123	0.034
	업그레드 27	−0.338	0.152	−0.981	0.327
		−0.373	0.143	−2.613	0.009
	자료복구 28	−0.835	0.180	−4.652	0.000
		−0.592	0.140	−4.224	0.000
		−0.269	0.134	−2.002	0.046
	편리만족 30	0.553	0.199	2.783	0.006
		0.588	0.167	3.525	0.000
		0.675	0.156	4.337	0.000
	수익만족 32	−0.461	0.178	−2.597	0.010
		−0.347	0.140	−2.471	0.014

* 주 : 유의수준 = 0.05를 사용하여 계산

5) 검정결과 요약

중개업자가 공인거래정보망에 불만을 느끼는 요인이 무엇인지 검정해 본 결과 〈표 4-7〉과 같이 나타났다. 이를 추출된 변수의 개수 량에 따라 정리해 보면, i) 문제발생 시 속히 해결해 주지 못한다(9) 〉 A/S(현장방문 등)가 믿을 만하지 못하다(7) 〉 약속된 시간 안에 서비스를 제공하지 않는다(7) 〉 약속한 사안(부동산정보제공 등)을 잘 지키지 않는다(5) 〉 완벽하게 업무를 처리하지 않는다(4)의 순이다. 이는 현재 공인중개사협회에서 운영 중인 공인거래정보망은 A/S에 대한 불신, 정보제공에 대한 불신, 시간 내 서비스에 대한 불신, 업무처리에 대한 불신 등으로 전반적으로 거래정보망에서 문제 발생 시에 신속하게 문제를 해결해주지 못한다는 것으로 해석할 수 있다. 구체적으로 어떤 내용에 불만이 있는지 측정해 본 결과, 불만이 많이 나온 내용의 순서는 i) 매물등록이 불편하다(5), 매물등록 자료가 손실되면 복구할 수 없어 불편하다(5), 프로그램 이용이 불편하다(5) ii) 매물을 검색하기 불편하다(4) iii) 비용투자에 비해 수익성이 낮다(3), 중개업무와 관련된 정보획득 비용이 절감되지 않는다(3), 거래 완료된 매물이 삭제되지 않아 진성매물을 확인하기 어렵다(3), 접속이 용이하지 못하고 작업 중 중단되는 경우가 있다(3), 중개업소 수익을 증대시키지 못한다(3) 등의 순이다. 이것은 공인거래정보망의 매물등록과 매물검색이 불편하고, 등록된 매물을 복구하기도 힘들며, 프로그램의 이용도 불편하므로 중개업무와 관련된 정보획득 비용이 절감되지 않아 비용투자에 비해 수익성이 낮아지게 된다는 것이다. 또한 거래 완료된 매물이 삭제되지 않아 진성매물 확인도 어렵고, 접속도 용이하지 않아 작업 중 중단되기 때문에 중개업소 수익을 증대시키지 못하는 것으로 나타났기 때문에 공인거래정보망에 대한 만족과 신뢰가 떨어지게 된다는 것을 시사한다.

〈표 4-7〉 검정결과 요약

항목	측정변수	요인효과 검정	개체 간 효과 검정					획득수
			업무처리 33	문제해결 34	A/S 35	약속시간 36	약속사안 37	
수익성	타망계약 13							
	포탈계약 14							
	비용투자 15	○				○	○	3
	업소수익 16				○			1
	비용절감 17	○		○			○	3
유용성	거래조건 18	○	○					2
	정보획득 19	○			○			2
	진성매물 20	○				○	○	3
	정보교류 21	○						1
	상담문의 22	○						1
	공동중개 23	○				○		2

용이성	매물등록 24	○	○	○	○	○		5
	매물검색 25	○	○	○	○			4
	접속중단 26	○	○	○				3
	업그레드 27					○		1
	자료복구 28	○		○	○	○	○	5
만족도	신뢰만족 29			○				1
	편리만족 30	○		○	○	○	○	5
	유용만족 31	○		○				2
	수익만족 32	○		○	○			3
획득수 합계		15	4	9	7	7	5	47

3 부동산중개업자의 선택행동요인 분석

1) 가설의 설정 및 분석모형

(1) 가설의 설정

Novak and Hoffman(2000)[136]은 화면의 처리속도와 원칙이 있는 시스템구축은 웹 이용고객의 주관적인 만족요인으로 작용한다고 주장하였고, Venkatesh(1999)[137]는 이용의 용이성이 호의적인 태도형성에 결정적인 역할을 한다고 주장하였다. 신광식(2008)[138]은 부동산중개서비스의 용이성 품질이 고객만족도에 유의적 영향을 미친다고 주장하였다. 따라서 다음과 같은 가설을 설정할 수 있다.

h1 : 공인거래정보망 이용이 불편하다면 만족하지 않을 것이다.

박상규 · 원구현 · 함흥식(2005)[139]과 김재전 · 박경자 · 노희옥(2009)[140]의 연구에 따르면, 인터넷 쇼핑몰의 지각된 유용성은 만족에 유의한 영향을 미친다고 주장하였다. 따

136) T. P. Novak, D. L. Hoffman, and Y. F. Young(2000), "Measuring the customer experience in online environments : A structural modeling approach", Marketing Science, Vol.19, No.1, pp.22~42.

137) Venkatesh Viswanath(1999), "Creation of Favorable User Perceptions : Exploring the Role of Intrinsic Motivation", MIS Quartely, 23(2), pp.239~260.

138) 신광식(2008), 부동산중개서비스 품질이 고객의 재이용의도에 미치는 영향에 관한 연구, 박사학위논문, 서울벤처정보대학원대학교.

139) 박상규 · 원구현 · 함흥식(2005), "인터넷 쇼핑몰의 지각된 이용편리성과 유용성이 신뢰, 만족, 애호도에 미치는 영향", 「경영과학」 제22권 제1호, 한국경영과학회, 83~101쪽.

140) 김재전 · 박경자 · 노희옥(2009), "기대일치성이 인터넷 쇼핑몰의 전반적 만족과 지속사용 의도에 미치는 영향", 「인터넷전자상거래연구」 제9권 제3호, 한국인터넷전자상거래학회, 313~336쪽.

라서 다음과 같은 가설을 설정할 수 있다.

h2 : 공인거래정보망이 유용하지 않다면 만족하지 않을 것이다.

Foster and Gupta(1997)[141]는 소매점을 대상으로 고객만족과 수익성 간의 관계를 분석하여 두 변수 간에는 강한 상관관계가 있음을 밝혔다. 따라서 다음과 같은 가설을 설정할 수 있다.

h3 : 공인거래정보망을 이용하면서 기대한 수익을 올릴 수 없다면 만족하지 않을 것이다.

김영인(2004)[142]은 산학협동 관계구축에 있어 산학협동 성과는 연구자에 대한 신뢰성에 긍정적인 영향을 미친다고 주장하였다. 따라서 중개업자가 공인거래정보망을 이용하는 데에도, 다음과 같은 가설을 설정할 수 있다.

h4 : 공인거래정보망을 이용하면서 기대한 수익을 올릴 수 없다면 신뢰하지 않을 것이다.

Morgan · Hant(1994)[143], 윤성준(2000), 김상현 · 오상현(2002)[144], 신종학(2003)[145], 박영근 · 김판준 · 나성윤(2006)[146], 변경숙 · 조영대 · 신민자(2007)[147]의 연구결과는 만족이 신뢰에 긍정적인 영향을 미친다고 주장하였다. 따라서 중개업자가 공인거래정보망을 이용하는 데에도, 다음과 같은 가설을 설정할 수 있다.

h5 : 공인거래정보망을 만족하지 않으면 신뢰하지 않을 것이다.

안민섭(2003)[148], 박종철 · 이광현(2009)[149]의 연구결과에 따르면 신뢰는 고객만족도에

---

141) Foster G., M Gupta(1997), "The Customer Profitability Implications of Customer Satisfaction.", Working Paper presented at the AAA Conference, Dallas, August.

142) 김영인(2004), 산학협동 관계구축에 있어 성과와 신뢰에 영향을 미치는 요인에 관한 연구, 박사학위논문, 조선대학교 대학원.

143) Morgan R. M., and S. D. Hunt(1994), *"The Commitment-Trust Theory of Relationship Marketing"*, Journal of Marketing, 58(July), pp.20~38.

144) 김상현 · 오상현(2002), "인터넷 쇼핑에서 가상점포만족, 가상점포신뢰, 가상점포애호도간 관계", 「사회과학 연구」 제21집 제2호, 영남대학교 사회과학연구소, 109~125쪽.

145) 신종학(2003), "인터넷쇼핑몰에서의 상호작용성, 신뢰 및 지각된 가치가 재구매 의도에 미치는 영향에 관한 연구", 박사학위논문, 동아대학교 대학원.

146) 박영근 · 김판준 · 나성윤(2006), "부동산중개소 선택기준이 고객만족, 신뢰, 애호도에 미치는 영향에 관한 연구", 「학술발표대회논문집」, 한국마케팅과학회, 471~488쪽.

147) 변경숙 · 조영대 · 신민자(2007), "패스트푸드점의 가치, 고객만족, 신뢰 및 전환비용이 고객충성도에 미치는 영향에 관한 연구", 「관광연구」 제22권 제2호, 대한관광경영학회, 37~58쪽.

148) 안민섭(2003), "인터넷 쇼핑에서 신뢰성이 고객만족에 미치는 영향", 박사학위논문, 경희대학교 대학원.

149) 박종철 · 이광현(2009), "기업의 지속가능경영 노력이 기업신뢰 및 고객만족도에 미치는 영향", 「한국산업경제저널」 제1권 제2호, 한국산업경제학회, 1~22쪽.

긍정적인 영향을 미친다고 주장하였다. 따라서 중개업자가 공인거래정보망을 이용하는 데에도, 다음과 같은 가설을 설정할 수 있다.

h6 : 공인거래정보망을 신뢰하지 않으면 만족하지 않을 것이다.

(2) 분석모형

중개업자가 이용하고 있는 공인거래정보망을 만족하고, 신뢰하는지 여부를 분석하기 위해, 중개업자자 선택행동요인을 참작하여 분석모형을 구축한다.

공인거래정보망 선택행동요인으로 용이성, 유용성, 수익성, 만족도, 신뢰성 항목을 채용한다. 이중 용이성, 유용성, 수익성이 만족도에 어떤 영향을 주는지 밝히고, 그 만족도와 신뢰성이 상호 어느 정도 영향을 주는지 규명하여, 중개업자의 선택행동요인이 공인거래정보망 만족도와 신뢰성에 미치는 영향을 분석한다. 이와 같은 항목은 선행연구 인터넷 사이트(김계수, 2001 ; 이문규, 2002 ; 유일 · 김재전 · 노희옥, 2006) 및 부동산포탈사이트(최민섭, 2005), 거래정보망 구성요인(최봉현, 2007) 및 채현길 · 문영기 · 서진형(2009), 채현길 · 방경식 · 문영기(2010)의 거래정보망 선택요인을 바탕으로 인터넷 사이트와 부동산포탈사이트 서비스의 공통된 점을 종합화하고, 이를 이용하는 중개업자의 거래정보망 선택요인에서 채용하였다.

위 가설로 다음 〈그림 4-1〉과 같은 구조모형을 설정할 수 있다. 이 모형을 이용하여 공인거래정보망을 만족하고 신뢰할 수 있는지 분석한다.

〈그림 4-1〉 분석모형

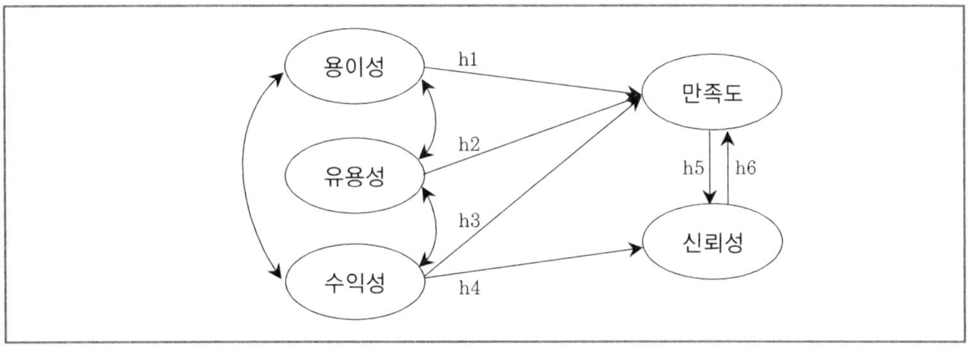

2) 분석모형의 타당성 평가

분석모형의 타당성을 평가하기 전에, 먼저 요인분석의 가능성을 검토하기 위해 KMO 검증을 하였다. Kaiser-Meyer-Olkin 측도 값은 0.947로 상당히 좋은 편이다. 또 Bartlett 구성형 검정결과는 근사카이제곱 값이 11532.564, 유의확률 0.000으로 '상관관계행렬이 단위행렬'이라는 귀무가설을 기각하여 변수에 공통요인이 있다고 보아 요인분석을 할 수 있다고 확인하였다. 측정변수 요인을 추출하기 위해 주성분분석을 하였다. 잠재변수를 고려해 5개 요인으로 묶었다. 요인분석 결과는 〈표 4-8〉과 같다.

〈표 4-8〉 요인분석 결과

잠재변수	측정변수	성분				
		1	2	3	4	5
신뢰성	약속시간 36	0.822				
	약속사안 37	0.803				
	A/S 35	0.770				
	문제해결 34	0.745				
	업무처리 33	0.610				
수익성	업소수익 16		0.815			
	타망계약 13		0.814			
	포탈계약 14		0.812			
	비용투자 15		0.781			
	비용절감 17		0.740			
유용성	정보획득 19			0.746		
	거래조건 18			0.731		
	진성매물 20			0.711		
	정보교류 21			0.702		
	상담문의 22			0.683		
	공동중개 23			0.642		
용이성	매물검색 25				0.787	
	매물등록 24				0.751	
	접속중단 26				0.655	
만족도	유용만족 31					0.734
	수익만족 32					0.671
	신뢰만족 29					0.646
	편리만족 30					0.642
고유 값		4.877	4.376	3.791	3.169	2.689
분산설명력		19.506	17.505	15.162	12.676	10.758

1구성성분 신뢰성(약속시간 36 등)에 5개, 2구성성분 수익성(업소수익 16 등)에 5개, 3구성성분 유용성(정보획득 19 등)에 6개, 4구성성분 용이성(매물검색 25 등)에 3개, 그리고 5구성성분 만족도(유용만족 31 등)에 4개가 묶였으며, 이것을 표로 나타낸 것이

〈표 4-8〉이다. 업그레드 27, 자료복구 28번 측정변수는 1번 구성 성분과 맞지 않아 삭제하였다.

구성성분 문항요인(측정변수) 적재 값은 0.4 이상, 5개 구성 성분의 적재 값(고유값)은 1.0 이상 이어서 모두 채용하여 분석한다. 이 요인분석결과를 근거로 다음 〈그림 4-2〉와 같은 초기모형을 만들었다.

이 모형은 〈표 4-9〉에서 보는 바와 같이 모형적합도는 카이스퀘어 값이 1268.404, p값 0.000이며, 간결적합도지수 CFI는 0.900로 0.9 이상이어야 하는 기준에 적합하고, 절대적합도지수 RMSEA도 0.094로 기준 0.08보다 커서 모형이 적합하지 않았다.

〈그림 4-2〉 초기모형

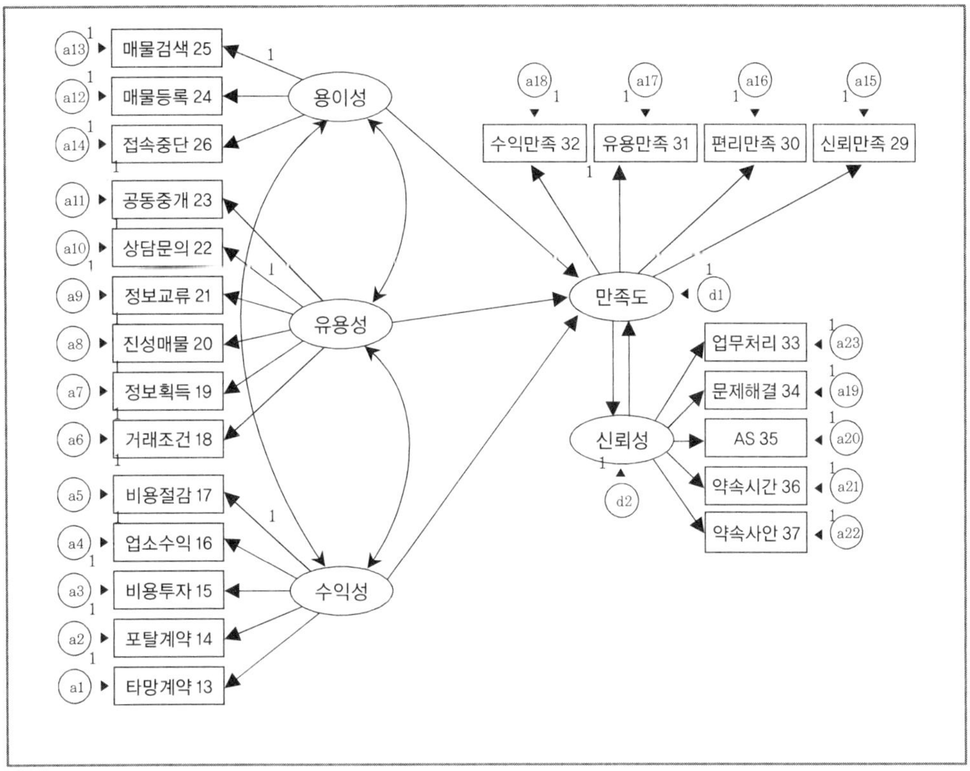

모형의 적합도를 향상시키기 위해 여러 가지 수정모형을 반복하여 검토한 후, 모형적합도와 가설의 채택유무를 확인하여, 최종모형을 선택하여 〈그림 4-3〉과 같은 수정모형을 확정하였다. 이 확정모형은 〈표 4-9〉와 같이 초기모형(M1)에서 20, 26번 변수를 제거하였고, 수정모형(M2)에서 18, 19번 변수를 제거하여 카이제곱 값을 낮추었으며, 수정모형(M3)에서 13, 29, 33번 변수를 제거하여 카이제곱 값을 낮추었다. 초기모형(M1)에서 **h4 ; 공인거래정보망을 이용하면서 기대한 수익을 올릴 수 없다면 신뢰하지 않을 것이다** 라는 가설은 기각되었다.

〈그림 4-3〉 수정모형

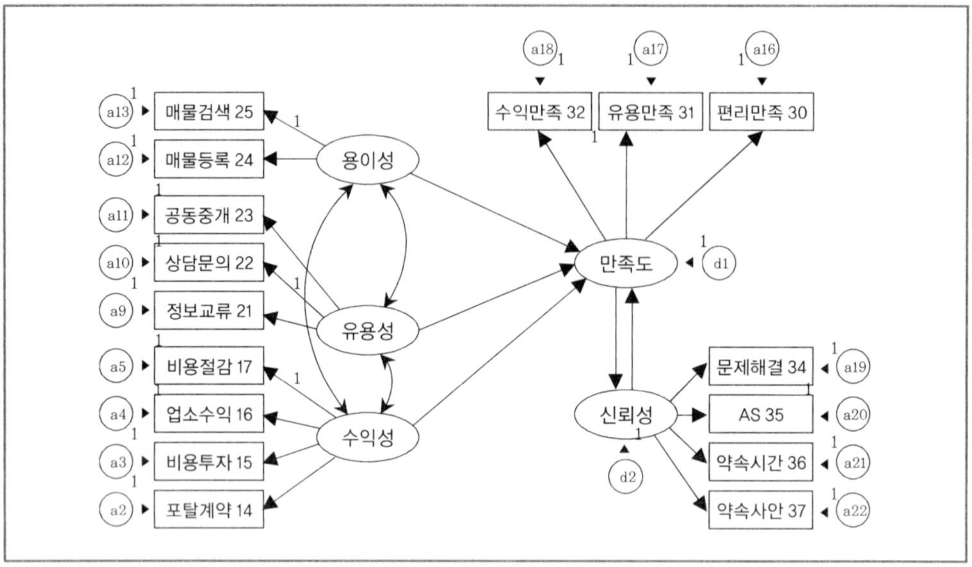

이학식・임지훈(2008)150)은 절대적합지수 GFI, CFI는 0.9 이상을 RMSEA는 0.08 이하를 적합도가 높은 것으로 수용할 수 있다고 하는데, 초기모형(M1)에 비해 수정모형(M4)은 절대적합도지수와 간결적합도지수 모두 크게 개선되어 기준을 충족한다. 모형적합도는 〈표 4-9〉와 같다.

〈표 4-9〉 모형적합도

구 분	카이제곱검정			절대적합도지수		간결적합도지수		모형수정 과정
	CMIN	DF	p	GFI	RMSEA	CFI	AIC	
M1	1268.404	222	0.000	0.807	0.094	0.900	1376.404	20, 26 변수 제거
M2	1027.779	181	0.000	0.829	0.094	0.912	1127.779	18, 19 변수 제거
M3	641.245	144	0.000	0.884	0.081	0.942	733.245	13, 29, 33 변수 제거
M4	366.763	96	0.000	0.921	0.073	0.961	446.763	-

AIC값도 2개 이상 모형을 비교할 때 낮은 것이 좋은 모형이라고 하는데, 이것도 최종 수정모형(M4)이 초기모형(M1)이나, 중간 수정모형(M2, M3)보다 좋아졌다.

최종모형이 분석에 적합한지 타당성평가를 하였다. 이것은 집중타당성, 법칙타당성, 판별타당성으로 판단할 수 있다. 타당성평가에 우선하여 신뢰도분석(R-a-V)을 하였다.

150) 이학식・임지훈(2008), 「구조방정식 모형분석과 AMOS 7.0」, 서울, 법문사, 34~36쪽.

모든 잠재변수가 0.7 이상이 되어 타당하다. 먼저, 집중타당성을 보기 위해 요인적재량과, 평균분산추출(AVE) 값을 보았다. 수정모형의 타당성을 검증한 결과 〈표 4-10〉과 같이 나타났다.

〈표 4-10〉 수정모형의 타당성 검증

구 분		RW	SRW	C.R	SMC	AVE	R-α-V
수익성	포탈계약 14	0.926	0.785	21.577	0.616	0.716	0.920
	비용투자 15	1.022	0.850	24.515	0.723		
	업소수익 16	1.065	0.897	26.704	0.805		
	비용절감 17	1.000	0.849	–	0.721		
유용성	정보교류 21	1.000	0.858	–	0.736	0.745	0.908
	상담문의 22	0.999	0.879	25.418	0.772		
	공동중개 23	0.998	0.853	24.386	0.728		
용이성	매물등록 24	1.000	0.930	–	0.866	0.869	0.898
	매물검색 25	0.987	0.934	30.155	0.873		
만족도	편리만족 30	1.048	0.846	22.210	0.717	0.712	0.901
	유용만족 31	1.098	0.870	22.994	0.757		
	수익만족 32	1.000	0.814	–	0.663		
신뢰성	문제해결 34	0.984	0.835	25.549	0.697	0.734	0.928
	A/S 35	1.000	0.854	25.525	0.729		
	약속시간 36	0.982	0.871	26.430	0.759		
	약속사안 37	1.000	0.866	–	0.751		

* 주 : ***p〈0.001, **p〈0.01

표준화요인적재량(SRW) 값은 모두 기준값 0.5 이상이어서 적합하고, 통계적으로도 유의($p<0.05$)하여 타당하며, AVE는 0.5 이상이면 집중타당성이 수용되고(이학식 · 임지훈, 2008)[151], 잠재변수 모두 0.7 이상으로 타당하였다. 다음으로 법칙타당성은 잠재변수 간 상관관계가 모두 정(+)의 방향으로 측정도구가 법칙타당성이 있었다.

마지막으로 판별타당성은 AVE값과 상관관계(r2)값의 제곱 값을 비교하여 AVE값이 상관관계 제곱 값보다 크면 잠재변수 간에는 판별타당성이 있다고 판단하는데(이학식 · 임지훈, 200 8; 배병렬, 2009)[152] <표 4-11>에서 보는 바와 같이 잠재변수 중 값이 가장 큰 것은 용이성과 만족도 0.630이며, 이 제곱 값은 0.396으로 AVE값 0.869보다 작으므로 잠재변수간의 척도는 판별타당성이 있다고 본다.

151) 이학식 · 임지훈(2008), 앞의 책, 40쪽.
152) 배병렬(2009), Amos 17.0 구조방정식모델링 제2판, 서울, 도서출판 청람, 368쪽.

〈표 4-11〉 잠재변수 간 상관관계

구 분	수익성	유용성	편리성	만족도	신뢰성
수익성	1				
유용성	0.593**	1			
용이성	0.446**	0.330**	1		
만족도	0.561**	0.546**	0.630**	1	
신뢰성	0.454**	0.487**	0.491**	0.557**	1

* 주 : **$p<0.01$

3) 분석결과

공인거래정보망의 용이성, 유용성, 수익성이 부족했다면 중개업자는 만족하지 않고, 또한 공인거래정보망을 신뢰하지 않을 것이다. 이와 같은 사고방식에 근거하여 전술한 연구가설 h1, h2, h3, h4, h5, h6의 지지여부를 검증하였다.

가설 h1 : 공인거래정보망 이용이 불편하다면 만족하지 않을 것이다.

측정변수 '매물등록이 불편하다'라는 의견에 그렇다(34.6%)와 그렇지 않다(34.6%)는 의견이 같았으며, 보통(48.7%)이라는 의견이 많았다. '매물검색이 불편하다'라는 의견에 보통(48.7%)과 그렇다(35.7%)라는 의견이 많았으며, 그렇지 않다(15.6%)는 의견은 적었다.

공인거래정보망의 매물관리를 위해 매물등록과 매물검색에 대한 용이성이 부족한 것으로 나타났다. 이러한 결과는 채현길 · 문영기 · 서진형(2009)의 연구에서도 검증된 바 있다.

용이성의 경로계수(regression weights)가 0.536이며, 가설과 같은 正(+)의 방향이고, C.R값이 10.670, p값이 0.000으로 유의하여 가설 h1을 채택한다. 용이성 잠재변수에 대한 측정변수 영향력(SRW)은 매물등록(0.930)보다 매물검색(0.934)이 더 영향력이 컸다.

〈표 4-12〉 측정변수의 표준화 계수

잠재변수	측정변수	Estimate
수익성 →	업소수익 16	0.897
수익성 →	비용투자 15	0.850
수익성 →	비용절감 17	0.849
수익성 →	포탈계약 14	0.785
유용성 →	상담문의 22	0.879
유용성 →	정보교류 21	0.858
유용성 →	공동중개 23	0.853

용이성 →	매물검색 25	0.934
용이성 →	매물등록 24	0.930
만족도 →	유용만족 31	0.870
만족도 →	편리만족 30	0.846
만족도 →	수익만족 32	0.814
신뢰성 →	약속시간 36	0.871
신뢰성 →	약속사안 37	0.866
신뢰성 →	A/S 35	0.854
신뢰성 →	문제해결 34	0.835

* 주 : **p<0.01

가설 h2 : 공인거래정보망이 유용하지 않다면 만족하지 않을 것이다.

측정변수 '정보교류가 활발하지 않다'라는 의견에 그렇다(56.2%)와 보통(36.6%)이라는 의견이 많았으며, 그렇지 않다(7.2%)는 의견은 적었다. '상담문의가 늘어나지 않는냐'라는 의견에 그렇다(51.2%)와 보통(42.6%)이라는 의견이 많았으며, 그렇지 않다(6.2%)라는 의견은 적었다. '공동중개가 되지 않는다'는 의견에 그렇다(48.7%)와 보통(41.9%)이라는 의견이 많았으며, 그렇지 않다(8.3%)라는 의견은 적었다.

공인거래정보망이 중개업무 활용에 미흡하여 유용성이 부족한 것으로 나타났다. 이러한 결과는 최봉현(2007)의 연구에서도 검증된 바 있다.

유용성의 경로계수가 0.450이며, 가설과 같은 正(+)의 방향이고, C.R값이 7.015, p값이 0.000으로 유의하여 가설 h2를 채택한다. 유용성 잠재변수에 대한 측정변수 영향력(SRW)은 정보교류(0.858), 공동중개(0.853)보다 상담문의(0.879)가 더 영향력이 컸다.

가설 h3 : 공인거래정보망을 이용하면서 기대한 수익을 올릴 수 없다면 만족하지 않을 것이다.

측정변수 '업소수익이 낮다'는 의견에 그렇다(56.0%)와 보통(34.9%)이라는 의견이 많았으며, 그렇지 않다(9.1%)라는 의견은 적었다. '비용투자에 비해 수익이 낮다'라는 의견에 그렇다(52.3%)와 보통(39.1%)이라는 의견이 많았으며, 그렇지 않다(8.6%)라는 의견은 적었다. '부동산포탈사이트 보다 거래성사율이 낮다'라는 의견에 그렇다(59.8%)와 보통(32.8%)이라는 의견이 많았으며, 그렇지 않다(7.4%)라는 의견은 적었다. '부동산정보 획득 비용이 절감되지 않는다'는 의견에 그렇다(49.0%)와 보통(40.6%)이라는 의견이 많았으며, 그렇지 않다(10.3%)라는 의견은 적었다.

공인거래정보망 이용에 따른 중개업소의 수익성이 부족한 것으로 나타났다. 이러한 결과는 민성원(2001)의 연구에서도 검증된 바 있다.

수익성의 경로계수가 0.222이며, 가설과 같은 正(+)의 방향이고, C.R값이 3.676, p값이 0.000으로 유의하여 가설 h3을 채택한다. 수익성 잠재변수에 대한 측정변수 영향력(SRW)은 비용투자(0.850), 비용절감(0.849), 포탈계약(0.785)보다 업소수익(0.897)이 더 영향력이 컸다.

가설 h4 : 공인거래정보망을 이용하면서 기대한 수익을 올릴 수 없다면 신뢰하지 않을 것이다.

초기모형(M1)에서 가설 h4는 기각되었다.

가설 h5 : 공인거래정보망을 만족하지 않으면 신뢰하지 않을 것이다.

측정변수 '유용성 측면에서 만족하지 않는다'라는 의견에 보통(44.9%)과 그렇다(39.8%)라는 의견이 많았으며, 그렇지 않다(15.3%)는 의견은 적었다. '편리성 측면에서 만족하지 않는다'라는 의견에 보통(47.0%)과 그렇다(40.8%)라는 의견이 많았으며, 그렇지 않다(12.3%)는 의견은 적었다. '수익성 측면에서 만족하지 않는다'라는 의견에 그렇다(46.6%)와 보통(43.0%)이라는 의견이 많았으며, 그렇지 않다(10.4%)라는 의견은 적었다. '신뢰성 측면에서 만족하지 않는다'라는 의견에 그렇다(48.1%)와 보통(39.4%)이라는 의견이 많았으며, 그렇지 않다(12.5%)라는 의견은 적었다. 공인거래정보망에 대한 만족도가 낮은 것으로 나타났다. 이러한 결과는 채현길・문영기・서진형(2009)의 연구에서도 검증된 바 있다.

만족도의 경로계수가 0.877이며, 가설과 같은 正(+)의 방향이고, C.R값이 15.372, p값이 0.000으로 유의하여 가설 h5를 채택한다. 만족도 잠재변수에 대한 측정변수 영향력(SRW)은 수익만족(0.814), 편리만족(0.846)보다 유용만족(0.870)이 더 영향력이 컸다.

가설 h6 : 공인거래정보망을 신뢰하지 않으면 만족하지 않을 것이다.

측정변수 '완벽하게 업무를 처리하지 않는다'는 의견에 그렇다(37.0%)와 보통(52.8%)의 의견이 많았으며, 그렇지 않다(10.2%)라는 의견은 적었다. '문제발생시 속히 해결해주지 않는다'는 의견에 그렇다(40.6%)와 보통(47.7%)의 의견이 많았으며, 그렇지 않다(11.7%)라는 의견은 적었다. 'A/S(현장방문 등)가 믿을 만하지 못하다'는 의견에 그렇다(37.7%)와 보통(51.5%)의 의견이 많았으며, 그렇지 않다(10.8%)라는 의견은 적었다. '약속된 시간 안에 서비스를 제공하지 않는다'는 의견에 그렇다(39.2%)와 보통(50.9%)이라는 의견이 많았으며, 그렇지 않다(9.8%)라는 의견은 적었다. '약속한 사안(부동산정보제공 등)을 잘 지키지 않는다'는 의견에 그렇다(34.9%)와 보통(54.5%)의 의견이 많았으며, 그렇지 않다(10.6%)라는 의견은 적었다. 공인거래정보망에 대한 신뢰성이 낮은 것으로 나타났다.

신뢰성의 경로계수가 -0.401이며, 가설과 같은 正(+)의 방향이고, C.R값이 -4.595, p값이 0.000으로 유의하여 가설 h6을 채택한다. 신뢰성 잠재변수에 대한 측정변수 영향력(SRW)은 약속사안(0.866), A/S(0.854), 문제해결(0.835)보다 약속시간(0.871)이 더 영향력이 컸다.

이제까지 분석한 가설검증 결과를 요약하면, 다음 〈표 4-13〉과 같다. 가설의 경로계수가 큰 순으로 나열하면, h5 〉 h1 〉 h2 〉 h6 〉 h3의 순이다. 이것을 변수의 영향력과 경로에 따라 해석하면, 공인거래정보망의 용이성이 부족했고, 유용성이 부족했고, 수익성이 부족함에 따라 중개업자들은 공인거래정보망에 만족하지 못하고, 신뢰하지 못하는 것으로 나타났다.

〈표 4-13〉 가설검증 결과 요약

가설경로	Estimate	C.R	p	가 설
용이성 → 만족도(h1)	0.536	10.670	0.000	채택
유용성 → 만족도(h2)	0.450	7.015	0.000	채택
수익성 → 만족도(h3)	0.222	3.676	0.000	채택
수익성 → 신뢰성(h4)	-	-	-	기각
만족도 → 신뢰성(h5)	0.877	15.372	0.000	채택
신뢰성 → 만족도(h6)	-0.401	-.4.595	0.000	채택

공인거래정보망의 발전방안 05

본 장에서는 이제까지의 논의를 바탕으로 공인거래정보망의 발전방안을 모색해 보고자 한다. 3장에서 거래정보망의 실태를 분석한 결과 중개업자의 공인거래정보망 이용률은 낮았고, 거래성사율 등이 낮은 것으로 확인되었다. 그리고 4장에서 공인거래정보망을 실증분석 한 결과도 공인거래정보망은 용이성, 수익성, 유용성이 부족했고, 만족도와 신뢰성이 낮은 것으로 평가받았다. 이에 현행 공인거래정보망에서 제기되고 있는 문제점을 개선하기 위한 방안이 필요하다.

1 기본방향

1) 중개업자의 의식 개선

공인거래정보망을 활성화하기 위해서는 무엇보다도 중개업자의 의식개선이 요구된다. 즉 중개업자는 부동산정보의 중요성을 인식하고 부동산정보제공자로서 주체의식을 가져야한다. 그러나 공인거래정보망이 활성화되지 못함에 따라 중개업자는 여러 사설거래정보망을 이용하게 되었고, 사설거래정보망은 매년 증가하고 있다. 이로 인해 중개업자는 여러 사이트에 매물을 등록해야 하는 상황이다. 이러한 상황에서 부동산정보는 분산되고 양질의 정보는 생산하지 못하고 있다. 또한 중개업자는 여러 거래정보망에 부동산시세 및 매물정보 등을 제공하면서도 오히려 많은 광고비와 가맹점 가입비를 지출하고 있는 실정이다.

부동산정보는 의사결정에 중대한 영향을 주는 것으로 객관적이고 검증가능 한 것이어야 한다. 또한 정보화 사회에서 정보가 갖는 의미는 정보를 활용하여 부동산으로부터 큰 효용을 얻고자하는데 있다.[153)]

미국 MLS와 일본 REINS의 경우 거래정보망에 취합된 부동산가격정보를 가공하여 부동산시장분석 자료와 특정지역의 시장동향을 지역별로 세분화하여 다각적인 관점에서 분석하여 발표하고 있고, 이 자료를 정부에서 부동산정책 자료로 활용하고 있다. 특히 일

153) 문영기·유선종(2005), 「부동산중개실무」, 서울, 부연사, 187쪽.

본 REINS의 경우 부동산유통기구에 축척된 데이터를 활용한 연구사업을 통해 부동산유통시장의 다양한 자료를 공표함으로써 부동산거래의 원활화와 적정화에 기여하고 있다. 그러나 3장에서 살펴본 바와 같이 우리나라 거래정보망의 부동산정보는 거래정보망업체의 난립(한국공인중개사협회, 2008 ; 최봉현, 2007)으로 인해 분산되고 있는 실정이다.

중개업자는 평균 2~3개 정도의 거래정보망 업체를 선택하여 중개업무에 활용하고 있고, 각종 거래정보망 업체는 유사한 서비스형태로 운영되고 있다. 이에 따라 중개업자는 동일한 매물정보 등을 여러 거래정보망에 등록하여야 하는 불편이 있다.

중개업자가 각종 거래정보망을 통해 정보수집과 광고효과 등으로 계약이 체결되는 비중은 48.24%에 이르고 있다. 이는 과거와는 달리 거래정보망을 이용하는 중개업자가 증가하고 있고, 이제는 중개업에 꼭 필요한 필수적인 기구로 거래정보망을 이용하고 있음을 알 수 있다. 이러한 문제점을 개선하기 위한 방안을 제시해 보면 다음과 같다.

첫째, 공인거래정보망에 부동산정보를 집중시켜 중개업자와 중개업계의 경쟁력을 높여야 한다. 이를 위해 공인거래정보망은 안정된 환경에서 중개업자가 중개업무에 활용할 수 있도록 프로그램, 서비스, 시스템(전산설비 등)등을 개선하여야 한다.

둘째, 중개업계는 전문적으로 부동산정보를 생산하고 가공할 수 있는 연구개발시스템을 구축하여 정보화 사회에 대처하고 중개업을 과학화하여야 한다.[154] 이를 통해 중개업계 내에 부동산정보를 활용하기 위한 연구개발사업을 강화하고 거래정보망에 등록된 자료를 분석하여 부동산정책자료 등을 생산할 수 있는 연구개발시스템을 구축하여야 한다. 이러한 전문적인 부동산정보의 분석활동이 없는 한 중개업계는 전문성을 갖지 못하고 결국 중개업자는 비생산적인 정보제공자로서의 역할에만 국한될 수밖에 없을 것이다.

2) 사업자의 일관된 사업추진

공인거래정보망을 활성화하기 위해서는 공인중개사협회에서 보다 계획적이고 일관성 있게 거래정보망사업을 운영해야 한다. 미국의 경우 부동산협회(NAR)가 중심이 되어 거래정보망(MLS)을 운영하고 있고, 일본의 경우도 공익법인인 부동산유통근대화센터(REINS)가 거래정보망을 운영하고 있다. 그러나 3장에서 살펴본 바와 같이 공인거래정보망은 공인중개사협회의 사업운영 미숙, 컨소시엄업체의 경영문제, 사업의 중도변경 등으로 인해 현재까지도 활성화되지 않고 있다.

공인거래정보망을 운영하는 공인중개사협회에서 일관되게 거래정보망사업을 운영하지 않은 것에 원인이 있다. 이러한 문제점을 개선하기 위해 공인중개사협회는 일관성 있게 사업을 추진하여야 한다. 이를 위해 공인중개사협회는 거래정보망사업에 대한 중·장기 계획을 수립하고, 지속적이고 계획적인 사업이 추진될 수 있도록 협회 정관 등에 거래정보망사업의 원칙적인 방향을 규정하고, 국토해양부의 승인을 받아 추진하여야 한다.

---

154) 문영기·박병용(1994), 앞의 논문, 37쪽.

3) 정부의 공인거래정보망 육성 및 지원

공인거래정보망을 활성화하기 위해서는 정부의 공인거래정보망 육성과 지원이 요구된다. 즉 공인거래정보망에는 안정된 시스템 구축과 사업운영을 위해 정부의 제도적인 지원이 뒤따라야 한다. 그러나 현행 '공인중개사법'의 규정에는 거래정보망 사업자로 지정받은 것에 대한 특별한 차별성이 부여되지 않고 있다. 공인거래정보망으로 지정을 받으면 '공인중개사법'에서 정한 규정을 위반할 경우 과태료 등 제재만 받게 된다. 또한 지정 권한만 규정하고 있을 뿐, 지정받지 않는 사설거래정보망에 대한 제재 규정은 전무하다.[155] 이에 사설거래정보망 업체는 특별히 공인거래정보망으로 지정받을 이유가 없다.

미국 MLS와 일본 REINS의 경우 거래정보망에 취합된 부동산가격정보를 가공하여 시장분석자료와 시장동향을 지역별로 세분화하여 다각적인 관점에서 분석하여 발표하고 있다. 그리고 이 자료를 정부의 부동산정책 자료로 활용하고 있다. 또한 미국에서 MLS를 이용하는 경우 보조금을 지급(Turnbull, 1997 ; Sefton and Yavas, 1995)한 사례가 있다. 그러나 3장에서 살펴본 바와 같이 공인거래정보망인 '탱크21'(25.9%)과 '유니온프로'(10.1%)의 중개업자 이용률은 낮았고, 거래계약 성사율(10.59%)도 낮아, 중개업무의 효율성(21.9%)이 떨어지는 것으로 나타났다. 이로 인해 '공인중개사법'에서 규정하고 있는 공인거래정보망의 이용률은 저조한 실정이다. 중개업자들은 사설거래정보망(41.7%)을 주로 이용하고 있고, 공인거래정보망(13.6%)은 보조적인 역할로 거래계약서 및 중개대상물확인·설명서 등의 양식을 출력하는 보조도구로 활용되고 있다. 이러한 문제점을 개선하기 위한 방안을 제시해 보면 다음과 같다.

첫째, 정부는 부동산거래의 투명성 확보와 정확한 부동산정보 생산을 위해 공인거래정보망에 공적인 기능을 부여하여 차별화하여야 한다. 이를 통해 공인거래정보망에 수집된 부동산정보를 사회전체가 공익적 차원에서 효율적으로 활용하여야 한다. 중개업자들은 동업자단체를 통해 공동체를 형성하고 있고 부동산거래가 성사될 경우 가장 먼저 정보를 취득하는 위치에 있다. 이러한 우월적인 지위에 있는 공인거래정보망에 파레토 법칙을 적용하여 정부에서 적극적인 차별성을 부여해 주어야 한다.

둘째, 정부는 공인거래정보망에 수집된 부동산정보를 공적인 방향으로 활용하여 양질의 부동산가격자료를 생산할 수 있도록 유도해야 한다. 이러한 정보를 활용하면 현재보다 정확한 부동산 통계자료를 생산할 수 있고, 이를 부동산정책에 반영할 수 있다. 이를 위한 방안으로는 공인거래정보망에 세금감면제도를 지원하는 방안을 고려해 볼 수 있다. 공인거래정보망을 활성화하기 위해서는 많은 중개업자가 거래정보망을 이용하여야 한다. 따라서 공인거래정보망을 이용하는 중개업자에게 소득세 및 법인세, 부가가치세 등을 감면하는 제도를 도입하여 지원할 필요가 있다.

155) 한국공인중개사협회(2008), 앞의 책, 58쪽.

2 사업운영 측면

1) 공인거래정보망 통합

공인거래정보망을 활성화하기 위해서는 공인거래정보망의 통합이 요구된다. 즉 '탱크 21'과 '유니온프로'를 통합하여야 한다. 미국 MLS나 일본 REINS의 경우는 지역망을 운영하고 있지만 이 지역망은 하나의 전국망으로 통합되어 운영되고 있다. 그러나 3장에서 살펴본 바와 같이 공인거래정보망은 공인중개사협회에서 2개로 운영되고 있는 실정이다.

현재 운영되고 있는 2개의 공인거래정보망에 대해서는 중개업자가 서비스에 대한 차이를 인지(61.0%)하지 못하고 있었고, 중개업자는 공인거래정보망 통합 시에 새로운 거래정보망으로의 통합(79.4%)을 원하고 있었다. 특히 공인중개사협회에서 운영 중인 2개의 거래정보망의 통합에 대해 수도권 중개업자(81.6%)가 비수도권 중개업자(71.9%)보다 더 적극적인 것으로 나타났다. 하나의 협회에서 2개의 거래정보망사업을 운영하는 것은 경영의 효율성과 경제성 차원에서도 적합하지 않다. 이러한 문제점을 개선하기 위한 방안을 제시해 보면 다음과 같다.

첫째, 공인거래정보망을 하나로 통합하여야 한다. 이를 통해 2개의 공인거래정보망을 하나로 통합하여 각종 거래정보망 등의 중복가입을 차단하고 중개업자들의 단합을 유도하여 공동체를 형성하여야 한다.

둘째, 통합할 경우 공인거래정보망은 새롭게 구축하여야 한다. 새로운 공인거래정보망은 거래정보망 사이트와 부동산포탈사이트를 별개로 운영하기보다 하나의 프로그램에서 한 화면으로 거래정보망 기능과 부동산포탈사이트 기능을 함께 운용될 수 있도록 구축하여야 한다.

2) 서비스 불만 해소

공인거래정보망을 활성화하기 위해서는 공인거래정보망의 서비스 불만을 해소시켜야 한다. 즉 중개업자가 불만족하고 있는 요인을 공인거래정보망에 반영하여 현실성 있게 개선하여야 한다. 공인거래정보망은 정부가 중개업자의 부동산정보 공개와 유통을 원활하게 할 수 있도록 법정하여 제도화한 것이다. '공인중개사법'에 따라 등록하고 운용하는 법정의 유통기구는 공인중개사협회에서 운용하는 것과 한국감정원에서 운용하는 것 2개뿐이다. 그런데, 이 기구가 설치되고 장기간 경과했지만, 중개업자들은 공인중개협회에서 운용 중인 공인거래정보망에 만족하지 못하고, 사설거래정보망이나 부동산포털사이트 등을 이용하고 있다. 특히 부동산포탈사이트는 소비자에게 매물을 광고하는 유인 도구로 활용하고 있다(강병기 · 이국철, 2006). 그러나 4장의 실증분석에서 살펴본 바와 같이 중개업자는 공인거래정보망 서비스에 불만족하고 있는 실정이다.

본 연구에서 중개업자의 공인거래정보망 서비스 불만족요인을 실증분석 한 결과 A/S(현장방문 등)가 믿을 만하지 못하고(7)〉약속된 시간 안에 서비스를 제공하지 않고(7)〉약속한 사안(부동산정보제공 등)을 잘 지키지 않고(5)〉완벽하게 업무를 처리하지 않는다(4)는 것으로 나타났다. 이로 인해 전반적으로 거래정보망에서 문제발생 시에 신속하게 문제를 해결해 주지 못하는 것(9)으로 나타났다.

구체적으로는 i) 매물등록이 불편하고(5), 매물등록 자료가 손실되면 복구할 수 없으며(5), 프로그램 이용이 불편하여(5)〉ii) 매물을 검색하기 불편하고(4)〉iii) 비용투자에 비해 수익성이 낮으며(3), 중개업무와 관련된 정보획득 비용이 절감되지 않고(3), 거래 완료된 매물이 삭제되지 않아 진성매물을 확인하기 어렵고(3), 접속이 용이하지 못하고 작업 중 중단되는 경우가 있으며(3), 중개업소 수익을 증대시키지 못하는(3) 것으로 확인되었다. 이러한 문제점을 개선하기 위한 방안을 제시해 보면 다음과 같다.

첫째, 공인거래정보망 프로그램을 개선하여야 한다. 이를 위해 거래정보망의 매물등록 기능과 매물검색 기능을 강화하고, 중개업무에 필요한 최신 부동산정보를 신속히 업데이트하여 자료를 제공하여야 한다. 그리고 매물정보의 정확성과 진성매물을 철저히 관리하여야 한다.[156] 이를 위해 주기적으로 일정기간을 정하여 장기간 등록된 매물을 삭제하고, 거래 완료된 매물은 명확히 확인될 수 있도록 표시기능을 강화하여야 한다.

둘째, 공인거래정보망의 전산장비와 상담원 및 기술 인력을 보강하여 현장방문, 전화상담, 인터넷 실시간서비스 등 A/S가 신속하게 이루어지도록 개선하여야 한다. 즉 약속된 사안과 약속한 시간에 서비스를 제공하고 완벽하게 업무가 처리될 수 있도록 개선하여야 한다. 이를 위해 공인거래정보망 사업자와 중개업자 간의 운영지침과 약관을 마련하여 서비스 등에 대한 사항을 서로가 이행할 수 있도록 규정하여야 한다.

3) 선택행동요인 강화

공인거래정보망을 활성화하기 위해서는 중개업자의 선택행동요인을 강화하여야 한다. 즉 중개업자가 거래정보망을 선택하는 요인을 개선하여야 한다. 거래정보망에 등록된 매물은 정확해야 하고, 신뢰성이 있어야 중개업자가 많이 이용한다. 결국 거래정보망을 통한 부동산거래계약이 이루어질 수 있도록 하여야 만이 거래정보망을 선택한다는 것이다.[157] 그러나 4장에서 공인거래정보망의 선택행동요인을 실증분석하여 검증한 결과 용이성(**p〈.000), 유용성(**p〈.000), 수익성(**p〈.000)이 미흡하여 중개업자들은 거래정보망에 만족(**p〈.000)하지 못하고 이로 인해 신뢰성(**p〈.000) 또한, 낮은 것으로 확인되었다. 즉 중개업자는 거래정보망의 용이성, 유용성, 수익성에 기대하는 만큼 충족되지 않아 불만족하였고, 이렇게 만족도가 낮기 때문에 신뢰성도 낮은 것으로 평가받았다.

---

156) 채현길·문영기·서진형(2009), 앞의 논문, 256쪽.
157) 위의 논문, 255쪽.

민성원(2001)의 연구에 따르면, 거래정보망을 통해 중개업자 간의 필요조건을 유기적으로 이용한 수익성 확보가 중요하다. 본 연구에서 공인거래정보망의 주요특성을 살펴본 결과, 중개업자는 공인거래정보망 이용에 대해 수익성(평균 3.65)을 가장 중요하게 인식하고 있었고, 그 다음으로 유용성(평균 3.59), 신뢰성(평균 3.39), 편리성(평균 3.37) 순으로 중요성을 인식하고 있었다. 이러한 문제점을 개선하기 위한 방안을 제시해 보면 다음과 같다.

첫째, 중개업자의 선택행동요인을 강화하여야 한다. 이를 위해 공인거래정보망의 선택행동요인인 용이성, 유용성, 수익성을 강화하여야 한다. 이를 위해 공인거래정보망의 프로그램사용 교육을 실시하고, 사용 메뉴얼을 만들어 보급하여야 한다. 이는 지역별로 조직을 갖추고 있는 공인중개사협회에서 중개업자를 대상으로 컴퓨터 활용능력을 높이기 위한 인터넷 온라인·오프라인 교육을 실시하여야 한다. 이러한 노력은 중개업계의 경쟁력과 전문성을 높이기 위한 필수적인 사안이다.

둘째, 중개업자 간에 정보교류 기능을 강화하여야 한다. 이를 위해 동업자인 중개업자 간에 상담 및 문의가 늘어날 수 있도록 거래정보망 프로그램에 카페 공간 등을 마련하여야 한다. 또한 의사소통이 신속히 이루어지도록 공인거래정보망 프로그램 상에 메신저와 알람기능 등을 강화하고, 이를 핸드폰(모바일)과 호환될 수 있도록 시스템을 개선하여야 한다.

4) 운영방법 및 관리 개선

공인거래정보망을 활성화하기 위해서는 공인거래정보망의 운영방법 및 관리의 개선이 요구된다. 미국 MLS와 일본 REINS의 경우 거래정보망을 표준화하여 지역망을 운영하고 있고, 하나의 전국망으로 통합하여 부동산정보를 취합하는 시스템으로 운영하고 있다. 특히 일본 REINS는 물건정보 규격의 통일과 통신프로그램 적용의 표준화를 위한 기능이 있다. 그러나 3장에서 살펴본 바와 같이 공인거래정보망은 운영방법과 관리 등이 표준화되어 있지 못한 실정이다.

중개업자는 공인거래정보망의 운영지역을 전국망 하나로 운영(41.7%)하는 것과 지역망과 전국망을 각각 운영하고 전국망으로 통합하여 운영(37.3%)하여야 한다고 인식하고 있는 것으로 나타났다. 또한 공인거래정보망에 최신 부동산뉴스(26.4%), 양도소득세 계산 프로그램(23.3%), 지역별 동호회 운영 공간 마련(17.3%), 경·공매정보(14.6%), 분양정보(14.0%)의 부가서비스를 원하고 있었다. 그리고 중개업자의 부동산포탈사이트 광고 및 홍보비중(평균 36.10)이 공인 및 사설거래정보망 보다 높은 것으로 확인되었고, 소비자에게 매물광고(53.49%) 및 중개업소 홍보(25.54%), 중개업자에게 매물을 홍보하고 광고(20.75%)하기 위해 부동산포탈사이트를 이용하고 있는 것으로 나타났다. 이는 인터넷의 발달로 중개업소를 직접 방문하여 계약이 이루어지는 방식에서 각종 거래정보망을 이용하여 소비자를 찾는 형태의 중개방식으로 변화하였기 때문이다. 이러한 문제점을 개선하기 위한 방안을 제시해 보면 다음과 같다.

첫째, 공인거래정보망의 운영방법을 개선해야 한다. 정보의 효율적 활용과 양질의 정보를 취득하기 위해서는 전국망을 중심으로 통합된 거래정보망이 필요하다. 이를 위해 지역망은 지역특성을 고려하여 서울특별시는 구별로, 다른 지역은 광역시·도별로 운영을 하고, 지역별 운영망은 하나의 전국망에 통합하여 운영하여야 한다. 또한 전국망은 표준화된 시스템을 개발하여 매물정보 등록방식을 표준화하고, 부동산정보를 통합하여 하나의 망으로 관리하여야 한다. 특히 공인거래정보망의 부동산거래유통기구는 중개업자가 맡아야 한다(장희순, 1994). 이를 위해 공인중개사협회는 부동산정보 단일화의 주체성을 인식하고 부동산정보를 통합하기 위해 노력해야 한다.

둘째, 공인거래정보망의 부가서비스 기능을 강화하여야 한다. 이를 위해 공인거래정보망에 최신 부동산뉴스, 양도소득세 계산 프로그램, 동호회 공간, 경·공매정보, 분양정보 등 다양한 정보와 서비스를 제공하고, 거래정보망의 프로그램 기능에 매물사진, 지도서비스, 대출정보, 집수리 및 도배 등 이사에 부수적인 업체 소개 등 다양한 부가서비스를 접목하여 프로그램을 개선하여야 한다.

셋째, 공인거래정보망의 광고 및 홍보기능을 강화하여야 한다. 중개업자의 광고효과를 극대화하기 위해 '네이버', '다음', '야후' 등과 같은 부동산포탈사이트와 협약 등을 체결하여 많은 소비자에게 공인거래정보망을 홍보하여야 한다. 그리고 소비자에 대한 매물광고 및 중개업소 광고 등을 위해 홍보를 다양화해야 한다. 이를 위해 TV, 라디오, 인터넷, 생활정보지 등 매체홍보를 활용해야 한다.

3 제도 측면

1) 거래정보망 지정제도 개선

공인거래정보망을 활성화하기 위해서는 공인거래정보망 지정제도의 개선이 요구된다. 2008년 9월 거래정보사업자의 부동산중개시장 진입을 완화하여 거래정보망을 활성화하고, 거래정보의 투명성을 제고하기 위해 '공인중개사법' 시행규칙을 개정[158]하였다. 하지만 개정에 따른 기대효과는 나타나지 않았고, 또 다시 2010년 6월 '공인중개사법' 시행규칙을 개정[159]하였지만 2010년 12월 현재까지 추가로 지정을 받은 거래정보망 사업

158) 개정 내용은 지정요건인 가입·이용신청 중개업자의 수가 많아 거래정보망사업의 진입을 제한하는 문제가 있어 가입·이용 중개업자 수를 2,500명 이상에서 1천명 이상으로, 10개 이상 시·도에서 각각 50명 이상을 각각 30명 이상으로 지정요건을 완화하였다.

159) 개정 내용은 가입·이용 중개업자 수를 1천명 이상에서 500명 이상으로, 10개 이상 시·도에서 각각 30명 이상을 2개 이상 시·도에서 30명 이상으로 거래정보망 사업자의 지정요건을 완화하였다.

자는 없는 상황이다. 이는 '공인중개사법'에 의한 거래정보망 지정을 받았다 하더라도 특별한 배타적인 권리가 부여되지 않기 때문이다. 즉 '공인중개사법'에서 거래정보망 사업자에 대한 자유재량적인 지정권한만 규정했을 뿐 지정을 받지 않은 사업자에 대한 제재근거가 없기 때문이다. 이러한 비현실적인 규정은 거래정보망 지정제도에 대한 실효성과 효과에 대한 문제로 제기되고 있고, 이로 인해 공인거래정보망제도의 발전에 걸림돌이 되고 있다. 현재 지정되어 있는 공인거래정보망의 공신력을 제고하고 활성화하기 위해서는 지정되어 있는 거래정보망과 지정을 받지 않은 사설거래보망에 대해 차별화하여야 한다.

2006년 1월부터 부동산거래신고제도를 통해 매매 실거래가격이 취합되고 있지만 부동산시장에서 신속히 활용되지 못하고 있다. 60일의 신고기간과 아파트에 한정된 제한된 수준의 실거래가 자료공개는 사회적 활용도가 낮은 수준이다. 가격정보의 시의성을 확보하고 이를 향상시키기 위해서는 공인거래정보망과의 연계를 통해 정확하고 빠른 부동산 거래정보를 확보하는 방안이 모색되어져야 한다.

우리나라는 부동산실거래가 자료와 거래정보망의 자료를 통합하여 운영하지 못하고 별개로 운영되고 있어 부동산시장에서 항상 부동산정보의 시의성, 정확성, 신뢰성에 대한 문제가 계속해서 제기되고 있다.

미국 MLS의 경우 판매량, 판매액, 일평균판매액 등 판매현황과 등록건수, 등록액, 일평균등록량 등 거래자료를 제공하고 있고, 일본 REINS의 경우 부동산물건 종류별로 계약건수, 신규등록건수에 대한 비교, 1㎡당 단가, 가격, 면적, 건축연수 등을 비교하여 제공하고 있다. 이를 통해 거래정보망에 등록된 매물과 실제 거래된 매물을 비교할 수 있는 시스템으로 운영되고 있다. 그러나 최봉현(2007)의 연구에서도 지적한 바와 같이 공인거래정보망 지정제도의 실효성은 떨어지고 부동산가격정보가 효율적으로 운영되지 못하고 분산되고 있는 실정이다.

본 연구에서 중개업자들은 공인거래정보망과 국토해양부의 부동산거래관리시스템(RTMS)을 연계하여 운영해야 한다는 의견(87.2%)에 긍정적인 것으로 나타났다. 이러한 문제점을 개선하기 위한 방안을 제시해 보면 다음과 같다.

첫째, 공인거래정보망의 지정요건과 구성요건을 구체적으로 '공인중개사법' 시행규칙에 규정하여야 한다. 이를 위해 공인거래정보망의 인력, 재정, 기술, 장비 등의 결합을 통한 최적의 시스템을 구축하기 위한 기준이 필요하다. 주된 컴퓨터 등 전산설비의 기준과 전문자격자 보유에 대한 기준, 가입 이용자 수 등에 대한 기준도 현실에 맞도록 구체적으로 규정하여야 한다. 이를 통해 공인거래정보망의 공신력과 시스템의 안전성을 확보하여 매물을 등록하는 중개업자에게 신뢰를 주어야 한다.

둘째, 국토해양부의 부동산거래신고제도와 부동산검인제도[160], 공인거래정보망제도를 연계하는 법률규정을 '공인중개사법'에 마련하여야 한다. 즉 공인거래정보망과 국토해양

160) 부동산등기특별조치법 제3조 제1항에 의해 부동산거래신고를 하면 검인을 받은 것으로 본다.

부의 부동산거래신고시스템[161](RTMS)을 연계하여야 한다. 이는 중개업자의 역할을 제고하기 위해 당사자 간 거래라 하더라도 부동산거래신고 시에는 중개사무소의 서명·날인을 받아 검증받는 제도의 도입이 필요하다. 이러한 제도의 연계를 통해 공인거래정보망에 가격정보가 축척되면 실제 거래된 가격과 시세가격이 구분되어 제공될 수 있고, 이를 통한 가격비교는 허위매물과 거짓정보에 대한 문제를 해결할 수 있다. 그리고 공인거래정보망에서 제공되는 부동산가격정보는 부동산거래동향과 시세동향 등의 파악을 가능하게 하고 향후 정부의 부동산정책 자료로의 활용을 가능하게 할 것이다.

2) 전속중개계약 권장

공인거래정보망을 활성화하기 위해서는 중개계약제도의 개선이 요구된다. 1993년 '부동산중개업법' 개정을 통해 전속중개계약제도가 도입되었으나, 법률적 구속력이 없어 일반적으로 부동산중개시장에서 활용되지 않고 있다. 최봉현(2007)의 연구에서 전속중개계약과 거래정보망의 연관성이 있음을 밝힌 바 있다. 중개업자는 거래정보망에 매물을 등록할 경우 자기매물 정보를 도용당할 우려가 있어 상세정보(동, 호수, 지번 등)제공을 꺼려한다. 이러한 이유로 전속중개계약과 거래정보망제도가 함께 활성화되지 않고 있다.

중개전속권이 확보된 물건은 중개업자가 안심하고 중개활동에 전념함으로써 고객서비스를 증진시킬 수 있고, 거래성사 가능성을 높일 수 있다.[162] 독일의 민법(제652조 이하)과 스위스채무법(제412조 이하)에는 중개계약이 규정되어 있다. 하지만 우리나라는 중개계약에 관하여 민법에 규정을 두지 않고 중개업자를 행정적으로 지도·단속하기 위한 '공인중개사법' 제22조(일반중개계약) 및 제23조(전속중개계약)에 규정을 두고 있어 사법적으로 중개업자와 의뢰인을 둘러싼 중개업자의 보수청구권, 주의의무 등 법적분쟁이 끊이지 않고 있다.[163] 3장에서 살펴본 바와 같이 '공인중개사법'에 전속중개계약이 임의규정으로 규정되어 있어 거래정보망에 상세한 정보를 등록하지 못하고 있는 실정이다.

중개업자는 전속중개계약을 의무화하여야 한다는 의견(79.4%)에 긍정적인 것으로 나타났다. 이러한 문제를 해결하기 위해서는 전속중개계약이 활성화되어야 한다. 그러나 소비자들의 전속중개계약제도에 대한 인지도가 매우 낮은 것이 현실이다. 이러한 문제점을 개선하기 위한 방안을 제시해 보면 다음과 같다.

첫째, 전속중개계약을 의무화하여야 한다. 이를 위해 '공인중개사법' 제23조 제1항을 개정하여 "중개의뢰인은 중개대상물의 중개를 의뢰함에 있어서 특정한 중개업자를 정하여 그 중개업자에 한하여 당해 중개대상물을 중개하도록 계약을 체결하여야 한다"로 개정하여야 한다.

---

161) 부동산거래관리시스템(RTMS)이란 국토해양부에서 부동산 실거래가격 신고를 통해 취득한 가격자료를 처리·운영하는 시스템을 말한다.

162) 한국공인중개사협회(2008), 앞의 책, 235쪽.

163) 소성규(2002), 「채권각론」, 서울, 동방문화사, 406쪽.

둘째, 중개의뢰자에 대해 서면으로 중개업자가 중개의뢰를 받을 수 있도록 의무화하여야 한다. 이 방안은 전속중개계약의 의무화가 어려울 경우 서면에 의한 전속중개계약을 권장하는 방안이다. 중개의뢰계약의 서면화는 의뢰인의 거래예정금액, 계약조건 등에 대한 중개범위 확정과 책임소재를 분명히 할 수 있고 향후 중개업자와 중개의뢰인의 중개수수료 분쟁도 사전에 예방할 수 있어 중개계약의 안정성을 도모할 수 있다(한국공인중개사협회, 2008). 의뢰계약의 서면화는 중개업자의 중개서비스 수준을 향상시켜 중개계약의 실효성 확보를 가능하게 한다. 단기적으로 서면의뢰계약을 적극 권장하고, 중·장기적으로는 중개업소를 통해 중개계약을 체결하는 경우 의뢰계약을 서면으로 작성하는 것을 의무화하는 방안을 모색하여야 한다.

셋째, 중개계약의 법적 성질을 명확히 하기 위해 민법에 독자적인 전형계약으로 규정하여야 한다. 이와 관련하여 비전형계약으로 취급되어 오던 중개계약을 전형계약으로 편입시키는 민법개정시안이 국회에 상정[164]된 바 있다. 이는 총 4개의 조문[165]으로 구성되어 있으며, 기존의 전형계약규정에 따라 제692조의2에서 중개의 의의에 관한 규정을 두고, 보수청구권과 비용상환청구권에 관한 근거규정을 제692조의3에서 마련하고 있다. 제692조의4는 보수청구권의 감액 및 상실에 대하여, 제692조의5는 위임계약에 관한 규정들의 준용에 관해서 규정하였다.[166] 이러한 중개계약을 민법에 규정하면 중개의뢰인과 중개업자의 중개계약을 둘러싼 사법적 법률문제를 해결할 수 있다.[167]

3) 보수 보장제도 도입

공인거래정보망을 활성화하기 위해서는 중개보수 보장제도의 도입이 요구된다. 우리나라의 경우 일반중개계약이 보편화되어 있어 중개업자가 거래정보망에 상세한 정보를 등록할 경우 정보가 도용될 우려가 있다. 이는 리스팅 중개업자와 판매중개업자 간의 수수료 분배에 관한 규정이 법률로서 규정되어 있지 않기 때문이다.

---

164) 민법 개정안(2004. 6. 14. 법무부공고 제25호)은 중개계약에 관한 4개의 조항을 두고 있다. 세부내용으로는 중개의 의의, 보수 및 비용청구권, 보수청구권의 감액 및 상실, 기타 다른 조문의 준용규정 등이다.

165) 제692조의2(중개의 의의) 중개는 당사자 일방이 상대방에 대하여 계약체결의 소개 또는 주선을 의뢰하고 상대방이 이를 승낙함으로써 그 효력이 생긴다.
제692조의3(중개료청구권 등) ① 중개에 관하여 보수를 약정한 경우에는 중개인은 그 소개 또는 주선에 의하여 계약이 성립한 경우에만 보수를 청구할 수 있다.
② 중개인이 중개에 관하여 지출한 비용은 특별한 약정이 있는 경우에 한하여 계약의 성립여부에 관계없이 그 상환을 청구할 수 있다.
제692조의4(보수청구권의 감액 및 상실) ① 중개에 관하여 약정한 보수가 부당하게 과다한 경우에는 법원은 적당한 액으로 감액할 수 있다.
② 중개인이 계약에 위반하여 의뢰인의 상대방을 위하여 행위하거나 신의성실에 반하여 그 상대방과 보수를 약정한 경우에는 중개인은 의뢰인에 대하여 보수나 비용상환을 청구할 수 없다.
제692조의5(준용규정) 제681조 내지 제683조 및 제689조 내지 제692조의 규정은 중개에 준용한다.

166) 최봉현(2007), 앞의 논문, 166쪽.

167) 소성규(2002), 앞의 책, 406쪽.

미국과 일본의 경우 전속중개계약과 독점중개계약이 보편화되어 있어 중개업자는 안전하게 보수를 보장받을 수 있다. 따라서 거래정보망에 상세정보를 등록하는 것은 제도적으로 문제가 없다. 그러나 3장에서 살펴본 바와 같이 우리나라는 거래정보망에 상세한 매물정보를 등록할 경우 다른 중개업자에게 매물을 도용당할 수 있고, 이에 따라 중개보수를 보장 받을 수 없는 실정이다.

본 연구에서 중개업자는 거래정보망에 최초로 매물을 등록 한 중개업자와 거래를 체결한 중개업자에 대해 보수를 구분하여 지급하는 것에 대한 의견(79.5%)에 긍정적인 것으로 나타났다. 이러한 문제점을 개선하기 위한 방안으로 공인거래정보망에 최초 등록한 중개업자에게 보수를 보장하는 제도를 마련하여야 한다. 이를 통해 공인거래정보망에 정확한 매물정보를 등록하도록 하고, 이를 다른 중개업자가 판매하고 이용할 수 있도록 하여야 한다. 최초로 매물을 등록 한 중개업자와 거래를 체결한 중개업자에 대해 중개수수료를 구분하여 분배할 수 있도록 법규를 마련하여 중개업자 모두를 보호해야 한다.

결 론 06

1 요약 및 시사점

지금까지 공인거래정보망에 대한 개선과 활성화의 필요성에 대한 논의가 빈번했음에도 불구하고, 실제 공인거래정보망의 경험적인 연구는 매우 부족하였다. 특히 중개업자가 투자하여 운용하고 이용하는 공인거래정보망에 대해서는 우월적인 지위를 가지고 있는데도 불구하고 17년이 지난 현재까지 활성화되지 못하고, 제 기능과 제 역할을 제대로 수행하지 못하고 있는 실정이다. 이러한 문제의 인식하에 본 연구는 행태과학적 접근법과 통계학적 접근법을 이용하여 공인거래정보망의 서비스 불만족요인과 중개업자의 선택행동요인을 발굴하여 인과관계를 실증분석하여 규명하고, 그 결과를 바탕으로 공인거래정보망의 만족도와 신뢰성을 회복하기 위한 공인거래정보망의 발전방안을 모색하는데 목적을 두었다.

이를 위해 공인거래정보망에 대한 구조화된 설문지를 구성하여 서울특별시, 경기도, 6대 광역시 지역의 공인거래정보망을 이용한 경험이 있는 중개업자를 대상으로 설문조사를 실시하였다. 우선 공인거래정보망에 대한 실태를 분석하여 문제점을 도출하였고, 공인거래정보망의 서비스 불만족요인을 파악하기 위해 다변량 일반선형모형 분석과 중개업자의 선택행동요인에 대한 만족도와 신뢰성을 구조방정식모델로 분석하여 인과관계를 검증하였다. 이러한 공인거래정보망의 실태분석과 실증분석 한 결과를 토대로 다음과 같은 결과를 얻었다. 공인거래정보망의 발전방안을 기본방향, 사업운영 측면의 방안, 제도 측면의 방안을 다음과 같이 제시하였다.

기본방향으로 첫째, 중개업자의 의식개선이 요구된다. 이를 위해 중개업자는 부동산정보의 중요성을 인식하고 공인거래정보망에 부동산정보를 집중시켜 중개업자와 중개업계의 경쟁력을 높이기 위해 노력하여야 한다. 그리고 중개업계는 전문적으로 부동산정보를 생산하고 가공할 수 있는 연구개발시스템 구축이 요구된다.

둘째, 공인거래정보망 사업자의 일관된 사업추진이 요구된다. 이를 위해 공인거래정보망 사업자는 거래정보망사업에 대한 중·장기계획을 수립하여 지속적이고 계획적인 사업이 추진될 수 있도록 노력하여야 한다. 그리고 공인중개사협회 정관 등에 원칙적인 방향을 규정하고, 국토해양부의 승인을 받아 추진하여야 한다.

셋째, 정부의 공인거래정보망제도 육성 및 지원이 요구된다. 이를 위해 정부는 부동산거래의 투명성 확보와 정확한 부동산정보 생산을 위해 공인거래정보망에 공적인 기능을 부여하고 차별화하여야 한다. 그리고 정부는 공인거래정보망에 수집된 부동산정보를 활용하여 양질의 부동산가격자료를 생산할 수 있도록 지원하여야 한다.

사업운영 측면의 방안으로는 첫째, 공인거래정보망의 통합이 요구된다. 이를 위해 공인중개사협회에서 공인거래정보망을 하나로 통합하여야 한다. 그리고 통합할 경우 공인거래정보망은 새롭게 구축하는 것이 바람직하다.

둘째, 공인거래정보망의 서비스 불만을 해소시켜야 한다. 이를 위해 공인거래정보망 프로그램을 개선하고, 전산장비와 상담원 및 기술 인력을 보강하여 현장방문, 전화상담, 인터넷 실시간서비스 등 A/S가 신속하게 이루어지도록 개선하여야 한다.

셋째, 공인거래정보망의 중개업자 선택행동요인을 강화하여야 한다. 이를 위해 공인거래정보망의 용이성, 유용성, 수익성 기능을 강화하여 중개업자 간의 정보교류가 신속하게 이루어질 수 있도록 지원하여야 한다.

넷째, 공인거래정보망의 운영방법 및 관리 개선이 요구된다. 이를 위해 공인거래정보망의 운영방법을 개선하고, 부가서비스 기능과 소비자 광고 및 홍보기능을 강화하여야 한다.

제도 측면의 방안으로는 첫째, 거래정보망 지정제도 개선이 요구된다. 이를 위해 공인거래정보망의 지정요건과 구성요건을 '공인중개사법' 시행규칙에 구체적으로 규정하여야 한다. 그리고 부동산거래신고제도와 부동산검인제도 및 공인거래정보망제도를 연계하는 법률 규정을 '공인중개사법'에 마련하여야 한다.

둘째, 전속중개계약제도의 개선이 요구된다. 이를 위해 전속중개계약을 의무화하거나 중개의뢰자에 대해 서면으로 중개업자가 중개의뢰를 받을 수 있도록 의무화하여야 한다. 그리고 중개계약의 법적 성질을 명확히 하기 위해 민법에 독자적인 전형계약으로 규정하여야 한다.

셋째, 보수 보장제도의 도입이 요구된다. 이를 위해 공인거래정보망에 최초 등록한 중개업자에게 보수를 보장하는 제도의 마련이 필요하다.

따라서 공인거래정보망을 발전시키기 위해서는 공인거래정보망 사업자뿐만 아니라 중개업자와 정부의 적극적인 노력이 필요하다. 이를 위해 공인거래정보망 사업자는 공인거래정보망의 서비스 불만족요인을 개선하고 중개업자의 선택행동요인을 고려하여 공인거래정보망에 적용하여야 한다. 중개업자는 부동산정보제공의 중요성을 인식하고 부동산정보가 공인거래정보망에서 취합되고 가공될 수 있도록 적극적으로 협조하여야 한다. 그리고 정부는 공인거래정보망이 발전될 수 있도록 공인중개사법 등의 개정을 통하여 제도를 개선하고 지원하여야 한다.

2 연구의 한계 및 향후과제

기존의 공인거래정보망에 대한 선행연구는 문헌연구와 외국사례 비교, 특정지역에 대한 설문조사 분석이 주류를 이루었다. 하지만 본 연구는 거래정보망의 속성요인을 정보기술수용모델에 기반을 두고 중개업의 특성요인인 수익성을 추가 발굴하여 모델을 확장하였다. 그리고 공인거래정보망의 서비스 불만족요인과 중개업자 선택행동요인의 인과관계를 검증한 점에서 의의가 크다. 또한 중개업자가 직접 운영하고 투자하고 있는 공인중개사협회의 공인거래정보망을 분석한 점에 대해 기존 연구와 차별성이 있다. 그러나 이러한 차별적 기여에도 불구하고 다음과 같은 한계가 있다.

첫째, 문헌연구를 통한 사설거래정보망과 부동산포탈사이트의 구체적인 현황조사에 대한 한계가 있다. 둘째, 사설거래정보망과 부동산포탈사이트의 선택행동요인을 함께 조사하지 못한 한계가 있어 후속연구가 필요하다. 셋째, 거래정보망의 지정제도의 구성요건에 대해 인력, 재정, 기술, 장비 등을 구체적으로 제시하지 못한 한계가 있어 현실에 맞는 구체적인 지정 및 구성요건에 대한 후속연구가 필요하다. 넷째, 부동산거래신고제도와 부동산검인제도, 공인거래정보망제도를 연계하는 법률을 구체적으로 제시하지 못한 한계가 있다. 다섯째, 거래정보망을 이용함에 있어 어느 정도의 수익을 중개업소에서 올릴 수 있는지 수익성분석이 필요하다. 여섯째, 전속중개계약에 대해 소비자와 중개업자가 어느 정도 인식하고 있는지에 대한 연구가 필요하다.

부동산거래시장에서 부동산정보는 국가와 중개업자 경쟁력 제고 차원에서 매우 중요하다. 따라서 공인거래정보망에 대한 연구는 계속적으로 진행되어야 한다. 이러한 연구들을 기반으로 향후에는 부동산중개시장의 선진화와 과학화를 위해 공공과 민간의 부동산정보를 통합하기 위한 후속연구가 필요하다.

참고문헌

1. 국내문헌

■ 단행본

강병기 등(2006), 「전략경영시대의 CEO 부동산정보 서비스업」, 서울, 형설출판사.
강해규 등(2007), 「부동산중개론」, 서울, 형설출판사.
문영기(2009), 「부동산중개론」, 서울, 부연사.
문영기 · 유선종(2005), 「부동산중개실무」, 서울, 부연사.
박천익(1998), 「파레토 복지경제학」, 대구, 대구대학교 출판부.
방경식 · 장희순(2009), 「부동산학총론」, 서울, 부연사.
소성규(2002), 「채권각론」, 서울, 동방문화사.
이우광(2010), 「일본의 재발견」, 삼성경제연구소.
이유재(2002), 「서비스마케팅」, 서울, 학현사.
이주형(1998), 「관광사업론」, 서울, 대왕사.
이창석 등(2000), 「부동산정보의 이론과 실무」, 서울, 형설출판사.
한국공인중개사협회(2008), 「부동산 중개이론과 실무(Ⅱ)」, 한국공인중개사협회.

■ 학위논문

김기호(2007), 부동산거래정보시스템의 문제점 및 개선방안에 대한 연구, 석사학위논문, 한성대학교 부동산대학원.
김상규(1998), 부동산거래정보망의 구축과 이용에 관한 연구, 석사학위논문, 연세대학교 행정대학원.
나정환(2003), 웹사이트 컨텐츠 특성이 유용성과 만족에 미치는 영향, 석사학위논문, 전남대학교 대학원.
민성원(2001), 부동산거래 활성화를 위한 인터넷 정보망의 활용에 관한 연구 – 부동산정보를 중심으로, 석사학위논문, 단국대학교 대학원.
박원갑(2009), 부동산정보서비스산업의 경쟁요인에 관한 연구, 박사학위논문, 강원대학교 대학원.
신광식(2008), 부동산중개서비스 품질이 고객의 재이용의도에 미치는 영향에 관한 연구, 박사학위논문, 서울벤처정보대학원대학교.
신종학(2003), 인터넷쇼핑몰에서의 상호작용성, 신뢰 및 지각된 가치가 재구매 의도에 미치는 영향에 관한 연구, 박사학위논문, 동아대학교 대학원.
안민섭(2003), 인터넷 쇼핑에서 신뢰성이 고객만족에 미치는 영향, 박사학위논문, 경희대학교 대학원.
윤기태(2000), 부동산인터넷비즈니스 활성화방안에 관한 연구 – 부동산거래정보망을 중심으로, 석사학위논문, 중앙대학교 대학원.
윤호진(2004), 거래정보망의 활성화방안에 관한 연구, 석사학위논문, 동국대학교 경영대학원.
이경림(2006), 파레토법칙의 인식과 영재교육경영의 문제점 및 개선방안에 관한 연구, 박사학위논문, 건국대학교 대학원.
장영철(2003), 일산 신도시의 부동산거래정보망에 관한 연구, 석사학위논문, 경희대학교 행정대학원.
최민섭(2006), 인터넷 부동산 서비스 품질이 마케팅 성과에 미치는 영향에 관한 연구, 박사학위논문, 건국대학교 대학원.
최봉현(2007), 부동산의 전속중개계약 및 거래정보망 합리화 방안 – 서울지역 중개업자 신뢰성과 고객만족의 실증분석, 박사학위논문, 강원대학교 대학원.

최영호(2002), 부동산거래정보망을 통한 거래활성화 방안 연구, 석사학위논문, 서울시립대학교 도시과학대학원.

■ 연구보고서

권혁진(1998), "한국의 부동산시장 개방정책", 건설교통부.
이성근(2002), "부동산 산업환경변화에 따른 부동산거래정보망과 전자상거래제도도입방안에 관한 연구", 한국부동산정책학회.
이우광(2010), "일본의 재발견", 삼성경제연구소.
장영희(2000), "부동산정보 유통체계 발전방안", 서울시정개발연구원.
한국감정원(1994), "부동산거래정보망사업 진출 타당성 검토", 한국감정원.
한국공인중개사협회(2008), "부동산중개제도의 문제점과 개선방안에 관한 연구", 강원대학교 부동산학과.
한국형사정책연구원(2001), "부동산서비스와 거래의 선진화방안", 건설교통부 · 한국건설기술연구원.
한덕웅 · 이민규(2001), "한국대학의 생활환경 변화와 대학생활 적응", 학생지도연구, 성균관대학교 학생생활연구소.

■ 학술지

김원희(1993), "한, 미, 일의 부동산 거래정보망 도입과정에 관한 비교연구", 「국토연구」 20, 국토개발연구원.
강병기 · 이국철(2006), "부동산정보서비스산업의 구조분석 및 경쟁력 확보방안에 관한 연구", 「부동산학보」 제28호, 한국부동산학회.
김계수(2001), "인터넷 포털사이트의 서비스품질 전략에 관한 연구", 「경영학연구」 제31집 제1호, 한국경영학회.
김상현 · 오상현(2002), "인터넷 쇼핑에서 가상점포만족, 가상점포신뢰, 가상점포애호도간 관계", 「사회과학연구」 제21집 제2호, 영남대학교 사회과학연구소.
문영기 · 박병용(1994), "부동산거래정보망의 표준화", 「부동산학보」 제11집, 한국부동산학회.
박영근 · 김판준 · 나성윤(2006), "부동산중개소 선택기준이 고객만족, 신뢰, 애호도에 미치는 영향에 관한 연구", 「학술발표대회논문집」, 한국마케팅과학회.
심형석 · 임채관 · 김향란(2008), "부동산정보의 허위매물 현황과 정책제언", 「부동산학연구」 제14집 제1호, 한국부동산분석학회.
이회규 · 박광동(2006), 부동산전자거래에서의 부동산디지털정보, 「민법사학」 제33호, 한국민사법학회.
장희순(1994), "부동산거래정보망 운영방안", 「부동산정책연구」 제4집, 건국대학교 부설 부동산정책연구소.
채현길 · 문영기 · 서진형(2009), "부동산거래정보망의 선택요인과 만족도에 관한 연구", 「부동산학연구」 제19집 제2호, 한국부동산연구원.
채현길 · 방경식 · 문영기(2010), "부동산중개업자의 거래정보망 신뢰성 분석", 「주거환경」 제8권 제1호, 한국주거환경학회.
최민섭(2005), "인터넷 부동산 서비스 품질척도(Re-SERVQUAL)의 개발 및 상호 인과관계 분석에 관한 연구", 「부동산학연구」 제11집 제1호, 한국부동산분석학회.

■ 웹사이트

부동산탱크 홈페이지, www.tank21.com
부동산친구 홈페이지, www.r79.com

MLS 홈페이지, www.mls.com
REINS 홈페이지, www.reins.or.jp

2. 외국 단행본 및 논문

Agarwal & Preasad(1997), "Understanding Information Technology Usage ; A test of Competing Models", Information System Research. 6(2).

Ajzen I, Fishbein M.(1980), "Understanding Attitude and Predicting Social Behavior.", Prentice-Hall, Englewood Cliffs, NJ,

Anderson Eugene W., C. Fornell, and D. R. Lehman(1994), "Customer Satisfaction, Market Share, and Profitability : Finding from Sweden", Journal of Marketing, 58(3).

Anderson R. E.(1973), "Consumer Dissatisfaction ; The Effect of Disconfirmed Expectancy on Perceived Product Performance", Journal of Marketing Research, 10(1).

Bhattacherjee A.(2000), "Acceptance of e-commerce Services : The case of Electronic Brokerages", IEEE Transactions on Engineering Management, 30(4).

C. S. Self Credibility In M. Salwen & D. Stacks Eds(1996), "An Integrated Approach to Communication Theory and Research", Mahway, NJ : Erlbaum.

David Dale-Johnson, and Stanley W. Hamilton(1998), "Housing Market Condition, Listing Choice and MLS Market Share", Real Estate Economics, Vol.26 2.

Davis F. D.(1986), "A Technology Acceptance Model for Empirically Testing New End-User Information Systems : Theory and Results" Doctoral Dissertation, Sloan School of Management, MIT.

Dendall-Lyon D., and T. Powers(2004), "The Impact of Structure and Process Attributes on Satisfaction and Behavioural Intentions", Journal of Services Marketing, 58(3).

Engel J. F., and R. D. Blackwell(1978), Consumer Behavior, 3rd ed., The Dryden Press.

Engel James F., and Roger D. Blackwell(1982), Consumer Behavior, 4th ed., New York : The Dryden Press.

Foster G., M. Gupta(1997), "The Customer Profitability Implications of Customer Satisfaction.", Working Paper presented at the AAA Conference, Dallas, August.

Gefen D.(2004), "What Makes ERP Implementation Relationships Worthwhile Linking Trust Mechanisms and ERP Usefulness", Journal of Management Information Systems, Vol. 21, No. 1.

Geoffrey K. Turnbull(1997), "Multiple Listing Service Subsidies and Economic Efficiency", Journal of Real Estate Finance and Economics, 14(3).

Howard J. A., and J. N. Sheth(1979), The Theory of Buyer Behavior, New York : John. Inc.

Hunt H. K.(1997), "CS/D-Overview and Future Research Direction, in Conceptualization and Measurement of Consumer Satisfaction and Dissatisfaction", H. Ketith ed Cambridge, MA : Marketing Science Institute.

Kaldor N.(1939), "Welfare Proposition in Economics", Journal, Vol. 49.

Mathwick C., N. Malhotra, and E. Rigdon(2001), "Experiential Value : Conceptualisation, Measurement and Application in the Catalogue and Internet Shopping Environment", Journal of Retailing, 77(3).

Morgan, R. M. and S. D. Hunt(1994), "The Commitment-Trust Theory of Relationship Marketing", Journal of Marketing, 58(July).

Novak T. P., D. L. Hoffman, and Y. F. Young(2000), "Measuring the customer experience in online environments : A structural modeling approach", Marketing Science, Vol.19, No.1.

Oliver Richard L.(1980), "A Cognitive Model of the Antecedents and Consequences of Satisfaction Decisions", Journal of Marketing Research, 17(4).

Oliver Richard L.(1999), "Where's Consumer Loyalty?", Journal of Marketing Research, 63(Special Issue).

Rousseau D., S. Sitkin, R. Burt, and C. Camerer(1998), "Not so Different after All : A Cross-Discipline View of Trust", Academy of Management Review, 23(3).

Venkatesh Viswanath(1999), "Creation of Favorable User Perceptions : Exploring the Role of Intrinsic Motivation", MIS Quartely. 23(2).

Westbrook Robert A., and Michael D. Reilly(1983), "Value-Percept Disparity : An Alternative to the Disconfirmation of Expectations Theory of Consumer Satisfaction", in Advances in Consumer Research, Richard P. Bagozzi and Alice M. Tybout, eds., Ann Arbor, MI : Association of Consumer Research.

[부록] 설문지

공인 부동산거래정보망 설문조사

안녕하십니까? 귀 중개사무소의 발전과 번영을 기원합니다.

이 설문지는 공인 부동산거래정보망을 이용해 본 경험이 있는 부동산중개업자만을 대상으로 이용실태를 조사하는 것입니다. 반드시 공인거래정보망을 이용해 보신 경험이 있는 분만 설문에 응답해주시기 바랍니다.

귀하께서 작성하시는 설문내용은 논문작성의 학술적인 목적으로만 사용합니다. 설문에 협조해 주시면 감사하겠습니다.

2009년 12월

㈜ 200-701 강원도 춘천시 효자2동 192-1
강원대학교 대학원 부동산학과
박사과정 채현길(ogi071@naver.com)
지도교수 문영기(youngki@kangwon.ac.kr)

※ 본 설문지에 질의사항이 있으시면 전자메일이나 전화로 문의해 주십시오.

I 부동산거래정보망과 부동산포탈사이트의 이용실태

1. 부동산거래정보망이란?
   부동산중개업자 상호간에 중개대상물의 중개에 관한 정보를 교환하는 체계를 말합니다.
2. 공인 부동산거래정보망이란?
   국토해양부장관의 지정을 받은 정보망사업자를 말합니다.
   예) 한국공인중개사협회 탱크21, 한국공인중개사협회 유니온프로(구 크레비), 한국감정원
3. 사설 부동산거래정보망이란?
   부가통신사업자로 신고하고 사업을 영위하는 민간 부동산거래정보 사업자를 말합니다.
   예) 부동산레이다, 텐커뮤니티, 마이스파이드, 부동산포스, 스피드뱅크 등
4. 부동산포탈사이트란?
   인터넷을 통해 각종 부동산정보를 제공하는 부동산정보제공업체 사이트를 말합니다.
   예) 네이버, 다음, 야후, 부동산114, 스피드뱅크, 부동산써브 등

* 아래 해당하는 항목에 √ 표시 해주시기 바랍니다.

1. 귀하는 어떤 부동산거래정보망을 이용하고 계십니까?
   ① 공인 부동산거래정보망 ② 사설 부동산거래정보망
   ③ ①,② 모두

2. 귀하는 주로 어떤 부동산거래정보망을 이용하고 계십니까?(3개 이내로 중복 응답)
   ① 탱크21 ② 유니온프로(크레비) ③ 부동산레이다
   ④ 텐커뮤니티 ⑤ 마이스파이드 ⑥ 부동산포스
   ⑦ 스피드뱅크 ⑧ s-모드 ⑨ 아이브릭스
   ⑩ 사당포롬 ⑪ 까치라인 ⑫ 날개
   ⑬ 알터 ⑭ 길잡이 ⑮ 맥
   ⑯ 알썬 ⑰ 바로바로 ⑱ 맵
   ⑲ 모둠회보 ⑳ 기타

3. 주로 어떤 부동산포탈사이트를 이용하고 계십니까? (3개 이내로 중복 응답)
   ① 네이버 ② 다음 ③ 야후 ④ 부동산114
   ⑤ 스피드뱅크 ⑥ 부동산써브 ⑦ 닥터아파트 ⑧ 부동산뱅크
   ⑨ 중앙일보 조인스랜드 ⑩ 부동산1번지 ⑪ 팍스넷(주)
   ⑫ (주)매경닷컴 ⑬ 기타 ⑭ 없음

4. 부동산포탈사이트에 광고하는 비중을 각각 %로 기입해 주세요.

소비자에게 매물을 광고하기 위해 (예 : 33%)	소비자에게 중개업소를 홍보하기 위해 (예 : 33%)	중개업자에게 매물을 광고하기 위해 (예 : 34%)	합 계 (예 :100%)
( )%	( )%	( )%	100%

5. 부동산거래정보망과 부동산포탈사이트 등에 지출하는 광고비 및 홍보비를 각각 %로 기입해 주세요.

공인 부동산거래 정보망	사설 부동산거래 정보망	부동산 포탈사이트	기 타	합 계
( )%	( )%	( )%	( )%	100%

6. 전체 거래계약(매매 · 임대차 등)체결 중 각종 정보망 등을 이용해 성사된 비율과 소비자가 직접 중개업소를 직접 방문해 성사된 비율은 얼마입니까?

공인 부동산거래 정보망	사설 부동산거래 정보망	부동산 포탈사이트	소비자가 중개업소를 직접 방문해서 거래가 성사되는 경우 비율	기 타	합 계
( )%	( )%	( )%	( )%	( )%	100%

Ⅱ 공인 부동산거래정보망의 이용실태 '탱크21' + '유니온프로'(구 크레비)

7. 협회 탱크21과 유니온프로(구 크레비)가 중개업무에 도움이 된다고 생각하십니까?
   ① 도움이 되지 않는다. ② 잘 모르겠다. ③ 도움이 된다.

8. 협회 탱크21과 유니온프로(구 크레비)의 서비스에 차이가 있다고 생각하십니까?
   ① 차이가 없다. ② 차이가 있다.

9. 협회 유니온프로(구 크레비)에 지급하는 이용료가 서비스에 비해 적정하다고 생각하십니까?
   ① 적정하지 않다. ② 보통이다. ③ 적정하다.

10. 협회 탱크21과 유니온프로(구 크레비)의 서비스가 향상된다면 이용료를 추가로 지불할 의사가 있습니까?
    ① 없다. ② 있다.

11. 협회 탱크21과 유니온프로(구 크레비)를 통합해야 한다고 생각하십니까?
① 현행대로 운영해야 한다. ② 통합해야 한다

▶ 11번 질문에 ②을 답한 분만 12번 문항에 답해주시기 바랍니다.

12. 상기 질문에서 협회 탱크21과 유니온프로(구 크레비)를 '통합해야한다'면 어떤 정보망으로 통합해야 한다고 생각하십니까?
① 새로운 정보망 구축(협회) ② 탱크21 ③ 유니온프로(구 크레비)

Ⅲ 공인 부동산거래정보망의 운영실태 '탱크21' + '유니온프로'(구 크레비)

Ⅲ-1. 수익성 : 중개업소 수익

현재 협회에서 운영 중인 부동산거래정보망은......		매우 그렇다	그렇다	보통 이다	그렇지 않다	전혀 그렇지 않다
13	다른 부동산거래정보망 보다 거래계약 성사율이 낮다.	⑤	④	③	②	①
14	부동산포탈사이트 보다 거래계약 성사율이 낮다.	⑤	④	③	②	①
15	비용투자에 비해 수익성이 낮다.	⑤	④	③	②	①
16	중개업소 수익을 증대시키지 못한다.	⑤	④	③	②	①
17	중개업무와 관련된 정보획득 비용이 절감되지 않는다.	⑤	④	③	②	①

Ⅲ-2. 유용성 : 진성매물 확인 및 매물교류 등 중개업무의 활용

현재 협회에서 운영 중인 부동산거래정보망은......		매우 그렇다	그렇다	보통 이다	그렇지 않다	전혀 그렇지 않다
18	거래조건에 맞는 매물을 신속히 찾을 수 없다.	⑤	④	③	②	①
19	정확한 매물정보를 적시에 얻지 못한다.	⑤	④	③	②	①
20	거래 완료된 매물이 삭제되지 않아 진성매물을 확인하기 어렵다.	⑤	④	③	②	①
21	동업자인 중개업자의 매물정보 교류가 활발하지 않다.	⑤	④	③	②	①
22	동업자인 중개업자의 상담 및 문의가 늘어나지 않는다.	⑤	④	③	②	①
23	공동중개가 잘 되지 않는다.	⑤	④	③	②	①

Ⅲ-3. 용이성 : 프로그램의 편리한 이용

현재 협회에서 운영 중인 부동산거래정보망은......		매우 그렇다	그렇다	보통이다	그렇지 않다	전혀 그렇지 않다
24	매물을 등록하기 불편하다.	⑤	④	③	②	①
25	매물을 검색하기 불편하다.	⑤	④	③	②	①
26	접속이 용이하지 못하고 작업 중 중단되는 경우가 있다.	⑤	④	③	②	①
27	프로그램이 신속히 업그레이드되지 않는다.	⑤	④	③	②	①
28	매물등록 자료가 손실되면 복구할 수 없어 불편하다.	⑤	④	③	②	①

Ⅲ-4. 만족도 : 중개업자가 느끼는 만족

현재 협회에서 운영 중인 부동산거래정보망은......		매우 그렇다	그렇다	보통이다	그렇지 않다	전혀 그렇지 않다
29	전반적으로 신뢰하지 않는다.	⑤	④	③	②	①
30	프로그램 이용이 편리하지 않다.	⑤	④	③	②	①
31	중개업무에 유용하지 못하다.	⑤	④	③	②	①
32	중개업소 수익을 증대시키지 못한다.	⑤	④	③	②	①

Ⅲ-5. 신뢰성 : 약속된 서비스를 정확하게 수행하는 믿음과 신뢰

현재 협회에서 운영 중인 부동산거래정보망은......		매우 그렇다	그렇다	보통이다	그렇지 않다	전혀 그렇지 않다
33	완벽하게 업무를 처리하지 않는다.	⑤	④	③	②	①
34	문제발생시 속히 해결해 주지 않는다.	⑤	④	③	②	①
35	A/S(현장방문 등)가 믿을 만하지 못하다.	⑤	④	③	②	①
36	약속된 시간 안에 서비스를 제공하지 않는다.	⑤	④	③	②	①
37	약속한 사안(부동산정보제공 등)을 잘 지키지 않는다.	⑤	④	③	②	①

Ⅳ 공인거래정보망의 활성화방안

Ⅳ-1. 운영적 측면

38. 공인 부동산거래정보망의 운영지역은 어느 정도 크기로 구분하는 것이 좋다고 생각하십니까?

① 전국 ② 특별시·광역시·도 ③ 시·군·구 ④ 읍·면·동

39. 공인 부동산거래정보망의 운영방식은 어떻게 운영하는 것이 좋다고 생각하십니까?
① 전국망 하나로 운영
② 지역별로 지역망을 독립적으로 운영
③ 지역망과 전국망을 각각 운영하고 전국망을 중심으로 정보를 통합하여 운영

40. 공인 부동산거래정보망에서 부가서비스로 제공받고 싶은 것은?(2개 이내로 중복 응답)
① 지역별 동호회 운영 공간 마련　　② 양도소득세 계산프로그램
③ 최신 부동산뉴스　　④ 분양정보
⑤ 경·공매정보　　⑥ 기타

Ⅳ-2. 제도적 측면

공인부동산거래정보망 제도적 개선방안....		전적으로 동의함	동의함	보통	동의 안함	전적으로 동의 안함
41	전속중개계약을 의무화하는 법규를 마련하여 상세 매물 정보(동, 호수 등)를 의무적으로 등록하도록 해야 한다.	⑤	④	③	②	①
42	거래정보망에 최초매물등록 한 중개업자와 거래를 체결한 중개업자에 대해 중개수수료를 구분하여 지급할 수 있도록 법규를 마련해야 한다.	⑤	④	③	②	①
43	국토해양부의 부동산거래관리시스템(RTMS)과 부동산거래정보망을 연계하여 운영해야 한다.	⑤	④	③	②	①

5. 부동산거래관리시스템(RTMS)이란?
국토해양부에서 부동산 실거래가격 신고를 통해 취득한 가격자료를 처리·운영하는 시스템을 말합니다.

Ⅴ 공인중개사 통계량

44. 귀하의 중개업자 종별은?
① 공인중개사　　② 중개인　　③ 중개법인

45. 귀하의 연령은?
① 30대 이하　② 40대　③ 50대　④ 60대　⑤ 70대 이상

46. 귀하의 부동산중개업 종사기간은?

① 1~3년 ② 4~7년 ③ 8~15년 ④ 16~20년 ⑤ 21년 이상

47. 귀하의 중개사무소에 종사하는 소속공인중개사 및 중개보조원의 수는?

① 0명 ② 1~2명 ③ 3~5명 ④ 6~10명 ⑤ 11명 이상

48. 귀하께서 주로 취급하는 부동산중개물건은? (2개 이내로 중복 응답)

① 아파트 ② 주상복합 ③ 단독/다가구 ④ 연립/다세대
⑤ 오피스텔 ⑥ 상가 ⑦ 오피스빌딩 ⑧ 공장/창고
⑨ 토지/임야 ⑩ 분양대행/경매 등 기타

49. 귀하의 중개사무소 소재지는?

① 서울 ② 경기 ③ 인천 ④ 부산
⑤ 대구 ⑥ 광주 ⑦ 대전 ⑧ 울산

제3편
아파트경매시장에서 경매특성변수를 이용한 매각가격결정요인 분석

– 조남복

01 서론
02 이론적 고찰
03 분석 모형
04 경매특성변수의 영향 분석
05 실증 분석
06 결론

서 론 01

1 연구의 배경 및 목적

일상생활에서 재화나 서비스 같은 소비재의 경우는 구체적인 시장 기구를 통하여 가격이 결정되고 그 형성된 가격에 근거하여 소비자들에게 배분된다. 반면에 상품의 가격 결정과 배분에 있어 뚜렷한 시장이 형성되어 있지 않은 경우, 예컨대 농수산물, 건물공사권, 광업권, 고미술품 등과 같은 상품들은 시장논리에 따라 형성된 가격에 의해 소비자들에게 배분하기가 용이하지 않다. 부동산시장 또한 그 자체의 자연적인 특성인 부동성으로 말미암아 부동산을 사고 팔 수 있는 구체적인 장소가 존재하지 않는 추상적인 시장이라고 할 수 있다.

구체적인 장소가 존재하지 않는 추상적인 부동산 시장은 수요자와 공급자가 부동산 재화나 서비스에 대해서 일정한 가격에 의하여 사용가치, 수익가치, 처분가치를 교환 거래하는 곳이며, 그 과정에서 상호 유리한 교환가격을 결정하고 경쟁적 이용에 따른 토지 및 공간의 배분 결정 등 의도된 경제활동이 이루어지는 장소라고 할 수 있다. 부동산 시장은 이러한 특성상 일반 재화와는 다른 특성과 기능[1]을 가지고 있으며, 부동산의 용도와 이용 형태[2]에 따라 여러 가지로 세분하기도 한다.

마찬가지로 부동산경매시장에서도 거래의 비공개성(은밀성)이나 상품의 개별성(비표준화성), 그리고 수요와 공급의 비조절성(수급조절의 곤란성)과 같은 일반 부동산시장이 가지고 있는 특성을 갖는다고 볼 수 있다.

법적인 측면에서 부동산경매는 집행법원이 채권자의 신청에 의하여 채무자 또는 소유자(물상보증인)의 재산 중 부동산에 대해서 민사집행법에 따라 매각, 환가한 후 배당절차를 통하여 채권자로 하여금 채권의 만족을 얻게 하는 일련의 법적 절차를 의미한

---

1) 부동산시장은 일반재화와 달리 부동산 자체의 자연·경제·법률·사회적인 특성에 따른 특성과 기능을 갖는다. 특성으로는 ① 시장의 국지성(지역성) ② 거래의 비공개성(은밀성) ③ 상품의 개별성(비표준화성) ④ 시장의 비조직성 ⑤ 수요와 공급의 비조절성(수급조절의 곤란성) 등을 들 수 있고, 기능으로는 ① 자원배분의 기능 ② 상품의 교환기능 ③ 가격의 창조기능 ④ 상품에 대한 정보제공의 기능 ⑤ 상품의 양과 질의 조절기능 등이 있다(방경식·장희순, 부동산학개론, 부연사, 2004, pp. 226~234).

2) 부동산시장은 일반적으로 부동산 자체의 용도와 이용 형태에 따라 ① 주거용 부동산시장 ② 상업용 부동산시장 ③ 공업용 부동산시장 ④ 농업용 부동산시장 ⑤ 특수용 부동산시장으로 분류한다(방경식·장희순, 상게서, pp. 225~226).

다. 하지만 사회·경제적인 측면에서 부동산경매는 부동산으로서의 고유가치인 사용가치, 수익가치, 처분가치를 갖고 있는 경매목적물에 대해서 수요자(입찰자)와 공급자(대법원)간에 일정한 가격(감정평가가격)을 기준으로 입찰을 함으로써 교환 및 거래가 이루어지는 장소를 제공한다. 또한 부동산경매과정을 통하여 한편에서는 입찰자는 경매목적물에 대하여 본인의 책임 하에 권리분석을 하고 주관적인 의사결정으로 매각가격을 결정하여 경쟁적인 입찰에 참여하게 되며, 다른 한편에서는 담보부동산의 권리자로 하여금 정당한 자원배분과 부실채권회수의 경제활동을 하게 하는 일종의 부동산경매시장이라고 할 수 있다.

부동산경매가 자원배분과 부실채권회수의 경제활동이 이루어지는 하나의 특수시장으로서 부동산경매시장이라고 할 수 있는 근거는 법원행정처 2004년도 사법연감의 민사집행사건 현황자료가 이를 뒷받침하고 있다.[3] 이 자료에 따르면, 한 해 동안 민사집행사건 총 접수 건수 50만 8천 5백 99건 가운데 강제·임의경매 사건이 18만 2천 4백 25건을 차지하고 있으며, 나머지는 기타 사건으로 32만 6천 1백 74건이 접수되었다.

또한 일반 부동산시장에서 부동산의 이용 및 형태에 따라 주거용, 상업용, 공업용, 농업용, 특수용 부동산시장으로 세분하듯이, 부동산경매시장에서도 경매목적물의 이용 및 형태에 따라 종류별로 부동산, 선박, 자동차, 건설, 기계, 기타로 세분하고 있다. 법원행정처 2004년도 사법연감의 민사집행사건 현황자료에 의하면, 종류별 전체 건수 18만 2천 4백 25건 가운데 부동산이 17만 3천 9백 65건(95.4%)을 차지하고 있으며, 부동산 접수물건 중에서 임의경매 건수는 13만 2천 4백 16건(76.1%), 강제경매 건수는 4만 1천 5백 49건(23.9%)을 나타내고 있다. 그 외 선박 291건, 자동차·건설기계 8천 45건, 기타 124건의 접수현황을 보여 주고 있다.[4]

이러한 민사집행사건의 접수현황 및 경매사건의 종류별 현황은 경매목적물이 담보권실행 등의 절차를 거쳐 담보부동산의 채권자에게 합법적인 자원배분을 결정하는 시장의

3) 법원행정처, 사법연감, 2005, pp. 531~532 참조.

〈2004년 민사집행사건 현황*〉

(단위 : 건)

종류 / 사건		민사집행사건	
		접수건수	처리건수(종결, 각하, 취하)
합 계		508,599	474,310
경매	계	182,425	154,487
	강 제	44,354	38,028
	임의(담보권실행 등)	138,071	116,459
기 타**		326,174	319,823

* 이 자료는 본 연구에서 사용한 데이터분석 자료 및 설문조사의 시간적 범위(2004년)와 같은 시기의 자료를 사용하였다.

** 배당절차, 채권기타 재산권, 강제관리, 대체집행, 간접강제 등 기타를 말하며, 배당절차는 민사집행법 제252조의 동산, 채권 등에 대한 강제집행의 배당절차를 뜻한다.

4) 법원행정처, 상게서, pp. 531~532 참조.

기능을 담당하고 있음을 단적으로 보여주고 있다.

경매사건의 종류별 현황에서 부동산 전체 접수 건수 가운데 2004년도 전국 아파트 경매물건 진행건수는 10만 천 4백 86건(58.3%)이고, 감정가격으로 계산했을 때는 2조 8190억 이른다.[5] 특히 본 연구의 대상 사례 지역인 대전지방법원 관할과 주거용부동산인 아파트(공동주택)[6]를 대상으로 본다면, 2004년 한 해에 아파트경매로 진행된 물건수가 1천 2백 76건에 이르며, 감정가격 기준으로 581억 5700만원이 되는 부동산경매시장이 형성되었다.

이와 같은 자료는, 일반 부동산시장의 하부시장에서 아파트가 주거용부동산의 대표적인 상품으로 꼽히듯, 부동산경매시장에서 아파트경매가 대중화된 투자 상품으로 자리매김 되었음을 입증하고 있다고 할 수 있다.

아파트라는 재화는 무엇보다도 최종 소비재(消費財)이기도 하지만, 재산증식을 위한 실제적인 재산으로 부(wealth)의 축적수단인 투자재(投資財) 상품으로 경제적 재화의 속성을 아울러 갖고 있다. 뿐만 아니라 시간의 경과에 따라 감가상각(減價償却; depreciation)되는 다른 재화와 달리 그 가치의 상승가능성이 내재되어 있기도 하다.[7]

또한 다양한 특성을 지닌 여러 가지 재화가 혼재되어 있는 사회재(社會財) 내지 복합재(複合財)로서 다차원적 속성을 지닌 상품[8]이다. 이러한 복합재로서 아파트 자체가 깆

〈2004년 경매사건 종류별 현황〉

(단위 : 건)

구분 / 종류	합 계	부동산	선 박	자동차 건설기계	기 타
합 계	182,425	173,965	291	8,045	124
강 제	44,354	41,549	37	2,716	52
임의(담보권실행 등)	138,071	132,416	254	5,329	72

5) 인포케어(www.infocare.co.kr), "경매통계자료", 2004.

〈2004년 아파트경매 사건 현황〉

(단위 : 건, 원)

구분 / 종류	아파트경매	
	진행건수	감정가격
전국합계	101,486	2조 8190억
대 전	1,267	581억 5700만
기 타	100,219	1조 519억 2390만

6) 주택법 제2조 제2호에서 '공동주택은' 대지 및 건물의 벽·복도·계단 기타 설비 등의 전부 또는 일부를 공동으로 사용하는 각 세대가 하나의 건축물 안에서 각각 독립된 주거생활을 영위할 수 있는 구조로 된 주택을 말하며, 동법 시행령 제2조에서 공동주택의 종류와 범위는 건축법 시행령 별표 1 제2호의 규정에 의한 다음 3가지에 해당된다. ① 아파트 : 주택으로 쓰이는 층수가 5개 층 이상인 주택 ② 연립주택 : 주택으로 쓰이는 1개 동의 연면적(지하주차장 면적을 제외한다)이 660㎡를 초과하고, 층수가 4개 층 이하인 주택 ③ 다세대주택 : 주택으로 쓰이는 1개 동의 연면적(지하주차장 면적을 제외한다)이 660㎡ 이하이고, 층수가 4개 층 이하인 주택.

7) W. F. Smith, Housing, The Social and Economic Elements, Berkeley, University of California Press, 1970, p. 3.

8) L. S. Bourne, The Geography of Housing, London, Edward Arnold, 1981, pp. 13~15.

는 다차원적 속성을 세분화하면 고정성, 비동질성, 외부성, 내구성 등의 종합적인 특성을 갖는다.[9)]

이렇게 다양한 특성을 갖는 복합재로서의 아파트가격은 자체의 물리적, 지역적, 환경적 특성 등과 아파트소비의 불가분성으로 말미암아 주거비용을 고려한 쾌적성과 수익성에 의해 결정된다고 할 수 있으며, 그리고 아파트가격의 메카니즘은 자원배분의 효율성을 달성하는 기능을 갖고 있다. 이와 관련된 연구들, 예컨대 경관 및 개방감, 주거편의도, 환경오염 및 공해, 교육수준과 학군, 그리고 주거환경 변수가 아파트(주택)가격에 미치는 영향에 대한 연구는 지금까지 다방면에서 많은 연구가 진행되어 왔다.

하지만 이러한 연구 성과에도 불구하고 기존의 연구들은 전체적으로 볼 때 양적으로나 질적으로 아파트 가격결정의 일반특성변수를 분석하는 데만 집중하여 왔다고 할 수 있다. 일반아파트시장에서의 연구가 일반특성변수의 분석에만 치우친 결과, 특수시장인 부동산경매시장에서 아파트경매의 매각가격을 결정짓는 요인에 대한 연구는 극히 미미한 실정에 있다. 그 연구가 양적으로 소수에 그치고 있을 뿐 아니라, 질적으로는 경매특성변수들이 몇 개 밖에 추가되지 않은 단순한 연구수준에 머물러 있다. 특히 경매특성변수의 선정과 매각가격결정요인을 분석하는데 있어서 데이터 분석에만 너무 치우쳐 실증분석을 소홀히 한 측면이 있다.

이에 본 연구는 특수시장인 아파트경매시장에서 매각가격을 결정짓는 요인에 대한 분석을 시도하고자 하며, 입찰자가 매각가격결정을 할 때, 경매특성변수를 고려한다는 점을 가정하고자 한다.

본 연구의 목적은 첫째, 아파트경매의 매각가격을 면밀히 측정할 수 있는 경매특성변수를 가격관련요인, 입찰관련요인, 임차인권리관련요인으로 분류하여 이 변수들이 매각가격에 어떻게 영향을 미치는지를 분석하고, 둘째, 아파트가격결정의 일반특성변수에다 경매특성변수를 추가하여 분석함으로써 그 변수들이 매각가격결정에 어떠한 작용을 하는지 분석모형을 만들어 검증하는 동시에, 셋째, 아파트경매의 매각가격을 결정하는 변수에 대한 설문조사를 실시하여 각 변수들이 매각가격결정에 미치는 영향력 및 설명력을 실증적으로 규명하고자 한다.

위와 같은 연구목적과 함께, 본 연구는 경매목적물의 데이터 분석과 설문조사를 통해 실증분석을 병행함으로써 아파트경매시장에서 매각가격에 영향을 미치는 요인들에 대한 검증력과 예측력을 한 단계 높이는데 큰 의미가 있다고 본다.

그리고 아파트경매에 관한 실증분석을 통하여 매각가격결정모형을 검증해보고, 또 아파트경매의 매각가격은 아파트 가격결정의 일반특성변수와 경매특성변수에 의해 영향을 받고 있다는 것을 확인해 봄으로써 입찰자가 아파트경매시장에서 매각가격결정을 할 때 어떤 요인을 고려해야 낙찰 받을 확률을 상대적으로 높일 수 있는지를 규명하는 데 본 연구의 의의를 두고자 한다.

---

9) 현대경제사회연구소, 주택문제 해소대책, 1991, pp.20~21 ; 하성규, 주택정책론, 박영사, 1999, pp. 4~5.

2 연구의 방법 및 범위

1) 연구의 방법 및 범위

본 연구는 입찰자의 주관적인 가치평가를 전제로 경매특성변수를 이용하여 매각가격결정모형을 검증해 보고, 아울러 매각가격을 구성하는 변수들의 영향력 및 설명력을 규명하기 위해 다음과 같은 절차로 연구를 진행키로 한다.

첫째, 이론적 고찰단계로서, 경매이론 및 아파트가격결정이론을 고찰하고, 선행연구를 통하여 아파트경매특성을 이용한 특성가격함수에 대하여 분석한다.

둘째, 매각가격결정모형 검증단계로서, 경매이론 및 아파트가격결정이론의 장단점을 비교, 분석하여 연구방향을 설정하고, 선행연구에서 나타난 특성변수를 정리한 다음 각 변수들에 대한 정의를 통하여 매각가격결정모형을 검증한다.

아파트경매의 매각가격[10]이 감정가격, 매매가격, 전세가격과 어떠한 관계가 있는지 상관관계분석(correlation analysis)을 시행한 후, 방향성과 인과관계를 알아보기 위해 다중회귀분석을 사용한 경로분석(path analysis)을 실시한다.

이러한 인과관계 결과를 바탕으로 아파트 가격결정모형인 특성가격함수모형(Hedonic Price Model)에 경매특성변수를 포함시켜 아파트경매의 매각가격의 결정요인을 살펴보고 매각가격결정모형의 타당성을 검증한다.

셋째, 실증분석단계로서, 가설을 설정하고, 이를 검증하기 위해 조사대상과 표본을 선정한 다음 조사지역 특성자료를 정리, 분석방법을 설정하여 통계분석을 실시한 다음 최적 함수식을 선택하고, 동 함수식의 신뢰도를 검증하는 한편 이를 이용하여 각 변수들이 매각가격에 미치는 영향력을 규명한다.

이를 위하여 매각가격을 결정할 것으로 여겨지는 변수들에 대해 설문조사를 실시한 후, 입찰경험의 유무와 낙찰경험의 유무에 따라 각 변수들에 대해 평균값, χ^2, T-test 방법 등을 이용하여 차이를 확인하였다. 이러한 차이를 확인한 후 매각가격을 결정짓는 변수들이 낙찰 받을 확률에 영향을 미치는지를 알아보기 위해 로지스틱 회귀분석(logistic regression analysis)을 사용하여 검증한다.

---

10) 본 연구에서 매각가격은 매각기일에 최고가매수신고인이 제출한 가격을 뜻한다. 그 이유는 2002년 7. 1.부터 민사집행법이 제정, 시행되면서 입찰에서 사용되는 용어들이 바뀌었고, 또 경매는 매도자인 집행법원과 민사집행법의 절차에 따라 진행, 결정되는 특성을 갖고 있기 때문이다. 이 매각가격은 최저매각가격과는 구별이 된다. 최저매각가격은 유찰시 감가율이 적용되어 매회 차 마다 다르게 결정되기 때문에 입찰자가 입찰하고자 할 때는 이 최저매각가격보다 같거나 높게 가격을 써서 입찰해야 한다. 따라서 매각기일에 최고가로 입찰한 매수신고인에 의해 제출된 입찰가액이 매각가격이 되는 것이다. 참고로 바뀐 용어들을 보면 입찰기일이 매각기일로, 낙찰기일(통지)이 매각결정기일(통지)로, 낙찰인 또는 경락인이 매수인으로, 낙찰대금 또는 경락잔금이 매각대금으로, 경매물건명세서가 매각물건명세서로, 대금지급기일이 대금지급기한으로, 채무명의가 집행권원으로, 재산관계명시가 재산명시신청으로 각각 변경되어 사용하고 있다(법원행정처, 법원실무제요, 민사집행[Ⅱ] : 부동산집행, 2003).

넷째, 결론 단계로서, 본 연구에서 검증한 결과, 연구결과와 시사점, 그리고 연구의 한계와 향후 연구과제에 대하여 규정한다.

본 연구에서는 다음과 같이 연구의 범위를 설정한다.

첫째, 연구의 내용적 범위는 아파트가격결정의 일반특성변수와 경매특성변수를 이용하여 매각가격결정모형을 검증해 보고, 실증분석을 통하여 신뢰도를 검증하는 한편 이를 활용하여 각 변수들이 매각가격에 미치는 영향력을 규명하기로 한다.

둘째, 연구대상을 분석하기 위한 자료 수집의 시간적 범위는 외환위기 이후 시간적 경과에 따른 영향력 배제를 위해서 가격이 안정된 시점(2004년)[11]의 단기간에 취합된 자료를 사용한다. 즉 아파트의 가격은 사회적 환경, 계절적 요인 등 시간에 따라 많은 요인에 의해 영향을 받기 때문에, 아파트의 시장가치에 미치는 유사한 아파트를 대상으로 거래가 이루어진 몇 년간의 시계열자료나 아니면, 특정시점에 여러 가지 특성을 가진 아파트가격의 횡단면자료를 가지고 다중회귀분석을 이용하여 분석하게 된다. 따라서 본 연구에서는 시계열자료보다 횡단면자료를 이용하였다. 그 이유는 시간이 흐름에 따라 아파트의 가치에 영향을 미치고 있는 여러 변수의 영향력을 배제시킬 수 있기 때문이다.

셋째, 아파트경매시장의 공간적 범위로서 조사지역은 대전지방법원 관할지역 가운데 대전광역시 5개구(동구, 중구, 대덕구, 서구, 유성구)에 한정하기로 한다.[12] 그리고 건축법상 공동주택으로서 구조가 정형화되어 있고, 아파트의 시장가치를 비교적 정확하게 평가할 수 있는 아파트경매 물건을 대상으로 한다.

---

11) 외환위기 이후 대전지방법원 아파트경매의 낙찰가율의 변화는 아래와 같다(인포케어 www.infocare.co.kr, "경매통계자료", 2000~2004).

〈대전지방법원 아파트경매의 낙찰가율 변화〉

구분	2000년	2001년	2002년	2003년	2004년
낙찰가율(감정가격 대비 매각가격)	77.60%	81.70%	94.30%	101.30%	90.80%
낙찰율(총 건수 대비 매각된 건수)	40.60%	46.80%	52.50%	62%	48.20%

12) 아파트경매는 각 지역의 상황을 고려하여 지방법원별로 이루어진다. 즉 지방법원별로 매각기일, 횟수, 매각방법(경매물건의 수, 감가율 적용 같은 매각조건) 등이 다르게 진행되고 있어 전국 지방법원의 자료를 확보하는데 많은 어려움이 따른다. 이러한 현실적 여건으로 인하여 입찰자는 경매물건의 정보수집, 물건분석 및 현장답사, 그리고 경매결과 파악 등과 같은 경매입찰행위에 있어 시간・공간적으로 많은 제한을 받고 있다. 따라서 본 연구에서는 합리적인 경매입찰행위와 일관된 자료 확보를 위하여 연구조사 대상지역을 대전지방법원 관할 지역 중 동구, 중구, 대덕구, 서구, 유성구에 한정한다.

〈그림 1-1〉 연구 흐름도

이론적 고찰
선행 연구
아파트(주택) 가격결정요인 연구
매각가격결정요인 연구
특성가격함수를 활용한 선행 연구 및 변수 검토
선행 이론
경매이론
아파트가격결정이론
가격결정기준과 방법
입찰함수 접근법 · 특성가격함수 접근법
매각가격결정모형
이론요약 및 연구방향설정
가격결정이론의 비교평가
게임이론과 경매
연구방향 및 모형 설정
분석모형
특성가격함수모형
로지스틱회귀모형
경매특성변수 선정 및 정의
실증분석
가설설정
가설 1, 가설 2, 가설 3
검증방법
경로분석, 다중회귀분석, 로지스틱 회귀분석
분석결과
경매특성변수의 영향 분석
(가설 1, 가설 2, 가설 3의 검증)
특성가격함수모형 및 로지스틱 회귀모형의 결과
실증 비교 분석
결론
연구결과와 시사점
연구의 한계
향후 연구과제

2) 선행연구의 검토

아파트경매의 매각가격결정요인을 분석하기 위하여 일차적으로 먼저 아파트(주택)가격결정요인에 대한 연구에 대하여 알아보고, 그 다음 아파트경매의 매각가격결정요인에 대한 선행연구들을 고찰해 보기로 한다.

(1) 아파트(주택)가격결정요인 연구

김기호·이성우(1998), 주택산업연구원(1998), 윤정중(2001)은 서울, 부산 또는 수도권 신도시를 연구대상으로 산·하천·공원 등 녹지요소와 관련된 변수를 사용하여 지역별 경관가치의 차이를 분석하였으며, 특히 주택산업연구원은 가상단지를 설정, 경관 및 개방감이 주택가격에 영향을 미치고 있다는 것을 실증하였다.

이학우(1992)는 부산을 대상으로 집합거주단지의 주거편의도가 주택가격에 미치는 영향을 분석하였다. 주거 편의도를 측정하기 위해 공원, 불편시설물환경, 생활편의시설, 교육시설환경, 주요교통시설, 휴식시설 등을 변수로 선정하고 분석하였다.

허세림·곽승준(1994), 이계평(1996)은 서울을 대상으로 심각한 환경오염문제에 대한 영향을 파악하기 위해 대기질 관련 변수를 사용하였고, 헤도닉 가격모형을 사용하여 공해정도와 주택가격과의 관계를 분석하였다.

정창우(1986), 송명규(1992)는 서울을 대상으로 학군의 질(고등교육수준)과 학군의 명성이 주택가격에 미치는 영향정도가 차이가 있음을 분석하였다. 이에 대한 선행연구를 표로 정리하면 다음 〈표 1-1〉과 같다.

〈표 1-1〉 아파트(주택)가격결정요인 연구

연구자	년도	대상지역	연구분야	소속변수	모형
정창우	1986	서울전역 218세대	주택특성에 의한 주택가격 추정	건축적 특성, 택지적 특성, 지역적 특성 등 22개 변수	선형·로그·준로그 함수
이학우	1992	부산	주거편의와 주택가격의 상관관계	주택규모, 공원, 생활편의시설 등 7개 변수	다변수회귀분석
송명규	1992	서울시 1200개 표본	학군이 주택가격에 미치는 효과	학군의 고등교육수준 등 12개 변수	로그함수
나성인	1993	서울	환경개선의 편익추정	공원, 대기질, 범죄건수 등 13개 변수	선형·로그함수
허세림 곽승준	1994	서울아파트 269가구	주택특성의 잠재가격 추정	주거, 지역, 환경특성 등 12개 변수	선형·준로그·이중로그 함수·Box-Cox변환
김명호	1994	청주	주택가격추정	건축양식, 주변환경쾌적도, CBD까지의 거리 등 20개 변수	선형·준로그·이중로그 함수·Box-Cox변환

이계평	1996	서울 주택가격	대기질개선편익추정	구조적, 지역, 대기질, 가구특성변수 등 13개 변수	로그 · 준로그 · Box-Cox함수
구달모	1997	광주	분산분석을 통해 아파트가격에 미치는 요인 분석	규모, 쇼핑센타의 수, 건물간격, 학교수, 건물사용연한 등 변수	분산분석
김기호 이성우	1998	부산워터프런트아파트 369세대	워터프런트아파트 주택가격 분포특성 및 환경가치	주택, 단지, 지역특성 등 11개 변수	선형 · 이중로그 함수
주택산업 연구원	1998	서울 목동 5 · 6 단지	아파트특성에 따른 가격모형연구	물리적, 근린환경적, 입지적 특성 등 6개 변수	이중로그함수
윤정중	2001	분당 43개 단지 6,969세대	조망특성이 주택가격에 미치는 영향	주택, 단지, 도시경관 특성 등 19개 변수	선형 · 준로그 · 역준로그 · 이중로그함수
우경	2002	수도권	수도권지역 주택가격 결정요인에 관한 연구		선형 · 준로그 · 역준로그 · 이중로그함수

(2) 매각가격결정요인을 이용한 연구

송영석(2003)은 서울시 아파트경매 물건을 대상으로 아파트의 면적, 유찰횟수, 낙찰가, 방의 수, 건물 층수, 단지규모, 주변시설 등 7개 변수를 선정하였고, 특성가격함수를 활용하여 낙찰가격 결정요인에 관한 연구를 하였다. 그리고 박진희(2004)는 유찰횟수, 낙찰가, 전용면적 등 3개 변수를 선정하여 낙찰가에 미치는 영향을 분석하였고, 황유경(2005)은 최초감정가, 경매기간, 응찰자의 수, 아파트매매동향, 경락잔금대출금리 등 5개 변수를 선정하였고, 특성가격함수를 활용하여 낙찰가에 미치는 영향에 대하여 실증연구를 하였다. 이를 표로 정리하면 다음 〈표 1-2〉와 같다.

〈표 1-2〉 매각가격결정요인 연구

연구자	년도	대상지역	연구분야	소속변수	모형
송영석	2003	서울아파트	낙찰가격을 결정하는 요인에 관한 연구	아파트 면적, 유찰횟수, 낙찰가, 방의 수, 건물 층수, 단지규모, 주변시설 등 7개 변수	헤도닉 프라이스 모형
박진희	2004	서울아파트	낙찰가에 미치는 영향에 관한 연구	전용면적, 유찰횟수, 낙찰가 등 3개 변수	헤도닉 프라이스 모형
황유경	2005	서울아파트	낙찰가에 미치는 영향에 관한연구	최초감정가, 경매기간, 응찰자의 수, 아파트매매동향, 결락잔금대출금리 등 5개 변수	특성가격함수

이러한 연구 성과에도 불구하고 지금까지 기존의 연구들은 전체적으로 볼 때 양적으로나 질적으로 아파트 매매가격을 결정짓는 요인을 일반특성변수를 중심으로 분석하는 데 집중하였다고 할 수 있다. 특히 아파트경매시장에서 매각가격을 결정짓는 요인에 대한 연구는 소수에 그치고 있을 뿐 아니라 경매와 관련된 변수들도 몇 개 추가되지 않는 단순한 수준에 머물렀다고 볼 수 있으며, 경매특성변수의 선정과 매각가격결정요인을 분석하는데 있어서 데이터 분석에 너무 치우친 경향이 많아 실증분석을 소홀히 한 측면이 있다.

이에 따라 본 연구는 아파트경매시장에서 매각가격을 결정짓는 요인을 알아보기 위해 기존의 연구에 의해 검증된 아파트 가격결정의 일반특성변수에다 경매특성변수들을 추가해서 기존 연구논문들에서 발견되지 않은 새로운 변수들을 찾아내어 매각가격결정에 어떠한 작용을 하는지 매각가격의 결정모형을 만들어 보고 특히 이러한 결정모형을 설문조사를 통해 재검증을 하였다.

따라서 본 연구는 아파트경매에 관한 매각가격결정요인을 분석함에 있어 경매목적물의 데이터 분석과 함께 설문조사를 통한 실증분석을 병행함으로써 아파트경매시장에서 매각가격에 영향을 미치는 요인들에 대한 검증력과 예측력을 한 단계 높임으로써 기존 논문들과 차별화 하였다.

이론적 고찰 02

1 경매의 의의 및 유형

1) 경매의 의의

민사집행법(이하 '민집'이라 한다)에 의한 부동산경매는 국가기관이 법률의 규정에 따라 채무자 소유의 부동산을 강제적으로 압류, 매각하여 현금화 한 후 배당이라는 절차를 통하여 채권자로 하여금 채권의 만족을 얻게 하는 부동산 강제집행방법 중 하나이다(민집 제78조 제2항 제1호). 또한 채권자의 신청에 의하여(민집 제78조 제1항) 경매목적묾을 압류하여(민집 제83조) 집행법원이 재무사에 대하여 강제력을 행사함으로써 집행권원(執行權原)에[13] 표시된 청구채권의 실현을 도모하는 절차이다.[14]

이렇듯 채무자의 사법상 이행의무를 강제적으로 실현하는 기능을 하는 부동산경매제도는 채무자가 임의로 이행의무를 실현하지 않을 경우 국가 공권력으로 채무이행을 강제적으로 실현시키는 방법으로 이용되고 있다. 따라서 부동산경매는 사권실현의 궁극적인 실현절차이며, 금융매개수단인 저당권 등의 최후의 보장기능으로 필요한 제도이다.

또한 부동산경매제도는 채무자의 담보부동산을 금전으로 환가하여 권리실현을 하기 위해서 공정하고 신속한 권리실현 장치를 필요로 하게 된다. 이러한 필요성과 기능(특성)을 갖고 있는 부동산경매[15]는 비교적 고가로 그리고 적정한 가격으로 재산을 환가할 수 있는 장치로서 큰 역할을 담당하고 있다고 볼 수 있다.

---

13) 집행권원이라 함은 일정한 사법상의 이행청구권의 존재 및 범위를 표시하고 그 청구권에 집행력을 인정한 공정의 문서를 말한다. 구민사소송법에서는 채무명의라고 하였다(법원행정처, 법원실무제요, 민사집행[Ⅰ]: 집행총론, 2003, p. 154).

14) 이러한 집행절차는 절차적인 측면에서는 민사집행법에 의해 진행되고, 실체적인 측면에서는 민법, 주택 및 상가건물 임대차보호법, 국세기본법, 국세징수법(공매), 근로기준법 등 매우 복잡하고 다양한 법률에 의하여 결정된다. 따라서 부동산경매는 단순히 절차적인 문제에만 국한되는 것이 아니라, 민사법분야의 전반적인 법률지식과 더불어 기술적이고 실무적인 부동산지식을 함께 필요로 하는 절차라 할 수 있다.

15) 부동산경매의 특성으로는 ① 매각정보 및 절차의 비공개성 ② 경매목적물마다 감정평가 및 권리가 상이한 개별성 ③ 경매목적달성이 수요공급조절에 있지 않은 점 ④ 감가율 적용 ⑤ 정보의 불확실성 ⑥ 소유권이전의 지연 개연성 등이 있고, 기능으로는 ① 자원배분의 기능 ② 부실채권회수의 기능을 들 수 있다.

이러한 측면에서 부동산경매는 특정재화의 배분에 있어서 입찰자들의 매각가격을 통해 그 재화의 배분과 가격을 결정하는 제도로서 큰 의의가 있다고 하겠다.

2) 경매유형

경매의 유형은 호가방식 및 입찰방식,[16] 그리고 집행권원 및 매각방법에 따라서 분류할 수 있다.[17] 호가방식에는 영국식 경매(The English Auction)와 네덜란드식 경매(The Dutch Auction)가 있으며, 입찰방식에는 최고가격비밀입찰경매(The First-Price Sealed Bid Auction)와 차선가격비밀입찰경매(The Second-Price Sealed Bid Auction)가 있다. 집행권원의 유무에 따라서는 강제경매와 임의경매로 구별하며, 매각방법에 따라서는 호가경매, 기일입찰, 기간입찰로 구분한다.

(1) 호가방식에 의한 경매

① 영국식 경매(The English Auction)

영국식 경매는 상품판매에 가장 흔히 사용되고 있는 형태로 단 한명의 입찰자가 남을 때까지 매각가격은 상승하게 되고 경매인(auctioneer)이 계속 매각가격을 상승시키면서 진행되며 경매인이 낙찰되었음을 공포함으로써 경매 과정은 끝이 난다. 영국식 경매는 호가된 매각가격에 대해서 더 이상 호가하는 입찰자가 없을 때 진행되며, 최종호가를 한 입찰자에게 경매목적물을 낙찰시키는 경매방식이다. 이 방법의 특징은 경매가 진행되는 과정에서 각 입찰자들이 경매인이 호가하는 가격을 들을 수 있으므로 현재의 매각가격의 수준과 자신의 경매목적물에 대한 내심(內心)의 가치를 항상 비교할 수 있다는 것이다.

영국식 경매에서 입찰자들은 경매인의 호가수준이 자신의 내심의 가치보다 낮으면 계속 경매에 참여하고, 경매인의 호가가 자신의 내심의 가치보다 높게 되면 경매과정에서 탈퇴하는 전략을 사용한다. 즉 경매가 진행됨에 따라 낮은 내심의 가치를 가지고 있는 입찰자들은 모두 탈락하고, 마지막과정에는 두 번째로 높은 내심의 가치를 가지고 있는 입찰자와 가장 높은 내심의 가치를 지니고 있는 입찰자만 남게 된다. 최종경매에서는 두 명의 입찰자가 서로 상대방의 매각가격에서 δ[18]만큼 더한 값만 호가하는 전략을 사용하게 된다.

만일 경매인의 호가수준이 두 번째로 높은 가치를 가지고 있는 사람의 내심의 가치수준을 넘게 되면 이 사람도 경매과정에서 탈퇴하게 되므로, 실제로 경매과정에는 가장

---

16) William Vickery, Counterspeculation, Auction and Competitive Sealed Tenders, Journal of Finance, 16, 1961, pp. 14~23.
17) 법원행정처, 전게서(부동산집행), pp. 1~6.
18) $\delta > 0$인 아주 작은 값이다.

높은 내심의 가치를 가지고 있는 입찰자만 남게 된다. 가장 높은 내심의 가치를 가지고 있는 입찰자는 매각가격을 더 상승시킬 이유가 없으므로 두 번째 가치 +δ만큼만 매각가격으로 지불하게 된다. 따라서 영국식 경매에서 경매목적물의 가격은 두 번째로 높은 가치를 가지고 있는 입찰자의 내심의 가치 수준에서 결정되게 된다.

이렇듯 영국식 경매과정에서 호가수준이 자신들의 내심의 가치에 도달할 때까지 경매과정에 참여한다는 전략은 우월전략(dominant strategy)[19]이 된다. 영국식 경매는 입찰자들의 경쟁을 유발시키면서 경매인이 점진적으로 호가를 상승시키는 상향식 경매방식(ascending auction)으로 노력과 시간이 많이 소요되는 단점이 있다.

② 네덜란드식 경매(The Dutch Auction)

네덜란드식 경매는 하향식 경매방식(descending auction)으로 먼저 경매인이 경매목적물의 최고가격을 호가한다. 이때 경매인의 호가를 수락하는 입찰자가 없으면 경매인이 경매목적물의 가격을 낮추어 다시 호가를 한다. 이 과정에서 경매인의 호가를 처음 수락하는 입찰자가 나타나면 그에게 경매목적물을 낙찰시키는 방식으로 영국식 경매에 비해 경매과정의 시간이 상대적으로 적게 소요된다는 장점이 있다. 이와 같은 네덜란드식 경매방식은 꽃이나 물고기 등과 같이 상품의 수명이 극히 짧은 재화를 경매하는 경우에 적절한 방법이다.

네덜란드식 경매과정에서 입찰자들의 입찰전략은, 다른 사람들의 가치를 고려하지 않고 입찰전략을 설정하는 영국식 경매와는 달리, 다른 사람들의 가치수준을 고려해야 하는 게임의 성격이 내포되어 있다. 다시 말해 입찰자들이 합리적이라고 가정하면, 입찰자들은 자신의 효용을 극대화할 수 있는 매각가격에서 경매인의 호가를 수락할 것이다.

이때 어떤 입찰자가 경매인의 호가가 자신의 내심의 가치에 도달했을 때 무조건 그 호가를 수락하는 전략을 설정했다고 가정해 보자. 이 경우 그가 경매의 낙찰자로 선정될 확률은 다른 전략들 보다 상대적으로 높을 것이나 이 전략 하에서 그가 낙찰이 되더라도 그의 기대효용은 0이 된다. 왜냐하면 그의 효용의 크기는 내심의 가치에서 낙찰가를 뺀 가치가 되는데 그의 전략상 이 값은 0에 근접하기 때문이다. 따라서 경매인의 호가가 자신의 내심의 가치에 도달할 때 그 호가를 수락한다는 전략은 최적입찰전략이라고는 할 수 없다.

반대로 입찰자의 입찰전략으로 경매인의 호가가 0에 근접할 때까지 기다리는 전략을 가정해 보자. 이 경우 그의 효용의 크기는 다른 전략들보다 큰 값을 가지게 될 것이나 이 경우에 있어서는 경매목적물이 그에게 낙찰될 확률이 거의 0에 가깝기 때문에 이 전략 하에서도 그의 기대효용은 0이 된다. 따라서 이 전략도 최적입찰전략이라고 할 수 없다.

---

19) 우월전략이란 게임의 상황이 어떻게 바뀌어도 현재의 전략이 가장 높은 수익을 가져다주는 전략을 말한다. 이에 대한 자세한 내용은 Roy Gardner, "Games for business and economics", John Wiley & Sons Inc., 1995, pp. 40~45.

요컨대 네덜란드식 경매방식에서 입찰자의 최적입찰전략은 자신의 내심의 가치만을 고려해서는 설정하기가 어렵고, 게임이론에 근거하여 경매과정에 참가한 다른 입찰자들이 경매목적물에 대해 느끼는 내심의 가치도 고려함으로써 매각가격을 제시하는 것이 타당하다. 이 경우 매각가격의 수준은 자신의 내심의 가치를 적당히 숨긴 수준에서 결정되며 이 전략은 내쉬(Nash) 균형전략[20]이 된다.

(2) 입찰방식에 의한 경매

① 최고가격 비밀입찰경매(The First-Price Sealed Bid Auction)

최고가격 비밀입찰경매는 입찰자들이 각각 희망하는 매각가격을 입찰표에 기입하고 봉인한 후 제시, 개봉하는 것으로 최고가격을 제시한 입찰자가 낙찰자가 되고 그가 매도자에게 지불하는 금액은 자신이 입찰시에 제시한 최고가격이 되는 경매방식이다. 최고가격 비밀입찰경매에서 매각가격은 입찰자들이 제시한 가격 중에서 가장 높은 가격이 되는 것이다. 이 경매 방식은 건설계약, 부동산매매, 증권인수 등에 사용되고 있다. 영국식 경매와 비교해 볼 때, 이 경매방식은 상대방의 행동을 관찰할 수 없으며 매각가격을 제시하는 기회도 한번 밖에 없다는 점에서 차이가 있다.

입찰자들의 입찰전략 측면에서 최고가격 비밀입찰경매는 네덜란드식 경매와 유사하다. 왜냐하면 최고가격 비밀입찰경매에서 낙찰자가 지불하는 매각가격이 자신이 제출한 매각가격으로 설정되므로 입찰자들은 자신의 내심의 가치를 솔직하게 입찰가격으로 제시하지 않는다. 그리고 매각가격을 0으로 제시하는 것도 의미가 없으므로 입찰자들은 다른 사람들의 가치수준을 고려하여 자신의 효용을 최대화할 수 있는 내심의 가치보다 적절하게 낮은 수준으로 매각가격을 제시하게 된다. 즉 전략적인 측면에서 이 경매방식은 네덜란드식 경매방식과 동일하고 전략도 Nash 균형이 된다.

② 차선가격 비밀입찰경매(The Second-Price Sealed Bid Auction)

경매인이 입찰자들의 제시가격 중에서 제일 높게 써낸 입찰자에게 차선가격(최고가격 다음으로 높은 입찰제시가격)에 판매하는 방법이다. 다시 말해 차선가격 비밀입찰경매는 최고가격 비밀입찰경매와 마찬가지로 최고가격을 제시한 입찰자가 낙찰자로 선정은 되지만, 낙찰자가 지불하는 가격은 자신의 매각가격이 아니라, 차선자(the second highest bidder)가 제시한 매각가격이 된다.

전략적인 측면에서 최고가격 비밀입찰경매가 네덜란드식 경매와 유사하다면, 차선가격 비밀입찰 경매는 영국식 경매와 유사하다. 왜냐하면 차선가격 비밀입찰 경매에서 낙찰자가 지불하는 경매가격과 낙찰자의 가치는 서로 독립적이기 때문에 다른 사람들의 가치를 고려할 필요 없이 자신의 가치를 솔직하게 매각가격으로 제시하는 것이 우월전

20) 내쉬 균형전략은 다른 입찰자들이 내쉬 균형전략을 유지한 상태에서 자신만 다른 전략을 선택하게 되면 항상 손실을 보게 되는 전략이다. 이에 대한 자세한 내용은 Roy Gardner, ibid., pp. 37~39.

략이 되기 때문이다.

그러나 차선가격 비밀입찰경매에서 최종거래가격이 입찰자들이 제시한 가격 중에서 가장 높은 가격이 아닌 두 번째로 높은 가격에 의해 결정된다고 해서 이 방식에 의해 성립된 거래가격이 최고가격 비밀입찰경매에서의 거래가격보다 반드시 낮은 것은 아니다. 왜냐하면 차선가격 비밀입찰경매에서의 입찰자들은 자신들의 가격을 솔직하게 제시하게 되므로 최고가격 비밀입찰경매보다 일반적으로 높은 매각가격을 제시하기 때문이다. 차선가격 비밀입찰경매는 이론적으로 매우 유용하여 입찰자가 상품에서 느끼는 가치를 정직하게 나타낼 때 자신의 기대효용이 극대화 된다는 특징이 있으나 여타의 다른 경매방식들과는 달리 현실에서는 많이 쓰여 지지 않고 있다.

(3) 집행권원 및 매각방법에 의한 경매

경매는 집행권원의 유무에 따라 ① 집행권원이 필요한 강제경매와 ② 집행권원을 필요로 하지 않는 임의경매로 구분하며, 임의경매는 다시 저당권 등 담보권의 실행을 위한 경매와 민법, 상법 그 밖의 법률의 규정에 의하여 특정재산의 가격보존 또는 정리를 위하여 하는 경매로 나눈다. 여기서 강제경매와 담보권실행을 위한 경매를 실질적 경매(채권자의 자기채권의 만족을 얻기 위한 경매)라고 히고, 재산의 가격보존 또는 정리를 위한 경매를 형식적 경매라고 한다. 이 형식적 경매의 절차는 담보권 실행을 위한 경매의 예에 따라 실시(민집 제274조 제1항)하며, 입찰자의 입장에서는 절차상 아무런 차이가 없다.

강제경매는 일반 채권자가 집행권원을 법원에 제출하여 채무자 소유의 부동산을 압류, 현금화하여 그 매각대금을 가지고 채권자의 채권의 만족을 얻게 하기 위하여 실행하는 강제집행절차를 의미한다. 즉 강제경매란 가압류 이후 재판상 판결이나 공증서류, 지급명령 등에 의한 집행권원을 가진 채권자가 집행력 있는 정본을 첨부(민집 제28조)하여 경매를 신청하는 것으로써 채권에 의한 강제집행절차를 말한다.

임의경매라는 용어는 법전(法典)상의 용어는 아니나 강제경매에 대비되는 것으로서 경매집행에 있어 집행권원을 필요로 하지 않는 경매, 즉 민집 제3편에 규정된 담보권의 실행 등을 위한 경매를 가리켜 강학(講學)상 임의경매라고 한다. 임의경매는 저당권, 유치권, 전세권,[21] 가등기담보 등과 같은 담보권 실행을 위해 경매에 붙여지는 것을 의미한다. 다시 말해 임의경매란 등기부등본상에 설정된 근저당권, 전세권, 유치권자 등 담보권자가 그 담보권실행을 위해 담보권의 존재를 증명하는 서류를 첨부하여 경매를 신청하는 것으로 물권에 의한 강제집행절차를 말한다(민집 제264조). 임의경매는 저당권 등 담보권의 실행으로서 행하여지는 것과 민법, 상법 그 밖의 법률의 규정에 의하여 재산의 보관 또는 정리, 가격보존 등의 목적으로 그 목적물을 현금화하는 것 즉 형식적 경매가 있다. 그 예로서는 공유물분할을 위한 경매(민법 제269조 제2항)가 있다.

21) 전세권은 그 본질상 담보물권이 아니지만 담보의 기능(경매청구)을 할 수 있다.

임의(담보권의 실행을 위한)경매는 담보권자에게 우선변제를 얻게 하기 위하여 담보의 목적물을 경매하는 것이므로 특정재산에 의한 특정책임(물적 책임)의 실현을 구하는 것인 반면에, 강제경매는 채무자의 일반재산에 의한 일반책임(인적 책임)의 실현을 구하는 것이라는 데에 그 차이가 있다. 양자는 모두 금전채권의 만족을 얻기 위하여 국가가 부동산을 강제적으로 경매하는 것이라는 점에서는 공통점이 있다.[22)]

우리나라의 경우, 현재 경매입찰방식은 최고가격 비밀공개입찰제도의 성격을 띠고 있다. 이 방식은 1993년 5월부터 공개호가입찰방식(公開呼價入札方式)에서 비밀공개입찰방식(秘密公開入札方式)으로 변경되어 오늘에 이르고 있다. 또한 민집 제103조 제1항 및 제2항에 따르면, 매각방법에 따라 ① 매각기일에 하는 호가경매(呼價競賣) ② 매각기일에 입찰 및 개찰하게 하는 기일입찰 ③ 입찰기간 이내에 입찰하게 하여 매각기일에 개찰하는 기간입찰의 세 가지 방법으로 나누고 있다. 호가제는 공개적으로 다른 사람이 매입하려는 가격을 들으면서 자신이 매입하려는 가격을 외쳐 경쟁적으로 높은 가격을 제시하게 하는 방식이며, 입찰제는 다른 사람이 알 수 없도록 봉함한 서면으로 그 입찰가격을 제출하게 한 후 한꺼번에 개봉하여 최고가 입찰자를 결정하는 방식이다.

2 경매절차

부동산경매의 절차는 대체로 경매목적물을 압류·환가하여 채권자로 하여금 채권의 만족을 얻게 하기 위하여 다음과 같은 3단계의 절차로 진행된다.[23)]

1) 압류단계

압류는 채권자의 채권의 만족을 얻게 하기 위하여 채무자의 특정재산에 관하여 사실상 또는 법률상의 처분을 금지하는 국가의 강제적 행위(공권적 행위)이다.

강제경매의 신청이 있으면 집행법원은 신청서의 기재 및 첨부서류에 의하여 강제집행의 요건(민집 제80조), 집행개시의 요건(민집 제39조 내지 제41조) 및 강제경매에 특히 필요한 요건(경매목적물이 채무자의 소유일 것, 압류금지부동산이 아닐 것) 등에 관하여 형식적인 심사를 하여 신청이 적법하다고 인정되면 경매개시결정을 하는 동시에 그 경

22) 강제경매와 임의경매의 공통점과 차이점을 정리하면 다음과 같다.

구 분		강제경매	임의경매
차이점	경매신청	집행권원에 의함	담보권실행에 의함
	경매개시결정의 이의사유	절차상 사유	절차상 사유, 실체상 하자
공통점	경매개시결정부터 대금납부 배당절차 소유권이전등기까지 모든 절차는 동일함		

23) 다음과 같은 세부절차를 밟아 진행된다. 경매신청 → 경매개시결정 → 감정평가 → 매각기일 → 매각결정기일 → 확정기일 → 대금지급기한 → 배당기일

매목적물의 압류를 명하고 이를 채무자에게 송달하며(민집 제83조), 경매신청기입등기의 촉탁(민집 제144조 제1항 제1호)을 하여야 한다.

압류의 효력은 그 경매개시결정이 채무자에게 송달된 때 또는 경매신청기입등기가 된 때에 발생한다(민집 제83조 제4항). 압류에 의하여 집행법원은 경매목적물을 압류당시의 상태로 환가하는 권한을 취득하여, 채무자는 그 경매목적물을 타인에게 양도하거나 담보권 또는 용익권의 설정 등 그 경매목적물을 처분하여도 압류채권자에게 대항하지 못한다.

2) 환가단계

환가는 압류된 채무자의 재산을 현금화하는 것으로, 집행법원은 그 경매목적물을 매각하여 그 대금을 취득하는 형태로 환가한다.

(1) 경매준비

집행법원은 채권자의 신청이 있으면 경매목적물을 적정한 가격으로 환가하기 위해서 경매개시결정을 하여 경매목적물(매각부동산)을 압류하고, 그 사유를 등기부등본에 기입하도록 등기관에게 촉탁하여 경매개시결정사유를 기입하도록 한다. 경매개시결정원본을 기록에 철하고 정본을 채무자에게 송달한다. 다음에 배당요구의 종기를 정하여 공고하고, 현금화의 준비절차로서 집행관에게 지체 없이 경매목적물의 현황 및 임차인 점유관계 등 사실관계와 권리관계의 현황조사를 명령한다. 또한 감정평가사에게 경매목적물에 대한 감정평가를 하게하고 그 평가액을 참작하여 최저매각가격을 정한다.

이와 같은 과정을 통하여 매각물건명세서, 현황조사서, 감정평가서가 준비된다. 이를 근거로 집행법원은 합법적인 매각조건[24)]을 결정하고, 입찰자에게 매각할 경매목적물에

24) 경매도 일종의 매매행위라 할 수 있다. 따라서 강제경매의 경우 소유자의 의사에 반하여 행하여지고 이해관계인도 많기 때문에, 매각조건(집행법원이 부동산을 매각하여 소유권을 매수인에게 이전시키는 데 있어 지켜야 할 경매의 성립과 효력에 관한 조건)을 따로 정하고 있다.
매각조건에는 법정매각조건과 특별매각조건이 있다. 법정매각조건은 모든 매각절차에 있어서 공통적으로 적용되도록 민사집행법과 동 규칙이 미리 정하여 놓은 매각조건을 말한다.
그리고 특별매각조건은 법정매각조건 중에서 공공의 이익이나 경매의 본질에 관계 되지 않은 조건들은 각각의 매각절차에 있어서 이해관계인 전원의 합의에 의하든(민집 제110조 제1항) 또는 직권에 의하든 법원은 배당요구의 종기까지 매각조건을 바꾸거나 새로운 매각조건을 설정할 수 있다(민집 제111조 제1항). 그 변경한 매각조건을 특별매각조건이라 한다. 다만 현금화의 본질적, 근본적, 필연적인 조건 즉 민사집행법에 따라 매각, 환가한 후 배당절차를 통하여 채권자의 금전채권의 만족(현금화)을 얻게 하는 일련의 법적인 조건은 변경할 수 없다.
합의에 의한 매각조건의 변경은 매각대금의 지급방법과 시기, 부동산 위의 담보권, 용익권의 인수 및 소멸에 관한 매각조건 등이 가능하고, 법원의 직권에 의한 변경은 법정매각조건 또는 법원에 그 결정을 위임한 사항, 즉 일괄매각 등의 사항에 대하여 그 내용을 변경하는 경우와 직권으로 새로운 사항에 관한 매각조건을 설정하는 경우 등이 포함된다. 특별매각조건은 반드시 매각기일 공고에 기재할 사항은 아니지만 매각기일의 공고 전에 변경하였다면 공고에 기재하고 매각기일에 집행관이 매수가격의 신고를 최고하기 전에 고지하여야 한다(민집 제112조). 이에 위반한 매각절차는 매각을 불허가할 수 있는 사유가 된다(민집 제121조)(법원행정처, 전게서(부동산집행), pp. 209~211).

관한 정보를 공시한다.

한편 집행법원은 직권으로 매각 및 매각결정기일을 지정・공고한다(민집 제104조 및 제106조). 그리고 집행법원은 이를 이해관계인에게 통지하고, 공고사항을 기재한 서면을 집행법원의 게시판에 게시하는 방법 등으로 공고하되, 최초 매각기일에 관한 공고는 그 요지를 신문이나 인터넷에 게재한다.

(2) 경매실시

집행관은 집행보조기관으로서 매각기일공고에 기재된 일시 및 장소에서 매각을 실시하여야 한다(민집 제107조). 입찰자는 권리능력과 행위능력이 필요하고, 매각을 실시하여 최고가매수신고인이 정하여지면 집행법원은 매각결정기일(민집 제109조)에 이해관계인의 의견을 들은 후 매각의 허부를 결정한다(민집 제120조). 허가할 매수가격의 신고가 없는 경우에는 집행법원은 최저매각가격을 저감하고 매각기일을 정하여 다시 새 매각[25]을 실시한다(민집 제119조).

최고가매수신고인의 가격을 최고한 후, 매수신고가 순차로 행하여져 새로운 가격의 신고가 없게 된 때에 집행관은 최고가매수신고인의 성명과 그 가격을 호창하고, 그리고 집행관은 차순위매수신고가 있으면 차순위매수신고인을 정하여 그 성명과 가격을 호창하고 경매의 종결을 고지함으로써 종결한다(민집 제114조 및 제115조).

입찰방식은 입찰표에 입찰가격을 비공개로 적어 제출하는 방식으로 진행하되, 매각기일에 입찰 및 개찰하게 하는 기일입찰이 전국법원에서 실시되고 있다. 또한 입찰기간 내에 입찰하게 하여 매각기일에 개찰하는 기간입찰을 병행 실시하기도 한다. 입찰시 매수신청인이 매수신청을 함에 있어서는 집행법원이 정한 금액(최저매각가격의 10분의 1)을[26] 보증으로 현금이나 유가증권을 즉시 집행관에게 보관하게 하여야 한다(민집 제113조). 최고가매수신고인 및 차순위매수신고인을 제외한 다른 매수신고인의 보증금은 즉시 반환한다(민집 제115조 제3항).

매각허가여부의 결정에 대하여 이해관계인은 즉시항고[27] 할 수 있다. 이때 이해관계

---

25) 경매를 실시하였으나 허가할 매수가격의 신고가 없는 경우, 집행법원은 새 매각의 사유발생일부터 1주 안에 직권으로 새 매각기일 및 매각결정기일을 지정・공고하여 새 매각을 실시하여야 한다(법원행정처, 상게서, pp. 4~6, pp. 282~286). 이 때 집행법원은 새 매각기일의 최저매각가격을 최초매각가격 보다 감가된 가격으로 정한다.

26) 법원행정처, 상게서, p. 184.

27) 즉시항고는 매각허가여부의 결정에 대한 불복방법이다. 이해관계인은 매각허가여부의 결정에 따라 손해를 볼 경우에만 그 결정에 대하여 즉시항고를 할 수 있다(민집 제129조 제1항). 즉시항고를 하려는 항고인은 원결정을 고지 받은 날부터 1주 이내에 항고장을 원심법원에 제출하여야 한다(민집 제15조 제2항). 항고기간 1주 기간은 매각허가여부의 결정 선고일부터 일률적으로 진행되며 불변기간이다(민집 제15조 제2항). 매각허가결정에 대하여 항고를 하고자 하는 사람은 보증으로 매각대금의 10분의 1에 해당하는 금전 또는 법원이 인정한 유가증권을 공탁하여야 한다(민집 제130조 제3항). 이 규정은 매각허가결정에 대한 항고시에 적용되는 것이므로, 매각불허가결정에 대하여는 보증의 제공을 요하지 않는다. 이렇게 항고시 보증금을 공탁하도록 하는 것은 무익한 항고를 제기하여 절차를 지연시키는 것을 방지하기 위해서다(법원행정처, 상게서, pp. 312~320).

인은 매각허가 또는 불허가 결정에 의하여 손해를 받은 경우 그리고 매각허가에 정당한 이유가 없거나 허가결정에 기재한 것 외의 조건으로 허가할 것을 주장하는 매수인 또는 매각허가를 주장하는 낙찰을 받지 못한 매수신고인도 즉시항고 할 수 있다(민집 제129조 제2항).

매각허가결정이 확정되었을 때, 집행법원은 대금지급기한을 정하여 매수인에게 대금의 지급을 명한다(민집 제142조).

3) 배당단계

매수인이 매각대금을 지급하면 집행법원은 배당절차를 밟아야 하고(민집 제145조 제1항), 배당에 관한 진술 및 배당을 실시할 기일을 정하여 이해관계인과 배당을 요구한 채권자에게 통지하여야 한다(민집 제146조).

집행법원은 최고가매수신고인이 대금지급기일에 대금을 완납한 경우, 채권자의 경합이 없거나 그 대금으로 각 채권자의 채권 및 비용을 변제하기에 충분한 때에는 각 채권자에게 이를 지급하고, 매수인이 취득한 권리의 등기를 촉탁한다. 매수인이 대금을 지정한 대금지급기한까지 완납하지 아니할 때에는 차순위매수신고인에 대한 매각허가여부를 결정하고, 차순위매수신고인이 없는 때에는 재매각[28]을 명한다(민집 제138조). 매수인은 매각허가결정이 있은 후에는 경매목적물의 관리명령(민집 제136조 제2항)을, 대금완납 후에는 인도명령(민집 제136조 제3항)을 각 신청할 수 있다.

그러나 각 채권자의 채권 및 비용을 변제하기에 부족한 경우에는 배당절차를 행하여야 하는데, 이러한 경우 그 매각대금으로 배당에 참가한 각 채권자를 모두 만족하게 할 수 없는 때에는 민법, 상법과 기타 법률의 규정에 의하여 배당하여야 한다(민집 제145조 제2항).

배당에 참가한 모든 채권자가 일반채권자라면 채권발생의 선(先) · 후(後) 또는 집행권원의 유무에 관계없이 모든 채권자들은 각자의 채권금액에 비례하여 균등한 비율로 배당을 받게 된다.

하지만 각종의 법령 예컨대 민법, 상법, 주택임대차보호법, 상가건물임대차보호법, 근로기준법, 국세기본법, 지방세법, 기타 법률들에 의하여 일반채권에 우선하여 배당받을 수 있도록 규정되어 있는 채권이 있으면 이러한 채권에 관하여는 최우선적으로 배당한다. 최우선 배당채권자가 각각의 법령에 의하여 배당을 요구하였을 때 최우선 배당채권자들 상호간에 선 · 후의 순위를 정하는 문제가 제기된다. 최우선 배당채권자들은 채권발생시기에 구애됨이 없이 서로 동순위로 배당을 받기도 하고(근로기준법상 일정액의

28) 경매를 실시하여 최고가매수신고인이 결정되었으나 그 최고가매수신고인이 대금지급기한에 대금지급을 하지 않았을 경우, 집행법원은 다시 기일을 지정하여 재매각을 실시하여야 한다(법원행정처, 상게서, pp. 4~6, pp. 331~336). 이 때 재매각기일의 최저매각가격은 종전 최저매각가격과 동일한 가격으로 한다.

임금채권과 주택 및 상가건물 임대차보호법상 일정액의 소액보증금), 또는 다수의 최우선 배당 채권자들 간에 선·후에 따라 순환배당을 받기도 한다.

3 아파트가격결정이론

1) 가격형성요인

아파트가격은 여러 요인의 상호작용에 의해 결정된다. 예를 들어 토지나 아파트의 가격은 해당 부동산의 유용성과 상대적 희소성, 그리고 유효수요의 상호 결합에 의하여 발생된다. 이와 같이 상호결합에 영향을 주는 여러 요인을 가격의 발생요인[29]이라고 한다.

가격의 발생요인으로서 유용성, 상대적 희소성, 유효수요 같은 요인은 서로 상호작용하여 수요와 공급에 영향을 주면서 가격을 발생시킨다. 즉 유용성은 '인간의 필요나 욕구를 만족시켜 줄 수 있는 재화의 능력'으로 정의되며, 상업용 부동산의 유용성은 상업수익(임대수익), 공업용 부동산의 유용성은 생산비의 증감, 주거용 부동산의 유용성은 주거의 쾌적성이라는 효용형태로 나타난다. 상대적 희소성은 '인간이 소유하고자 하는 욕망에 비하여 그 욕망의 충족수단이 질적·양적으로 한정되어 부족한 상태'로 정의되며, 부동산은 그 자연적 특성인 부증성(不增性) 때문에 공급의 탄력성이 작아 수요의 증가에 비해 상대적 희소성이 더욱 크게 작용하여 가격이 급등하기 쉽다. 유효수요는 '매수하려는 의사와 지불능력을 갖춘 수요'로 정의되며, 지불능력 즉 구매력은 지역과 시기에 따라 변화하고, 소득수준, 과세정책, 주택(금융)정책 등에 따라 영향을 받는다.[30]

그리고 이 세 가지 발생요인에 가격형성요인이라고 할 수 있는 일반적 요인, 지역적 요인, 개별적 요인들이 결합하여 가격이 개별화 내지 구체화 된다.[31] 가격형성의 일반적 요인은 일반 경제사회에 있어 부동산의 활동과 부동산의 가격수준에 영향을 미치는 제 요인들로써 내용에 따라서 크게 사회적 요인, 경제적 요인, 행정적 요인, 자연적 요인으로 대별한다. 이러한 제 요인들은 부동산이 입지한 지역 전반에 걸쳐 작용을 한다.

가격형성의 개별적 요인은 부동산의 개별적 성격의 특성이 가격형성에 영향을 미치는 제 요인으로서 부동산의 가격을 개별화, 구체화하는 요인을 말하며, 이 개별적 요인은 토지의 개별적 요인, 건물의 개별적 요인, 건물 및 토지에 관한 개별적 요인으로 구분 한다.

---

29) 가격발생요인으로 유용성, 상대적 희소성, 유효수요 외에 이전성(移轉性)을 추가하기도 한다(안정근, 부동산평가이론, 법문사, 2006, pp. 37~38).

30) 홍길성, 부동산감정평가론, 1982, pp. 113~117; 박용수, "수익환원법의 가격 설명력과 층별 임대료 격차율의 가격 상관성에 대한 실증분석: 서울지역 매장용부동산을 중심으로", 강원대학교 대학원 박사학위청구논문, 2007, pp. 1~2.

31) 홍길성, 상게서, pp. 125~139.

그리고 토지 및 건물 등의 가격을 형성하는 지역적 요인은 각각의 부동산이 독립되어 형성되는 것이 아니라 사회 · 경제 · 자연적 여러 요인이 함께 가격형성에 영향을 미쳐 지역적 특성이 기반이 되어 형성되는 요인을 말한다. 이 지역적 요인은 주거지역의 지역요인, 상업지역의 지역요인, 공업지역의 지역요인, 농업지역의 지역요인, 임업지역의 지역요인, 택지후보지 및 이행지 지역의 지역요인으로 구분한다.[32]

위와 같은 복잡한 과정을 통해 가격은 형성되고, 또한 부동산자체가 고유한 자연 · 인문적인 특성[33]을 갖고 있기 때문에 다른 재화와는 달리 시장에서 일물일가(一物一價)의 법칙이 적용되지 않는다.

그래서 부동산경매시장에서는 일반인이 쉽게 파악할 수 없는 가격을 산정하기 위하여 감정평가라는 특별한 과정[34]이 요구되며, 가격의 여러 원칙[35]에 입각하여 이미 설정되어 있는 가격결정기준과 방법에 따라 가격결정과정이 필요한 것이다.

2) 가격결정기준과 방법

일반적으로 활용되는 가격결정방법에는 무엇을 중심에 두고 가격결정을 하느냐에 따라 크게 비용중심적 가격결정법(費用中心的 價格決定法), 시장중심적 가격결정법(市場中心的 價格決定法), 목표투사이익중심적 가격결정법(目標投資利益中心的 價格決定法)으로 분류한다.[36]

(1) 비용중심적 가격결정법

비용중심적 가격결정법은 모든 비용을 충당하고, 목표로 한 이익을 낼 수 있는 수준에서 가격을 결정하는 방식으로 기본적으로 비용에 목표이익을 합하여 가격결정을 한다. 이러한 가격결정 방식은 대체의 원칙에서 출발하는 것으로, 대체의 원칙은 아파트 가격이 대체가능한 다른 아파트나 재화의 가격과 상호 연관되어 형성된다는 가격원칙이다.

---

32) 이원준, 감정평가이론, 범론사, 1993, pp. 311~344.

33) 부동산의 자연적 특성은 고정성, 영속성, 부증성이며, 인문적 특성은 용도의 다양성, 병합, 분할의 가능성, 사회 · 경제 · 행정적 위치의 가변성이다(홍길성, 전게서, pp. 35~43).

34) 집행법원은 경매개시결정 후 해당 경매목적물에 대한 감정평가명령을 한다. 감정평가액은 최저매각가격의 기준이 된다.

35) 부동산가격의 여러 원칙은 부동산가격 형성과정에 작용하는 법칙적인 규칙성이다. 이들 원칙에는 수용공급의 원칙, 변동의 원칙, 대체의 원칙, 최유효이용의 원칙, 균형의 원칙, 수익체증 · 체감의 원칙, 수익배분의 원칙, 기여의 원칙, 적합의 원칙, 경쟁의 원칙, 예측의 원칙 등이 있다(홍길성, 전게서, pp. 153~167).

36) 경영학적 관점에서는 무엇을 중심에 두고 가격결정을 하느냐에 따라 크게 비용중심적(cost based pricing), 소비자중심적(consumer based pricing), 경쟁중심적 가격결정(competition based pricing)으로 구별하고 있다(이석규, 마케팅관리, 박영사, 2006, pp. 288~304). 본 연구에서는 이를 기초로 부동산학 관점에서 아파트가격결정의 기준과 방법을 분류, 기술하였다.

비용중심적 가격결정은 비용성[37]의 사고방식에 따라 경매목적물의 신축, 조성, 매립 등 생산에 소요되는 원가에 주목하여 경매목적물의 가격이나 임대료를 구하는 방법으로서 공급가격의 특성을 갖고 있다.

비용중심적 가격결정은 건물의 신축비용[38]에서 감가상각[39]액을 삭감하여 경매목적물의 가치를 추계하는 방법이다. 즉 경매목적물의 시장가치는 '감가 상각된 가치'(depreciated value)와 동일하다.[40] 이 방법은 합리적인 잠재적 소유자(rational potential owner)가 경매목적물에 대하여 동일한 효용을 가지는 대체부동산(substitute property)의 생산비용보다 더 많이 지불하지 않을 것이라는 기본적인 가정에 기초하고 있다.[41]

비용중심적 가격결정은 비용이나 공급측면을 중시하는 반면에 수요측면은 무시하고 있다. 따라서 시장에서 거래사례가 거의 없는 교회나 화학공장 같은 특수한 목적의 부동산 평가에 많이 쓰이고 있다.

또한 비용중심적 가격결정은 아파트의 매매가격이 아니라 생산가격을 추계하므로 새 건축물의 경우 추계가 비교적 쉬운 반면 오래된 아파트의 경우 많은 어려움이 따른다. 만약 건축회사가 비효율적으로 공사를 진행시켰다면 공사비는 평균비용을 웃돌 것이고 당연히 평가액도 실제가치보다 크게 계산될 것이다.

(2) 시장중심적 가격결정법

시장중심적 가격결정법은 자신들의 비용구조나 수요보다는 시장의 가격을 보다 중요하게 생각하여 경쟁자의 가격과 동일하거나 비슷한 수준에서 가격을 다소 높게 또는 낮게 가격을 결정한다. 이러한 가격결정방식은 대체의 원칙, 수요·공급의 원칙 및 경쟁의 원칙과도 관련이 있다. 따라서 기존의 물건가격(거래사례)을 통해서 다른 물건(경매목적물)의 가격을 도출하는 시장중심적 가격결정은 물건상호간에 대체의 원칙에 이론적 근거를 두고 있다고 할 수 있다.

---

37) 부동산 가격의 三面性, 즉 시장성의 원리, 비용성의 원리, 수익성의 원리가 있다. 자세한 내용은 이원준, 전게서, p. 395.

38) 비용은 직접비용(direct cost)과 간접비용(indirect cost)으로 분류 된다. 전자는 건물생산에 드는 노동비용과 원자재 비용을 말하며 경성비용(硬性費用, hard cost)이라고도 하고, 후자는 행정비용, 전문서비스수수료, 금융비용, 관리비 등 직접비용 이외의 비용을 말하며 軟性費用(soft cost)이라고도 한다. Peter Chinloy, Real estate Investment and Strategy, Kluwer Academic Publishers, Boston, 1988, p. 29.

39) 감가상각(減價償却, depreciation)은 물리적인(physical) 감가상각(부동산의 사용으로 인한 손상과 천재지변 등으로 인한 가치손실), 기능적인(functional) 감가상각(노후 된 부동산을 비슷한 용도의 새로운 부동산과 비교할 때 관련 서비스를 제공하기 어렵기 때문에 발생하는 가치손실), 경제·입지·환경적(economic, locational or environmental) 감가상각(부동산으로 인한 수입과 이익에 부정적인 영향을 미치는 외부효과나 환경요인들로 인한 가치손실) 3가지 종류로 분류한다. 이에 관해서는 Alfred Ring and Jerome Dasso, Real Estate : Principles and practices, Prentice Hall INC., Englewood Cliffs, New Jersey, 1985, p. 414.

40) 안정근, 부동산평가이론, 법문사, 1993, p. 302.

41) Alfred Ring and Jerome Dasso, op. cit., p. 413.

다시 말해 시장중심적 가격결정은 경매목적물과 동일성 혹은 유사성이 있는 다른 아파트의 거래사례를 비교하여 가격시점과 경매목적물의 현황에 맞게 시점보정 및 사정보정을 가하여 가격을 결정하는 방식을 말한다.42) 이 방식은 입찰자가 경매목적물에 대하여 동일한 효용을 지니는 다른 아파트에 지불하는 것보다 더 많이 지불하지는 않을 것이라는 가정을 하고 이것을 논리적 근거로 삼고 있다.43)

시장중심적 가격결정은 아파트의 시장가치에 대한 정보를 전적으로 시장정보에 의존하므로 객관적인 가격결정을 할 수 있다는 장점이 있다. 즉 비교사례는 최근의 시장상황이나 유사 매매사례에 대하여 충분한 정보를 가진 합리적인 매도자와 매수자의 거래이므로 비교적 객관적이라고 할 수 있다.

이 방식은 시장이 능동적이며 실거래 자료가 풍부하고 쉽게 이용할 수 있을 때 사용하기 좋다. 따라서 거래가 빈번하고 광범위하게 일어나는 아파트의 가치 추계에 적합하다. 즉 다른 특성을 갖거나 거래가 빈번하지 않은 종별(부동산유형)의 가격결정에는 시장접근법이 적당하지 않다. 또한 사정보정을 가하는 것과 비교사례를 정하는 데에 감정평가사의 주관적인 생각이 개입될 여지가 많고, 아파트시장이 불안정하고 급격한 가격변동이 있을 경우 시점수정에 의하여 이를 예측하는 데는 한계가 있다는 단점이 있다.

(3) 목표투자이익중심적 가격결정법

목표투자이익중심적 가격결정법은 자신이 목표로 하는 투자이익율을 달성할 수 있도록 가격을 결정한다. 이러한 가격결정방식은 재화의 수익성 및 수익배분의 원칙, 대체의 원칙과 연관이 있다. 수익방식에 의해 경매목적물의 가격을 구하는 접근법으로 수익실적과 계속적인 수익이 기대되는 아파트의 가격결정에 활용되고 있다.

목표투자이익중심적 가격결정은 장래 아파트로부터 기대되는 소득을 시장으로부터 유도된(derived from the market) 이율을 사용하여 현재가치로 환원하여 이를 경매목적물의 시장가치로 평가하는 방식이다.44) 이 방식은 입찰자는 경매목적물을 획득하기 위하여 동일한 위험 아래에서 같은 크기의 소득 흐름을 갖는 아파트를 취득하는 데에 드는 비용보다 더 많이 지불하지는 않을 것이라는 가정에 기초하고 있다.

목표투자이익중심적 가격결정은 감가상각이나 대체비용을 추계하는 과정에서 수반되는 주관성이나 부정확성을 피할 수 있는 장점이 있다. 이 목표투자이익중심적 가격결정은 타인의 자금으로 아파트에 투자하는 경우 차입자의 지불능력은 경매목적물의 순 영업소득에 크게 좌우되므로, 대출자는 대상 아파트 가치평가를 목표투자이익중심적 가격결정으로 하는 경우가 많다.

---

42) 이원준, 전게서, p. 402.
43) Alfred Ring and Jerome Dasso, op. cit., p. 407.
44) Alfred Ring and Jerome Dasso, ibid., p. 410.

그렇지만 소득의 추계나 위험의 산정에 있어 주관성이 개입될 여지가 있다는 것과 비수익성부동산(non-income producing property)의 경우에는 적용하기 어렵다는 것이 단점으로 지적되고 있다.[45)]

3) 입찰함수 접근법(入札函數 接近法)

입찰함수접근법의 이론적 근거는 H. Von Thünnen의 농경지임대료 모델에서 그 기원을 찾을 수 있으며, 각 가구는 소득과 택지가격에 따라 아파트의 규모와 위치를 결정한다는 것을 핵심으로 한다. 즉 아파트의 선택이라기보다는 주거지의 선택에 대한 이론으로 볼 수 있다. H. Von Thünnen의 상대지가이론(相對地價理論)을 바탕으로 W. Alonso는 입찰가에 근거한 도시토지시장에서의 장기균형에 대한 이론을 전개하였다.[46)] 다시 말해 각 가구는 소득의 제약을 받으면서 효용을 극대화하기 위하여 접근성과 주거지 규모에 대한 선호에 따라 다르게 주거지를 선택한다는 것이다. 이러한 W. Alonso의 주거입지이론은 주거입지선택과 교통과의 상호연관성을 분석하여 도시의 공간구조를 파악하기 위한 논리를 제공하였다.

입찰함수접근법은 추가적인 아파트서비스 소비에 대하여 기꺼이 지불하고자 하는 금액(willingness to pay)을 계량분석을 이용하여 아파트의 가치를 추계하는 하나의 방법이다. 이 접근법은 물리적인 아파트서비스의 단위가격 뿐만 아니라 쾌적한 환경이나 경관 등 시장에 존재하지 않는 재화의 비용 및 수익의 측정을 위하여 내재적(內在的) 시장이론(implicit market theory)을 적용하여 현실적으로 관찰 가능한 아파트시장의 자료로부터 관찰되지 않는 각 요소의 시장에 관한 정보를 추출하게 된다.

S. Rosen은 각 재화에 포함된 특성에 대해서 입찰자의 인지가 가능하다고 생각하여 재화를 객관적으로 측정될 수 있는 조합으로 보았다. 특히 재화의 가격체계는 효용을 극대화 하려는 입찰자와 이윤을 극대화하려는 생산자의 균형가격구조로 구성된다고 보고, 이를 통하여 입찰자의 효용함수를 추정, 재화의 수익을 측정하게 된다.[47)]

S. Rosen은 생산자와 입찰자를 모두 고려하여 균형가격체계를 이루는 이론적 모형을 제시하였는데, 입찰자의 지불의사함수는 '입찰자가 입지결정시 주어진 소득 및 효용 하에서 일련의 쾌적성 조합(묶음)에 대하여 지불하고자 하는 최고금액'으로 나타낸다. 입찰자의 지불의사함수는 다음과 같다.

$$\theta = \theta(Z_1, Z_2, \cdots\cdots, Z_n, Y, a)$$

여기에서 Y : 소득,　a : 입찰자의 선호,　Z : 아파트 각 속성의 내재가격

---

45) 안정근, 전게서, 1993, pp. 375~377.

46) 보다 자세한 내용은 황명찬 편, 주택정책론, 경영문화원, 1985, pp. 153~164(이건영 집필).

47) Sherwin Rosen, "Hedonic Price and Implicit Market ; Product Differentiation in Pure Competition", Journal of Political Economy, Vol.82, 1974, pp. 34~55.

이러한 입찰함수접근법은 S. Rosen에 의하여 이론적 기반과 구체적 적용방법이 개발되어 특히 입찰자, 생산자의 지불의사를 추정하여 경쟁적 시장에서 상품차별화를 가능케 할 질적 특성들의 수요와 공급을 분석하였다.

4) 특성가격함수 접근법(特性價格函數 接近法)

특성가격함수접근법에 의한 아파트 가격 분석의 실증적 연구는 1960년대 중반 이후 시작하여 1980년대에 들어와 그 절정을 이루었다. 아파트시장에 있어 아파트재화의 이질성을 분석할 수 있는 기법은 매우 중요하다고 할 수 있는데, 바로 이러한 요구를 충족시켜줄 수 있는 분석도구 중의 하나가 특성가격함수이다.

특히 아파트와 같이 이질성이 강한 재화의 가격을 추계하는데 있어 아파트의 차별화를 가능케 하는 질적 특성들의 시장가치를 추계하는 방법을 특성가격함수접근법(hedonic price approach)이라고 한다.

일반적으로 아파트의 특성으로 선택된 변수와 시장가치와의 관계를 파악하고, 이로부터 시장가치를 추출해 낼 때 계량분석을 이용하게 된다. 이러한 계량분석은 수많은 사례를 통계적으로 분석하여 시장가치를 추계하기 때문에 평가자의 주관적 판단에 의한 오류의 가능성을 줄일 수 있다.

계량분석을 이용하여 아파트의 가치를 추계하는 방법 중 흔히 다중회귀분석법을 사용하고, 특성가격함수는 아파트 가격 및 아파트 특성과의 관계를 나타내 주는 다중회귀식(multiple regression equation)이다. 다시 말해 특성가격함수접근법이 아파트의 가치, 즉 가격은 아파트 특성들의 가치의 합으로 이루어졌다고 가정하고 있어, 이 특성가격함수접근법을 응용하여 각각의 아파트 특성들이 아파트의 가격에 어느 정도 영향을 미치는가를 살펴 볼 수가 있다.

이러한 특성가격함수접근법은 입찰함수접근법과 같이 입찰자의 추가적인 아파트서비스 소비에 대하여 기꺼이 지불하고자 하는 금액을 추정하는 또 다른 방법이기는 하지만, 새로운 평가기법이라기 보다 거래사례를 수집하고 이것을 이용하여 통계적 기법을 활용한 회귀방정식을 추정한다는 점에서 시장접근법의 변형으로 볼 수 있다.[48)]

5) 가격결정이론의 비교 평가

앞에서 살펴본 아파트가격결정이론에 대한 장·단점을 비교 평가하여 정리해 볼 수 있다. 먼저 비용중심적 가격결정법을 살펴볼 때, 이 방식은 비용이나 공급적인 측면만을 강조하여 입찰자의 수요적인 측면을 무시한 접근방법으로 거래사례가 별로 없는 특수목적 부동산의 가격결정에는 유용하다고 할 수 있다. 하지만 아파트는 입찰자의 수요

---

48) Peter Chinloy, op. cit., p. 40.

가 높고 거래가 빈번하게 이루어지고 있는 부동산이기 때문에 비용중심적 가격결정법에 의한 아파트가격결정은 부적합하다고 판단된다.

다음으로 시장중심적 가격결정법은 아파트의 가격을 시장정보에 의존하여 추계하기 때문에 객관적인 평가가 가능할 뿐만 아니라 아파트와 같은 거래가 빈번한 부동산의 가격결정에 적합하기는 하지만, 아직 적절한 분석방법이 개발되어 있지 못한 실정이다. 마지막으로 목표투자이익중심적 가격결정법은 영업용부동산에 적합한 이론으로 볼 수 있고, 입찰함수접근법은 아파트의 다양한 특성들을 고려하지 않고 있기 때문에 아파트 가격결정에 이용되기에는 효과적이지 못하다.

그렇지만 특성가격함수접근법은 아파트경매의 매각가격결정모형으로 개발하기에 논리적으로 유용하다고 할 수 있다. 왜냐하면 아파트경매의 매각가격에 대한 분석은 일반특성변수(주거관련요인, 지역 및 환경관련요인)와 경매특성변수(가격관련요인, 입찰관련요인, 임차인권리관련요인) 같은 질적인 특성들에 의해 차별화가 가능한 영역이라 할 수 있고, 또한 특성가격함수접근법이 입찰자는 아파트를 선택할 때 아파트 그 자체보다는 아파트가 보유하는 특성을 선택한다는 가정에 근거하여, 질적인 특성들의 시장가치를 추정할 수 있는 방법이기 때문이다.[49)]

요컨대 특성가격함수접근법을 활용하여 아파트경매의 매각가격을 분석하는 것은 경매특성변수들이 매각가격에 어떠한 영향을 미치는지를 파악할 수 있다는 점에서 매우 유용한 접근법이라 할 수 있다. 이를 요약하여 정리하면 〈표 2-1〉과 같다.

〈표 2-1〉 가격결정이론의 장·단점 비교

이 론	장 점	단 점
비용중심적 가격결정법	• 새로운 건축물의 가격 추계가 비교적 쉬움	• 비용이나 공급측면을 중시하고 수요측면은 무시 • 거래사례가 거의 없는 특수 목적 부동산에만 사용가능
시장중심적 가격결정법	• 부동산 가치를 시장 정보에 의존하여 객관적 평가 가능 • 공지(空地), 단독주택, 아파트 등 거래가 빈번하고 광범위한 부동산의 가치 추계에 적합	• 타 부동산과 특성이 다르거나 거래가 빈번하지 않은 부동산 평가는 부적합
목표투자 이익중심적 가격결정법	• 감가상각이나 대체비용을 추계하는 과정에서 수반되는 주관성이나 부정확성 방지가 가능	• 임차하는 경우 등 경매목적물의 순영업소득의 추계가 불가능한 부동산은 적용 곤란
입찰함수 접근법	• 주거입지선택과 교통과의 상호 연관성 파악 • 도시의 공간구조 파악에 바람직한 논리 제공	• 현실적인 주택의 다양한 특성을 배제 • 다핵심도시의 주거수요 분석에 부적합 • 아파트는 동질적인 비내구재와는 다름

49) 유동운, 환경경제학, 비봉출판사, 1992, pp. 507~516.

특성가격함수 접근법	• 이질적인 내구재에 대해 다양한 요소 분석이 가능 • 통계분석으로 주관적 판단에 의한 오류가능성 감소 • 공급자와 수요자의 균형조건을 실증적으로 평가	• 적합한 모형의 선택문제 • 적절한 변수선택과 독립변수간 다중공선성 문제 • 시장범위 설정의 문제 • 주관적 특성들이 변수에 포함되지 못하는 한계

6) 게임이론과 경매

게임이론에 근거한 경매는 입찰자들이 경매목적물에 대하여 느끼는 가치들이 서로 연관되어 있는지의 여부에 따라 독립사적가치모형(獨立私的價値模型 : the independent private value model)과 공통가치모형(共通價値模型 : the common value model)으로 나눈다.[50] 독립사적가치모형 혹은 공통가치모형과 같은 가치평가모형들은 입찰자들이 주어진 경매목적물을 서로 다르게 평가한다는 것과 여타 입찰자들이 평가하는 가치를 정확하게 알 수 없다는 점을 전제로 한다.[51] 즉 다른 입찰자들의 가치평가에 대한 정보가 불완전하다는 것이다.

경매목적물에 대한 가치평가가 입찰자들 간에 서로 다른 이유[52]는 첫째, 입찰자의 고유한 선호에 의존하는 요인이 있다. 경매목적물을 매입하기 위해 얼마까지 지불할 용의가 있느냐 하는 것은 주로 개인의 독특한 선호에 의하여 결정된다. 둘째, 어떤 경매목적물의 객관적인 실제가치와 입찰자의 추정치와의 괴리를 들 수 있다. 어떤 경매목적물에 대하여 입찰자들은 나름대로의 판단과 방법으로 경매목적물의 객관적 실제가치를 추정하게 되지만 이 추정치가 실제 가치를 과소 혹은 과대평가할 수도 있기 때문이다.

경매이론은 본질적으로 게임이론에 근거를 두고 있다. 게임은 기본적으로 경기규칙(rule), 경기자(player), 경기자의 전략(strategy), 게임의 보수(payoff) 등으로 구성되어 있다. 그리고 경기자가 알 수 있는 정보가 완전하냐 또는 불완전하냐에 따라 완전정보게임(game with complete information)과 불완전정보게임(game with incomplete

50) 독립사적가치모형은 경매목적물의 가치가 입찰자 본인에게는 명확히 알려져 있고, 그 가치가 다른 입찰자들의 가치와는 독립적이라는 가정에 기초를 둔 모형을 말하며, 공통가치모형은 경매목적물의 가치가 명확하게 알려져 있지 않고 추정가치로만 알려져 있으며, 입찰자 본인이 높게 생각하는 가치는 다른 입찰자들도 높게 생각한다는 가정하의 모형을 일컫는다(안동주, "獨立私的價値模型을 이용한 不動産 競賣에 관한 실증연구", 서강대학교 대학원 석사학위청구논문, 1996, pp. 3~4).

51) 부동산 경매는 경매목적물에 대한 감정평가가격을 기초로 최저매각가격이 결정된다. 그리고 입찰자들은 이를 근거로 물건을 선별하며 투자 및 권리분석을 통하여 경매목적물에 대한 가치를 재평가하게 된다. 이렇게 경매목적물에 대한 가격의 명확성과 개별가치의 독립성 측면에서 보면, 부동산경매는 독립사적가치모형이 적합하다고 볼 수 있다. 그러나 가치의 연관성만을 고려한다면, 공통가치모형이 더 적합하다고 할 수 있다. 왜냐하면 하나의 입찰자가 높게 평가한 부동산은 다른 입찰자들도 높게 평가할 가능성이 높기 때문이다.

52) 김영세, 게임이론 : 전략과 정보의 경제학, 박영사, 2006, pp. 312~316.

information)으로 구별된다. 경매이론은 불완전정보게임의 측면에서 많이 분석되고 있는데 그 이유는 경매에 참가한 모든 사람들의 정보와 경매가치에 대해서 완전히 알 수 있는 경매가 존재하지 않기 때문이다.

경매이론은 크게 4가지 요소로 구성되어 있다. 첫째, 경매에 참가한 사람에 관한 것이다. 즉 경매에 참여한 사람들이 몇 명이며, 그들이 위험에 대해 느끼는 태도가 위험중립적인가 또는 위험 회피적인가 하는 것 등에 관한 것이다. 둘째, 경매대상이 되는 목적물에 대한 것이다. 즉 입찰물건의 수가 단일 한가 또는 여러 개 인가, 그리고 입찰물건에 대해서 입찰자들이 느끼는 가치가 확실 한가 또는 추정치 인가에 따라 다양한 이론들이 전개된다. 셋째, 경매의 규칙에 관한 것이다. 경매규칙으로는 낙찰자를 선정하는 방법과 낙찰자가 지불해야 하는 매각가격은 무엇인가 하는 낙찰규칙에 관한 것들과 매도자의 효용을 최대화하기 위해서 경매에 참가한 사람들에게 참가비나 입찰준비금 등을 부과하는 것 등에 관한 것이다. 넷째, 경매목적물에 대해서 느끼는 입찰자의 가치분포에 관한 것으로 경매에 참여한 입찰자들의 가치분포가 모두 동일한 분포를 따른다는 대칭성과 그렇지 못하다는 비대칭성으로 나누어진다.

이상의 기본적 요소를 전제로 독립사적가치이론과 공통가치이론의 특징을 살펴보면 〈표 2-2〉와 같다.

〈표 2-2〉 게임이론의 경매 특징

이 론	특 징
독립사적가치이론	(1) 경매목적물에 대해서 자신이 판단한 가치는 알고 있으나, 다른 사람의 가치는 확률분포로 주어진다고 가정을 한다. (2) 연속경매에 있어 선행 경매에서의 매각가격은 후행경매를 고려해서 적절히 낮은 가격으로 입찰한다.
공통가치이론	(1) 동일 경매목적물에 대하여 사람들의 가치가 서로 연관되어 있다고 가정을 한다. (2) 판매자는 소유한 정보를 공개하는 것이 유리하며 입찰자는 정보를 공개하지 않는 것이 유리하다.

(1) 독립사적가치이론

독립사적가치이론의 경매에서 개별 입찰자들의 가치평가는 독립적으로 분포한다고 볼 수 있다. 즉 매도자는 입찰자의 가치평가가 정확히 얼마인지 알 수 없으나 특정 확률분포로부터 입찰자간에 독립적으로 추출된 것으로 가정한다. 또한 각 입찰자는 경매물건에 대하여 주관적으로 평가한 가치를 갖고 있다. 따라서 경매에 참가하는 사람들은 경매목적물에 대한 평가를 기초로 하여 입찰전략을 수립한다. 그리고 평가는 가치의 분포에서 비롯된다.

여기서 가치란 "해당 입찰자가 지불할 용의가 있는 최대한의 액수"로 정의된다. 단순화를 위하여 가능한 가치평가의 수준이 0이 아니면 V(>0) 둘 중 하나라고 가정하자. 각 입찰자는 자신의 가치평가는 정확히 알고 있으나, 상대방의 가치에 대해서는 확률분포만 알 뿐 정확한 실현값은 모른다. 각 입찰자의 가치 혹은 비용추정은 타 입찰자의 그것과 독립적이라고 가정한다. 즉, 나의 가치가 0이든 V이든 상관없이 상대방의 가치가 0일 확률이 반이고 V일 확률이 반이라고 생각한다는 것이다.

독립사적가치이론에서 입찰자의 최적전략은 다음과 같다. 입찰에 응하는 입찰자는 자신의 가치평가가 가장 높다고 가정하고 입찰전략을 세운다. 입찰자는 자신의 가치평가가 가장 높다는 가정하에 두 번째로 높은 가치평가가 얼마일까 고민하게 된다. 이 입찰자는 두 번째로 높은 가치평가가 상당히 낮으리라고 추측한다면 자신의 가치평가에서 상당히 많이 절삭한(saving) 입찰가를 써 낼 것이다. 반면 자신의 가치평가와 두 번째로 높은 가치평가 사이에 별 차이가 없으리라고 추측한다면 자신의 가치평가에서 조금만 절삭한 입찰가를 적어 낼 것이다.

입찰자가 자신의 가치평가에 비해 지나치게 낮은 가격을 적어내면 낙찰시 높은 효용을 얻지만 낙찰가능성이 높지 않다. 반면 입찰자가 자신의 가치평가에 가까운 매각가격을 적어내면 낙찰확률은 높아지지만 낙찰시 얻는 효용이 낮다. 결국 입찰자는 낙찰확률과 낙찰시 얻는 효용의 상대적인 크기를 비교하여 최적입찰가를 결정하게 된다.

(2) 공통가치이론

공통가치이론은 경매목적물에 대한 입찰자들의 가치가 자신의 개인가치와 경매목적물에 관한 부분적인 정보가치로 구성된다고 가정한 이론으로 그 공통가치이론의 기본개념은 다음과 같다.

경매과정에 n명의 입찰자들이 있을 경우, 그들 각각이 느끼는 경매물건의 가치를 x_i라고 하면, 벡터 $x=(x_1, x_2, \cdots\cdots, x_n)$는 개별가치의 벡터가 된다. 또한 경매물건의 가치를 결정하는 요소들이 m개가 있다면, 벡터 $s=(s_1, s_2, s_3, \cdots\cdots, s_m)$는 공통가치 벡터가 되고 이 두 벡터 x와 s에 의해서 경매물건의 가치가 결정된다. 그런데 공통가치이론에서는 벡터 s의 요소들을 입찰자들이 직접 관찰할 수 없고 매도자만 부분적으로 관찰할 수 있는 요소라고 가정한다. 즉 경매물건의 가치는 입찰자의 개별기호(individual taste)뿐만 아니라 그가 관찰할 수 없는 정보에도 의존하게 된다는 것이다. 따라서 입찰자의 경매물건에 대한 가치는 $vi(x, s)$로 표현된다. 공통가치이론에서 공통가치 요소벡터의 개수 m을 0으로 두면, 경매물건의 가치 $vi(x, s)$가 $vi(x)$로 변환되어 독립사적가치이론이 되고, m을 1로 두면 $vi(x, s)$가 $vi(s)$로 변화되어 공통가치이론이 된다.

공통가치이론에 있어서 정보의 형태는 입찰자들의 가치에 대한 각각의 신호들(signals)과 매도자가 경매목적물에 대해서 가지고 있는 신호들로 구분되고, 이 신호들이 서로 양(+)의 상관관계에 있으면 두 신호는 부속적(附屬的, affiliation)[53]이라는 개념을 사용하고 있다. 다시 말해 두 신호가 부속적이라는 것은 한 입찰자가 경매물적물에 대해서 생각하는 가치가 높으면, 다른 입찰자들도 그 경매목적물에 대해서 생각하는 가치가 높다고 생각하는 것을 말한다. 아파트경매의 경우 경매목적물에 대한 정보는 입찰자들에게 똑같이 공개된다. 예컨대 법원에서 제공하는 정보, 즉 매각물건명세서, 현황조사서, 감정평가서 등은 입찰자들에게 일정기간동안 정해진 형식과 절차방법에 따라 공개된다. 따라서 입찰자들에게 정보가 공개된 경매목적물에 대한 가치평가는 서로 부속적인 관계에 있다고 할 수 있다.

Paul R. Milgrom은 "입찰자의 가치가 서로 부속적일 때 입찰자의 수가 많아질수록 매각가격이 경매목적물의 진정한 가치로 수렴하게 된다"고 하였다.[54] 이는 입찰자들 사이에 정보의 교류가 없더라도 사람들의 수가 많아짐으로써 경쟁이 심화되어 경매목적물의 진정한 가치에 도달한다는 것을 의미한다.

경매목적물의 진정한 가치에 도달한다는 것은 정보를 소유하고 있는 입찰자들과 매도자들의 정보 공개여부에 따라 달라진다. 입찰자의 경우에는 자신의 개별정보를 다른 입찰자들에게 공개함으로써 이득을 볼 수 없는 반면, 매도자의 경우에는 자신의 정보를 공개함으로써 이득을 볼 수 있다. 이는 매도자의 정보 공개가 입찰자들 간의 가치평가의 차이를 줄이게 하여 입찰자들 간에 치열한 경쟁을 유발시키고, 이로 인해 매각가격을 상승시키는 효과를 가져 올 수 있다. 따라서 공통가치이론에서 입찰자는 자신의 개별정보를 공개하지 않는 것이 유리하며, 매도자는 자신의 정보를 입찰자들에게 공개하는 것이 유리하다.

그렇지만 공통가치이론에 있어서 입찰자와 매도자의 효용을 감소시키는 현상이 발생될 수 있다. 즉 경매목적물의 가치를 명확하게 알지 못하기 때문에 입찰자는 낮은 가치를 지니고 있는 경매목적물을 높은 매각가격으로 낙찰을 받을 수 있고, 매도자는 높은 가치를 지니고 있는 경매목적물을 낮은 가격에 매각할 수 있다.

이렇듯 공동가치가 존재하는 상황에서 입찰자가 경매에서 실제 경매목적물의 가치보다 높게 입찰해서 낙찰되는 현상을 '낙찰자의 불행'(winner's curse)이라고 한다. 이러한 현상은 입찰자가 경매목적물의 진정한 가치를 알 수 없는 상태에서 정보에 대한 그릇된 분석을 바탕으로 높은 매각가격을 제시함으로써 발생된다. 최고가격 비밀입찰경매에서 낙찰자의 불행은 입찰자들이 경매목적물에 대하여 추정한 가치가 상관관계를 갖는다는 의미이기도 하다. 따라서 입찰자가 경매목적물의 진정한 가치를 알 수 없을 때 낙

---

53) 두 확률변수 z와 z'의 확률밀도함수가 g(·)라고 하자. 이때 확률변수 z와 z'가 $g(z \vee z')g(z \wedge z') \geq g(z)g(z')$의 관계에 있을 때 두 변수는 서로 부속적이라고 한다. 보다 자세한 내용은 Paul R. Milgrom and Robert J. Weber, "A Theory of Auction and competitive Bidding", Econometrica, Sept. 1982, 50(5), p. 1098.

54) Paul R. Milgrom, "A Convergence Theorem for competitive Bidding with Differential Information", Econometrica, May 1979, 47(3), pp. 505~508.

찰자의 불행현상을 피하려면 매각가격을 낮추어서 제시하여야 한다. D. C. Quan은 과열된 경매에 있어서 입찰자들이 낙찰자의 불행을 피하는 입찰전략으로 매각가격을 차선가격으로 추정된 가치의 수준으로 낮추어서 매각가격을 제시할 것을 주장하고 있다.[55]

입찰자들 중에는 경매목적물의 수익성을 실제보다 더 높이 평가하는 사람도 있고, 반면에 더 낮게 평가하는 사람도 있을 것이다. 또한 입찰자는 자신의 추정치만 알고 있을 뿐 다른 입찰자들의 추정치를 관찰할 수 없는 경우에 경매결과는 반대일 수도 있다. 즉 어떤 사람이 경매입찰에서 낙찰을 받았다는 것은 경매목적물의 수익성을 실제가치(혹은 다른 경쟁입찰자들)보다 훨씬 과대평가했다는 것을 의미하는 경우가 있다. 예컨대 실제가치가 100인 경매목적물의 수익성을 120이라고 추정한 입찰자 A가 있다고 가정하자. 입찰자 A는 자신의 추정치가 120이므로 다른 입찰자들도 120 안팎의 높은 추정치에 기초해 매각가격을 써 낼 가능성이 많다고 추측한다. 그 결과 입찰자 A가 120에서 약간 절삭한 가격 - 예컨대 115 - 을 적어 내고 경매에서 낙찰을 받았다고 하자. 이 입찰자 A는 입찰에서 낙찰을 받았지만 실제 수익성은 100이므로 15의 손실을 보고, 따라서 차라리 경매에 참여하지 않는 것만도 못한 낙찰자의 불행을 초래한다.

그러나 이론적으로 경매에 참여하는 사람들이 합리적이라면 낙찰자의 불행은 발생하지 않는다. 합리적인 입찰자는 자신이 추정한 가치가 실제 가치를 과대평가한 것일 가능성까지도 미리 예상하고 그것에 맞추어 매각가격을 써낸다. 입찰자들은 자신의 추정치가 가장 높은 가격일 것이라 생각하고 보수적인 의사결정을 한다. 만약 자신의 추정치가 가장 높은 가격이라면, 보수적인 의사결정의 결과로써 낙찰자의 불행을 피하게 되며, 자신의 추정치가 가장 높은 가격이 아니라면, 경매에서 낙찰을 받지 못하고 따라서 이익도 손실도 나지 않게 된다. 낙찰자의 불행은 이론적으로는 불가능 하지만 현실적으로 자주 관찰되기 때문에 앞으로 풀어야 할 과제로 남아 있다.

게임이론의 관점에서 보면, 입찰자들은 아파트경매의 매각가격을 결정하는데 있어서 경매목적물에 대한 불완전한 정보에 의해서 경매목적물에 대한 가치평가를 할 뿐만 아니라, 자신들의 주관적 판단에 의해서 경매목적물에 대한 가치평가를 하고 있다. 따라서 아파트경매의 매각가격은 아파트경매시장의 수요공급이라는 시장경제의 원리보다는 경매목적물 자체의 특성에 대한 주관적 가치평가에 의해서 이루어지는 부분이 크다고 할 수 있다.

---

55) D. C. Quan, "Real Estate Auction : A Survey of Theory and Practice", J. Real Estate Finance Economics, 1994, pp. 23~49.

분석 모형 03

1 모형의 구축

1) 매각가격결정 모형

(1) 특성가격함수모형(特性價格函數模型 ; Hedonic Price model)

특성가격함수모형은 보통 도시경제학에서 말하는 아파트가격 예측모형으로 널리 이용되고 있다. 이 모형은 아파트의 균형가격이 아파트에 내재된 가격을 갖는 개별 요소의 집합이라는 개념에 기반하고 있다는 가정에서 출발한다. 즉 아파트의 시장가격은 아파트를 이루고 있는 개별 요소 가격의 합계이다. 이처럼 아파트가격이 아파트특성변수들의 가치의 합이라고 가정한다면, 아파트경매에서 매각가격도 일반특성변수와 경매특성변수와 같은 질적인 특성변수들의 가치의 합이라고 할 수 있다.

이를 구체적으로 살펴보면, 일반특성변수의 주거관련요인을 S, 지역 및 환경관련요인을 N, 그리고 경매특성변수를 E[56]라고 할 때, 매각가격 $P(H)$는 이러한 변수들의 함수로 〈식 1-1〉과 같이 나타낼 수 있다.

$$P(H) = f(S, N, E) \quad \text{〈식 1-1〉}$$

56) 경매특성변수 중 가격관련변수인, 감정가격은 법원의 감정평가 명령에 따라 감정평가사에 의해 평가된 경매목적물의 가격을 말하며, 이 감정가격은 최초 매각기일의 최저매각가격의 기준이 된다. 그리고 매매가격은 감정평가시점과 낙찰시점 현재 일반 부동산시장에서 거래되고 있는 시세를 의미하며, 전세가격 또한 감정평가시점과 낙찰시점 현재 일반 부동산시장에서 거래되는 전세보증금을 뜻한다. 이러한 가격관련변수들을 가격형성 시점별로 볼 때 감정평가시점의 매매가격 및 전세가격이 가장 먼저 결정되고, 다음으로 감정가격, 낙찰시점의 매매가격 및 전세가격 그리고 그 다음으로 매각가격이 결정된다. 이와 같은 가격관련변수들과 매각가격 간에는 시간에 따른 인과관계가 존재하고, 상관관계가 지나치게 높아 다른 독립변수의 설명력을 무의미하게 만들 확률이 높기 때문에 회귀분석에서 제외시키는 것이 타당하다. 따라서 이러한 인과관계 분석을 위해서 감정가격, 매매가격, 전세가격을 가격형성 시점별로 분류하여 경로분석을 통해 가설 설정 및 검증을 실시하였다. 그 내용을 정리하면 아래와 같다.

<table>
<tr><td>가격형성시점</td><td>감정평가시점</td><td rowspan="3">감정가격</td><td>낙찰시점</td></tr>
<tr><td rowspan="2">가 격</td><td>감정평가시점의 매매가격</td><td>낙찰시점의 매매가격</td></tr>
<tr><td>감정평가시점의 전세가격</td><td>낙찰시점의 전세가격</td></tr>
</table>

〈식 1-1〉을 회귀식의 형태로 나타내면 〈식 1-2〉와 같이 된다.

$$P(H) = a + (bISI + \cdots + biSi) + (cINI + \cdots + cjNj) + (dIEI + \cdots + dkEk) + e$$

〈식 1-2〉

〈식 1-2〉에서 *Si*와 *Nj* 그리고 *Ek*는 각각 일반특성변수와 경매특성변수를 나타내는 변수들이다. 만약 위와 같은 선형관계(線型關係)가 만족스럽지 못하다고 한다면 변수는 계수(係數)에 대해 비선형(非線型)인 식을 추정할 수도 있다.

특성가격함수를 측정하기 위하여 매각가격과 변수(*S*, *N*, *E*)와 관련된 표본자료를 수집하여 〈식 1-2〉를 추정하고, 그 결과 얻어진 각 계수(coefficients)의 추정치는 각각의 설명변수를 한 단위 변화시킬 때 매각가격이 얼마나 변동하는가를 나타낸다.

따라서 본 연구에서는 특성가격함수모형 형태를 변형해 매매가격 대신 아파트경매의 매각가격을 종속변수로 하고, 일반특성변수를 독립변수로 투입한 모형Ⅰ(모형Ⅰ-i : 주거관련요인, 모형Ⅰ-ii : 주거관련요인+지역 및 환경관련요인)과 일반특성변수와 경매특성변수를 함께 투입시킨 모형Ⅱ를 매각가격결정모형으로 설정하였다.

이러한 모형을 기초로 어떤 모형과 어떤 요인이 아파트경매의 매각가격을 설명하는데 가장 적합한지를 규명해보고자 한다. 무형이 함수식은 다음과 같나.

모형Ⅰ-i

P(*H* : 매각가격)=*f*(일반특성변수 : 주거관련요인)

모형Ⅰ-ii

P(*H* : 매각가격)=*f*(일반특성변수 : 주거, 지역 및 환경관련요인)

모형Ⅱ

P(*H* : 매각가격)=*f*[(일반특성변수(주거, 지역 및 환경관련요인), 경매특성변수(입찰, 임차인권리관련요인)]

그러나 〈식 1-2〉와 같은 다중회귀방정식은 원인으로 생각되는 변수들과 결과가 되는 변수를 연결시켜 주고는 있지만 원인변수들 간의 상호작용이나 원인변수들과 결과변수들 간의 인과관계에 대한 명확한 설명을 식(式)의 추정결과가 해줄 수 없는 경우가 많다. 따라서 특성가격함수는 시장에서 입찰자와 공급자가 집합적으로 어떤 행동을 하여 특정한 가격체계를 얻게 되었는지를 설명해 줄 수는 없다.[57)]

그럼에도 불구하고 특성가격함수접근법이 그 자체로서 다중회귀식의 본래적 의미를 가지고 이용되어 도심까지의 거리가 지가에 미치는 영향을 측정한다거나, 편익시설에의 접근성 등의 문제를 분석할 때 많이 사용되어 왔다.

따라서 본 연구의 제4장 데이터분석에서 특성가격함수모형을 응용하여 일반특성변수와 경매특성변수들이 아파트경매의 매각가격에 어느 정도 영향을 미치는가를 살펴보고

57) 손재영, "특성감안가격함수 활용을 위한 지침", 국토정보다이제스트, 국토개발연구원, 1987, 12, p. 34.

자 한다. 특히 매각가격과의 관계를 알아보기 위하여 아파트경매의 일반특성변수와 경매특성변수를 회귀식에 포함시켜 다중회귀식으로 나타내고, 매각가격결정요인을 분석하여 각 요인들의 영향력을 규명하고자 한다.

하지만 특성가격함수 모형을 활용하여 아파트경매시장에서 경매목적물의 매각가격결정요인을 분석하는 것은 경매특성요인들이 매각가격에 어느 정도의 영향을 미쳤는지를 파악할 수 있다는 점에서는 매우 유용한 접근법이라 할 수는 있겠으나, 다음과 같은 몇 가지 기법상의 문제에 직면하게 된다.

첫째, 회귀모형의 선택 – 요소들이 선형이냐 비선형이냐의 문제 – 에 있어서 적합한 함수모형을 선택할 필요성[58]이 제기된다.

둘째, 내용의 선택 – 적절한 변수의 선택 – 과 독립변수간의 다중공선성(多重共線性 ; multicollinearity)[59]은 특성가격함수접근법에서 중요하게 다루어야 할 문제이다. 아파트경매의 매각가격에 영향을 미치는 변수들을 많이 발굴하면 설명력이 높아지게 되지만 한편으로는 다중공선성의 문제가 발생되어 모형의 타당성이 떨어지게 되므로 특정 독립변수의 종속변수에 대한 독자적인 효과를 측정하는 것이 불가능하게 된다.

셋째, 특성가격함수접근법은 수치로 계량화하기 어려운 주관적·정서적인 측면의 특성들을 포함하는 질(質)적인 측면보다는 아파트가 주는 효용서비스의 양(量)에 더 관심을 갖는다. 기존 특성가격함수접근법은 시장자료에 기초하여 객관적인 특성에 대해서만 변수로 취급해 왔기 때문에, 함수모형에서 수치로 계량화하기 어려운 주관적, 정서적인 측면의 특성들을 변수에 포함하지 못하는 한계점을 가지고 있다.

(2) 로지스틱 회귀모형(logistic regression model)

로지스틱 회귀모형의 회귀계수는 다른 선형회귀계수와 마찬가지로 종속변수와 독립변수와의 관계를 설명하고 주어진 독립변수의 수준에서 종속변수를 예측하는 데 사용되어 진다. 로지스틱 회귀모형은 정량적인 독립변수들로 비정량적인 두 개의 종속변수를 설명하거나 예측하고자 할 때 사용되는 회귀식이다.

로지스틱 회귀모형의 형태는 선형이 아닌 비선형의 특수한 형태로써 종속변수의 값이 0 또는 1을 가지는 로지스틱 곡선(logistic curve)의 형태를 취하는 단순한 비선형 회귀분석(nonlinear regression)이라고 볼 수 있다.

로지스틱 회귀모형의 형성과정을 살펴보면, 어떤 독립변수 X_i에 대해 종속변수인 두

58) 이 문제는 각 변수의 로그(log)변형을 취하여야 하는가의 여부로 귀착된다.

59) 다중공선성이란 독립변수들 간의 선형관계를 나타내는 것으로 독립변수들 간에 높은 상호관련성으로 인하여 종속변수에 미치는 각각의 영향을 구분하기 어려운 상황을 의미한다. 이 문제는 상관관계의 존재여부가 아니라 그 강도가 어느 정도인가 하는 것이다. 예컨대 설명변수들 끼리에 일정한 관계가 존재하는 상태를 말하는데, 이런 상태에 있는 데이터에 다중회귀분석을 적용하면 편상관계수의 값이 크게 변동하거나, 기여율은 높은데 개개의 편상관계수는 통계적으로 유의하지 않은 결과가 나타나게 된다.

집단 중 어느 하나의 집단이 발생된 사건을 $Y=1$이라 하고, 그렇지 않은 경우를 $Y=0$ 이라고 할 때 $Y=1$인 확률은 다음과 같이 나타낼 수가 있다.

$$P_i = E[Y = 1/X_i] = \alpha + \beta X_i$$

그러나 이러한 일반 회귀식에 의한 추정확률(P_i)은 0 이하이거나 1 이상이 되는 문제점이 발생하게 되며 일반 회귀식의 가정인 오차항의 정규성 가정에도 위배가 된다. 이상의 문제를 해결하기 위하여 P_i를 누적로지스틱함수(CDF : cumulative density function)라 불리 우는 함수로 나타내면 다음과 같이 표현할 수 있다.

$$P_i = E[Y = 1/X_i] = 1/1 + e^{-\alpha-\beta}x_i = 1/1 + e^{-z}$$

이 함수는 확률변수의 누적적 분포함수가 되어 Z_i는 $-\infty$에서 $+\infty$ 사이의 값을 취할 수 있음에도 불구하고 P_i는 0 과 1사이의 값만을 취할 수 있게 된다. 그런데 또 하나의 문제는 이 식이 비선형이므로 통상적인 최소자승법(OLS : ordinary least squares)을 그대로 적용할 수 없다는 것이다. 그러나 일정한 함수변환을 거치면 선형모형으로 전환이 가능하므로 이러한 문제점을 해결할 수 있다. 그 과정을 전개하면 다음과 같다.

$$1 - P_i = 1/1 + e^{Z_i}$$

따라서

$$P_i/1 - P_i = 1 + e^{Z_i}/1 + e^{-Z_i} = e^{Z_i}$$

위 식에 로그(log)를 취하면

$$L_i = \ln[P_i/1 - P_i = Z_i = \alpha + \beta X_i$$

와 같은 식이 도출되게 된다. 여기서 L_i는 X_i에 대한 선형관계로 표현되고 있으므로 비로소 최소자승법(OLS)의 적용이 가능해 진다. 여기서 L_i를 로짓(logit)이라 부르는 것이며, 바로 위 식을 로지스틱 회귀모형(logistic regression model)이라 칭하는 것이다.

이와 같이 로지스틱 회귀모형은 일반회귀모형과 기본적인 형태와 가정이 비슷하다고 볼 수 있으며, 로지스틱 회귀계수는 다른 선형회귀계수와 마찬가지로 종속변수와 독립변수와의 관계를 설명하고 주어진 독립변수의 수준에서 종속변수를 예측하는 데 사용되어 진다. 그러나 일반회귀모형과는 회귀계수의 추정방법에 있어 차이가 난다. 선형회귀분석에서의 일반적인 추정방법은 잔차의 제곱의 합을 최소화하지만 로지스틱 회귀분석은 우도(likelihood) 즉, 사건발생가능성을 크게 한다.

이러한 모형의 형성과정을 볼 때, 로지스틱 회귀모형은 입찰자들이 입찰경험유무와 낙찰경험유무에 따라 매각가격결정 변수 중에 어떠한 변수들을 고려하는지를 분석하는 데 매우 적합하다고 할 수 있다.

따라서 본 연구의 제5장 설문조사분석에서 로지스틱 회귀모형을 도입하여 아파트경매에서 낙찰 받은 경험이 있는 사람들은 매가가격결정 변수 가운데 어떠한 변수들을 주요 고려대상으로 삼고 있기에 경매입찰에서 아파트를 낙찰 받을 수 있었는지를 규명하고자 한다. 그리고 이러한 결과를 특성가격함수 모형을 이용하여 얻어진 분석결과와 비교 분석하고자 한다.

2) 자료 및 변수의 설명

(1) 자료의 설명

본 연구의 기본 자료는 데이터분석 자료와 설문조사 자료를 사용한다. 데이터분석 자료는 대전지방법원 관할지역 중 대전광역시 5개구(동구, 중구, 대덕구, 서구, 유성구)의 법원매각공고 자료를[60]기초 자료로 활용하였으며, 공고된 물건 중에서 2004년 1월부터 12월까지 입찰결과에 따라 매월 매각된 아파트물건만을 추출 총 490건을 표본으로 하였다. 그러나 자료가 부족하거나 불분명한 대상 물건을 제외하고 378건의 아파트경매물건을 분석대상으로 선정하였다.

그리고 설문조사자료는 대전지방법원 관할지역을 대상으로 하고, 매각기일에 경매법정에 참석한 사람들을 대상으로 하였다. 조사기간은 2006년 3월 10일부터 4월 10일까지 매주 2회(월, 화)씩 총 8회(경매 1~8계)에 걸쳐 조사하였다. 조사방법은 경매법정에서 직접면접조사에 의거하여 총 211부를 회수하였다. 그 중 무성의한 설문지를 제외한 유효 표본 188부를 선택하였다.

이와 같은 데이터분석 및 설문조사 자료에서 아파트경매목적물에 대한 변수는 크게 일반특성변수와 경매특성변수로 구분한다. 일반특성변수는 다시 주거관련 요인, 지역 및 환경관련 요인으로 구별하고, 경매특성변수는[61] 가격관련 요인, 입찰관련 요인, 임차인권리관련 요인으로 나눈다. 이들 관련 자료는 감정평가서와 부동산뱅크를 활용하였고, 가격관련 요인 자료는 법원매각공고자료 및 감정평가서 그리고 부동산뱅크(www.neonet.co.kr)의 매매가격 및 전세가격 자료[62])를 사용하였다. 입찰관련 요인과 임차인권리관련 요인 자료는 대법원 법원매각공고 자료를 활용하였다.

---

60) 대법원 법원경매정보(www.courtauction.go.kr), "대전지방법원 법원매각공고", 2004년. 본 연구는 연구조사 대상지역을 대전지방법원 관할 지역으로 한정하여 진행하므로 법원매각공고자료 또한 대법원 홈페이지 법원경매정보에서 제공하는 대전지방법원 경매물건의 매각물건명세서, 감정평가서, 현황조사서, 인터넷등기 등 자료를 포함하고 있다.

61) 본 연구에서 사용한 경매특성변수는 법원매각공고를 통해 공개된 자료를 바탕으로 매각가격을 면밀히 측정할 수 있는 변수들을 선정하였다. 그러나 대지권 미등기나 유치권 같은 변수는 입찰자 입장에서 고려할 수 있는 중요한 요인이기는 하지만, 본 연구의 경매특성변수에서는 제외하였다. 왜냐하면 대지권미등기 변수나 유치권 변수와 관련된 공개된 자료만으로는 매각가격을 면밀히 측정하기가 곤란하고 변수에 대한 권리분석의 한계가 있기 때문이다.

62) 부동산뱅크(www.neonet.co.kr), "아파트경매물건에 대한 매매가격 및 전세가격 자료", 2004년.

본 연구에서 선정한 변수들 중 일부는 상호간 상관관계가 높아 다중공선성의 문제를 야기할 수 있음을 유의하여 다중공선성 문제를 포착하는데 유용한 통계량을 주요한 검토대상으로 하였다. 실증분석에 활용된 변수들의 개념정의와 출처는 〈표 3-1〉과 같다.

〈표 3-1〉 실증분석 변수별 목록

<table>
<tr><th colspan="3">변 수</th><th>변수의 정의 및 단위</th><th>출 처</th></tr>
<tr><td rowspan="17">일반특성변수</td><td rowspan="11">주거관련요인</td><td>평 형</td><td>아파트 면적(㎡)</td><td rowspan="11">감정평가서
부동산뱅크</td></tr>
<tr><td>방 수</td><td>아파트 한 세대 당 방수(개수)</td></tr>
<tr><td>총 층수</td><td>단지 아파트층수(층)</td></tr>
<tr><td>해당 층</td><td>해당 층(층)</td></tr>
<tr><td>준공년도</td><td>보존등기일 기준 준공년도(년)</td></tr>
<tr><td>현관구조</td><td>현관구조(식)</td></tr>
<tr><td>난방방식</td><td>난방방식(식)</td></tr>
<tr><td>향</td><td>아파트의 향을 표시(남향, 동향, 서향)</td></tr>
<tr><td>조 망</td><td>아파트의 앞 · 뒤 동(棟)의 동간거리(미터 : m)</td></tr>
<tr><td>화장실 수</td><td>내부에 설지된 화장실 수(개)</td></tr>
<tr><td>주차대 수</td><td>주차허용대수(대)</td></tr>
<tr><td rowspan="6">지역 및 환경 관련요인</td><td>총 세대수</td><td>단지의 총 세대수(세대)</td><td rowspan="6">감정평가서
부동산뱅크</td></tr>
<tr><td>학 교</td><td>단지 혹은 동에서부터 반경 1㎞ 이내에 위치한 초 · 중 · 고 · 대학 유무</td></tr>
<tr><td>공 원</td><td>단지 혹은 동에서부터 반경 1㎞ 이내에 위치한 공원 유무</td></tr>
<tr><td>은 행</td><td>단지 혹은 동에서부터 반경 1㎞ 이내에 위치한 은행 유무</td></tr>
<tr><td>교 통</td><td>단지 혹은 동에서부터 반경 1㎞ 이내에 위치한 교통수단 유무</td></tr>
<tr><td>병원, 마트</td><td>단지 혹은 동에서부터 반경 1㎞ 이내에 위치한 병원, 마트 유무</td></tr>
<tr><td rowspan="6">경매특성변수</td><td rowspan="3">가격관련요인</td><td>감정가격</td><td>경매목적물에 대한 감정평가가격(원)</td><td>감정평가서
법원매각공고</td></tr>
<tr><td>매매가격</td><td>감정평가시점과 낙찰시점 현재의 매매가격(원)</td><td rowspan="2">부동산뱅크</td></tr>
<tr><td>전세가격</td><td>감정평가시점과 낙찰시점 현재의 전세가격(원)</td></tr>
<tr><td rowspan="3">입찰관련요인</td><td>청구금액</td><td>채권자가 강제집행을 통해 회수할 원금과 이자를 포함한 금액(원)</td><td rowspan="3">법원매각공고</td></tr>
<tr><td>경매종류</td><td>집행권원에 의한 강제경매와 담보권실행에 의한 임의경매로 분류(종류)</td></tr>
<tr><td>유찰횟수</td><td>매각기일에 응찰자가 없는 경우의 횟수(회)</td></tr>
</table>

	경매기간	최초매각기일부터 매각결정기일까지의 기간(일)	
	입찰자수	입찰에 참여한 응찰자 수(명)	
	재경매횟수	최고가매수신고인이 결정 되었으나, 대금지급기일에 대금을 지급하지 않은 경우에 다시 입찰을 하는 경매의 횟수(회)	
	채무자 겸 소유자수	채무자가 소유자로 동시에 되어 있는 경우의 수(명)	
임차인 관련요인	임차인 유무	임차인의 유무	법원매각공고
	임차인수	임차인의 수(명)	
	보증금액	임차인이 임대인에게 지불하고, 법원에 권리 신고한 일정 금액(원)	
	소액최우선 변제해당여부	배당절차에서 소액최우선변제에 해당하는지의 여부	
	배당요구신청 여부	권리신고 및 배당요구 신청을 하였는지의 여부	
	대항력유무	주민등록 전입신고, 계약서 작성, 사실적 점유유지의 조건 중 전입신고일이 최초기준권리(말소기준권리)일 보다 빠른지 혹은 늦은지 여부	
	확정일자인 여부	임대차계약서상에 확정일자인을 받았는지 여부	
	전세권 등기여부	전세권등기를 경료 했는지 여부	
	임차권 등기여부	임차권등기를 경료 했는지 여부	

(2) 변수의 설명

아파트경매 물건의 매각가격을 종속변수로, 일반특성변수와 경매특성변수를 독립변수로 하는 특성가격함수를 추정하여 경매특성변수들이 아파트경매 물건의 매각가격을 결정하는데 미치는 영향을 파악한다.

① 종속변수

㉠ 매각가격

매각가격은 매각기일에 최고가매수신고인에 의해 제출된 입찰금액으로 결정되며 이 가격이 경매에 있어서의 거래가격이 된다.

② 독립변수

㉠ 일반특성변수

ⓐ 주거관련 요인

평형은 아파트의 면적을 나타내는 변수로 분양평수를 기준으로 하였고 측정단위는 ㎡이다. 방수는 아파트 한 세대 당 포함된 방의 수를 나타내다. 측정단위는 개수이다.

총 층수는 단지 내 아파트 층수로서 건물의 높이를 말한다. 측정단위는 층이다. 해당 층은 매수하고자하는 경매목적물의 해당 층을 말하는데, 20층의 경우 7층~18층까지, 15층인 경우 5층~14층까지 로얄층으로 구분하여 처리하였다. 나머지 층수는 이를 기준으로 비례하여 분류처리 한다.

준공년도는 아파트의 보존등기일기준으로 준공년도를 나타내는 것으로 이는 주택의 수령을 나타내는 변수이다. 측정단위는 년이다. 현관구조는 현관구조가 계단식이냐 아니면 복도식이냐를 말한다. 전용면적 비율을 높이기 위해서는 계단식 아파트가 선호되나, 관리비 측면에서는 복도식을 선호할 수 있다.

난방방식은 중앙난방과 개별난방으로 분류 처리하였다. 향은 경매목적물의 향을 표시하는데, 향에 따라 아파트의 선호도가 달라지기 때문에 남향, 동향, 서향으로 구분하였다. 조망(眺望)은 경매목적물이 속한 동(棟)과 앞, 뒤 동과의 동간거리로 조밍을 표시하였나.

화장실수는 경매목적물의 내부에 설치된 화장실 수를 나타낸다. 측정단위는 개수이다. 주차대수는 단지의 주차허용대수를 지칭하며 대수로 표시하였다. 다음 〈표 3-2〉에서 일반특성변수의 주거관련 요인의 분포를 정리하였다.

ⓑ 지역 및 환경관련 요인

총 세대수는 경매목적물이 속한 단지의 총 세대수를 말한다. 측정단위는 세대이다. 학교는 단지 혹은 동에서부터 반경 1㎞ 이내에 위치한 초, 중, 고, 대학교 유무로 구분하였으나, 주위에 초등학교가 없는 아파트가 없는 관계로 초등학교는 제외하였다. 병원, 마트는 단지 혹은 동에서부터 반경 1㎞ 이내에 위치한 병원, 마트의 존재 유무를 나타냈다. 공원은 단지 혹은 동에서부터 반경 1㎞ 이내에 위치한 공원의 유무로 처리하였다. 교통은 단지 혹은 동에서부터 반경 1㎞ 이내에 위치한 대중교통수단의 유무로 표시하였다. 은행도 단지 혹은 동에서부터 반경 1㎞ 이내에 위치해 있는지를 나타냈다. 다음 〈표 3-2〉에서 일반특성변수의 지역 및 환경관련 요인의 분포를 정리하였다.

〈표 3-2〉 일반특성변수별 분포

구 분			주요내용	평균 및 빈도(%)
일반특성변수	주거관련요인	평 형	아파트 면적(㎡)	24.53㎡
		방 수	–	3.13개
		총 층수	–	14.71층
		해당 층	로얄층 = 1, 기타 = 0	로얄층 : 200(52.9), 기타 : 178(47.1)
		준공년도	–	1992.85년
		현관구조	계단식=1, 복도식=0	• 계단식 : 247(65.3) • 복도식 : 123(32.5) • 자료 없음 : 8(2.1)
		난방방식	개별=1, 중앙=0	• 개별 : 160(42.3) • 중앙 : 213(56.3) • 자료 없음 : 5(1.3)
		향	남향, 동향, 서향	• 남향 : 284(75.1) • 동향 : 74(19.6) • 서향 : 18(4.8) • 자료 없음 : 2(0.5)
		조 망	동간거리	53.70m
		화장실수		1.47개
		주차대수	–	0.94대
	지역 및 환경관련요인	총세대수	–	836.19세대
		학 교	• 초등학교 : 유 = 1, 무 = 0 • 중학교 : 유 = 1, 무 = 0 • 고등학교 : 유 = 1, 무 = 0 • 대학교 : 유 = 1, 무 = 0	• 초등학교 : 유 = 369(97.6), 무 = 1(0.3), 자료 없음 = 8(2.1) • 중학교 : 유 = 342(90.5), 무 = 28(7.4), 자료 없음 = 8(2.1) • 고등학교 : 유 = 296(78.3), 무 = 74(19.6), 자료 없음 = 8(2.1) • 대학교 : 유 = 201(53.2), 무 = 169(44.7), 자료 없음 = 8(2.1)
		공 원	유 = 1, 무 = 0	유 = 154(40.7), 무 = 220(58.2), 자료 없음 = 4(1.1)
		은 행	유 = 1, 무 = 0	유 = 319(84.4), 무 = 59(15.6)
		교 통	유 = 1, 무 = 0	유 = 319(84.4), 무 = 59(15.6)
		병원, 마트	유 = 1, 무 = 0	유 = 350(92.6), 무 = 28(7.4)

㉡ 경매특성변수

ⓐ 가격관련 요인

가격관련 요인 가운데 감정가격은 감정평가사가 경매목적물에 대하여 평가한 평가금액을 나타낸다. 매매가격은 경매목적물의 감정평가시점과 낙찰시점 현재의 매매가격을 표시한다. 그리고 전세가격은 해당 경매목적물의 감정평가시점, 낙찰시점 현재의 전세가격으로 처리하였다.

〈표 3-3〉은 아파트경매물건의 구(區)별 가격관련 변수 분포를 보여주고 있다. 전체적으로 볼 때, 매각가격은 매매가격과 감정가격보다 낮게 형성된 것을 확인 할 수 있는데, 이는 입찰자들이 아파트경매시장을 통하여 시세보다 상대적으로 낮은 가격에 낙찰을 받을 수 있다는 점과 비록 적은 수익일지라도 보다 안정적인 투자처를 찾고 있음을 반영하고 있다고 볼 수 있다. 그런 측면에서 매각가격은 경매목적물의 감정가격, 매매가격, 전세가격에 영향을 받고 있음을 알 수 있다.

지역별로는 서구가 32.3%로 가장 많았으며, 대덕구 22.8%, 중구 20.4%, 유성구 11.4%, 동구 13.2% 순으로 나타났다.

〈표 3-3〉에서 보는 바와 같이 전체 아파트경매 물건의 매각가격의 평균은 약 1억 1백만 원이었으며, 낙찰시점에 있어서 아파트 매매가격의 평균은 약 1억 1천 6백만 원, 전세가격의 평균은 약 6천 9백만 원이었다. 그리고 전체 아파트경매 물건의 감정가격의 평균은 약 1억 1천 1백만 원으로 조사되었다.

〈표 3-3〉 가격관련 요인의 구별 분포

(단위 : 원)

지 역	빈 도(%)	매각가격	매매가격	전세가격	감정가격
대덕구	86(22.8)	78,044,510	87,116,279	55,029,412	86,023,256
동 구	50(13.2)	71,566,682	83,910,000	52,560,000	78,334,200
서 구	122(32.3)	112,725,878	126,434,426	73,579,918	124,024,590
유성구	43(11.4)	143,941,860	163,290,698	87,023,256	150,511,628
중 구	77(20.4)	106,589,714	129,519,481	79,240,260	119,597,403
전 체	378(100)	101,692,135	116,685,185	69,299,072	111,446,323

* 매매가격 = 낙찰시점의 매매상한가와 매매하한가의 평균
* 전세가격 = 낙찰시점의 전세상한가와 전세하한가의 평균
* 자료 : 2004년 법원매각공고, 감정평가서, 부동산뱅크자료를 기초로 작성함

ⓑ 입찰관련 요인

입찰관련 요인 가운데 청구금액 변수는 채권자가 강제집행을 통하여 변제 받고자 청구하는 원금과 이자를 포함한 금액을 사용하였다. 청구금액이 크고 작음에 따라 집행절차가 정지 되거나 취소[63]되는 경우가 종종 있다. 따라서 청구금액요인은 입찰자가 입찰 및 매각가격결정을 할 때 고려하는 주요 요인이 되고 있다.

63) 경매원인이 소멸되는 등의 이유로 집행법원이 경매개시결정 자체를 취소하는 것을 말한다. 입찰실무에서 청구금액이 적을수록 취소 확률은 커지고, 청구금액이 클수록 취소 확률은 작아지는 경향이 있다. 따라서 청구금액의 변수를 입찰자 입장에서 고려하는 변수로 선정하였다. 그러나 집행법원은 청구금액과 그에 따른 채권회수에 있어서 우선채권을 변제하면 남는 것이 없다고 인정될 때, 즉 '남을 가망이 없는(무잉여) 매각'의 경우에는 매각절차를 취소하여야 한다고 별도로 정하고 있다(민집 제102조).

경매종류 변수는 다음 〈표 3-4〉에서 보듯이 강제경매의 경우는 19.3%에 그치고 있으나, 임의경매의 건수는 87.8%를 차지하고 있다.[64] 강제경매의 경우 청구금액이 작은 경우가 대부분으로 집행절차가 취하[65]되는 경우가 많다. 따라서 경매종류변수는 청구금액변수와 함께 매각가격결정에 영향을 미치는 요인으로 고려되어야 한다.

〈표 3-4〉 입찰관련 요인별 분포

(단위 : 원)

변 수	주요내용	평균 및 빈도(%)
청구금액	임의경매 채권자의 청구금액 강제경매 채권자의 청구금액	임의경매 채권자의 청구금액 : 61,680,529 강제경매 채권자의 청구금액 : 48,327,490
경매종류	임의경매 = 1, 기타 = 0 강제경매 = 1, 기타 = 0	임의경매 = 87.8%, 기타 = 12.2% 강제경매 = 19.3%, 기타 = 80.7%
유찰횟수	-	0.85회
경매기간	-	1.08개월
입찰자수	-	5.87명
재경매횟수	-	1.05회
채무자 겸 소유자	-	1.05명

유찰횟수는 매각기일에 입찰자가 없는 경우이거나 혹은 어떠한 이유에서든 최고가매수신고인이 선정되지 않은 입찰의 경우를 뜻하며, 해당 물건에 있어서 유찰이 얼마나 행해졌는가를 유찰횟수로 나타냈다. 〈표 3-4〉에서는 유찰횟수가 0.85회를[66]나타내고

64) 이러한 차이는 1997~2000년 대전광역시 아파트낙찰물건의 경매종류 추이에서도 나타나고 있다. 즉 임의(강제)경매의 건수가 1997년부터 2000년까지 각각 78.3%(21.7%), 85.0%(15%), 89.2%(10.8%), 83.3%(16.7%)를 보이고 있다. 또한 동일기간의 아파트낙찰물건의 채권자 유형의 현황에서도 채권자가 금융기관인 경우 80.6%, 개인인 경우 11%, 기업인 경우 8.3% 순으로 나타났다. 이렇게 볼 때 전체적으로 금융권이 채권자인 경우는 대다수가 임의경매사건이라 해도 무방하다고 판단된다(조남복, "IMF이후 대전광역시 아파트경매시장의 변화와 수익률분석", 건국대학교 석사학위청구논문, 2001, pp. 24~30).

65) 채무자가 빚을 갚음으로 인하여 채권자가 경매신청을 없었던 일로 하는 것을 일컫는다. 입찰실무에서 청구금액은 임의경매 물건보다 강제경매물건이 적은 것이 일반적이다. 이렇게 청구금액이 적으면 취하 확률이 높고, 청구금액이 크면 취하 확률은 작아지는 경향이 있다. 따라서 경매종류의 변수를 입찰자 입장에서 고려하는 변수로 선정하였다.

66) 통계적으로 유찰횟수의 0.85회라는 의미는 전체 378개 물건의 유찰횟수의 평균값을 나타낸다. 이 평균값은 378물건 중에 물건 하나를 선택하였을 때, 그 물건이 유찰되었을 확률이 85%라는 것을 의미하며 유찰횟수가 물건마다 다르다는 것을 뜻한다. 즉 만약 100개의 물건이 있다면 85개가 유찰되었다는 것이다. 따라서 유찰횟수가 0.85회라는 것은 1회보다는 적게 유찰될 확률이 높다는 의미를 갖고 있으며, 유찰횟수는 물건마다 다를 수 있다.
한편 유찰횟수가 적은 원인은 경매목적물이 유찰될 때마다 감가율의 적용에 따른 결과로 보여 진다. 일반적으로 유찰이 될 때 마다 집행법원에 따라 20~30%의 감가율을 적용하고 있지만, 대전지방법원의 경우 2004년 현재 유찰시 30%의 감가율을 적용하고 있다.
따라서 유찰횟수가 1회보다 적게 유찰될 확률이 높다는 것은 대전지방법원이 다른 지방법원에 비해 감가율 적용을 많이 하고 있기 때문에, 첫 회 매각기일에 입찰자가 몰리거나 혹은 한 번 유찰이 되더라도 감정가격에 가까운 매각가격을 제출하여 나타나는 현상으로 풀이된다.
그러나 유찰횟수가 적다는 의미는 우량물건일 경우 입찰자가 많이 몰린다든지, 경쟁률이 높다든지,

있다. 일반적으로 입찰자들은 아파트경매시장을 통하여 상대적으로 시세보다 낮은 가격에 낙찰을 받을 수 있다는 것을 염두에 두고 있다. 그러므로 입찰물건은 가급적이면 유찰이 많이 되어야 할 것이고, 입찰자는 매각가격결정시 유찰횟수를 고려하지 않을 수 없다. 따라서 유찰횟수가 많고 적은 경우에 따라 매각가격을 높이는 요인 인지, 아니면 매각가격을 낮추는 요인 인지를 검토해 보아야 한다.

경매기간[67]변수는 1.08개월을 나타내고 있다. 이것은 한편으로 경매물건의 입찰자가 많아져 유찰횟수가 적어지는 만큼 매각에 소요되는 시간이 짧아지는[68] 의미가 되기도 하며, 또 한편으로는 부실채권정리가 신속히 이루어지는 결과도 된다. 경매기간 변수는 청구금액, 경매종류, 유찰횟수, 재경매 횟수와 연동하여 설명이 필요한 요인이다.

입찰자수 변수는 입찰자의 입장에서 가장 민감한 변수라고 할 수 있는 요인이다. 입찰자수에 따라 입찰가액과 수익률이 변하기 때문이다. 앞 〈표 3-4〉에서 보는 바와 같이 입찰자수 변수는 5.87명으로 상당한 경쟁력을 보여주고 있다. 입찰자가 많아 경쟁률이 높아지게 되면 낙찰가율은 올라가는 반면에 입찰자의 수익률은 떨어지게 된다. 따라서 입찰자수 변수는 수익률을 감안할 때, 매각가격에 영향을 미치는 여러 요인 중에 중요한 설명변수가 된다.

재경매횟수 변수 또한 매각가격결정에서 주요한 변수로 작용하고 있다고 할 수 있다. 재경매횟수는 이미 한 번의 낙찰 경험이 있는 물건이 다시 경매시장에 나오는 경우로서 재경매가 얼마나 행하여 졌는지를 재경매횟수로 나타냈다.[69] 앞의 〈표 3-4〉에서는 매번 아파트경매시마다 1회 보다는 많게 재경매될 확률이 있는 물건이 있을 수 있다는 것과 그것이 매각가격에 영향을 미치고 있다는 것을 보여주고 있다.

채무자 겸 소유자 변수[70]는 입찰자가 권리분석을 할 때라든지 또는 소유자가 경매절

매각가격이 높아진다든지, 그리고 매각가격이 높아지면 그만큼 수익률은 낮아진다는 등의 의미를 나타내기도 한다. 이런 점은 유찰횟수 변수가 매각가격은 물론이고 입찰결정을 할 때 주요한 변수가 된다는 것을 시사하고 있다.

67) 본 연구에서 경매기간은 최초매각기일부터 매각결정기일까지로 한정한다. 최초매각기일은 입찰자의 실질적인 입찰행위의 시점이 되고, 매각결정기일은 매각허가사항이 사실상 결정되는 시점이기 때문이다. 여기서 경매기간 변수의 1.08개월이라는 의미는 통계적으로 전체 378개 물건의 경매기간에 대한 평균값을 나타낸다. 이 평균값은 물건마다 경매기간이 다르다는 것을 의미한다. 예컨대 1.08×30일=32.4일이라고 했을 때, 32일+0.4×24시간=32일+9.6시간이 나온다. 따라서 경매기간은 32일+9.6시간 보다 짧게 혹은 길게 물건마다 다르게 나타날 수 있다.

68) 경매기간이 짧은 것은 부동산경매시장이 호황기일 때 나타나는 현상이다. 호황기가 지속될수록 입찰자는 많아지고 낙찰가율 또한 높아져 경매기간은 단축된다. 역으로 경매기간의 단축은 과열경쟁을 불러 매각가격 상승의 원인이 되기도 한다. 이 같은 매각가격의 상승은 일반 시세(매매)가격과의 괴리(乖離)를 초래하고, 심지어는 소유권이전의 지연이나 포기를 가져오는 사례도 종종 있다.

69) 이 경우에 입찰자는 재경매로 다시 경매에 붙여지는 이유가 무엇인지를 분석할 필요가 있다. 왜냐하면 재경매의 원인이 무엇이냐에 따라 그 원인이 매각가격을 높이기도 하고 또는 낮추기도 하는 요인이 되기 때문이다. 재경매 원인은 대략 임차인에 대한 권리분석의 소홀과 대금미납, 그리고 투자분석의 미흡 등으로 축약해 볼 수 있다.

70) 경매목적물에 따라 채무자 겸 소유자인 경우와 채무자 따로 소유자 따로인 경우가 있다. 채무자 따로 소유자 따로인 경우, 소유자가 입찰참여를 통하여 자기권리를 회복하고자 하는 경우가 있다. 따라서 채무자 겸 소유자변수를 소유자 및 입찰자 입장에서 고려하는 변수로 선정하였다.

차 중에 입찰참여에 참여하거나 다른 권리구제방법, 예컨대 대위변제나 취하의 방법을 통하여 자기권리를 회복 하고자 할 때,[71] 채무자 겸 소유자 변수가 어떤 영향을 미치는가를 분석해 보는 것은 의미가 있다.

ⓒ 임차인권리관련 요인

임차인권리관련 변수들 가운데, 임차인 유무 변수는 해당 경매목적물을 임차, 거주하는 임차인의 유무를 나타내었다. 실제로 다음 〈표 3-5〉는 경매목적물 중 거의 반에 가까운 45.0%가 임차인이 있다는 것[72]을 보여주고 있다. 이는 임차인이 인도명령대상인지의 여부와도 관련이 있다. 따라서 임차인 유무변수가 매각가격에 영향을 미치는지를 검토할 필요가 있다.

〈표 3-5〉 임차인권리관련 요인별 분포

변 수	주요내용	평균 및 빈도(%)
임차인 유무	유 = 1, 무 = 0	유 = 45.0%, 무 = 55.0%
임차인 수	-	0.51명
보증금액	-	33,227,108원
소액최우선변제 해당여부	유 = 1, 무 = 0	유 = 48.5%, 무 = 51.5%
배당요구 신청여부	유 = 1, 무 = 0	유 = 88.2%, 무 = 11.8%
대항력 유무	유 = 1, 무 = 0	유 = 17.2%, 무 = 82.8%
확정일자인 여부	유 = 1, 무 = 0	유 = 81.5%, 무 = 18.5%
전세권등기 여부	유 = 1, 무 = 0	유 = 17.2%, 무 = 82.8%
임차권등기 여부	유 = 1, 무 = 0	무 = 95.8%, 유 = 4.2%

임차인수 변수는 위에서 설명한 임차인 유무 요인과 밀접한 관련이 있다. 〈표 3-5〉에서 임차인 유무요인이 각각 45.0%, 55.0%를 보이고 있는 반면에 임차인 수는 0.51명을 나타내고 있다. 이는 실제로 현황조사 및 이해관계인의 권리신고과정에서 나타날 수 있는 임차인 유무 변수와 임차인수 변수간의 수치상의 차이라고 보여 진다. 그러나 이러한 차이는 나중에 배당절차나 인도명령대상자 분류 시 선별되지만, 임차인수를 파

71) 채무자는 임의경매의 경우이든 혹은 강제경매의 경우이든 입찰이 금지되어 있다. 그러나 소유자는 임의경매의 물건에는 입찰이 가능하고, 강제경매의 물건에 입찰하는 것은 금지되어 있다. 그러나 채무자나 소유자가 입찰과정에서 '매수신청을 할 수 없다'는 것은 본인 스스로가 매수인이 될 수 없다는 취지이므로, 타인의 대리인으로서 매수신고를 하는 것은 허용된다. 한편 실질적으로 채무자 등이 매수하면서 다른 사람을 내세워 매수신고를 하는 것은 매각불허가사유가 된다(법원행정처, 전게서(부동산집행), pp. 264~265 ; 민집 제123조 제2항 내지 제121조 제3호).

72) 임차인이 없다는 55.0%는 채무자 겸 소유자가 점유하고 있는 것으로 추정해 볼 수 있다. 임차인이 있다는 45.0%는 실제로 전세임대를 놓은 경우도 있지만, 허위임차인(법적요건을 갖추지 못한 임차인, 친족을 위장한 임차인 포함)인 경우도 상당한 것으로 추측된다. 또한 다가구 주택에 수십 명에 가까운 임차인이 있다고 하더라도 입찰자에 대항할 수 있는 임차인이 없는 사례도 있다. 따라서 임차인 유무변수를 입찰자 입장에서 고려하는 변수로 선정하였다.

악하는 문제는 입찰결정시 주요한 변수로 작용한다고 할 수 있다.

보증금액은 해당 경매목적물을 임차, 거주하는 임차인이 임대인에게 지불한 일정 금액을 말한다. 〈표 3-5〉에서 보증금액이 평균 3,320만원을 넘고[73], 보증금액 전액을 법적으로 보장 받을 수 없는 임차인[74]이 82.8%를 나타내고 있다. 이것은 임차인이 보증금전액을 보장 받을 수 있는지, 아니면 최고가매수신고인이 임차인 보증금의 일부를 인수해야 하는지를 가늠할 수 있는 대목이다. 대항력 있는 임차인이 보증금액 전부를 보장받지 못한다면, 임차인이 보장 받지 못하는 보증금의 일부를 입찰자가 부담을 해야 되는 상황을 가정하지 않을 수 없기 때문에 입찰자들은 임차인의 보증금액을 매각가격을 결정할 때 고려하지 않을 수 없는 것이다.

소액최우선변제 해당여부 변수는 경매목적물을 임차, 거주하는 임차인이 배당절차에서 소액최우선변제에 해당하는지 여부를 나타내었다. 소액최우선변제에 해당하는지 여부는 주택임대차보호법상 정하여진 바, 임차인의 법적요건(전입신고, 계약서, 점유유지)을 경매개시결정기일 전까지 충족하고 배당요구종기일 까지 주민등록을 유지하느냐에 따라 결정된다. 앞의 〈표 3-5〉는 소액최우선변제에 해당한 경우가 48.5%, 그렇지 않은 경우가 51.5%를 보여주고 있다.[75] 따라서 최고가매수신고인이 부담하는 것과는 별도로, 임차인이 배당절차에 따라 소액최우선변제로 보증금의 일부를 변제 받느냐하는 문제 또한 매각가격결정시 유효한 변수라고 할 수 있다.

배당요구 신청여부 변수는 이해관계인이 집행법원에 권리신고 및 배당요구 신청을 했느냐의 여부를 사용하였다. 이해관계인이 배당요구 신청을 하면, 최고가매수신고인이 부담하는 것과는 별도로, 이해관계인이 갖춘 요건과 권리의 우선순위에 따라 배당을 받게 되는 것을 의미한다. 앞의 〈표 3-5〉에서 88.2%에 달하는 임차인들은 자신의 권리의 성격과는 무관하게 배당요구 신청을 하고 있다. 이해관계인들의 배당요구 신청여부는 최고가매수신고인이 인수하는 부분과 상관하여 매각가격결정과 입찰결정을 할 때 중

73) 주택임대차보호법에서 보증금액에 대한 소액최우선변제의 적용기준은 최초담보권설정 년도를 기준으로 2004년 현재인 경우에 보증금 한도금액 3,500만원에 소액최우선변제금액 1,400만원을 최우선변제 받을 수 있다. 그러나 본 연구 대상의 물건들은 2002년 7월 이전에 담보권이 설정된 물건으로서 보증금액 3,000만원에 소액최우선변제금액 1,200만원이 적용된다고 보아야 한다. 만약 보증금 한도금액이 3,000만원을 초과하면 배당에 참여하여 소액최우선변제를 받을 수 없다. 이는 현실적으로 현행 주택임대차보호법의 적용상 제도적 보완의 필요성이 요구되는 부분이기도 하다. 즉 보증금 한도금액은 지역별로 차등적용하고는 있지만, 비현실적인 면을 갖고 있어 지역별 보증금 한도금액의 상향조정을 통한 제도의 보완이 필요하다 하겠다.

74) 보증금 전액을 법적으로 보장 받을 수 없는 임차인들은 소액최우선변제 해당여부 혹은 확정일자를 받은 권리순위에 따라 시간순서대로 배당을 받으면 족하다. 왜냐하면 이들이 임차인 요건을 갖추고는 있으나 주민등록 전입일자가 최초기준(말소기준)권리(선순위 저당, 가압류, 가등기) 보다 시간상 늦어 대항력이 없기 때문이다. 이렇듯 보증금 전액을 법적으로 보장 받을 수 없는 임차인들이 82.8%라는 것은 현행 주택임대차보호법의 비현실적인 측면을 엿볼 수 있는 대목이기도 하다.

75) 이 경우는 앞서 논의한 보증금액과 밀접한 상관을 갖고 있으며, 각 지역별로 정한 보증금 한도금액을 초과하면 소액최우선변제에서 제외되기 때문에 주택임대차보호법에서 정한 소액최우선변제금액을 배당받지 못하는 것이 현실이다.

요한 영향을 미치는 것으로 볼 수 있다.

대항력 유무[76] 변수는 최고가매수신고인이 매각가격 외에 추가로 지출하느냐, 아니면 지출하지 않느냐 하는 수익성과 밀접한 상관을 갖는 요인이다. 앞의 〈표 3-5〉는 최고가매수신고인이 매각대금 외에 추가지출을 요하는 물건이 17.2% 임을 보여주고 있다. 따라서 대항력유무 변수는 입찰자의 수익성과 연관된 요인으로 매각가격에 상당한 영향을 미치는 변수라 할 수 있고, 이는 결과적으로 유찰횟수에 영향을 미치게 된다.

확정일자인 여부 변수는 임차인이 계약서상에 확정일자인을 부여 받았는지 여부를 사용하였다. 임차인이 확정일자를 받았다면, 대항력이 없는 한 입찰자가 부담해야 하는 경우는 없다.[77] 앞의 〈표 3-5〉에서 임차인의 대다수가 확정일자인을 부여받고 있음(81.5%)을 확인 할 수 있다.

전세권등기 여부는 임차인이 적법한 요건을 갖추고 있음[78]에도 불구하고, 그것과는 별개로 전세권등기를 마친 경우를 말한다. 만약 임차인이 임차인의 적법한 조건을 포기하고, 배당요구 신청을 하지 않은 채 등기부 등본 상 선순위 전세권을 주장한다면, 그 전세권등기는 최고가매수신고인이 인수하게 된다. 따라서 전세권등기 여부 변수는 매각가격에 영향을 미치는 주요한 요인이 된다고 할 수 있다.

임차권등기 여부 변수는 임대차 계약기간이 종료된 후, 임차인이 경매목적물에 임차할 당시의 임차인 조건 즉 전입일자, 확정일자를 등기부등본상에 기입등기하고 전출한 내역을 나타내고 있다. 임차권등기에 나타난 전입일자와 확정일자에 대한 해석은 임차인의 대항력 유무를 선별할 때 중요하다.[79] 따라서 임차권등기 여부 변수는 임차인이나 입찰자들이 고려하는 주요한 변수가 된다.

---

76) 대항력 유무의 의미는 두 가지로 분류해서 해석해 볼 수 있다. 하나는 주민등록 전입신고, 계약서 작성, 사실적 점유유지를 전제 조건으로 '대항력 요건을 갖추고 있다'고 하는 경우이고, 다른 하나는 앞의 전제 조건 중 전입신고일이 최초기준권리(말소기준권리)일 보다 빠른 경우에 '대항력이 있다'라고 하는 경우이다. 본 연구에서는 후자의 입장에서 분석하기로 한다.

77) 입찰자가 부담해야 하는 경우는 확정일자를 받은 대항력 있는 임차인과 확정일자를 받지 않은 대항력 있는 임차인인 경우이다. 다시 말하면 임차인은 확정일자인 여부에 따라 확정일자 받은 임차인과 확정일자를 받지 않은 임차인으로 분류할 수 있다. 그리고 다시 대항력 유무에 따라 확정일자 받은 임차인은 대항력 있는 임차인과 대항력 없는 임차인으로 구분하며, 마찬가지로 확정일자를 받지 않은 임차인도 대항력 있는 임차인과 대항력 없는 임차인으로 나눌 수 있다. 이 가운데 확정일자를 받은 대항력 있는 임차인과 확정일자를 받지 않은 대항력 있는 임차인은 입찰자에게 권리인수부담을 주는 변수에 해당한다. 따라서 확정일자인 여부 변수를 입찰자 및 임차인 입장에서 고려하는 변수로 선정하였다.

78) 임차인이 주택임대차보호법에서 요구하는 임차인요건과 전세권등기를 동시에 하고 있는 경우가 있다. 이러한 임차인은 두 개의 권리 중 본인에게 유리한 권리 중 하나를 선택하여야 한다. 만약 대항력 있는 임차인 겸 전세권등기를 한 임차인이 있다면, 임차인이 배당요구 신청을 하지 않은 이상, 그 임차인의 권리는 입찰자에게 권리인수부담을 주는 변수에 해당한다고 할 수 있다. 따라서 전세권등기 여부 변수를 입찰자 및 임차인 입장에서 고려하는 변수로 선정하였다.

79) 특히 임차인이 임차권등기와 관련해서 주의해야 할 것은 반드시 임차권등기 경료를 확인한 후 주민등록을 전출해야 한다는 것이다. 그렇지 않으면 임차인의 권리가 상실되는 경우가 발생되기 때문이다. 따라서 임차권등기 여부 변수를 임차인 및 입찰자 입장에서 고려하는 변수로 선정하였다.

2 연구가설과 검증방법

1) 연구가설

본 연구에서는 아파트경매에서 매각가격결정을 할 때, 경매목적물에 대한 가격관련변수 등 경매특성변수들이 갖는 모형의 설명력을 알아보기 위해 매각가격결정모형을 만들어 보고, 이를 검증하기 위해 아파트경매 자료를 이용한 통계분석을 실시한 다음 최적 함수식을 선택하여 동 함수식의 신뢰도를 검증하는 한편, 적합한 모형설정을 위한 재검토를 거쳐 가장 설명력이 높은 모형의 형태를 채택하여 매각가격에 영향을 미치는 요인을 분석한다. 나아가 설문조사를 실시하여 각 변수들이 매각가격에 미치는 영향력을 실증적으로 규명하고자 한다.

이에 따라 연구의 가설을 다음과 같이 정리하였다.

[가설 1] 아파트경매의 매각가격은 가격형성시점에 따라 감정가격, 매매가격, 전세가격에 의해 영향을 받을 것이다.
1-1) 감정시점의 매매가격은 아파트경매의 감정가격에 영향을 줄 것이다.
1-2) 감정시점의 전세가격은 아파트경매의 감정가격에 영향을 줄 것이다.
1-3) 감정가격는 아파트경매의 매각가격에 영향을 줄 것이다.
1-4) 낙찰시점의 매매가격은 아파트경매의 매각가격에 영향을 줄 것이다.
1-5) 낙찰시점의 전세가격은 아파트경매의 매각가격에 영향을 줄 것이다.

[가설 2] 아파트경매의 매각가격은 일반특성변수와 경매특성변수에 의해 영향을 받을 것이다.

[가설 3] 아파트경매의 매각가격을 결정짓는 변수에 따라 낙찰 받을 확률이 달라질 것이다.
3-1) 아파트경매의 낙찰 받을 확률은 가격관련 변수에 따라 달라질 것이다.
3-2) 아파트경매의 낙찰 받을 확률은 일반특성관련 변수에 따라 달라질 것이다.
3-3) 아파트경매의 낙찰 받을 확률은 입찰관련 변수에 따라 달라질 것이다.
3-4) 아파트경매의 낙찰 받을 확률은 임차인권리관련 변수에 따라 달라질 것이다.

2) 검증방법

본 연구에서 가설을 검증하는 방법은 다음과 같은 3단계를 거쳐 진행한다.

첫째, 매각가격결정 모형의 타당성을 검증하기 전에, [가설 1]의 가격관련변수와 관련해서는 제4장에서 먼저 아파트경매의 매각가격이 매매가격, 전세가격, 감정가격과 어떠한 관계가 있는지 상관관계분석(correlation analysis)을 시행한 후, 방향성과 인과관계를 알아보기 위해 다중회귀분석을 사용한 경로분석(path analysis)을 실시하여 가격 관련변수의 영향력을 검증하였다.

둘째, 이러한 인과관계 결과를 바탕으로 [가설 2]에 관련해서는 아파트가격 예측 모형인 특성가격함수모형(Hedonic Price Model)을 이용하여 일반특성변수에 경매특성변수를 추가 포함시켜 매각가격결정모형의 타당성을 검증하였다.

셋째, [가설 3]에 관련해서는 제5장에서 아파트경매의 매각가격을 결정할 것으로 여겨지는 변수들에 대해 설문조사를 실시한 후, 입찰경험의 유무와 낙찰경험의 유무에 따른 각 변수들의 차이를 평균값, χ^2, T-test 방법 등을 이용하여 확인하였다. 이러한 차이를 확인한 후, 아파트경매에서 매각가격을 결정짓는 변수들이 낙찰경험에 영향을 미치는지를 알아보기 위해 로지스틱 회귀분석(logistic regression analysis)을 사용하여 검증하였다. 그리고 이러한 회귀분석결과를 제4장에서 특성가격함수모형의 타당성 검증을 통하여 얻어진 결과와 비교 분석한다.

경매특성변수의 영향 분석 04

1 가격관련변수의 영향 분석

1) 가설 1의 검증

아파트경매의 매각가격과 매매가격, 전세가격, 감정가격과의 관계를 알아보기 위해 먼저 〈표 4-1〉과 같이 상관관계분석을 실시하였다. 그 결과 아파트경매의 매각가격은 낙찰시점의 매매가격, 낙찰시점의 전세가격, 그리고 감정가격과 r=0.9 이상의 강한 정적(+) 상관관계를 보임에 따라 서로 밀접한 관계를 가지고 있는 것으로 나타났다. 아파트경매의 매각가격은 낙찰시점의 메매가격, 낙찰시섬의 전세가격, 그리고 감정가격이 높을수록 함께 높아진다는 것을 알 수 있었다. 매매가격과 전세가격 등 변인들이 서로 연동하여 영향을 미치기 때문에 어떻게 보면 당연한 결과라고 할 수도 있겠지만, 매각가격결정에 영향을 미치는 중요 변인들로 낙찰시점의 매매가격, 낙찰시점의 전세가격, 그리고 감정가격이 작용하고 있다는 것을 재확인할 수 있었다.

〈표 4-1〉 매각가격과 가격관련요인과의 상관관계

구 분	매각가격	낙찰시점 매매가격	낙찰시점 전세가격	감정가격
매각가격	1	0.963***	0.925***	0.956***
낙찰시점 매매가격	0.963***	1	0.962***	0.969***
낙찰시점 전세가격	0.925***	0.962***	1	0.923***
감정가격	0.956***	0.969***	0.923***	1

***p 〈 0.01

그리고 아파트경매 물건의 매각가격과 매매가격, 전세가격, 감정가격간에 어떠한 관계가 있는지를 살펴보기 위해 다음 〈그림 4-1〉과 같은 구조도를 만들어 다중회귀분석을 사용한 경로분석(path analysis)을 실시하였다.

경로분석의 이해를 돕기 위해 가격관련변수인 매매가격, 전세가격, 감정가격을 가격형성시점별로 분류하였다. 즉 경매목적물의 가격형성시점을 감정평가시점과 낙찰시점으로 분류한다. 그런 다음 감정평가시점에서 다시 감정평가시점의 매매가격 및 전세가격을 구분하고, 낙찰시점에서도 마찬가지로 낙찰시점의 매매가격 및 전세가격으로 구분한다. 이렇게 볼 때 시기적으로는 감정평가시점의 매매가격 및 전세가격이 가장 먼저 결정되고, 다음으로 감정가격, 낙찰시점의 매매가격 및 전세가격 그리고 그 다음으로 매각가격이 결정된다. 따라서 〈그림 4-1〉과 같은 경로분석도를 작성할 수 있다.[80)]

〈그림 4-1〉 아파트경매의 매각가격에 대한 경로분석도

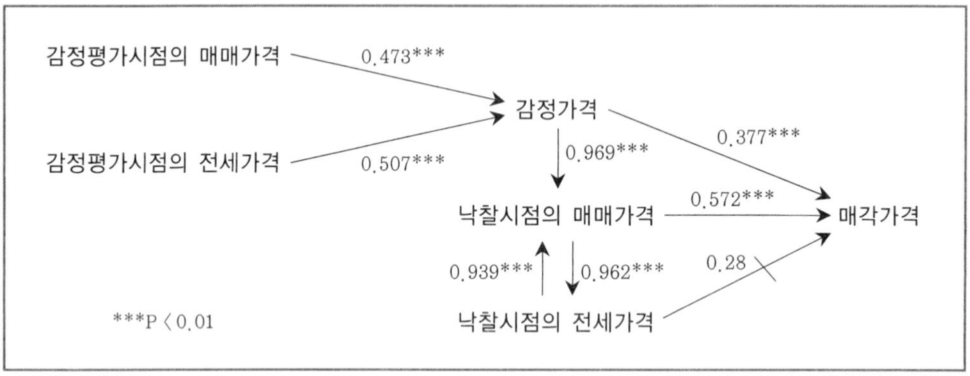

경로분석도를 통해 알 수 있듯이, 감정가격은 감정평가시점의 매매가격과 전세가격에 의해 영향을 받아 결정되었다. 또한 감정가격과 낙찰시점의 전세가격은 낙찰시점의 매매가격에 영향을 미치는 중요한 변인으로 작용하고 있다. 한편 낙찰시점의 매매가격과 낙찰시점의 전세가격은 서로 상호작용을 하고 있는 것으로 나타났다.

즉 감정평가시점의 매매가격이 감정가격에 영향(0.473)을 미치고, 다시 감정가격이 매각가격에 영향(0.377)을 미치고 있는 것으로 나타나 감정시점 매매가격은 아파트경매의 감정가격에 영향을 줄 것이라는 [가설 1-1]이 증명되었다. 그리고 감정평가시점의 전세가격이 감정가격에 영향(0.507)을 미치고, 다시 감정가격이 매각가격에 영향(0.377)을 미치는 것으로 나타나 감정시점 전세가격은 아파트경매의 감정가격에 영향을 줄 것이라는 [가설 1-2]도 증명되었다. 또한 감정가격이 매각가격에 영향(0.377)을 미치는 주요 결정요인으로 작용하고 있는 것으로 나타나 감정가격은 아파트경매의 매각가격에 영향을 줄 것이라는 [가설 1-3]이 증명되었다. 그리고 아파트경매의 매각가격은 낙찰시점의 매매가격이 가장 큰 영향(0.572)을 미치고 있는 것으로 나타나 낙찰시점 매매가격은 아파트경매의 매각가격에 영향을 줄 것이라는 [가설 1-4]가 입증되었다. 그러나 낙찰시점의 전세가격은 매각가격과 상관관계는 있지만, 매각가격에 영향을 미치는 요인으로는 작용하지 않고(0.28, p=0.567) 있는 것으로 나타나 낙찰시점 전세가격은

80) 여기서 가격형성기간은 감정평가시점에서 낙찰시점 까지 약6~7개월이 소요된다. 따라서 감정평가시점부터 낙찰시점까지의 기간에는 시간경과에 따른 각 시점별 매매가격과 전세가격의 상승과 하락의 가능성이 있을 수 있다. 그러므로 각 가격의 상승과 하락은 매각가격에 영향을 미친다고 할 수 있다. 특히 경매목적물에 대한 감정평가가격의 저평가 내지 고평가는 낙찰시점의 매매가격과 함께 입찰자의 매각가격에 영향을 미친다고 볼 수 있다.

아파트경매의 매각가격에 영향을 줄 것이라는 [가설 1-5]는 기각되었다.

가설 검증 결과를 종합해 볼 때, 아파트경매의 매각가격은 감정가격, 매매가격, 전세가격에 의해 영향을 받을 것이라는 [가설 1] 중에서 [가설 1-1], [가설 1-2], [가설 1-3], [가설 1-4]는 입증되었으나, [가설 1-5]는 기각되었다.

따라서 감정가격과 낙찰시점의 전세가격은 낙찰시점의 매매가격에 영향을 미치고, 감정가격과 낙찰시점의 매매가격이 매각가격에 영향을 미친다는 경로분석의 결과를 종합해 보면, 매각가격은 매매가격, 전세가격, 감정가격과 매우 강한 연관성을 가지고 있지만, 낙찰시점의 매매가격이 아파트경매의 매각가격에 영향을 미치는 요인 중에서 가장 중요한 변인이라는 것을 알 수 있다.

2 경매특성변수의 영향 분석

1) 가설 2의 검증

[가설 2]를 증명하기 위해 전술한 매각가격결정 모형의 함수식을 바탕으로 다중회귀분석을 실시하였다.

이를 구체적으로 살펴보면, 일반특성변수를 포함한 모형Ⅰ-ⅰ에서 주거관련요인들이 갖는 모형의 설명력이 69.5%로 나타났다(Adjusted R^2= 0.695).

그리고 주거관련요인, 지역 및 환경관련요인을 함께 고려한 모형Ⅰ-ⅱ에서는 모형의 설명력이 73.5% (Adjusted R^2= 0.735)로 약간 높아짐을 확인할 수 있다.

이러한 일반특성변수에다 경매특성변수인 입찰관련요인과 임차인권리관련 요인까지 포함한 모형Ⅱ의 경우에는 설명력이 85.4%(Adjusted R^2= 0.854)로 나타나, 모형 Ⅰ-ⅱ보다 상당히 높은 설명력을 가지고 있음을 알 수 있다.

즉 일반특성변수만 가지고 아파트경매의 매각가격을 설명 혹은 예측하기 보다는 일반특성변수와 경매특성변수를 함께 고려하였을 때 아파트경매의 매각가격을 보다 정확하게 설명 혹은 예측할 수 있다고 결론지을 수 있다. 다중회귀분석 결과는 다음 〈표 4-2〉와 같다.

〈표 4-2〉 모형별 회귀분석 결과

구분		변수	I-i모형	I-ii모형	II모형
		상수항	-74.7E+9(-6.841)***	-6.91E+9(-6.576)***	-2.6E+09(-1.883)
일반특성변수	주거관련요인	평 형	4281178(9.029)***	4207229(9.777)***	1279419(2.124)**
		방 수	2828115(.527)	3307328(.670)	10116150(1.469)
		총 층수	-1373153(-1.691)*	73712(.096)	-2190855(-2.307)**
		해당 층	5335457(1.435)	8901835(2.606)**	-3398241(-0.712)
		준공년도	3721388(6.740)***	3427170(6.451)***	1275280(1.838)*
		현관구조	15983735(3.522)***	6546206(1.488)	5280834(0.906)
		난방방식	-10587152(-2.441)**	-5655848(-1.326)	8107262(1.313)
		향 남	-1349038(-.146)	-7253392(-.859)	-3.2E+07)(-2.403)**
		향 동	-7262038(-.727)	-11439690(-1.248)	-2.9E+07(-2.159)**
		조 망	408305(1.826)*	-420232(-1.795)*	556087.9(1.723)*
		화장실 수	-6590272(-1.132)	-1732734(-.327)	1526136(0.205)
		주차대수	18083782(2.486)**	17009499(2.503)**	11361685(0.930)
	지역및환경관련요인	총 세대수		11444(3.104)***	12700.05(2.694)***
		중학교		15160911(1.961)*	8698340(0.786)
		고등학교		6034206(1.096)	5810559(0.717)
		대학교		164816(.042)	-1.3E+07(-2.407)
		공 원		25846599(6.772)***	12446574(2.379)**
		은 행		7888331(1.349)	8692820(1.191)
		병원, 마트		4275309(.488)	29422013(2.536)**
경매특성변수	입찰관련요인	청구금액			0.331748(4.970)***
		경매종류			-
		유찰횟수			-4.1E+07(-4.796)***
		경매기간			16968573(3.176)***
		채무자 겸 소유자 수			9129692(1.543)
		입찰자수			1292348(2.692)***
		재경매횟수			-4E+07(-2.748)***
	임차인관련요인	보증금액			0.415739(2.169)**
		소액최우선변제 해당여부			4783043(0.727)
		임차인수			9718282(1.732)*
		배당요구신청 여부			7146655(0.782)
		대항력유무			-6322384(-0.951)
		확정일자인 여부			-1.7E+07(-2.270)**
		전세권 등기여부			-4013723(-0.649)
		임차권 등기여부			-2.2E+07(-1.593)
F-value			69.267***	53.713***	21.025***
수정된 결정계수(Adjusted R^2)			0.695	0.753	0.854
결정계수의 차이(ΔR^2)				0.058	0.101***

*p < .05 ; **p < .01 ; ***p < .001 ; two-tailed tests　　　( ) 안의 수치는 t-값

따라서 아파트경매의 매각가격은 일반특성변수와 경매특성변수에 의해 영향을 받을 것이라는 [가설 2]가 입증되었다.

하지만 이는 선형모형을 기초로 한 것이기 때문에 모형의 적합성에 대한 검증이 남아 있다. 따라서 변수들에 대한 상세한 설명은 모형의 적합성을 검증한 후 최적의 모형을 선택하는 것이 바람직할 것으로 판단된다.

2) 모형의 적합성 검증

모형의 적합성을 검증하기 위해 다음의 세 가지, 즉 자기상관관계, 다중공선성, 잔차분석 등을 실시하였다.

(1) 자기상관 및 다중공선성 검정

앞의 〈표 4-2〉 모형별 회귀분석 결과에 의하여 모형Ⅱ의 경우가 가장 매각가격을 잘 설명한다는 것을 확인하였다. 이에 모형Ⅱ의 적합성을 확인하기 위해 자기상관관계 및 다중공선성 검정을 실시하였다.

먼저 자기상관을 검증하기 위해 Durbin-Watson의 통계량을 사용하였나. Durbin-Watson의 d값은 0에서 4까지[81]의 값을 갖게 되며, 일반적으로 2에 가까울수록 자기상관이 존재하지 않는 것으로 판정한다. 모형Ⅱ의 경우 Durbin-Watson의 d의 값이 2.189로 자기상관이 없는 것으로 판단하여도 무방하다고 할 수 있다.

다중회귀분석에서 설명변수들 사이에 강한 상관성이 존재한다면 회귀계수의 일반적인 해석은 더 이상 유용하지 않다. 이와 같이 설명변수들 간의 강한 선형관계(linear relationship)를 갖는 것을 다중공선성(multicollinearity)[82]이라고 하며, 다중회귀분석의 기본가정 중의 하나는 설명변수 간에 다중공선성이 존재하지 않아야 한다는 것이다. 다중공선성이 존재하는 경우 회귀계수가 자료나 회귀식의 미세한 변화에 매우 민감하게 반응하여 커다란 표준오차를 가지게 되고 통계적인 유의도를 감소시킨다. 또한 다른 설명변수들을 통제한 상태에서 특정 설명변수가 종속변수에 미치는 영향력을 측정하는 것이 어렵거나 불가능해진다. 따라서 본 연구에서는 다중공선성의 판별을 위해 허용치(tolerance)와 분산팽창인자(variance inflation factor)를 이용하였다.

일반적으로 가장 큰 분산팽창인자의 값이 10을 넘을 경우나 허용치 중에서 가장 작은 값이 0.1 이하일 때 다중공선성이 있는 것으로 보고 있다.

81) 4에 가까울수록 음(−)의 자기상관관계, 0에 가까울수록 양(+)의 자기상관관계를 나타낸다.

82) 다중공선성(多重共線性)이란 독립변수들 간의 선형관계를 나타내는 것으로 독립변수들 간에 높은 상호관련성으로 인하여 종속변수에 미치는 각각의 영향을 구분하기 어려운 상황을 의미한다. 이 다중공선성의 문제는 상호관계의 존재여부가 아니라 그 강도가 어느 정도인가 하는 것이다.

전체모형에 대한 분산팽창인자의 계산결과는 다음의 〈표 4-3〉과 같으며, 각 설명변수의 허용치중 가장 작은 값이 0.1 이하인 경우 또는 분산팽창인자가 10을 넘는 경우는 평형변수에서 유일하게 나타났다. 평형변수는 방수변수와 밀접한 관계를 가지고 있는 것을 알 수 있다(상관관계 0.85***). 평형이 넓을수록 방수가 많아지므로 당연한 귀결이라고 할 수 있다. 따라서 방수의 변수만을 가지고도 평형을 충분히 설명할 수 있기 때문에 다중공성성 문제를 해결하기 위해 평형변수를 제외시키는 것이 타당할 것으로 판단된다.

또한 향 변수에 있어서도 향남과 향동의 경우 허용치가 약 0.1의 수준이고 VIF도 10에 가까워 다중공선성의 가능성을 예측할 수 있다. 따라서 향남과 향동 두 변수 중에 하나를 제외하는 것이 보다 적합한 모형이 될 것이다. 그러므로 향동의 변수를 제외시키고 향동, 향서를 함께 묶어 향남과 그렇지 않은 향으로 나누어 하나의 변수로 만들어서 사용하는 것이 바람직하다고 판단된다.

그리고 경매종류의 경우에서도 종속변인인 매각가격과 공분산에 문제가 있어 다중회귀분석과정에서 제외하였다.

〈표 4-3〉 허용치와 분산팽창인자

구 분		모형Ⅱ 변수명	허용치(Tolerance)	분산팽창계수(VIF)
일반 특성 변수	주거관련 요인	상수항	-	-
		방 수	0.217	4.616
		총 층수	0.240	4.170
		해당층	0.631	1.586
		준공년도	0.331	3.024
		현관구조	0.489	2.043
		난방방식	0.378	2.647
		향 남	0.104	9.658
		향 동	0.109	9.658
		조 망	0.193	5.184
		화장실수	0.203	4.933
		주차대수	0.494	2.026
	지역 및 환경관련 요인	총세대수	0.491	2.039
		중학교	0.587	1.702
		고등학교	0.479	2.088
		대학교	0.508	1.968
		공 원	0.570	1.755
		은 행	0.559	1.789
		병원, 마트	0.636	1.572

경매특성요인	입찰관련 요인	청구금액	0.251	3.977
		유찰횟수	0.288	3.470
		경매기간	0.163	6.121
		채무자겸소유자수	0.601	1.663
		입찰자수	0.613	1.631
		재경매횟수	0.221	4.526
	임차인관련 요인	보증금액	0.314	3.189
		소액최우선변제 해당여부	0.333	3.006
		임차인수	0.572	1.748
		배당요구신청여부	0.457	2.188
		대항력유무	0.712	1.405
		확정일자 해당여부	0.492	2.033
		전세권등기	0.649	1.541
		임차권등기여부	0.753	1.329

(2) 잔차분석

회귀모형의 진단을 위해 먼저 잔차분석을 통해 오차항의 정규성 및 등분산성을 점검하였다. 잔차가 기본 가정들을 만족하지 않을 경우 변수변환 등 적정한 방법을 이용하여 문제를 해결하여야 한다.

등분산성의 가정에 대한 타당성은 표준화잔차(standardized residual)들의 산점도를 이용하여 조사하였다. 표준화잔차 대 예측치로 나타낸 산점도에서 잔차들이 0을 중심으로 랜덤하게 나타나면 등분산성의 가정이 타당함을 의미하는 것으로 판단하였다. 잔차와 예측치의 산점도 외에 잔차와 각 설명변수의 산점도를 개별적으로 검토하였다.

먼저 추정된 모형의 오차항이 정규분포를 따른다는 가정에 부합하는지 조사하기 위하여 히스토그램과 정규확률분포도(normal probability plot)를 이용하였다. 정규확률분포도는 관측값들이 정규분포를 따르는 경우 누적분포함수가 직선형태를 가지도록 Y축의 좌표를 조정한 확률도로서 잔차가 이 확률도로서 표시되었을 때 직선의 형태로 나타나면 정규분포를 따른다고 할 수 있다.

〈그림 4-2〉에서 확인할 수 있듯이 누적분포함수가 완전한 직선형태는 아니지만 회귀분석에서 잔차의 정규분포여부는 등분산성과 같이 엄격하게 적용되지 않는 점을 감안하면 표준화잔차가 정규분포를 따른다고 가정해도 무방할 것으로 판단된다.

〈그림 4-2〉 표준화잔차 도표(히스토그램과 정규확률분포)

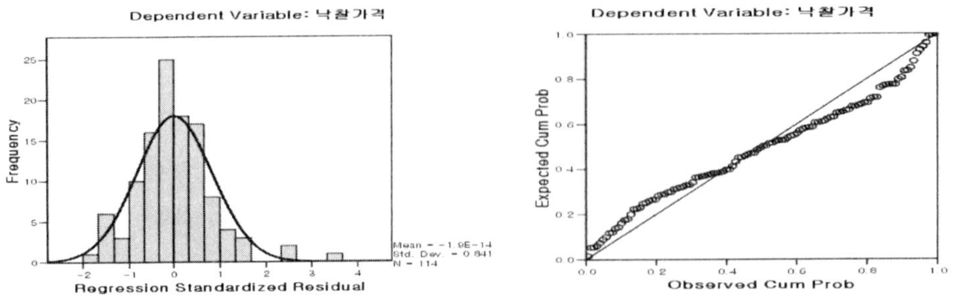

(히스토그램) (정규확률분포)

〈그림 4-3〉 모형Ⅱ의 잔차 산점도

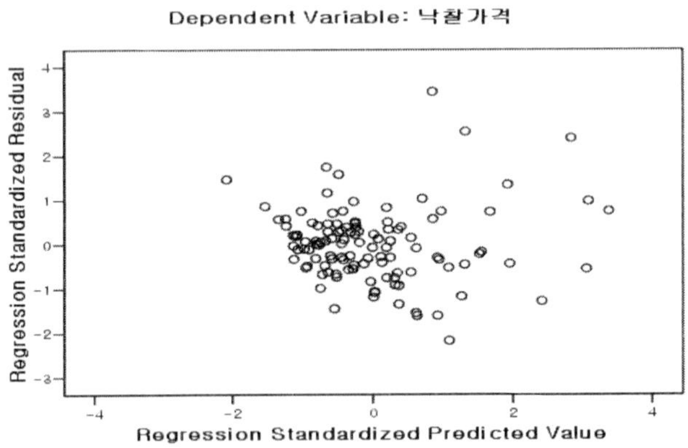

다음으로 잔차들의 형태를 알아보기 위해 종속변수인 매각가격의 추정값에 대하여 표준화잔차(standardized residual)를 도시(圖示)한 것은 위의 〈그림 4-3〉과 같다. 잔차의 산점도를 살펴보면 종속변수의 값이 증가함에 따라 한쪽에 집중되어 있다가 퍼지는 경향을 보이고 있다. 이는 자료점들이 0을 중심으로 랜덤(random)하게 분산되어 있지 않아 오차항의 등분산성을 만족시키고 있지 않는 것으로 판단할 수 있다. 오차항이 이분산적일 경우에는 최소제곱법(OLS 방식)에 의한 추정량은 불편성(unbiasedness)을 유지하지만 회귀계수의 추정값에 대한 표본분포의 분산은 편의(偏倚 : Bias)[83]를 지니게 되어 통계적인 유의도 검증과 신뢰구간의 추정을 할 수 없게 된다. 따라서 앞의 모형Ⅱ에서 추정된 회귀계수는 부정확한 것으로 볼 수 있고, 이 분석결과를 그대로 받아들이는 것은 곤란하다고 판단된다.

83) 실제의 상태와 다르게 나타나는 평균적 차이를 통틀어 나타내는 용어이다. 예를 들면 추정량(推定量)의 편의(偏倚)라 함은 추정량의 평균(平均)과 모수(母數)의 참값과의 차이를 의미한다.

(3) 모형수정 및 선택

모형의 잔차분석 결과 선형회귀모형의 등분산성을 충족시키지 못하는 것으로 나타났다. 따라서 적합한 모형의 설정을 위해서는 함수형태에 대한 재검토가 요구된다. 일반적으로 종속변수와 설명변수들 간에 비선형의 관계를 나타내는 경우에도 회귀모형들 중에는 상당부분이 변수변환을 통하여 선형모형으로 전환할 수 있으며, 이 경우 최소자승법의 적용이 가능하게 된다. 변수변환은 본래의 변수 또는 이 변수에 의한 모형이 수행하고자 하는 분석에서 요구하는 기본가정에 맞지 않을 경우 시도되는 전형적인 절차라고 할 수 있다. 이러한 변수의 변환을 통해 나타날 수 있는 함수의 형태는 다양하며 어떠한 함수형태를 선택할 것인지는 회귀모형의 추정기법상 중요한 논제이다. 일반적으로 회귀분석에서 널리 사용되는 변환방법은 로그변환으로서 이는 원래의 변수를 로그척도로 변환시키면 변이를 무디게 하는 동시에 비대칭성을 줄이는 효과가 있으며, 이분산성을 제거하는데도 효과적인 방법으로 알려져 있다. 또한 선행연구에서도 특성가격모형의 추정에 로그와 준로그 변환이 주로 사용되어 왔다. 따라서 본 연구에서는 변수들에 대해 다음의 식과 같이 이중로그, 준로그 및 역준로그변환을 통해 매각가격 함수를 추정하였으며, 추정결과의 비교분석을 통해 적합한 매각가격 설명모형을 채택하였다. 변수의 로그변환시 가변수에 대해서는 로그변환을 수행하지 않았다. 또한 공변량에 문제가 있는 경매종류와 다중공성에 문제가 있는 평형변인과 동향변인을 제외하고 분석을 시행하였다.

이중로그변환함수 $\ln Y = \alpha + \beta \ln X$

준로그변환함수 $Y = \alpha + \beta \ln X$

역준로그변환함수 $\ln Y = \alpha + \beta X$

변수 변환을 시행한 후 다중회귀분석을 실시한 결과는 〈표 4-4〉와 같다.

〈표 4-4〉 변수변환함수별 회귀분석 결과

구 분	선 형	이중로그	준로그	역준로그
F-value	19.847***	15.420***	10.387***	23.124***
Adjusted R^2	0.838	0.823	0.752	0.859
Durbin-Watson d	2.189	1.812	1.981	1.865
허용치(Tolerance)	(0.16~0.75)	(0.17~0.75)	(0.17~0.75)	(0.17~0.75)
분산팽창계수(VIF)	(1.33~6.07)	(1.33~6.30)	(1.34~5.79)	1.32~6.07

*p 〈 .05 ; **p 〈 .01 ; ***p 〈 .001 ; two-tailed tests

먼저 전체모형의 추정결과를 비교해 보면, 선형함수의 경우 수정된 결정계수(Adjusted R^2)가 0.838이었고, 이중로그함수의 경우는 수정된 결정계수(Adjusted R^2)가 0.823이었다, 준로그함수의 수정된 결정계수(Adjusted R^2)는 0.752, 역준로그함수의 수정된 결정계수(Adjusted R^2)는 0.859로 역준로그함수의 경우가 설명력이 가장 높게 나타났다.

자기상관과 다중공선성은 모든 변수변환함수에서 그다지 큰 문제가 없는 것으로 확인되었다.

각 변환함수들의 잔차분석 결과는 〈그림 4-4〉에서 보는 바와 같이 이중로그함수와 역준로그변환함수의 경우가 가장 0을 중심으로 임의 분포되어 있어 등분산성의 가정을 만족하고 있는 것으로 나타났다.

〈그림 4-4〉 변수변환 함수의 잔차 산점도

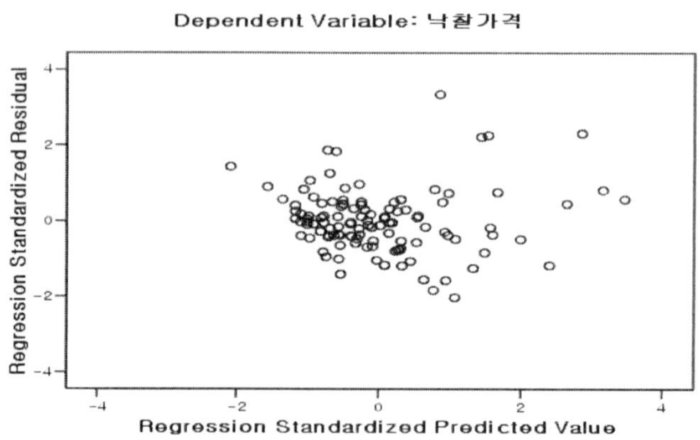

〈선형모형의 잔차 산점도〉

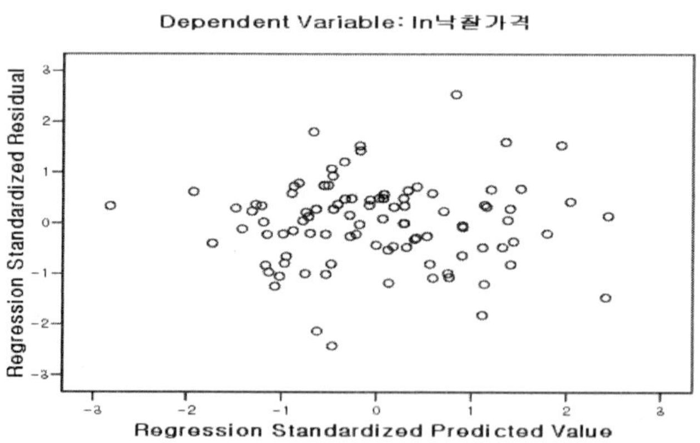

〈이중로그모형 잔차 산점도〉

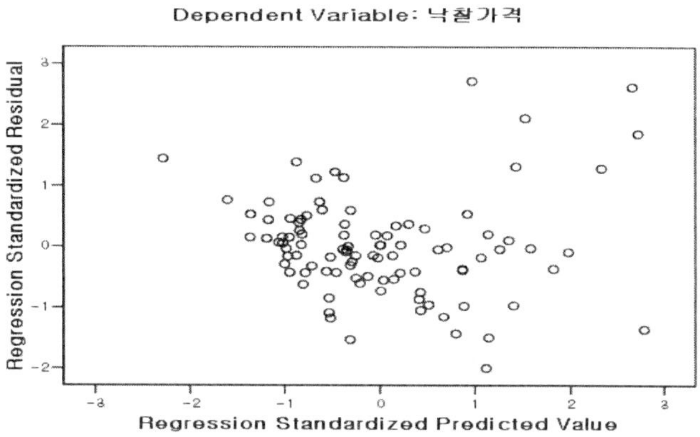

〈준로그모형의 잔차 산점도〉

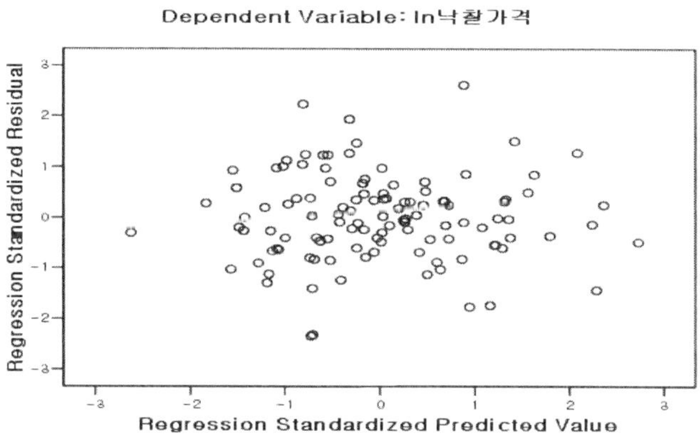

〈역준로그모형의 잔차 산점도〉

이러한 결과를 종합하여 볼 때, 역준로그변환함수가 가장 높은 설명력을 보이고 있으며, 잔차의 등분산성을 만족시키고 있고, 통계적 유의성도 비교적 문제가 없는 것으로 판단되어 전체모형의 형태를 역준로그변환함수로 채택하는 것이 가장 바람직하다고 볼 수 있다.

(4) 모형해석

통계적 유의성과 설명력, 회귀분석의 가정을 만족하는 역준로그함수를 아파트경매의 매각가격 설명 및 예측 모형으로 선택하였다. 일반특성변수와 경매특성변수를 독립변수로 하는 역준로그모형의 함수식을 바탕으로 다중회귀분석을 실시한 결과는 다음 〈표 4-5〉와 같다.

일반특성변수만을 포함한 모형Ⅰ-ⅰ에서, 주거관련요인들이 갖는 모형의 설명력이

68%로 나타났다(Adjusted R^2= 0.679).

주거관련요인과 지역 및 환경관련요인을 함께 고려한 모형Ⅰ-ii에서는 설명력이 75%(Adjusted R^2= 0.752)로 약간 높아짐을 확인할 수 있다. 즉 주거관련요인과 지역 및 환경관련요인을 함께 고려할 때 아파트경매의 매각가격을 보다 잘 설명하고 있다는 것을 알 수 있다.

또한 일반특성변수에 경매특성변수까지 포함한 모형Ⅱ의 경우에는 설명력이 86%(Adjusted R^2= 0.859)까지 올라가 모형 Ⅰ-ii보다 상당히 높은 설명력을 가지고 있는 것으로 나타났다.

역준로그함수 결과에서 알 수 있듯이 일반특성변수만 가지고 아파트경매의 매각가격을 설명 혹은 예측하기 보다는 일반특성변수와 경매특성변수를 함께 고려했을 때 아파트경매의 매각가격을 보다 정확하게 설명 혹은 예측할 수 있다는 것을 알 수 있다. 따라서 아파트경매의 매각가격은 일반특성변수와 경매특성변수에 의해 영향을 받을 것이라는 [가설 2]가 입증되었다.

모형Ⅱ에서 통계적으로 유의미한 변수로는, 일반특성변수에서 방수, 준공년도, 현관구조, 조망, 화장실 수, 총세대수, 공원, 생활편의시설(병원, 마트)이 나왔다. 경매특성변수에서는 청구금액, 유찰횟수, 경매기간, 입찰자수, 재경매횟수, 보증금액, 확정일자인 여부, 임차권 등기여부가 통계적으로 유의미한 변수로 확인되었다.

즉 일반특성변수에서는 방수와 화장실수가 많을수록(큰 면적의 아파트일수록), 준공년도가 최근의 아파트일수록, 그리고 현관구조가 계단식일 때 아파트경매의 매각가격은 더욱 높아지게 된다. 또한 총 세대수가 많고 주위에 공원과 병원, 마트 등이 있을 경우에 아파트경매의 매각가격은 올라간다.

그리고 경매특성변수에서는 청구금액과 보증금액이 높을수록, 경매기간이 길수록 아파트경매의 매각가격은 높아지게 된다. 한편 유찰횟수, 재경매횟수는 짧을수록 아파트경매의 매각가격은 올라가고, 확정일자인과 임차권등기가 없는 경우에 아파트경매의 매각가격은 올라가게 된다.

이상의 결과에서 알 수 있듯이 아파트경매의 매각가격은 일반특성변수와 경매특성변수에 의해 영향을 받고 있다는 것을 확인하였다.

〈표 4-5〉 역준로그변환모형별 회귀분석 결과

구분		변 수	Ⅰ-ⅰ모형	Ⅰ-ⅱ모형	Ⅱ모형
		상수항	-41.860(-4.279)***	0.090(-3.969)***	-16.136(-1.279)
일반특성변수	주거관련요인	방 수	0.255(7.949)***	0.259(8.801)***	0.211(4.381)***
		총 층수	-0.004(-.615)	0.010(1.442)	-0.012(-1.427)
		해당 층	0.054(1.628)	0.090(3.010)***	-0.001(-0.033)
		준공년도	0.054(5.917)***	0.026(5.702)***	0.016(2.561)***
		현관구조	0.259(6.329)***	0.157(4.055)***	0.102(1.955)*
		난방방식	-0.071(-1.820)*	-0.029(-.772)	0.059(1.046)
		향 남	0.034(.871)	0.011(.291)	-0.006(-0.119)
		조 망	0.008(3.961)***	0.000(-.169)	0.006(1.915)*
		화장실 수	0.286(6.764)***	0.330(8.708)***	0.231(4.344)***
		주차대수	0.114(1.730)*	0.104(1.735)*	0.012(.106)
	지역및환경관련요인	총 세대수		0.000(3.519)***	0.000(3.127)**
		중학교		0.137(2.015)**	0.130(1.294)
		고등학교		0.050(1.029)	0.079(1.105)
		대학교		0.016(.464)	-0.078(-1.574)
		공 원		0.268(8.001)***	0.148(3.101)***
		은 행		0.058(8.001)	0.043(.655)
		병원, 마트		-0.014(-.189)	0.207(2.021)**
경매특성변수	입찰관련요인	청구금액			1.789E-09(3.131)***
		유찰횟수			-0.427(-5.355)***
		경매기간			0.129(2.627)**
		채무자 겸 소유자 수			0.015(.280)
		입찰자수			0.008(1.908)*
		재경매횟수			-0.355(-2.628)**
	임차인관련요인	보증금액			5.253E-09(2.998)***
		소액최우선변제 해당여부			0.098(1.636)
		임차인수			0.060(1.169)
		배당요구신청 여부			0.125(1.515)
		대항력유무			-0.041(-.678)
		확정일자인 여부			-0.151(-2.230)**
		전세권 등기여부			-0.002(-.028)
		임차권 등기여부			-0.231(-1.837)*
F-value			70.566***	59.712***	23.124***
수정된 결정계수(Adjusted R^2)			0.679	0.752	0.859
결정계수의 차이(ΔR^2)				0.073	0.107

*p 〈 .05 ; **p 〈 .01 ; ***p 〈 .001 ; two-tailed test

실증 분석 05

1 조사 설계

1) 조사방법과 표본선정

설문조사를 위한 표본은 대전지방법원 관할지역을 대상으로 하고, 조사대상은 조사기간 중 매각기일 경매법정에 참석한 사람들을 대상으로 표집하였다. 조사기간은 2006년 3월 10일부터 4월 10일까지 매주 2회(월, 화)씩 총 8회(경매 1~8계)에 걸쳐 조사하였다. 조사방법은 매회 평균적으로 경매법정에 참석한 100여명을 대상으로 직접면접조사를 실시하였으며, 조사 대상 중 10~20% 정도가 설문에 응답을 보여 총 211부를 회수하였다. 그 중 무성의한 설문지를 제외한 유효 표본 188부를 선택하였다. 조사의 표본선정 내용을 정리하면 〈표 5-1〉과 같다.

본 연구의 설문지는 아파트경매시장의 매각가격결정요인을 분석하기 위해 ① 경매입찰 유무 ② 아파트경매 물건의 가격관련사항 ③ 아파트경매 물건의 일반적 특성에 관한 사항 ④ 아파트경매 물건의 입찰현황에 관련된 사항 ⑤ 아파트경매 물건의 임차인권리 관련 사항 등에 관한 내용으로 구성하였으며, 설문지 항목 및 세부내용을 정리하면 다음 〈표 5-2〉와 같다.

〈표 5-1〉 표본선정

분 류	내 용
조사지역	대전지방법원 관할지역 경매법정
조사기간	2006년 3월 10일~4월 10일, 매주 2회(월, 화), 총 8회(경매 1~8계)
조사대상	조사기간 중 매각기일 경매법정에 참석한 자
표본수	총 211부, 유효 표본 188부
조사방법	직접면접조사
조사내용	① 경매 입찰 유무 ② 가격관련 사항 ③ 입찰현황관련 사항 ④ 임차인권리관련 사항 ⑤ 일반적 특성관련 사항

〈표 5-2〉 설문지 항목 및 세부내용

<table>
<tr><th colspan="2">항 목</th><th>세 부 내 용</th><th>문항수</th></tr>
<tr><td>일반사항</td><td>인구사회학적 특성</td><td>성별, 연령, 결혼여부, 종교, 직업, 학력, 총소득, 부동산소유여부</td><td>8</td></tr>
<tr><td rowspan="2">입찰경험 유무사항</td><td>입찰경험이 있는 특성</td><td>입찰 경험한 횟수, 물건, 목적, 물건 및 투자분석의 주체, 물건의 권리분석 및 점유자 처리의 주체, 입찰경험유무에 따른 낙찰경험유무, 낙찰 받은 물건, 낙찰 받은 물건의 시세차익</td><td>8</td></tr>
<tr><td>입찰경험이 없는 특성</td><td>입찰참여의사 유무, 입찰참여물건, 입찰참여시 기대수익률, 입찰참여물건선택 및 투자분석의 주체, 입찰참여물건의 권리분석 및 점유자처리의 주체</td><td>5</td></tr>
<tr><td>경매투자 사항</td><td>수익성, 교육 특성</td><td>경매투자의 수익성, 경매투자교육경험유무 및 교육기관, 재테크우선순위</td><td>4</td></tr>
<tr><td rowspan="4">매각가격 결정요인 관련사항</td><td>가격관련특성</td><td>감정가격, 감정평가시점의 매매가격 및 전세가격, 낙찰시점의 매매가격 및 전세가격, 매도시점의 매매가격 및 전세가격, 최저매각가격</td><td>8</td></tr>
<tr><td>일반적 특성</td><td>총세대수, 총 층수, 해당 층, 현관구조, 난방방식, 동의 위치, 호수의 층, 향, 동간거리, 건설사(브랜드)명, 방수, 화장실수, 주차대수, 준공년도, 평형, 공원유무, 교통 환경, 교육시설유무, 은행유무, 생활편의시설유무(병원, 마트)</td><td>20</td></tr>
<tr><td>입찰관련특성</td><td>유찰횟수, 취하횟수, 변경연기횟수, 재경매횟수, 재경매전 매각가격, 재경매이유, 재경매전 입찰자수, 청구금액, 채권자 개인, 채권자 은행, 임의경매, 강제경매, 인도명령대상자, 입찰자수</td><td>14</td></tr>
<tr><td>임차인관련 특성</td><td>임차인유무, 임차인수, 보증금액, 대항력우무, 소액최우선변제해당유무, 확정일자 유무, 배당요구 신청 여부, 전세권등기여부, 임차권등기여부</td><td>9</td></tr>
</table>

2) 분석방법

아파트경매의 매각가격을 결정할 것으로 여겨지는 변수들에 대해 설문조사를 실시한 후, 입찰경험의 유무와 낙찰경험의 유무에 따른 각 변수들의 차이를 평균값, χ^2, T-test 방법 등을 이용하여 확인하였다. 이러한 차이를 확인한 후, 아파트경매에서 매각가격을 결정짓는 변수들이 낙찰경험에 영향을 미치는지를 알아보기 위해 로지스틱 회귀분석(logistic regression)을 사용하여 검증하였다. 그리고 이러한 회귀분석결과를 제4장에서 특성가격함수모형의 타당성 검증을 통하여 얻어진 결과와 비교 분석한다.

2 조사 분석

1) 인구사회학적 특성

총 설문조사 유효 표본 188명 중 성별은 남자가 67%로 여자 33%보다 많았으며 연령별로는 40대가 47.3%로 가장 많은 것으로 나타났다. 기혼자는 78.7%로 미혼자보다 많았으며, 직업은 전문·자유직이 31.4%, 행정·사무직이 21.8% 순으로 조사되었다. 학력은 대졸 출신이 과반수 이상인 54.3%였으며 총소득별로는 200만원 이상~300만원 미만 23.4%, 300만원 이상~400만원 미만 22.3% 순으로 나타났다. 또한 부동산을 소유하고 있는 대상자는 73.9%로 조사되었다.

〈표 5-3〉 인구사회학적 특성

구 분		빈 도	%
성 별	남	126	67.0
	여	62	33.0
나 이	20대	17	9.0
	30대	59	31.4
	40대	89	47.3
	50대	23	12.2
결혼여부	기 혼	148	78.7
	미 혼	40	21.3
직 업	전문/자유직	59	31.4
	경영/관리직	4	2.1
	행정/사무직	41	21.8
	생산/기술직	10	5.3
	판매/서비스직	16	8.5
	자영업	27	14.4
	농업/임업/축산업	2	1.1
	주 부	16	8.5
	학 생	3	1.6
	무 직	3	1.6
	기 타	6	3.2
학 력	고졸 이하	27	14.4
	전문대졸	32	17.0
	대졸	102	54.3
	대학원졸 이상	24	12.8
	무응답	3	3.2

총소득	99만원	6	3.2
	100만원~199만원	25	13.3
	200만원~299만원	44	23.4
	300만원~399만원	42	22.3
	400만원~499만원	33	17.6
	500만원 이상	32	17.0
	무응답	6	3.2
부동산 소유 여부	있 다	139	73.9
	없 다	47	25.0
	무응답	2	1.1
전 체		188	100.0

2) 입찰경험 유무 특성

총 설문조사 유효 표본 188명 중 경매 입찰에 참여해 본적이 없는 사람이 68.6%로 입찰에 참여해 본 경험이 있는 사람 31.4%에 비해 두 배 이상 많은 것으로 나타났다.

〈표 5-4〉 입찰경험 유무 특성

경매 입찰경험	빈 도	%
있 다	59	31.4
없 다	129	68.6
전 체	188	100.0

(1) 입찰경험이 있는 표본의 특성

경매 입찰경험이 있는 조사 대상자들은 평균적으로 10.68회 입찰한 것으로 조사되었다. 응찰 물건을 복수응답으로 조사한 결과, 아파트가 72.9%로 가장 많았으며 다음으로 단독·연립·다세대주택 54.2%, 전·답·대지 50.8%, 임야 40.7%, 공장 11.9% 순으로 나타났다. 특히 대다수의 입찰 참가자들이 실수요 목적(16.9%)보다는 투자목적(83.1%)으로 입찰에 참가하고 있는 것으로 확인되었다.

또한 본인 스스로(83.1%)가 입찰 물건을 선택했을 뿐만 아니라 입찰물건의 권리 분석 및 점유자 처리(78.0%) 또한 스스로 하고 있었다. 이러한 결과를 미루어 볼 때 경매 입찰 참가자들은 경매 입찰에 관한 풍부한 지식을 갖춘 후 입찰에 참가하고 있는 것을 알 수 있다.

〈표 5-5〉 경매 입찰경험이 있는 표본의 특성

구 분		빈 도	%
입찰 횟수		10.68회(평균)	
응찰 물건 (복수응답)	아파트	43	72.9
	단독 · 연립 · 다세대주택	32	54.2
	전 · 답 · 대지	30	50.8
	임 야	24	40.7
	공 장	7	11.9
	기 타	10	16.9
입찰 목적	실수요 목적	10	16.9
	투자 목적	49	83.1
입찰물건선택 주체	본인 스스로	49	83.1
	법무사	3	5.1
	변호사	-	-
	컨설팅업체	3	5.1
	기 타	4	6.8
입찰물건의 권리분석 및 점유자 처리 주체	본인 스스로	46	78.0
	법무사	7	11.9
	변호사	1	1.7
	컨설팅업체	2	3.4
	기 타	3	5.1
전 체		59	100.0

(2) 입찰경험이 없는 표본의 특성

경매 입찰경험이 없는 조사대상자들 대부분(84.5%)이 향후 경매 입찰 의향이 있는 것으로 조사되었다. 또한 경매 입찰에 참여해 볼 의사가 있는 물건으로는 아파트(64.2%)와 전 · 답 · 대지(63.2%)가 가장 많았다. 아파트와 토지의 선호도를 짐작할 수 있는 부분이라고 할 수 있을 것이다. 경매 입찰 의향이 있는 조사 대상자들은 낙찰 수익률을 평균 시세의 약 34.3%정도 예상하고 있는 것으로 나타났다.

입찰물건 선택을 할 때나 입찰물건의 권리분석 및 점유자 처리 등은 본인 스스로 하겠다는 의견이 가장 많았지만, 컨설팅업체에 의뢰하겠다는 의견도 입찰경험자에 비해 상대적으로 많은 것으로 조사되었다.

〈표 5-6〉 경매 입찰경험이 없는 표본의 특성

구 분		빈 도	%
경매 입찰의향	있 다	109	84.5
	없 다	20	15.5
응찰 물건 (복수응답)	아파트	68	64.2
	단독 · 연립 · 다세대주택	39	36.8
	전 · 답 · 대지	67	63.2
	임 야	30	28.3
	공 장	5	4.7
	기 타	8	7.5
입찰물건선택 주체	본인 스스로	74	67.9
	법무사	2	1.8
	변호사	–	–
	컨설팅업체	24	22.0
	기 타	9	8.3
입찰물건의 권리분석 및 점유자 치리 주체 (무응답 제외)	본인 스스로	58	52.7
	법무사	12	11.8
	변호사	–	–
	컨설팅업체	30	27.3
	기 타	9	8.2
전 체		109	100.0

3) 낙찰경험 유무 특성

경매 입찰경험이 있는 조사 대상자 중 낙찰 경험이 있는 사람은 79.7%로 경매 입찰경험자 2/3 이상이 낙찰 경험을 가지고 있는 것으로 나타났다.

〈표 5-7〉 경매 낙찰경험

경매 낙찰경험	빈 도	%
있 다	47	79.7
없 다	12	20.3
전 체	59	100.0

낙찰경험이 있는 조사대상자들을 대상으로 낙찰물건을 복수응답으로 조사한 결과, 아파트가 71.7%로 가장 많았으며 다음으로 단독 · 연립 · 다세대 주택 56.5%, 전 · 답 · 대지 28.3% 순으로 조사되었다.

하지만 낙찰 횟수에 있어서는 단독·연립·다세대 주택이 평균 3.27회로 가장 많이 낙찰되었으며 다음으로 공장 2.67회, 아파트 2.55회 순인 것으로 나타났다.

〈표 5-8〉 경매 낙찰 물건

구 분		빈 도(%)	평균(표준편차)
낙찰유무 및 낙찰 물건 (복수응답)	아파트	33(71.7)	2.55(2.15)
	단독·연립·다세대주택	26(56.5)	3.27(2.66)
	전·답·대지	20(19.8)	1.80(1.44)
	임 야	13(28.3)	1.62(1.04)
	공 장	3(6.5)	2.67(2.08)
	기 타	6(13.0)	1.67(1.21)
전 체		101(100.0)	2.26(1.76)

(1) 아파트 매각가격에 대한 시세차익

아파트를 낙찰 받은 경험이 있는 대상자들 모두 시세보다 낮은 가격에 아파트를 낙찰 받은 것으로 나타났다. 무응답을 제외한다면 시세보다 비싸게 아파트를 낙찰 받은 경우는 한 건도 없고 모두 시세보다 낮게 낙찰을 받아 시세차익을 얻은 것을 확인하였다.

아파트를 낙찰 받은 경험 대상자들의 경우 평균적으로 26.0%의 시세차익을 얻은 것으로 조사되었다.[84)]

〈표 5-9〉 아파트 낙찰 후 시세차익

구 분	빈 도(%)	평균(표준편차)
시세보다 싸게 낙찰	32(97.0)	26.00(17.05)
시세보다 비싸게 낙찰	0(0)	-
무응답	1(3.0)	-
전 체	33(100.0)	(1.76)

4) 일반특성

(1) 경매투자의 수익성

조사대상자들 대부분(83.0%)은 경매투자의 수익성이 증권에 비해 좋다고 생각하고

84) 이 결과는 2004년 법원매각공고 자료를 분석한 매각가격 수익률 평균 16.15%와는 차이를 보이고 있다. 이러한 차이의 원인은 두 자료의 표본 수 차이에서 발생한 결과라고 판단되며, 〈표 5-9〉의 표준편차를 감안한다면 두 데이터의 시세차익이 차이가 난다고 판단하기는 어렵다고 생각된다.

있는 것으로 나타났다(매우 좋다 41.5% + 약간 좋다 41.5%). 수익성이 없다는 의견은 단지 4.2%(별로 없다 3.7% + 전혀 없다 0.5%)에 그침에 따라 경매투자의 수익성에 대한 믿음을 강하게 가지고 있는 것을 알 수 있다.

특히 '증권에 비해 수익성이 좋다', '비슷하다', '증권에 비해 수익성이 별로 없다'로 리코딩해 경매 입찰경험이 있는 사람과 없는 사람 간($\chi^2(2)=1.589$, $p=0.452$), 낙찰경험이 있는 사람과 없는 사람 간($\chi^2(2)=3.955$, $p=0.138$) χ^2분석을 실시한 결과 통계적으로 유의미한 결과가 나타나지 않았다. 즉, 경매 입찰경험이 있는 사람이나 없는 사람이나, 낙찰경험이 있는 사람이나 그렇지 않은 사람 모두 경매투자가 증권에 비해 수익성이 좋다고 생각하고 있다는 것을 알 수 있다.

〈표 5-10〉 경매투자의 수익성

구 분	빈 도	%
증권에 비해 수익성이 매우 좋다	78	41.5
증권에 비해 수익성이 약간 좋다	78	41.5
증권과 비슷하다	19	10.1
증권에 비해 수익성이 별로 없다	7	3.7
증권에 비해 수익성이 전혀 없다	1	0.5
무응답	5	2.7
전 체	188	100.0

(2) 경매투자에 관한 교육

조사대상자들 중 경매투자교육을 받은 적이 있는 사람이 투자교육을 받은 적이 없는 사람보다 약간 많기는 했지만 표본 오차 안에 있어 차이가 있다고 보기는 어렵다고 할 수 있다.

〈표 5-11〉 경매투자교육 수료 유무

구 분	빈 도	%
경매투자교육을 받은 적이 있다	88	46.8
경매투자교육을 받은 적이 없다	97	51.6
무응답	3	1.6
전 체	188	100.0

경매 입찰경험과 경매투자교육과의 관계를 살펴보면, 경매에 투자한 경험이 있는 사람이 그렇지 않은 사람에 비해 경매투자교육을 더 많이 받은 것으로 나타났다. 따라서 경매에 입찰하기 전에 적정한 교육을 받았다는 것을 알 수 있다.

하지만 낙찰경험이 있는 사람과 그렇지 않은 사람 간에는 경매투자교육 유무에 통계적 차이가 없어 낙찰경험과 경매투자교육과는 관련이 없는 것으로 나타났다($\chi^2(1)$=0.833 p=0.362).

〈표 5-12〉 경매 입찰경험과 경매투자교육 유무

구 분		응답자 수	경매투자교육 유무	
			있 다	없 다
경매 입찰경험	있 다	59	72.9%	27.1%
	없 다	126	35.7%	64.3%

$\chi^2(1) = 22.256$　　$p = 0.000$

경매투자교육을 받은 경험이 있는 사람들 중 과반수 이상(55.7%)이 대학(평생교육원, 특별교육과정)에서 경매투자교육을 받은 것으로 나타났다. 인터넷 학원이나 카페동호인 모임 등에서의 경매투자교육은 아직까지 소수에 그치고 있다는 것을 확인할 수 있다.

〈표 5-13〉 경매투자교육을 받은 기관

구 분	빈 도	%
대학(평생교육원, 특별교육과정)	54	55.7
신문사, 백화점 등 문화센터	7	7.2
인터넷 학원	4	4.1
카페동호인 모임	4	4.1
독 학	11	11.3
기 타	17	17.5
전 체	97	100.0

조사대상자들이 가장 많이 해본 재테크 1순위는 일반 부동산과 은행적금인 것으로 나타났다. 전체 순위를 평균으로 계산해 보았을 때도, 부동산, 은행적금, 주식, 경매부동산, 채권 순으로 빈도와 같은 순서로 조사되었다. 아직까지 경매부동산은 다른 재테크 수단에 비해 재테크 수단으로 많이 이용되고 있지 않다는 것을 알 수 있다.

〈표 5-14〉 재테크 우선순위

구 분	1순위 빈도	순위평균
주 식	32	2.47
일반부동산	61	1.69
채 권	1	3.67
은행적금	60	1.99
경매부동산	22	2.80

3 실증 분석

1) 매각가격 결정요인

(1) 가격관련 변수

아파트경매에서 매각가격을 결정하는 변수들 중 가격관련 변수를 5점 척도로 조사한 결과 8개 항목 모두 평균 3.5를 넘고 있어 매각가격결정의 변수가 되고 있다는 것을 알 수 있다.[85)]

특히 '낙찰시점의 매매가격'과 '매도시점의 매매가격'이 다른 가격관련 변수에 비해 가장 주요한 변수인 것으로 나타났다.

〈표 5-15〉 가격관련 변수

구 분	평 균	표준편차
감정가격은 적절히 평가되었는지	3.90	1.06
감정평가한 시점의 매매가격은 어느 정도인지	4.02	0.98
감정평가한 시점의 전세가격은 비싼지 또는 싼지	3.66	0.96
낙찰받은 시점의 매매가격은 얼마인지	4.41	0.80
낙찰받은 시점의 전세가격은 얼마인지	3.96	0.94
매도시점의 매매가격은 얼마나 될 것인지	4.46	0.75
매도시점의 전세가격은 얼마나 될 것인지	3.91	1.00
최저매각가격이 얼마인지	4.16	0.95

이러한 결과는 제4장의 〈아파트경매의 매각가격에 대한 경로분석〉에서 낙찰시점의 매매가격이 매각가격에 가장 큰 영향을 미친다는 결과와 같다는 것을 알 수 있다. 감정가격과 낙찰시점의 전세가격은 낙찰시점의 매매가격을 결정짓고 낙찰시점의 매매가격이 매각가격을 결정짓는다는 것이 경로분석의 결과였다.

설문조사에서도 낙찰 및 매도시점의 매매가격이 매각가격을 결정할 때 가장 중요한 변수로 고려되고 있었으며, 감정가격과 낙찰시점의 전세가격은 낙찰 및 매도시점의 매매가격보다 매각가격을 고려할 때 상대적으로 덜 중요하게 고려되고 있었다. 따라서 낙찰시점의 전세가격과 감정가격은 낙찰시점의 매매가격을, 낙찰시점의 매매가격은 매각가격을 결정한다는 경로분석의 모형을 뒤받침하고 있다고 할 수 있다. 즉 매각가격을 결정짓는 직접적인 원인이 '낙찰 및 매도시점의 매매가격'이라고 결론지을 수 있다.

85) 전체 설문조사자 수가 평균 3.5점 이상에 위치하고 있다는 의미는 3점(그저 그렇다)과 4점(약간 많이 고려하고 있다)의 중간의 위치에 있다는 것이다. 즉 중간(3점)보다 위에 있기 때문에 고려대상이 된다는 것을 나타낸다.

경매 입찰경험이 있는 사람과 없는 사람 간 아파트경매의 매각가격에 대한 가격관련 변수의 중요도의 차이를 살펴본 결과, '감정가격의 적절한 평가'와 '감정평가시점의 매매가격', '최저매각가격'에서 통계적으로 유의미한 차이를 보였다. 즉 입찰경험이 없는 사람이 입찰경험이 있는 사람보다 '감정가격의 적절한 평가', '감정평가가격시점의 매매가격', '최저매각가격'을 더 중요하게 고려하고 있는 것으로 나타났다. 나머지 가격관련 변수에 있어서는 입찰경험 유무에 따라 차이가 없는 것으로 확인되었다.

〈표 5-16〉 입찰경험 유무에 따른 가격관련 변수

구 분		평 균	T값	자유도	p-값
감정평가가격	입찰경험 있다	3.56	-2.758	91.509	**0.007**
	입찰경험 없다	4.06			
감정평가시점의 매매가격	입찰경험 있다	3.58	-3.946	89.228	**0.000**
	입찰경험 없다	4.22			
감정평가시점의 전세가격	입찰경험 있다	3.47	-1.747	182	0.082
	입찰경험 없다	3.74			
낙찰시점의 매매가격	입찰경험 있다	4.33	-0.869	88.544	0.387
	입찰경험 없다	4.45			
낙찰시점의 전세가격	입찰경험 있다	3.91	-0.420	183	0.675
	입찰경험 없다	3.98			
매도시점의 매매가격	입찰경험 있다	4.32	-1.525	82.927	0.131
	입찰경험 없다	4.52			
매도시점의 전세가격	입찰경험 있다	3.79	-1.039	94.614	0.301
	입찰경험 없다	3.97			
최저매각가격	입찰경험 있다	3.79	-3.327	87.028	**0.001**
	입찰경험 없다	4.33			

(2) 일반특성관련 변수

아파트경매에서 매각가격을 결정하는 변수들 중 일반특성관련 변수를 5점 척도로 조사한 결과, 20개 항목 모두 평균 3.5를 넘고 있어 일반특성관련 변수는 매각가격결정의 주요 변수가 되고 있는 것으로 나타났다.

특히 이 중 '해당 물건 단지의 총 세대수', '입찰물건의 해당 층', '물건 주변에 공원이 있는지 여부', '물건 주변의 교육여건', '물건 주변에 은행이 있는지 여부' 등의 변수가 일반특성변수 중 상대적으로 중요하게 고려되고 있었다.

앞의 선형회귀분석에서는 일반특성변수 중 '평형', '총 층수', '향', '조망', '총 세대수', '공원', '편의시설'이 유의미한 변수로 나왔지만, 모형의 적합성을 고려한 역준로그

회귀분석에서는 '방수'와 '준공년도', '현관구조', '화장실 수', '총 세대수', '공원', '편의시설' 등이 유의미한 변수임을 확인하였다. 또한 설문조사에서도 이러한 변수들이 3.5 이상의 중요도를 갖는 주요한 변수들로 고려되고 있음을 재확인할 수 있었다.

〈표 5-17〉 일반특성관련 변수

구 분	평 균	표준편차
해당물건 단지의 총세대수가 어느 정도인지	4.36	0.74
해당물건의 전체 층은 몇 층인지	4.19	0.80
입찰물건의 해당 층은 몇 층인지	4.36	0.72
현관구조는 어떻게 되어 있는지	3.50	0.94
난방방식은 어떤 방식(중앙, 개별)인지	3.81	0.98
입찰물건의 해당 동의 위치는 적절한지	4.18	0.75
입찰물건의 해당 호수 적당한지	3.97	0.88
입찰물건의 향은 무슨 향인지	4.20	0.84
입찰물건의 동간거리는 확보가 되었는지	3.90	0.88
물건을 건축한 건설사(브랜드명)는 무엇인지	3.95	0.90
물건의 방수는 몇 개인지	3.81	0.88
물건의 화장실수는 몇 개인지	3.63	0.89
물건의 주차대수는 적정한지	3.84	0.91
물건의 준공년도는 언제인지	4.11	0.88
물건의 평형(평)은 몇 평인지	4.30	0.75
물건 주변에 공원은 있는지	3.90	0.90
물건 주변의 교통 환경은 어떤지	4.40	0.73
물건 주변의 교육여건 및 시설	4.37	0.75
물건 주변인근에 은행은 있는지	3.70	0.96
물건 주변에 생활편의시설이 있는지	4.16	0.81

따라서 회귀분석에서 유의미한 변수들이 설문조사에서도 중요한 변수들로 취급되고 있다고 결론지을 수 있다.

한편 경매 입찰경험 유무에 따라 일반특성관련 변수에 대한 중요도를 살펴본 결과, 모두 통계적으로 유의미한 결과가 나오지 않았다. 즉 일반특성관련 변수와 경매 입찰경험의 유무와는 관련이 없는 것으로 나타났다.

(3) 입찰관련 변수

아파트경매에서 매각가격을 결정하는 변수들 중 입찰관련 변수를 5점 척도로 조사한 결과, 14개 항목 모두 평균 3.5를 넘고 있어 매각가격결정의 변수가 되고 있다는 것을 알 수 있다.

특히 '재경매를 하게 된 이유', '인도명령대상자 수', '해당 물건의 재경매전 매각가격' 등이 다른 입찰관련 변수에 비해 주요한 변수인 것으로 나타났다.

〈표 5-18〉 입찰관련 변수

구 분	평 균	표준편차
해당 물건의 유찰횟수는 몇 번인지	4.08	0.88
해당 물건의 취하횟수는 몇 번인지	3.74	0.99
해당 물건의 변경연기횟수는 몇 번인지	3.74	0.94
해당 물건의 재경매 횟수는 몇 번 인지	3.98	0.94
해당 물건의 재경매전 매각가격이 얼마였는지	4.17	0.90
재경매를 하게 된 이유가 무엇인지	4.27	0.84
재경매전 입찰자 수가 몇 명인지	3.78	1.06
경매물건 채권자의 청구금액이 얼마인지	4.08	0.98
경매신청 채권자가 개인인지	3.78	1.05
경매신청 채권자가 은행인지	3.84	1.01
경매의 종류가 임의경매인 경우	3.78	0.96
경매의 종류가 강제경매인 경우	3.79	1.03
인도명령대상자는 몇 명이나 되는지	4.28	0.91
입찰자수는 몇 명인지	3.83	1.05

앞의 선형회귀분석에서 아파트경매의 매각가격에 영향을 미치는 유의미한 입찰관련 변수인 '유찰횟수', '재경매횟수', '입찰자 수'가 설문조사에서도 평균 4.0에 가까운 중요한 변수들로 여겨지고 있음을 확인 할 수 있다. 모형의 적합성을 고려한 역준로그회귀분석에서 유의미하게 나오지 않은 경매종류(강제경매, 임의경매) 변수는, 설문조사에서 입찰관련 변수 중 가장 낮은 중요도를 보였다. 포함되어 있지 않은 변수들을 제외한다면, 앞장에서 회귀분석한 결과와 마찬가지로 매각가격에 영향을 미치는 변수들이 설문조사에서도 중요한 변수들로 취급되고 있다는 것이 재검증되었다고 할 수 있다.

한편 경매 입찰 경험 유무에 따라 입찰관련 변수에 대한 중요도를 살펴본 결과, 모두 통계적으로 유의미한 결과가 나오지 않았다. 즉 입찰관련변수에 대한 중요도는 경매 입찰 경험의 유무와 관련이 없는 것으로 나타났다.

(4) 임차인권리관련 변수

아파트경매에서 매각가격을 결정하는 변수들 중 임차인권리관련 변수를 5점 척도로 조사한 결과, 9개 항목 모두 평균 4.0을 넘고 있어 매각가격결정의 변수 중 다른 변수들보다 임차인권리관련 변수가 더욱 중요하게 취급되고 있음을 알 수 있다.

〈표 5-19〉 임차인권리관련 변수

구 분	평 균	표준편차
임차인이 있는지 없는지	4.51	0.71
임차인 수가 몇 명인지	4.37	0.86
임차인의 보증금은 얼마인지	4.40	0.85
임차인의 대항력이 있는지 없는지	4.65	0.65
임차인이 소액최우선변제에 해당되는지	4.49	0.83
임차인이 확정일자를 받았는지	4.45	0.83
임차인이 배당요구 및 권리신고를 했는지	4.49	0.76
임차인이 전세권등기를 했는지	4.27	0.94
임차인이 임차권등기를 했는지	4.31	0.94

특히 이 중 '임차인의 대항력이 있는지 없는지'가 다른 임차인권리관련 변수에 비해 가장 중요한 변수인 것으로 나타났다.

앞의 선형회귀분석에서 임차인권리관련 변수 중 '임차인 수', '확정일자 여부', '보증금액'이 유의미한 변수로 나왔지만, 모형의 적합성을 고려한 역준로그 회귀분석에서는 '확정일자 여부'와 '임차권 등기 여부' '보증금액'이 유의미한 변수임을 확인하였다. 또한 설문조사에서도 이러한 변수들이 4.5에 가까운 중요한 변수들로 취급되고 있음을 재확인할 수 있었다.

한편 경매 입찰 경험 유무에 따라 임차인권리관련 변수에 대한 중요도를 살펴본 결과, 모두 통계적으로 유의미한 결과가 나오지 않았다. 즉 경험의 유무에 따라 임차인권리관련 변수에 차이가 없다는 것을 알 수 있다.

2) 가설 3의 검증

아파트경매에서 아파트를 낙찰 받은 경험이 있는 사람들은 매가가격결정 변수 중 어떠한 변수들을 주요 고려 대상으로 삼고 있기에 경매에 참가해서 아파트를 낙찰 받을 수 있었는지를 알아보기 위해 로지스틱 회귀분석(logistic regression)을 사용하여 분석하였다.

로지스틱 회귀계수를 추정하는 방법은 독립변수의 수준에서 반복적인 종속변수 관측 여부에 따라 달라진다. 각 독립변수의 수준에서 비교적 많은 종속변수의 반복적인 관측이 있으면 가중최소자승법(WLS : weighted least squares)을 사용하고, 반복적인 관찰이 없거나 아주 작은 경우에는 최대우도추정법을 사용한다.

(1) 로지스틱 회귀모형 추정

로지스틱 회귀모형의 추정은 매각가격결정 변수인 가격관련 변수(8개 설문), 일반특성관련 변수(20개 설문), 입찰관련 변수(14개 설문), 임차인권리관련 변수(9개 설문)를 이용하여 backward 방식을 사용하였다. 이러한 네 변수에 포함된 설문이 총 51개나 되는 관계로 전체를 모두 독립변수를 사용하는 데는 한계가 있기 때문에 각 사항별로 구분하여 로지스틱 회귀모형을 구축하였다.

독립변수의 각 수준에서 하나의 종속변수에 대한 최대우도추정법을 사용하여 로지스틱 반응함수를 추정하였으며 추정된 모형의 유의성에 대한 통계적 검정은 다음의 두 가지 방법을 통해 확인하였다.

하나는, 기본모형(base model)으로부터 우도(-2LL : -2Log Likelihood) 값의 변화를 χ^2통계량으로 검정하는 방법을 사용하였고, 또 다른 하나는 종속변수의 실제 값과 예측된 값의 일치성 여부를 측정하는 Hosmer and Lemeshow의 검증법을 사용하였다.

① 가격관련 변수에 대한 로지스틱 회귀분석

가격관련 변수 8개 중 Backward 방식을 사용했을 경우 가장 적합한 변수로 4개의 변수가 선택되었으며, 이 중 로지스틱 회귀모형에 유의미한 변수는 2개인 것으로 나타났다.

이렇게 유의미하게 선택된 독립변수들을 가지고 추정된 로지스틱 모형의 유의성을 살펴보면 다음과 같다.

변수와 상수를 포함시키지 않은 기본 모형의 -2로그우도 값이 55.799이고, 4개의 독립변수가 포함된 모형의 -2로그우도 값이 40.980으로 나타났다. 독립변수가 투입됨으로써 -2로그우도 값이 감소되었음을 알 수 있다. 줄어든 -2로그우도 값의 차이를 χ^2-test로 검증해 본 결과 통계적으로 유의미하다는 것이 확인되었다. 또한 다중회귀분석의 R^2과 모형 적합도 판정에 있어 동일한 유용성을 가지는 Cox and Snell과 Nagelkerke의 R^2값은 각각 전체 분산의 28.1%, 39.5%를 설명하고 있음이 확인되었다.

또한 종속변수의 실제 값과 예측된 값의 일치성 여부를 측정하는 Hosmer and Lemeshow의 검정방법 결과, 자유도가 7인 χ^2값이 3.144, p값은 0.871로 나타나 모형의 적합여부가 통계적으로 검정되어 아파트경매의 낙찰 받을 확률은 가격관련 변수에 따라 달라질 것이라는 [가설 3-1]이 증명되었다.

〈표 5-20〉 가격관련 변수에 대한 로지스틱 회귀모형 요약

-2Log Likelihood		χ^2값	자유도	p값	Cox and snell R^2	Nagelkerke R^2
기본모형	4개의 변수가 투입된 모형	14.819	4	0.005	0.281	0.395
55.799	40.980					

〈표 5-21〉 Hosmer and Lemeshow 검정(가격관련 변수에 대한)

집 단	아파트 낙찰유무 = 유		아파트 낙찰유무 = 무		전 체
	Observed	Expected	Observed	Expected	
1	1.00	1.05	4.00	3.95	5
2	2.00	2.23	3.00	2.77	5
3	3.00	3.11	3.00	2.89	6
4	3.00	3.56	2.00	1.44	5
5	5.00	4.44	1.00	1.56	6
6	5.00	4.10	0.00	0.90	5
7	4.00	4.65	1.00	0.35	5
8	5.00	4.88	0.00	0.12	5
9	3.00	3.00	0.00	0.04	3

χ^2값	자유도	p값
3.144	7	.871

이상의 검정을 통해 모형이 적합하다는 것이 통계적으로 검정되었다.

도출된 로지스틱 회귀모형에서 보듯이, 아파트경매의 매각가격결정의 변수로 (+)의 관계를 보이는 유의미한 독립변수는 낙찰시점의 매매가격으로 나타났으며, (−)의 관계를 보이는 유의미한 독립변수는 감정평가시점의 매매가격으로 나타났다.

즉 낙찰시점의 매매가격에 대한 고려도가 높아질수록 낙찰 받을 확률이 상대적으로 높아지고, 감정평가시점의 매매가격에 대한 고려도가 높아질수록 낙찰되지 않을 확률이 상대적으로 커진다는 것을 알 수 있다. 따라서 아파트경매의 낙찰 받을 확률은 가격관련 변수에 따라 달라질 것이라는 [가설 3-1]은 입증되었다.

〈표 5-22〉 가격관련 변수에 대한 로지스틱 회귀분석 결과

종속변수	독립변수	계수 (B)	표준오차 (S · E)	Wald $\left(\frac{B}{SE}\right)^2$	자유도 (DF)	p값	Exp (B)	변수채택 여부
아파트 낙찰 유무	감정평가시점 매매가격	−1.240	0.590	4.412	1	**0.036**	0.289	채택
	낙찰시점 매매가격	1.385	0.659	4.410	1	**0.036**	3.994	채택
	낙찰시점 전세가격	−1.223	0.704	3.015	1	0.083	0.294	기각
	매도시점 매매가격	1.015	0.561	3.271	1	0.071	2.760	기각
	상 수	0.096	2.773	0.001	1	0.972	1.100	−

② 일반특성관련 변수에 대한 로지스틱 회귀분석

일반특성관련 변수 20개 중 Backward 방식으로 가장 적합한 변수가 8개 선택되었으며, 이 중 로지스틱 회귀모형에 유의미한 변수는 3개인 것으로 나타났다.

이렇게 유의미하게 선택된 독립변수들을 가지고 추정된 로지스틱 모형의 유의성을 살펴본 결과, 감소한 -2로그우도 값의 차이를 χ^2-test로 검증해 보았을 때 통계적으로 유의미하다는 것이 확인되었다. 또한 Cox and Snell의 과 Nagelkerke의 R^2값은 전체 분산의 27.2%, 44.4%를 설명하고 있음이 확인되었다.

3개의 독립변수가 포함된 모형의 -2로그우도 값이 34.674로 나타났다. 또한 종속변수의 실제 값과 예측된 값의 일치성 여부를 측정하는 Hosmer and Lemeshow의 검정방법 결과, 자유도가 6인 χ^2값이 11.329, p값은 0.079로 나타나 모형의 적합여부가 통계적으로 검정되어 아파트경매의 낙찰 받을 확률은 일반특성관련 변수에 따라 달라질 것이라는 [가설 3-2]는 증명되었다.

〈표 5-23〉 일반특성관련 변수에 대한 로지스틱 회귀모형 요약

-2Log Likelihood		χ^2값	자유도	p값	Cox and snell R^2	Nagelkerke R^2
기본모형	3개의 변수가 투입된 모형	17.481	3	0.001	0.272	0.444
52.155	34.674					

〈표 5-24〉 Hosmer and Lemeshow 검정(일반특성관련 변수에 대한)

집 단	아파트 낙찰유무 = 유		아파트 낙찰유무 = 무		전 체
	Observed	Expected	Observed	Expected	
1	6.00	5.98	0.00	0.02	6
2	6.00	6.86	1.00	0.14	7
3	9.00	8.78	0.00	0.22	9
4	5.00	5.50	1.00	0.50	6
5	8.00	7.12	0.00	0.88	8
6	6.00	4.48	0.00	1.52	6
7	5.00	4.82	3.00	3.18	8
8	0.00	1.46	5.00	3.54	5

χ^2값	자유도	p값
11.329	6	0.079

이상의 검정을 통해 모형이 적합하다는 것이 통계적으로 검정되었다.

도출된 로지스틱 회귀모형에서 보듯이, 아파트경매의 매각가격결정의 변수로 (+)의 관계를 보이는 독립변수는 주차대수로 나타났으며, (-)의 관계를 보이는 독립변수는 난방(중앙, 개별), 전체층수 변수로 나타났다.

즉 주차대수 변수에 대한 고려도가 높아질수록 낙찰 받을 확률이 상대적으로 높아지고, 전체층수, 난방(중앙, 개별)방식 변수에 대한 고려도가 높아질수록 낙찰되지 않을 확률이 상대적으로 커진다는 것을 알 수 있다. 따라서 아파트경매의 낙찰 받을 확률은 일반특성관련 변수에 따라 달라질 것이라는 [가설 3-2]가 입증되었다.

〈표 5-25〉 일반특성관련 변수에 대한 로지스틱 회귀분석 결과

종속변수	독립변수	계수(B)	표준오차(S·E)	Wald $\left(\frac{B}{SE}\right)^2$	자유도(DF)	p값	Exp(B)	변수채택여부
아파트 낙찰 유무	전체층수	-1.88	0.757	6.176	1	**0.013**	0.152	채택
	난방(중앙, 개별)방식	-1.67	0.709	5.571	1	**0.018**	0.188	채택
	주차대수	1.95	0.943	4.294	1	**0.038**	7.054	채택
	상 수	4.31	3.329	1.679	1	0.195	74.728	-

③ 입찰관련 변수에 대한 로지스틱 회귀분석

입찰관련 변수 14개 중 Backward 방식으로 가장 적합한 변수가 8개 선택되었으며, 이 중 로지스틱 회귀모형에 유의미한 변수는 7개인 것으로 나타났다.

이렇게 유의미하게 선택된 독립변수들을 가지고 추정된 로지스틱 모형의 유의성을 살펴본 결과, 감소한 -2로그우도 값의 차이를 χ^2-test로 검증해 보았을 때 통계적으로 유의미하다는 것이 확인되었다. 또한 Cox and Snell의 과 Nagelkerke의 R^2값은 전체 분산의 50.8%, 71.9%를 설명하고 있음이 확인되었다.

8개의 독립변수가 포함된 모형의 -2로그우도 값이 23.870으로 나타났다. 또한 종속변수의 실제 값과 예측된 값의 일치성 여부를 측정하는 Hosmer and Lemeshow의 검정방법 결과, 자유도가 7인 χ^2값이 6.728, p값은 0.458로 나타나 모형의 적합여부가 통계적으로 검정되어 아파트경매의 낙찰 받을 확률은 입찰관련 변수에 따라 달라질 것이라는 [가설 3-3]이 증명되었다.

〈표 5-26〉 입찰관련 변수에 대한 로지스틱 회귀모형 요약

-2Log Likelihood		χ^2값	자유도	p값	Cox and snell R^2	Nagelkerke R^2
기본모형	8개의 변수가 투입된 모형	32.665	8	0.000	0.508	0.719
56.534	23.870					

〈표 5-27〉 Hosmer and Lemeshow 검정(입찰관련 변수에 대한)

집 단	아파트 낙찰유무 = 유		아파트 낙찰유무 = 무		전 체
	Observed	Expected	Observed	Expected	
1	0.00	0.00	5.00	5.00	5
2	1.00	1.24	4.00	3.76	5
3	2.00	2.00	3.00	3.00	5
4	5.00	3.62	0.00	1.38	5
5	3.00	4.46	2.00	0.54	5
6	4.00	3.75	0.00	0.25	4
7	5.00	4.94	0.00	0.06	5
8	5.00	4.99	0.00	0.01	5
9	7.00	7.00	0.00	0.00	7

χ^2값	자유도	p값
6.728	7	0.458

이상의 검정을 통해 모형이 적합하다는 것이 통계적으로 검정되었다.

도출된 로지스틱 회귀모형에서 보듯이, 아파트경매의 매각가격결정의 변수로 (+)의 관계를 보이는 독립변수는 유찰횟수, 재경매전 매각가격, 채권자가 개인인지, 채권자가 은행인지 변수로 나타났으며, (-)의 관계를 보이는 독립변수는 재경매 횟수, 채권자의 청구금액, 임의경매 변수로 나타났다.

즉 유찰횟수, 재경매전 매각가격, 채권자가 개인인지, 채권자가 은행인지 변수에 대한 고려도가 높아질수록 낙찰 받을 확률이 상대적으로 높아지고, 재경매 횟수, 채권자의 청구금액, 임의경매 변수에 대한 고려도가 높아질수록 낙찰되지 않을 확률이 상대적으로 커진다는 것을 알 수 있다. 따라서 아파트경매의 낙찰 받을 확률은 입찰관련 변수에 따라 달라질 것이라는 [가설 3-3]이 입증되었다.

〈표 5-28〉 입찰관련 변수에 대한 로지스틱 회귀분석 결과

종속변수	독립변수	계수 (B)	표준오차 (S · E)	Wald $\left(\frac{B}{SE}\right)^2$	자유도 (DF)	p값	Exp (B)	변수채택 여부
아파트 낙찰 유무	유찰횟수	5.33	2.073	6.598	1	**0.010**	205.548	채택
	변경연기횟수	2.18	1.253	3.024	1	0.082	8.836	기각
	재경매 횟수	-4.47	2.109	4.501	1	**0.034**	0.011	채택
	재경매전 매각가격	5.08	2.434	4.359	1	**0.037**	161.170	채택
	채권자의 청구금액	-8.49	4.215	4.055	1	**0.044**	0.000	채택
	채권자가 개인인지	5.83	2.868	4.130	1	**0.042**	339.748	채택
	채권자가 은행인지	6.62	3.032	4.765	1	**0.029**	749.295	채택
	임의경매	-9.86	4.109	5.752	1	**0.016**	0.000	채택
	상 수	-6.74	4.883	1.907	1	0.167	0.001	-

④ 임차인권리관련 변수에 대한 로지스틱 회귀분석

임차인권리관련 변수 9개 중 로지스틱 회귀모형에 유의미한 변수가 하나도 나타나지 않았다. 또한 모형도 -2로그우도 값의 차이를 χ^2-test로 검증해 보았을 때 통계적으로 유의미하지 않는 것으로 나타났다.

위의 결과에서 임차인권리관련 변수들이 다른 매각가격결정 변수들보다 평균적으로는 중요하게 나왔지만, 임차인권리와 관련된 모든 변수들이 중요하게 나타났기 때문에 이 중 어떤 변수가 낙찰 받을 확률을 높이거나 낙찰될 확률을 낮추는 변수인지 구별하기 어렵다고 할 수 있다. 따라서 아파트경매의 낙찰 받을 확률은 임차인권리관련 변수에 따라 달라질 것이라는 [가설 3-4]는 기각되었다.

〈표 5-29〉 임차인권리관련 변수에 대한 로지스틱 회귀모형 요약

-2Log Likelihood		χ^2값	자유도	p값	Cox and snell R^2	Nagelkerke R^2
기본모형	9개의 변수가 투입된 모형	11.088	9	0.270	0.210	0.298
57.251	46.163					

(2) 로지스틱 회귀분석 결과 종합

이상의 로지스틱 회귀분석 결과를 종합해 보면, 가격관련 변수와 관련해서는 감정평가시점의 매매가격, 낙찰시점의 매매가격이 낙찰 받을 확률에 영향을 미치는 유의미한 변수들로 나타났다. 일반특성관련 변수 중에는 전체 층수, 난방(중앙, 개별) 방식, 주차대수들이 유의미한 변수로 선택되었으며, 그리고 입찰관련 변수 중에서는 유찰 횟수, 변경연기 횟수, 재경매전 매각가격, 채권자의 청구금액, 채권자가 은행, '임의 경매' 변수들이 낙찰 받을 확률에 영향을 미치는 유의미한 변수들로 나타났다.

이상의 결과에서 확인할 수 있듯이, 아파트경매시장에서 매각가격을 결정짓는 변수들의 중요도에 따라 낙찰 받을 확률이 달라질 것이라는 [가설 3] 중에서 [가설 3-1], [가설 3-2], [가설 3-3]은 입증되었고, 아파트경매의 낙찰 받을 확률은 임차인권리관련 변수에 따라 달라질 것이라는 [가설 3-4]는 기각되었다.

〈표 5-30〉 로지스틱 회귀분석 결과 종합

종속변수	독립변수		계수(B)	표준오차(S · E)	Wald $\left(\frac{B}{SE}\right)^2$	자유도(DF)	p값	Exp(B)	변수채택 여부
아파트 낙찰 유무	가격 관련 사항	감정평가시점 매매가격	-1.240	0.590	4.412	1	0.036	0.289	채택
		낙찰시점 매매가격	1.385	0.659	4.410	1	0.036	3.994	채택

입찰 현황 관련 사항	유찰횟수	5.33	2.073	6.598	1	0.010	205.548	채택
	재경매횟수	−4.47	2.109	4.501	1	0.034	0.011	채택
	재경매전 매각가격	5.08	2.434	4.359	1	0.037	161.170	채택
	채권자의 청구금액	−8.49	4.215	4.055	1	0.044	0.000	채택
	채권자가 개인인지	5.83	2.868	4.130	1	0.042	339.748	채택
	채권자가 은행인지	6.62	3.032	4.765	1	0.029	749.295	채택
	임의경매	−9.86	4.109	5.752	1	0.016	0.000	채택
일반적 특성 관련 사항	전체층수	−1.88	0.757	6.176	1	0.013	0.152	채택
	난방(중앙, 개별)방식	−1.67	0.709	5.571	1	0.018	0.188	채택
	주차대수	1.95	0.943	4.294	1	0.038	7.054	채택

결 론 06

1 연구결과와 시사점

본 연구는 매각가격에 영향을 미치는 경매특성변수를 가격관련요인, 입찰관련요인, 임차인권리관련요인으로 분류하여 각 변수들이 매각가격에 미치는 영향을 분석하는데 역점을 두었고, 일반특성변수와 경매특성변수를 함께 고려하여 매각가격예측모형을 만들어 검증하는 동시에, 이 변수들이 아파트경매의 매각가격결정에 의미 있는 영향을 주고 있다는 것을 실증적으로 규명하는데 연구의 목적을 두었다.

연구목적을 달성하기 위한 연구방법은 첫째, 매각가격과 가격관련변수(매매가격, 전세가격, 감성가격)간에 어떠한 관계가 있는지 상관관계분석을 시행한 후, 방향성과 인과관계를 알아보기 위해 경로분석을 실시하였다.

둘째, 특성가격함수모형(Hedonic Price Model)에 경매특성변수를 포함시켜 매각가격 결정요인의 타당성을 규명하였다.

셋째, 매각가격을 결정할 것으로 여겨지는 변수들에 대해 설문조사를 실시하였다. 입찰경험의 유무와 낙찰경험의 유무에 따라서 매각가격을 결정짓는 변수들이 낙찰을 받는데 어떻게 영향을 미치는지를 알아보기 위해 로지스틱 회귀분석(logistic regression analysis)을 사용하여 검증하였다.

이와 같은 과정을 거쳐 얻어진 주요한 연구 성과는 다음과 같다.

첫째, 아파트경매의 매각가격은 낙찰시점의 매매가격, 낙찰시점의 전세가격, 그리고 감정가격과 r=0.9 이상의 강한 정적(+) 상관관계를 보였으며, 낙찰시점의 매매가격이 아파트경매의 매각가격에 가장 큰 영향(0.572)을 미치고 있는 것으로 나타났다. 그러나 낙찰시점의 전세가격만 매각가격에 영향을 미치지 않는 것으로(0.28, p=0.567) 나타나 [가설 1]은 부분적으로 입증되었다.

둘째, 아파트경매의 매각가격은 일반특성변수에다 경매특성변수까지 포함한 모형Ⅱ의 경우에 설명력이 86%(Adjusted R^2=0.859)로 나타나, [가설 2]가 입증되었다.

다시 말하면 일반특성변수에서는 방수와 화장실수가 많을수록(큰 면적의 아파트일수록), 준공년도가 최근의 아파트일수록, 그리고 현관구조가 계단식일 때 아파트경매의 매각가격은 더욱 높아지게 된다. 또한 총 세대수가 많고 주위에 공원과 병원, 마트 등이 있을 경우에 아파트경매의 매각가격은 올라간다.

그리고 경매특성변수에서는 청구금액과 보증금액이 높을수록, 경매기간이 길수록 아파트경매의 매각가격은 높아지게 된다. 한편 유찰횟수, 재경매횟수는 짧을수록 아파트경매의 매각가격은 올라가고, 확정일자인과 임차권등기가 없는 경우에 아파트경매의 매각가격은 올라가게 된다.

셋째, 아파트경매의 매각가격을 결정짓는 변수 가운데 가격관련요인에서 (+)의 관계를 보이는 유의미한 변수는 낙찰시점의 매매가격이며, (−)의 관계를 보이는 변수는 감정평가시점의 매매가격으로 나타났다. 일반특성관련요인에서 (+)의 관계를 보이는 변수는 주차대수 변수이며, (−)의 관계를 보이는 변수는 난방(중앙, 개별)방식 변수와 전체층수 변수로 나타났다. 그리고 입찰관련요인에서는 유찰횟수, 재경매전 매각가격, 채권자 개인, 채권자 은행변수가 (+)의 관계를 보이는 변수로 나타났으며, 재경매 횟수, 채권자의 청구금액, 임의경매 변수는 (−)의 관계를 나타내었다. 그러나 임차인권리관련요인만 통계적으로 유의미하지 않는 것으로(p=0.270) 나타나 [가설 3]은 부분적으로 입증되었다.

따라서 본 연구에서 아파트경매에 관한 실증분석을 통하여 매각가격결정모형을 검증해 보고, 또 아파트경매의 매각가격이 경매특성변수에 의해 영향을 받고 있다는 것을 확인함으로써, 입찰자(투자자)에게는 설명력 있는 매각가격결정 기준을, 임차인에게는 투자수단 및 권리보호수단의 제공을, 채무자(소유자)에게는 권리구제의 기회를, 채권자에게는 채권회수의 수단을 제공하는 역할을 할 수 있을 것이다. 나아가 집행법원(매도자)에게는 경매자료의 미비점에 대한 제도적 개선의 필요성을 제기하고, 정부에게는 주택 및 상가건물임차인보호정책의 제도적 보완을 요구할 수 있을 것이다.

2 연구의 한계

본 연구에서 아파트경매의 매각가격결정요인을 분석한 것은 경매특성변수들이 매각가격결정에 어느 정도의 영향을 미쳤는지를 파악할 수 있었다는 점에서는 매우 유용하다. 하지만 연구의 대상지역을 대전지방법원 관할지역으로 한정하고 2004년 단기간에 취합된 횡단면 자료를 이용하여 분석하였기 때문에, 지역적·시간적 특성을 고려하지 않은 점은 본 연구의 한계이다.

이러한 연구의 한계에도 불구하고, 아파트경매시장에서 단편적으로 이루어지던 여러 경매특성변수들을 종합적으로 검토하여 최적의 변수들을 탐색해 내고, 실증분석을 통한 과학적인 접근을 시도한 것은 차별적 의미가 있다.

3 향후 연구과제

그렇지만 본 연구가 더욱 포괄적이고 정밀한 분석으로 발전하기 위해서는 다음 사항들에 대한 지속적인 연구가 계속되어져야 할 것이다.

첫째, 아파트경매의 매각가격에 영향을 미치는 변수로 정보수집의 한계성(불확실한 정보)와 사후위험성 변수(미래정보의 불확실성)에 대한 연구가 필요하다.

현실적으로 아파트경매의 매각가격과 매매가격의 괴리(乖離), 권리상의 하자 또는 권리분석의 오류로 인한 소유권이전의 지연 내지 포기하는 사례가 발생하고 있다. 이 같은 '낙찰자의 불행'이라고 표현되는 현상은 이론적으로는 불가능 하지만, 미래정보의 불확실성에서 기인한 추가부담비용의 존재가 낙찰자의 불행을 발생시키는 것이 자주 관찰되기 때문에, 앞으로 이 부분에 대한 심층적인 연구가 요구된다.

둘째, 본 연구에서 아파트경매의 매각가격결정에 미치는 경매특성변수는 제시하였으나, 합리적인 매각가격과 적절한 낙찰시점을 제시하지 못한 점에 대한 추가적인 연구가 필요하다. 다시 말해 공개된 자료들 중에서 매각가격을 면밀히 측정할 수 있는 경매특성변수를 실증적으로 검증은 하였으나, 그 경매특성변수들이 합리적인 매각가격은 얼마가 되는지, 또 적절한 낙찰시점은 언제인지는 검증해 내지 못했다는 것이다. 그리고 유찰횟수나 임차인수가 매각가격결정에 미치는 영향력은 검증되었으나, 유찰이 몇 번 일어나고 임차인수가 몇 명일 때 얼마의 매각가격으로 입찰하는 것이 좋은가에 대한 심도 있는 연구가 필요하다.

셋째, 아파트경매의 매각가격을 결정하는 변수에 사회·심리적 변수를 비롯한 다양한 변수를 포함한 거시적인 분석이 필요하다. 아파트경매의 매각가격은 일반특성변수와 경매특성변수와 같은 미시적 변수 외에 사회·경제·심리적인 변수와 같은 거시적 변수도 작용할 수 있기 때문에, 향후 연구에서는 미시적 변수와 함께 거시적 변수도 설명되어질 필요가 있다.

참고문헌

■ 단행본

김두섭, 사회과학을 위한 회귀분석, 법문사, 1993.
김영세, 게임이론 : 전략과 정보의 경제학, 박영사, 2006.
법원행정처, 민사집행법, 2002
_________, 법원실무제요, 민사집행[Ⅰ] : 집행총론, 2003.
_________, 법원실무제요, 민사집행[Ⅱ] : 부동산집행, 2003.
_________, 사법연감, 2005.
방경식 · 장희순, 부동산학개론, 부연사, 2004, pp. 226~234.
안정근, 부동산평가이론, 법문사, 1993, p. 302.
_____, 부동산평가이론, 법문사, 2006, pp. 37~38.
이원준, 감정평가이론, 범론사, 1993, p. 395.
이석규, 마케팅관리, 박영사, 2006, pp. 288~304.
유동운, 환경경제학, 비봉출판사, 1992, pp. 507~516.
정충영, 최이규, SPSSWIN을 이용한 통계분석, 무역경영사, 1998.
현대경제사회연구소, 주택문제 해소대책, 1991, pp. 20~21.
하성규, 주택정책론, 박영사, 1999, pp. 4~5.
황명찬 편, 주택정책론, 경영문화원, 1985, pp. 153~164(이건영 집필).
W. F. Smith, Housing, The Social and Economic Elements, Berkeley, University of California Press, 1970, p. 3.
L. S. Bourne, The Geography of Housing, London, Edward Arnold, 1981, pp.13~15.
Roy Gardner, Games for business and economics, John Wiley & Sons Inc., 1995, pp. 40~45.
Peter Chinloy, Real estate Investment and Strategy, Kluwer Academic Publishers, Boston, 1988, p. 29.
Alfred Ring and Jerome Dasso, Real Estate : Principles and practices, Prentice Hall INC., Englewood Cliffs, New Jersey, 1985, p. 414.

■ 논 문

대한주택공사 주택연구소, "분양가 차등적용방안에 관한 연구", 1986, p. 7.
박용석, "부동산경기변동과 가격결정요인에 관한 연구 : 주택시장을 중심으로", 단국대학교 박사학위청구논문, 2003.
박용수, "수익환원법의 가격 설명력과 층별 임대료 격차율의 가격 상관성에 대한 실증분석 : 서울지역 매장용부동산을 중심으로", 강원대학교 박사학위청구논문, 2007.
손재영, "지가와 거시경제변수간의 인과관계에 관한 실증분석", 한국개발연구원 한국개발연구 제13권 제3호, 1991.
_____, "특성감안가격함수 활용을 위한 지침, 국토정보다이제스트", 국토개발연구원, 1987, 12, p. 34.
성낙준, "공동주택 적정 공급가격 결정 방법에 관한 연구", 서울대학교 박사학위청구논문, 1993.
윤채규, "주관적 평가요인을 고려한 공동주택의 가격 결정모형 개발", 연세대학교 박사학위청구논문, 2003.

임승직, "민간임대주택의 수요와 거주가구의 특성분석", 주택금융, 한국주택은행, 1996.
윤정중, "도시경관의 조망특성이 주택가격에 미치는 영향", 연세대학교 박사학위청구논문, 2001.
오치훈, "부동산경매시장에서의 불확실성문제 : 정보수집비용과 사후위험비용을 중심으로", 전남대학교 석사학위청구논문, 2002.
안동주, "독립사적가치모형을 이용한 부동산 경매에 관한 실증연구", 서강대학교 석사학위청구논문, 1996.
지호준, "주택가격 및 전세가격의 주가와의 관계", 주택금융, 한국주택은행, 2001.
조주현 · 임정호, "전세가격과 매매가격 및 월세가격간의 관계에 관한 연구", 한국부동산분석학회 제10집 제2호, 2004.
조남복, "IMF이후 대전광역시 아파트경매시장의 변화와 수익률분석", 건국대학교 석사학위청구논문, 2001.
조남복 · 문영기, "경매특성변수가 아파트매각가격에 미치는 영향분석", (사)한국감정평가학회 감정평가학 논집 제5권 제2호, 2006.
조남복 · 문영기, "아파트경매에서 매각가격결정요인이 낙찰에 미치는 영향분석", (사)한국건물관리학회 건물관리연구 창간호, 2006.
정연환, "부동산경매제도에 관한 연구 : 우리나라와 일본의 제도를 중심으로", 영남대학교 박사학위청구논문, 2004.
허정수, "주택조세가 주택가격 및 임대료에 미치는 영향", 주택금융, 한국주택은행, 1992.
허세림 · 곽승준, "헤도닉가격기법을 이용한 주택특성의 잠재가격 추정", 주택연구2(2), 1991.
D. C. Quan, "Real Estate Auction : A Survey of Theory and Practice", J. Real Estate Finance Economics: 23~49, 1994.
William Vickery, "Counterspeculation, Auction and Competitive Sealed Tenders", Journal of Finance, 16, 1961, pp. 14~23.
Paul R. Milgrom and Robert J. Weber, "A Theory of Auction and competitive Bidding", Econometrica, Sept. 1982, 50(5), p. 1098.
Paul R. Milgrom, "A Convergence Theorem for competitive Bidding with Differential Information", Econometrica, May 1979, 47(3), pp. 505~508.
Sherwin Rosen, "Hedonic Price and Implicit Market ; Product Differentiation in Pure Competition", Journal of Political Economy, Vol.82, 1974, pp. 34~55.

■ 기타자료

대법원 법원경매정보(www.courtauction.go.kr), "대전지방법원 법원매각공고 및 내부자료", 2004년.
부동산뱅크(www.neonet.co.kr), "아파트경매물건에 대한 매매가격 및 전세가격 자료", 2004년.

[부록] 설문지

아파트경매시장의 매각가격결정요인에 관한 의견조사

안녕하십니까?

본 조사는 강원대학교 대학원 부동산학과에서 아파트경매시장의 매각가격결정요인 분석을 위한 연구의 일환으로 여러분의 아파트경매에 대한 의견조사를 실시하는 것입니다.

본 설문에 응답한 각종 견해는 무기명 통계처리 되어, 연구 자료로만 사용되며 그 이외의 다른 어떤 목적으로도 사용되지 않을 것입니다. 바쁘시겠지만 잠시 시간을 내서 응답해 주시면 대단히 감사하겠습니다.

2006년 3월

㉾ 200-701 강원도 춘천시 효자2동 192-1
강원대학교 대학원 부동산학과
박사과정 조남복(whdudwns@hanmail.net)
지도교수 문영기(youngki@kangwon.ac.kr)

성 별	1) 남　　　　2) 여
연 령	귀하의 나이는 어떻게 되십니까? 1) 20대　　2) 30대　　3) 40대　　4) 50대　　5) 60대 이상
결 혼	1) 기혼　　2) 미혼
종 교	1) 없다　　2) 기독교　　3) 천주교　　4) 불교　　5) 기타 종교

※ 부동산경매시장의 입찰에 대한 것입니다.

1. 귀하는 최근 2년 동안(2004. 1월 이후) 부동산경매시장의 입찰에 참여해본 적이 있습니까?

(　　　) 1) 있다 ----> 2번부터 시작 하십시오
(　　　) 2) 없다 ----> 3번부터 시작 하십시오

2. 다음의 질문에는 부동산경매시장의 입찰경험이 있는 분만 응해주십시오.

2-1. (입찰경험이 있다면), 얼마나 됩니까? ______________회

2-2. (입찰경험이 있다면), 어떤 물건에 응찰해보았습니까? 해당되는 것에 모두 ○표를 해주십시요.

(　　　) 1) 아파트　　(　　　) 2) 단독/연립/다세대주택
(　　　) 3) 전/답/대지　　(　　　) 4) 임야
(　　　) 5) 공장　　(　　　) 6) 기타 -----------

2-3. (입찰경험이 있다면), 어떤 용도로 입찰하였습니까?

(　　　) 1) 실수요 목적으로
(　　　) 2) 투자목적으로

2-4. (입찰경험이 있다면) 입찰물건선택(투자분석)은 누가 하였습니까?

(　　　) 1) 본인 스스로　　(　　　) 2) 법무사
(　　　) 3) 변호사　　(　　　) 4) 컨설팅업체
(　　　) 5) 기타

2-5. (입찰경험이 있다면) 입찰물건의 권리분석 및 점유자 처리 등은 누가 하였습니까?

(　　　) 1) 본인 스스로　　(　　　) 2) 법무사
(　　　) 3) 변호사　　(　　　) 4) 컨설팅업체
(　　　) 5) 기타

2-6. (입찰경험이 있다면), 낙찰을 받은 적이 있습니까?

( ) 1) 있다 -------> 2-7번부터 시작 하십시오

( ) 2) 없다 -------> 4번부터 시작 하십시오

2-7. (낙찰 받은 적이 있다면), 어떤 물건이었습니까? 해당되는 것에 모두 ○표와 횟수를 기입해주십시오.

낙찰 유무	횟수	
( )	( )	1) 아파트 -------> 2-8번부터 시작 하십시오
( )	( )	2) 단독/연립/다세대주택
( )	( )	3) 전/답/대지
( )	( )	4) 임야 --------> 4번부터 시작 하십시오
( )	( )	5) 공장
( )	( )	6) 기타

2-8. (아파트를 낙찰 받은 적이 있다면), 평균적으로 어느 정도의 시세차익이 났습니까?

( ) 1) 시세가격 보다 (%) 더 싸게 낙찰을 받았다.

( ) 2) 시세가격 보다 (%) 더 비싸게 낙찰을 받았다.

3. 다음의 질문에는 부동산경매시장의 입찰경험이 없는 분만 응해주십시오.

3-1. 귀하는 앞으로 부동산경매시장의 입찰에 참여해 볼 의사는 있습니까?

( ) 1) 있다 ----> 3-2번부터 시작하십시오.

( ) 2) 없다 ----> 4번부터 시작하십시오.

3-2. (참여의사가 있다면), 어떤 물건에 응찰해 보시겠습니까? 해당되는 것에 모두 ○표를 해주십시오.

( ) 1) 아파트 ( ) 2) 단독/연립/다세대주택

( ) 3) 전/답/대지 ( ) 4) 임야

( ) 5) 공장 ( ) 6) 기타

3-3. (참여의사가 있다면), 어느 정도의 수익률을 기대하십니까?

(시세가격의 %)

3-4. (참여의사가 있다면) 입찰물건선택(투자분석)은 어떻게 할 계획입니까?

( ) 1) 본인 스스로 ( ) 2) 법무사

( ) 3) 변호사 ( ) 4) 컨설팅업체
( ) 5) 기타

3-5. (참여의사가 있다면) 입찰물건의 권리분석 및 점유자 처리 등은 어떻게 할 계획입니까?

( ) 1) 본인 스스로 ( ) 2) 법무사
( ) 3) 변호사 ( ) 4) 컨설팅업체
( ) 5) 기타

4. 귀하는 부동산 재테크의 하나로 경매투자의 수익성에 대해서 어떻게 생각하십니까?

( ) 1) 증권에 비해 수익성이 매우 좋다.
( ) 2) 증권에 비해 수익성이 약간 좋다.
( ) 3) 증권과 비슷하다.
( ) 4) 증권에 비해 수익성이 별로 없다.
( ) 5) 증권에 비해 수익성이 전혀 없다.

5. 귀하는 경매투자를 위해 별도의 교육을 받은 적이 있으십니까?

( ) 1) 있다 ----> 5-1번부터 시작하십시오.
( ) 2) 없다 ----> 6번부터 시작하십시오.

5-1. (교육을 받았다면) 어느 교육기관에서 교육을 받으셨습니까?

( ) 1) 대학(평생교육원, 특별교육과정)
( ) 2) 신문사, 백화점 등 문화센터
( ) 3) 인터넷 학원
( ) 4) 카페동호인 모임
( ) 5) 독학
( ) 6) 기타 ____________________

6. 귀하가 지금까지 투자를 해본 재테크는 어떤 것이 있습니까? 가장 많이 한 것 부터 우선순위를 직접 매겨주십시오.

순위					
종류	주식	일반부동산	채권	은행적금	경매부동산

※ 다음 내용들은 아파트경매시장에서 매각가격(낙찰가격)을 결정하는 사항들 입니다. 귀하는 매각(낙찰)가격을 결정할 때 다음의 각 사항들에 대해서 어느 정도 고려하십니까? 해당되는 것에 ∨표를 해주십시오.
(입찰경험유무와 상관없이 모두 기입해주십시오)

7. 물건의 가격관련사항입니다.

문항	항　목	전혀 고려 안함	별로 고려 안함	그저 그렇다	약간 많이 고려	매우 많이 고려
1	감정가격은 적절히 평가되었는지	①	②	③	④	⑤
2	감정평가시점의 매매가격은 어느 정도인지	①	②	③	④	⑤
3	감정평가시점의 전세가격은 비싼지 또는 싼지	①	②	③	④	⑤
4	낙찰 받은 시점의 매매가격은 얼마인지	①	②	③	④	⑤
5	낙찰받은 시점의 전세가격은 얼마인지	①	②	③	④	⑤
6	매도시점의 매매가격은 얼마나 될 것인지	①	②	③	④	⑤
7	매도시점의 전세가격은 얼마나 될 것인지	①	②	③	④	⑤
8	최저매각가격이 얼마인지	①	②	③	④	⑤

8. 물건의 입찰현황에 관련된 사항입니다.

문항	항　목	전혀 고려 안함	별로 고려 안함	그저 그렇다	약간 많이 고려	매우 많이 고려
1	해당 물건의 유찰횟수는 몇 번인지	①	②	③	④	⑤
2	해당 물건의 취하횟수는 몇 번인지	①	②	③	④	⑤
3	해당 물건의 변경연기횟수는 몇 번인지	①	②	③	④	⑤
4	해당 물건의 재경매 횟수는 몇 번 인지	①	②	③	④	⑤
5	해당 물건의 재경매전 매각가격이 얼마였는지 (이전 낙찰가격이 얼마였는지)	①	②	③	④	⑤
6	재경매를 하게 된 이유가 무엇인지	①	②	③	④	⑤
7	재경매전 입찰자 수가 몇 명인지	①	②	③	④	⑤
8	경매물건 채권자의 청구금액이 얼마인지	①	②	③	④	⑤
9	경매신청 채권자가 개인인지	①	②	③	④	⑤
10	경매신청 채권자가 은행인지	①	②	③	④	⑤
11	경매의 종류가 임의경매인 경우	①	②	③	④	⑤
12	경매의 종류가 강제경매인 경우	①	②	③	④	⑤

문항	항　목	전혀 고려 안함	별로 고려 안함	그저 그렇다	약간 많이 고려	매우 많이 고려
13	인도명령대상자는 몇 명이나 되는지	①	②	③	④	⑤
14	입찰자수는 몇 명인지	①	②	③	④	⑤

9. 물건의 임차인 관련 사항입니다.

문항	항　목	전혀 고려 안함	별로 고려 안함	그저 그렇다	약간 많이 고려	매우 많이 고려
1	임차인이 있는지 없는지	①	②	③	④	⑤
2	임차인 수가 몇 명인지	①	②	③	④	⑤
3	임차인의 보증금은 얼마인지	①	②	③	④	⑤
4	임차인의 대항력이 있는지 없는지	①	②	③	④	⑤
5	임차인이 소액최우선변제에 해당되는지	①	②	③	④	⑤
6	임차인이 확정일자를 받았는지	①	②	③	④	⑤
7	임차인이 배당요구 및 권리신고를 했는지	①	②	③	④	⑤
8	임차인이 전세권 등기를 했는지	①	②	③	④	⑤
9	임차인이 임차권등기를 했는지	①	②	③	④	⑤

10. 아파트의 일반적 특성에 관한 사항입니다.

문항	항　목	전혀 고려 안함	별로 고려 안함	그저 그렇다	약간 많이 고려	매우 많이 고려
1	해당물건 단지의 총세대수가 어느 정도인지	①	②	③	④	⑤
2	해당물건의 전체 층은 몇 층인지	①	②	③	④	⑤
3	입찰물건의 해당 층은 몇 층인지	①	②	③	④	⑤
4	현관구조는 어떻게 되어 있는지	①	②	③	④	⑤
5	난방방식은 어떤 방식(중앙, 개별)인지	①	②	③	④	⑤
6	입찰물건의 해당 동의 위치는 적절한지	①	②	③	④	⑤
7	입찰물건의 해당 호수 적당한지	①	②	③	④	⑤
8	입찰물건의 향은 무슨 향인지	①	②	③	④	⑤
9	입찰물건의 동간거리는 확보가 되었는지	①	②	③	④	⑤
10	물건을 건축한 건설사(브랜드명)는 무엇인지	①	②	③	④	⑤
11	물건의 방수는 몇 개인지	①	②	③	④	⑤
12	물건의 화장실수는 몇 개인지	①	②	③	④	⑤
13	물건의 주차대수는 적정한지	①	②	③	④	⑤

문항	항 목	전혀 고려 안함	별로 고려 안함	그저 그렇다	약간 많이 고려	매우 많이 고려
14	물건의 준공년도는 언제인지	①	②	③	④	⑤
15	물건의 평형(평)은 몇 평인지	①	②	③	④	⑤
16	물건 주변에 공원은 있는지	①	②	③	④	⑤
17	물건 주변의 교통 환경은 어떤지	①	②	③	④	⑤
18	물건 주변의 교육여건 및 시설(초, 중, 고, 대)은 갖추어 졌는지	①	②	③	④	⑤
19	물건 주변인근에 은행은 있는지	①	②	③	④	⑤
20	물건 주변에 생활편의시설이 있는지	①	②	③	④	⑤

※ 다음은 통계분석을 위한 인적사항에 관한 자료입니다.

Q1. 귀하의 직업은 무엇입니까? (　　　)

1) 전문/자유직　　2) 경영/관리직　　3) 행정/사무직
4) 생산/기술직　　5) 판매/서비스직　　6) 자영업
7) 농업/임업/축산업　　8) 주부　　9) 학생
10) 무직　　11) 기타 ______________

Q2. 귀하는 학교는 어디까지 다니셨습니까? (　　　)

1) 고졸 이하　　2) 전문대졸　　3) 대졸　　4) 대학원졸 이상

Q3. 귀하의 한달 평균 총소득(가족구성원 모두의 소득)은 어느 정도 입니까? (　　　)

1) 월소득 99만원　　2) 월소득 100만원 – 199만원
3) 월소득 200만원 – 299만원　　4) 월소득 300만원 – 399만원
5) 월소득 400만원 – 499만원　　6) 월소득 500만원 이상

Q4. 귀하는 현재 부동산을 소유하고 있습니까? (　　　)

1) 있다 ---- Q5번으로 가십시오.
2) 없다

Q5. (부동산을 소유하고 있다면) 구체적으로 어떤 것들입니까? 해당되는 것에 모두 ○ 표를 하십시오.

(　　　) 1) 아파트　　(　　　) 2) 단독/연립/다세대주택
(　　　) 3) 전/답/대지　　(　　　) 4) 임야
(　　　) 5) 공장　　(　　　) 6) 기타 -----------

제4편
부동산경매 참여자의 의사결정특성 분석

– 문희명

서 론 01

1 연구의 배경

우리나라 가계는 부동산을 구입하는 과정에서 그동안 축적하였던 금융자산을 활용하고, 부족분을 차입으로 충당함에 따라 부동산자산 및 금융부채규모 간에 정(+)의 상관관계[1]가 나타나고 있다. 즉, 부동산을 보유한 가계일수록 금융부채가 많다는 것이다. 그리고 국내 가계자산은 부동산에 85.2%가 집중된 반면 금융자산은 14.8%에 불과하고 부동산 가운데 주택이 차지하는 비중은 80%[2]로 압도적으로 많다. 또한, 2009년 9월말 현재 은행권 주택담보대출은 260.1조, 이중 일시상환 대출은 112조(43.1%), 분할상환대출은 148.1조(56.9%)에 이르고 있다. 이중 분할상환대출 148.1조 가운데 22.3조(15%)는 2010년 중 분할상환기간이 개시될 예정이다. 이러한 만기도래규모[3]는 예년에 비해 과도한 수준은 아니지만, 부동산경기의 침체국면이 지속되거나 고용불안, 해외 경제지표 등의 악화는 일반가계의 경제적 여건을 더욱 악화시켜, 유동성을 제약시키는 요인으로 작용할 것으로 판단된다. 이렇듯 가계대출이 증가하는 이유는 금융완화나 모기지대출에 대한 세제지원 등의 제도변화, 이로부터 촉발된 실물자산수요증가가 동 자산을 담보로 한 주택관련대출의 증가, 저금리, 풍부한 유동성, 자산가격 상승 기대의 지속 등[4]을 들고 있다.

은행권이 가계대출을 확대시키던 2002년을 기준으로 일반 주거용부동산을 담보로 하는 가계대출이 증가하였고, 부동산가격의 변동과 채권·채무이행과 관련된 복잡한 인과관계는 법적처분절차인 법원경매시장의 공급물량에 변화를 초래하였다. 부동산의 소유자가 대출금의 원금상환능력이나 이자지불능력이 감소하면 채권자는 채권회수방안으로 법적인 강제처분절차를 거치게 되는데, 이러한 담보부동산이 법원부동산경매의 매각대상물이 된다. 대출의 증가로 발생되는 다양한 채권, 채무의 관계는 채무불이행으로 이어질 수 있는 비율을 증가시키고, 이는 경매시장으로 유입되는 법원 매각부동산의 물량의 변화로 나타났다.

---

1) 한국은행 금융경제연구원(2010), 「우리나라 가계부채요인의 결정요인과 평가」, 금융경제논총, 79~109쪽.
2) 동아닷컴, 2010. 6. 4. 24면.
3) 금융위원회 금융정책국 금융정책과, 2010. 1. 19, 보도자료.
4) 한국은행 금융경제연구원, 앞의 책, 3쪽.

2008년에 발생한 미국발 금융위기의 영향으로 인한 가계의 유동성 제약[5]과 은행권의 상환압력증가 등은 금융시장내 주택불량채권을 대량으로 발생시켰다. 우리나라의 경우 외환위기가 도래하기 이전인 1995년에 법원에 접수된 경매건수는 34,516건에 불과하였지만, 1997년에는 114,237건으로 무려 3.3배의 증가를 보이고, 1998년에는 242,312건으로 급격히 증가하였다. 이후 1999년에는 208,062건으로 증가하였다가 2000년에는 166,990건, 2002년에는 107,070건으로 점차 감소하였다. 하지만, 2002년 이후 경매건수가 변동하기 시작하여 2004년에는 182,796건으로 다시 증가하며, 2009년에는 124,252건에 이르고 있다.[6]

경매건수의 증가는 부동산시장내 참여자의 행동에도 변화를 가져왔다. 특히, 시장가격보다 낮은 수준으로 주택을 구입하고자 하는 실수요자나 투자자[7]들에게는 매력적인 투자대상으로 작용하고 있는 것이다. 부동산경매는 권리분석이 전제되어야 하는 개별적 특성과 부동산소유자의 의사와 상관없이 강제처분 매각과정에서 나타나는 불확실성이 존재한다.

경매를 잘 이해하지 못하고 있는 사람들은 부동산경매를 위험하거나 복잡하다고 인식한다. 따라서 경매에 참여하기위해서는 강제처분과 법원이 집행하는 절차에 대하여 충분한 이해가 전제되어야 한다. 그리고 채무자의 자산을 강제로 집행하는 처분절차에 기한 부동산의 소유권 취득과 더불어 부동산의 인도방법에 대한 법적인 해결방안 등이 모색되어야 한다.

부동산경매를 통한 거래는 법원과 경매참여자가 부동산중개업자의 개입없이 참여하는 형태이기 때문에 일반거래와는 특성이 다르다. 즉, 경매참여자가 부동산경매물건에 관한 정보나 시장변화 등에 대한 정확하고 상세한 정보에 기초하여 경매참여결정을 판단해야 한다. 그러나 많은 경매참여자들이 경제·사회적 요인 등 외부 위험요인이나 경매물건 자체에 내재된 위험요인 등에 대해 정통하지 못하고, 권리분석이나 건물의 인도를 위한 불법점유자에 대한 명도, 절차상의 불확실성으로 인한 위험요인이 존재함에도 불구하고 경매참여결정이 합리적으로 이루어지지 못하고 있는 실정이다.

2 연구의 목적

경매를 통한 부동산의 취득에는 일반거래와는 다른 특성이 있다. 이러한 특성을 이해

5) 정부는 2009년 9월 7일부터 주택담보대출에 대한 총부채상환비율(DTI·채무자의 상환능력에 따른 대출 한도) 규제를 수도권 전역으로 확대하였다. 이는 주택담보대출 증가에 따른 가계의 채무부담능력악화와 금융사의 대출위험상승을 막기 위한 조치다. 조선일보, 2009. 9. 4. 22면.

6) 대법원 법원경매정보.

7) 국민 1인당 소득대비 순 저축률이 2000년도 이전에는 평균 19.8%를 차지하던 것이 2000년 이후 2009년에 이르는 10년 동안의 평균 순저축률은 4.7%를 나타내 기존의 저축률에 비하여 급격히 감소하고, 저축을 대신하는 다른 형태의 투자방식으로 전환되었음을 나타낸다.

하지 못한 경매참여자들이 시장상황 등에 대한 정보의 획득 및 해석, 경매물건의 선택이나 낙찰가격의 결정 등에 있어 합리성이 결여된 의사결정으로 인해 경제적 손실이 발생하거나 결정된 낙찰가격의 성격을 규명하기 어려울 정도의 비합리성이 나타나기도 한다. 이와 같이 부동산경매에 있어서도 의사결정이 정확한 정보와 지식에 기초해서 이루어져야 함에도 불구하고, 주관적인 의사결정수준에 머무르고 있다.

부동산경매에 내재되어 있는 절차상의 특성과 부동산경매 입찰참여자의 의사결정성향, 경매부동산의 낙찰특성을 밝히는 것은 매우 중요하고 시의 적절한 연구과제이다. 왜냐하면 입찰참여자들이 보다 객관적이고 합리적으로 의사결정을 할 수 있는 준거가 될 수 있기 때문이다.

따라서 본 연구에서는 부동산경매에 접근하는 의사결정단계에서부터 입찰참여결정과 낙찰여부, 낙찰가격결정이라는 일련의 과정에 나타나는 의사결정요인을 추출하여 제시하고자 한다.

첫째, 강제매각절차를 진행하는 부동산경매에 대한 불확실성을 위험요인으로 분류하여 입찰참여자의 의사결정에 영향을 주는 위험요인이 무엇인지 분석한다.

둘째, 입찰참여자가 선택하는 낙찰 결정요인이 무엇인지 규명한다.

셋째, 낙찰이 결정된 부동산의 가격을 대상으로 하여 낙찰가격에 영향을 미친 요인을 분석한다.

이는 점차 확대되어가는 부동산경매시장의 환경변화를 설명하고, 부동산경매에서 불확실성으로 인식되는 경매의 내부·외부 위험요인을 밝히며 경매참여자가 인식하게 되는 위험요인을 판단할 수 있는 준거가 될 수 있을 것이다.

따라서 본 연구에서는 부동산경매의 입찰참여를 위한 진행과정에서 단계적인 의사결정특성을 밝히고, 물건선정에서부터 입찰참여에 이르는 전체 단계의 의사결정과정에서 고려되는 위험요인을 도출하고자 한다. 또한 입찰참여 선택요인과 낙찰가격에 영향을 주는 요인에 관하여 진행단계마다 요구되는 의사결정특성을 체계적으로 분석하고자 한다. 이를 통하여 다양하고 복잡한 부동산경매의 합리적인 의사결정을 할 수 있는 준거를 제시하는데 본 연구의 목적이 있다.

3 연구의 방법 및 범위

본 연구는 부동산경매의 참여를 위한 단계별 의사결정특성을 다음과 같이 분석하였다. i) 부동산경매의 입찰참여자에 대한 의사결정성향을 분석하고, ii) 낙찰된 부동산의 낙찰결정요인을 분석하고, iii) 낙찰부동산의 가격결정요인을 경매의 내부요인과 경매의 외부요인으로 구분하여 실증 분석하였다.

1) 연구의 방법

연구의 목적을 달성하기 위하여 아래와 같은 연구방법을 채택하였다.

첫째, 부동산경매 기본절차와 환경의 변화에 대하여 문헌과 선행연구를 통하여 정리하고, 부동산경매시장의 현황을 고찰하였다.

둘째, 문헌조사로 부동산경매에 내재하는 불확실성의 장애요소를 파악하여 위험요인으로 분류하고, 이를 체계화하여 의사결정기법(AHP)으로 분석하였다. 이를 위하여 경매참여자들의 입찰참여 의사결정의 위험요인을 경매내부의 위험요인, 경매외부의 위험요인, 참여자 개별적성향의 위험요인으로 구분하여 항목을 선정하였다. 분석의 도구는 Export Choice 2000을 사용하였다. 설문의 항목은 계층적으로 체계화하여 설문을 만들고, 설문대상자는 입찰경험이 많은 전문가를 대상으로 하였다. 항목선정을 위한 브레인스토밍 과정을 거쳐서 위험요인 3차 항목 29개를 체계적으로 분류하여 설문조사하였다.

셋째, 경매법정에서 특정의 해당기일에 낙찰된 부동산의 낙찰결정요인을 도출하기 위하여 로지스틱회귀분석을 하였다. 낙찰에 영향을 주는 요인을 경매 내부요인과 경매 외부요인으로 구분하여 낙찰결정요인을 분석하였다. 낙찰여부의 의사결정에 관한 분석이므로 지정된 매각기일의 매각여부를 종속변수로 하고, 17개의 독립변수를 채택하였다.

넷째, 최종낙찰이 결정된 부동산 중 주거용[8]을 대상으로 낙찰가격에 영향을 주는 요인을 규명하기 위해 다중회귀분석을 하였다. 앞서 낙찰결정요인분석에 사용한 변수를 동일하게 사용하였다. 이때 낙찰결정요인분석에서 사용한 경매사례 중 최종적으로 낙찰이 결정됨으로써 가격이 형성된 표본을 분석에 사용하였다. 낙찰가격을 결정하는데 영향을 주는 요인분석이므로 낙찰가격을 종속변수로 하고, 경매 내부요인 11개와 경매 외부요인 8개의 독립변수로 분류하여 낙찰가격 결정에 영향을 주는 요인을 분석하였다.

다섯째, 분석의 결과를 종합하여 부동산경매에서 나타나는 입찰참여자의 의사결정요인을 단계별로 해석하여 연구의 성과와 한계를 밝혔다.

2) 연구의 범위

부동산경매의 절차는 참여자의 입장에서 ⅰ) 참여(입찰)의사결정, ii) 입찰참여(낙찰)여부, iii) 낙찰(가격)결정의 3단계로 구분할 수 있다. 본 연구에서는 3단계로 구분되는 경매절차의 단계를 고찰하고자 한다.

첫째, 입찰참여자는 참여결정단계에서 입찰참여 의사여부를 결정하기 위해 당해부동산의 안전성여부를 검토하게 된다. 따라서 참여(입찰)의사결정을 위하여 부동산 경매전반에 걸쳐있는 위험요인을 중심으로 분석한다. 위험요인분석의 시간적 범위는 2008년 10월에 경매전문가에게 설문조사를 실시하여 2주간의 시간을 두고 설문을 회수하였

---

8) 2009년의 전국 매각부동산의 용도중 주거용 부동산은 63,000건으로 전체용도의 44.5%를 차지한다.

다. 34부의 설문 중 일관성 있는 유효한 설문 27부를 채택하여 분석에 사용하였다.

둘째, 입찰참여(낙찰)여부단계에서는 대상 매각물의 매각회차, 임차인유무, 특수권리 유무 등 입찰관련 고려요인 및 대상 부동산의 고유의 개별적인 요인을 범위로 한다. 사례분석의 시간적 범위는 2009년 한 해 동안 진행되는 경매사건 중에 표본을 선정하였다. 진행상의 특수성을 배제하기 위하여 6월 둘째주간 매각기일에 진행된 518개[9] 사례를 분석에 사용하였다. 공간적 범위는 서울지역 5개법원에서 진행되는 경매사건 중 부동산경매 사건만을 대상으로 하였다.

셋째, 낙찰(가격)결정단계에서 가격을 결정하는 요인은 다양하지만, 분석의 일관성을 가지기 위하여 낙찰(가격)단계에서 고려한 요인을 대상으로 한다. 최종적으로 매각이 결정된 경매부동산 354건의 경매사례를 표본으로 추출하였다. 낙찰가격에 영향을 주는 요인을 분석하기 위한 대상물의 범위는 주거용 부동산 중 아파트, 다세대, 단독주택을 선별하여 주거용 부동산만을 분석대상으로 하였다.

3) 용어의 정리

담보권의 실행을 위한 보전처분절차가 '민사소송법'을 적용법규로 진행되어 오다가 경매관련 기본법규가 2002년 7월 1일부터 '민사집행법'[10]으로 변경[11]되어 적용을 받게 되었다. 경매관련 절차에 관한 내용을 목적으로 하는 법리의 규정에 의하여 채권자와 채무자의 공평한 권리를 보장하고 사회의 안정화와 경제정의 실현에 기여할 수 있는 법 개정이 지속적으로 이루어지고 보완되고 있다. 점진적인 개정으로 경매절차에서 당사자간의 이해관계에 의하여 부동산경매관련 용어들이 혼용되어 사용되고 있다. 즉, 매각기일에 입찰에 참여하는 행위에 대한 용어가 입찰, 낙찰, 매각이라는 용어가 혼용되고 있다. 이는 민사집행법의 제정으로 정비된 용어들이 혼동되어 이전의 용어와 함께 사용되는 경우이다.

9) 비율에 적정한 서울 5개법원의 경매사례 522개 추출하였고 그 중에서 동산경매 4건을 제외하고 유효한 부동산경매사례 518건을 표본으로 선정하였다.

10) 이 법은 강제집행, 담보권 실행을 위한 경매, '민법'·'상법' 그 밖의 법률의 규정에 의한 경매(이하 "민사집행"이라 한다) 및 보전처분의 절차를 규정함을 목적으로 한다.(출처 : 민사집행법 제06627호 2002. 1. 26)

11) '민사집행법'은 "'민사소송법'상 강제집행절차에 관한 규정이 1960년에 '민사소송법'이 제정된 후 1990년에 '경매법'을 흡수하기 위하여 동법을 개정한 것을 제외하고는 약 40년간 개정이 이루어지지 아니하여 사회·경제적 발전에 따른 신속한 권리구제의 필요성에 부응하지 못하고 있다는 지적에 따라, 채무자 등의 제도남용에 의한 민사집행절차의 지연을 방지하고 불량채무자에 대한 철저한 책임추궁을 통하여 효율적이고 신속한 권리구제방안을 마련함으로써 정의로운 신용사회를 이룩하는 한편, 법률용어를 국민의 법 감정에 맞도록 순화하고, 통일적이며 일관된 법집행을 위하여 민사집행부분을 민사소송법에서 분리하여 별도의 법률로 제정하려는 것임."이라는 목적으로 제정되어 2002년 7월 1일부터 시행되고 있다.

〈그림 1-1〉 연구흐름도

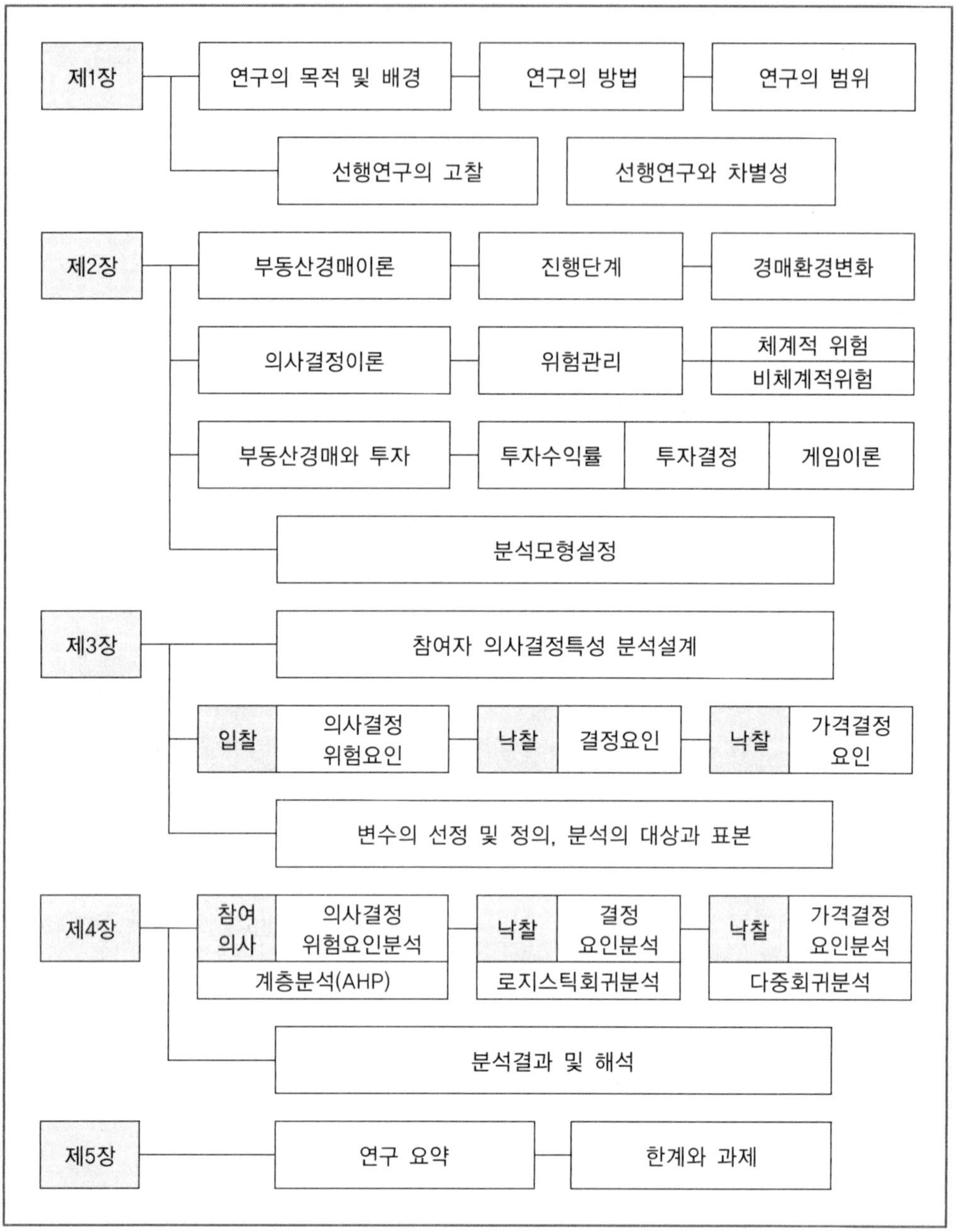

그러므로 본 연구에서 사용하는 용어의 표현을 아래와 같이 연구자의 관점과 해석에 맞도록 정리하였다.

먼저 '입찰'이라는 용어는 부동산경매에 참여하는 주체의 입장에서 쓰는 의미로써 참여자의 입장에서 경매낙찰이 진행되기 이전까지 참여자의 위치를 표현하기로 정하며, 이는 경매진행의 전 단계와 낙찰결정 이전단계에 해당되는 내용의 표현에 사용하기로 한다.

다음으로 '낙찰'이라는 용어는 '민사집행법'의 제정 이전의 시기에 통용되던 용어로 경쟁 입찰자 중에 최고가 매수인으로 정해져 부동산의 소유권을 취득하게 된다는 의미로 사용하기로 한다. 불특정의 입찰참여자가 특정의 자격을 갖추어 최고가 입찰이 유효하여 특정인으로 결정되는 낙찰자로서 주체적인 입장에서 표현되는 용어이다.

또한 '매각'은 집행절차에서 경쟁을 통해 최고가매수인에게 부동산을 취득 허가하여 준다는 의미이다. 이는 법원이 주체가 된 표현으로 법원이 주체가 되어 해당사건을 총괄하여 진행하는 주체자의 입장에서 사용되는 용어이다. 그러므로 이 논문에서는 경매사건이 종결되어 사건이 마무리 된 상황을 표현할 때 사용하기로 하며, '민사집행법'의 시행으로 정의된 용어사용을 원칙으로 함을 밝혀둔다.

이에 본 논문에서는 참여자가 주체가 되어 부동산경매 절차에 참여하기 위한 의사결정과정에 관한 분석이므로 매각이라는 용어를 대신하여 '낙찰'이라는 용어를 사용하기로 한다. 그러므로 낙찰자, 낙찰결정, 낙찰가격, 낙찰가율, 낙찰결정요인 등의 용어를 사용하며 분석한다. 연구의 흐름도는 〈그림 1-1〉과 같다.

4 선행연구 고찰

법률은 경매진행에서 임차인의 지위를 향상시키는 내용으로 보완되고, 민사집행의 절차가 간소화되었다. 부동산경매에 관한 연구는 민사집행법의 개정 · 보완과 더불어 활발하게 진행되고 있다.

법률의 개정과 더불어 낙찰사례를 중심으로 낙찰특성에 관한 다양한 연구가 병행되고 있다. 나아가 입찰참여자의 행동특성에 대한 연구도 보완되면서 다양한 각도에서 부동산경매 연구가 진행되고 있다.

이러한 내용을 분류해 보면 경매부동산의 가격구조, 일반부동산시장과 차이점, 매각부동산에 대한 해석, 권리분석 등에 관한 연구로 나누어볼 수 있다.

이에 본 연구에서는 이러한 내용을 고려하여 ⅰ) 권리분석을 위주로 한 이해관계인과 유치권의 지위관련 법리해석분야, ⅱ) 입찰참여자들의 의사결정관련 분야, ⅲ) 경매부동산의 낙찰가격특성을 연구한 분야로 나누어 선행연구를 검토하고자 한다.

1) 권리분석 관련 연구

부동산경매에 적용하는 법과 관련하여 법률적 권리분석에서 임차인의 지위향상과 법리적용에 관하여 다양하게 연구가 진행되었다.

이강한(2008)은 민사집행법이 규정하는 주요내용과 임차인의 법적지위, '주택임대차보호법' 및 '상가임대차보호법'상의 부동산경매관련 임차인의 법적지위와 문제점을 살펴보고 임차인의 지위향상을 위한 보호방안을 고찰하였다.

또한 부동산경매에서 유치권신고와 관련하여 유치권의 성립시기와 요건 등에 대한 연구도 활발하다. 유치권은 제도적으로 정보제공이 미비하여 권리신고에 적용시기와 권리의 유무판단이 복잡하다. 이러한 권리의 불특정함으로 유치권이 악용되어 있으므로 경매절차에서 개선되어야 하는 문제점을 안고 있다.

유치권 관련 연구에서 최동홍·유선종(2010)[12]은 유치권 체계는 유치권자만을 위한 일방적인 것으로 선순위 채권자 및 매수인의 이익을 침해하는 또 다른 불공평의 문제를 야기하고 있으므로, 부동산경매절차에서 유치권자 뿐만 아니라 채권자, 채무자, 매수인, 이해관계인 모두에게 공평하도록 유도하는 유치권제도의 개선방안을 제시하였다.

김기찬(2008)은 부동산경매 유치권의 개선에 관한 연구를 통해서 부동산경매절차상, 유치권으로 인해 나타나는 불확실성을 개선하여 경매에 이해당사자인 매수인이 권리분석에 필요한 정보를 적절하게 제공받아 부동산경매의 혼란을 막고 부동산거래질서의 안정을 제안하였다.

〈표 1-1〉 권리분석 관련 연구

연구자(년도)	연구 제목	연구 내용
배종을 (2009)	부동산경매에서의 매도인의 담보책임에 관한 연구	부동산경매에서 담보책임의 내용으로 '민법' 578조의 적용법리와 적용대상 등을 근거로 담보책임의 성립여부에 대해서 연구
정진갑 (2008)	권리분석을 통한 경매부동산 매수인 보호에 관한 연구	경매절차상의 미 공시 권리를 놓고 최선순위의 사법적 권리에 대한 분석이 선행되어야 하는 내용으로 해당 부동산에 임차인에 대한 분석을 주택임대차의 중요한 내용으로 연구
현재관 (2008)	경매부동산의 권리분석에 관한 연구	경매 참여시에 알아야 하는 경매제도일반과 권리분석, 투자분석에 대한 기법을 사례로 분석하여 투자분석 수립과 투자전략을 제시
이강한 (2008)	부동산경매에 있어서 임차인의 법적지위에 관한 연구	'민사집행법'이 규정하는 주요내용과 부동산경매관련 임차인의 법적지위와 문제점을 살펴보고 임차인 지위향상을 위한 보호방안을 고찰
최동홍 (2010)	부동산경매에서 유치권신고의 의무화	부동산경매절차에서 유치권자 뿐만 아니라 채권자, 채무자, 매수인, 이해관계인 모두에게 공평하도록 유도하는 유치권제도의 개선방안을 제시
윤영근 (2009)	부동산경매절차에서의 유치권에 관한 연구	부동산경매절차에 유치권에 관한 연구에서 유치권의 건전성 확보를 위한 성립시기와 성립요건에 관하여 연구하고 경매절차상의 매수희망자가 침해받을 수 있는 유치권의 개선방안을 제시
여종건 (2009)	부동산경매시장에서 유치권이 낙찰가율에 미치는 영향	부동산경매시장에서 유치권이 매각가율에 미치는 영향을 통해서 복잡한 경매제도의 유치권신고와 매각가율의 관계를 실증분석

12) 최동홍(2010), "부동산경매에서 유치권신고의 의무화", 법조 제643호, 법조협회, 2010. 4

황승권 (2009)	부동산경매에서 유치권 성립여부의 진정성 판단에 관한 연구	유치권 성립여부의 진정성 판단에 미흡함과 불합리함 살펴보고 경매의 합법적인 법률행위를 유도함으로써 위험에서 벗어날 수 있다는 의견을 제시
김기찬 (2008)	부동산경매에서 유치권의 개선에 관한 연구	부동산경매절차상, 유치권으로 인해 나타나는 불확실성을 개선하여 매수인이 권리분석에 필요한 정보를 적절하게 제공받아 부동산경매의 혼란을 막고 부동산 거래질서의 안정을 제안
김한솔 (2008)	부동산경매에서의 유치권에 관한 연구	부동산경매의 유치권에 허위신고로 인한 경매진행의 문제점을 지적, 유치권신고시기의 의무화와 허위권리에 대한 소멸여부를 제안하고 매수인 등의 피해를 보완 할 수 있는 제도마련을 제안

김한솔(2008)은 부동산경매의 유치권에 관한 연구에서 경매절차 중에 허위유치권의 신고로 인한 경매진행의 문제점을 지적하였다. 여기서 경매절차의 개선을 위하여 유치권신고시기의 의무화와 허위권리에 대한 소멸여부를 제안하고 채권자나 매수인 등 이해관계인들의 피해를 보완할 수 있는 제도마련을 제안하였다.

2) 의사결정관련 연구

부동산경매에 의사결정관련 연구는 입찰결정을 하고 참여하는 사람들의 선입견이나 불확실성 등 위험에 관한 문제로, 입찰참여 전에 나타나는 참여자들의 행동특성이나 의사결정에 대한 연구가 이루어지고 있다.

〈표 1-2〉 의사결정관련 연구

연구자(년도)	연구 제목	연구 내용
김종덕 (2007)	부동산경매참여자들의 합리적 의사결정모형에 관한 연구	일반적 부동산 구매특성과 상이한 부동산경매 입찰참여자들의 행동특성을 정성적으로 접근하여 분석하였다. 의사결정의 단계를 경매절차, 권리분석, 경매대상물, 시장환경으로 나누어 의사결정의 주요한 항목을 실증분석
김상호 (2006)	부동산경매시장에서 위험비용의 결정요인에 관한 연구	경매시장에서의 매수인이 고려하는 위험비용을 변수로 선정하여 지역변수와 규모, 경과연수 등이 위험비용으로 매각가격결정에 영향을 주는 내용을 실증분석
안종한 (2006)	부동산경매의 위험관리에 관한 연구	경매부동산의 극복 가능한 위험과 극복이 곤란한 위험을 구분하여 각 단계별로 위험관리와 개선점을 제시하여 현행 제도상의 위험을 제도개선을 통한 시정방안을 연구
조기임 (2009)	부동산경매 입찰자들의 의사결정에 따른 위험요인분석	입찰자들의 의사결정에 따른 위험요인분석에서 경매진행절차의 전 과정에 입찰참여자가 지니게 되는 위험요인을 입찰참여 전과 매각결정 후로 시점을 구분하여 매각후의 권리 실행시점에서의 위험요인을 분석

김종덕 · 유선종(2008)[13]은 입찰참여 의사결정 모형을 제시하여 행동특성모형으로 설명하였다. 일반적 부동산 구매특성과 상이한 부동산경매 입찰참여자들의 행동특성을 정성적으로 접근하여 분석하였다. 의사결정의 단계를 경매절차, 권리분석, 경매대상물, 시장환경으로 나누어 의사결정의 주요한 항목을 도출하였다. 김종덕(2008)은 경매전문가들이 부동산경매 입찰행태에 관한 연구에서 AHP기법을 이용하여 의사결정에 우선순위의 항목을 분석하여 경매시장의 왜곡된 가격구조를 개선할 수 있는 대안을 제안하였다.

문희명 · 유선종(2009)[14]은 부동산경매특성에서 나타나는 의사결정의 불확실성을 위험요인으로 분류하여 중요 항목을 추출하였다. 입찰참여자의 의사결정과정을 부동산경매의 단계별로 계층화하여 부동산경매의 내부와 부동산경매의 외부 그리고 경매참여자의 개별적 심리요인으로 분류하여 중요도와 영향값을 근거로 의사결정의 특성을 분석하였다.

조기임(2009)은 부동산경매 입찰자들의 의사결정에 따른 위험요인분석에서 경매진행절차의 전체과정에 입찰참여자가 지니게 되는 위험요인을 입찰참여 전과 매각결정 후로 시점을 구분하여 계층 분석하고 매각후 권리의 실행시점에서의 위험요인을 밝혔다.

더불어 합리적인 의사결정을 위한 연구도 활발하여 고종화(2006)[15]는 관광지개발사업의 시행에서 합리적인 투자의사결정을 위한 의사결정요소를 전문가설문을 통하여 도출하고 적용모형을 개발함으로써 객관화되고 합리적인 투자결정을 유도할 수 있는 연구를 하였다. 여기서 공공부문이나 관광개발 투자의사결정의 평가기준 및 모형이 될 수 있도록 합리적인 투자의사결정의 기준을 제시하였다.

태영란(2009)[16]은 설계 · 시공일관입찰 방식의 설계를 경험한 실무자들을 대상으로 한 분석에서 일괄입찰방식의 설계 수행 시 다면적 평가요소가 충족되는 디자인 프로세스가 실행될 수 있도록 디자인 프로세스상의 조직구성 및 의사결정구조가 관여되는 관계를 구체적으로 제시하였다.

손동기(2004)[17]는 정보시스템 개발프로젝트에 있어서 위험을 관리하기 위한 절차와 방법을 살펴보고, 위험요인을 도출하였다. 평가의 위험요인의 우선순위를 제시함으로써 정보시스템의 프로젝트관리에 용이하게 활용하고 의사결정의 판단근거를 제시하였다.

---

13) 김종덕(2008), "경매전문가들의 부동산경매입찰행태에 관한 연구", 「주택연구」 제16권 제1호, 한국주택학회, 57쪽.
14) 문희명 · 유선종(2009), "부동산경매 특성에 있어서 AHP를 통한 위험요인분석", 「국토연구」, 제60권, 국토연구원, 139~156쪽.
15) 고종화(2006), "관광지개발의 합리적 의사결정 모형개발에 관한 연구", 경희대학교 대학원, 박사학위논문.
16) 태영란(2009), "건축 일괄입찰 프로젝트의 디자인 이사결정 프로세스 연구", 성균관대학교 대학원, 박사학위논문.
17) 손동기(2004), "AHP기법을 활용한 정보시스템 개발 프로젝트 위험요인 평가에 관한 연구", 상명대학교 대학원, 박사학위논문.

3) 매각가격특성에 관한 연구

조남복(2007)[18]은 매각가격특성요인을 분석하여 경매특성변수와 일반특성변수로 구분하였으며, 경매특성변수를 세분하여 가격관련, 임차인관련, 입찰관련 요인으로 나누어 매각가격결정에 미치는 영향을 분석하였다.

이해경(2009)[19]은 강남3구에 소재하는 아파트의 경매사례를 중심으로 부동산경매시장의 매각가율과 경매가격지수를 설명하고, 김재필(2008)은 경매입찰가결정에 관한 연구에서 부동산경매투자에 주요한 요소인 입찰가 산정요인 중 경매특성요인을 변수로 하여 입찰가격의 특성요인을 고찰하였다. 경매가격과 종합주가지수와 매매가격지수들을 변수로 하여 낙찰가격에 긍정적인 영향을 주는 변수들을 밝혔다.

문희명(2007)은 개발예정지역내에서의 경매부동산의 낙찰가격이 어떻게 결정되는지를 연구하여 개발호재와 같은 특수한 상황이 낙찰가격 결정에 미치는 영향을 밝혔다. 평당대지가격으로 나눈 종속변수를 낙찰가격으로 개발호재가 있는 지역에 개발시기변수로 구분하여 낙찰가격의 특성을 연구하였다.

전승범(2005)은 토지경매가격에 영향을 주는 요인을 서울지역의 경매사례를 가지고 수요와 공급으로 나누어 관계를 분석하여 유찰횟수, 법정지상권, 어음부도율, CD수익률 등이 낙찰가격에 부정적인 영향을 나타내는 것을 밝혔다.

오승현(2007)은 부동산경매가격에 영향을 미치는 요인의 연구에서 공장의 낙찰가를 종속변수로 하여 낙찰가격에 미치는 요인을 특성감안가격함수를 이용하여 공장매매동향요인은 정(+)의 영향을, 중소기업 대출금리요인은 부(-)의 영향을 미치는 것을 밝혔다. 이는 경매부동산의 낙찰가격에 영향을 주는 변수선정에 체계적인 위험요인의 변수를 사용한 연구이다.

〈표 1-3〉 부동산경매의 낙찰가격결정 관련 연구

연구자(년도)	연구 제목	연구 내용
김재필 (2008)	부동산경매 입찰가격결정에 관한 연구	부동산경매 투자에 주요한 요소인 입찰가 산정요인 중 경매특성요인을 변수로 하여 입찰가격의 특성요인을 실증분석하고 경매입찰자들의 성향 구분
문영환 (2009)	경매부동산의 낙찰가 영향에 관한 연구	서울 동부지방법원의 토지경매사례를 중심으로 낙찰가에 영향을 미치는 요인을 분석하여 부동산중 아파트의 매각가격특성에 관한 것을 연구

18) 조남복(2007), "아파트경매시장에서 경매특성변수를 이용한 매각가격결정요인분석", 강원대학교 대학원, 박사학위논문.

19) 이해경(2009), "부동산 경매시장의 매각가율과 경매가격지수 추정에 관한 연구", 한성대학교 대학원 박사학위논문.

송영석 (2003)	부동산경매시장의 아파트 낙찰가격 결정요인에 관한 연구	서울시 17개구를 대상으로 경매부동산의 낙찰가격에 긍정적인 영향을 미치는 요인과 부정적인 영향을 미치는 요인을 연구하고, 또한 경매낙찰가와 면적과의 관계에 대한 가설을 설정하여 제곱미터당 경매낙찰가와 아파트면적과의 관계가 서로 정비례하는 것을 분석
박진희 (2004)	부동산경매에 있어서 아파트 낙찰가에 미치는 영향에 관한 실증연구	부동산경매시장의 아파트낙찰가에 대한 실증연구로 아파트경매낙찰가격에 영향을 미치는 요인을 경매특성변수를 사용하여 측정
황유경 (2004)	부동산경매에 있어서 낙찰가에 미치는 영향에 관한 실증연구	경매특성 관련변수를 사용하여 부동산경매 낙찰가에 영향을 미치는 요인을 분석하였다. 분석결과 낙찰가격에 긍정적인 영향을 미치는 요인과 낙찰가격을 떨어뜨리는 부정적인 요인을 밝힘
문희명 (2007)	개발예정지내에서의 경매부동산의 낙찰가격결정에 대한 연구	개발예정지내에서의 경매부동산의 낙찰가격결정에 대한 연구에서 개발호재가 있는 지역에 개발시기변수로 구분하고 평당 대지가격으로 나눈 종속변수를 사용하여 낙찰가격의 특성을 연구
전승범 (2005)	부동산경매에 있어 토지낙찰가에 미치는 요인들에 관한 연구	부동산경매가격에 영향을 미치는 요인에 관한 연구에서 토지경매가격에 영향을 주는 요인을 서울지역의 경매사례를 가지고 수요와 공급으로 나누어 관계를 분석
오승현 (2007)	부동산경매가격에 영향을 미치는 요인에 관한 실증연구	부동산경매가격에 영향을 미치는 요인에 관한 연구에서 공장의 낙찰가를 종속변수로 하여 낙찰가격에 미치는 요인을 특성감안가격함수를 이용하여 회귀분석

4) 선행연구와 차별성

선행연구 고찰을 통해 살펴본 바와 같이 부동산경매를 단편적인 측면에서 연구하여 법리의 해석이나 이해관계인들의 법적지위향상, 권리분석에 관한 적법성 등에 관한 기존의 연구가 주를 이룬다. 나아가 부동산경매시장의 가격형성과 관련하여 낙찰부동산의 특성을 분석하는 낙찰가격특성 관련 연구에서도 일반아파트가격의 특성에 임차인과 유찰에 대한 내용과 낙찰가율을 추가해서 경매특성관련 변수를 추가한 분석들이 대부분이다.

부동산경매가 지니는 다양한 속성들을 기초로 참여의사를 결정하고 입찰에 참여하여 낙찰 받을 수 있는 대안을 모색하는 것에 관한 연구는 부족한 것이 현실이다.

이에 본 논문은 이러한 부동산경매의 전체과정에 걸쳐있는 입찰참여자의 의사결정과정에 영향을 미치는 요인이 무엇인지에 관하여 경매사례를 토대로 분석하였다.

이전의 법리해석과 법적용의 불합리를 내용으로 하는 권리분석에만 치우치거나, 아파트의 낙찰가격만으로 매각가격특성요인을 연구하던 기존연구의 틀을 벗어나고자 시도하였다.

즉, 기존의 연구와 달리 경매참여의 도입단계에서 입찰참여를 결정하는 의사결정요인을 분석하고, 특정시점에서 참여여부에 따라 낙찰이 결정되는 요인과 특정의 부동산에 낙찰가격 결정요인을 구분하여 경매진행 단계별로 중요한 의사결정요인에 관하여 구분해서 분석하는 등 선행연구에서 시도하지 않은 차별화된 내용을 분석하고 있다.

부동산경매와 분석모형 02

1 부동산경매와 환경변화

1) 개념과 진행단계

부동산경매(Real Estate Auction : REA)는 채무자 소유의 부동산을 압류·현금화하여 그 매각대금을 가지고 채권자의 금전채권을 만족시키는 것을 목적으로 하는 법원의 집행 진행절차를 말한다.

담보제공의 채권 채무관계에서 채무자가 불가피하게 채권을 상환하지 못하는 경우 채권자는 채권회수를 위한 방법을 모색하게 되는데 채권회수의 대표적인 강제처분방식이 경매제도[20]이며, 경매의 매각방법은 집행법원이 정한 매각방식에 따라 진행된다.

정해진 매각기일에 하는 호가경매, 해당매각기일에 입찰 및 개찰하게 하는 기일입찰이 있고, 입찰기간 이내에 입찰하게 하여 매각기일에 개찰하는 기간입찰의 세 가지 방법이 있고, 대법원규칙에서 정한 내용에 따른다.[21]

강제경매의 신청은 일반채권자가 집행권원을 법원에 제출하여 채무자 소유의 부동산을 압류하며 경매개시 결정을 한다. 이것은 강학상(講學上) 임의경매인 저당권, 유치권, 전세권 등과 같은 담보력의 실행에 따라 물권에 의해 강제집행절차를 신청하는 경매와는 차이가 있다.[22]

경매제도는 구 '민사소송법'이 개정되기 전 1990년 이전까지는 호가경매방식을 원칙으로 하고, 기일입찰을 보충하는 방식으로 경매절차가 진행되었으나, 공개된 방식에서 발생되는 문제점인 담합과 견제 등의 브로커횡포 등으로 일반인들의 경매참여와 접근이 쉽지 않았다.

---

20) 문영기·유선종(2005), 「부동산중개실무」, 부연사, 181쪽.

21) 민사집행법 제103조(강제경매의 매각방법) ① 부동산의 매각은 집행법원이 정한 매각방법에 따른다. ② 부동산의 매각은 매각기일에 하는 호가경매(호가경매), 매각기일에 입찰 및 개찰하게 하는 기일입찰 또는 입찰기간 이내에 입찰하게 하여 매각기일에 개찰하는 기간입찰의 세 가지 방법으로 한다. ③ 부동산의 매각절차에 관하여 필요한 사항은 대법원규칙으로 정한다(출처 : 민사집행법 2009. 03. 25 일부개정).

22) 강제경매는 경매신청이 집행권원에 기초해야 하고 담보권실행에 의한 임의경매는 절차상 실체상의 사유가 있어야 하나 경매개시결정부터 배당종결까지의 전 과정의 진행절차는 동일함.

그러나 경매집행을 규정한 '민사집행법'이 2002년 7월부터 시행되면서 과거의 호가제와 입찰제의 미비점이 보완되어 각 집행법원의 재량으로 매각방법을 정하고 규정에 따라 경매절차가 진행된다. 법원이 집행하는 부동산경매의 진행절차는 〈그림 2-1〉과 같다.

〈그림 2-1〉 부동산경매의 절차

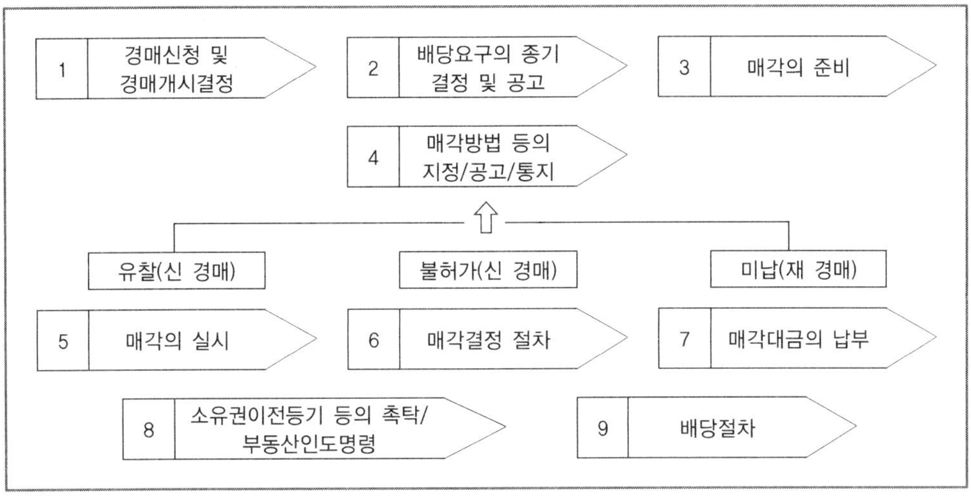

* 출처 : 대법원 법원경매정보 : 경매지식(www.courtauction.go.kr)

강제경매절차를 개시하는 결정이 있은 부동산은 또 다른 강제경매의 신청이 있으면 법원은 다시 경매개시결정을 하고, 먼저 경매개시결정 한 집행절차에 따라 경매진행[23]을 하며, 채권자의 신청이 있은 후 법원이 심리하여 이유가 있다고 판단하면 경매개시결정 등록을 추가한다.

이후 목적부동산을 압류하여 관할 등기소에 경매개시결정의 기입등기촉탁을 하고 경매개시결정정본은 채무자에게 송달한다. 경매의 절차는 목적물을 압류하고 감정평가 실시 후 현금화한 다음 신청채권자의 채권을 배당하는 단계로 진행된다.

부동산경매의 법적 진행절차는 ① 경매의 신청에 의한 경매개시결정, ② 배당요구의 종기결정 및 공고, ③ 매각의 준비, ④ 매각방법 등의 지정 · 공고 · 공지, ⑤ 매각의 실시, ⑥ 매각 결정절차, ⑦ 매각대금의 납부, ⑧ 소유권이전등기 등의 촉탁, 부동산인도명령, ⑨ 배당절차로 진행[24]되고 전체과정은 크게 3단계로 구분할 수 있다.

첫 번째 단계는 압류단계로 채권자가 요건을 갖춘 서류를 부동산소재지 관할 법원에 접수, 신청하면 법원은 절차에 따라 적법하다고 인정이 될 때 경매개시결정과 동시에 경매대상 부동산의 압류를 명하는 단계이다. 압류는 부동산에 대한 채무자의 관리 · 이용에 영향을 미치지는 않으나, 경매목적물에 대한 침해행위를 방지하기 위하여 법원이

23) 민사집행법 제87조(압류의 경합) 제1항.

24) 민사집행법 제83조(경매개시결정 등) 제1항~제5항.

필요한 조치를 취하는 것으로 부동산의 압류는 채무자에게 그 결정이 송달이 되거나, 규정에 따른 등기가 된 때에 효력이 생겨 부동산에 관한 권리관계를 공시한다.

두 번째 단계는 법원이 매각대상물이 된 목적부동산을 감정평가사를 통하여 평가하게 하고, 그 평가액을 참작하여 경매부동산건명세서를 작성하고 최저매각가격과 매각기일, 매각장소와 매각조건 등을 공고하는 단계이다. 매각기일에 최고가매수인이 결정되고, 이의가 없을 경우 매각허가결정을 받아 대금지급기한내에 대금을 완납한다. 대금납부가 완료되면 법원사무관 등은 매각허가결정의 등본을 붙여 등기를 촉탁하고 관할 등기소에 소유권이전등기를 촉탁한다. 법원에서 진행하는 경매절차의 모든 과정은 절차법에 의해 진행되며 이를 위반하는 집행절차는 매각불허가의 사유가 된다.[25)]

세 번째 단계는, 최고가 매수인이 대금납부로 대금지급을 완납하고 나면 법원사무관 등은 해당 관련 사건의 채권자 등을 상대로 배당절차를 밟는다. 이때 배당에 참가한 모든 채권자들이 배당으로 신청채권을 만족할 수 없다고 하면 법원은 '민법', '상법', 그 밖의 법률에 의한 신청자들의 우선순위를 정하고 그에 따라 적법하게 배당하여야 한다.[26)]

배당을 완결하고 나면 경매절차는 마무리된다. 부동산의 소유권이전을 촉탁한 매수인은 채무자, 소유자 또는 점유자에게 부동산을 매수인에게 인도해줄 것을 명하도록 신청할 수 있다.[27)] 이러한 일련의 과정이 절차에 따라 적법하게 진행되면 부동산경매사건은 종결된다.

2) 부동산경매 환경의 변화

(1) 경매 관련 적용법의 연혁

과거 부동산경매진행의 적용기준이었던 '경매법'이 1990년 1월 13일에 폐지되고 '민사소송법'의 규정으로 대체되었다. 이후 민사소송사건 중 강제집행, 담보권실행을 위한 경매의 보전처분 적용법규가 '민사집행법'으로 제정되어 2002년 7월 1일부터 시행되었다.

부동산경매의 적용법의 관련체계는 다음의 〈그림 2-2〉와 같다.

---

25) 법원실무제요. 민사집행[Ⅱ] (2003), 위법공고를 간과하고 집행을 속행하면 매각허가에 대한 이의 및 매각불허가사유(민집 제121조 7호, 제123조 제2항)가 되며 또한 매각허가결정에 대한 항고사유(민집 제129조, 제130조)가 된다. 다만, 불복없이 매각허가결정이 확정되면 하자는 치유된다. 매각기일공고 등의 위법으로 매각을 불허하고 다시 매각을 하는 경우에 있어서 최저매각가격은 당초의 최저매각가격에 의하여야 하고 위법한 절차에 의하여 저감된 가격에 의할 수는 없다.(대결 1994. 11. 30 94마1673) 법원행정처, 201쪽.

26) 민사집행법 제144조(매각대금 지급 뒤의 조치) 제1항, 동법 제145조(매각대금의 배당) 제1항, 제2항.

27) 동법 제136조(부동산의 인도명령 등) 법원은 매수인이 대금을 낸 뒤 6월 이내에 신청하면 부동산의 인도를 명한다.

〈그림 2-2〉 부동산경매 적용법 체계

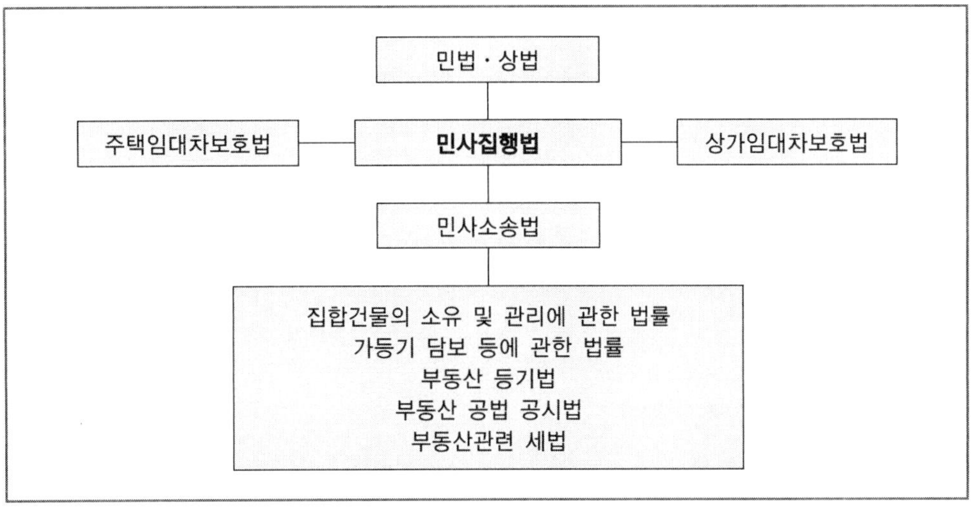

이전 '경매법'이나 '민사소송법' 적용 당시 정부의 집행편의 위주로 되어 있는 법률체계를 국민중심의 법률체계로 환원하고 법률 제·개정에 따른 행정낭비를 줄이고 국민들이 쉽게 법률을 이해하고 준수하도록 하려는 목적으로 경매절차와 법해석의 많은 부분이 쉽고 용이해졌다.

'민사집행법'이 강제집행, 담보권실행을 위한 경매, '민법'과 '상법' 그 밖의 법률의 규정에 의한 경매 및 보전처분의 절차를 규정함을 목적으로 시행되기 시작하고 더불어 특별법으로 '주택임대차보호법'과 '상가임대차보호법' 등이 제·개정되었다.[28)]

〈표 2-1〉 경매관련 적용법 연혁

구 분	경매법	민사소송법	민사집행법
제정 목적	신용사회의 기반조성을 위하여 채무 불이행 자에 대한 제재를 강화하는 등 강제집행제도를 보완하려는 것.	민사소송제도의 적정·공평·신속·경제의 4대 이상을 바탕으로 소송절차가 사회실정에 적합하여 당사자 간의 공평을 기하는 민사소송절차의 사항을 정하려 함.	강제집행, 담보권 실행을 위한 경매, 민법·상법 그 밖의 법률의 규정에 의한 경매 및 보전처분의 절차를 규정함을 목적으로 함.

28) 주택임대차보호법의 개정이유는 민사소송법상 강제집행절차에 관한 규정이 1960년 민사소송법이 제정된 후 1990년에 '경매법'을 흡수하기 위하여 동법을 개정한 것을 제외하고는 약 40년간 개정이 이루어지지 아니하여 사회·경제적 발전에 따른 신속한 권리구제의 필요성에 부응하지 못하고 있다는 지적에 따라, 채무자 등의 제도남용에 의한 민사집행절차의 지연을 방지하고 불량채무자에 대한 철저한 책임추궁을 통하여 효율적이고 신속한 권리구제방안을 마련함으로써 정의로운 신용사회를 이룩하는 한편, 법률용어를 국민의 법 감정에 맞도록 순화하고, 통일적이며 일관된 법집행을 위하여 민사집행부분을 '민사소송법'에서 분리하여 별도의 법률로 제정한 것이다.

연혁	1990. 01. 13 : 폐지 2002. 1. 26 일부 분리 : 민사소송법 / 민사집행법* 1962. 01. 15 – 신규제정	1960. 04. 04 민사소송법 신규제정	2009. 03. 25(일부개정) 2007. 08. 03(일부개정) 2005. 01. 27(일부개정) *민사집행법(제정) 2002. 1. 26 신규제정
개정 목적	신용사회의 기반조성을 위하여 채무불이행자에 대한 제재를 강화하는 등 강제집행제도를 보완. 1990. 01. 13 폐지	1960법제정이후 21차례 개정과정을 거치며 법률의 내용 보완함. 채무불이행자를 강화하는 등 강제집행제도를 보완. 2008. 12. 26 일부개정	정부의 집행편의 위주의 법률체계를 국민 중심의 법률체계로 환원, 국민들이 쉽게 법률을 이해, 준수하도록 함. 2009. 03. 25 일부개정

(2) 법원 경매정보 제공 확대

과거의 부동산경매시장은 해당 이해관계인이나 전문컨설팅업체 관련종사자, 다발적인 경매입찰유경험자들을 중심으로 형성되었다.

2000년대 이후부터 인터넷의 보급이 확대되면서 법원의 경매정보가 공개되고 다양한 서비스가 제공되어 부동산경매에 대한 일반인들의 접근이 용이해지기 시작했다. 이 때문에 대법원 홈페이지의 인터넷등기소[29]는 부동산의 권리관계를 확인하는 공적장부의 열람이나 발급이 신속하고 간편해져서 등기신청까지도 전자신청이 가능해지게 되었다.[30] 전자정부를 추구하고 거버넌스(governance)를 신장시키려는 정부의 노력이 맺은 결실이라 할 수 있다.

또한 부동산 포털사이트 발달로 부동산 시세나 거래가격 등의 기본적인 파악이 간편해져 법원경매에 관심이 있는 일반인들의 접근이 더욱 용이하게 하였다.

(3) 부동산경매시장의 현황

법원이 강제로 매각하는 경매물량의 증가는 재테크에 관심 많은 일반인들과 투자자들에게 부동산경매교육의 기회를 제공하여, 많은 부동산 교육기관이 활발하게 활동을 시작하고 공인중개사의 거래활동에서 입찰대리제도[31]가 대법원규칙으로 도입되어 부동

29) 대법원 인터넷 등기소(http://www.iros.go.kr)

30) 대법원 홈페이지에서 제공되는 다양해진 법원경매정보의 제공은 입찰참여를 희망하는 일반인들에게 경매공고, 경매물건, 매각통계, 경매지식 등의 경매참여와 이용에 대한 상세한 안내를 제공하고 있다. 대법원 법원경매정보에서 제공하는 서비스는 무상으로 상세한 물건정보와 사건정보제공, 다양한 물건검색기능, 지도를 이용한 정보의 제공, 사용자의 관심을 반영한 물건정보제공의 차별화, 매각결과를 통계와 그래프로 제공하는 등 누구나 관심을 가지면 간편하고 신속하게 제공되는 정보를 활용할 수 있는 인터넷 환경이 조성되었다.

31) 공인중개사의 매수신청 대리인 등록 등에 관한 규칙 제1조 「공인중개사의 업무 및 부동산 거래신고에 관한 법률」(이하 "법"이라 한다)이 대법원규칙에 위임한 중개업자의 매수신청 대리인 등록 및 감독에 관한 사항과 그 시행에 관하여 필요한 사항을 규정함을 목적으로 한다.(출처 : 공인중개사의 매수신청 대리인 등록 등에 관한 규칙 2007. 10. 29 일부개정)

산거래의 또 다른 장으로 일반부동산의 거래시장과 함께 경매시장으로 업무영역이 확대되었다.

과거에는 부동산에 관한 정보제공이 불투명하고 권리관계에 대한 기준이 모호하여, 부동산담보대출에 대한 저항감이 컸었다. 그러나 점차 부동산의 가치가 상승하면서 부동산의 담보력이 향상되고 레버리지를 활용하는 형태의 부동산투자가 선호되었다. 이러한 상황에서 수익률은 우수했지만 채무자가 부동산의 담보변제능력을 상실하여 경매시장으로 유입되는 상황도 경매시장으로 일반인들을 끌어들이는 환경이 되었다. 즉, 이전에 불량한 경매부동산의 선입견에서 일반적인 부동산의 경매시장 유입이 증가하게 된 것이다.

금융권의 대출이 기업대출에서 가계대출로 전환되고 2001년 하반기이후 저금리 추세와 풍부한 자금의 유동성으로 인해 부동산을 투자목적으로 접근하는 사람들이 증가한 것도 같은 시기이다. 정부가 LTV와 DTI 등 부동산의 주택담보대출에 대한 강력한 규제를 하였음에도 불구하고 부동산의 가격은 크게 상승하고 담보가치도 그만큼 증가하였다.

〈그림 2-3〉 가계대출과 주택담보대출의 추이

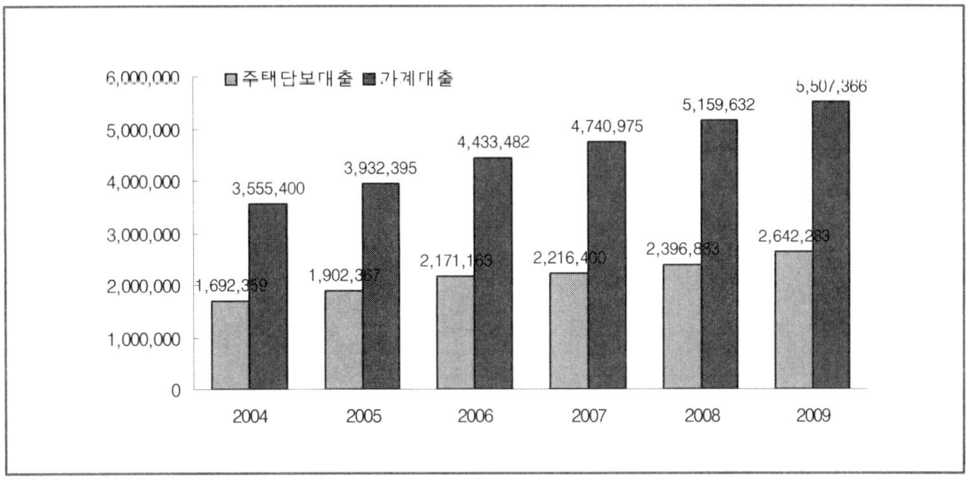

* 출처 : 한국은행

〈그림 2-3〉과 같이 2004년 가계대출이 355조 5,400억 원에서 2009년에 550조 7,366억 원으로 5년 사이에 155% 수준으로 크게 상승하였다. 즉, 가계담보대출에서 주택담보대출이 차지하는 비율이 2004년 47.6%에서 차츰 증가하여 2009년에는 52.2%를 차지한다.

〈그림 2-4〉를 보면 경매의 매각공급물량도 증가하여 법원에 접수된 경매건수는 1995년에 전국의 경매물량이 34,516건에 달하였으나, 외환위기를 맞은 1998년에는 242,312건으로 크게 늘어났다. 2000년에는 166,990건, 2005년에는 154,450건, 2009년에는 124,252건이고, 전년도 이월사건을 포함하여 처리된 사건이 약 125,000여건에 이르며 진행 중인 사건이 약 75,600여건으로 증가하였다.

〈그림 2-4〉 경매물건 접수 현황(전국, 15년간)

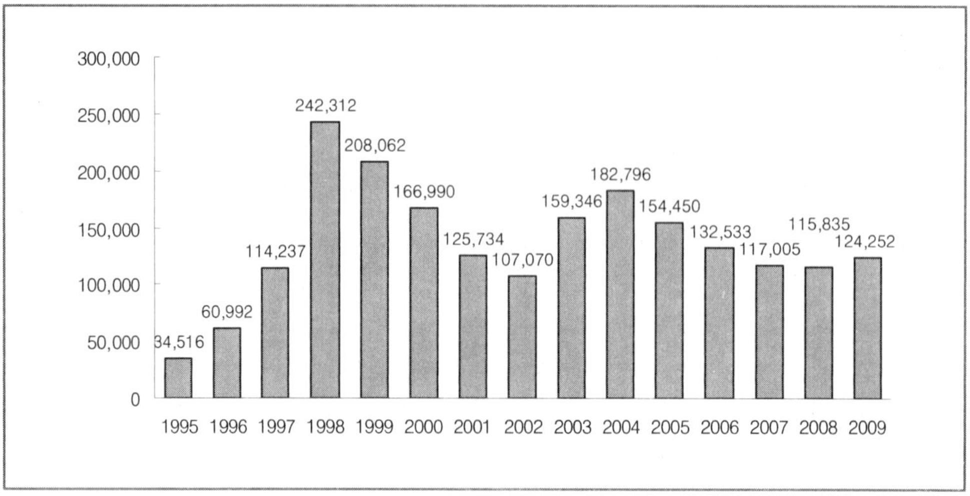

* 출처 : 대법원 법원경매정보

2009년 기준으로 전국 경매물건의 감정평가 합계액은 21조 9,356억 원이었고, 낙찰가격 합계액은 15조 1,958억 원이다. 이중 아파트의 낙찰가격 합계액은 약 4조 5,760억 원이고 주거용부동산 전체로 보면 낙찰가격 합계액은 6조 6,751억 원이다.

〈그림 2-5〉 경매물건 접수 현황(서울, 15년간)

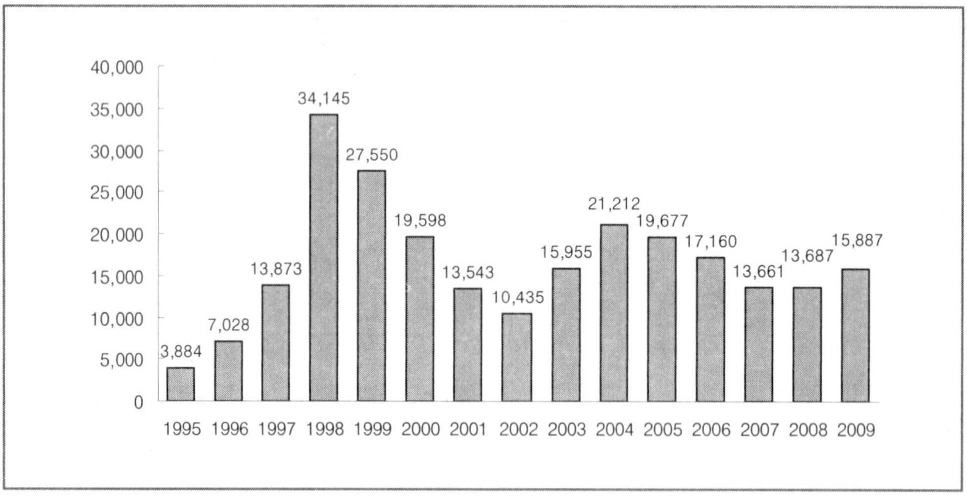

* 출처 : 대법원 법원경매정보

〈그림 2-5〉와 같이 서울지역의 경매접수건수도 1997년 외환위기와 관련하여 급격한 변화를 보이다가 부동산가격이 급등하던 2006년을 정점으로 조정되어 꾸준히 증가하는 추세를 보여 2009년도에는 15,887건에 이르고 있다. 서울의 중앙, 서부, 동부, 남부,

북부지방법원에 접수된 경매물건 추이를 보면 〈그림 2-5〉과 같이 외환위기 직후인 1998년에 34,145건으로 가장 많았으며, 2000년 이후에는 2004년을 제외하고는 약 15,000건 전후의 수준을 유지하고 있다.

이렇게 늘어난 경매물량은 부동산경매에 투자하고자 하는 일반인의 관심을 집중시키기에 충분했고, 점차 늘어나는 법원의 경매물량은 부동산 투자자들에게 투자의 기회를 제공하는 계기를 마련하였다.

2009년 기준으로 서울의 경매물건 감정평가 합계액은 3조 3,342억 원이었고, 낙찰가격 합계액은 2조 6,214억 원이었다. 이중 아파트의 낙찰가격 합계액은 약 1조 3,630억 원, 주거용 부동산의 낙찰가격 합계액은 1조 8,696억 원이었다.

〈그림 2-6〉 용도별 입찰경쟁률(전국, 2009)

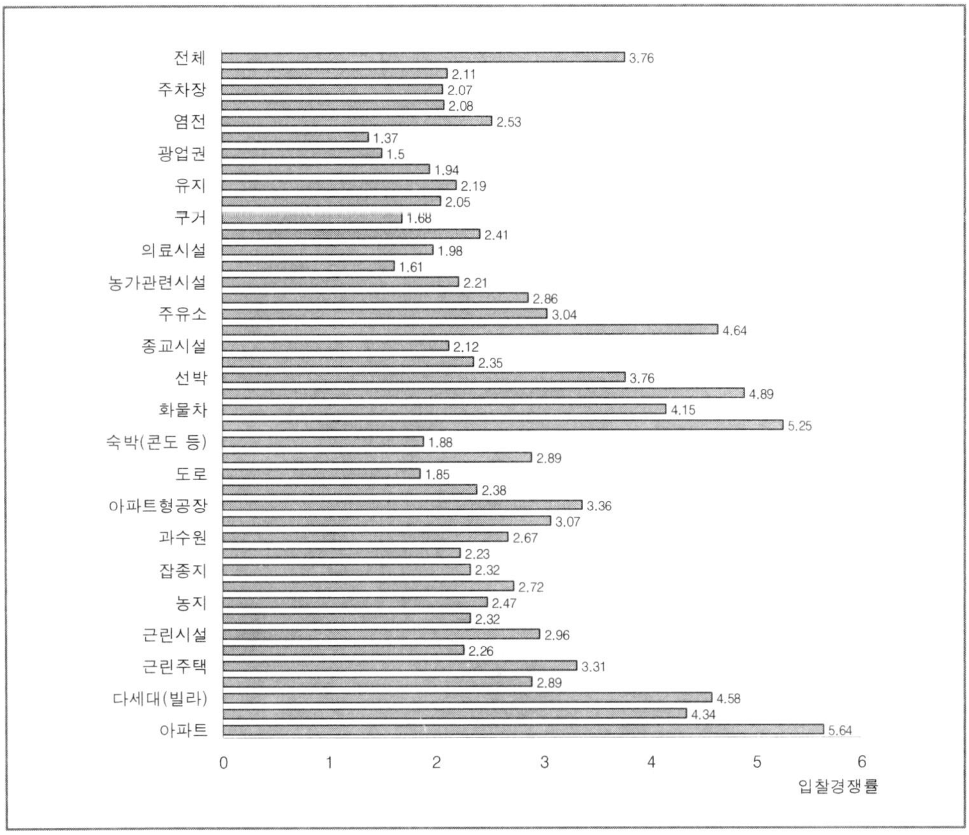

* 출처 : 굿옥션(www.goodauction.co.kr)

〈그림 2-6〉과 같이 2009년의 전국 법원에서 진행된 경매의 부동산용도별 입찰경쟁률을 보면 전체적으로는 1:3.76의 입찰경쟁률을 보이고 있다. 아파트가 가장 높은 1:5.64로 나타났고, 주택, 연립주택, 다가구주택, 오피스텔 등 주거용부동산이 상대적으로 높은 경쟁률을 보이는 것으로 나타났다.

〈그림 2-7〉 용도별 입찰경쟁률(서울, 2009)

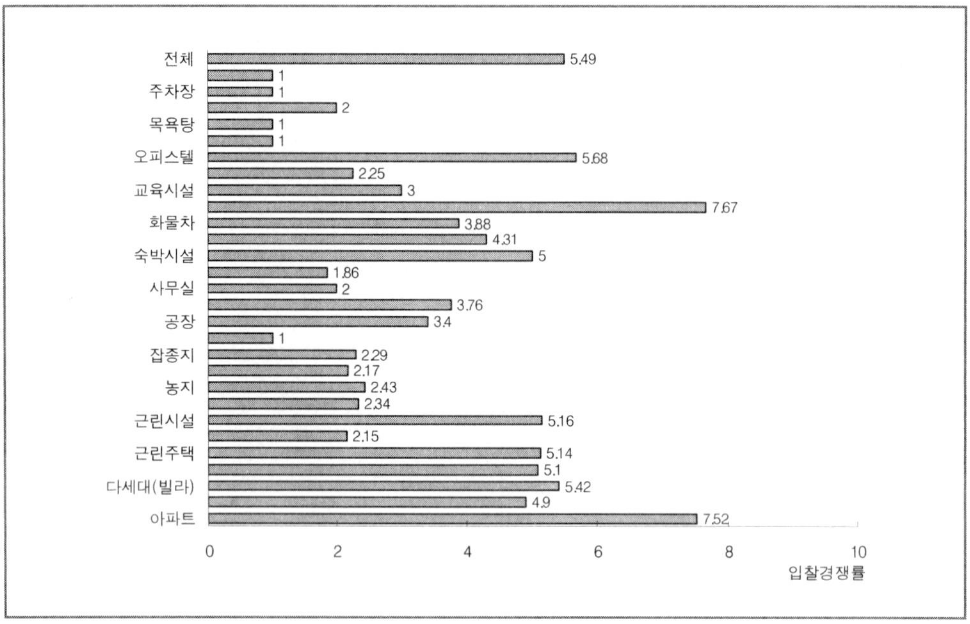

* 출처 : 굿옥션(www.goodauction.co.kr)

또한 〈그림 2-7〉과 같이 2009년의 서울지역 5개법원에서 진행된 경매의 부동산 용도별 입찰경쟁률을 보면 전체적으로는 1 : 5.49의 입찰경쟁률을 보이고 있다. 아파트가 가장 높은 1 : 7.52로 나타났고, 단독주택, 연립주택, 다가구주택, 오피스텔 등 주거용 부동산이 상대적으로 높은 경쟁률을 보이는 것으로 나타났다.

〈그림 2-8〉 용도별 낙찰률(서울/경기/인천, 2009)

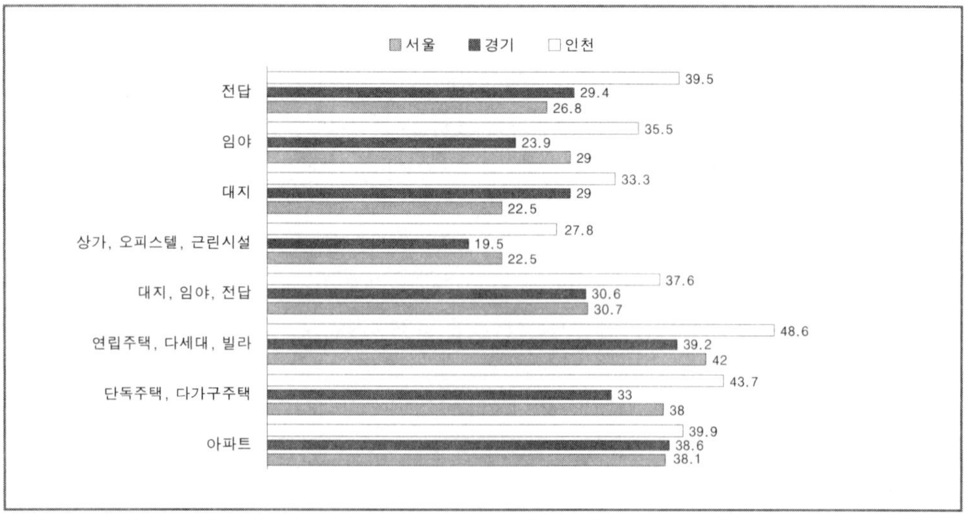

* 출처 : 대법원 법원경매정보

〈그림 2-8〉과 같이 2009년 수도권의 부동산용도별 낙찰률은 인천의 연립/다세대/빌라가 가장 높은 48.6%의 낙찰률을 보이고 있고, 단독주택/다가구주택/아파트 등 주거용부동산이 대부분 약 38%가 넘는 낙찰률을 보이고 있는 것으로 나타났다. 전답과 임야, 대지는 대부분 30%에 근접하는 낙찰률을 보이고 있으며, 상가/오피스텔/근린시설은 서울이 22.5%의 낙찰률을 보이고 있는 것으로 나타났다.

2 의사결정이론과 부동산경매의 위험

의사결정(decision making)이란 결과가 불확실한 상황에서 행위의 주체가 최적의 선택으로 문제를 해결하는 체계적인 방법이다. 즉 선택 가능한 여러 대안(alternative)들 가운데서 미리 정한 기준(criteria)에 가장 잘 맞는 하나의 대안을 선택하는 것을 의미한다.[32] 선택에 따라 추가적인 행복과 추가적인 희생을 비교하여 선택하게 하는 것이 경제적인 사고방식의 의사결정인 것이다. 효용을 가장 크게 하고자 하는 소비자의 행동이나, 이윤을 최대화 하고자 하는 기업의 행동에서 이러한 원칙은 유용하게 활용된다.

경제의 주체들이 편익과 비용 개념을 한계적으로 고려하여 의사결정을 할 때, 주변여건이나 상황이 달라지면 의사결정에 영향을 받게 된다. 이처럼 의사결정에 영향을 미치는 주변여건의 변화를 '유인(Incentive)'이라고 한다.[33]

의사결정의 유형은 세 가지로 분류되는데 직관적인 의사결정(Intuitive decision making), 계획적인 의사결정(Programmed decision making), 분석적인 의사결정(Analytical decision making)으로 구분할 수 있다.

이중 분석적인 의사결정은 의사결정자가 '무엇을 해야 할지 모를 때에 하는 것'으로 비록 많은 경험과 지식이 있더라도 결정이 비합리적이고 불일치성이 있다는 것을 가정하여 분석적인 방법을 적용시켜 최적의 대안을 논리적으로 이끌어내는 체계적인 방식이다.[34] 목적달성을 위해 방해가 되는 장애요인을 제거하고 극복해내는 수단이 의사결정이다.

1) 행동특성이론

소비자행동의 기본개념은 Needs, Motives, Wants, Demands다. 사람들은 어떤 동기로 제품이나 서비스를 구매할 수도 있고, 소비자들의 욕구를 통하여 그들이 만족할 수 있는 특별한 것을 원한다면, 소비자들이 제품 그 자체를 구매하여 사용하기 보다는

32) 오석홍(2007), 「행정학」, 박영사, 126쪽.
33) 조한상 외(2005), 「한국은행의 알기 쉬운 경제이야기」, 한국은행, 30~31쪽.
34) 김성희 · 정병희 · 김재경(2006), 「의사결정분석 및 응용」, 영지문화사, 2~3쪽.

제품을 구성하는 여러 속성들을 구매하여 사용한다고 가정한다.[35)]

Engel and Blackwell(1982)은 소비자 행동을 "경제적인 재화나 서비스를 획득하고 사용하는 직접 관련된 개인의 행위 및 그러한 행동에 앞서서 그것을 결정해주는 여러 결정과정"이라고 정의하고 있다.[36)]

소비자는 제한된 소득으로 각 재화를 구매할 때 얻을 수 있는 효용을 극대화하고자 할 것이다. 따라서 효용극대화(utility maximization)의 추구는 부동산 활동에서도 목표가 될 뿐 아니라 부동산 행위이론의 전제가 될 수 있다. 부동산 효용의 개념을 유추하면 경제적 및 심리적인 만족을 내포하고 있으며, 이와 같은 극대의 효용을 얻으려는 소비자는 소득을 재화 구입에 어떻게 분배해야만 할 것인가가 바로 소비자선택의 문제라고 할 수 있다.[37)]

소비자는 그들의 필요 및 목표를 성취하고자 문제를 창출하고 이러한 문제를 해결하기 위한 방법의 하나로 특정제품이나 서비스를 구매하는 것이다. 이러한 이론은 부동산 경매에도 적용할 수 있다.

문제해결자로서 경매입찰자의 행동을 설명한다면 입찰참여자는 부동산경매에서 낙찰을 원할 경우 사정이 허락하는 한 최대의 만족을 얻고자 할 것이며, 이를 위하여 언제나 합목적적으로 행동한다고 가정할 수 있다. 이 가정은 입찰참여자가 선택을 할 수 있는 여러 가지 대안을 안고 있으며 그 대안의 가부를 구분할 수 있는 능력이 있다는 것을 의미한다.[38)] 물론 입찰참여자는 그들이 권리분석이나 낙찰의 문제를 항상 합리적이며, 정확하게 해결하려 하고, 이러한 문제해결자로서 입찰참여자는 대체로 주관적 합리성이 있으며, 불완전한 정보를 바탕으로 행동하고, 만족추구자라는 특성이 있다. 이러한 특성으로 판단할 때 결국 문제해결이란 자조적 행동 면에서 효용이론을 뜻하는 것이며, 또한 다른 면에서는 위험감소행동이라고 볼 수 있다.[39)]

2) 부동산경매의 위험이론

위험[40)]에 대한 정의는 이해하기 쉬운 듯 하지만 매우 모호하다. 위험은 의사결정의 결과로 나타나는 발생 가능한 확률적, 통계적 상황이라 할 수 있으며 이는 불확실성(uncertainty)과는 구분되는 개념이다. 그러므로 일관성 있는 기준이 있고 체계적으로 분류된 위험은 예측가능성이 있어 비용이나 부담을 줄일 수 있다.[41)]

---

35) 박세훈(1994), " 소비자선택모형과 시장구조분석에 대한 소고", 한국소비자학회. 5권 1호, 8쪽.
36) James F, Engel and Roger D. Blackwell(1982), Consumer Behavior, 4th ed New York : The Dryden Press, p. 9.
37) 조순(1983), 「경제학원론」, 법문사, 98쪽.
38) 남덕우(1989), 「가격론 : 가격기구와 자원배분」, 박영사, 67쪽.
39) Kenneth E, Runyon(1980), *Consumer Behavior* : Columbus, Bell and Howell Co, p. 345.
40) 위험이란 해로움이나 손실이 생길 우려가 있는 상태로 확실한 예측이 불가능한 상태를 말한다.
41) 박진석(1998), "새로운 경영환경에 맞는 투자의사결정 프로세스", LG경제연구원, LG주간경제, 9. 16, 40~45쪽.

〈그림 2-9〉에서와 같이 위험은 통제가 가능한 비체계적인 위험이 있는가 하면 체계적 위험[42]과 같이 통제가 불가능한 위험도 있다. 전자는 분산투자로 제거하거나 통제할 수 있지만 후자는 세계정세, 시장구조 자체의 위험 등과 같이 극복이 불가능하다.

〈그림 2-9〉 체계적 위험과 비체계적 위험

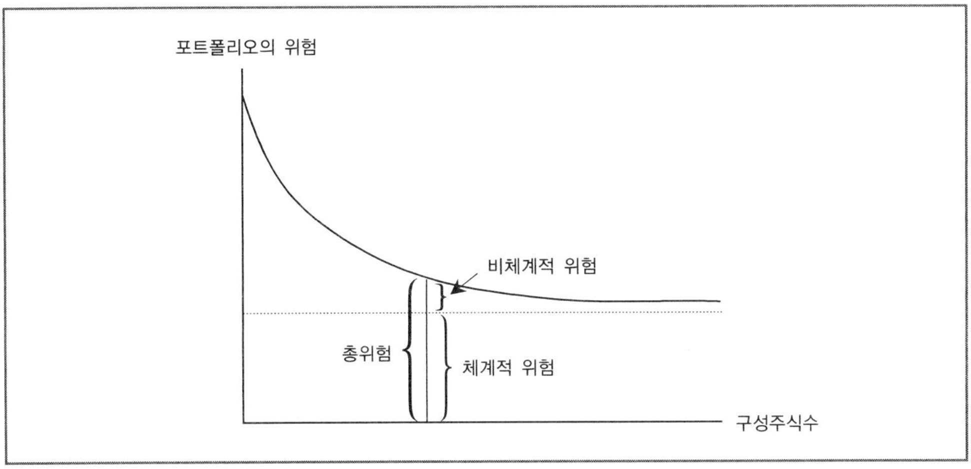

* 출처 : 박정식 · 박정원 · 조재호(2005), 「현대재무관리」, 262쪽.

위험의 종류는 측정이 곤란하고 개인의 특성에 따라 평가가 달라질 수 있는 주관적인 위험(subjective risk)과 예상된 손실과 실제 발생된 손실의 상대적인 편차를 의미하는 객관적인 위험(objective risk)으로 구분할 수 있다.[43]

이렇게 실제 존재하는 위험과 사람들이 인식하는 위험에는 차이가 있다. 첫째, 위험이 발생할 수 있는 결과를 얼마만큼 두려워하느냐와 발생할 결과를 얼마만큼 통제할 수 있느냐에 따라 위험에 대한 인식의 차이가 다르다. 둘째, 사람들은 동일한 위험에 대해서도 준거점에 차이가 있을 수 있으며 시간경과에 따라 달라진다. 셋째, 개인마다 위험과 관련된 정보에 따라 신속하거나 습관적으로 의사결정을 내리는 경향이 있다. 이를 투자자의 인지적 편견(anchoring bias)[44]이라 하고 예를 들면 다음의 〈표 2-2〉와 같다.[45] 넷째, 자극적이고 모험을 즐기는 사람이라면 자기에게 주어진 위험을 비교적 가볍게 인식한다. 사람들은 무조건 위험을 피하는 것이 아니라 감당할 수 있는 범위 안에서 위험을 감수하면서 자신에게 유리하게 행동을 하게 되는데 이를 위험관리(risk management)라고 한다. 위험관리란 예상하지 못한 손실을 최소화할 목적으로 행하여지는 조직적, 체계적 활동이라고 정의할 수 있다.

42) 버튼 G 멜키 저 김헌 역(2000), 「랜덤워크이론」, 국일증권 경제연구소, 247쪽.
43) 오윤관(2006), 「리스크가 없으면 대박도 없다 : 똑똑한 부자들의 위험투자」, 미래지식, 17쪽.
44) 어떤 상황에서 첫 번째로 받아들인 정보에 과도하게 의존해서 의사결정을 내리는 고정적 선입견을 의미한다.
45) Kahneman and Tversky(1979) *Prospect theory : an analysis of decision under risk.* Econometric 47(2) : pp. 263~291.

〈표 2-2〉 인지적 편견의 예

구 분	내 용
회복가능성의 편견 (bias of retrievability)	쉽게 이용가능하고, 쉽게 기억할 수 있는 정보에 의존하려는 편견
확증 편견 (confirmation bias)	많은 다양한 정보 중에서 가장 호의적인 정보에 더 많은 의미를 부여하려는 편견
통제의 환상 (illusion of control)	대부분의 경우 위험은 자신의 통제영역을 벗어난다고 보는 것이 당연함에도 불구하고 스스로가 그 위험을 통제할 수 있다고 믿는 편견

* 출처 : 오윤관(2006), 「리스크가 없으면 대박도 없다 : 똑똑한 부자들의 위험투자」, 미래지식, 17쪽.

부동산과 관련한 투자위험의 종류에는 여러 가지가 있는데 우선 사업위험(business risk)은 임대료 등이 예상수입을 달성하지 못하거나 운영경비를 충당하지 못할 가능성을 의미하며, 재무적인 위험(financial risk)은 금융차입으로부터 발생하는 추가적인 위험으로 수정을 극대화하기 위해 지렛대효과를 기대했을 때 나타나는 위험이다. 또한 구매력위험(purchasing risk)은 물가상승으로 부동산이나 임대료의 실질가치가 하락하게 될 가능성을 의미하며, 법적인 위험(legislative risk)은 관계법령의 개정으로 인한 손실의 위험을 나타낸다. 특히 부동산은 유동성 위험(liquidity risk)이 매우 높은 투자상품으로 부동산을 원하는 시기에 현금화하는 것은 일반 금융상품에 비해서 용이하지가 않고 급매를 하거나 저가로 매도해야 하는 위험이다. 마지막으로 부동산에 대한 경영 및 관리위험(management risk)은 부동산경영이 전문지식을 요하며 환경예측 등을 잘못하는 경우에 수익에 손실을 입을 수 있는 위험을 의미한다.[46]

이와 같은 위험은 부동산경매에도 적용할 수 있다. 부동산경매는 법원이 감정인에게 부동산을 평가하게 하고 그 평가액을 참작하여 최저매각가격을 정한다. 최저매각가격보다 낮은 가격으로 입찰을 하는 매수신고는 허가되지 않으며, 매각부동산에 대한 정보를 물건명세서에 작성하여 제공한다.

법원이 제공하는 매각조건을 근거로 입찰에 참여하여 낙찰받은 자가 최고가매수인으로 결정된다. 법원에서 제공된 정보의 미흡이나 경매절차상의 이해와 권리분석 등 경매진행 일련의 과정을 입찰참여자가 통제하고 결정해야 하는 위험이 있다.[47] 즉, 부동산경매에는 권리의 하자와 같은 법적위험에 대한 입찰자의 관심이 많은 점이 특징이다.

46) 조주현(2006), 「부동산학원론」, 건국대학교 출판부, 124쪽.

47) 입찰참가 전 유의사항 : 1. 제공된 정보가 실제 매각물건의 정보와 일치하지 않거나 정보의 제공이후 중요한 변동사항이 생길 수 있으므로, 부동산매각물건의 경우 법원에 비치된 물건명세서, 현황조사보고서 또는 감정평가서를 열람하는 등 반드시 재확인 후 입찰에 참가하기 바랍니다. 2. 매수에 영향을 줄 수 있는 중요한 권리관계의 변동사항이 있을 수 있으므로 입찰참가전 등기부등본을 확인하기 바랍니다. 3. 법원경매정보 홈페이지에서 서비스하는 정보만으로 참여한 입찰과 관련하여 발생하는 문제에 대해서 법원은 책임을 지지 않습니다. 출처 : 대법원경매정보

부동산경매의 공개경쟁매각에 의한 거래행위는 채권자의 신청에 의해 압류되고 현금화되어, 권리관계를 따져서 배당을 하는 법집행의 절차를 거치는 동안 입찰희망자는 입찰을 결정하기 위한 여러 단계의 분석을 거쳐 최종 판단을 하게 되는데 이러한 모든 단계를 위험과정으로 인식할 수 있다.

입찰희망자는 다양한 고려사항을 적기에 정확하게 파악하지 않으면 입찰참여 자체를 포기하거나 입찰참여 이후라고 한다면 상당한 금전적·시간적 부담으로 곤란함을 겪게 될 수 있다.

현행의 경매제도하에서 위험은 극복할 수 있는 위험과 극복이 어려운 위험으로 나눌 수 있다. 극복할 수 있는 위험은 각종분석에 따른 구체적인 위험으로 권리분석상의 위험, 물건분석상의 위험, 투자수익성분석상의 위험[48]이 있고, 극복이 어려운 위험으로는 체계적 위험과 같은 부동산 외부위험요인으로 경제적, 정책적, 사회적, 제도적 요인 등이 있다.

이처럼 부동산경매 전반에 잠재하는 불확실한 상황의 위험을 정리하면 다음과 같다. 첫째, 법원경매가 경매부동산을 목적물로 매수하는 행위로 경매의 법적절차의 단계별 진행상황에서 나타나는 내부위험이 있다. 둘째, 경제적, 사회·정책적, 제도적 요인과 같은 경매진행절차 외부에 존재하는 위험이 있다. 셋째, 입찰 참여자 자신이 인식하는 실질적 조건이나 심리적 판단에 영향을 주는 위험요인이 있다.

3 부동산경매와 투자

부동산투자란 부동산을 상대로 장래의 이익을 얻기 위해 현재의 자금을 지불하는 행위로서, 여러 가지 현실적인 가정에서 더 많은 수익을 창출해주는 부동산을 탐색하는 과정이며 투자예측(investment assumption), 투자대안, 투자수익의 균형을 찾아내어 의사결정을 하는 과정이다.[49]

투자의 원칙은 관념적이고 상식적이지만 투자 상황이나 현실은 아주 복잡하므로 단순한 원칙을 가지고 의사결정을 하기란 쉽지 않다. 투자자는 사전에 수익(return)과 위험(risk)의 정도를 미리 분석한 후 의사결정을 하는 것이 보통이며 위험이 클수록 많은 수익을 원하다. 즉, 위험할증률(risk premium)로서 투자자들의 수익률은 극대화되고 위험은 극소화된 최적의 대안을 원하지만 현실적으로 수익률과 위험도는 서로 상충관계에 있으며 개인들은 특성에 따라 위험에 대한 기피의 정도가 다르다. 이러한 투자수익과 위험도의 관계는 〈그림 2-10〉과 같다.

---

48) 안종한(2006), 앞의 논문, 21쪽.

49) 방경식·장희순 공저(2007), 「부동산학개론」, 부연사, 563쪽.

〈그림 2-10〉 투자수익과 위험도의 관계

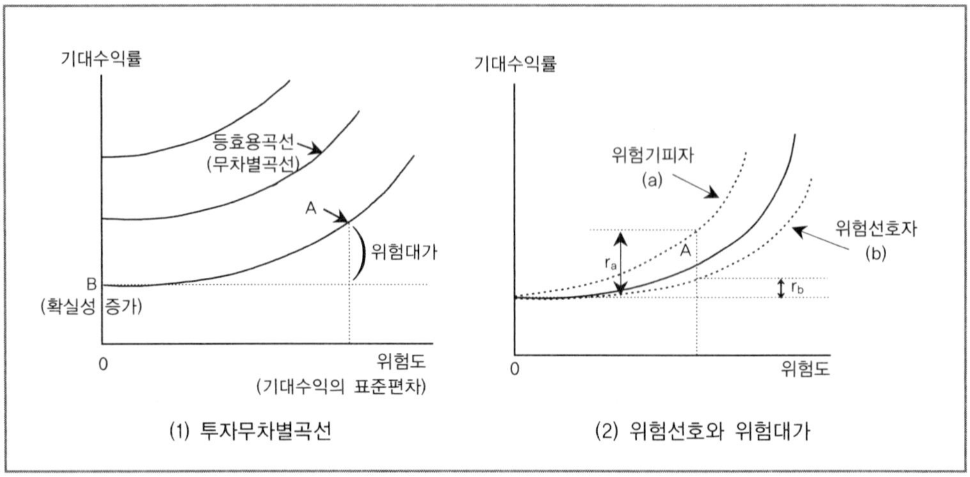

* 출처 : 조주현(2006), 「부동산학원론」, 건국대학교출판부, 105쪽.

부동산에 대한 투자수익은 경상수익과 자본차익으로 구성되는데 양자의 합계를 투자금액으로 나눈 투자수익률은 시장의 다른 투자대안과 균형을 이루게 된다. 이러한 투자수익률이 경제평균성장과 유사하여 시장의 전체수익률과 일정하다면 당연히 투자로 규정할 수 있다. 그러나 당해 투자대안과 비교하여 투자위험도가 크다면 위험할증률이 더해져서 부동산투자수익률이 상승하는 것에 부동산투기의 의미를 두는 것은 위험을 대가로 하는 수익의 관계를 부인하는 것이다.[50]

1) 부동산경매와 투자수익률

부동산경매에 참여하는 목적은 두 가지로 나눌 수 있다. 하나는 낙찰부동산을 직접 활용하려는 것이고, 다른 하나는 투자목적으로 수익을 올리려는 것이다. 이때 부동산경매의 참여자는 다른 투자방식과 비교한 수익률에 주목하게 된다.

수익률은 비용에 대한 수익의 비율로 일정한 비용을 투자하여 일정한 이익을 올릴 수 있는가를 나타내는 지표다. 일반적인 의미의 투자수익률(Rate of Return)은 투자자의 수익성 정도를 나타내는 투자수익률 또는 재무적 할인율을 말한다. 이중 투자수익률은 투자자의 비용투자에 대한 수익의 정도를 나타내는 것으로 자기자본과 타인자본의 배합에 따라 수익률이 달라진다.

50) 부동산투자수익률 = $\frac{\text{임대료+자본이익}}{\text{부동산취득가격}}$, 위험할증률(risk premium) : 당해투자대안과 비교하여 부동산투자가 얼마나 더 위험한 투자인가 하는 위험증가에 대한 대가를 의미한다.

투자는 위험과 수익률이라는 상반되는 요소를 조화시킴으로써 불확실성하에서 경제적 합리성을 추구하는 과정이라고 할 수 있다. 대부분 높은 수익률은 높은 위험이 따르게 되는데 이는 두 특성상에 상반관계가 있기 때문이다. 즉, 수익률은 불확실한 미래 이득의 평균적인 수준에 기댓값이 되고 위험은 실제 실현될 이득과 기대치 사이에 편차의 크기를 의미하게 된다.[51] 투자자들이 더 위험을 부담함으로써 보다 큰 기대수익률을 실현하려는 이유는 위험이 많은 투자는 그 위험에 대해 적절한 보상을 기대하기 때문이다.

부동산경매에서도 위험과 관련하여 투자수익률의 기대로 점차 입찰참여자가 증가하는 추세이다. 부동산경매에서 투자위험요소는 입찰자가 직접 부담해야 하는 위험, 자본이득에 따른 위험수익률, 부동산인도에 따른 불확실성위험의 3가지로 구분하는데 내용은 다음과 같다.

첫째, 법원이 진행하는 강제집행절차인 공개매각이지만 적법한 법리해석은 참여자의 몫이고 공개하는 정보는 제한적이다. 따라서 입찰에 참여하고자 하는 당사자가 전면적으로 부담해야 하는 위험이며, 극복의 대가는 수익률로 나타난다.

둘째, 취득하는 거래품목이 부동산이다. 즉, 거래금액이 큰 자산의 거래이므로 투자위험을 극복하면 상대적으로 자본이득(capital gain)이 커져서 수익률이 높아진다.

셋째, 부동산 소유권의 이전과 함께 물리적인 부동산을 인도받아야 한다. 강제적인 집행의 거래이므로 물건의 인도까지의 불확실성으로 인한 부담이 수익률에 침해가 올 수 있다.

부동산경매가 공개경쟁시장이지만 일반적인 거래시장과 구별되는 부동산경매시장의 특성이 있으므로 부동산의 취득을 위한 전반적인 과정에서 불확실성이 있다. 즉, 입찰경쟁률이나 경매수익률에 대한 기대감, 경매진행일정에 따른 시장상황의 변화, 잦은 입찰참여로 생기는 부작용 등 개인의 심리나 환경의 변화와 같이 변수가 많아 불확실성의 위험이 내재한다. 따라서 이러한 위험을 극복해야 상대적으로 수익률이 증가하게 된다.

이러한 부동산경매의 내부와 부동산경매의 외부, 참여자 자신의 개별적인 위험요인을 충분히 감안하여 입찰참여 의사결정을 주도적으로 판단해야 하는데, 이것이 입찰참여자들 사이에서 수익률로 나타나게 된다.

2) 부동산경매와 투자결정

투자란 시간에 대한 보상뿐만 아니라 위험에 상응하는 적절한 기대수익까지 요구하는 행위로 자산투자의 수익률은 상황에 따라 달라진다. 미래에 대한 예측은 정확해야 하는데 미래는 항상 불확실하므로 투자자들은 위험을 분산시키고 수익률을 높이기 위하여 분산투자를 한다. 즉, 투자대상이 되는 물건들의 성질이 각기 다르므로 투자자는 그

51) 방경식 · 장희순(2007), 앞의 책, 563쪽.

러한 특징을 이용하여 수익성은 높고, 안전한 투자처를 찾는다. 투자의 목적과 범주가 정해지면 그 목적을 달성하기 위해 투자전략의 대안을 모색하게 되는데, 투자방침이나 투자자의 목적으로부터 유도되어 필요한 자료, 분석기법, 의사결정자의 태도에 의존하여 결정된다.[52)]

부동산 투자를 결정할 때는 투자의 안전성, 수익성, 환금성, 위험부담 등을 감안하여 효율적인 의사결정을 해야 한다.

부동산경매도 같은 이론을 적용할 수 있다. 부동산 투자는 일반적으로 위험도가 높은 것으로 알려져 있다.[53)] 이는 투자의 효율을 올리기 위하여 위험도가 높은 만큼의 수익률을 기대하는 것이다. 이와 같이 위험도에 따라 추가적으로 요구되는 수익률을 위험대가(risk premium)라고 한다. 이는 위험한 투자 대안일수록 더 높은 투자수익률을 요구한다는 것이다. 그 위험대가에 상응하는 개념으로 당해 투자대안과 같은 효용을 주는 무위험 투자수익률을 확실성 등가(certainly equivalence)라고 한다.[54)]

부동산투자결정이란 부동산투자에 대한 투자자의 의사결정을 말한다. 투자결정은 여러 가지 대안들 중에 최적의 대안을 선택함을 목적으로 한다. 다른 재화와 마찬가지로 투자철학과 투자목표, 투자결정요인에 근거하여 의사결정을 하는 것이다.[55)]

Ring and Dasso는[56)] 부동산투자에 대한 의사결정의 주요변수를 찾기 위해 감수성 분석(sensitivity analysis)을 하여 다음과 같은 변수를 찾았다. ① 경상비(운용비용, operating expenses), ② 지렛대 비율(leverage ratio), ③ 유효총수익(effective gross income), ④ 부동산가격상승률(property value growth rate), ⑤ 저당대출금의 이자율(mortgage loan interest rate), ⑥ 구입가격(purchase price)이 주요한 영향을 미치는 변수라고 지적했다.

이처럼 부동산투자는 투자상황이나 수익률이 각양각색이므로 효율적인 의사결정과정을 거쳐 투자결정을 해야 한다.

3) 부동산경매와 게임이론

부동산경매의 입찰에 참여하기 위해서는 여러가지 의사결정기법을 활용하게 되다. 부동산경매 투자자들은 올바른 대안을 선택하기 위하여 비용·편익분석(Cost Benefit

---

52) 방경식·장희순(2007), 위의 책, 374쪽.

53) 위의 책, 105쪽, 부동산 투자의 위험도가 높은 이유는 낮은 환금성(liquidity : 필요할 때 매각하여 현금화할 수 있는 가능성)과 부동산가격의 변동 폭이 큰 것에 기인하는 것이라 하겠다. 환금성이 낮은 것은 거래단위가 크고 거래비용이 많이 들기 때문으로 부동산가격의 변동 폭은 1990년대에 들어서면서 크게 낮아졌다.

54) 김영규(2004), 「재무관리」, 박영사, 110쪽.

55) 방경식·장희순(2007), 앞의 책, 557쪽.

56) Alfred A. Ring and Jerome Dasso(1981), *Real Estate Principles and Practices*, 9th ed(N. J : Prentice-hall), p. 520.

Analysis)[57], OR(Operation Research), 게임이론(Game Theory) 등 여러 가지 기법을 사용한다.

이중 게임이론은 프랑스의 수학자 Emile Borel에 의하여 1921년에 창안되어 경쟁적인 행동들을 모형화시킨 Nenmann과 Morgenstern[58]에 의하여 게임이론으로 확립되었다.[59] 1960년에 들어서면서 Issac 등은 다수의 게임분석들을 시장경제 분석에 사용하기 시작한 후로 실제 경제문제 응용해석이 가능해졌다.

게임이론의 현실적인 가정은 대부분의 현실 상황에서 어떤 일의 결과는 자기 자신의 행동뿐만 아니라 상대방의 행동에도 많은 영향을 받는다는 것이다. 이처럼 행동의 결과가 상호의존적이고 결과에 대한 이해관계가 서로 상반되는 갈등의 상황을 묘사하고, 이런 상황에서 각 인자가 전략적으로 최적화 행동을 할 때 나타나는 결과를 설명하는데 게임이론을 활용한다.[60]

부동산경매의 참여자는 입찰의 결정시 상대방이 가지고 있는 각각의 전략이 사용될 경우 개인의 효용에 미치는 영향 등을 모두 고려하여 최선의 전략을 선택하게 된다. 즉, 법원의 최저매각가격이 결정되어 공개매각이 진행되면 입찰자들은 이를 근거로 법적인 권리분석과 부동산에 대한 분석을 통하여 입찰가격을 추정하고 입찰에 참여하게 된다.

일반적인 부동산의 가격은 효용, 상대적인 희소성, 유효수효 등을 상호 결합하여[61] 가치를 산정하고 여기에 시장에서 보편적으로 거래되는 거래패턴을 반영하여 형성된다. 이에 비해 부동산경매가격은 경매라는 특성이 지닌 개별적인 요인에 입찰참여자의 상황과 주관적인 판단이 많이 작용하여 입찰가격이 산정된다.

---

57) 비용편익분석은 정책의 비용은 물론 결과 혹은 효과도 모두 계량화하여 누리게 될 편익을 화폐단위로 환산하여 계산한다. 비용의 현재가치와 편익의 현재가치를 비교하게 되는데, 이 방법은 1차적으로 순현재가치가 0보다 크거나 비용편익비가 1보다 큰 대안만을 선택하게 되고, 2차적으로는 그 대안들 중 순 현재가치가 가장 크거나 비용편익비가 가장 큰 대안을 선택하게 된다는 것이다.

58) 게임이론은 1944년, John von Neumann과 Oskar Morgenstern이 저술한 「게임과 경제적 행위에 대한 이론」: (*Theory of Games and Economic Behavior*)"라는 책에서 시작한다고 볼 수 있다. 그 후 이 이론은 1950년대 많은 학자들에 의해 광범위하게 연구되었으며, 1970년대에는 자연선택에 의한 종의 진화를 포함한 동물의 행동연구에 적용된다.

59) 박철주 역(2005), 「*Game Theory*」, 21세기북스, 284쪽.

60) 게임이론은 합리성과 인텔리전스(Intelligence)라는 가정 하에 개인이나 기업은 언제나 자신의 목적을 극대화하고자 한다는 것이다. 개인의 경우 자신의 효용을 최대화하는 것이며, 기업의 경우에는 매출, 이익, 시장점유율 등의 기업목표를 극대화하려고 한다는 것이다. 또한 인텔리전스란 게임의 각 참여자가 그 자신의 행동뿐만 아니라 다른 참여자의 행동에 의하여 그 결과가 결정되는 상황에 놓이게 될 때 그들 상호간의 이익은 상대방인 다른 참여자의 선택에 의존하게 된다는 것이다. 따라서 상대방이 어떤 대체적 행동을 선택하느냐에 따라 좌우되며 각 경쟁자는 자기의 이익을 극대화 시킬 수 있는 전략을 선택하게 된다는 것이다. 즉, 게임이론에서 모든 참가자들은 자신들의 목표를 극대화하기 위하여 모두가 합리적인 결정한다는 것이다.

61) 박창수(1999), 「부동산 감정론」, 범론사, 138쪽.

〈표 2-3〉 부동산경매와 게임이론

구 분	내 용
독립사적 가치이론	(1) 경매목적물에 대해서 자신이 판단한 가치는 알고 있으나, 다른 사람의 가치는 확률분포로 주어진다고 가정한다. (2) 연속경매에 있어서 선행경매에서의 매각가격은 후행경매를 고려해서 적절히 낮은 가격으로 입찰한다.
공통 가치이론	(1) 동일 경매목적물에 대하여 사람들의 가치가 서로 연관되어 있다고 가정을 한다. (2) 판매자는 소유한 정보를 공개하는 것이 유리하며 입찰자는 정보를 공개하지 않는 것이 유리하다.

* 출처 : 조남복(2007), "아파트경매시장에서 경매특성변수를 이용한 매각가격결정요인분석", 강원대학교 대학원, 박사학위논문. 37쪽 재인용.

부동산경매에 있어서 경매물건의 가치를 산정하는 기준을 〈표 2-3〉의 독립사적 가치모형(The Independent Private Value Model)과 공통가치모형(The Common Value Model)로 나눈다.[62)]

경매목적물의 공통가치는 경매물품에 대한 가치가 객관적으로 존재하기 때문에 구매희망자들이 경매물품의 실제 가치를 평가하는 경우이고 사적가치는 경매물품의 가치가 수요자의 특성에 따라 주관적 평가에 의존하는 경우를 의미한다.

경매물품이 공통가치를 가지는 경우 입찰참가자들이 경매물품의 실제가치를 정확히 알고 있거나, 합리적인 경우에는 낙찰로 인하여 손해를 보는 일에는 양(+)의 상관관계가 존재할 수 있다. 예를 들면 어느 경매물품의 실제가치가 100원이라고 할 때 입찰참여자들은 경매물품의 실제가치를 얼마인지 정확하게 알 수 없기 때문에 추정을 하게 된다.[63)] 이때 입찰참여자들의 추정하는 가치는 $100+\varepsilon$(ε는 오차항 $E(\varepsilon)=0$)가 된다.

만약 다수의 입찰자가 있을 경우 어떤 입찰참가자가 100보다 높게 경매물품의 가치를 평가한다는 정보가 있다면 이것은 다른 입찰 참가자의 가치추정에도 영향을 미칠 수 있다.

또한 낙찰가격은 최고가를 기재한 사람이 낙찰자로 결정이 되므로 입찰자가 제출한 가격이 노출되어 실제의 가치를 상회하는 경우가 발생할 수 있게 된다. 이렇게 낙찰가격이 실제가치보다 더 높을 경우에는 입찰을 하지 않는 것이 이익이 될 수 있다.

이러한 경매는 봉인경매[64)]에서 논의되는 가설로서 입찰가격이 실제의 가치를 상회하는 현상을 낙찰자의 불행[65)] 또는 승자의 저주(Winner's Curse)라고 하며 법원경매에서

62) 원동진(2004), 「알고 싶은 게임이론」, 형설출판사, 192쪽.

63) 김종덕(2007), "부동산경매참여자들의 합리적 의사결정모형에 관한 연구", 전주대학교 대학원 박사학위논문, 21쪽, 재인용.

64) 우리나라의 입찰방식은 공개경매(open auction)와 봉인경매 가운데 봉인경매(sealed-bid auction)방식을 따라서 입찰제를 채택하여 사용하고 있다.

65) 공개경매는 입찰희망자들이 구두로 희망가격을 부르는 것이 일반적이고, 낮은 가격부터 시작하여 호가경쟁을 통하여 가장 높은 가격을 부르는 사람을 낙찰자로 정의하므로 오름경매(Ascending auction)라 한다. 이는 영국식경매(English auction)라고 불린다. 이와 반대로 진행방식을 역으로 진행하면 내림경매(Descending auction)라하며 이런 방식은 네덜란드식경매(Dutch auction)라고 한다.

도 자주 관찰되는 현상[66]이다. 따라서 게임이론의 측면을 감안하면 공통가치를 갖는 경우의 경매는 부수적인 전략이 낙찰자의 불행을 피할 수 있는 방법이 될 수 있다 하겠다.

4 분석모형의 설계

1) 분석모형

부동산경매 입찰참여 행위는 부동산이라는 물건을 법원의 강제매각절차에 따라 취득하려는 의사표시행위이다. 부동산을 취득하는 기본 목적은 몇 가지로 구분할 수 있다. 대상물인 부동산으로 사용, 수익, 처분의 활용을 통하여 이익을 얻고자 하는 것이며, 부동산 투자활동으로 법원의 경쟁매각방식을 택하여 목적을 달성하는 것이다.

그런데 경매부동산은 법률위험의 부담이 있어서 권리분석이 필요하고 인수주의 원칙에 대한 부담, 비자발적 강제처분이라는 선입견과 불확실성 등으로 최초감정가보다 낮은 수준으로 낙찰가율이 형성되어 왔다. 그러한 부분이 입찰참여자들에게는 내재하는 위험요인의 수익률[67]로 환산되어 활용되어지고 있다.

이러한 위험과 수익률의 관계를 부동산경매사례를 대상으로 밝힌 연구들이 있다. 권리분석상의 위험과 부동산물건의 위험관리로 구분한 안종한(2006)[68]의 연구가 있고, 부동산경매의 저해요인을 임차인, 매각절차, 물건의 정보제공관련으로 박성진(2007)[69]의 연구가 있다.

정성용(2009)[70]은 부동산경매 위험요인이 낙찰가격에 미치는 영향에서 유찰횟수, 건물상태 등과 같은 경매특성요인이 낙찰가격결정의 중요한 변수임이 재확인하였다.

이해경(2009)[71]은 낙찰가격의 특성을 감정평가시점과 낙찰시점의 차이로 인해 감정평가가격이 현재의 시장가격을 제대로 반영하지 못한다는 점과 경매 위험요인에 의해 낙찰가격이 저평가되는 것을 분석하여 진정한 낙찰가율을 분석하였다.

---

66) 서울중앙지법원에서 2008-06-12일에 진행된 2008타경 1485 아파트 임의경매사건의 경우 최저매각가격 ₩240,000,000 경매부동산에 16명이 입찰 경쟁하여 97.7%에 낙찰이 결정된 사례이다. 당시의 매매가격이 28,000~31,000만원에 아파트를 시가에 준하는 가격에 낙찰이 결정되어 경매로 부동산을 취득하였지만 일반거래시세보다 차이가 많이 나타나지 않는 부동산경매의 낙찰사례이다.

67) 부동산경매 수익률을 위한 입찰가 산정 시 우선적으로 고려하는 사항으로 주변시세(13%), 감정가와 낙찰가격(46%), 권리인수 유/무(15%), 조세(25%)를 감안하는 것을 알아냈다. 출처 : 김재필(2007), 앞의 논문, 78쪽.

68) 안종한(2006), “부동산경매의 위험관리에 관한 연구”, 성균관대학교 행정대학원, 석사학위논문.

69) 박성진(2007), “부동산경매 투자저해요인 및 개선방안 연구”, 단국대학교 대학원, 석사학위논문.

70) 정성용(2009), “부동산경매 위험요인이 낙찰가격에 미치는 영향에 관한 연구”, 「주택연구」 제17권 제3호, 한국주택학회, 107~133쪽.

71) 이해경 · 방송희 · 이용만(2009), “경매시장의 진정한 낙찰가율 추정에 관한 연구”, 「주택연구」 제17권 제4호, 한국주택학회, 233~258쪽.

법원의 부동산경매의 수익률에 관한 문헌[72]과 연구는 김종덕(2008), 박성진(2003)[73], 김재필(2007) 등이 있다. 부동산경매의 특성변수를 이용하여 낙찰가격 결정요인 분석에는 조남복(2007), 송영석(2003), 박진희(2004) 등이 있다.

이와 같이 부동산경매에 관한 연구는 권리분석의 관점에서 접근하는 분석이나 낙찰가격특성에 관한 분석을 주된 내용으로 하는 연구가 많다.

그러나 부동산경매시장이 확대되고 환경이 변화되면서 법리해석에서 벗어나 부동산투자활동으로 인식되고 불확실성으로 인한 위험에서 발생하는 수익에 관한 연구의 필요성이 제기되고 있다.

부동산경매에 접근하기 위하여 불확실성으로 인식되는 위험요인들을 해석하여 합리적인 낙찰에 이르는 의사결정과 적정한 낙찰가격을 찾아내는 연구에 관심이 커지고 있다. 더욱이 부동산경매시장은 점차 간소화되고 투명화 되어가고 있어서 위험이나 저해요인으로 작용하는 변수들을 감안하여 입찰참여시 무엇에 근거하여 의사결정을 해야 하는지에 관한 종합적인 연구가 요구된다.

이에 본 연구에서는 부동산경매 참여시 각각의 단계마다 판단해야 하는 의사결정에 영향을 주는 요인이 무엇인지 분석하고자 한다. 이것이 규명되면 입찰참여자의 의사결정에 기준이 마련될 것이다. 이러한 기준을 제시하기 위하여 기준의 근거가 되는 요인을 경험적 사실에 근거하여 도출하고자 한다.

분석은 〈그림 2-11〉의 분석 모형같이 부동산경매참여자의 의사결정과정을 3단계로 분류하여 각 단계별 의사결정에 중요한 판단근거가 되는 요인들을 도출하고자 한다.

첫째, 입찰참여의 단계로 의사결정요인을 부동산경매의 내부 위험요인과 부동산경매의 외부 위험요인, 참여자가 인식하는 개별적인 위험요인으로 구분하여 위험요인을 추출한다.

둘째, 낙찰여부를 결정짓는 다음 단계는 부동산경매의 특성을 살펴보고 낙찰을 결정하는 요인을 추출한다. 경매부동산의 특성을 경매 내부요인과 일반 부동산의 특성을 경매 외부요인으로 구분하여 낙찰을 결정짓는 요인을 분석한다.

셋째, 입찰참여자가 중요시하는 것이 낙찰가격이다. 최종단계에서 최고가매수인은 낙찰가격에 큰 영향을 받으므로 경매부동산의 낙찰가격에 영향을 주는 요인이 무엇인지 찾아낸다.

72) 김동희(2009), 「공매 · 경매 부동산투자분석」, 부연사. 24쪽.
73) 민선영(2003), “부동산경매의 권리분석과 투자분석에 관한 연구”, 건국대학교 대학원, 석사학위논문.

〈그림 2-11〉 분석모형

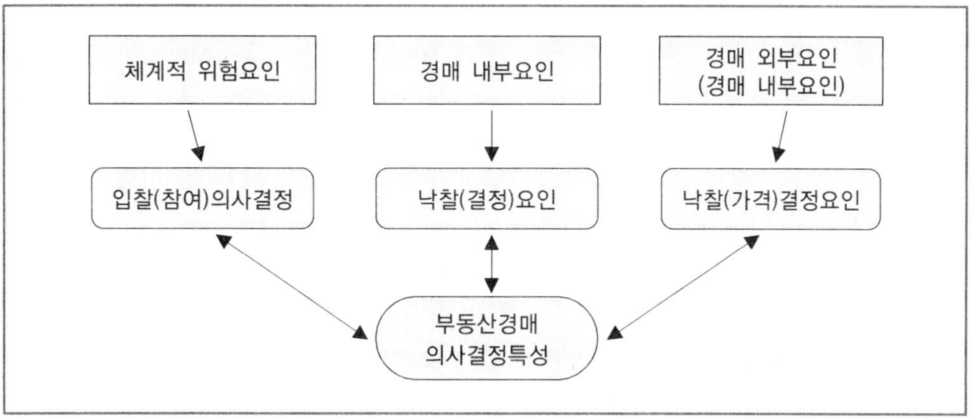

상기와 같은 과정의 분석으로 부동산경매에 있어서 단계별 입찰참여에 대한 의사결정의 특성을 종합하여 기술하고자 한다. 즉, 부동산경매 참여자의 의사결정특성을 i) 입찰참여자 의사결정의 위험요인, ii) 낙찰결정요인분석, iii) 낙찰가격 결정요인분석으로 규명한다.

이는 부동산경매에 관심을 가지고 경매부동산을 선정하여, 입찰참여를 결정하는 최초의 접근에서 부터 낙찰로 경매부동산을 취득하고, 낙찰가격이 결정되는 단계까지 의사결정요인을 추출하기 위함이다.

2) 분석방법

앞의 연구모형에서 제시한 요인을 추출하기 위하여 세 가지 분석방법을 이용한다.

(1) 입찰참여 의사결정의 위험요인 분석

위험요인을 계층분석적 의사결정기법(Analytic Hierarchy Process ; AHP)으로 분석한다. 입찰참여 의사결정을 위한 위험요인을 분석하기 위하여 계층분석적 의사결정기법을 채택하였다. 그동안 경매에 대하여 막연하게 인식되던 위험요인을 계층적으로 분석하여 중요도와 영향값으로 순위를 제시함으로써 입찰참여의 의사결정에 대한 기준을 마련하는데 의의가 있기 때문이다.

의사결정을 내릴 때 계량화가 어려운 직감이나 감정에 의한 부분이 많은 점에 착안하여 만들어진 의사결정 분석기법이다. 의사결정의 계층구조를 구성하고 있는 요소간의 쌍대비교(pairwise comparison)[74]에 의한 판단으로 평가자의 지식, 경험 및 직관을 포

74) 쌍대비교 척도 설문조사의 예시

평가 항목	절대중요	매우중요	중요	약간중요	같다	약간중요	중요	매우중요	절대중요	평가 항목
다발적인 입찰참여경험	⑤	④	③	②	①	②	③	④	√	수익률에 대한 기대심리의 확대

착하고자 하는 하나의 새로운 의사결정방법론이다.[75] AHP는 다수 대안에 대한 다면적 평가기준을 통한 의사결정지원 방법의 하나로, 의사결정의 계층구조를 여러 단계로 나눈 후 이를 단계적으로 분석함으로써 최종적인 의사결정 즉 최적의 결정에 이르는 방법이다. 이 기법은 인간이 의사결정을 할 때 두뇌가 단계적 또는 위계적 분석과정을 활용한다는 사실에 착안하여 개발되었으며, 의사결정이론 중에 광범위하게 인정을 받아 활용되고 있는 기법이다. 이 기법은 부동산경매의 입찰참여자들이 의사결정요인분석에도 적용할 수 있다. 이 기법의 장점은 복잡한 문제를 계층화하여 주요 요인과 세부 요인들로 분해하고, 이러한 요인을 쌍대 비교하여 중요도를 도출하는데 있다.

연구자들은 문제를 해결할 때 다음의 구성과정을 거치는데, 계층구조의 설정, 상대적 중요도의 설정, 그리고 논리적 일관성 유지 등의 원칙을 따르게 되는데 이러한 원칙이 AHP의 이론적 근간이 되고 있다.

제1단계는 의사결정 문제를 상호 관련된 계층으로 분류하여 의사결정계층(decision hierarchy)을 설정한다.

제2단계는 의사결정 요소들 간에 쌍대비교(pairwise comparison)로 판단자료를 수집한다. 이 단계는 도출된 framework에 따라서 선택기준(criteria)간의 쌍대비교하여 고유치로 변환하는 과정이다. 상위요소에 기여하는 정도에 중요도를 부여하는데 직계하위계층이 n개의 요소로 구성되어 있다면 총 $n(n-1)/2$의 비교를 하게 된다.

제3단계는 고유치방법을 이용하여 의사결정요소들의 상대적인 가중치[76]를 추정한다. 이는 평가자가 얼마나 일관되게 평가항목을 평가했는지를 확인하기 위해 일관성 비율을 구한다.

$$\sum_{j}^{n} a_{ij} \cdot w_j = n \cdot w_i \; (i,\, j = 1,\, 2, \cdots n)$$

제4단계는 평가대상이 되는 여러 대안들에 대한 종합순위를 얻기 위해 의사결정요소들의 상대적인 가중치를 종합한다.

$$C[1,\, k] = \prod_{i=2}^{k} B_i$$

$C[1,\, k]$: 첫 번째 계층에 대한 k번째의 계층요소의 종합가중치
n : 추정된 n 벡터를 구성하는 행을 포함하는 $n \cdot n$ 행렬
n : n 번째 계층의 요소 수

이때 전체계층의 종합중요도를 최하위계층에 대한 즉, 상위계층의 가중치 행렬에 그 상위계층에서 구한 가중치 행렬을 곱하고 이 과정을 상위계층으로 반복하여 구하는 방

75) 조근태 · 조용곤 · 강현수(2005), 계층분석적 의사결정, 동현출판사, 12쪽.
76) 가중치(weight)는 우선순위벡터(priority vector)를 의미하는 말로 이는 요소들의 상대적인 중요도 또는 선호도를 나타낸다.

법이다.

기존의 부동산관련 의사결정에 관한 선행연구에서는 계층분석적 의사결정기법을 활용하여 김종덕(2008)[77]은 경매시장참여를 위한 경매환경에 관한 분석에 AHP기법을 적용하고, 조기임(2009)[78]은 부동산경매의 매각 전 단계와 매각후의 불확실성에 대한 내용을 체계적으로 계층분석하였다. 또한 계층분석적 기법을 활용하여 의사결정에 관한 연구에 전수현(2008)[79]은 공공민간 합동형 PF의 사업단계별 핵심 수행요인에 관한 분석에 AHP기법을 활용하였고, 고재풍(2008)[80]은 노후아파트 재생방안에서 재건축과 리모델링을 선택하는 의사결정에 이 기법을 채택하였다.

본 연구에서는 입찰참여를 고려하는 판단을 위하여 부동산경매의 전반에 걸쳐있는 불확실성을 체계적으로 분석해서 이를 위험요인으로 분류하여 통제나 관리가 가능하도록 제시하고자 한다.

(2) 낙찰결정요인의 분석

낙찰을 결정하는 요인은 로지스틱 회귀분석방법을 사용하였다. 로지스틱 회귀모형은 일반회귀모형과 기본적인 형태와 가정이 비슷하며 로지스틱 회귀계수는 다른 선형회귀계수와 마찬가지로 종속변수와 독립변수와의 관계를 설명하고 주어진 독립변수의 수준에서 종속변수를 예측하는데 사용한다.

로지스틱 회귀모형은 정량적인 독립변수들로 비정량적인 두 개의 종속변수를 설명하거나 예측하고자 할 때 사용되는 회귀식이다. 회귀모형의 형태는 선형이 아닌 비선형의 특수한 형태로써 종속변수의 값이 '0' 또는 '1'을 가지는 이항로지스틱곡선(binomial logistic curve)의 형태를 취하는 단순한 비선형 회귀분석이다. 어떤 독립변수 X_i에 대해 종속변수인 두 집단 중에 어느 하나의 집단이 발생된 사건을 $Y=1$이라 하고 그렇지 않은 경우를 $Y=0$이라고 할 때이다.

$$P_i = E[Y=1/X_i] = \alpha + \beta X_i$$

그러나 이는 일반회귀모형과는 회귀계수의 추정방법에 있어 차이가 난다. 선형회귀분석에서의 일반적인 추정방법은 잔차의 제곱의 합을 최소화하지만 로지스틱 회귀분석은 우도(likelihood) 즉, 사건발생가능성을 크게 한다.

이는 경매에 참여하는 입찰자가 경매부동산을 선정하고, 특정의 매각기일에 입찰을 결정하여 참여할 때 영향을 미치는 요인을 위의 식으로 알아낼 수 있다. 이는 입찰참여

77) 김종덕(2008), "경매전문가들의 부동산경매입찰 행태에 관한 연구", 전주대학교 대학원, 박사학위논문.
78) 조기임(2009), "부동산경매 입찰자들의 의사결정에 따른 위험요인분석" 서울산업대학교 주택대학원, 석사학위논문.
79) 전수현(2008), "공공-민간합동형 PF 사업단계별 핵심 수행요인에 관한 연구", 전주대학교 대학원 박사학위논문.
80) 고재풍(2008), "노후 고층아파트 단지의 재생방안", 강원대학교 대학원, 박사학위논문.

를 결정하는 의사결정자가 고려하는 다양한 요인 중에 적합한 요인을 선택하여 참여자가 최종적으로 입찰하여 낙찰이 결정되는지를 분석하는 모형이다.

경매의 대상물인 부동산의 낙찰여부를 결정하는 요인은 경매 내부요인 11개와 경매 외부요인 6개로 구분하였다. 낙찰결정요인에 사용하는 변수는 선행연구를 검토하여 추출하였으며, 경매관련변수를 낙찰가율, 최종낙찰회차, 낙찰가/총채권(율), 입찰인원수, 경매신청주체 등으로 경매 내부요인으로 사용하였다. 더불어 일반부동산 관련변수에 주거용도, 주요 5개구, 경과연수, 세대수 등을 경매의 외부요인의 독립변수로 채택하였다.

종속변수는 특정시점의 서울 5개 법원에서 진행된 경매사건을 대상으로 매각기일 당일에 낙찰된 부동산과 낙찰되지 않은 부동산(미진행 사건 포함)을 '1'과 '0'으로 구분해서 사용하였다. 이 분석모형으로 부동산경매의 낙찰여부를 결정하는 영향력이 있는 요인을 추출한다.

(3) 낙찰가격 결정요인 분석

주택을 구성하는 환경적, 물리적, 경제적, 심리적 특성 등의 다양한 요소가 결합하여 주택의 가격을 결정한다. 이러한 구성요소를 분석하는 방법의 하나가 다중회귀분석(multiple regression analysis)이다.

즉, 주택의 가격은 주택의 물적 구성이나 주변 환경의 효용이 내재된 특성으로부터 얻는 효용이 가치화된 것으로 소비자들이 주택에 포함된 각 특성의 상대적 비중에 따라 지불하고자 하는 주택특성들의 내재가격의 합이다. 이는 주택을 구성하는 여러 요소의 함수가 곧 주택가격의 합으로 이해하는 것이며, 주택과 같이 이질성이 강한 재화의 가격을 추계하는데 있어서 개별주택의 차별화를 가능하게 하는 것이다. 즉, 주택의 가격을 형성하는 다양한 요인의 영향력을 추정하는데 다양한 특성들의 가치를 추계하는데 적절한 방법이다.

이와 같이 개별특성에 대한 분석방법으로 하나의 변수로 설명되는 경우가 없으므로, 2개 이상의 독립변수를 사용하여 종속변수의 분산을 보다 효과적으로 설명하고 예측하는 모형이다.

종속변수 $\hat{Y}$가 독립변수 $X_1, X_2, \cdots, X_n$ 개와 상수 β에 오차항 ε를 포함하여 설명하는 다중회귀모형의 일반식은 다음과 같다.

$$\hat{Y} = \beta + aX_1 + bX_2 \cdots eX_n + \varepsilon$$

경매부동산의 가격특성에 대한 연구를 위한 특성감안가격함수는 경매부동산의 개별적인 특성과 더불어 일반적인 부동산의 특성이 함께 낙찰가격에 반영되는지를 설명하려한다.

입찰참여자들은 경매부동산을 선택하고 입찰에 참여할 때 전술한 경매 내부요인과 경매 외부요인을 감안한 후 그러한 것들이 예상하는 가격과 적합한지 검토한다.

이러한 요인으로 다중회귀 분석하여 낙찰가격과 연관이 있는 요인을 감안하는 헤도닉가격함수(hedonic price function)를 활용함으로써 낙찰가격과 상관관계가 있거나 영향을 미치는 가격결정요인들을 독립변수로 선정하여 낙찰가격을 추출한다.

조남복(2007)은 부동산경매의 낙찰가격 관련연구에서 입찰관련요인, 임차인관련요인으로 구분하여 변수를 선정하여 낙찰가격 결정요인을 분석하였다. 김재필(2008)은 경매특성요인 중에 입찰경쟁률을 포함시켜 입찰참여자들의 특성을 정리하고, 김상호(2006)는 경매특성과 주택특성으로 구분한 낙찰가격을 경매의 위험비용으로 정리하여 낙찰가격의 특성을 연구하였다.

이러한 연구에서 논의한 가격결정요인들이 낙찰가격에 영향을 미치는지를 파악할 수 있고, 이러한 논의를 원용하여 본 연구에서도 다중회귀분석으로 영향을 주는 유의한 요인을 파악해볼 수 있다.

본 연구는 주거용 경매부동산의 낙찰가격에 영향을 주는 요인을 분석하는데 서울 5개 법원의 경매사건의 자료를 이용하였다. 서울지역은 각 자치구별로 환경이 다르고 주택의 특성이 상이하므로 지역의 입지적 요인이나, 교통여건을 반영하고 서울지역에 소재한 5개 법원의 자료를 활용하였다. 이로써 경매의 내부요인과 경매 외부요인이 반영된 낙찰가격 결정요인을 규명하고자 하는 것이다.

낙찰가격 결정요인의 분석은 낙찰가격을 종속변수로 하고 19개의 독립변수를 사용한다. 경매부동산의 물건선정과 입찰참여, 입찰가격을 산정함에 있어 영향을 미치는 요인이 개입되거나 특정의 조건이 동반된다면 부동산경매에 입찰하려는 참여자는 특정의 상황에 적합한 내용이 입찰가격에 반영하게 된다. 이러한 요인들이 가격에 내포되어 낙찰가격이 결정된다고 추정하여 분석하는 것이다.

분석 설계 03

1 입찰참여 위험요인의 분석 설계

부동산경매 참여자들은 여러 가지의 목적으로 부동산경매에 참여한다. 투자목적으로 입찰에 참여하기도 하고, 경매사건의 이해관계인으로 또는 경매입찰의 대리인자격으로 참여하기도 하는 등, 다양한 관점에서 입찰참여를 위한 의사결정을 한다. 경매목적물의 특성상 입찰참여를 위하여 먼저 고려하는 것은 법적하자여부나 권리관계인 채권·채무관계로 인한 권리인수 등 낙찰자에게 주어지는 잠재적인 부담에 주목한다. 이는 부동산의 권리이전과 함께 물적인 부동산의 인도가 병행되기 때문이다.

이러한 경매참여에 있어서 권리분석이나 인수부담 등에 대한 불확실성의 내용을 위험요인으로 접근한 연구에는 안종한(2006)의 부동산경매의 위험관리에 관한 분석에서 '극복할 수 있는 위험'과 '극복이 어려운 위험'으로 분류하고 위험의 관리방안에 대해 분석하였다. 김상호(2006)는 부동산경매의 위험비용결정요인에 관한 연구에서 감정평가가격과 낙찰가격과의 차이에서 나타나는 비용을 위험에 대한 대가임을 규명하였다. 낙찰가율이 떨어지는 원인이 경매부동산의 부담에 대한 내용이므로 이를 위험비용으로 정리하였다.

이에 본 연구는 부동산경매의 위험내용을 부동산경매의 내부에 내재하는 위험요인, 부동산경매의 외부에 존재하는 위험요인, 그리고 경매에 참여하는 입찰참여자의 개별적인 위험요인으로 분류하여 분석한다.

1) 조사의 대상 및 방법

입찰참여들은 합리적인 의사결정에 판단기준이 되는 여러 사항을 다양하게 고려하여 최종의 대안을 선정하게 된다.

설문대상자의 선정에서 있어서 일반 경매참여자들은 부동산경매의 위험이나 저해요인에 대해서 구체적으로 인지하지 못하므로, 부동산경매 입찰경험이 풍부한 입찰참여자들을 대상으로 설문조사를 하였다.

설문조사는 입찰경험 5년 이상, 10회 이상 입찰에 참여하였던 개인투자자[81]들과 경매법인 종사자, 입찰대리권자, 유관기관의 종사자 등 경매전문가를 대상으로 실시하였다. 2008년 9월 1차 모의설문을 거쳐 상위계층과 하위계층을 구체적으로 선별 조정하여 10월에 조사하였다.

조사방법은 유선을 통한 개별적 접촉과 상담으로 협조를 구하였으며, 전자우편(E-mail)과 팩스, 1 : 1 면담방식으로 하였다.

설문대상자는 45명을 선정하여 설문을 배포하였고, 회수된 설문 34부 중에서 27부의 유효한 설문을 분석에 사용하였다.

설문의 내용은 평가의 목표를 위하여 부동산경매에 입찰경험이 많은 전문투자자들을 대상으로 브레인스토밍 과정을 거쳐 소분류항목으로 다양한 항목을 선정하고, 이를 근거로 일부항목을 기각, 보완, 수정하여 계층분석의 원칙에 적합한 항목을 선정하였다.

1차 항목(상위계층)과 2차 항목(중위계층), 3차 항목(하위계층)으로 최종평가항목을 계층적으로 구성하였다. 이는 항목의 개요와 더불어 의사결정 모형인 AHP분석기법의 쌍대비교 방식의 평가에 대한 설명으로 평가자들이 판단을 정확하게 할 수 있도록 구성하였으며, 설문결과 일관성비율이 0.10 미만의 값을 가지는 유의한 자료만을 분석에 사용하였다.

위험요인으로 분류한 29개의 3차 항목 중에 영향값이 높은 항목을 설명하고, 대분류인 1차 항목 중에 중요도가 높은 값을 나타내는 위험요인과 2차 항목 값에 중요도가 높은 위험요인들을 중심으로 살펴본다. 분석결과를 기초로 일반적인 위험이라고 인식할만한 요인분석과 입찰참여자들이 위험으로 인식하는 내용을 고찰하고, 중요도와 영향값이 일치하는 주된 위험요인에 대해 추가 설명하였다.

2) 위험요인 변수선정

(1) 부동산경매의 내부 위험요인

부동산경매의 진행절차 내부에 있는 위험요인들을 체계화 하였는데, 담보물인 부동산 채권자의 신청에 의하여 경매부동산이 만들어지게 되는 과정 속에 내재되어 있는 위험의 내용을 경매의 진행절차에 따라 단계를 〈표 3-1〉과 같이 분류하였다. 이에 부동산경매의 내부에 내재되어 있는 위험요인은 다음과 같다.

① 경매물 압류단계

담보부동산이 경매대상목적물이 되도록 법원에서 압류하는 단계로 부동산에 담보권리가 형성되는 초기부터 강제 처분되는 경매부동산으로 만들어지기까지의 경매물 압류단계에 잠재하는 위험이다.

---

81) 부동산경매 입찰에 다발적으로 참여하여 사용·수익·처분의 전 과정을 여러 번 경험한 일반 투자자를 말한다.

〈표 3-1〉 부동산경매의 내부 위험요인

1차 항목	2차 항목	3차 항목
경매의 내부 위험요인	경매물 압류단계	경매에 관한 법률적 이해의 불충분
		권리분석의 부정확
		경매 진행절차의 이해부족
		법원이 제공하는 매각물건정보의 불완전
	경매물 현금화단계	물건선정의 제한성
		매각부동산 경매평가의 적정성
		부동산의 입지적 개별특성 반영 부실
		시장가격과 감정평가가격과 평가시점의 차이
	매각대금 배당단계	인수권리(비용, 명도)의 부담에 대한 불안감
		처분(보유)의 시간적 소요기간 불투명
		배당에 대한 불안 및 추가부담 위험
		특수권리 해결방안에 대한 확신 불명확

진행절차상에 압류단계의 권리분석, 물건정보의 불충분과 같은 불확실성의 내용을 비용으로 산정한 오치훈(2002)[82]은 법원에 제공하는 정보가 감정평가금액을 제외한 정보에 대해서는 공신력을 인정하지 않는 것을 근거로 입찰 전 정보수집비용과 낙찰을 받은 후에 법률적·물리적 하자나 불법점유에 의한 소송비용 등을 변수로 사용하였다. 경매 관련 선행연구에서 권리분석에 관한 위험과 제공하는 정보의 내용에 의한 비용부담 등을 변수로 분석하였다.

이와 같이 경매와 관련된 채권과 채무에 관하여 충분한 법률적인 이해, 권리분석이 정확하게 이루어져야 하는 과정, 경매 진행절차에 관한 적극적인 이해와 법원의 매각물건명세서 등의 정보제공이 입찰참여자의 관심사항이고 의사결정시 고려해야 하는 주된 요인이다. 입찰참여자는 압류단계에 법률적 이해의 불충분이나 부정확한 권리분석, 진행절차에 있어서 정보제공의 불완전함을 지닌 채로 입찰에 참여하게 된다면 비용의 부담뿐만 아니라 권리상의 부담, 부동산을 인도받기까지 잠재되어 있는 위험이 부담으로 작용하기 때문에 입찰참여의사결정의 위험요인 변수로 선정하였다.

② 경매물 현금화단계

다음으로 경매진행절차의 경매물 현금화단계는 경매부동산을 감정평가하고 현황을 조사하여 최저매각가격을 정하는 단계이다.

매각을 준비하는 법원 측에서 부동산 감정평가를 의뢰하고 준비된 매각물건명세서를

82) 오치훈(2002), “부동산 경매시장에서의 불확실성 문제 : 정보수집비용과 사후위험비용을 중심으로”, 전남대학교 대학원, 석사학위논문, 36~37쪽.

공고·공시하는 단계로 입찰참여자는 목적에 적합한 용도와 적절한 규모의 부동산을 선정할 수 있다.

매각대상물의 최초매각가격인 경매가격이 적정한지 분석해야 하고, 또한 부동산의 개별적 특성이 반영되어 가격산정이 적절해야 한다. 감정시점과 매각시점의 차이로 인한 경매부동산의 감정평가가격과 시장가격의 차이와 같이 입찰에 참여하고자 하는데 있어서 입찰참여 의사결정의 기준을 제시하는 단계의 위험요인이다. 백일현(2005)[83]은 경매가격에 관한 연구에서 대상 경매부동산의 감정평가에서 실거래가 반영수준에 대하여 감정평가사를 대상으로 설문조사하고 사례를 분석하여 가격에 대한 신뢰여부를 논하고 가격과 차이가 나는 이유를 밝혔다. 김재필(2008)은 경매관련 반영가격을 여러 관점에서 구분하여 입찰가가 어떻게 결정되는지 밝혔다. 이러한 경매부동산 현금화단계는 입찰에 대한 참여를 결정하고 경매물건 선정의 기준이 되는 경매의 최저매각가격으로 평가되어 일반인들에게 경매부동산의 정보가 제공되는 단계에서의 위험요인이다.

③ 매각대금 배당단계

최고가매수인이 납부한 매각대금으로 경매신청채권자의 요구를 만족시키는 단계로 낙찰자가 경매부동산을 인도받기까지의 기간 동안에 발생할 수 있는 위험요인을 말한다. 이 단계는 부동산인도에 따른 비용이나 명도, 처분(보유) 등에 부담이 있거나 예상했던 권리 이외에 해결방안이 불확실하거나 예측하지 못한 위험요인이 잠재하는지 등을 고려해야 하는 부동산경매 절차상의 마지막 단계이다.

인수하는 권리에 대한 내용분석이 정확한지에 대한 불안감과 더불어 낙찰로 인한 소유권취득이후 부동산을 인도받기까지의 불명확한 시간에 대한 부담이다. 납부한 대금은 권리를 신고한 채권자들에게 적절하고 적법하게 배당이 이루어져야 한다. 배당단계이후 낙찰자에게 추가의 부담이 있을지에 대한 불안감, 특수권리의 해결방안에 관한 대책에 확신 등 소유권을 취득하고 부동산을 인도받기까지 낙찰자가 예상했던 분석의 내용대로 경매가 집행되는가에 대한 위험요인이다.

(2) 부동산경매의 외부 위험요인

입찰참여를 위한 의사결정의 외부환경에 잠재하는 위험요인에 대하여 〈표 3-2〉와 같이 분류하였다. 부동산경매의 외부위험요인은 경제적 요인과 사회·정책적 규제요인, 제도적 요인으로 나누었다.

---

83) 백일현(2005), "부동산감정평가 피드백과정에서의 영향요인에 관한 연구", 경원대학교 대학원, 박사학위논문, 66~94쪽. '경매감정평가가격은 실거래가수준의 어느 정도를 반영하는지에 관해 감정평가사를 대상으로 조사한 결과 실거래가수준의 65.0%, 호가수준의 21.9%를 반영하여 경매감정평가가격은 대체로 실거래가격수준 또는 호가수준으로 평가함을 밝혔다'

장병기와 심성훈(2004)[84]은 부동산가격에 영향을 주는 요인을 금리와 경기지수로 분석하여 주택가격이 1997년 외환위기를 전후하여 구조적으로 변화하는 것을 확인하였다. 외부적 상황의 거시적 요인 등 변수를 분류한 서승환(1999)[85], 윤주현(2001)[86], 조동철·성병기(2003)[87]는 부동산가격이 사회의 기초변수인 환경요인에 영향을 받는 것을 밝혔다. 정부가 부동산경기 억제정책이나 부양정책을 쓰는 경우, 지가나 주택의 가격이 어떤 영향을 받는지를 분석한 선행연구를 검토해서 경기지표, 유동성의 변화, 금리의 변동 등의 경제적인 상황이나 사회·정책적 규제요인 등이 부동산가격과 연관성을 가지므로 부동산경매의 외부 위험요인을 〈표 3-2〉와 같이 분석의 변수로 선정하였다.

〈표 3-2〉 부동산경매의 외부 위험요인

1차 항목	2차 항목	3차 항목
경매의 외부 위험요인	경제적 요인	시장경기지표의 악화
		유동성의 악화
		대출 금리의 상승
	사회·정책적 규제 요인	부동산정책의 규제 강화
		부동산 관련세제의 강화
		부동산시장에 소극적인 참여자세
	제도적 요인	경매제도가 지닌 불확실성
		경매제도에 대한 폐쇄적 인식
		대위변제, 집행정지 등 진행의 불확실성

① 경제적 요인

부동산의 소유권 취득은 매입가격의 규모가 큰 자산의 변동이므로 경제적 요인에 영향을 많이 받는다. 시장경기지표가 악화되거나, 시장의 유동성이 악화되고 또는 시장의 금리가 상승하면 부동산의 거래는 물론이고 부동산의 투자활동도 현저하게 감소한다.

안정적인 부동산의 투자가 이루어지려면 부동산시장의 거래가 활발하고 적정금리의 대출 활용이 가능해야 한다. 그러나 경제적인 상황이 악화되거나 위축되는 등의 체계적인 위험의 외부 상황이 발생하면 부동산경매의 참여자들은 경매부동산 입찰에 소극적으로 대처하게 된다. 이러한 거시적인 요인들은 부동산경매에 있어서도 투자의사결정을 하는데 영향을 미치는 요인이 될 수 있다.

84) 장병기·심성훈(2004), "주택시장에서 기초경제여건의 영향력에 관한 연구", 국토연구원, 제41권, 83~100쪽.
85) 서승환(1999), "외환위기와 부동산가격의 행태변화", 주택연구, 제7권 제2호 , 5~24쪽.
86) 윤주현(2001), 「VAR모형 구축을 통한 토지 및 주택시장전망 연구」, 국토연구원, 8쪽.
87) 조동철·성병기(2003), "저금리시대의 부동산가격과 통화, 조세정책에 대한 시사점", KDI 정책포럼, 한국개발연구원, 제166호.

② 사회 · 정책적 규제 요인

입찰참여를 결정하는 시기에 영향을 미치는 요인 중에 사회·정책적 규제 요인 중 부동산정책이나 부동산 관련세제 등이 완화되어 부동산시장의 참여자들의 자세가 적극적이고 활발하다면 경매의 입찰참여를 결정하는데 있어서도 자유로울 것이다. 그러나 사회적으로 부동산정책이나 부동산관련 세제 등의 규제가 강화된다면 그로 인해 부동산시장에 참여가 소극적이 되고 불안해지며, 더불어 경매부동산에 입찰을 결정하는 참여자들도 선택이나 결정에 더욱 신중을 기하게 된다. 이와 같이 사회·정책적으로 규제가 되는 내용을 위험요인으로 분류하여 2차 하위항목을 선정하였다.

③ 제도적 요인

부동산경매는 부동산을 거래하는 독특한 수단의 하나이다. 그러나 부동산경매는 일반적인 부동산거래와 구분되는 특성이 있다. 법원의 집행절차에 따른 제한적인 정보제공에 의한 불확실성이나, 강제매각이라는 법률적인 처분절차제도가 지닌 폐쇄적인 인식 등이 있다. 또한 집행절차의 과정 중에 나타날 수 있는 법률적 조치에 근거한 진행상의 불확실성 등이 내재되어 있다. 이는 부동산경매는 법의 집행절차이므로 시장에서의 일반적인 거래가 아닌 법적조치를 따르는 강제매각 방식에 내재되어있는 위험요인이다.

이런 경매의 제도적 요인은 경매라는 매각방식이 매도자와 매수자 간에 협의에 의한 자율계약방식이 아닌 채권자의 신청에 의한 강제매각방식이기 때문에 생기는 위험이다. 경매의 제도적 요인에 관련된 불확실성은 입찰참여의 의사결정을 해야 하는 잠재적인 참여자로서는 충분히 고려해야 하는 부동산경매의 외부요인에 중요한 위험항목이다.

(3) 경매참여자의 개별적 위험요인

부동산경매의 진행과정에 참여하려고 하는 사람의 심리상태나 투자능력, 경매절차전반에 관한 이해정도 등은 모두 각양각색이다. 이들은 입찰하고자 하는 목적도 다양하며 입찰에 대한 인식도 서로 상이하다. 이렇게 입찰에 참여하고자 하는 사람들마다 각기 다른 특성이나 목적 등을 참여자의 개별적 위험요인으로 분류하였다.

입찰참여를 고려하는 잠재적인 참여자들은 다양한 목적과 방향을 설정하여 입찰참여를 결정하게 된다. 즉, 개개인이 지닌 개별적인 특성도 다양하지만 경매참여의 판단을 하는 기준에도 차이가 크다.

개인적인 특성이나 목적이 서로 다른 입찰참여자들은 개인의 특성과 목적에 가장 적합한 의사결정을 하게 되고, 이는 경매부동산의 물건선정이나 자금 활용의 방법 등에서 차이를 보이게 된다. 이에 관한 연구로 한관열(2007),[88] 이정주(2008)[89]는 투자자의 심

88) 한관열(2007), "투자자의 비합리성과 기업특성이 주식수익률의 이례현상에 미치는 영향", 성균관대학교 대학원, 박사학위논문.
89) 이정주(2008), "투자자의 심리가 주식수익률에 미치는 영향", 숙명여자대학교 대학원, 석사학위논문.

리적인 요인을 분석하여 투자자의 비합리적인 의사결정이 기본적인 요소에 정당화되지 않음을 밝혔다. 즉, 투자자의 심리요인은 위험과 주식수익률과 상관이 높은 것을 밝혔다. 박기홍(2009)[90]은 객관적인 검토 없는 비이성적 투자의사결정은 비정상적인 수익으로 실현되는 상황을 시장의 단순투자수익률과 연관해서 분석하였다.

〈표 3-3〉 부동산경매 참여자의 개별적 위험요인

1차 항목	2차 항목	3차 항목
경매참여자의 개별적 위험요인	심리적 위험요인	부동산 다량 보유에 대한 부담
		분쟁(다툼)처분방식의 도덕적 회의감
		많은 입찰경험으로 해이한 분석태도
		경매의 수익률에 대한 기대심리 확대
	실질적 위험요인	경매부동산분석의 이해부족
		입찰참여자의 자금 보유규모(자기자금 활용)
		경락잔금의 대출규모(레버리지 등 타인자금 동원)
		입찰경쟁률 증가와 경매시장 분위기 과열

이러한 선행연구에 근거하여 입찰참여자 개인의 개별적인 위험요인을 부동산경매 참여자의 개별적 위험요인으로 〈표 3-3〉과 같이 분류하였다. 이를 경매참여자의 개별적 위험요인으로 분류하고 이를 심리적 위험요인과 실질적 요인의 위험 두 가지로 구분하였다.

① 참여자의 심리적 위험요인

입찰 참여자의 개별적인 특성인 심리적 요인의 위험에 관한 내용은 낙찰의 결과로 여러 개의 부동산을 보유하게 되는 심적인 부담이다. 즉, 경매의 다발적인 입찰참여의 성공으로 낙찰을 받게 됨으로써 많은 부동산을 보유하게 되는 결과를 가져오게 되는 것에 관한 위험이다.

경매부동산의 취득방식이 매도 매수인간의 합의에 의한 거래가 아닌 채무자의 지불능력 상실로 다툼이나 분쟁에 의한 강제처분방식이라는 것에 대한 도덕적 회의감이다. 채무자는 재정적인 형편이 악화되어 담보부동산을 몰수당하고 입찰자는 이런 부동산을 통한 수익을 얻게 되는 구조에 관한 정서적인 자책감과 같은 의미의 위험요인을 구분하여 변수로 하였다.

경매에 잦은 입찰참여로 생기게 되는 권리분석이나 현황조사 등에 관한 집중력의 약화나 해이함 또는 물건분석에 대한 안이한 태도 등을 견제해야 한다는 위험요인이다. 경매를 통하여 직·간접적으로 재테크수단으로 목적을 실현시켰거나, 수익률에 대한 막연한 기대감은 입찰당일의 분위기에 휩쓸려 정확하고 치밀한 분석이나 계획보다 높은

90) 박기홍(2009), "국내주식형 펀드의 성과관리 편의에 관한 연구", 서강대학교 대학원, 박사학위논문.

가격에 입찰을 시도하는 위험요인이다. 이는 입찰에 참여하려는 개인의 의사결정에 심리적 요인이 영향을 주어 적정한 물건의 선정이나 입찰가 산정에 부담을 줄 수 있는 의미의 위험으로 참여자의 부적절하거나 과도한 입찰가의 산정은 낙찰이 결정된 이후 오히려 투자수익률을 떨어뜨릴 수도 있음을 의미하는 심리적인 위험요인이다.

② 참여자의 실질적 위험요인

실질적인 위험요인은 경매 입찰참여자가 개인의 실질적인 상황에 대하여 충분히 인식하고 참여를 결정하는가에 대한 위험요인분석이다. 즉, 입찰참여자가 경매전반에 대한 정확한 이해나 지식의 부족으로 경매컨설팅업자나 경매대리인에게 의존하여 입찰을 결정하는 위험을 말한다. 또한 자기자본의 상당액을 무리하게 투입하거나, 자기자본이나 자산규모에 대하여 꼼꼼하게 파악하고 시간적인 자금의 흐름에 적합하도록 입찰계획을 진행해야 함에도 불구하고 입찰참여에 관한 접근을 쉽게 판단하는데서 오는 위험이다. 자기자금만으로 적합한 경매물의 선택이 곤란할 때 레버리지를 활용하거나 타인의 자본을 활용하게 되는 상황의 위험요인이다. 공동의 타인자금을 동원하여 입찰에 참여함으로써 자금에 대한 계획이나 규모가 적합한지 등에 관하여 참여자가 처해있는 상황과 같이 참여자의 실질적인 위험요인이다. 이러한 실질적 위험은 보유하고 있는 자금의 규모나 내출유동성이 적절한지, 경매시장의 상황이 과열되거나 부동산의 시장 분위기가 활발한지 등에 관한 것으로 입찰참여자가 직접적으로 고려해야 하는 위험요인이다.

실질적 위험요인의 검토는 입찰참여를 결정하는데 중요한 항목이며, 입찰참여자들은 개인이 지닌 다양한 상황의 요인들을 종합적으로 검토하고 입찰참여를 판단하여 의사결정을 하게 되는 것이다.

2 낙찰결정요인의 분석 설계

경매부동산에 참여하는 입찰자들은 어떤 요인들을 고려하여 입찰에 참여하고 낙찰을 받게 되는지를 분석하여 낙찰을 결정짓는 요인을 찾아내는 분석이다. 즉, 경매가 진행되는 특정기일에 입찰에 참여해서 최고가로 낙찰을 받은 경매부동산의 특성을 분석하여 낙찰결정요인을 파악하려 한다.

1) 분석자료 수집

분석을 위한 자료의 수집은 서울지역의 5개 법원에서 진행하는 부동산경매사건을 수집하였다. 서울지역은 경매부동산의 소재지별로 관할법원이 5개로 구분되어있다. 서울지역 25개 자치구의 부동산 소재지 별로 관할하는 법원의 해당구역은 〈표 3-4〉와 같다.

〈표 3-4〉 서울지역 자치구별 관할법원

관할 법원	부동산소재지 해당자치구
서울중앙지방법원	강남구, 관악구, 동작구, 서초구, 성북구, 종로구, 중구 = 7개구
서울동부지방법원	강동구, 광진구, 성동구, 송파구 = 4개구
서울서부지방법원	마포구, 서대문구, 용산구, 은평구 = 4개구
서울남부지방법원	강서구, 구로구, 금천구, 양천구, 영등포구 = 5개구
서울북부지방법원	강북구, 노원구, 도봉구, 동대문구, 중랑구 = 5개구

경매진행은 각 지방법원마다 진행방식이 정해져 있으며 경매접수 물량과 매각물의 조사의 시기 등을 반영하여 매각기일을 정하게 된다.

분석을 위한 사례의 수집은 특정시기를 정하여 표본을 추출할 경우 일부 법원에 물량이 치우칠 우려가 있고, 특수한 물건만 집행하는 경우도 있다. 이에 서울지역 5개 법원에서 진행된 2008년 12월부터 2009년 11월의 1년간 진행된 총 경매수량을 계산하였다. 이를 근거로 각 법원이 집행하는 4분기로 구분하여 분기별로 사건의 진행수량을 합산하고 이를 다시 각 법원이 진행하는 경매물량의 비율로 산정하였다.

조사의 표본은 경매진행의 최종낙찰까지 진행되는 것으로 하였고, 최종낙찰결과를 알아내기 위하여 분기별 적정 사례의 표본을 추출하였다. 사례추출은 전 년도인 2008년도 4분기를 시점으로 정하였다. 최종낙찰결과를 분석하기 위하여[91] 최종결과까지의 기간이 확보된 경매사건을 표본으로 추출하였다.[92]

〈표 3-5〉 법원별 표본의 비율

구 분	동 부	북 부	서 부	중 앙	남 부	합 계
물건 비율	14.5%	22.9%	18.7%	24.1%	19.8%	100%
2008. 12 = 4분기	65	77	32	65	48	287
2009. 03 = 1분기	54	91	31	178	0	354
2009. 06 = 2분기	67	74	196	131	144	612
2009. 09 = 3분기	72	166	74	55	160	527
합 계	258	408	333	429	352	1,780

* 출처 : 대법원매각통계자료(2008. 12 ~ 2009. 11)

91) 최종낙찰까지는 소요에 필요한 경매진행기간이 요구되므로 형평성 있는 분석을 위하여 최종낙찰결과가 나타나는 충분한 시간을 두고 표본을 선정하였다.

92) 경매입찰기일의 지정은 접수된 사건은 적법한 절차에 따라 매각을 준비하는 시간이 요구되고, 경매신청인과 기타 채권자 등 이해관계인들의 권리에 대한 신고가 이루어져야 하는 등 모든 절차와 진행상에 하자가 존재하게 되면 경매진행절차법상의 하자로 경매가 정지되거나 불허가의 원인이 된다. 그러므로 경매를 준비하는 법원은 신중하게 경매절차를 진행시키게 되므로 일정한 기간이 요구되고, 이러한 사정으로 인하여 서울지역 법원은 각 법원의 경매물량과 시기를 정하여 자체적으로 경매기일을 정하게 된다.

해당지역의 관할 법원마다 진행물량과 일정이 상이하므로 각 분기의 월요일이 들어 있는 첫 번째 한 주간 동안 진행되는 경매사건의 총 사건수가 1,780건으로 이중 경매 사건이 가장 빈번했던 2009년 6월 둘째 주간을 기준으로 비율에 맞는 적정수량의 경매 사례를 〈표 3-5〉와 같이 선정하여 분석에 사용하였다. 분석을 위한 표본이 일부법원에 치우치는 것을 방지하기 위하여 〈표 3-6〉과 같이 사례를 추출하였다. 이는 데이터의 형평성을 확보하여 분석결과의 편차(bias)를 제거하기 위함이다.

〈표 3-6〉 표본의 추출

구 분	동 부	북 부	서 부	중 앙	남 부	합 계
비 율	14.5%	22.9%	18.7%	24.1%	19.8%	100%
적정 표본수	75	119	97	125	104	520
추출표본	75	119	97	124	107	522

표본추출은 2009. 6 둘째 주 매각기일 : 분기별 4주 1,780건 / 1주 평균건수 경매물건 500건 이상으로 함.

이런 과정은 전체 진행수량 중에 각 법원의 비율을 산정하여 표본을 추출함으로써 서울지역 법원의 비율을 〈표 3-7〉과 같이 맞춘 표본의 추출 과정이다.[93)]

〈표 3-7〉 법원별 표본의 추출

구 분	동 부	북 부	서 부	중 앙	남 부	합 계
물건 비율	14.5%	22.9%	18.7%	24.1%	19.8%	100(%)
적정 표본수	75	119	97	125	104	520(건)
추출 표본수	75	119	97	124	107	522(건)
법 원	6/8=5계67건	6/1=1계13건	6/8=4계35건	6/11=10계13건	6/4=5계11건	진행건수
	6/15=3계8건	6/8=3계35건	6/8=3계50건	6/11=2계65건	6/12=10계64건	
		9/15=4계48건	6/17=2계12건	3/10=1계46건	9/14=1계32건	
		9/15=9계23건				

표본은 2009년 6월 8일 월요일부터 6월 12일 금요일까지 일주일 동안의 경매사건이 서울지역 5개법원에서 612건이었고, 이시기에 서부법원과 남부법원에 표본의 물량이 치우쳐 있는 것을 감안하여 각 법원별 경매진행물량의 연 평균비율을 산정하여 6월의 범위 내에 있는 경매사례를 가·감 선정하여 부동산 경매사건 518건을 분석에 사용하였다.[94)]

93) 표본을 2008. 12 ~ 2009. 11까지 분기별로 구분하여 서울지역의 5개 법원이 진행시키는 물건의 수를 반영한다.

94) 5개 법원에서 추출한 표본은 522건이지만 부동산경매의 낙찰결정요인에 관련된 분석이므로 동산인 승용차 4건의 사건을 제외시키고 총 518건의 사례를 분석하였다.

법원이 정하는 매각기일은 법원에 따라 오래된 경매사건을 모아서 집행하기도 하고, 때로는 신건 사건만을 집행하는 경우도 있으므로[95], 표본의 객관성을 유지하기 위하여 각 법원의 진행절차에 따라 경매물건의 특수성이 배제된 일반적인 표본으로 선정하였다.

2) 변수선정

낙찰여부를 결정짓는 변수의 선정은 해당기일에 낙찰여부를 종속변수로 하고 여기에 영향을 미치는 경매 내부요인 11개, 경매 외부요인 6개로 구성하여 17개의 독립변수를 사용하였다.

조남복(2007)[96]은 낙찰가격에 영향을 미치는 변수가 낙찰경험에도 영향을 미치는지를 분석하였는데 일반특성변수로 사용한 세대수, 방수, 준공년도의 변수가 낙찰가격을 높이는 요인임을 밝혔다. 우형달(2008)[97]은 경매의 물량증가에 영향을 주는 요인을 기간별 특성, 매각관계특성, 채무관계특성과 부동산자체특성 변수로 나누어 분석하였다. 오승현(2007)[98]은 경매부동산의 매각가격 특성에서 유찰횟수나 입찰인원 등의 변수를 경매가격에 영향을 주는 요인을 내부요인, 매매동향 등의 변수를 외부요인으로 구분하였다. 이러한 연구에서 경매관련 특성요인을 낙찰특성과 연계하여 경매부동산의 낙찰가격의 특성을 연구하였다.

이와 같은 선행연구를 근거로 종속변수를 낙찰여부로 정하고 그에 영향을 미치는 독립변수로 나누어 낙찰을 결정짓는 요인을 밝힌다.

(1) 종속변수

종속변수는 해당기일에 낙찰과 유찰을 구분한 낙찰여부를 더미변수로 하였다. 2009년 6월의 한 주간의 특정일에 낙찰이 결정되는 사례를 더미변수로 만들어 그 값을 '1'로 하고, 해당기일에 유찰이나 취하, 변경 등의 미진행 경매사건의 값을 '0'으로 하였다. 즉, 해당기일에 낙찰여부가 정해지는 경매부동산을 최종낙찰시점까지의 자료를 분석하였다. 이러한 낙찰결정요인 분석을 위한 변수의 선정은 〈표 3-8〉과 같다.

---

95) 법원이 정한 매각기일에 진행되는 강제집행사건이 해당기일에 경매절차를 거치므로 다양한 특성의 경매부동산이 있다. 이는 전회에 유찰되어 다시 기일을 지정받은 사건이나, 변경 등의 사유로 새로운 기일이 지정된 사건, 새로운 경매사건이나 재경매사건 등 각각의 사건일정에 따라 해당기일에 경매사건이 진행된다.

96) 조남복(2007), 앞의 논문.

97) 우형달(2008), 앞의 논문.

98) 오승현(2007), 앞의 논문.

〈표 3-8〉 낙찰결정요인의 변수표

변수명			내 용	변수값코드
종속변수		낙찰여부	해당기일의 낙찰, 그 외	Y=1, N=0
독립변수	경매 내부 요인	낙찰가율	해당기일에 최고가매수인으로 결정된 가격	%
		낙찰가/총채권(율)	총채권액 대비 낙찰가격의 비율	%
		최저가/낙찰가(율)	낙찰가격 대비 최저가격의 비율	%
		최종낙찰회차	최종 낙찰되는 시점의 진행 회차	회
		임차인 유/무	임차인존재, 그 외	Y=1, N=0
		인수부담 유/무	인수부담(비용, 명도), 그 외	Y=1, N=0
		특수권리 유/무	경매부동산에 특수한 권리 존재여부	Y=1, N=0
		경매신청주체	경매신청채권자(법인, 그 외)	Y=1, N=0
		최종낙찰경과기간	첫 매각기일에서 낙찰기일까지 기간	개월
		입찰인원수	입찰경쟁자의 수	명
		해당법원	관할법원 중앙·동부, 그 외	Y=1, N=0
	경매 외부 요인	주거용도	주거용, 그 외	Y=1, N=0
		주요 5개구	강남·서초·송파·양천·용산, 그 외	Y=1, N=0
		대지규모	대지의 규모	㎡
		경과연수	2010년 기준으로 건축물의 경과연수	년
		세대수	주거용부동산의 세대수	세대
		방 수	주거용부동산의 방의 개수	개수

경매관련 선행연구 가운데 낙찰가격의 특성을 설명한 회귀분석에 관한 연구는 많이 있다. 그러나 낙찰결정요인을 분석하는 선행연구에 낙찰가격 결정요인에 관련된 유사한 연구는 활발하지만, 특정기일에 주어진 조건에서 낙찰과 유찰여부를 분석한 연구는 전례가 없다. 법원집행방식에 참여하여 경쟁을 물리치는 입찰가격의 산정, 수익률이 내재하는 낙찰가격결정 등 입찰결정에 반영되어 낙찰로 결정되기까지는 여러 변수들이 복잡하게 작용한다. 특정일에 낙찰여부에 관한 낙찰결정요인 분석으로 낙찰이 결정되는 경매부동산에는 어떤 요인이 작용하는가를 밝히고자 한다.

(2) 독립변수

해당기일에 낙찰결정요인을 분석하기 위한 독립변수를 두 분류로 나누었는데 경매 내부요인 11개와 경매 외부요인 6개로 구분하였다.

조남복(2006)은 일반특성변수와 경매특성변수를 함께 고려하여 낙찰가격예측모형을 만들어 검증하였고, 송영석(2003)은 종속변수를 낙찰가격으로, 독립변수를 물리적, 사회적, 경제적 변수를 사용하여 낙찰가격의 결정요인을 밝힌 바 있다.

본 연구는 특정기일에 낙찰이 이루어져 최고가매수인이 정해진 경매사건을 자료로 한 분석이며, 종속변수를 설명하는 요인은 경매 내부요인과 경매 외부요인으로 분류하였다.

① 경매 내부요인의 독립변수

부동산경매의 내부요인 독립변수는 다음의 11개를 사용하였다.

낙찰가율은 경쟁자 중에 최고가로 입찰에 참여하여 받은 낙찰가격의 비율이다. 낙찰가율은 해당기일에 낙찰이 된 낙찰가액을 법원이 집행을 위하여 제시하는 최저가격으로 나눈 비율로 최고가매수인이 기재하여 법원에 매수를 희망한 가격이다. 법원이 제시한 최초감정가격[99]대비 얼마의 비율을 차지하여 낙찰이 결정되었는지를 설명하는 변수이고 단위는 '%'이다. 이는 법원에서 감정평가 한 가격을 기준으로 입찰참여자는 경매부동산과 관련된 다양한 요인을 반영하여 입찰가를 산정하고 입찰에 참여하여 낙찰된 가격이다. 비로소 낙찰이 결정된 가격의 비율로써 경매부동산의 낙찰결정요인을 설명하는 주요변수이다.

총채권액 대비 낙찰가격의 비율(낙찰가/총채권액)은 낙찰가격으로 담보부동산에 설정된 총채권액을 얼마나 변제 할 수 있는지를 알아볼 수 있는 변수다. 즉, 총채권액은 매각대상 부동산에 압류되어 있는 채권의 총액으로 경매를 신청한 압류채권을 포함한 매각대상물의 부동산등기부등본에 압류되어 설정이 완료된 전체의 총채권의 합계액이다. 담보물에 채권설정이 과다한 부동산은 채무자 스스로가 경매의 진행을 취하시키거나 변경시키기 어려우며 일반거래시장에서의 부동산 거래도 어려운 상황에 놓이게 된다. 이처럼 강제집행을 통한 매각처분절차를 따를 수밖에 없는 상황을 나타내는 특성으로 처분된 낙찰대금으로 실제적으로 얼마만큼의 채권을 변제할 수 있는지 알아낼 수 있는 변수다.

낙찰가격 대비 최저매각가격[100]의 비율(최저가/낙찰가)은 법원이 집행을 위하여 제시하는 금액으로 입찰에 참여하려면 이 금액 이상으로는 입찰에 응해야 하는 기준금액이다. 또한 유찰[101]이 되어 다음 기일에 저감이 된 금액도 이와 같이 최저매각가격이라고

---

99) 경매참여자들이 입찰가를 산정할 때 중시하는 기준가격의 비율은 감정평가액(3%), 주변시세(45%), 현재가치(수익률)는 (27%), 미래가치(개발기대감)는 (25%)를 나타내 주변시세를 중요하게 감안하는 가격임을 알 수 있다. 출처 : 김재필(2007), 앞의 논문, 75쪽 참조.

100) 경매기일의 입찰공고에는 해당 경매부동산의 최저매각가격을 기재해야 한다. 최초 경매기일의 최저경매가격은 감정인이 평가한 가격이 기준이 되며 경매기일에 있어서 경매신청인이 없어 다음의 경매기일을 지정한 때에는 저감가격(서울지역은 통상 20%)이 최저매각가격이 된다. 입찰하고자 할 때에는 항상 공고된 최저매각가격보다 같거나 높게 입찰에 참여해야 무효처리가 되지 않는다. (구)최저입찰가격

101) 법원경매의 입찰에 있어서 입찰기일에 실시된 입찰에서 유효한 입찰자가 없어 최고가입찰자가 선정되지 못했을 때 법원은 일정비율을 저감하여 다음 입찰기일에 진행을 하게 된다. 이를 유찰이라 하며, 유찰된 경우에는 최저매각가격을 통상 20%씩 낮추어 경매를 실시하고 서울지역의 경우 통상적인 저감률은 20%이다.

한다. 경매부동산에 어떤 요인이 반영되어 입찰자가 없어 유찰된 금액은 경매진행에서만 볼 수 있는 특성으로 낙찰여부가 어떻게 결정되는지를 알아내기 위해 사용한 변수이다.

최종낙찰회차는 해당 매각기일에 입찰이 이루어지지 않고 유찰이 되어 다음의 어떤 회차에 낙찰결정이 되는지를 알아내며, 최종매각이 결정되어 낙찰된 시점의 경매 진행 회차를 나타낸다. 단위는 '회'이고 최종매각 회차의 숫자가 높은 것은 유찰이 많았던 경매물건이라는 의미이다.

임차인 유/무는 경매대상물에 점유하고 있는 임차인의 여부를 더미변수(dummy variable)로 하였다. 경매부동산에 임차인의 점유여부가 낙찰결정요인에 반영이 되는지를 분석하기 위하여 변수로 하였다.

인수부담의 유/무는 부동산을 낙찰 받음으로써 낙찰자가 추가로 부담해야 하는 비용이나 부담이 있는지를 알아보는 변수로 인수되는 부담이 있는지의 유무를 구별하는 변수다. 경매부동산에 임차인이 있는 경우 낙찰자가 스스로 집행이나 소송을 하거나 인수주의 원칙에 의하여 인수해야하는 부담이 있는지의 여부를 나타내는 의미를 설명하고자 하는 변수로서 더미변수를 사용하여 분석하였다.

특수권리의 유/무는 매각물건명세서에 제시되어 있는 특수한 권리가 있는지의 여부를 더미변수로 분석에 사용하였다. 예를 들면 토지에 별도등기 표시가 있거나 건물이나 토시가 일부지분만이 매각대상이 되는지 등의 내용이다. 이는 법원이 낙찰 이후에 재산권행사가 용이하지 않음을 특별매각조건[102]으로 제시하여 입찰참여자가 부담해야하는 내용에 관한 정보를 제시하는 의미의 변수이다. 이러한 내용은 경매부동산의 입찰에 관한 인지적인 편견이나 위험에 대한 인식을 알아낼 수 있는 변수이다.

경매신청주체는 법원에 담보부동산을 압류하여 매각처분을 신청한 주체이다. 부동산의 매각을 의뢰한 경매신청채권자가 법인에 의한 경매신청사건은 '1'로 하고 개인의 경매신청은 '0'으로 더미변수를 사용하였다. 즉, 압류의 주체가 개인인지, 금융기관과 같은 법인의 신청에 의한 경매진행인지를 설명하는 요인을 추가하여 낙찰결정요인을 분석한다.

최종낙찰경과기간 변수는 부동산경매의 신건진행의 1차 매각기일에서 최종적으로 낙찰결정이 되기까지의 소요시간을 나타내는 변수로 단위는 '개월'로 하였다. 일반인들은 법원의 경매제도가 이전의 민사소송법이 적용되던 시기 때처럼 소송에 따른 법적 다툼을 하는 것으로 여기지만 2002년 이후 민사집행법의 적용으로 비교적 절차가 간소화되었다. 즉, 법집행에 따라 최종적으로 낙찰결정이 되기까지의 기간을 나타낸다.

102) 법원이 경매부동산을 매각하여 그 소유권을 낙찰자에게 이전시키는 조건을 말한다. 다시 말하면 경매의 성립과 효력에 관한 조건을 말한다. 매각조건은 법정매각조건과 특별매각조건으로 구별된다. 법정매각조건은 모든 경매절차에 공통 된 법이 미리 정한 매각조건을 말하며, 특별매각조건은 각개의 경매절차에 있어서 특별히 정한 매각조건을 말한다. 어느 특정경매절차가 법정매각조건에 의하여 실시되는 경우에는 경매기일에 그 매각조건의 내용을 관계인에게 알릴 필요가 없으나, 특별매각조건이 있는 경우에는 그 내용을 집행관이 경매기일에 고지하여야 하며, 특별매각조건으로 경락한 때에는 경락허가결정에 그 조건을 기재하여야 한다.

입찰인원수는 특정기일에 경매사건에 참여한 입찰참여인원으로 입찰경쟁의 인원을 나타낸다. 경쟁방식에만 존재하는 특성으로 경매부동산에 관한 참여자들의 관심을 나타내는 변수로써 단위는 인원수이므로 '명'을 단위로 하였다.

해당법원은 서울지역의 5개 법원 중에 경매관련 지표가 상대적으로 높게 나타나는 자치구를 관할하는 법원이다. 낙찰가의 비율이 높은 지역을 관할하는 법원 중 중앙지방법원과 동부지방법원[103]은 별도로 구분하여 낙찰여부를 분석하는 변수로 선택하였다. 중앙법원과 동부법원의 경매물건은 '1'로 그 이외의 서부, 남부, 북부 3개 법원에서 진행되는 것은 '0'으로 처리하였다. 서울지역의 부동산이라고 하더라도 강남구, 서초구, 양천구 등과 같은 일부의 자치구는 부동산가액의 차이가 현저하게 나타나므로 이를 분석에 반영해서 입지적인 요인이 낙찰여부에 영향을 미치는 것을 알아보고자 변수로 사용하였다.

② 경매 외부요인의 독립변수

낙찰여부를 결정하는 요인을 설명하는 경매 외부요인의 독립변수는 6개를 선정하였다.

주거용도 변수는 분석의 자료를 위하여 부동산의 용도를 5개 그룹[104]으로 분류하였다. 주거용도의 부동산은 경매진행사건에서 다른 용도의 물건에 비하여 낙찰가율이나 입찰경쟁률 등이 상대적으로 높게 나타나는 부동산이다. 이는 다른 용도의 부동산에 비하여 상대적으로 환금성이 높아서 경매의 목적을 투자로 하거나 실거주 목적으로 활용하기에 용이하므로 낙찰여부를 결정하는 변수로 선정하여 분석에 사용하였다.

주요 5개구는 일반적인 부동산의 특성에서 중요시되는 입지에 관한 변수로 서울지역 25개 자치구 가운데 감정가격이 차지하는 비중도 높고, 낙찰률과 낙찰가율이 높은 지역 상위 5개 지역[105]을 〈표 3-9〉와 같이 선정하였다. 또한, 서울지역 내에서도 가격의 차이를 보여주는 변수를 사용하였다. 다른 자치구에 비하여 낙찰가율이 높게 나타나는 것은 해당지역에 관심이 있는 입찰참여자가 많은 것을 의미하기 때문이다.

---

103) 서울 관할법원 중앙과 동부법원은 서부, 남부, 북부법원에 비해 낙찰률과 낙찰가율 차이가 있음을 알 수 있다. 즉, 서울지역 전체 중에 15개 자치구를 관할하는 서부, 남부, 북부법원 비하여 11개 자치구를 관할하는 중앙과 동부의 경매건수는 45.6%를 차지하지만 감정가격은 55%, 낙찰가는 55.7%를 나타낸다. 이는 경매물량에 비하여 부동산의 가격에 차이가 크다는 것을 나타낸다. 출처 : 대법원 낙찰통계(2009년).

104) 대법원 경매통계자료에 물건용도별구분 18가지를 주거용, 상업용, 대지, 기타부동산, 동산으로 나눠 5가지로 구분하였으며, 이 중 아파트, 단독주택, 다세대(연립)의 용도를 합산하여 주거용부동산으로 분류하였다.

105) 강남, 서초, 송파, 양천, 용산에 소재하는 매각부동산은 낙찰가율이 높기도 하고 입찰경쟁률도 높은 수치를 나타내어 경매 외부요인 중에 부동산의 입지와 관련된 변수이다.

〈표 3-9〉 서울지역 5개 주요 자치구 낙찰가율

해당(구)	강 남	서 초	송 파	양 천	용 산
낙찰가(천원)	377,846,045	225,171,462	194,299,674	157,289,384	120,408,664
낙찰율(%)	31.3	31.8	38.3	34.7	36.6
낙찰가율(%)	80.9	83.2	83.5	79.2	79.5
- 서울지역 25개 자치구 전체 낙찰가 2,586,082,674,000으로 41.6% 낙찰가율을 5개 구가 차지 -서울지역 25개 자치구 전체 낙찰률은 32.2%, 낙찰가율은 78.8%이다.					

* 주 : 낙찰률 : (낙찰건수/경매건수)×100, 낙찰가율 : (낙찰가/감정가)×100.
* 자료 : 대법원 경매통계 2009년도

이 변수를 더미변수로 하여 서울시내 경매지표 5순위에 들어가는 〈그림 3-1〉을 참조하여 강남구, 서초구, 송파구, 양천구, 용산구의 5개 자치구에 포함되면 '1'로 하고 그 외 지역은 '0'으로 하여 분석하였다.

〈그림 3-1〉 서울지역 25개구의 낙찰률/낙찰가율

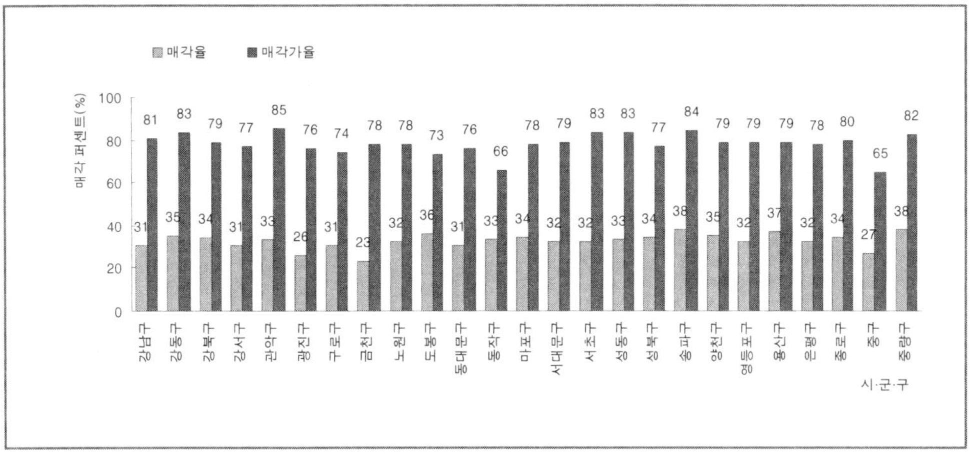

* 출처 : 대법원낙찰통계 2009년도 지역별 낙찰률/낙찰가율

서울 25개 자치구 중에 5개의 자치구가 차지하는 경매관련지표에 차이가 있어 해당 주요 5개 구를 구분하여 낙찰결정요인의 경매 외부요인 분류하여 분석하였다.

대지규모는 단위를 ㎡로 하였는데, 건물과 대지의 규모는 매각대상 부동산이 차지하는 대지권을 의미하는 변수이다. 이는 주거용부동산에 규모를 간접적으로 나타내며 대지지분에 비례하여 부동산자산의 규모를 나타내는 주요한 변수이다.

경과연수는 등기부등본상에 등재되어 있는 보존년도의 시기를 근거로 하였고 기간의 산정은 2010년을 기준해서 부동산의 노후도와 낙찰결정여부에 영향력을 보았다. 단위는 '년'으로 하여 분석하였다.

세대수는 주거용 부동산에 들어 있어 단지의 규모를 나타내는 의미로 일반부동산특성에서 부동산의 가치에 영향을 주는 변수이다. 이처럼 부동산경매에서 주거용의 경우 대단지 아파트는 세대수가 많고, 대단위의 세대규모는 용도가 공동주택 중 아파트라는 것을 알 수 있는 변수이다.

방수도 입찰참여자가 고려하여 건물의 규모를 알 수 있는 변수로 단위는 방의 개수를 나타내는 '개'로 하였다. 이와 같이 일반적인 부동산고유의 특성과 관련이 있는 요인을 경매 외부요인으로 구분하여 낙찰결정요인을 분석하였다.

3 낙찰가격결정요인의 분석 설계

1) 표본 선정

낙찰가격에 영향을 주는 요인의 특성을 분석하기 위하여 2008년 12월부터 2009년 11월까지의 서울지역 5개 법원의 부동산경매 진행사건을 자료로 이용하였다. 낙찰여부를 결정하는 분석에 사용된 518건 중 주거용 부동산 354건을 사용하였으며, 1년을 단위로 서울지역 5개 법원의 진행건수에 적정비율을 산정하여 표본을 추출하여 분석에 사용하였다. 사례분석을 위하여 대법원 경매정보(www.courtauction.go.kr), 사설 경매 정보업체인 굿옥션(www.goodauction.co.kr)의 일정별 검색을 통하여 지정한 입찰기일을 기준으로 적정표본에 적합한 사례를 활용하였다.

일반적인 부동산에 있어서 주택가격에 영향을 미치는 요인도 다양하지만 강제집행절차로 취득하는 부동산경매의 낙찰가격 결정요인도 다양한 특징을 나타낸다. 즉, 일반부동산이 지닌 가격특성인 경매 외부요인과 더불어 경매관련 내용인 경매 내부요인이 추가적인 요인으로 작용하여 낙찰가격에 반영된다. 예를 들면, 일반부동산이 지닌 부동산의 규모는 물론이고 입지적인 요인, 건축물의 노후도 등 부동산의 일반적인 요인이 반영되어 경매부동산의 낙찰가격에 영향을 미치게 된다는 것이다.

특정기일의 낙찰결정요인 분석에 사용한 표본 518건 중에서 경매부동산의 낙찰가격 결정요인을 분석하기 위해서 경매사례 가운데 주거용부동산이 차지하는 비율은 68%이다.[106] 이에 낙찰가격 결정요인의 분석을 위한 주거용 부동산의 표본추출은 〈표 3-10〉과 같다.

106) 2008. 12 ~ 2009. 11 서울지역 용도별 매각부동산물량 전체 10,835건 중 주거용 6,785건 차지 : 대법원 매각통계 자료.

〈표 3-10〉 주거용 부동산의 표본

구 분		주거용			상업용		토 지		기타 부동산	동 산
		354			117		40		11	
		0.68			0.22		0.08		0.02	
		아파트	주택(다가구)	다세대	오피스텔	근린상가	대지	임야등	시설등	자동차등
중앙	124	47	4	19	12	27	8	5	1	1
동부	75	47	2	14	1	8	1	1	0	1
서부	97	31	7	25	5	16	11	2	0	0
남부	107	47	8	18	5	15	5	1	6	2
북부	119	56	5	24	0	28	2	4	0	0
총표본수	522	228	26	100	23	94	27	13	7	4

이는 서울소재 5개 법원에서 1년 동안 진행되는 전체경매건수가 5,934건이고 한해의 계절적인 요소를 제거하기 위하여 각 분기의 월요일이 포함된 둘째주간을 기준으로 구분할 때 각 분기의 1개월 4주에 해당되는 경매건수는 1,780건이었다. 그 중 한주간의 부동산경매사건 진행건수는 520여건이다.

낙찰가격 결정요인 분석에는 낙찰결정요인의 분석사례 가운데 주거용 부동산이 354건을 사용한다. 주거용 부동산은 다른 용도의 부동산에 비하여 상대적으로 많은 경매물량을 차지하고, 서울의 행정구역 25개 자치구는 입찰경쟁률과 낙찰가율도 전국에 비하여 높은 비중을 차지하고 있다.

그러므로 본 연구에서는 낙찰가격 결정요인을 서울지역 소재 주거용 부동산의 범위[107]로 축소하여 낙찰가격 결정요인을 연구하고 해석하고자 한다.

2) 변수선정

분석에 사용된 종속변수인 당일의 낙찰가격은 신건이거나 유찰을 거치며 진행되지만 최종적으로는 낙찰가격에 경매와 관련된 다양한 요인과 부동산의 요소들이 반영되어 결정된다.

조남복(2007)은 경매목적물에 가격결정특성을 분석하기 위한 변수를 일반특성과 경매특성으로 구분하고 일반특성을 다시 주거관련 요인, 지역 및 환경관련 요인으로 구별하

107) 주거용부동산인 아파트, 단독주택, 연립주택, 다세대를 합산한 자료. 출처 : 대법원매각통계

구 분	전체평균	아파트	단독주택	다세대
낙찰률	84.37%	86.79%	94.46%	92.27%
경쟁률	5.49명	7.52명	5.10명	5.42명

였다. 김재필(2008), 전승범(2005)은, 경매관련 요인에는 유찰횟수나 입찰경쟁률, 더불어 인수부담비용에 관한 요인들이 낙찰가격 결정에 영향을 미치는 것을 밝혔다. 최저매각가격과 감정가격사이에서 형성되는 낙찰가격이 입찰당시의 매매가격에 큰 영향을 받는 것을 밝히고, 낙찰가격은 경매 외부요인과 더불어 경매 내부요인이 포함되는 경우 설명력이 높아지는 분석을 하였다.

이와 같이 낙찰가격 결정요인의 분석을 위하여 경매의 내부요인은 기존의 연구에서 사용한 것들을 표본의 구성에 맞도록 〈표 3-11〉의 변수를 선정하였다.

또한 경매 외부요인의 근거는 선행연구의 주택가격 형성요인에서 사용한 변수를 근거로 하였다. 권재욱(2006)[108]은 아파트가격지수 추정방법에서 평당매매가격과 지하철과의 거리, 방수, 층수, 경과연수 등의 요인을 사용하고, 최윤아(2007)[109]도 입주시기와 평형, 세대수, 층수 등의 변수를 이용하여 주택가격 형성요인을 분석하고 더불어 입지요인을 추가하여 주택의 가격이 형성되는 요인을 연구했다. 이러한 연구에서 사용한 변수를 토대로 경매 외부요인의 변수를 선정하였다.

이렇게 선정된 변수를 경매 내부요인과 경매 외부요인으로 분류하여 낙찰가격 결정에 영향을 미치는 요인을 분석한다.

〈표 3-11〉 변수의 선정

변수명			변 수 설 명	변수값코드
종속변수		최종낙찰가격	최고가매수인이 입찰용지에 기재하여 낙찰받은 가격	천원
독립변수	경매 내부 요인	낙찰가율	최초감정가격 대비 낙찰가격의 비율	%
		총채권액	담보부동산에 채권총액	천원
		낙찰가/총채권(율)	총채권액 대비 낙찰가격의 비율	%
		최종낙찰회차	입찰당일에 진행되는 최종매각횟수	회
		임차인 유/무	임차인 존재, 그 외	Y=1, 그외=0
		인수부담 유/무	인수부담(비용, 명도), 그 외	Y=1, 그외=0
		특수권리 유/무	경매부동산에 특수한 권리존재, 그 외	Y=1, 그외=0
		경매신청주체	경매신청채권자가 법인, 그 외, 구분	Y=1, 그외=0
		최종낙찰경과기간	1차 입찰기일에서 매각기일까지 기간	개월
		입찰인원수	입찰경쟁자의 수	명
		해당법원	관할법원 중앙, 동부, 그 외, 구분	Y=1, 그외=0

108) 권재욱(2006), "아파트가격지수 추정방법의 비교분석에 관한 연구", 단국대학교 대학원, 박사학위논문, 53~58쪽.

109) 최윤아(2007), "공동주택 주거환경요소의 중요도 가중치를 고려한 의사결정지원 모델개발", 홍익대학교 대학원, 박사학위논문, 62쪽.

경매 외부 요인	주요 5개구	강남, 서초, 송파 ,양천, 용산, 그 외 구분	Y=1, 그외=0
	교통여건	지하철인근에 위치	Y=1, 그외=0
	지하층	지하층의 건물, 그 외, 구분	Y=1, 그외=0
	건물규모	건물의 규모	m²
	대지규모	대지의 규모	m²
	경과연수	2010년을 기준으로 노후년도	년
	세대수	집합건물의 세대수	세대
	방 수	방의 개수	개수

(1) 종속변수

종속변수는 법원이 경매절차를 진행하여 정해진 최종낙찰가격이다. 법원이 진행하는 입찰당일의 최저매각가격은 대상물의 조건에 여러 가지 요인이 반영되어 유찰되거나 낙찰이 결정된다. 즉, 매각기일에 적법한 조건들이 반영되어 입찰자의 목적에 적합한 가액으로 낙찰가격이 결정되는 것이다. 최저매각가격 이상으로 입찰에 참여해야 하는 입찰참여자들은 여러 가지 요인과 변수들을 입찰가에 반영하여 부동산을 취득하는 행위인 경매에 참여하는 것이다.

그러므로 유찰사건은 경매부동산의 조건에 맞추어서 이전 매각기일에 입찰참여자가 없었다면 사건이 유찰을 거치면서 저감률이 반영되어 최저매각가격이 정해진다. 서울의 경우 전 회차의 최저매각가격에 20%가 저감된 가격이 산정되어 다음 회차에 경매가 진행된다. 특정의 기일에는 경매진행이 신건이거나 유찰되는 등 특성을 지닌 채로 경매가 진행된다. 이때 각기의 개별사건마다 다른 요인에 영향을 받게 된다. 이러한 낙찰가격 결정요인의 분석을 위한 종속변수는 최종낙찰가격이고 단위는 '천원'으로 하였다.

(2) 독립변수

낙찰가격에 영향을 미치는 요인을 추출하기 위하여 최종낙찰가격과 연관이 있는 내용들을 독립변수로 채택하였다.

앞의 분석에서 낙찰여부에 영향을 주는 변수와 동일한 의미의 변수를 사용하여 낙찰가격결정에 영향을 주는 요인을 함께 분석하고자 한다.

경매절차의 적법한 과정을 밟아 진행시키는 절차법[110]의 성격이 강한 부동산경매는 낙찰가격을 결정하는 요인이 일반거래와 다른 것이 존재한다. 우선 목적물에 임차인이

110) 실체법에 대립되는 개념이며, 보통 소송 또는 재판절차를 규율하는 법(형사소송법 · 민사소송법 · 행정소송법 등)을 실체법(민법 · 상법 · 형법 등)에 대하여 절차법이라고 말한다. 이 경우의 절차법은 형식법이라고도 하며, 특히 민사에서는 무수한 소송사건을 적정 공평하게 심판하고, 신속 경제적으로 처리하기 위하여서는 어떤 방법에 따르는 것이 합리적인가 하는 기술적인 고려가 중심문제가 된다.

나 점유자 등이 있는 경우 목적물을 인도받기 쉽지 않을 수 있고, 낙찰결정 이후 납부해야 하는 대금과 별도로 추가적인 비용이나 권리의 인수가 있을 수 있다. 법리의 해석이 미흡하거나 등기와 같은 공시력을 갖추지 못하는 경우 등 적절한 조치가 적기에 이뤄지지 않아 부동산에 특수하게 남게 되는 인수권리가 존재할 수도 있다. 이러한 특성들로 인하여 낙찰가격에 영향을 미치는 요인이 복잡하게 작용할 수도 있다.

이러한 부동산경매의 요인을 두 가지로 분류하여 경매 내부요인과 경매 외부요인을 다음과 같이 구분하였다.

① 낙찰가격결정의 경매 내부요인

부동산경매의 낙찰가격에 영향을 주는 요인을 분석하기 위한 변수선정에서 경매결정요인 관련을 지닌 내용의 변수를 가격과 관련된 내용과 권리와 관련된 내용, 기타 경매의 개별적 특성이 강한 내용의 변수를 선정하였다.

김종덕(2008)은[111] 합리적인 의사결정을 위한 평가항목을 경매흐름일반, 경매 권리분석, 경매 물건상황, 부동산시장 환경으로 구분하였다. 경매에 대한 기대수익성과 낙찰 후 부동산을 인도받기까지의 변수가 우선시 되어 의사결정하는 것을 밝혔다.

본 낙찰가격 결정요인의 분석에서는 앞의 낙찰결정요인 분석과 유사한 변수를 사용하므로 분석에 사용하는 변수를 간략하게 소개한다.

낙찰가율은 최초감정가액을 기준[112]으로 입찰이 결정된 부동산의 낙찰가격의 비율이다.

총채권액은 담보의 대상이 된 부동산에 설정되어 있는 채권의 총액이다. 등기부 상의 최초순위의 압류와 별개로 해당 경매사건 담보물인 부동산에 등기된 채권액의 합계이며 단위는 '천원'이다.

낙찰가/총채권액은 총채권액 대비 낙찰가격의 비율로 해당부동산의 매각대금으로 총채권을 어느 정도 변제될 수 있는가를 알아본다. 즉, 강제처분절차의 기본 목적이 되는 경매내용의 취지에 중요한 변수이다.

최종낙찰회차는 경매절차 중에 몇 회의 유찰을 거쳐 어느 회차에 입찰이 이루어졌는지를 파악하는 변수이다.

임차인 유/무는 일반적인 거래와 구분되는 특성으로 경매의 인수주의 원칙에 따른 임차인에 부담이 있을 수 있다. 즉, 경매부동산에 임차인이 있어서 법적으로 해결해야 하는 경매사례를 의미하는 변수다.

인수부담의 유/무는 입찰참여로 기재한 낙찰가액을 추가해서 인수해야하는 부담이 발생될 수도 있고 부동산을 인도받기 위한 추가비용이 발생할 수도 있게 되는 부담이 있음을 나타내는 변수다.

---

111) 김종덕(2008), "부동산경매 참여자들의 합리적 의사결정에 관한 연구", 전주대학교 대학원, 박사학위논문, 59쪽.

112) 경매참여자들이 입찰가를 산정할 때 중요시하는 기준은 감정평가액(3%), 주변시세(45%), 현재가치(수익률)(27%), 미래가치(개발기대감)(25%)로 나타났다. 김재필(2007), 앞의 논문, 75쪽, 재인용.

특수권리의 유/무는 법원이 제시하는 매각물건명세서상에 나타나는 내용으로 입찰물건을 선별하는 단계에서부터 제공되는 정보로 부담이나 어려움이 공개되므로 이를 감안하여 입찰을 선택하고 가격을 결정하게 되는 변수이다.

경매신청의 주체는 채권회수를 목적으로 하는 경매신청권자가 법인인지, 개인인지를 파악하는 변수이다. 금융기관이나 법인사업자들이 가계자산의 대부분을 차지하는 부동산을 담보로 하는 압류를 하게 되므로 경매를 신청하는 주체가 누구인가에 따라 경매가 진행되는지의 여부와 입찰가격에 영향이 있는지를 살펴본다.

최종낙찰경과기간은 1차로 진행되는 최초매각기일부터 매각이 이루지는 최종매각일까지 경매 경과기간으로 단위는 '월'을 사용하였다.

입찰인원수는 입찰당일에 경매에 참여한 입찰경쟁률을 의미하는 변수로 단위는 '명'이다.

해당법원은 부동산매각대상물의 소재지에 의해서 관할법원이 지정되므로 관할하는 지역의 부동산특성요인이 낙찰가격에 반영되는지 여부를 분석하기 위해서이다.

서울은 지역별로 가격격차가 크므로 이를 구분하여 중앙법원과 동부법원의 물건이 낙찰가격에 영향을 미치는지 반영하기 위한 변수다.

② 낙찰가격결정의 경매 외부요인

낙찰가격의 특성요인을 분석하기 위한 부동산 고유의 일반적인 특성요인과 구분하여 독립변수를 설명한다. 거래대상이 부동산이므로 부동산 자체가 일반적인 가격에 영향을 미치는 요인을 고려하여 입찰참여 의사결정하고 입찰가를 산정하게 되는데, 이것을 경매 내부요인과 구분하여 경매 외부요인을 살펴본다.

주요 5개구는 서울지역 25개 자치구 중에 서울지역은 지역별로 부동산의 가격차가 크므로 구분하여 분석하였다. 부동산의 입지적인 요소가 가격에 반영되므로 해당지역을 관할행정구역으로 〈표 3-12〉를 참조해서 상위 5개구를 구분하여 분석에 사용하였다.

부동산의 가격결정요인 중 부동성[113]은 부동산의 활동 및 현상을 국지화시켜 지역특성요인을 나타낸다. 지역마다 거래관행, 임료, 기대수익률 등이 다른 것은 부동산의 부동성 때문으로 서울지역 주요 5개구의 낙찰가액이 서울지역 낙찰가 총액의 41%를 차지하는 것은 지역적인 특성요인이 낙찰가격에도 반영되는 것을 알 수 있다.

〈표 3-12〉 서울지역 자치구 관할법원의 낙찰가율

서울지역 낙찰률 상위 10위 자치구										
구 분	1	2	3	4	5	6	7	8	9	10
해당구	관악 (중앙)	송파 (동)	강동 (동)	성동 (동)	서초 (중앙)	중랑 (북)	강남 (중앙)	서대문 (서)	강북 (중앙)	용산 (서)
낙찰률	85.10	83.60	83.30	83.10	82.70	81.50	80.90	79.30	79.00	79.00

113) 방경식 · 장희순(2007), 앞의 책, 106쪽.

상대적으로 낙찰가격이 높은 지역인 강남, 서초, 송파, 양천, 용산의 5개구를 구분하고, 그 외의 나머지 지역으로 나눠서 분석에 사용하였다.

교통여건은 주거용 부동산에 있어서 중요시 되는 요인으로 교통의 편리성, 접근성과 같은 입지적인 요인을 나타내는 변수이다. 일반부동산과 마찬가지로 역세권이거나 인근에 지하철이 소재하는 부동산은 가격에도 영향을 미치게 된다. 법원이 제공한 감정평가서상에 인근에 지하철의 표시가 있는 주거용부동산을 '1'로 하고 그렇지 않은 주거용부동산은 '0'으로 하여 분석하였다.

경매부동산이 지하층이거나 1층의 경우 낙찰가격이 현저하게 낮게 결정되는 경향을 보이기 때문에 주거환경요인이 낙찰가격에 반영되는가의 여부를 판단하는 변수이다.

규모는 건물과 대지로 나누어 분석하였으며, 낙찰가격을 종속변수로 하는 특성요인 파악에 대지의 규모보다는 건물의 규모를 독립변수로 선정하여 분석에 사용하였다. 이는 경매목적물의 대부분이 집합건물이어서 대지보다는 건물의 전용면적을 중시하는 경향을 보이기 때문이다. 분석의 단위는 '㎡'로 하여 건물의 규모와 더불어 낙찰가격에 반영되는 정도를 분석하였다.

경과연수도 노후도와 낙찰가격의 관계를 분석하였는데, 자료를 분석한 2010년을 기준으로 준공년도를 차감한 기간, 즉 건물의 경과기간을 년으로 환산하였다. 건물의 노후도는 주거를 목적으로 부동산을 취득하는 실소유자들에게는 부동산가액과 깊은 관련이 있으므로 경매부동산에서도 낙찰가격에 반영되는 요인인가를 알아내기 위하여 분석해본다.

세대수는 경매대상물 가운데 주거용 부동산으로 선별된 사례를 분석하는 과정에서 집합건물에 단지규모를 반영할 수 있는 세대수는 중요한 변수이다. 즉, 아파트 가운데에서도 규모가 큰 대단지의 아파트는 일반적인 소규모아파트나 다세대와 같은 구분소유건물의 가격특성요인과는 상이하게 가격이 형성되기 때문이다. 주거용 부동산이 지닌 일반적인 특성요인이 경매대상부동산에서도 같은 내용으로 적용되어 낙찰가격이 형성되는지를 분석해볼 수 있다.

주택의 방수는 주택의 규모를 결정짓고, 주택가격에도 차이를 나타내는 변수이기 때문에, 경매부동산의 낙찰가격에 있어서도 중요한 변수이다.

위와 같이 경매 내부요인을 보여주는 독립변수와 경매 외부요인을 설명하는 독립변수를 구분하여 변수선정의 의미를 설명하였다.

분석 결과 04

본 장에서는 부동산경매에의 입찰참여결정과 특정시점의 경매부동산의 낙찰결정요인을 분석하고, 낙찰가격에 영향을 주는 가격결정요인을 실증 분석하여 결과를 제시한다.

부동산경매를 3단계로 구분한 내용에 기초하여 설계한 분석모형에 따라 분석한다. 즉, i) 입찰참여자의 의사결정요인에 관한 분석, ii) 특정기일에 낙찰되거나 낙찰되지 않은 경매부동산의 낙찰을 결정짓는 요인 분석, iii) 낙찰된 부동산의 가격을 결정하는 요인에 대해 분석한다. 이런 각각의 단계마다 의사결정을 하게 되는 주요 요인들을 통해 부동산경매 전반에 걸쳐있는 의사결정특성을 종합적으로 분석한다.

1 입찰참여 위험요인

합리적인 의사결정을 하려는 입찰참여자는 입찰을 위한 의사결정과정에서 선택의 기준이 되는 여러 가지 요소들을 다양하게 고려하여 주어진 조건하에서 최적의 대안을 선정하게 된다.

입찰참여자가 직면하게 되는 의사결정과정에서 다양한 사고를 반영하는 내용을 계층(hierarchy)의 구조로 체계화하는 의사결정모형인 AHP 분석으로 중요도와 영향값을 분석하였다.

1) 위험요인의 일관성 검증

일관성 검증은 설문응답자 의견의 논리적인 모순 존재여부를 확인하는 작업이다. 일관성의 정도는 일관성지수(Consistency Index : CI)와 일관성비율(Consistency Ratio : CR)을 구할 수 있다.

이때 일관성비율은 일관성지수를 평균무작위지수(Random index : RI)로 나눈 비율이다. 경험법칙에 의하면 일관성비율이 10% 이내에 들 경우에 해당 쌍대비교행렬은 일관성이 있다고 판단한다.

즉, AHP에서는 일관성비율의 기준치를 10%로 하며, 이 비율의 값이 0.1을 초과하면 일관성이 부족한 것으로 판단하고 재검토를 해야 한다. 따라서 본 연구에서는 각 설문 평가자의 단계별, 평가항목 중 일관성비율을 검증한 결과 10% 초과인 경우는 표본에서 제외하고 10% 미만으로 나타난 것만 일관성이 있다고 판단하고 분석에 이용하였다.

일관성 검증은 다음과 같은 절차를 거쳐 이루어진다. 1단계로 설문결과를 이용하여 열의 합을 계산한다.

〈표 4-1〉 부동산경매 위험요인 설문결과

구 분	부동산 다량보유에 대한 부담	분쟁 다툼방식에 대한 도덕적 회의감	다발적 경험에 치밀한 분석 미흡	수익률에 대한 기대심리확대
부동산의 다량 보유에 대한 부담	1.00	4.00	5.00	6.00
분쟁다툼방식에 대한 도덕적 회의감	0.25	1.00	3.00	3.00
다발적 경험에 치밀한 분석미흡	0.20	0.33	1.00	1.00
수익률에 대한 기대심리확대	0.17	0.33	1.00	1.00
열의 합	1.62	5.67	10.00	11.00

먼저 설문결과를 이용하여 열의 합을 계산하고 각 열의 셀을 열의 합으로 나누어 정규화 시킨다.

〈표 4-2〉 부동산경매 위험요인 설문결과의 정규화

구 분	부동산 다량보유에 대한 부담	분쟁 다툼방식에 대한 도덕적 회의감	다발적 경험에 치밀한 분석 미흡	수익률에 대한 기대심리확대	행 평균
부동산의 다량 보유에 대한 부담	0.62	0.71	0.50	0.55	0.59
분쟁다툼방식에 대한 도덕적 회의감	0.16	0.18	0.30	0.27	0.23
다발적 경험에 치밀한 분석미흡	0.12	0.06	0.10	0.09	0.09
수익률에 대한 기대심리확대	0.10	0.06	0.10	0.09	0.09
열의 합	1.00	1.00	1.00	1.00	1.00

그 결과를 쌍대비교하여 원자료와 우선성을 곱해주고 이를 다시 중요도로 나누어준다.

〈표 4-3〉 부동산경매 위험요인 일관성검증

구 분	부동산 다량보유에 대한 부담	분쟁다툼방식에 대한 도덕적 회의감	다발적 경험에 치밀한 분석 미흡	수익률에 대한 기대심리확대	행의 합	행의 합/중요도
부동산의 다량 보유에 대한 부담	0.59	0.90	0.47	0.53	2.49	4.21
분쟁다툼방식에 대한 도덕적 회의감	0.15	0.23	0.28	0.26	0.92	4.07
다발적 경험에 치밀한 분석미흡	0.12	0.08	0.09	0.09	0.38	4.02
수익률에 대한 기대심리확대	0.10	0.07	0.09	0.09	0.36	4.03
열의 합	0.96	1.28	0.93	0.97	4.14	16.33

표의 결과를 바탕으로 $\lambda MAX = (4.21 + 4.07 + 4.02 + 4.03)/4 = 4.08$

이것으로 일관성지수(Consistency Index : CI)[114]를 구하면

$$CI = (\lambda MAX - n)/(n-1) = (4.08 - 4)/(4-1) = 0.026$$

$$RI = 0.90$$

$$CR = CI/RI = 0.026/0.90 = 0.03$$

따라서 일관성의 기준치비율인 10% 이내에 들어오는 3%이므로 해당 쌍대비교행렬이 일관성이 있다고 판단한다.

2) 위험요인의 중요도 분석

중요도 산정을 위해서 해당 조사자들에게 평가항목 간에 쌍대비교 형태의 설문지를 작성하여 조사하고, 항목은 5점 척도를 기본형으로 사용하였다. 중요도 분석에서 항목 간 값의 합은 1이며 항목이 상대적으로 차지하는 비중을 나타낸다.

(1) 1차 항목의 중요도

1차 항목의 중요도 분석에서의 주요 순위는 '경매참여자의 개별적 위험요인'(0.398), '부동산경매의 외부 위험요인'(0.353), '부동산경매의 내부 위험요인'(0.249)의 순으로 나타났다.

114) 검정통계량 (CR) : Consistency Ratio = CI/RI

n	1	2	3	4	5	6	7	8	9	10
난수지수	0	0	0.58	0.9	1.12	1.24	1.32	1.41	1.45	1.49

〈표 4-4〉 1차 상위항목의 중요도

항 목	부동산경매의 내부 위험요인	부동산경매의 외부 위험요인	경매참여자의 개별적 위험요인
중요도값	0.249	0.353	0.398

이는 경매대상 부동산을 취득하려는 목적임에도 불구하고 경매절차와 같은 자체적인 위험요인들이 중요하게 분류되기보다 경매입찰참여자 개인의 개별적 특성에 대한 위험요인이 높은 중요도의 순으로 나타났다. 이것은 경매참여자의 심리적인 요인이나 실질적인 요인이 부동산경매의 내부나 외부에 존재하는 위험요인보다 중요시 된다는 분석이다.

이는 입찰참여자가 부동산경매에 참여하고자 할 때는 개인의 상황이 우선한다는 의미로, 막연하게 수익률에 대한 기대감만 가지고 정확한 분석이나 자금 등에 대한 계획이 부족한 상태에서 무리하게 경매에 참여하는 것을 경계해야 하는 것을 시사한다. 부동산보유에 대한 부담이나 과열되는 경매시장의 분위기에서 경매참여는 개별적인 특성에 적합한 목적과 정확한 계획을 가지고 경매참여자 개인의 상황에 적합하게 의사결정이 이루어져야 한다는 것이다.

(2) 부동산경매 내부 위험요인의 중요도

'부동산경매의 내부 위험요인'의 2차 항목인 경매진행절차에서 중요도는 경매물현금화단계(0.404), 매각대금배당단계(0.362), 경매물압류단계(0.234) 순으로 나타났다.

내부 위험요인은 경매절차진행의 단계를 분류한 항목으로 이 가운데 경매물현금화단계가 높은 중요도 값을 나타냈다. 경매절차에서 압류단계는 매각부동산이 되기 이전의 단계로 경매시장에 매각부동산으로 공급되기 이전 단계이다. 그러나 현금화단계는 압류된 부동산이 경매시장에 매각대상부동산으로 상정되는 단계로, 경매부동산이 감정평가되어 입찰가격이 결정되고 제시되는 단계이다.

〈표 4-5〉 부동산경매 내부 위험요인의 중요도와 순위

1차 항목	2차 항목	3차 항목	중요도	순 위
부동산 경매의 내부 위험요인 (0.249)	경매물 압류단계 (0.234)	경매에 관한 법률적 이해의 불충분	0.166	③
		권리분석의 부정확	0.339	②
		경매 진행절차의 이해부족	0.136	④
		법원이 제공하는 매각물건정보의 불완전	0.359	❶
	경매물 현금화단계 (0.404)	물건 선정의 제한성	0.164	④
		경매부동산 최저매각가격의 적정성부족	0.230	③
		부동산의 입지적 개별특성 반영 미비	0.338	❶
		시장가격수준과 감정가격의 평가시점 차이	0.268	②

매각대금 배당단계 (0.362)	인수권리(비용, 명도)의 부담에 대한 불안감	0.233	③
	처분(보유)의 시간적 소요기간 불투명	0.250	②
	배당에 대한 불안 및 추가부담 위험	0.218	④
	특수권리 해결방안에 대한 확신 불명확	0.299	❶

이는 경매부동산의 용도나 입지, 규모 등 경매부동산을 선택할 수 있는 구체적인 조건들을 갖추어서 매각대상부동산으로 만들어진다. 즉, 경매부동산을 감정평가해서 최저매각가격이 정해지면 입찰참여자들은 그 금액을 기준으로 여러 요소들을 종합하여 입찰에 관련된 의사결정을 하게 된다. 그러므로 담보부동산을 압류하고 현금화하여 배당으로 진행되는 부동산경매절차에서 입찰참여자들이 주로 관심을 두는 요인이 현금화 단계의 가격인 것을 알 수 있다.

'경매물 압류단계'의 3차 하위항목의 중요도순위는 법원제공 매각물건 정보의 불완전(0.359), 권리분석의 부정확(0.339), 경매에 관한 법률적 이해의 불충분(0.166), 경매진행 절차에 이해부족(0.136)의 순으로 중요도가 나타났다. 경매물의 압류단계는 권리의 복합체인 부동산에 대한 이해가 전제되어야 하는 단계로서 권리에 대한 법률적인 이해나 절차의 이해가 선행되어야 한다. 그러나 물건정보가 불완전하고 권리분석이 부정확하기 때문에 법원이 제공하는 매각물건정보의 불완전한 내용이 높은 위험요인으로 나타나 중요도 값이 높다. 입찰을 고려하는 참여자는 절차나 방식에 관련된 내용은 대비가 가능하지만 제공되는 정보가 완전하지 못한 것에 대한 불확실성은 입찰 참여 의사결정을 하는데 중요한 기준이 되는 것을 의미한다.

'경매물의 현금화단계'는 경매부동산이 경매시장에 노출되는 단계다. 부동산입지의 개별적 특성 반영 미비(0.338), 시장가격수준과 감정평가가격의 평가시점 차이(0.260), 매각부동산 최저매각가격의 적정성 부족(0.230), 물건선정의 제한성(0.164)의 순서로 중요도가 나타났다.

매각부동산으로 현금화단계는 경매부동산의 가치를 평가하는 단계로 부동산의 일반적인 특성상 개별성이 강하므로 그에 대한 평가가 가격에 충분히 반영되었는가에 대한 위험이다. 예를 들어 지역개발의 호재가 있거나 특수한 권리가 내재되어 있는 등 부동산의 특성 중 개별성이 반영된 가격으로 평가되었느냐에 대한 위험요인이다. 부동산의 투자에서 가격의 제시는 중요한 조건으로, 개별적인 특성의 반영이 미비하다면 정확한 의사결정을 함에 있어서 장애가 될 수 있음을 의미한다.

'매각대금 배당단계'는 납부한 대금으로 매각부동산의 이해관계인들에게 채권을 변제하는 단계이다. 특수권리 해결방안에 관한 불안(0.299), 배당에 대한 불안 및 추가부담 위험(0.281), 처분(보유)의 소요시간 불투명(0.250), 인수권리(비용, 명도)의 부담에 관한 불안감(0.233)의 순서로 나타났다. 그러나 부동산을 강제 처분해서 채권자의 채권을 만족시키는 절차인 배당단계는 낙찰자가 개입할 수 없는 단계이다. 실제로 대금을 지급한 당사자임에도 불구하고 이해관계인의 범위에 포함되지 않으므로 낙찰자로서는 적절하게 배당이 되는지에 대한 확실성이 우려되는 것이 사실이다. 경매로 인한 비용이나 부담에 대한 위험은 입찰에 참여를 하는 초기단계부터 이미 인지되어 있는 상황이지만 법원이 적법한 절차에 따라 배당이 이루어지면서 경매가 종결되는지에 대한 신뢰는 불확실하다. 또한 분석의 결과가 나타내듯 특수한 권리로 특수매각조건이 함께 제시되어 있는 권리에 대해서는 낙찰자에게 부담이 가중되는 의사결정이 요구됨을 나타내는 분석이다.

경험이 많은 입찰참여자들도 특수한 조건이 공개적으로 제시되어 있는 사항에 대해서는 권리의 분석에 대한 해결방안을 마련하고 입찰에 참여하지만, 분석하고 예상했던 대로 배당이 진행 되는가에 대한 불확실성이 주는 위험은 의사결정을 어렵게 하는 요인으로 분석되었다.

(3) 부동산경매 외부 위험요인의 중요도

'부동산경매의 외부 위험요인'의 2차 항목의 중요도는 '경제적 요인(0.463)', '사회·정책적 규제 요인'(0.315), '제도적 요인(0.222)' 순으로 나타났으며, 그 중에서도 '경제적 요인'이 가장 중요도가 높은 것으로 나타났다.

〈표 4-6〉 부동산경매 외부 위험요인의 중요도와 순위

1차 항목	2차 항목	3차 항목	중요도	순 위
부동산 경매의 외부 위험요인 (0.353)	경제적 요인 (0.462)	시장경기지표의 악화	0.310	②
		유동성의 악화	0.390	❶
		대출금리의 상승	0.300	③
	사회·정책적 규제 요인 (0.315)	부동산 정책의 규제강화	0.428	❶
		부동산관련세제의 강화	0.321	②
		부동산시장에 소극적인 참여자세	0.251	③
	제도적 요인 (0.222)	경매제도가 지닌 불확실성	0.378	②
		경매에 대한 폐쇄적인 인식	0.230	③
		대위변제, 집행정지 등 진행의 불확실성	0.392	❶

부동산투자활동에서 수익과 관련되는 위험으로 경기변동이나 인플레이션과 같이 사회·정책적, 제도적 환경에 공통적으로 영향을 주는 위험요인은 체계적 위험에 해당되는 변수이다.

부동산경매의 외부 위험요인에서 경제적 요인은 높은 중요도 값을 나타내는 주요한 위험요인으로 개인 입찰참여자가 직접적인 관리나 통제가 불가능한 위험이다. 그러므로 투자를 목적으로 부동산경매에 관심을 둔 입찰참여자들은 통제가 어려운 위험요인이 작용할 때는 경매참여에 대한 의사결정도 매우 어려워지게 되는 것이다.

'경제적 요인'의 3차 항목 유동성의 악화(0.390), 시장경기지표의 악화(0.310), 대출금리 상승(0.30)의 순으로 중요도 값이 나타났다. 일반부동산의 가격형성과정에서도 실질경제 성장이나 금리 등의 변수가 부동산가격변동과 연관된다는 내용으로 부동산은 생산요소라는 측면에서 실물경제 부문과 연계되고, 자산이라는 측면에서 자본시장부문과 연계를 맺는다는 의미로 기초변수의 중요성과 연관된다.[115] 거시적인 경제적 상황의 위험요인이 부동산경매의 입찰참여에 있어서 중요한 의사결정변수임을 나타낸다. 이처럼 시장고유의 위험요인인 경기와 관련된 경제적 요인의 위험은 개별적으로 상쇄되지 않기 때문이다. 해결이 안 됨으로 부동산경매의 외부에 체계적인 위험이 작용한다면 투자에 관한 의사결정이 더욱 신중해야 한다.

시장에서 부동산 거래가 없어져 부동산의 유동성이 악화되고, 시장경기지표가 악화되어 대출금리가 상승하는 등 경제적인 상황들이 투자에 적합하지 못한 환경으로 조성된다면 부동산경매에 참여하기 위한 의사결정에도 크게 영향을 주는 위험요인이다.

'사회 · 정책적 규제 요인'에 3차 항목의 중요도는 부동산정책의 규제강화(0.428), 부동산관련세제의 강화(0.328), 부동산시장에 소극적인 참여자세(0.251)의 순으로 나타났다.

부동산관련 세제가 강화되는 등 부동산시장에 대한 규제가 가해져서 부동산시장의 분위기가 침체될 때는 체계적인 위험요인이 작용하는 것이므로 부동산에 대한 투자의사결정은 크게 위축된다. 이러한 경세석 요인의 위험은 제거하기 어려운 위험인 것이다. 그러므로 부동산을 다루는 경매시장도 함께 침체할 수 있으며, 경매입찰참여도 소극적이게 된다.

'제도적 요인'의 3차 항목에 중요도는 대위변제, 집행정지 등 진행의 불확실성(0.392), 경매제도가 지닌 불확실성(0.378), 경매제도에 대한 폐쇄적인 이미지(0.230)의 순으로 나타났다.

이는 부동산경매 제도에 있는 특수한 상황의 위험에 관한 변수다. 경매는 집행절차가 종결되기 전까지는 많은 위험을 안고 있다. 경매는 부동산의 소유자가 직접 거래하는 방식이 아니므로 신청인이나 이해관계인들 혹은 부동산의 소유자나 채무자라 하더라도 경매의 진행절차는 물론이고 배당에 대한 이의제기가 용이하기 때문에 이해관계에 합의가 있으면 경매진행이 중지되거나 변경될 수 있음을 의미한다. 대위변제나 집행정지 등의 불확실성은 입찰참여의 의사결정에 영향을 주는데, 지속적인 진행에 대한 우려에서 나오는 불안감이 제도적인 위험으로 나타난다는 것을 의미한다.

그러나 일반인들이 보기에 부동산경매의 절차나 내용이 상당히 복잡하고 난해하게 여겨지고 경매에 대한 선입견이 제거되지 않는 이유이며 이러한 내용들이 여전히 폐쇄적인 이미지로 여겨지기 때문으로 해석된다.

115) 차문중 편(2004), 「주택시장분석과 정책과제 연구」, 한국개발연구원, 54쪽.

(4) 경매참여자 개별적 위험요인의 중요도

부동산경매의 입찰에 참여하는 참여자의 개별적 특성에 관한 위험요인의 2차 항목의 중요도는 '심리적 위험요인'(0.608)과 '실질적 위험요인'(0.392)의 분석이다.

경매참여자가 인식하는 위험요인은 부동산이 지니는 실질적 기준에 의하기보다 경매참여자인 개인의 특성에 의한 판단으로 의사결정을 하는 심리적인 위험요인의 비중이 상대적으로 높게 나타났다.

부동산경매시장이 급속히 확대되고 법률적, 제도적인 환경변화 등으로 부동산경매시장이 투자를 위한 부동산의 취득방식으로 인식되면서 수익률에 대한 기대감이 확산되었다. 부동산경매의 참여자들은 실질적인 조건이나 분석보다 분위기에 휩쓸려 이성적으로 정확한 판단을 못하고 수익률이라는 막연한 기대감, 계획적이지 않은 입찰참여 등으로 인해 발생하는 위험요인이다.

경매참여자의 '심리적 위험요인' 3차 하위항목의 중요도 값은 경매수익률에 대한 기대심리 확대(0.412), 부동산 다량보유에 대한 부담(0.245), 많은 입찰경험으로 해이해진 분석태도(0.219), 분쟁(다툼)의 처분방식의 도덕적 회의감(0.124)의 순으로 나타났다.

〈표 4-7〉 경매참여자의 개별적 위험요인의 중요도와 순위

<table>
<tr><th>1차 항목</th><th>2차 항목</th><th>3차 항목</th><th>중요도</th><th>순 위</th></tr>
<tr><td rowspan="8">경매
참여자
개별적
위험요인
(0.398)</td><td rowspan="4">심리적
위험요인
(0.608)</td><td>부동산다량보유에 대한 부담</td><td>0.245</td><td>②</td></tr>
<tr><td>분쟁(다툼)처분방식에 대한 도덕적 회의감</td><td>0.124</td><td>④</td></tr>
<tr><td>다발적인 입찰경험으로 치밀한 분석미흡</td><td>0.219</td><td>③</td></tr>
<tr><td>경매수익률에 대한 기대심리확대</td><td>0.412</td><td>❶</td></tr>
<tr><td rowspan="4">실질적
위험요인
(0.392)</td><td>경매자체 부동산 분석의 이해부족</td><td>0.157</td><td>④</td></tr>
<tr><td>입찰참여자 자금보유 규모(자기자금 활용)</td><td>0.323</td><td>❶</td></tr>
<tr><td>경락잔금의 대출규모(레버리지, 타인자금동원)</td><td>0.252</td><td>③</td></tr>
<tr><td>입찰경쟁률 증가와 경매시장분위기의 과열</td><td>0.268</td><td>②</td></tr>
</table>

경매에 참여하는 당사자는 개인적인 목적을 가지고 입찰에 참여한다. 또한 경매전반에 관한 지식이나, 부동산시장을 해석하는 관점, 위험을 관리하고 수익을 분석하는 등 개별적인 특성을 나타낸다.

경매참여자들은 개인적인 목적에 적합하게 입찰에 참여하고 이중에서 외적으로 판단하기 어려운 심리적인 결정에 주의해야함을 나타내는 위험요인이다. 특히, 수익률기대에 의한 섣부른 의사결정은 경매입찰참여가 가장 경계해야할 위험요인임을 알 수 있다.

경매참여자의 '실질적 위험요인'에서 3차 하위항목의 중요도 순위는 입찰참여자의 자금보유규모(자기자금 활용)(0.323), 입찰경쟁률 증가와 경매시장 분위기의 과열(0.268), 경락잔금의 대출규모(레버리지 등 타인자금의 동원)(0.252), 및 경매부동산 분석의 이

해부족(0.157)의 순으로 나타났다.

입찰참여를 결정하기 위해서 자금의 계획이나 레버리지 활용에 대한 대책과 기본적인 경매특성에 대한 이해가 전제되어야 한다. 이러한 준비나 계획이 부족한 상태에서 행하는 입찰참여 의사결정은 위험이 수반되는 행위이다. 입찰참여당사자의 실질적인 조건과 상황이 적절하게 갖추어져야 위험을 제거한 의사결정이 되는 것이다. 이는 부동산을 취득함에 있어서 입찰경쟁률이나 시장의 분위기에 흔들리지 않고 적합한 입찰의사결정이 되어야 한다는 것을 의미한다.

3) 위험요인의 영향값 분석

영향값은 최종가중치로 전체단계의 우선순위이다. 영향값은 1차 항목, 2차 항목, 3차 항목의 중요도 값을 승산한 값으로 경매참여 의사결정시 고려하는 위험요인의 전반에 걸친 항목별 우선순위를 판단할 수 있는 근거가 된다.

'부동산경매의 내부 위험요인'의 3차 항목이 12개이고, '부동산경매의 외부 위험요인'의 3차 항목이 9개, '경매참여자의 개별적 위험요인'이 8개의 3차 항목으로 구분되어 전체 29개의 항목으로 구성되어 있다.

전체 항목 29개 중 영향값 순위 상위 10개의 결과는 '경매수익률에 대한 기대심리 확대'(0.100) 〉 '부동산거래 유동성의 고갈'(0.064) 〉 '부동산 다량보유에 대한 부담'(0.059) 〉 '다발적인 입찰경험으로 치밀한 분석 미흡'(0.053) 〉 '시장경기지표의 악화'(0.051) 〉 '입찰참여자 자금보유 규모'(0.050) 〉 '시장금리의 상승'(0.049) 〉 '부동산 정책의 규제강화'(0.048) 〉 '입찰경쟁률 증가와 경매시장 분위기의 과열'(0.042) 〉 '경락잔금의 대출규모'(0.039) 순으로 나타났다.

분석의 결과 비체계적 위험요인의 영향값 평균이 0.020으로 전체 평균값 0.034보다 훨씬 낮은 결과를 보여준다. 이는 위험인식도가 낮게 나타난 것을 보여준다.

전체를 구성하는 총 29개의 항목 가운데 경매 내부위험요인의 항목은 중요도 값이나 영향값에 큰 비중을 차지하지 않는 것으로 나타났다. 이는 경매의 입찰참여를 결정하는 경우, 이미 내부위험은 분석이 가능하기도 하고 누구에게나 공통적으로 제공되고 있는 정보이기에 위험요인으로 인식하지 않는다. 즉, 위험이 주는 불확실성을 제거했거나 예측이 가능하여 관리가 가능한 위험요인이라 할 수 있다.

영향값이 높은 상위 4개가 '경매의 외부위험요인' 가운데 있으며, '경매참여자의 개별적 위험요인'에 나머지 6개의 3차 항목이 차지하는 내용은 부동산경매에 참여하는 의사결정자들이 우선하여 고려하는 위험요인으로 나타났다. 즉, 입찰참여자가 통제나 관리가 가능한 항목은 충분하게 이해하고 분석한 후에 입찰참여에 관한 의사결정을 한다는 의미이다.

〈표 4-8〉 의사결정 위험요인 3차 항목의 영향값 순위

1차 항목	2차 항목	3차 항목	영향값	순 위
내부 위험 요인	경매물의 압류단계	경매의 법률적 이해 불충분	0.010	
		경매 권리분석의 부정확	0.020	
		경매진행절차의 이해부족	0.008	
		법원이 제시하는 매각물건 정보의 불완전 ※	0.021	
	경매물의 현금화 단계	부동산 물건선정의 제한성	0.016	
		매각부동산감정평가의 신뢰성	0.023	⑳
		부동산입지 개별적 호재 등 특성반영 부실 ※	0.034	⑫
		시장거래시세 가격수준의 부적합성	0.027	⑰
	경매물의 배당단계	인도권리(비용, 명도) 부담에 대한 불안감	0.021	
		처분(보유)의 시간적 소요기간 불투명	0.022	
		배당에 대한 불신 및 추가부담위험	0.020	
		특수권리 해결방안에 대한 확신 불명확 ※	0.027	⑰
외부 위험 요인	경제적 요인	시장경기지표의 악화	0.051	❺
		부동산거래 유동성의 고갈 ※[116]	0.064	❷
		시장금리의 상승	0.049	❼
	사회·정책적 규제 요인	부동산 정책의 규제강화 ※	0.048	❽
		부동산관련세제의 강화	0.036	⑪
		부동산시장에 소극적인 참여자세	0.028	⑯
	제도적 요인	경매제도가 지닌 불확실성	0.030	⑭
		경매에 대한 폐쇄적인 인식	0.018	
		대위변제, 집행정지 등 진행의 불확실성 ※	0.031	⑬
개별적 위험 요인	심리적 위험요인	부동산다량보유에 대한 부담	0.059	❸
		분쟁(다툼)처분방식에 대한 도덕적 회의감	0.030	⑭
		다발적인 입찰경험으로 치밀한 분석 미흡	0.053	❹
		경매수익률에 대한 기대심리확대 ※	0.100	❶
	실질적 요인의 위험	경매자체 부동산 분석의 이해부족	0.025	⑲
		입찰참여자 자금보유 규모(자기자금 활용) ※	0.050	❻
		경락잔금의 대출규모(레버리지, 타인자금동원)	0.039	❿
		입찰경쟁률 증가와 경매시장분위기의 과열	0.042	❾

116) 2차 항목 내 위험요인들 중 중요도 값이 가장 큰 상위 3차 항목의 값을 ※로 표시하여 영향값의 결과를 비교.

그러나 경매의 외부인 위험요인은 체계적인 위험에 대한 내용으로 사회전반적인 환경이나 배경과 같은 거시적인 내용을 담고 있으므로 개인이 위험을 해결하거나 통제하기 어려운 항목이다. 즉, 부동산거래의 고갈로 유동성의 확보가 어렵다거나, 시장의 경기지표가 악화되는 경제적인 위험상황, 부동산정책의 규제가 강화되거나 부동산 관련세제의 강화와 같은 부동산경매의 외부인 위험요인은 입찰참여자가 직접 해결을 하기보다는, 그 항목 자체를 위험요인으로 인식하여 입찰참여 의사결정에 주요하게 반영하는 것이다.

항목의 중요도가 가장 높은 참여자 개별적 위험요인은 심리적인 위험요인과 실질적인 위험요인 두 가지로 분류한다. 경매참여자의 심리적인 위험요인은 입찰 참여자가 직접 통제할 수 있는 것임에도 불구하고 가장 위험하다고 인식하는 분석결과이다. 즉, 입찰참여자의 행동특성이 문제해결자로서 대체로 주관적인 합리성을 가지지만 불완전한 정보를 바탕으로 행동하기 때문이다. 합리적인 사람은 최근에 추세뿐만 아니라 구득 가능한 범위 내에서 모든 정보를 총 동원하여 가장 적절한 방법으로 예측한다.[117]

이 분석은 부동산경매의 경험이 많은 전문가들을 대상으로 한 분석이다. 입찰참여자들은 경매에 불완전한 정보를 바탕으로 치밀하게 조사하고 분석해야 하지만 오랜 경험으로 익숙해진 경매전문가들은 오히려 수익률에 대한 기대심리만 확대시키고 경매부동산에 관한 치밀한 분석에는 안이하게 대처하는 것이다. 즉, 경매부동산에 관한 불완전한 정보제공과 부실한 물건의 조사 등으로 위험에 노출될 우려가 있음을 나타낸다.

또한 다발적 입찰참여로 인한 낙찰성공으로 다량의 부동산을 소유하게 되는 것에 대한 부담과 같은 항목에 높은 영향값을 보인다. 이는 낙찰자가 부동산을 보유하면서 부담하게 되는 세금과 같이 사회·정책적 규제 요인에서 발생하는 위험이다.

이처럼 부동산경매의 입찰참여자는 입찰시 고려해야하는 다양한 요인 중에서도 참여자의 개별적인 위험요인 중에 참여자의 심리적 위험요인에 영향을 많이 받아 입찰에 관한 의사결정을 하게 되는 것이 나타났다.

4) 소 결

부동산경매의 입찰참여를 결정하는 도입단계에 의사결정에 관한 분석으로, 입찰참여자가 입찰에 대한 참여의사를 결정하기 위한 다양한 요인을 위험요인으로 분류하여 분석하였다.

이는 법원의 집행절차에 대한 이해와 경험을 바탕으로 부동산경매에 대해서는 충분히 인지하고 입찰에 참여하는 참여자를 대상으로 분석하였다. 이들 경매전문가들을 대

---

117) 합리적 기대형성은 최근의 추세뿐 만 아니라 구득 가능한 범위 안에서 관련된 모든 정보를 총동원하여 가장 적절한 방법으로 미래를 예측하는 방법이고, 합리적 기대가설은 사람들이 합리적 기대형성에 따라 미래를 예측한다는 이론이다. 출처 : 이정전(2007), 앞의 책, 150쪽.

상으로 이들이 위험요인으로 인식하는 항목의 중요도와 전체 항목의 영향값 순위를 분류하였다.

전체 29개의 항목가운데 높은 중요도와 영향값 순위를 나타내는 항목은 부동산경매의 내부인 위험요인보다는 부동산경매의 외부위험요인과 참여자의 개별적인 위험요인에서 중요 항목으로 나타났다. 외부위험요인의 경제적 요인, 사회·정책적 규제요인, 제도적 요인으로 분류한 항목 가운데서도 특히 부동산거래 유동성의 고갈이나 부동산정책의 규제가 강화되는 등 시장경기지표의 악화, 시장금리의 상승 등은 입찰의사결정에 중요한 영향을 미치는 위험요인으로 나타났다.

위험관리의 체계에서 실제 존재하는 위험과 인식하는 위험 가운데 얼마만큼 통제가 가능한가에 따라 위험에 관한 인식이 달라지는데, 부동산정책이 강화되어 부동산의 거래가 줄어들고, 유동성의 확보가 어려워지고, 시장경기지표는 악화되는 등에 통제가 불가능한 체계적인 위험요인이다.

입찰참여를 결정하는 의사결정자는 부동산경매의 내부위험요인에 대해서는 압류에 대한 권리분석을 철저하게 준비하거나, 현금화단계에서 정보제공에 의한 부동산의 가격조사나 추가적인 정보수집 등으로 위험을 관리하고 대비할 수 있다. 더불어 배당단계에서도 불확실성에 관한 위험부담을 감안하거나 예측하여 접근할 수 있을 것이다.

그러나 체계적인 위험과 같이 입찰참여자의 자력만으로는 통제가 불가능해서 경제적 요인이나 사회·정책적 규제에 제약을 받고 제도적인 불확실성에 노출된다면, 개인만의 관리나 극복의 문제가 아닌 근본적인 대책이 마련되어야 한다. 이러한 내용은 입찰참여 의사결정시에 충분히 감안하고 고려해야 하는 요인이다. 이처럼 수익의 달성을 위하여 입찰에 참여하고 그 위험에 대한 대가를 수익으로 취하고자 하는 부동산경매의 투자에 있어서 체계적인 위험요인은 입찰참여 의사결정을 하는데 매우 중요한 위험요인임으로 분석되었다.

또한 전체 항목의 영향값에서 참여자의 개별적인 위험요인에 심리적인 위험요인과 실질적인 위험요인의 분석결과가 상위순위를 차지하는데, 이는 참여자 개인마다 투자와 관련된 정보를 근거로 습관적인 의사결정을 내리게 되는데서 발생하는 인지적인 편견의 위험요인이다. 입찰경험이 많은 참여자일수록 법원이 제공하는 제한적인 정보를 토대로 합리적인 투자결정을 주관적인 판단에 의하여 결정하게 된다. 잦은 입찰로 수익률에 관한 기대심리의 확대나 부동산 다량보유에 의한 부대비용의 추가부담은 입찰참여에 관한 결정하는 의사결정자가 경계하고 통제해야 할 주된 위험요인으로 밝혀졌다.

2 낙찰결정요인

낙찰결정요인 분석은 법원이 진행하는 경매부동산에 참여하는 입찰자들은 어떤 요인을 고려하여 입찰을 하여 낙찰을 받는지를 분석하는 것이다. 즉, 낙찰여부가 결정되는 해당기일에 최고가로 입찰에 참여해서 낙찰을 받는 결정요인을 분석하여 낙찰을 결정짓는 요인을 파악하는 것이다.

분석방법은 '입력(Enter)방식'을 선택하였고, 분석된 모형의 -2Log Likelihood 값은 556.557로 나타났다. Sig값이 0.05 이하로 낙찰가율, 총채권액 대비 낙찰가격의 비율, 최종낙찰회차, 최종낙찰경과기간, 입찰인원수의 5개 요인이 5%에서 통계적으로 유의한 것으로 나타났다.

1) 기술통계

서울지역은 경매대상물의 관할 소재지 별로 5개 법원으로 구분되어 있다. 분석 자료의 통계량에서 빈도를 살펴보면 다음과 같다.

i) 낙찰여부는 낙찰 66% 유찰 34%, ii) 임차인 유무는 임차인 유 45.2%, 무 54.8%, iii) 인수부담이 있거나 없음에 따라 부담 유 13.1%, 부담 무 86.9%이다. iv) 경매부동산에 존재하는 특수권리 유 15.6%, 특수권리 무 84.4%, v) 경매신청의 주체가 사업체이거나 법인인 경우 74.1%, 개인 25.9%, vi) 해당법원이 중앙과 동부인 것의 비율 38.8%이고 그 이외 61.2%, vii) 서울의 주요 5개구에 포함되는 비율 26.3%이고 그 외의 지역에 소재하는 것이 73.7%이다.

〈표 4-9〉 로지스틱 분석의 빈도표

구 분		빈 도	비 율	n
낙찰여부	낙 찰	342	66.0	518
	유찰, 미진행	176	34.0	
임차인	있 음	233	45.2	518
	없 음	284	54.8	
인수부담	있 음	68	13.1	518
	없 음	450	86.9	
특수권리	있 음	81	15.6	518
	없 음	437	84.4	
경매신청주체	법 인	384	74.1	518
	개 인	134	25.9	
해당법원	중앙법원, 동부법원	201	38.8	518
	그 외 법원	317	61.2	
주요 5개구	강남, 서초 ,송파, 양천, 용산	136	26.3	518
	그 외 자치구	382	73.7	

2) 모형의 적합도

낙찰여부를 올바르게 예측한 빈도의 299건과 72건을 합한 371건을 빈도행렬 전체의 합에 해당하는 518건의 비율인 71.6%는 모형의 적중률이다. 모형의 적합도는 Hosmer and Lemeshow의 통계량 값으로 확인하였다.

〈표 4-10〉 Hosmer와 Lemeshow 검증

단 계	카이제곱	자유도	유의확률
1	4.739	8	.785

검증 결과 피어슨카이제곱 통계량이 4.739이고, 유의확률은 0.785로[118] 나타나 통계적으로 모형의 적합도가 통계적으로 검증되어 전반적으로 적합하였다.

〈표 4-11〉 모형 요약

단 계	-2 Log 우도	Cox와 Snell의 R-제곱	Nagelkerke R-제곱
1	556.557(a)	.187	.259

또 하나는 우도($-2LL:-2Log$ Likelihood)의 값의 변화를 X^2통계량을 검증하는 방법을 사용하고, 다른 하나는 종속변수의 실제 값과 예측된 값을 일치성여부를 측정하는 검증법을 사용하여 통계모형을 확인하였다.

우도 값의 차이를 X^2-test로 검증해 본 결과 통계적으로 유의한 것이 확인되었다. 또한 다중회귀분석의 모형적합도 판정에 있어서 동일한 유용성을 가지는 Cox and Snell과 Nagelkerke R^2의 값은 각각 전체분산의 18.7%, 25.9%를 설명하고 있음이 확인되었다.

모형의 적중률(hit ratio)은 71.6%로 유의성평가[119]로 낙찰되지 않는 유찰과 낙찰이 결정되는 예측정확도는 각각 87.4%와 40.6%가 됨을 알 수 있다. 낙찰여부를 올바르게 예측한 빈도의 299건과 72건을 합한 371건을 빈도행렬 전체의 합에 해당하는 518건의 비율인 71.6%는 모형의 적중률이다.

---

118) 이 모형은 적합도 검증결과를 통해 X^2에 대한 유의확률이 0.785로 a=0.05보다 크므로 모형이 적합하다고 할 수 있다.

119) 유의성평가는 $\left(\frac{299+43}{518}\times 100\right)=66.0$와 모형적중률 71.6%와 비교하여 차이가 클수록 모형의 적중률이 유의하다고 판단, 모형의 적중률(0.716)이 집단을 기준으로 하는 비율(0.660)과 확률을 기준으로 하는 비율 (0.5)에 비하여 상대적으로 크므로 로지스틱 회귀모형의 적중률이 비교적 높아 도출된 모형의 적합성이 유의하다고 평가한다.

3) 낙찰결정요인의 분석

본 연구는 부동산경매의 낙찰결정요인을 분석하기 위하여 해당기일에 낙찰여부를 종속변수로 하고, 경매 내부요인의 변수 11개, 경매 외부요인 변수 6개로 전체 17개의 독립변수를 사용하여 분석을 실시했다.

(1) 낙찰결정의 경매 내부요인

낙찰을 결정하는 분석에 사용된 경매 내부요인의 변수 11개이다. 분석결과를 요약하면 독립변수가 종속변수를 설명하는 영향력은 승산비 Exp (β)[120]로 표현할 수 있다.

로지스틱 회귀분석에 유의수준이 의미있는 변수는 낙찰가율(Exp (β)=1161.88), 총채권액 대비 낙찰가격의 비율(Exp (β)=0.589), 최종낙찰회차(Exp (β)=1.812), 최종낙찰경과기간(Exp (β)=0.877), 입찰인원수(Exp (β)=0.956)가 의미 있는 변수로 나타났다.

낙찰결정요인의 분석결과 통계적으로 유의한 변수를 구체적으로 살펴보면 〈표 4-12〉와 같다.

'낙찰가율'이 한 단위 증가할 때마다 승산비 Exp (β)가 1161.880배 증가한다는 의미다. 이는 낙찰가율이 한 단위 증가할 때 낙찰이 결정되는 확률이 1,161배 증가한다는 의미로 통계적으로 유의하다. 경매는 매각기일나나 최저가격이 정해져서 강제집행이 진행되는데, 낙찰가율은 최초에 감정평가 된 경매부동산가격 대비하여 낙찰가격이 결정된 비율이다. 부동산경매에서 낙찰가의 비율이 높다는 것은 여러 가지 이유가 있다. 예를 들면 경매부동산에 내재되어 있는 불확실성이 적거나, 경매부동산을 통해서 얻어지는 수익률이 높거나 등의 이유로 낙찰가율이 높게 결정되기 때문이다. 이는 입찰참여의 다양한 목적 뿐만 아니라 위험요인에 관한 장애나 저해요인이 적다는 것을 의미하므로 낙찰결정요인에서 유의한 결과를 나타냈다. 즉, 낙찰가율이 높으면 승산비가 함께 증가하고 낙찰결정요인에 주요한 변수라는 분석이다.

'총채권액 대비 낙찰가격의 비율'은 비율이 한 단위 높아질 때 승산비 Exp (β)가 0.589배 감소한다는 의미로 통계적으로 유의한 변수이다. 이는 낙찰이 결정되어 정해진 가액으로 총채권을 변제할 수 있는 비율이다. 이 비율이 높을수록 낙찰이 이루어질 승산비가 감소한다는 것은 경매로 처분하는 강제집행제도의 성격을 나타내는 변수이다. 경매물에 압류되어 있는 총채권이 강제집행으로 감당할 수 있는 비율이 낮으면, 강제집

---

120) $\left[\frac{\hat{P}}{1-\hat{P}}\right] = constant + 1161.880 \times$ 낙찰가율 $+ 0.589 \times$ (낙찰가 / 총채권)비율 $+ \cdots + 1.134 \times$ 방수

따라서 $\left[\frac{\hat{P}}{1-\hat{P}}\right] = -8.901 + 7.058$

$\therefore$ *Odds Ratio* $= \left[\frac{\hat{P}}{1-\hat{P}}\right] = EXP(-8.901 + 7.058) = 1161.880$

⇒ 낙찰가율의 *Odds Ratio*는 1161.880이 됨.

행 과정에 있더라도 일반거래의 성립이나 대위변제 등으로 경매진행을 취하나 정지시킬 수 있다는 의미이다. 부동산의 가격이나 낙찰가격이 채권의 총액보다 높으므로 채권을 변제할 수 있는 가능성이 있다는 것이다. 이는 법원의 집행과정 중에 있더라도 분쟁이 생긴 채권과 채무의 관계를 정리하고 부동산에 압류된 채권들을 청산하여 부동산경매에 이해관계인들을 구제할 수 있는 것이다. 즉, 총채권액이 낙찰가격보다 낮으면 경매진행을 중지시키거나 취하시켜서 낙찰이 이루어질 승산이 감소하는 것을 나타낸다. 그러므로 채권이 과다하게 설정되어 경매집행방식 밖에 처분방법이 없는 경매부동산이 낙찰로 결정되는 승산률이 올라간다는 분석의 결과이다.

〈표 4-12〉 방정식에 포함된 변수

구 분	변 수	B	S.E.	Wald	자유도	유의확률	Exp(B)
경매 내부 요인	낙찰가율	7.058	1.253	31.749	1	.000(***)	1161.880
	낙찰가/총채권(율)	-.529	.184	8.270	1	.004(**)	.589
	최저가/낙찰가(율)	1.563	1.027	2.314	1	.128	4.773
	최종낙찰회차	.594	.145	16.751	1	.000(***)	1.812
	임차인 유/무	.165	.154	1.155	1	.282	1.180
	인수부담 유/무	.521	.350	2.223	1	.136	1.685
	특수권리 유/무	-.264	.361	.534	1	.465	.768
	경매신청주체	.078	.262	.089	1	.765	1.081
	최종낙찰경과기간	-.132	.052	6.443	1	.011(*)	.877
	입찰인원수	-.045	.020	4.733	1	.030(*)	.956
	해당법원	-.160	.229	.486	1	.486	.853
경매 외부 요인	용 도	-.484	.326	2.200	1	.138	.616
	주요 5개구	.094	.255	.135	1	.713	1.098
	대지규모	.000	.001	.412	1	.521	1.000
	경과연수	.020	.015	1.824	1	.177	1.020
	세대수	.000	.000	1.221	1	.269	1.000
	방 수	.126	.160	.620	1	.431	1.134
상 수		-8.901	1.431	38.702	1	.000	.000

유의수준 *** $p < 0.001$, ** $p < 0.01$, * $p < 0.05$

'최종낙찰회차'는 진행회수가 1회 증가할 때 낙찰승산비 Exp(β)가 1.812배 증가하는 것으로 낙찰로 결정되는 영향력이 그만큼 증가한다는 것이다. 최초 경매가격은 유찰을 하게 되면 저감하는 비율에 따라 최저매각가격이 정해진다. 이는 경매부동산에서 감안할 수 있는 여러 가지 요인들이 반영되어 낙찰이 결정되거나 유찰되어 다음 회에 진행되는데, 입찰참여자들은 목적에 적합한 입찰가액으로 낙찰을 받는다. 이때 적정수준의 최저매각가격이 제시되면 감안할 수 있는 요인들을 가격에 반영하여 비로소 입찰을 결정하게 되는 것이다. 그러므로 최종낙찰회차는 매각을 조건으로 하여 가격을 제시하므로 입찰참여자는 이러한 변수를 중요하게 반영하여 입찰결정을 하고 그로 인해 낙찰이 결정되는 것이다.

'최종낙찰 경과기간'은 최초매각기일부터 최종낙찰이 결정되기까지 경과기간이 한 단위 증가할 때 Exp(β)가 0.877배 감소하는 것으로 낙찰경과기간이 길어질수록 낙찰의 승산률이 감소한다는 것을 의미한다.

낙찰이 결정되기까지 시간이 소요된다는 것은 해당 경매부동산에 존재하는 부담이 가격에 반영되고 있음을 나타낸다. 경매의 기간이 길어지는 것은 두 가지 의미가 있다. 먼저 최저매각가격이 저감된다는 것은 낙찰가격에 반영되어야 하는 위험이나 부담이 잠재하고 있다는 것이며, 다음으로 집행절차의 소요시간이 길어진다는 것이다. 이는 이해관계인들이나 부동산의 권리관계가 상대적으로 복잡하여 집행준비기간이나 경매절차에 시간적인 소모가 있음을 의미한다. 이러한 불확실성이 최종낙찰경과기간의 단위를 증가시키고 낙찰여부에 영향을 주는 요인으로 작용한다. 이는 경매로 소요되는 경과기간이 길어질수록 낙찰결정의 승산률은 떨어지는 결과이다.

'입찰인원수'는 인원이 한 단위 증가할 때 넉찰될 승산 Exp(β)이 0.956배 감소한다는 것을 의미한다. 이는 후행변수에서 나타나는 결과로 입찰경쟁률이 높아진다는 것이 낙찰여부를 결정하는 승산비를 감소시킨다. 입찰경쟁률은 해당경매목적물에 관심을 가지는 참여자가 많은 것이고, 참여자의 입찰목적에 적합하다는 의미이다. 즉 제시된 가격에 입찰을 할 경우 목적을 이룰 수 있는 부동산으로 가치평가를 받았다는 것이다.

그러므로 입찰경쟁률이 높은 경매물은 신건 사건보다 유찰횟수가 높은 사건으로 최초경매가격에서 저감된 비율이 높아서 입찰을 하기 적합한 가격까지 유찰이 진행된 것이다. 경매부동산의 경쟁률이 높을수록 낙찰결정에 영향을 미치는 승산률은 감소한다. 입찰경쟁률의 유의수준도 0.30으로 통계적으로 유의하다.

이상 낙찰결정요인에 승산비가 통계적으로 유의한 수준의 결과를 나타낸 변수이다. 그러나 분석에 사용하였으나 통계적으로 유의하지 않은 결과를 나타낸 변수들은 다음과 같다.

낙찰가격대비 최저가격의 비율은 한 단위 높아질 때 승산비 Exp(β)가 4.773배 증가한다는 의미이지만 유의하지 않다. 임차인 유/무, 인수부담 유/무, 특수권리의 유/무의 독립변수와 경매신청주체가 법인인 경우나, 해당법원의 낙찰결정요인의 승산률은 통계적으로 유의하지 않은 결과가 나타났다.

이처럼 경매특성요인관련 변수 11개중에 5개의 독립변수가 낙찰을 결정하는데, 유의확률을 나타내는 a=0.05 미만의 수치를 만족하여 통계적으로 유의한 변수로 나타났다.

낙찰을 결정하는데 영향을 미치는 요인에서 낙찰가율과 최종낙찰회차는 낙찰결정의 승산률을 증가시키는 영향을 주고, 총채권액 대비 낙찰가격의 비율, 최종낙찰경과기간, 입찰인원수는 낙찰결정의 승산률을 감소시키는 요인이다.

(2) 낙찰결정의 경매 외부요인

낙찰을 결정하는 요인분석에 사용한 17개의 변수가운데 일반부동산관련 경매의 외부요인 6개의 변수로 구성하여 분석을 실시하였다. 경매의 외부요인으로 사용한 변수는 주거용도, 주요 5개구, 대지규모, 경과연수, 세대수, 방수를 독립변수로 분석하였으나 낙찰결과를 예측하는 분석에서는 통계적으로 유의하지 않은 결과가 나타났다.

부동산경매의 낙찰을 결정하는데 영향을 주는 변수에 경매의 외부요인 6개의 변수 모두가 의미 없는 변수인 것을 알 수 있다. 일반 부동산관련변수인 경매의 외부요인은 일반적 부동산의 거래에서 감안하는 요인들이지만 경매 내부요인이 강하게 작용하는 부동산경매의 낙찰결정에서는 낙찰이라는 의미가 매매나 처분방식, 거래라는 의미와 연계되어 집행방식에 중점을 둔 경매의 내부요인들에 영향을 많이 받는 것으로 나타났다.

4) 소 결

경매부동산의 낙찰결정요인 분석결과를 종합적으로 살펴보면 다음과 같다.

투입된 17개 변수 가운데 5개 변수가 유의한 영향력을 가지는 설명력 있는 변수로, 낙찰가율은 낙찰여부에 대한 승산률이 높은 값으로 낙찰특성요인에 영향을 많이 미치는 주요한 변수이다. 특정의 해당기일에 경매가 진행되는 부동산경매사건의 낙찰결정여부를 분석해 본 결과 통계적으로 유의한 결과를 나타내는 변수가 낙찰가율, 총채권액 대비 낙찰가격의 비율, 최종낙찰회차, 최종낙찰경과기간 및 입찰인원수다.

법원이 진행하는 강제집행절차인 부동산경매가 부동산의 취득방식이고 거래형태이므로 경매의 내부요인들이 낙찰결정요인에 주요한 변수임을 나타내는 내용이다. 이 결과는 일반거래와 구분되는 거래의 방식에서 입찰참여를 결정하는 의사결정에 있어서 낙찰가율, 최종낙찰회차는 낙찰결정요인에 정(+)의 영향을 주고 총채권액 대비 낙찰가격의 비율, 최종낙찰경과기간, 입찰인원수의 부(−)의 영향을 미치는 결과를 나타냈다.

통계적으로 의미 있는 유의수준을 나타낸 5개의 변수들 가운데 총채권액대비 낙찰가격의 비율인 낙찰가/총채권(율) 변수는 경매 내부요인이 낙찰을 결정하는데 중요한 요인임을 밝혔다.

부동산담보 총채권액이 크다는 것은 부동산의 가격을 상회하는 압류가 부동산의 등기부등본상에 설정되어 있음을 의미한다. 이러한 부동산은 일반적인 시장의 거래를 통한 매매처분이 어려운 것이 사실이다. 즉, 담보설정이 과다한 부동산은 부동산 처분의 최후방식인 강제처분 방식으로 소유권변동을 할 수 밖에 없다.

이는 부동산의 후순위 권리를 말소시키고 부동산의 물권을 회복시켜주는 국가의 구제방식으로 말소주의에 근거하여 후순위권리들이 모두 부동산 등기부등본상에서 정리되는 것이다. 법원의 강제처분으로 과다하거나 복잡한 채권들이 집행절차의 적용 법리기준에 의하여 부동산 등기부등본상에서 말소되고, 더불어 공시되면서 불가피하게 부동산의 권리변동이 생기는 것이다.

부동산경매 물량의 증가로 인한 시장의 확대와 자본차익을 겨냥한 입찰참여자들의 증가로 말미암아 부동산경매가 부동산 거래의 또 다른 형태로 자리잡아가고 있다. 더 나아가 법원의 공권력집행으로 자력구제가 어려운 부동산의 권리를 정리하고 재생시켜 부동산의 건전성을 확보하는 역할도 담당하고 있다.

3 낙찰가격결정요인

낙찰가격의 결정요인을 분석하기 위하여 2008년 12월부터 2009년 11월까지 서울지역 5개법원의 진행사건을 표본으로 추출하였다. 518건의 낙찰결정요인 분석에 사용된 표본 가운데 주거용부동산 354건을 대상으로 낙찰가격결정요인에 관한 실증분석을 실시하였다.

1) 기초통계

본 연구에서는 헤도닉 가격함수를 추정하기 위하여 매각기일의 최종낙찰가격을 종속변수로 정하고 19개의 독립변수를 선정하여 분석하였다.

〈표 4-13〉 변수의 기초통계량

구 분			최소값	최대값	평 균	표준편차
종속변수		낙찰가격	11990	3067000	431883.46	362311.323
독립변수	경매내부요인	낙찰가율	.10	1.75	.8638	.14982
		총채권액	13700	11383223	823024.36	1121776.304
		낙찰가/총채권(율)	.02	8.65	.9219	.89914
		최종낙찰회차	0	6	2.03	1.203
		임차인 유/무	0	10	.47	.711
		인수부담 유/무	0	1	.10	.299
		특수권리 유/무	0	1	.06	.247
		경매신청주체	0	1	.73	.442
		최종낙찰경과기간	0	24	3.27	2.663
		입찰인원수	0	47	5.51	6.841
		해당법원	0	1	.38	.486

경매 외부 요인	주요 5개구	0	1	.31	.461
	교통여건	0	1	.45	.498
	지하층	0	1	.98	.149
	건물규모	9.7	1429.7	105.085	107.1573
	대지규모	8.1	948.3	57.538	75.4694
	경과연수	1	37	13.25	7.607
	세대수	0	5540	448.34	772.847
	방 수	1	6	3.17	.719

2) 상관분석

분석에 사용되고 있는 서울지역 5개 법원의 354개의 사례를 토대로 종속변수인 낙찰가격과 경매 내부요인 11개, 경매 외부요인 8개로 구성된 독립변수들 간의 상관분석은 다음과 같다.

(1) 경매 내부요인의 상관분석

최종낙찰가격과 경매 내부요인의 상관관계분석을 살펴보면, 경매 내부요인 독립변수 11개중 유의도가 0.05 이하로 종속변수와 상관관계를 갖는 변수가 5개로 나타났다.

〈표 4-14〉 경매 내부요인의 상관분석

구 분	낙찰 가격	낙찰 가율	총채권 합계	낙찰가 /총채 권율	최종 낙찰 회차	임차인 유무	인수부 담유무	특수 권리 유무	신청 주체 법인	경매진 행경과 기간	입찰 인원 수	해당 법원
낙찰 가격	1											
낙찰 가율	-0.042	1										
총채권 합계	.667 (**)	-.109 (*)	1									
낙찰가/ 총채권율	-105 (*)	.197 (**)	-.325 (**)	1								
최종낙찰 회차	0.018	-.385 (**)	.107 (*)	-.172 (**)	1							
임차인 유무	.224 (**)	-0.07	0.08	0.014	.198 (**)	1						

인수 부담	0.028	-.231 (**)	0.061	-0.046	.206 (**)	.167 (**)	1					
특수 권리유무	0.074	-.178 (**)	.125 (*)	-0.095	.271 (**)	0.083	.297 (**)	1				
경매 신청주체	.110 (*)	0.069	.191 (**)	-.161 (**)	0.077	-.141 (**)	-0.037	-.127 (*)	1			
경매진행 경과기간	0.041	-.300 (**)	0.002	-0.016	.484 (**)	.117 (*)	.201 (**)	.176 (**)	-0.048	1		
입찰 인원수	-0.015	.295 (**)	-0.013	-0.076	.266 (**)	-0.03	-0.091	-0.045	.223 (**)	0.033	1	
해당 법원	.250 (**)	-0.09	.142 (**)	-0.089	0.085	-.120 (*)	-0.085	-0.042	0.09	.126 (*)	0.022	1

* p 〈 0.05, ** p 〈 0.01

낙찰가격은 총채권합계액의 비율과 강한 상관관계($\gamma^2 = .667$, p〈0.05)가 있는데 이것은 낙찰가격이 높으면 채권총액도 많다는 것을 나타낸다. 낙찰가격에 영향을 미치는 해당법원($\gamma^2 = .250$, p〈0.05)과 임차인 유/무($\gamma^2 = .224$, p〈0.05) 간에는 약한 상관관계가 있는데 참여자들이 최저낙찰가격과 함께 법원이나 임차인 유무도 같이 고려하여 가격이 형성되는 것을 알 수 있다. 또 경매신청주체($\gamma^2 = .110$, p〈0.05), 낙찰가/총채권(율)($\gamma^2 = -.105$, p〈0.05)로 유의하며, 최종낙찰회차는 경매진행기간과 상관관계($\gamma^2 = .484$, p〈0.05)가 인정되었고, 인수부담유무와 특수권리의 유/무도 약한 상관관계($\gamma^2 = .297$, p〈0.05)가 있음이 인정된다. 이처럼 11개의 경매 내부요인 가운데 5개의 변수가 유의함을 나타냈다. 즉, 종속변수인 최종낙찰가격에 총채권액(0.667) 〉 해당법원(0.250) 〉 임차인유무(0.224) 〉 경매신청주체(0.110) 〉 낙찰가격/총채권 비율(-0.105)의 순으로 상관관계를 나타내고 있다.

총채권액(0.667)은 낙찰가격과 정(+)의 관계로 서로 높은 상관관계를 보여주고 있다. 이는 총채권액이 많이 설정되어 있는 경매부동산이 낙찰가격 결정요인에 상관관계가 있음을 보여준다. 낙찰여부를 결정하는 요인에서 마찬가지로 낙찰가격결정에도 강한 상관을 보여준다. 경매부동산에 설정된 채권은 일반부동산의 가격에 영향을 주지는 않지만 낙찰결정요인이나 낙찰가격 결정요인과는 상관이 강한 변수이다.

해당법원(0.250)은 매각대상 부동산의 관할법원에서 진행하는 의미의 변수다. 행정구역이 중앙법원이나 동부법원에 소재한 경매부동산이므로 낙찰가격 결정요인에 정(+)의 상관관계를 나타냈다. 같은 서울지역이라고 하더라도 지역적으로 가격차가 현저하여 관할법원이 의미하는 입지적인 요인은 낙찰가격 형성에 상관이 있음을 나타낸다. 전체적인 감정평가총액이 차지하는 부분이 높은 강남, 서초, 송파 등의 11개구를 관할하는 법원의 변수가 낙찰가격 결정에 상관을 보여준다.

임차인 유/무(0.224)는 경매부동산에 임차인이 존재하는지 여부에 따라 낙찰가격 결정요인의 상관은 정(+)의 상관을 나타내며 임차인이 있는 부동산은 낙찰가격 결정요인에 낙찰가격을 높이는 상관으로 유의값(p값이 0.05 이하)이 나타났다. 이는 정보의 제공이 명백하다는 의미로 해석되며, 불확실한 상황과 부동산의 인도에서 배당을 받거나 명도대상이라 하더라도 임차인에 대한 분석이나 대책이 마련되었다는 의미이므로 낙찰가격 결정에는 정(+)의 상관을 보여주는 것이다.

경매신청의 주체(0.110)가 법인인 경우, 즉 법인이 신청한 경매사건의 낙찰가격 결정요인이 서로 정(+)의 상관을 보인다. 개인의 주관적인 담보력의 실행에 비하여 법인의 공적인 담보권의 실행에 의한 집행이 경매진행을 종결시키는 비율이 높으므로 낙찰가격 결정에도 연관이 있는 변수다.

낙찰가격/총채권액의 비율(0.105)은 낙찰가격인 매각대금으로 담보부동산의 총채권을 감당할 수 있는 비율이 낮을수록 부(-)의 상관을 보여준다. 즉 총채권이 과다하여 낙찰가격으로 채권을 회수할 수 있는 비율이 떨어질수록 낙찰가격 결정요인에 음의 상관을 보여주는 분석이다.

경매 내부요인 11개의 독립변수 가운데 낙찰가율이나, 최종낙찰회차, 인수부담유무, 특수권리유무, 최종낙찰경과기간, 입찰인원수의 변수는 상관분석에서는 유의한 결과가 나타나지 않았다.

(2) 경매 외부요인의 상관분석

종속변수인 최종낙찰가격과 경매 외부요인의 상관관계 분석을 〈표 4-15〉에서 살펴보면, 독립변수 8개중 유의도(Sig 또는 p) 0.05 이하로 종속변수와 상관관계를 갖는 변수가 7개로 나타났다.

〈표 4-15〉 경매 외부요인의 상관분석

구 분	낙찰가격	주요5개구	교통여건	지하층	건물규모	대지규모	경과연수	세대수	방개수
낙찰가격	1								
주요5개구	.314(**)	1							
교통여건	.135(*)	0.068	1						
지하층	-.122(*)	-0.023	0.023	1					
건물규모	.663(**)	0.049	-0.053	0.053	1				
대지규모	.569(**)	0.069	-0.046	0.056	.577(**)	1			
경과연수	0.005	.160(**)	0.043	0.002	-0.042	0.024	1		
세대수	.207(**)	0.06	0.091	0.086	-0.045	.106(*)	0.064	1	
방개수	.422(**)	.123(*)	0.1	0.063	.274(**)	.161(**)	0.008	0.103	1

* $p < 0.05$, ** $p < 0.01$ 유의.

종속변수인 최종낙찰가격에 건물규모(0.663) 〉 대지규모(0.569) 〉 방개수(0.422) 〉 주요 5개구(0.314) 〉 세대수(0.207) 〉 교통여건(0.135) 〉 지하층(0.122)의 순으로 상관관계를 나타내고 있다.

경매 외부요인 관련변수 8개 중에 7개의 변수가 상관을 가지는 결과로, 6개의 경매외부요인 가운데 경매부동산이 지하층을 의미하는 변수만이 부(-)의 상관관계를 나타냈다. 낙찰이 결정된 경매부동산 중에 주거용부동산을 표본으로 사용한 분석결과이다.

건물규모는 낙찰가격과 강한 상관관계($\gamma^2 = .663$, $p < 0.05$)를 나타내고, 대지의 규모($\gamma^2 = .569$, $p < 0.05$), 방의 개수($\gamma^2 = .422$, $p < 0.05$), 주요 5개구($\gamma^2 = .314$, $p < 0.05$), 세대수($\gamma^2 = .207$, $p < 0.05$), 교통여건($\gamma^2 = .135$, $p < 0.05$)의 경매 외부요인 관련변수가 낙찰가격과 정(+)의 상관을 보여주고 있다.

분석에 사용한 사례가 주거용이므로 경매 외부요인과 관련 있는 변수의 상관관계를 나타내는 분석이다. 즉, 건물규모가 큰 주거공간은 쾌적하다는 의미가 포함되며, 대지의 규모변수도 같은 의미로 부동산의 가격과 관련 있는 변수이다. 입찰참여자가 목적하는 수익이나 임대 등의 활용에 있어서 건물의 규모나 대지의 규모가 큰 것은 부동산 활용의 안전성을 높여주므로 낙찰가격과 상관관계가 많은 결과를 보여준다.

방수가 많다는 것은 주거공간이 확보된다는 것을 의미하고 이는 주거용부동산의 가액을 높일 수 있는 근거로 해석할 수 있다.

주요 5개구에 소재하는 부동산을 구분한 변수는 서울지역 경매지표의 낙찰률이나 낙찰가율이 높은 주요 5개구에 소재한 부동산은 낙찰가격에 정(+)의 상관을 보여준다. 강남, 서초, 송파, 양천, 용산구의 부동산가액이 그 외 자치구의 가격과 차이가 있음을 분석에 사용하기위한 변수로 낙찰가격과 상관관계를 나타낸다. 부동산의 입지적 요인이 가격과 상관이 있다는 의미이다.

세대수가 많은 부동산은 집합건물의 공동세대가 많음을 의미하므로 주거용 중에서도 단지 규모가 큰 대단지의 아파트를 의미하는 변수이다. 용도가 아파트임을 내포하는 변수로 세대수가 많은 부동산일수록 대단지임을 의미하므로 낙찰가격을 증가시키는 상관관계를 가진다.

교통여건은 경매물의 인근에 지하철이 있다는 것으로 교통이 편리하다는 것을 의미하므로 낙찰가격에 정(+)의 상관을 보여주고, 주거용부동산이 지하층($\gamma^2 = .122$, $p < 0.05$)일 때에는 부(-)의 상관관계를 보여주는 분석은 주거용부동산이 갖추어야 하는 가격을 형성하는 요인이 충분히 낙찰가격에 반영된다는 의미이다. 지하철이 인근에 있는 부동산은 낙찰가격과 상관관계를 가진다는 유의한 결과이다.

헤도닉가격함수를 추정하기에 앞서 각 변수간의 상관분석을 해 본 결과를 종합정리하면 경매진행절차를 거쳐 낙찰가격이 결정되는데 경매 내부요인의 개별적인 특성보다 경매 외부요인을 의미하는 변수가 낙찰가격과 더 많은 상관관계를 나타냈다.

이는 입찰참여의 결과로 낙찰 받아 소유권을 취득하게 되는 경매부동산이 주거용 부동산이고, 주거용 부동산이 지니는 낙찰가격 결정요인이므로 경매 외부요인에 더 많은 상관관계를 가진다는 것이다.

3) 다중회귀분석

본 연구에서는 낙찰가격 결정요인을 분석하기위해 다중회귀분석을 사용하여 회귀식을 도출하였다. 이를 통해 함수모형의 결정계수, 각 변수들의 통계적 유의수준 등을 분석함으로써 헤도닉가격함수를 추정하였다. 본 연구의 실증분석은 모두 유의수준 $p < 0.01$에서 검증하였으며, 통계처리는 SPSS 12.0을 활용하여 종속변수와 독립변수를 동시에 투입하는 입력방법을 사용하였다.

(1) 모형 요약

헤도닉가격함수 추정을 위하여 추출한 표본은 주거용 경매부동산의 낙찰가격을 종속변수로 하고 19개의 설명요인인 독립변수를 선정하여 최종낙찰가격을 종속변수로 하여 다중회귀분석을 하였다. 다음은 분석모형의 요약이다.

분석 모델에 대한 요약은 예측변수는 상수(constant)와 19개의 독립변수간의 관련정도를 예측하는 모델로서, 적률상관관계 R값이 0.872로 높은 상관관계가 존재하며, 결정계수(R^2)는 0.760으로 종속변수의 낙찰가격이 76% 표본회귀선에 적합한 것을 의미하고 있다. $adj\,R^2$값은 자유도를 고려하여 모집단의 결정계수를 추정할 경우 0.745로 나타났다. 설명력이 있는 R^2의 값이 74.5%라는 것은 선형함수로 설명이 가능한 비율이 74.5%라는 것을 의미한다.

〈표 4-16〉 분석모형 요약

모 형	R	R제곱	수정된 R제곱	추정 값의 표준오차	통계량 변화량			Durbin-Watson
					R제곱 변화량	F 변화량	유의확률 F 변화량	
1	.872(a)	.760	.745	182844.210	.760	52.652	.000	1.877

a 예측값 : (상수), 낙찰가율, 총채권액, 낙찰가/총채권(율), 최종낙찰회차, 임차인유무, 인수부담유무, 특수권리유무, 경매신청주체, 최종낙찰경과기간, 입찰인원수, 해당법원, 주요 5개구, 교통여건, 지하층, 건물규모, 대지규모, 경과연수, 세대수, 방수
b 종속변수 : 낙찰가격

다중공선성 분석결과 공차 한계값이 0.1 이하인 것이 없으며, *VIF*도 10 이상인 것이 없으므로 다중공선성의 문제는 없다. 즉 독립변수간의 상호연관성이 없다고 볼 수 있다.

회귀분석의 변량분석[121]의 결과로 회귀선의 변량(추정치)은 1.76이며, 잔차의 변량은 0.033으로 회귀선의 변량이 잔차변량보다 52.652배 더 크기 때문에 유의수준 p 〈 0.001의 기준을 충족함으로 회귀선의 모델이 적합한 것으로 나타났다. 즉, 합계치 46.338 범위에서 설명이 가능한 범위가 35.205만큼 임을 나타내고 유의수준 0.05 미만이므로 통계적으로 유의함을 나타낸다. 위 분석모델을 토대로 본 연구에서 헤도닉가격함수를 추정하였다.

(2) 추정 결과

종속변수인 최종낙찰가격으로 분석한 경매부동산의 낙찰가격 결정요인에 대한 회귀분석의 결과는 〈표 4-17〉과 같다.

〈표 4-17〉 계수표

구 분			비표준화 계수		표준화 계수	t	유의확률
			B	표준오차	베타		
(상수)			-493968.614	142850.499		-3.458	.001
독립변수	경매내부요인	낙찰가율	-28068.086	87839.255	-.012	-.320	.750
		총채권액	.087	.012	.271	7.147	.000
		낙찰가/총채권(율)	27681.350	12138.494	.069	2.280	.023
		최종낙찰회차	-21679.758	12387.643	-.072	-1.750	.081
		임차인 유/무	102245.768	16179.793	.201	6.319	.000
		인수부담 유/무	-81482.021	37199.025	-.067	-2.190	.029
		특수권리 유/무	-81394.552	45438.890	-.055	-1.791	.074
		경매신청주체	16848.318	24551.195	.021	.686	.493
		최종낙찰경과기간	-3858.798	4784.899	-.028	-.806	.421
		입찰인원수	-1690.491	2000.911	-.032	-.845	.399
		해당법원	82212.314	22009.852	.110	3.735	.000
	경매외부요인	주요 5개구	151894.204	23288.435	.193	6.522	.000
		교통여건	62786.372	20466.471	.086	3.068	.002
		지하층	113274.583	67572.232	.047	1.676	.095
		건물규모	1383.284	147.138	.409	9.401	.000
		대지규모	654.741	195.807	.136	3.344	.001
		경과연수	-480.565	1345.136	-.010	-.357	.721
		세대수	74.896	13.471	.160	5.560	.000
		방 수	70911.215	15493.312	.141	4.577	.000

a 종속변수 : 최종낙찰가격

121) 변량분석의 영가설은 모집단의 회귀선의 기울기가 0이라는 것이며, 이 영가설에 대한 검증결과를 나타내는 것이다. 이는 회귀선에 포함된 변량(Regression), 잔차(오차, Residual)변량의 크기의 비율을 비교하여 회귀선의 변량이 크다면 회귀선이 의미 있는 것으로 판단한다.

① 경매 내부요인

본 연구에서 선정한 경매특성요인의 변수 중에 임차인유무가 높은 분석치를 나타내고, 총채권액이나 입찰인원수는 낮은 것으로 나타났다. 이는 서로 다른 측정치의 입력 때문인 것으로 비표준화 계수 값이 높다고 기울기에 많은 영향을 주는 것은 아니다. 이를 보완하기 위해서 표준화계수 값을 이용하여 분석결과를 나타내는 것이 유용하다.

표준화계수의 값을 살펴보면 총채권액(0.271) 〉 임차인유무(0.201) 〉 해당법원(0.110) 〉 최종낙찰회차(0.072) 〉 총채권액 대비 낙찰가격의 비율(0.069) 〉 인수부담유무(−0.067) 〉 특수권리유무(−0.055) 〉 입찰인원수(−0.032) 〉 경매진행경과기간(0.028) 〉 경매신청주체(0.021) 〉 낙찰가율(−0.012)의 순으로 기울기의 크기순으로 낙찰가격에 영향을 미치는 결과다.

경매 내부요인변수 중에 가장 표준화계수 값이 크게 나타난 총채권액은 그 값이 높을수록 최종낙찰가격은 올라가서 낙찰가격이 높아 양자는 상화관계가 강한($\gamma^2 = 0.667$) 요인임을 알 수 있으며 앞에서 밝히 바와 같다. 이는 총채권액이 많은 부동산은 일반적인 처분에 제약이 있으므로 강제처분절차의 방식인 경매진행의 과정을 거쳐야만 부동산을 처분할 수 있고, 경매참여자들이 그것을 다른 요인보다 우선하여 고려하는 것임을 알 수 있다. 그러나 총채권이 많다고 해서 경매부동산의 가치에 손실을 주는 것은 아니다. 오히려 총채권이 많은 부동산은 담보가치를 인정받은 물건이라는 의미이며, 그러한 요인 때문에 경쟁이 높아지게 되고 이는 낙찰가격에 크게 영향을 주는 요인으로 나타났다. 또한 경매절차가 종결될 때까지 진행을 정지시키거나 변경시킬 수 있는 가능성이 낮아서 경매 처분방식을 따를 수밖에 없는 상황에 처하게 되므로 낙찰가격 결정에 크게 영향을 주는 요인임을 밝혔다.

임차인이 존재하는 부동산도 낙찰가격 결정에 정(+)의 영향을 주는 것으로 임차인의 유/무가 제시되어 배당을 받거나 명도소송의 대상이라는 명확한 정보가 제공된다면 입찰참여자는 제공된 정보에 기초하여 안전한 분석이 가능해지는 것이다. 임차인의 유/무가 제시된 것은 낙찰 후 인식할 수 없는 위험이나 불확실성이 적다는 것을 의미한다. 여기서 변수로 사용한 임차인의 의미는 계약관계나 권리신고 등에 대한 정보가 입찰을 고려하는 참여자들에게 제시되어 있는 상태로 경매부동산을 낙찰 받은 이후에 임차인으로 인한 부담이 없거나 미리 예측된 것을 의미한다.

해당법원은 최종낙찰가격에 양(+)의 영향을 준다. 서울지역은 자치구별로 부동산의 개별성이 강하게 나타나는 지역 간의 부동산가격이 서로 크게 차이가 난다. 경매는 담보부동산의 소재지 관할법원에서 집행을 하게 되므로 서울지역 5개 법원 중에 낙찰률의 상위권을 차지하는 관할지역과 구분하여 낙찰가격에 영향을 주는 변수로 사용하였다. 이는 지역 간의 부동산 가격의 차이를 나타내기도 하고 부동산의 입지적인 의미가 함께 포함되는 변수이다. 강남, 서초, 송파를 포함한 11개구를 관할하는 중앙지방법원과 동부지방법원의 사례를 구분하여 사용한 분석이다. 분석의 결과 중앙법원과 동부법원에서 진행되는 사례가 낙찰가격에 영향을 미치는 것으로 나타났다.

총채권액 대비 낙찰가격의 비율은 낙찰대금으로 총채권의 압류채권을 적법한 절차를 거쳐 배당으로 변제하는 부동산경매는 담보부동산에 설정된 총채권액이 적을수록 낙찰대금으로 채권을 변제할 수 있는 비율이 높아진다. 즉, 반대로 낙찰대금으로 채권을 변제할 수 있는 비율이 떨어지면 낙찰가격에 양(+)의 영향을 미친다는 설명이다. 낙찰가격으로 채권을 부담할 수 있는 비율이 낮을수록 낙찰가격에 더 많이 영향을 미친다.

인수부담 유/무는 낙찰물건명세서에 제시되어 있거나 부동산의 공적장부에 제시되어 있어서 낙찰 후 부동산을 인도받기까지의 부담이 공개된 것이다. 임차인 유/무의 변수는 가격에 양(+)의 영향을 미쳤으나 같은 정보의 공개로 부담이나 비용이 노출되었음에도 인수부담이 있는 것은 음(−)의 영향을 보인다. 이는 인수부담으로 인한 시간적인 소요가 기회비용의 상실로 연결되는 불확실성을 내포하기 때문이다. 권리분석이 가능한 입찰자들은 인수부담에 대한 시간적 비용을 입찰가격에 감안하여 입찰가를 산정하므로 낙찰가격에는 음(−)의 영향을 미치는 결과로 나타났다고 볼 수 있다.

경매관련 설명변수 11개중에 낙찰가율, 최종낙찰회차, 특수권리 유/무, 경매신청주체, 최종낙찰경과기간, 입찰인원수의 변수는 낙찰가격 결정요인에 영향을 미치는 설명력이 부족하여 유의하지 않은 변수로 나타났다.

② 경매 외부요인

경매부동산의 낙찰가격 결정요인을 분석하기 위하여 선정한 독립변수는 전체 19개이며, 이중 경매 외부요인에 관한 변수가 8개이다. 경매 대상 부동산을 선정하여 입찰에 참여할 것을 결정하고 가격을 산정하여 경매에 참여하게 되는 의사결정자는 강제집행절차에 따른 방식으로 부동산을 취득하는 행위이므로 매입목적물인 부동산에 대한 분석도 함께 병행되어야 한다. 이에 경매 외부요인을 감안하여 입찰참여자의 목적에 적합한 경매부동산을 선택하게 된 영향을 미치는 가격결정요인들을 설명하면 다음과 같다.

표준화계수의 베타값을 보면 건물규모(0.409) 〉 주요 5개구(0.193) 〉 세대수(0.160) 〉 방개수(0.141) 〉 대지규모(0.136) 〉 교통여건(0.086)의 순으로 낙찰가격에 영향을 미치는 것으로 나타났다.

일반부동산 관련변수인 경매 외부요인 중 가장 높은 표준화계수 값을 나타내는 건물규모는 주거용부동산에서 주거목적달성을 위한 기본적 의미의 변수로 건물의 규모가 큰 것이 낙찰가격에도 영향을 주었다. 주거용 부동산은 건물의 규모가 크면 주거용으로 사용하는 목적이 용이해지므로 처분을 하기도 임대를 하기도 쉽다. 조건이 같다면 건물규모가 큰 것을 선택하는 것이다.

주요 5개구 변수는 서울시 25개 자치구 가운데 경매진행에서 낙찰률, 낙찰가율이 높은 강남, 서초, 송파, 양천, 용산의 5개구에 경매부동산은 그 외의 나머지 자치구에 비하여 낙찰가격에 영향을 미친다는 것을 나타낸다. 경매 내부요인에서 해당법원이 관할하는 지역의 변수가 낙찰가격에 양(+)의 영향을 주는 것과 같은 의미이다. 그러므로 입지적인 요소가 일반적인 부동산가격의 격차와 마찬가지로 낙찰가격에도 영향을 미치고 있음을 알 수 있다.

세대수도 낙찰가격에 영향이 있다. 세대수가 많으면 대단지 아파트를 의미하므로 경매부동산 중에 대단지 아파트는 그렇지 않은 소규모 단지보다 선호한다는 결과로 대단지 아파트나 세대규모가 큰 주거용 부동산을 선호하는 것을 설명하고 있다.

방개수를 나타내는 독립변수도 주거용부동산의 낙찰가격으로 방개수가 많으면 주거용으로 만족할 수 있는 공간이 확보되는 것이므로 낙찰가격에 영향을 주는 변수이다. 이는 주거용부동산의 낙찰가격 결정에 관한 분석이므로 의미있는 결과이다.

대지규모는 건물이나 방수의 내용과 다른 의미가 있다. 투자 의사결정을 하는 사람들은 경매부동산의 투자가치를 예상할 때 가능하면 대지의 규모가 차지하는 비율이 높아지면 부동산의 가치도 높게 평가될 수 있다고 여겨지므로 낙찰가격 결정요인에도 반영이 되고 있다.

교통여건 변수는 일반적인 주거용 부동산을 선택함에 있어서와 같이 교통의 편리성과 같은 접근성이나 입지적인 요인을 의미한다. 일반 부동산 특성에서도 도심에서 가깝거나 교통이 편리하여 접근성이 좋은 부동산은 높은 가격이 형성된다. 이와 마찬가지로 경매부동산에서도 낙찰가격을 결정하는 요인에 지하철과 같은 교통여건이 낙찰가격결정에 영향을 미치는 것으로 나타났다.

이와 같이 경매 외부요인을 구분하여 낙찰가격결정에 영향을 미치는 변수를 분석하였다. 경매 외부요인 8개 변수 가운데 6개의 변수가 낙찰가격결정에 양(+)영향을 주는 것으로 나타났다. 그중에 건물규모는 최종낙찰가격에 영향을 주는 주요한 변수로 나타났다.

(3) 소 결

낙찰가격에 영향을 미치는 요인분석을 위하여 경매 내부요인 11개와 경매 외부요인 8개를 사용하였다.

이와 같이 종속변수인 낙찰가격에 영향을 미치는 19개의 독립변수를 가지고 낙찰가격에 영향을 주는 요인을 분석하였다. 19개의 독립변수 가운데 11개의 변수가 유의한 수준으로 낙찰가격결정에 영향을 주는 요인으로 나타났다. 경매 내부요인은 11개 변수 가운데 5개의 변수가 낙찰가격결정에 영향을 미치는 요인으로 나타났고, 경매 외부요인 중에서는 8개의 설명변수 가운데 6개가 영향을 미치는 요인으로 나타났다.

낙찰가격결정에 영향을 주는 경매 내부요인은 총채권액, 임차인 유/무, 해당법원, 낙찰가/총채권율, 인수부담 유/무가 유의성이 있어 낙찰가격에 영향을 주는 요인으로 나타난 분석결과이다.

또한 경매 외부요인은 건물규모, 주요 5개구, 세대수, 방수, 대지규모, 교통여건이 낙찰가격에 영향을 미치는 요인으로 나타났다.

전체 낙찰가격 결정요인 분석에 사용한 변수 19개 가운데 11개가 영향(57.5%)을 미치고, 이중 경매 내부요인은 설명변수 11개 가운데 5개 요인이(45.5%), 경매 외부요인 8개 가운데에는 6개 요인이(75%) 낙찰가격결정에 영향을 미치는 것으로 분석되었다. 이처럼 경매 내부요인보다 경매 외부요인들이 낙찰가격결정에 더 많은 영향을 주는 주요한 요인으로 나타났다.

4 분석 결과 요약

부동산경매의 진행단계에 따라 입찰참여(의사), 낙찰(결정), 낙찰(가격)결정의 3단계로 구분하여 입찰참여자의 의사결정요인을 분석하였다.

입찰참여 의사결정을 하는 접근단계의 위험요인은 계층분석적 기법으로 분석하였고, 특정의 해당기일에 낙찰을 결정짓는 참여자들의 낙찰결정요인을 로지스틱 회귀분석을 하였다. 나아가 낙찰이 결정된 주거용 부동산의 사례를 선별하여 낙찰가격에 영향을 미친 요인을 찾아내기 위하여 회귀분석을 하였다.

첫째, 부동산경매의 접근단계인 입찰참여자가 입찰의사를 결정하기 위한 불확실성이나 장애요인을 부동산경매의 내부에 내재하는 위험요인과 부동산경매의 외부에 존재하는 위험요인, 참여자의 개별적 특성에 잠재하는 위험요인으로 구분하여 입찰참여 의사결정시에 고려하는 위험요인을 분석하였다.

분석결과 수익을 기대하고 행동하는 경매입찰참여 의사결정과정에서 나타나는 것은 체계적인 위험요인에 중요도와 영향값이 높게 나타났다. 입찰참여자 자신의 수익에 대한 기대감으로 입찰에 참여하지만, 개인이 통제하기 어려운 체계적 위험요인들이 입찰참여 의사결정의 중요한 요인으로 분석되었다.

둘째, 서울의 법원을 대상으로 해당기일에 진행되는 경매사건을 일괄하여 낙찰이 결정된 부동산의 사례 518건으로 낙찰결정요인을 분석하였다. 낙찰을 결정짓는 요인을 분석하기 위해서 로지스틱 회귀분석을 하였다. 낙찰여부를 종속변수로 하여 분석한 결과 경매 내부 요인들이 낙찰을 결정하는 주요한 요인으로 분석되었다.

낙찰결정요인은 경매진행방식과 관련된 경매 내부 요인변수들에 영향을 받아 낙찰이 결정되는 결과로 낙찰가율, 총채권액 대비 낙찰가격의 비율, 최종낙찰회차, 최종낙찰경과기간, 입찰인원수 변수가 영향을 미친다. 이는 경매진행방식에 따른 부동산의 취득방식이므로 낙찰을 결정하는 요인은 경매 내부 요인변수에 의하여 낙찰이 결정된다는 의미이다.

셋째, 낙찰가격이 결정된 부동산 중에 주거용 부동산을 선별하여 경매부동산의 낙찰가격 결정요인을 분석하였다. 경매부동산의 용도 중에 큰 비율을 차지하는 주거용 부동산 354건의 사례를 다중회귀분석으로 낙찰가격 결정요인을 알아냈다.

종속변수를 낙찰가격으로 하여 19개의 독립변수를 이용하여 낙찰가격을 결정짓는 요인을 분석하였다. 독립변수를 경매 내부요인과 경매 외부요인으로 분류하여 낙찰가격에 영향을 미치는 요인을 감안하는 헤도닉분석을 하였다.

낙찰가격 결정요인을 설명하는 변수는 경매 외부요인이 낙찰가격에 영향을 주었다. 취급하는 품목이 부동산이고, 이를 취득하는 행위이므로 경매 외부요인이 주요하게 영향을 주어 낙찰가격이 결정되었다. 건물의 규모, 주요 5개구, 세대수, 방수, 대지의 규모, 교통여건 등의 일반 부동산의 특성이 낙찰가격에 반영되어 가격이 결정되었다.

더불어 경매라는 절차를 거쳐 부동산을 취득하는 행위이므로 경매 내부 요인이 반영되는데, 총채권액, 임차인유무, 해당법원, 총채권액 대비 낙찰가격의 비율, 경매신청주체는 낙찰가격에 양(+)의 영향을 미치는 것으로 나타났고, 인수부담 유무, 최종낙찰회차, 특수권리 유무, 입찰인원수, 경매진행경과기간은 낙찰가격에 음(-)의 영향을 주는 요인으로 나타났다.

이상과 같이 부동산경매에 있어서 입찰참여 의사결정과 낙찰결정요인, 낙찰가격 결정요인 등 3단계에 걸쳐서 분석한 결과, 입찰에 참여하고 결정하게 되는 의사결정에서 각 단계마다 각각의 의사결정특성에 따른 각각의 요인에 의하여 경매절차가 진행되고 마무리되는 것을 확인할 수 있었다.

이와 같은 분석의 결과를 〈표 4-18〉과 같이 정리하였다.

〈표 4-18〉 의사결정의 단계별 주요 특성

구 분	주요 의사결정요인과 특성
입찰참여	외부 위험요인 - 체계적 위험요인 + 인지적 편견
	심리적 요인, 실질적 요인, 경제적 요인, 사회·정책적 규제요인 등
낙찰결정	경매 내부요인 - 집행절차에 중점을 둔 경매관련 주요변수
	낙찰가율, 낙찰가/총채권(율), 최종낙찰회차, 해당법원 등
낙찰가격결정	경매 외부요인 - 부동산취득과 관련 일반부동산의 주요변수
	건물규모, 주요 5개구, 세대수, 방수, 대지규모, 총채권액 등

05 결 론

1 연구결과의 요약

본 연구는 부동산경매에 참여를 위한 입찰의사결정단계, 낙찰결정단계, 낙찰가격결정단계의 경매절차별로 입찰참여자가 어떤 요인을 중요시하여 의사결정을 하는지에 대한 분석을 하였다.

부동산경매는 법적인 집행방식에 따른 정보제공의 제한성과 법리 해석이 선행되어야 하므로 일반인들은 위험하거나 장애요인을 지닌 거래방식으로 인식하고 있다. 그러나 부동산경매시장의 환경 변화와 경매물량의 증가는 부동산경매에 관심을 증대시켰다. 이러한 계기로 불확실성에 따르는 위험에 대한 대가를 수익률로 기대하는 투자자들이 늘어나면서 또 다른 부동산의 투자대상으로 부각되고 있다. 투자활동을 하기 위해서는 여러 단계의 다양한 요인들을 고려하여야 한다.

이에 본 논문에서는 부동산경매에 입찰참여를 위한 종합적인 의사결정요인을 각 단계로 구분하여 분석하였다. 즉, 부동산경매 참여자의 입장에서 i) 입찰(참여)의사결정, ii) 입찰참여(낙찰)결정, iii) 낙찰(가격)결정의 3단계로 분석하였다.

입찰참여자의 입찰의사결정의 단계는 입찰참여에 저해요인으로 인식되는 내용을 체계적으로 정리하여 부동산경매의 위험요인을 정의하였다. 이 위험요인을 부동산경매의 내부위험요인, 부동산경매의 외부위험요인, 참여자 개별적 위험요인으로 분류하였다. 그리고 이러한 요인 29개를 3차 하위항목으로 구성하여 경매의 경험이 많은 참여자를 대상으로 설문조사하였다.

다음 단계로 참여자가 물건을 선정하여 입찰을 결정한 특정의 해당기일에 518건의 경매사례를 이용하여 낙찰을 결정짓는 요인을 분석하였다. 낙찰여부를 종속변수로 하고 독립변수 17개를 선정하여 로지스틱 회귀분석으로 낙찰을 결정짓는 요인이 무엇인지를 규명하였다.

마지막 단계로 낙찰이 결정되고 낙찰가격이 형성된 주거용부동산 354건을 대상으로 낙찰가격을 종속변수로 하고 경매 내부요인과 경매 외부요인을 독립변수로 하여 낙찰가격에 영향을 미치는 요인이 무엇인지를 규명하였다.

부동산경매에 있어서 입찰참여자의 단계별 의사결정에 영향을 미치는 주요 요인은 다음과 같다.

첫째, 부동산경매에 참여자는 경매의 특성에 기인하는 비체계적인 위험요인보다는 참여자의 개별적인 특성이나 체계적인 위험요인을 우선 고려하여 입찰참여여부를 판단하는 의사결정을 한다. 이때 입찰참여자가 통제할 수 있는 범위를 벗어나는 체계적 위험요인에 대해 가장 중요한 고려요인으로 인식하여 입찰을 결정하는 것으로 나타났다. 개별적으로 통제하기 어려운 체계적인 위험요인은 경매부동산을 취득하는 의사결정에 있어서도 주요한 요인으로 작용하고 있음을 나타내는 결과이다.

둘째, 특정된 해당기일에 진행되는 부동산경매에서 낙찰된 사례와 유찰된 사례를 대상으로 낙찰결정요인을 분석한 결과 경매 내부요인들이 주된 요인으로 작용하여 낙찰이 결정되었다. 경매 관련요인인 내부요인 중 낙찰가율이 높고 채권총액이 많이 설정되어 있는 경매부동산이나, 최종낙찰회차가 많고 입찰경쟁률이 높은 경매사건은 낙찰결정에 큰 영향을 미치는 것으로 나타났다. 즉, 경매도 일종의 거래이므로 부동산을 취득하는 의사결정에서는 경매관련 특성인 경매의 내부요인을 고려하여 낙찰을 결정하는 의사결정요인이 분석으로 나타났다.

셋째, 낙찰이 결정되어 낙찰가격이 형성된 부동산은 취득방식과 별개로 부동산의 개별적인 요인에 의하여 가격이 형성된다. 즉, 낙찰가격을 설명하기 위한 19개의 독립변수 가운데 경매의 외부요인인 일반부동산 관련 요인을 설명하는 변수가 낙찰가격을 결정하는 주된 요인으로 나타났다. 경매 부동산이라고 하더라도 부동산 자체가 가진 특성이 개별적이므로 경매 외부요인이 낙찰가격을 형성하여 낙찰가격이 결정된 것이다. 즉, 부동산의 개별적인 특성을 반영한 낙찰가격 결정요인이 부동산이라는 재화를 선택하는 단계의 의사결정에서는 일반부동산 관련요인인 경매의 외부요인이 반영된 결과이다.

이를 정리하면 경매참여자들이 입찰을 위한 단계별 의사결정에서 위험으로 인식하는 체계적인 위험에 대한 태도, 부동산을 취득하는 거래방식에서 고려해야 하는 경매의 내부요인에 관한 내용, 부동산이라는 상품을 활용하기 위한 선택에서 고려하는 부동산 자체의 경매 외부요인들이 조화되어 부동산경매시장의 참여에 관한 의사결정요인이 형성되는 것으로 분석되었다.

일반 사람들은 부동산경매를 경매처분이라는 강제집행방식에 치우쳐, 거래되는 상품이 부동산이라는 사실을 간과하지만, 자발적이거나 비자발적으로 부동산경매를 접하게 되는 경매참여자들이나 경매의 이해관계인들은 부동산의 특수한 거래방식으로 인식한다.

더불어 부동산을 활용하는 환경이 다양하게 변하여 부동산이 상당한 담보가치를 가지는 것이 일반화되었다. 이렇게 담보가치를 인정받은 부동산은 채권·채무관계에 노출되기 쉽고, 담보된 부동산을 지키거나 나아가 적극적으로 활용하는 능동적인 대처방안이 요구된다.

이에 부동산경매의 입찰참여를 위한 전 과정에 단계적인 의사결정요인에 관한 연구를 시도하였다. 본 연구를 통해 입찰참여의 각 단계마다 주요하게 인식되는 요인에 따라 고려된 내용들이 입찰참여, 낙찰결정, 낙찰가격결정의 의사결정에서 각각의 특성요인을 반영하여 부동산경매가 마무리되는 결과를 규명하였다.

본 연구는 경매 참여자가 절차의 진행단계마다 요구되는 특성을 체계적으로 파악하여 참여자의 합리적인 의사결정요인과 경매부동산의 낙찰결정요인 및 낙찰가격 결정요인에 대해서 분석하였다. 확대되고 변화하는 부동산 경매시장에서 경매의 참여를 위한 의사결정의 위험요인을 규명하고 경매의 내부요인과 경매의 외부요인을 비교하여 낙찰을 결정짓는 의사결정요인을 체계적으로 규명했다는데 본 연구의 의의가 있다고 하겠다.

2 한계 및 과제

본 연구의 부동산경매가 지닌 한계와 향후의 연구과제는 다음과 같다.

첫째, 부동산경매의 의사결정분석을 위한 위험요인의 분류과정 중 항목선정에 있어서 경험이 많은 입찰자들의 의견을 수렴하였으나, 일반적인 내용으로써 항목에 객관성이 유지되었는시에 대한 검증이 없었다는 것이다. 이는 경매참여에 경험이 많은 전문가들에 대한 객관적인 기준이 모호하므로, 경매에 관한 경험을 바탕으로 객관화된 의사결정의 항목이 선정되어야 할 것이다. 즉, 체계화된 위험요인의 분류와 선정이 구체적으로 검증 보완되어야 할 것이다.

둘째, 낙찰결정을 분석하는 모형에 사용된 변수들은 낙찰이 결정된 이후에 고려할 수 있는 내용이므로 입찰참여의 전 단계인 의사결정과정에서 고려할 수 있는 변수의 선정이 이루어져야 하겠다. 입찰을 결정하고 입찰에 참여하기 위한 분석을 위해서, 더 나아가 입찰가 산정에도 기준이 될 수 있다는 관점에서 낙찰결정요인을 분석해 낼 수 있는 선행변수가 추가될 필요가 있다.

셋째, 참여하는 입찰자의 요인과 개별성이 강한 부동산의 요인을 구분하여 경매참여의 의사결정요인을 파악하려고 하였으나, 논자가 의도한 바와 같이 심도 있는 분석이 이루어졌는지에 대한 아쉬움이 있다. 부동산경매가 일부의 전유물이거나 특정 당사자들의 복잡한 처분방식에서 벗어나, 새로운 형태의 거래방식으로써 부동산을 활용하고 나아가 부동산의 투자방식으로써 인식되어야 하지만, 이러한 특성요인을 반영하는 변수를 도출하지 못했다는 한계가 있다.

향후의 연구에서는 부동산담보가치의 상승으로 시장규모가 확대되는 사회·정책적 환경의 변화에 대응할 수 있는 연구가 필요하다.

첫째는 기존 경매제도 자체가 가지고 있는 부정적인 이미지를 불식시키고 부동산투자활동의 한 영역으로 자리 잡을 수 있도록 보다 체계적이고 과학적인 분석이 필요하다. 즉, 경매참여자들의 목적이나 행동특성에 관련된 정성적인 영역에 대한 계량화가 시도되어야 한다.

둘째는 소유권의 변동과 함께 인도되는 부동산에 관한 연구가 이루어져야 한다. 부동산경매가 강제 처분하는 집행절차로 부각되어 권리의 변동과 부담에 대한 연구가 활발하지만, 그 거래품목이 부동산이라는 것에 집중하여 경매부동산의 실질적인 특성을 밝힐 수 있는 연구가 요구된다. 이는 경매 내부요인은 대부분 권리나 부담에 대한 변수이므로 경매부동산자체의 특성을 밝힐 수 있는 변수의 선정이 필요하다.

셋째는 일반적인 부동산투자시장과의 연관성이나 금융시장과의 연계성에 관한 연구가 추가로 이루어진다면, 부동산경매시장을 재조명하고 담보력을 지닌 부동산의 활용에 관한 대안이 마련될 것이다.

참고문헌

1. 국내문헌

■ 단행본

강병서 · 김계수(2005), 「사회과학 통계분석」, 도서출판 한나래.
김갑열 · 강정규(2007), 「부동산학개론」, 부연사.
김경환 · 서승환(2002), 「도시경제」, 홍문사.
김대호(2001), 「NEW 투자론」, 경문사.
김성희 · 정병희 · 김재경(2006), 「의사결정분석 및 응용」, 영지문화사.
김영규 · 이의택 · 감형규 · 신용채(2006), 「증권투자론」, 율곡출판사.
김영진(1974), 「부동산학 총서III 부동산학 평가론」, 서울건설연구사.
김용창(2004), 「한국의 토지 주택정책」, 부연사.
김원수(1982), 「마케팅관리론」, 경문사.
김인호(2001), 「건설산업의 리스크 관리」, 기문당.
김헌 역 버튼 G 멜키(2000), 「랜덤워크이론」, 국일증권경제연구소.
나완배 · 정창수(1996), 「기업전략개발과 위험분석」, 한송.
남덕우(1989), 「가격론 : 가격기구와 자원배분」, 박영사.
남준우 · 이한식(2007), 「계량경제학」, 홍문사.
노태욱 역 Lugi Savaness(2004), 「상업용부동산입지 : 이론과 실제」, 부연사.
문영기 · 유선종(2005), 「부동산중개실무」, 부연사.
방경식 · 장희순(2007), 「부동산학개론」, 부연사.
박정식외 2인(2005), 「현대재무관리」, 다산출판사.
박창수(1999), 「부동산 감정론」, 범론사.
박철주 역(2005), 「Game Theory」, 21세기북스.
안정근(2007), 「부동산평가이론 제4판」, 법문사.
엄길청(2006), 「도시경영컨텐츠전략론」, AML Asia Money Line.
오석홍(2007), 「행정학」, 박영사.
우형달(2007), 「부동산경매 권리분석법」, 원앤원북스.
원동진(2004), 「알고 싶은 게임이론」, 형설출판사.
유선종(2008), 「부동산의 이해」, 부연사.
윤동건 · 이효주(2006), 「경매평가 유의사항」, 한국부동산연구원.
이기엽(2003), 「경영통계학」, 법문사
이우진 · 문영기(2007), 「부동산세법」, 부연사.
이정전(2007), 「토지경제학」, 박영사.
이창석(2003), 「부동산학개론」, 형설출판사.
이창효(2000), 「집단의사결정론」, 세종출판사.
이필상(2007), 「재무관리 제4판」, 박영사.
이훈영(2008), 「연구조사방법론」, 도서출판 청람.
이훈영(2008), 「데이터분석」, 도서출판 청람.
정운찬 · 김홍범(2007), 「화폐와 금융시장 제3판」, 율곡출판사.

정철현(2001), 「행정의사결정론」, 다산출판사.
정혜영 외 7인(2005), 「통계자료분석」, (사)한국사회조사연구소, 성일문화사.
조근태 역(2005), Tomas L Saaty저, 「네트워크 분석적 의사결정」, 동현출판사.
조순(1983), 「경제학원론」, 법문사.
조주현(2004), 「부동산학원론 」, 건국대학교출판부.
조한상외(2005), 「한국은행의 알기 쉬운 경제이야기」, 한국은행.
하성규(2006), 「주택정책론」, 박영사.
한국주택협회(2004), 「주택관련법 해석」, 주택산업연구원.
한국공인중개사협회(2008), 「부동산중개이론과 실무」, 한국공인중개사협회.

■ 학술지논문

김경한 · 이한식(1994), "부동산가격거품의 검증", 대한부동산학회지 제18권.
김종덕 · 유선종(2008), "경매전문가들의 부동산경매입찰행태에 관한 연구", 주택연구 제16권 제1호, 한국주택학회.
문희명 · 유선종(2007), "개발예정지역내 경매부동산의 낙찰가격 결정요인에 관한 연구", 주택연구 제15권 제4호, 한국주택학회.
박세훈(1994), "소비자선택모형과 시장구조분석에 대한 소고", 한국소비자학회 5권 1호.
손재영(1993), "지가와 거시경제변수간의 인과관계에 관한 실증분석" 토지시장의 분석과 정책과제, 한국개발연구원.
송태정(2007), "자산 가격상승이 소비에 미치는 영향", LG경제연구원 경제정보.
이상영(1998), "부동산가격 산정방법을 둘러싼 쟁점과 전망", 국토연구원, 통권 제203호.
이화연 · 이재은 · 유화필(2007), "투자자집단의 세분화와 투자의사결정 고려요인에 관한 연구", 한국마케팅관리학회, 제12권 4호.
정희수 · 김정호(2003), "주거복지향상을 위한 서민주택금융과 국민주택기금의 발전 방안", 주거복지연대, 우리은행.
조남복 · 문영기(2006), "경매특성요인변수가 아파트매각가격에 미치는 영향분석", 감정평가학회 제5권 제2호.
차문중 편(2004), "주택시장분석과 정책과제연구", 한국개발연구원.
최동홍 · 유선종(2010), "부동산경매에서 유치권신고의 의무화", 법조 제643호, 법조협회.
한국은행 금융경제연구원(2010), "우리나라 가계부채요인의 결정요인과 평가", 금융경제논총.

■ 학위논문

김기찬(2008), "부동산경매에서 유치권의 개선에 관한 연구", 건국대학교 부동산대학원, 박사학위논문.
김상호(2006), "부동산경매시장에서 위험비용의 특성요인에 관한 연구", 대구대학교 행정대학원, 석사학위논문.
김종덕(2007), "부동산경매참여자들의 합리적 의사결정모형에 관한 연구", 전주대학교 대학원, 박사학위논문.
김한솔(2008), "부동산경매에서의 유치권에 관한 연구", 건국대학교 부동산대학원, 석사학위논문.
문희명(2007), "개발예정지내에서의 경매부동산의 낙찰가격 결정에 대한 연구", 경기대학교 행정대학원, 석사학위논문.
박진희(2004), "부동산경매에 있어서 아파트 낙찰가에 미치는 영향에 관한 실증연구", 건국대학교 행정대학원, 석사학위논문.
배종을(2009), "부동산경매에서의 매도인의 담보책임에 관한 연구", 성균관대학교 대학원, 석사학위논문.

손동기(2006), "AHP기법을 활용한 정보시스템 개발프로젝트 위험요인 평가에 관한 연구", 상명대학교 대학원, 박사학위논문.
송영석(2003), "부동산경매시장의 아파트 낙찰가격 특성요인에 관한 연구", 서울시립대 도시과학대학원, 석사학위논문.
안종한(2006), "부동산경매의 위험관리에 관한연구", 성균관대학교 행정대학원, 석사학위논문.
여종건(2009), "부동산경매시장에서 유치권이 낙찰가율에 미치는 영향", 건국대학교 대학원 석사학위논문.
오승현(2007), "부동산경매가격에 영향을 미치는 요인에 관한 실증연구", 인천대학교 경영대학원, 석사학위논문.
우형달(2008), "수도권 부동산경매시장 특성요인", 강원대학교 대학원, 박사학위논문.
윤영근(2009), "부동산경매절차에서의 유치권에 관한 연구", 건국대학교 부동산대학원, 석사학위논문.
이강한(2008), "부동산경매에 있어서 임차인의 법적지위에 관한 연구", 인천대학교 경영대학원, 석사학위논문.
이해경(2009), "부동산 경매시장의 매각가율과 경매가격지수 추정에 관한 연구", 한성대학교 대학원, 박사학위논문.
전승범(2005), "부동산경매에 있어 토지낙찰가에 미치는 요인들에 관한 연구", 건국대학교 대학원, 석사학위논문.
정진갑(2008), "권리분석을 통한 경매부동산 매수인 보호에 관한 연구", 한양대학교 행정대학원, 석사학위논문.
조기임(2009), "부동산경매 입찰자들의 의사결정에 따른 위험요인분석", 서울산업대학교 주택대학원, 석사학위논문.
최건호(2007), "주택담보대출에 대한 건전성강화가 일반은행의 건전성 강화에 미치는 영향", 한양대학교 대학원, 석사학위논문.
탁민(2004), "부동산개발사업의 위험관리에 관한 연구", 성균관대학교 행정대학원, 석사학위논문.
태영란(2009), "건축 일괄입찰 프로젝트의 디자인 의사결정 프로세스 연구", 성균관대학교 대학원, 박사학위논문.
황승권(2009), "부동산경매에서 유치권 성립여부의 진정성 판단에 관한 연구", 한남대학교 사회문화대학원, 석사학위논문.
황유경(2004), "부동산경매에 있어서 낙찰가에 미치는 영향에 관한 실증연구", 건국대학교 일반대학원, 석사학위논문.
현재관(2008), "경매부동산의 권리분석에 관한 연구", 경기대학교 행정대학원, 석사학위논문.

■ 기타 간행물

법원실무제요(2003), 「민사집행 Ⅱ」, 법원행정처.
한국감정평가에 관한 규칙.

■ 인터넷사이트

국회도서관 http://nanet.go.kr
굿옥션 : http://www.goodauction.co.kr/
대법원 : http://www.scourt.go.kr
대법원 법원경매정보 : http://www.courtauction.go.kr
대법원 매각통계자료 : http://www.svcourt.go.kr

대법원인터넷 등기소. http://www.iros.go.kr
온나라 부동산정보 : http://www.onnara.go.kr
지지옥션 : http://www.ggi.co.kr
한국금융감독원 : http://www.fss.or.kr
한국통계청 : http://ecos.bok.or.kr
한국은행 : http://www.bok.or.kr

2. 외국문헌

Alfred A. Ring and Jerome Dasso(1989), Real Estate Principles and Practices, 9th ed N. J : Prentice hall-Gale.

Alan J. Greco, Linda E. Swayne(1992.9), "Sales Response of Elderly Consumers to Point-of-purchase Advertising." Journal of Advertising Research.

Aumann, Robert J.(1987), "Game Theory", The New Palgrave : A Dictionary of Economics.

James F. Engel, Paul W. Miniard and Roger D. Blackwell(1982), Consumer Behavior, 4th ed New York : The Dryden Press.

Kahneman Daniel and Tversky A.(1979), Prospect theory : an analysis of decision under risk, Econometrics, Vol.47 No.2.

Kenneth E. Runyon(1980), Consumer Behavior : Columbus, Bell and Howell Co.

Lifson and Shaifer(1982), Decision and Risk Analysis for Construction Management, John Wiley & Sons. Inc.

Saaty Thomas L. and Keams, K. P(1985), Analytical Planning : The Organization of Systems, New York : Pergamon Press.

[부록 1] 설문지

부동산경매 특성요인에 있어서 AHP를 통한 위험요인 분석

안녕하십니까?

경매부동산의 참여하는 참여자들이 위험으로 인식하는 요인을 경매진행절차의 단계별로 분석하여 경매부동산의 위험요인분석 및 위험관리방안을 연구하고 있는 강원대학교 부동산학과 박사과정의 문희명입니다.

본 설문조사는 AHP(Analytic Hierarchy Process : 계층분석적 의사결정방법)을 이용하여 경매대상 부동산의 진행절차에 압류에서 배당과 처분에 이르기까지 다양한 위험요인들을 분석하여 보다 합리적으로 위험요인을 분석하고 관리하는 방법을 찾아내기 위한 기초조사입니다.

조사의 결과는 연구목적 외에 다른 목적으로 사용되지 않습니다.

본 설문에 대한 문의사항이 있으시면 다음과 같이 연락 주시기 바랍니다.

㊮ 200-701 강원도 춘천시 효자2동 192-1
강원대학교 대학원 부동산학과
박사과정 문희명(dream0625@paran.com)
지도교수 문영기(youngki@kangwon.ac.kr)

☞ 다음의 응답자 정보를 기재해 주십시오				
성 별	남	여		
연 령	20대	30대	40대	50대
직업유무	직업 있음	직업 없음	재테크	컨설팅
입찰경험	1년	3년	5년	10년 이상
자본금규모	5천	2억	5억	10억 이상

Ⅰ 설문개요

- 본 설문은 AHP 기법을 사용하여 경매입찰 절차에 따른 위험요인 항목을 종합적으로 분석하기 위한 것입니다.
- 각 평가 항목들의 상대적 중요도를 전문가 여러분이 판단하여 일관성 있게 설문을 작성하여 주시면 감사하겠습니다.
- 설문의 기재방법은 좌측항목과 우측항목을 서로 비교하면서 상호간의 중요도의 기준점인 1을 기준으로 하여 각 항목별로 번호를 체크해 주시면 됩니다. (상호간의 중요도가 동일하다고 생각되는 경우 1에 체크함)

AHP(Analytic Hierarchy Process : 계층 분석적 의사결정방법)이란?
평가 항목들을 계층화한 후, 항목 간 상대적 중요도를 측정하고 중요도를 반영하여 종합적인 의사결정을 도출하기 위한 기법입니다. 이 기법의 핵심은 평가 항목들을 두 개씩 짝을 지어 상대적 중요도를 평가한 후 이를 종합하여 항목들 간의 우선순위를 판단하는 것입니다.

- 본 설문은 다음과 같이 부동산경매의 위험요인을 종합적으로 분석하여 경매부동산 자체의 내부 요인과 외부 요인으로 구분하고 참여자의 개별적 요인을 추가하여 3가지로 구분하였습니다.

부동산경매의 내부 위험요인	압류 단계
	현금화 단계
	배당 단계
부동산경매의 외부 위험요인	경제적 요인
	사회·정책적 규제요인
	제도적 요인
경매참여자 개별적 위험 요인	심리적 위험요인
	실질적 위험요인

- 다음은 부동산경매 내부 위험요인의 세부항목입니다.

부동산경매 내부 위험요인	경매물 압류 단계	경매에 관한 법률적 이해의 불충분
		경매 권리분석의 부정확
		경매진행 절차의 이해부족
		법원제공 매각물건정보의 불완전
	경매물 현금화 단계	부동산 물건의 선정 제한성
		매각부동산감정평가 적정가의 신뢰성
		부동산입지의 개별적 특성요인반영 부실
		시장거래시세 가격수준의 부적합성
	매각대금 배당 단계	인수권리(비용, 명도)의 부담에 대한 불안감
		처분(보유)의 시간적 소요기간 불투명
		배당에 대한 불신 및 추가부담위험
		특수권리 해결방안에 대한 확신 불명확

- 다음은 부동산경매 외부 위험요인의 세부항목입니다.

부동산경매 외부 위험요인	경제적 요인	시장경기지표의 악화
		부동산거래 유동성이 고갈
		시장금리의 상승
	사회 · 정책적 규제 요인	부동산정책의 규제 강화
		부동산관련세제의 강화
		부동산시장에 소극적인 참여자세
	제도적 요인	경매제도가 지닌 불확실성
		경매제도에 대한 폐쇄적 인식
		대위변제, 집행정지 등 진행의 불확실성

- 다음은 경매 참여자 개별적 위험요인 세부항목입니다.

경매 참여자의 개별적 위험요인	심리적 위험요인	부동산 다량 보유에 대한 부담
		분쟁(다툼)의 처분방식의 도덕적 회의감
		다발적인 입찰경험으로 치밀한 분석미흡
		경매수익률에 대한 기대심리 확대
	실질적 위험요인	경매대상 부동산분석의 이해부족
		입찰참여자의 자금의 보유규모(자기자금)
		경락잔금의 대출규모(레버리지 등 타인자금)
		입찰경쟁률과 경매시장의 과열

Ⅱ 설문문항

◈ **부동산경매의 내부 위험요인 항목의 상대적 중요도 평가**

경매 참여자들이 물건을 선정하고 입찰을 고려하는 과정에 존재하는 내부인 위험과 외부인 위험들을 분석하여 입찰에 참여하고 입찰을 받기에 이른다. 이러한 과정에 존재하는 위험요인을 평가하기 위한 부동산경매 절차에 존재하는 내부인 위험요인 항목에 대한 상대적 중요도입니다. 다음의 평가항목에 대한 상대적 중요도를 표시(V)하여 주시기 바랍니다.

1. 부동산경매의 내부 위험요인

평가 항목	절대 중요	매우 중요	중요	약간 중요	같다	약간 중요	중요	매우 중요	절대 중요	평가 항목
경매물 압류 단계	⑤	④	③	②	①	②	③	④	⑤	경매물 현금화 단계
경매물 압류 단계	⑤	④	③	②	①	②	③	④	⑤	매각대금 배당 단계
경매물 현금화 단계	⑤	④	③	②	①	②	③	④	⑤	매각대금 배당 단계

1-1. 부동산의 경매물 압류 단계

평가 항목	절대 중요	매우 중요	중요	약간 중요	같다	약간 중요	중요	매우 중요	절대 중요	평가 항목
경매에 관한 법률적 이해의 불충분	⑤	④	③	②	①	②	③	④	⑤	경매권리분석의 부정확
경매에 관한 법률적 이해의 불충분	⑤	④	③	②	①	②	③	④	⑤	경매진행절차의 이해부족
경매에 관한 법률적 이해의 불충분	⑤	④	③	②	①	②	③	④	⑤	매각물건정보의 불완전
경매권리분석의 부정확	⑤	④	③	②	①	②	③	④	⑤	경매진행절차의 이해부족
경매권리분석의 부정확	⑤	④	③	②	①	②	③	④	⑤	매각물건정보의 불완전
경매진행절차의 이해부족	⑤	④	③	②	①	②	③	④	⑤	매각물건정보의 불완전

1-2. 부동산의 경매물 현금화 단계

평가 항목	절대 중요	매우 중요	중요	약간 중요	같다	약간 중요	중요	매우 중요	절대 중요	평가 항목
부동산물건 선정의 제한성	⑤	④	③	②	①	②	③	④	⑤	매각부동산평가의 신뢰성
부동산물건 선정의 제한성	⑤	④	③	②	①	②	③	④	⑤	입지의 개별 특성요인 반영부실
부동산물건 선정의 제한성	⑤	④	③	②	①	②	③	④	⑤	거래시세의 부적합성
매각부동산평가의 신뢰성	⑤	④	③	②	①	②	③	④	⑤	입지의 개별 특성요인 반영부실
매각부동산평가의 신뢰성	⑤	④	③	②	①	②	③	④	⑤	거래시세의 부적합성
입지의 개별 특성요인 반영부실	⑤	④	③	②	①	②	③	④	⑤	거래시세의 부적합성

1-3. 부동산의 매각대금 배당 단계

평가 항목	절대 중요	매우 중요	중요	약간 중요	같다	약간 중요	중요	매우 중요	절대 중요	평가 항목
인수(비용, 명도) 부담에 불안감	⑤	④	③	②	①	②	③	④	⑤	처분(보유)의 시간관리 불투명
인수(비용, 명도) 부담에 불안감	⑤	④	③	②	①	②	③	④	⑤	배당신뢰 및 추가부담위험
인수(비용, 명도) 부담에 불안감	⑤	④	③	②	①	②	③	④	⑤	특수권리 해결방안 미확신
처분(보유)의 시간관리 불투명	⑤	④	③	②	①	②	③	④	⑤	배당신뢰 및 추가부담위험
처분(보유)의 시간관리 불투명	⑤	④	③	②	①	②	③	④	⑤	특수권리 해결방안 미확신
배당신뢰 및 추가부담위험	⑤	④	③	②	①	②	③	④	⑤	특수권리 해결방안 미확신

◈ 부동산경매의 외부 위험요인 항목의 상대적 중요도 평가

경매 참여자들이 물건을 선정하고 입찰을 고려하는 과정에 존재하는 내부인 위험과 외부인 위험들을 분석하여 입찰에 참여하고 낙찰을 받기에 이른다. 이러한 과정에 존재하는 위험요인을 평가하기 위한 부동산의 경매 환경에 존재하는 외부인 위험요인 항목에 대한 상대적 중요도입니다. 다음의 평가항목에 대한 상대적 중요도를 표시(V) 하여 주시기 바랍니다.

2. 부동산경매의 외부 위험요인

평가 항목	절대 중요	매우 중요	중요	약간 중요	같다	약간 중요	중요	매우 중요	절대 중요	평가 항목
부동산의 경제적 요인	⑤	④	③	②	①	②	③	④	⑤	부동산의 사회·정책적 규제요인
부동산의 경제적 요인	⑤	④	③	②	①	②	③	④	⑤	부동산의 제도적 요인
부동산의 사회·정책적 규제요인	⑤	④	③	②	①	②	③	④	⑤	부동산의 제도적 요인

2-1. 부동산의 경제적 요인

평가 항목	절대 중요	매우 중요	중요	약간 중요	같다	약간 중요	중요	매우 중요	절대 중요	평가 항목
시장경기지표의 악화	⑤	④	③	②	①	②	③	④	⑤	부동산거래 유동성의 고갈
시장경기지표의 악화	⑤	④	③	②	①	②	③	④	⑤	시장금리의 상승
부동산거래 유동성의 고갈	⑤	④	③	②	①	②	③	④	⑤	시장금리의 상승

2-2. 부동산의 사회·정책적 규제상황

평가 항목	절대 중요	매우 중요	중요	약간 중요	같다	약간 중요	중요	매우 중요	절대 중요	평가 항목
부동산정책의 규제 강화	⑤	④	③	②	①	②	③	④	⑤	부동산관련 세제의 강화
부동산정책의 규제 강화	⑤	④	③	②	①	②	③	④	⑤	부동산시장 참여의 소극적 자세
부동산관련 세제의 강화	⑤	④	③	②	①	②	③	④	⑤	부동산시장 참여의 소극적 자세

2-3. 부동산의 제도적 요인

평가 항목	절대 중요	매우 중요	중요	약간 중요	같다	약간 중요	중요	매우 중요	절대 중요	평가 항목
경매제도가 지닌 불확실성	⑤	④	③	②	①	②	③	④	⑤	경매제도의 폐쇄적 인식
경매제도가 지닌 불확실성	⑤	④	③	②	①	②	③	④	⑤	대위변제, 집행정지 등 진행의 불확실성
경매제도의 폐쇄적 인식	⑤	④	③	②	①	②	③	④	⑤	대위변제, 집행정지 등 진행의 불확실성

❖ 경매 참여자의 개별적 위험요인에 상대적 중요도 평가

경매 참여자들이 물건을 선정하고 입찰을 고려하는 과정에 존재하는 내부인 위험과 외부인 위험들을 분석하여 입찰에 참여하고 낙찰을 받기에 이른다. 이러한 과정에 존재하는 위험요인을 평가하기 위한 경매 참여자의 개별적 상향의 위험요인 항목에 대한 상대적 중요도입니다. 다음의 평가항목에 대한 상대적 중요도를 표시(V)하여 주시기 바랍니다.

3. 경매 참여자의 개별적 위험요인

평가 항목	절대 중요	매우 중요	중요	약간 중요	같다	약간 중요	중요	매우 중요	절대 중요	평가 항목
부동산의 심리적 위험요인	⑤	④	③	②	①	②	③	④	⑤	부동산의 실질적 위험요인

3-1. 부동산의 심리적 위험요인

평가 항목	절대 중요	매우 중요	중요	약간 중요	같다	약간 중요	중요	매우 중요	절대 중요	평가 항목
경매부동산의 이해부족	⑤	④	③	②	①	②	③	④	⑤	참여자의 자금보유규모 (자기자본)
경매부동산의 이해부족	⑤	④	③	②	①	②	③	④	⑤	경락잔금의 대출규모 (레버리지와 타인자금)
경매부동산의 이해부족	⑤	④	③	②	①	②	③	④	⑤	입찰경쟁률과 경매시장의 과열
참여자의 자금보유규모 (자기자본)	⑤	④	③	②	①	②	③	④	⑤	경락잔금의 대출규모 (레버리지와 타인자금)
참여자의 자금보유규모 (자기자본)	⑤	④	③	②	①	②	③	④	⑤	입찰경쟁률과 경매시장의 과열
경락잔금의 대출규모 (레버리지와 타인자금)	⑤	④	③	②	①	②	③	④	⑤	입찰경쟁률과 경매시장의 과열

3-2. 부동산의 실질적 위험요인

평가 항목	절대 중요	매우 중요	중요	약간 중요	같다	약간 중요	중요	매우 중요	절대 중요	평가 항목
부동산보유에 대한 부담	⑤	④	③	②	①	②	③	④	⑤	도덕적 회의감
부동산보유에 대한 부담	⑤	④	③	②	①	②	③	④	⑤	다발적인 입찰경험
부동산보유에 대한 부담	⑤	④	③	②	①	②	③	④	⑤	수익률에 대한 기대심리의 확대
도덕적 회의감	⑤	④	③	②	①	②	③	④	⑤	다발적인 입찰경험
도덕적 회의감	⑤	④	③	②	①	②	③	④	⑤	수익률에 대한 기대심리의 확대
다발적인 입찰경험	⑤	④	③	②	①	②	③	④	⑤	수익률에 대한 기대심리의 확대

❖ 전체 상위항목의 상대적 중요도 평가

경매 참여자들이 물건을 선정하고 입찰을 고려하는 과정에 존재하는 내부인 위험과 외부인 위험들을 분석하여 입찰에 참여하고 낙찰을 받기에 이른다. 이러한 과정에 존재하는 위험요인을 평가하기 위한 전체상위 항목의 위험요인에 대한 상대적 중요도입니다. 다음의 평가항목에 대한 상대적 중요도를 표시(V)하여 주시기 바랍니다.

4. 전체 상위항목

평가 항목	절대 중요	매우 중요	중요	약간 중요	같다	약간 중요	중요	매우 중요	절대 중요	평가 항목
경매부동산의 내부위험요인	⑤	④	③	②	①	②	③	④	⑤	경매부동산의 외부위험요인
경매부동산의 내부위험요인	⑤	④	③	②	①	②	③	④	⑤	경매참여자의 개별적인요인
경매부동산의 외부위험요인	⑤	④	③	②	①	②	③	④	⑤	경매참여자의 개별적인요인

〈 설문에 성의껏 응답해 주셔서 대단히 감사합니다. 〉

〈부록 2-1〉 2009년 전국 경매 낙찰 통계(낙찰건율)

구 분	낙 찰 건 율			
	총(건수)	진행(건수)	낙찰(건수)	낙찰건율(%)
아파트	39,232	3,243	28,269	72.06
다가구(원룸 등)	803	97	463	57.66
다세대(빌라)	10,946	852	7,393	67.54
주 택	9,097	985	5,616	61.73
근린주택	3,188	382	1,863	58.44
근린상가	14,963	3,537	8,477	56.65
근린시설	2,258	348	1,237	54.78
대 지	7,624	966	5,022	65.87
농 지	25,644	3,290	16,855	65.73
임 야	11,248	1,354	7,378	65.59
잡종지	1,512	179	913	60.38
목장용지	153	19	81	52.94
과수원	803	70	566	70.49
공 장	2,472	364	1,600	64.72
아파트형공장	494	61	383	77.53
사무실	142	18	88	61.97
도 로	1,361	237	861	63.26
숙박시설	691	136	403	58.32
숙박(콘도 등)	288	33	136	47.22
승용차	1,692	124	1,418	83.81
화물차	460	27	391	85.00
중장비	436	18	380	87.16
선 박	169	24	122	72.19
교육시설	36	6	17	47.22
종교시설	106	16	41	38.68
오피스텔	3,756	390	2,646	70.45
주유소	153	12	97	63.40
창 고	516	89	306	59.30
농가관련시설	921	162	570	61.89
묘 지	355	62	229	64.51
의료시설	92	15	47	51.09
목욕탕	29	3	17	58.62
구 거	53	9	38	71.70
하 천	114	16	78	68.42
유 지	47	9	26	55.32
제 방	27	5	18	66.67
광업권	11	3	6	54.55
어업권	96	17	63	65.63
염 전	31	1	17	54.84
양어장	63	7	38	60.32
주차장	52	7	28	53.85
기 타	181	38	103	56.91
전 체	142,315	17,231	94,300	66.26

〈부록 2-2〉 2009년 전국 경매 낙찰 통계(낙찰가율, 경쟁률)

구 분	낙 찰 통 계			
	감정가합계(원)	낙찰가합계(원)	낙찰가율(%)	경쟁(명)
아파트	5,611,337,163,380	4,576,026,776,494	79.69	5.64
다가구(원룸 등)	189,657,308,663	147,569,796,551	75.83	4.34
다세대(빌라)	800,824,336,149	669,131,162,507	84.63	4.58
주 택	801,466,975,894	627,751,960,318	74.43	2.89
근린주택	988,451,393,395	654,632,095,158	70.62	3.31
근린상가	2,976,847,183,292	1,313,108,973,601	45.87	2.26
근린시설	1,754,210,195,722	1,058,026,474,584	68.86	2.96
대 지	1,007,266,490,744	705,648,207,232	79.20	2.32
농 지	1,231,927,097,633	1,003,268,114,874	81.35	2.47
임 야	1,351,690,863,147	1,000,621,049,556	101.42	2.72
잡종지	376,920,657,151	271,223,309,544	81.82	2.32
목장용지	54,095,335,340	36,177,713,480	94.10	2.23
과수원	81,614,759,536	61,613,792,814	78.75	2.67
공 장	2,532,714,956,799	1,707,533,108,091	68.84	3.07
아파트형공장	176,124,357,660	123,701,480,923	70.07	3.36
사무실	46,551,517,990	37,466,262,339	82.86	2.38
도 로	41,319,144,161	23,535,656,407	71.20	1.85
숙박시설	602,987,144,035	306,354,991,559	53.30	2.89
숙박(콘도 등)	17,364,927,000	7,380,982,000	40.35	1.88
승용차	22,640,750,000	18,976,726,345	85.29	5.25
화물차	6,871,000,000	5,646,437,331	87.10	4.15
중장비	25,916,371,400	23,693,259,770	92.78	4.89
선 박	79,223,655,857	50,157,378,777	108.95	3.76
교육시설	24,650,614,235	18,439,593,500	68.21	2.35
종교시설	101,299,026,670	64,245,434,002	74.47	2.12
오피스텔	315,090,051,000	219,118,624,912	74.13	4.64
주유소	86,401,690,460	72,460,241,218	90.94	3.04
창 고	154,201,230,360	105,648,908,624	67.09	2.86
농가관련시설	171,427,239,532	100,446,337,485	59.89	2.21
묘 지	9,192,655,320	3,727,250,747	61.42	1.61
의료시설	185,343,836,062	109,115,186,677	58.74	1.98
목욕탕	18,682,261,862	9,782,548,990	54.21	2.41
구 거	2,200,451,933	2,404,311,113	64.39	1.68
하 천	5,134,561,381	3,126,563,388	95.68	2.05
유 지	6,353,760,620	4,323,235,700	101.29	2.19
제 방	212,032,160	162,275,391	90.77	1.94
광업권	1,459,583,250	837,700,000	117.97	1.5
어업권	13,691,833,300	6,474,542,000	85.33	1.37
염 전	5,032,378,600	3,972,200,100	88.92	2.53
양어장	3,415,545,060	2,252,375,200	62.81	2.08
주차장	10,711,440,920	7,430,974,100	75.27	2.07
기 타	43,086,603,070	32,671,645,250	94.40	2.11
전 체	21,935,610,380,743	15,195,885,658,652	77.78	3.76

〈부록 3-1〉 2009년 서울 경매 낙찰 통계(낙찰건율)

구 분	낙 찰 건 율			
	총(건수)	진행(건수)	낙찰(건수)	낙찰건율(%)
아파트	4,220	457	2,540	60.19
다가구(원룸 등)	154	12	71	46.10
다세대(빌라)	2,105	158	1,224	58.15
주 택	460	26	229	49.78
근린주택	203	16	94	46.31
근린상가	1,802	527	973	54.00
근린시설	127	16	58	45.67
대 지	410	58	221	53.90
농 지	60	9	30	50.00
임 야	106	21	64	60.38
잡종지	14	2	7	50.00
목장용지	0	0	0	0.00
과수원	2	0	2	100.00
공 장	8	1	5	62.50
아파트형공장	113	13	89	78.76
사무실	8	1	5	62.50
도 로	111	15	78	70.27
숙박시설	10	0	2	20.00
숙박(콘도 등)	0	0	0	0.00
승용차	181	21	141	77.90
화물차	32	6	25	78.13
중장비	4	0	3	75.00
선 박	0	0	0	0.00
교육시설	2	0	1	50.00
종교시설	8	0	4	50.00
오피스텔	673	102	438	65.08
주유소	2	0	0	0.00
창 고	2	1	0	0.00
농가관련시설	0	0	0	0.00
묘 지	0	0	0	0.00
의료시설	5	0	1	20.00
목욕탕	1	0	1	100.00
구 거	0	0	0	0.00
하 천	1	0	1	100.00
유 지	0	0	0	0.00
제 방	0	0	0	0.00
광업권	0	0	0	0.00
어업권	0	0	0	0.00
염 전	0	0	0	0.00
양어장	0	0	0	0.00
주차장	1	0	1	100.00
기 타	10	4	3	30.00
전 체	10,835	1,466	6,311	58.25

〈부록 3-2〉 2009년 서울 경매 낙찰 통계(낙찰가율, 경쟁률)

구 분	낙 찰 통 계			
	감정가합계(원)	낙찰가합계(원)	낙찰가율(%)	경쟁(명)
아파트	1,609,070,432,200	1,363,072,107,436	86.79	7.52
다가구(원룸 등)	38,158,572,763	34,291,831,892	88.41	4.9
다세대(빌라)	287,763,376,435	251,906,960,866	92.27	5.42
주 택	133,245,122,096	117,961,017,130	94.46	5.1
근린주택	124,558,859,678	102,367,984,120	85.13	5.14
근린상가	508,540,578,147	263,455,993,446	54.84	2.15
근린시설	214,444,480,345	168,584,699,200	92.31	5.16
대 지	163,885,477,403	123,409,540,431	76.10	2.34
농 지	17,182,736,750	14,352,030,150	81.87	2.43
임 야	24,073,531,470	17,584,281,400	278.77	2.17
잡종지	1,377,842,000	1,350,913,000	87.24	2.29
목장용지	0	0	0.00	0
과수원	1,435,851,000	1,085,300,000	71.71	1
공 장	5,434,729,490	4,667,769,000	86.27	3.4
아파트형공장	53,313,466,000	41,398,538,400	76.26	3.76
사무실	3,451,335,900	3,656,800,000	114.45	2
도 로	10,238,579,899	5,320,094,229	60.99	1.86
숙박시설	1,697,675,400	1,709,000,000	106.44	5
숙박(콘도 등)	0	0	0.00	0
승용차	1,785,000,000	1,526,396,550	85.54	4.31
화물차	685,800,000	543,696,000	86.11	3.88
중장비	221,000,000	206,440,000	95.33	7.67
선박	0	0	0.00	0
교육시설	729,787,740	644,400,000	88.30	3
종교시설	40,226,141,600	29,232,150,000	95.39	2.25
오피스텔	83,203,200,000	67,229,063,538	87.46	5.68
주유소	0	0	0.00	0
창 고	0	0	0.00	0
농가관련시설	0	0	0.00	0
묘 지	0	0	0.00	0
의료시설	6,088,248,040	3,900,000,000	64.06	1
목욕탕	3,111,958,112	1,717,700,000	55.20	1
구 거	0	0	0.00	0
하 천	95,106,240	75,660,000	79.55	2
유 지	0	0	0.00	0
제 방	0	0	0.00	0
광업권	0	0	0.00	0
어업권	0	0	0.00	0
염 전	0	0	0.00	0
양어장	0	0	0.00	0
주차장	118,636,200	88,000,000	74.18	1
기 타	97,778,000	91,380,000	89.46	1
전 체	3,334,235,302,908	2,621,429,746,788	84.37	5.49

〈부록 4〉 전국 법원 경매 접수 통계(1995~2009 : 2년마다)

법 원	1995	1997	1999	2001	2003	2005	2007	2009
서울중앙	1,473	3,868	7,975	3,675	3,876	4,925	3,843	4,789
서울동부	56	2,668	4,104	1,920	1,940	2,394	1,913	2,743
서울서부	24	1,583	4,349	2,260	2,574	3,407	2,191	2,206
서울남부	1,276	3,301	5,714	3,073	4,240	4,768	2,808	3,223
서울북부	1,055	2,453	5,408	2,615	3,325	4,183	2,906	2,926
의정부	780	5,681	11,526	7,155	5,826	6,360	4,514	4,900
고양지원					2,274	3,225	2,589	3,790
인천지방	8,518	12,666	18,296	9,982	20,889	14,763	7,603	6,868
부천지원	48	2,244	3,190	2,211	4,480	4,763	2,564	2,780
수원지방	44	5,601	15,334	8,408	6,732	7,460	5,625	6,814
성남지원	31	1,880	3,846	2,156	2,327	2,709	2,041	2,867
여주지원	3	1,197	2,735	2,117	1,867	1,564	1,425	1,585
평택지원	0	1,486	3,142	1,823	1,798	1,594	1,467	1,729
안산지원					4,753	5,191	3,008	2,939
안양지원								1,970
인천지방	8,518	12,666	18,296	9,982	20,889	14,763	7,603	6,868
부천지원	48	2,244	3,190	2,211	4,480	4,763	2,564	2,780
수원지방	44	5,601	15,334	8,408	6,732	7,460	5,625	6,814
성남지원	31	1,880	3,846	2,156	2,327	2,709	2,041	2,867
여주지원	3	1,197	2,735	2,117	1,867	1,564	1,425	1,585
평택지원	0	1,486	3,142	1,823	1,798	1,594	1,467	1,729
안산지원					4,753	5,191	3,008	2,939
안양지원								1,970
춘천지방	33	826	2,362	1,686	1,513	1,205	1,238	1,371
강릉지원	27	1,139	2,249	1,539	1,592	1,716	1,391	1,251
원주지원	6	861	2,247	1,421	1,490	1,029	943	1,164
속초지원	10	709	1,357	832	801	898	721	723
영월지원	3	543	1,233	917	916	895	886	987
청주지방	2,080	3,072	4,435	2,853	3,580	2,885	2,406	2,818
충주지원	77	1,791	2,194	1,505	1,812	1,364	988	1,133
제천지원	7	745	1,245	708	855	731	604	626
영동지원	8	474	723	511	603	604	397	461
대전지방	149	2,208	6,283	3,693	4,344	4,094	3,661	3,710
홍성지원	21	1,047	2,703	1,782	1,775	1,663	1,396	1,394
논산지원	3	522	1,471	978	1,250	1,113	927	999
천안지원	61	1,352	3,727	2,505	2,089	2,054	2,226	2,641
공주지원	2	325	983	605	718	722	655	678
서산지원	12	742	2,430	1,637	1,730	1,342	1,517	1,595
대구지방	4,081	7,469	10,746	6,975	8,292	7,737	3,828	4,069
안동지원	20	766	1,437	842	1,079	1,119	924	769
경주지원	1,050	3,058	1,943	1,266	1,250	1,120	734	929
김천지원	208	1,129	1,969	1,326	1,613	1,400	1,019	1,321
상주지원	0	629	1,131	734	1,031	869	707	568
의성지원	2	324	752	437	664	621	586	480

법 원	1995	1997	1999	2001	2003	2005	2007	2009
영덕지원		570	780	498	660	694	621	475
포항지원	0	33	2,712	1,816	2,243	1,819	1,238	1,071
대구서부					0	4	2,029	2,076
부산지방	20	2,831	8,395	4,771	6,228	6,717	5,751	5,317
부산동부	674	3,415	4,768	2,359	2,689	3,088	2,482	2,013
울산지방	1,011	3,757	5,505	3,908	4,278	3,736	2,797	3,406
창원지방	3,169	4,389	7,198	4,292	5,008	5,018	3,874	4,214
진주지원	6	818	3,672	2,658	2,652	2,330	1,941	1,819
통영지원	4	1,359	2,733	1,694	1,839	1,830	1,243	1,268
밀양지원	10	986	1,327	936	1,019	834	746	754
거창지원	1	530	995	720	720	815	758	626
광주지방	3,200	5,154	7,377	4,973	6,932	6,467	5,232	4,983
목포지원	655	1,628	2,557	1,832	2,681	2,690	2,429	2,121
장흥지원	1	291	519	283	479	587	572	422
순천지원	345	3,164	4,893	2,971	3,939	3,575	2,980	2,500
해남지원	12	745	895	674	1,032	1,261	1,568	1,389
전주지방	2,285	3,288	4,878	2,943	3,939	3,374	2,693	2,613
군산지원	17	2,892	3,792	2,397	2,669	2,593	1,718	1,574
정읍지원	11	980	1,684	1,168	1,405	1,406	1,269	1,127
남원지원	2	527	952	605	795	749	646	534
제주지방	1,925	2,521	3,191	2,089	2,241	2,376	2,167	2,134
전 체	34,516	114,237	208,062	125,734	159,346	154,450	117,005	124,252

□ 저자소개

▪ 지도교수 문영기

- 건국대 및 동 행정대학원 부동산학과 졸업
- 일본 고베대 대학원 박사과정 수료(학술박사)
- 강원대학교 사회과학대학장
- 강원대학교 정보과학대학원장
- (사)한국주거환경학회 회장
- 국토해양부 중앙도시계획위원회 위원
- 행정안전부 재정정책자문회의 위원
- 강원대학교 사회과학대학 부동산학과 교수

▪ 최봉현

- (주)지엠아이앤디 대표이사
- 경기대학교 도시·교통공학과 겸임교수
- 인천일보 부동산칼럼니스트

▪ 채현길

- 한국공인중개사협회 부동산정책연구소 연구과장
- 경희사이버대학교 자산관리학과 강사
- 동서울대학 부동산개발전공 겸임교수

▪ 조남복

- 대전광역시의회 입법정책연구원
- 충북대학교 도시공학과 강사
- 목원대학교 부동산학과 겸임교수

▪ 문희명

- TR asset 대표이사
- 경기대학교 행정대학원 부동산학과 강사
- 강원대학교 부동산학과 강사

부동산 유통관리

2011년 10월 15일 인 쇄
2011년 10월 20일 발 행
지도교수 문영기
저 자 최봉현, 채현길, 조남복, 문희명
발행처 도서출판 범론사
주 소 서울시 영등포구 신길동 65-80
전 화 (02) 847-3507
전 송 (02) 845-9079
등 록 1979년 4월 3일 제1-181호

ISBN 978-89-5557-301-5

정가 25,000원